프라그마티즘 미학

프라그마티즘 미학

2009년 3월 20일 초판 인쇄
2009년 3월 25일 초판 발행

지은이 • 리처드 슈스터만
옮긴이 • 김광명 · 김진엽
펴낸이 • 이찬규
펴낸곳 • 북코리아
등록번호 • 제03-01157호
주소 • 121-801 서울시 마포구 공덕동 115-13번지 2층
전화 • (02) 704-7840
팩스 • (02) 704-7848
이메일 • sunhaksa@korea.com
홈페이지 • www.sunhaksa.com

ISBN 978-89-9324-015-2 (94100)

값 20,000원

본서의 한국어판 저작권은 북코리아에 있으며, 본사의 허락 없이 임의로 내용의 일부를 인용하거나 전재, 복사하는 행위를 금합니다. 파본은 본사나 서점에서 바꾸어 드립니다.

Pragmatist Aesthetics

프라그마티즘 미학

살아 있는 아름다움, 다시 생각해 보는 예술

리처드 슈스터만 지음 | 김광명 · 김진엽 옮김

북코리아

저자 서문

프라그마티스트 미학은 그 개념 자체가 역설적인 듯이 보인다. 프라그마티스트라는 개념은 실천적(practical)이라는 개념과 밀접하게 연관되어 있는데, 실천적이라는 개념은 무관심하고 무목적인 것으로 규정되어온 미적이라는 개념과 대립한다. 이 책의 기본적 목적 중의 하나는 실천적/미적이라는 전통적인 대립에 도전을 제기함으로써 그리고 미적이라는 개념을 좁은 영역과 역할로부터 확장시킴으로써 이러한 역설을 경감하는 일이다. 미학은 실천적인 것을 포괄하고 사회적이고 정치적인 문제들에까지 확장될 때 더 중요하고 의미 있다.

미적인 것의 확장은 예술을 더욱 자유롭게 재규정하는 일과도 연관된다. 즉, 예술을 삶과 분리시키는 그리고 문화적 표현의 대중적 형식과 대립시키는 고상한 수도원으로부터 벗어나는 일과도 연관된다. 예술, 삶 그리고 대중문화는 모두 이러한 전통적 대립을 겪고 있다. 그리고 예술을 이른바 고급순수예술과 동일시하는 편협함을 겪고 있다. 대중예술의 미적 정당성에 대한 필자의 옹호 그리고 윤리학을 삶의 예술로 보는 필자의 설명은 예술을 더욱 확장적이고 민주적으로 재규정하려는 일을 목표로 한다.

프라그마티즘은 예술과 미적인 것을 다시 생각하면서, 또한 철학의 역할을 다시 생각하기도 한다. 철학은 개념들을 충실하게 표상하려는 중립적인 목표를 지닐 것이 아니라 우리에게 잘 봉사하도록 그 개념들을 재규정하는 데 적극적으로 참여해야 된다. 그러므로 미학이론의 임무 또한 예술에 대한 관례적 이해의 진리를 포착하는 일이 아니라 예술의 역할과 감상이 증진될 수 있도록 예술을 재규정하는 일이다. 비록 진리와 지식이 필요하기는 하지만, 궁극적인 목적은 지식이 아니라 개선된 경험이다. 마찬가지로, 예술철학의 전통적 문제들이 무시되어서는 안 되지만, 프라그마티스트 미학은 전통적인 아카데믹한 문제들에 한정될 수 없으며, 오늘날의 살아 있는 미학적 논점들과 새로운 예술적 형식들을 언급해야 한다. 그러므로 이 책은 미적 경험, 유기적 통일성, 해석과 평가의 논리, 예술에 대한 정의 등과 같은 고전적 주제들을 살필 뿐만 아니라 대중문화, 랩음악, 육체를 강조하는 예술과 실천 등에도 상당한 주목을 한다.

이론을 예술에 대한 경험에 근접시켜 양자 모두를 심화시키고 개선시키기 위해, 프라그마티스트 미학은 전통적 철학의 추상적 논증과 일반화된 스타일에 한정되어서는 안 된다. 프라그마티스트 미학은 구체적 예술작품들과 함께 작업할 필요가 있다. 이 작품들이 간략하게 언급되는 예들로써만이 아닌 지속적인 미적 분석의 중심으로써 다루어져야 한다. 이 책에서 필자는 이러한 작업을 T. S. 엘리어트의 시와 Stetsasonic의 랩노래에 대한 자세한 해석을 통해 시도하였다. 고급 모더니즘과 힙합 간의 이러한 결합이 포스트모던적 절충주의의 가장 나쁜 징후로 보일 수도 있다. 그러나 필자는 이를 고급예술과 저급예술이 억압적으로 서열화되지 않은 상태에서 스스로를 표현하고 받아들여지는, 그리고 지배와 모욕 없이 다름을 인정받는 사회문화적 이상의 상징이라고 생각한다.

***

프라그마티즘은 분명히 미국의 철학이다. 따라서 이 책이 독자들에게 너무 미국적인 것으로 비추어질 수도 있다. 개인적으로, 이 책은 필자가 20년 동안 외국에서 이루어진 배움과 가르침을 마치고 미국의 삶과 문화로 귀환했음을 상징한다. 프라그마티즘은 예루살렘과 옥스퍼드에서 필자가 행한 공부의 부분이 아니다. 필자가 배우고 가르쳤던 것은 분석철학이다.

프라그마티즘은 1985년 미국으로 돌아와 템플대학교(Temple University)에서 가르치기 시작하면서 필자에게 철학적 지평으로 출현하였다. 이 책을 가능케 한 프라그마티스트 미학으로의 필자의 개종은 1988년 가을에서야 이루어졌다. 그 당시 필자는 철학, 문학, 무용 등을 전공하는 다양한 대학원생들이 참여하는 미학 세미나를 지도하였다. 필자는 그들에게 여기에 기록할 수 없을 정도의 많은 빚을 졌다. 세미나에서 듀이를 언급한 원래의 의도는 아도르노의 미학과 비교하기 위해서였다. 그 때만 해도 필자는 아도르노의 미학이 듀이의 미학보다 훨씬 더 뛰어나다고 생각하였다. 그러나 교실에서 상이한 논증들을 고찰해보고 몇 가지 논점들을 무용실에서 검증해 본 결과, 세미나가 끝날 즈음에 필자는 아도르노의 금욕적이고 비관적이고 엘리트적인 마르크시즘을 듀이의 세속적이고 낙관적이고 민주적인 프라그마티즘으로 대체할 수밖에 없었다.

이 책은 처음 출판된 이후 9년여 동안 여러 나라에서 번역되었고 또 논란을 불러일으켰다. 필자는 이 책에 대한 비판에서 많은 점들을 배웠고, 두 번째 영어판 서문에서 비판의 몇 가지 논점들에 대한 답변을 하였다. 그러나 이 책의 주요 논증들을 파악하여 비판적 반응을 개진하게 될 한국인 독자들의 몫을 훼손시킬 수 있기 때문에 여기에는 수록하지 않았다. 랩뮤직에 관한 새로운 글들을 추가하는 일도 삼갔다. 필자는 다른 책에서 랩음악의 폭력성과 상업성이 지닌 문제점들을 다루었다. 이에 대해서는 필자의 *Practicing Philosophy: Pragmatsim and the Philosophical Life* (New York: Routledge, 1997), 5장과 Rap Remix: Pragmatism, Postmodernism, and Other Issues in the House, *Critical Inquiry* 22 (1955), 그리고 Pragmatism, Art, and Violence: The Case of Rap in T. Yamomoto (ed.), *Philosophical Designs for a Socio-cultural Transformation* (New York: Rowman & Littlefield, 1998)을 참고하기 바란다. 랩이 지닌 장점과 잠재력에 대한 필자의 옹호가 랩이 범하는 모든 해악과 무절제를 용인하는 것으로 이해해서는 안 된다. 그리고 필자가 펼치는 프라그마티스트 미학의 주요 관심사가 랩만은 아니다. 랩은 예술에 대한 프라그마티스트적 접근의 한 좋은 예일 뿐이다. 최근의 글에서 필자는 컨트리 뮤직, 영화, 도시환경, 설치미술 등의 다른 장르에도 적용을 한 바 있다.

문맥의 다양성을 존중하는 일이 미국 프라그마티즘의 주요 특징이며, 이 책에서 이루어진 미국 철학과 대중예술의 결합이 그 특징을 보여준다. 미국 대중문화가 전 세계적으로 지나칠 정도로 너무 강력한 영향을 끼치고 있기 때문에, 지식인들의 상당한 비판을 불러일으키기도 하였다. 대중예술에 대한 필자의 입장은 대중예술의 약점을 인정하면서도 그 강점과 잠재력을 평가하자는 쪽이다. 대중예술에 대한 철학적 비판은 대중예술을 개선시켜 나가기보다는 분노에 찬 논박에 대개 할애되어 있다. 분석철학과 유럽 철학으로부터 나온 전통적 전략들은 대중예술을 깊이 있게 평가하기 적당치 않은 듯하다. 그것들은 너무 추상적이고 정의를 내리는 게임에 너무 얽매여 있고, 구체적 형식들에 너무 눈감고 있다. 그것들은 대중예술을 움직이는 목표, 정신, 사회문화적 현실성에 이데올로기적으로 너무 낯설거나 적대적이다. 예컨대, 데카르트의 이원론과 칸트의 미학은 랩을 평가하기에 적당한 방법이라고 할 수 없다.

미국 철학에 바탕을 둔 미학이론을 미국 대중문화를 이해하는 적절한 방법으로 제시하는 일이 문화제국주의와 쇼비니즘의 표현으로 오해받을 수도 있다. 프라그마티즘과 미국 흑인문화를 융합시켰기 때문에, 필자의 이론이 수세기 동안의 유럽 지배에서 벗어난 피지배층들의 복수로 희화화될 수도 있다. 그러나 대중예술을 위해 프라그마티스트 미학을 추천하는 일은 문화적 문맥의 차이를 철학적으로 인정하는 일로 간주되어야 한다. 문맥의 차이에 대한 철학적 인정이 모든 일반화를 배제하는 희망 없는 상대주의에 빠지지는 않는다. 왜냐하면 우리의 다양한 문맥들은 상호 겹치는 공통점들을 많이 지니기 때문이다. 미국의 흑인 빈민가에서 가장 두드러지기는 하지만, 다른 빈민가들에서도 가난과 사회문화적 억압에 대한 유사한 경험들이 존재한다.

***

한 차례의 짧은 한국 방문을 통해, 필자는 프라그마티스트 미학의 정신과 공명하는 것이 한국의 정신 속에 있다고 느꼈다. 미국과 마찬가지로, 한국도 다양한 철학적 전통들을 혼합해 놓은 생산적인 다원적 문화를 지니고 있다. 미국의 프라그마티즘이 영국과 유럽 대륙의 사상들을 결합시키듯이, 한국도 중국과 일본의 다양한 전통들을 혼합하여 발달시켰다.

한국 예술은 한국 자연의 안온하고 자율적인 그러나 질서로운 리듬을 보여준다. 필자는 한국 예술에서 인공성이 결여되어 있음을 그리고 기술적 완벽성에 대한 과도한 관심이 결여되어 있음을 발견하였다. 생명력과 자율성을 강조하는 한국 예술의 이러한 특징들은 프라그마티스트 미학이 옹호해나가는 특징이기도 하다. 그리고 많은 한국 예술들은 실제적 기능을 지닌 수공예품이다. 그러므로 한국 독자들은 미적인 것과 실용적인 것, 옛 것과 새로운 것, 자연적인 것과 기술적인 것이 결합되어야 한다고 주장하는 프라그마티즘을 잘 이해할 수 있을 것이다.

이 책의 한글 번역판이 한국 독자들에게 도움이 되기를 바란다. 한글 번역판은 개정된 영문판을 구성하는 10개의 장들을 모두 번역해 놓은 유일한 외국어 번역판이다. 번역자인 김광명 교수와 김진엽 교수께 깊은 감사를 드린다.

차 례

저자 서문 / 5

프라그마티즘과 전통적 이론　13

제 1 장　프라그마티스트 미학 / 15
제 2 장　경험과 실천 사이에서의 예술과 이론 / 69
제 3 장　유기적 통일성 : 분석과 해체 / 123
제 4 장　프라그마티즘과 해석 / 167
제 5 장　해석의 아래에 / 223

다시 생각해 보는 예술　259

제 6 장　미적 이데올로기, 미적 교육 그리고 미적 가치 / 261
제 7 장　대중예술의 미학적 도전 / 313
제 8 장　예술로서의 랩 / 371
제 9 장　포스트모던 윤리학 그리고 삶의 예술 / 429
제10장　몸의 미학 : 하나의 교과적 제안 / 471

역자 후기 / 513
찾아보기 / 517

제 I 부

프라그마티즘과 전통적 이론

제1장

프라그마티스트 미학

<u>20 세기 영미미학은</u> 두 가지의 상이한 철학적 원천에서 비롯된 두 가지의 특징적인 형태를 드러냈다. 그 두 가지의 원천 중 하나는 영국에서 태동한 분석철학이고, 다른 하나는 철학에 대한 미국의 독자적인 공헌을 대변하는 프라그마티즘(pragmatism)이다. 분석미학은 번성하였으나, 프라그마티스트 미학은 사실상 소멸되었다. 그러나 놀랍게도 그 태동기는 반대의 현상이 더 개연적이었음을 시사해주고 있다.

미학은 프라그마티즘에 대해 가장 적극적이고 영향력 큰 인물이었던 존 듀이(John Dewey)의 주된 관심사였다. 그러나 무어(Moore), 러셀(Russell), 비트겐슈타인(Wittgenstein) 등의 대표적인 분석철학자들에게는 미학이 단지 부수적인 중요성을 지닐 뿐이었다. 러셀은 미학적 주제에 관해 사실상 어떤 언급도 하지 않았다. 무어와 비트겐슈타인의 미학적 논의들은 아주 귀중하기는 하지만 그 영역과 구체성에서 다소 제한되어 있다. 무어의 미학적 논의는 자신이 쓴 『윤리학 원리(*Principia Ethica*)』의 약 열두 절(section)가량에 한정되어 있고, 비트겐슈타인의 미학적 관점들은 매우 영향력 있기는 하지만 그럼에도 불구하고 너무 도식적이고, 느슨하게 짜여 있고, 편지글에서 모은 필사본 유고에 기본적으로 의존하고 있다.[1]

즉, 분석미학의 원로들 그 어느 누구의 미학에도 듀이의 『경험으로서의 예술(Art as Experience)』(1934)이 지닌 포괄적 지식, 구체적 논증 그리고 정열적 힘에 견줄 만한 것이 들어 있지 않다.[2] 그러나 이 책이 처음에는 상당한 관심을 불러일으켰지만,[3] 미래의 미학이론을 위한 전도유망한 원천으로 간주되기는커녕 오늘날 거의 연구되고 있지도 않다. 이미 1950년대 후반에 프라그마티스트 미학은 분석적 예술철학에 의해 거의 완전히 쇠퇴해 버렸다. 그 이후 줄곧 분석적 예술철학은 영미 미학에서 유일한 주된 전통을 형성하여 왔다.

그러나 변화의 징후들이 보이고 있다. 분석철학이 영미 미학에서 차지하고 있던 헤게모니가 해석학, 후기 구조주의, 그리고 마르크시즘 등에 근거한 유럽 대륙의 이론에 의해 심각한 도전을 받고 있다. 전통적 분석철학과는 대조적으로 그러나 프라그마티즘과는 유사하게, 이 철학들은 사유와 사유 대상의 가변성, 문맥성 그리고 사회역사적인 실천적 구성을 강조하면서 토대론적 구분과 비역사적인 실증적 본질에 반대하였다. 더욱이, 콰인(Quine), 굿맨(Goodman) 그리고 데이빗슨(Davidson) 등의 최근 분석미학적 저작들은 많은 분석철학의 토대론적 전제나 구분들, 예컨대 원자론적

---

1) 필자는 무어의 미학을 그리고 무어의 미학이 이후 분석미학과 맺은 관계를 다음의 졸고에서 다루었다. "Analysing Analytic Aesthetics" in Richard Shusterman 편, *Analytic Aesthetics* (Oxford: Blackwell, 1989), 1-19. 미학과 관련된 비트겐슈타인의 저작들과 영향에 대한 개괄적인 이해를 위해서는 필자의 졸고 "Wittgenstein and Critical Reasoning," *Philosophy and Phenomenological Research* 47 (1986), 91-110을 참고하기 바란다. 또한 Richard Eldridge, "Problems and Prospects of Wittgensteinian Aesthetics," *Journal of Aesthetics and Art Criticism* 45 (1987), 251-61을 참고하기 바란다.
2) 필자는 새로 편집되어 출판된 *Late Works of John Dewey*의 제 10권 (Carbondale: Southern Illinois University Press, 1987)을 사용할 것이다. 참고한 페이지는 *AE*라는 약호와 함께 괄호 속에 표시될 것이다.
3) 이 책은 철학을 넘어서 Robert Motherwell, Thomas Hart Benton, Jackson Pollock 등의 예술가들에게도 영향을 끼쳤다. Stewart Beuttner의 "Dewey and the Visual Arts," *Journal of Aesthetics and Art Criticism* 33 (1975), 383-91을 참고하기 바란다.

검증이라는 전제나 분석적/종합적, 범주/내용, 세계/세계 기술(description) 등의 구분들을 훼손시키면서 대륙적 주제들의 일부와 만난다고 볼 수 있다. 아직 하나의 새로운 미학을 명확히 보여주지는 못하고 있을지라도, 프라그마티즘이 분석철학의 단호한 자기비판과 유럽 대륙 이론의 호소력에 호응하면서 미국 철학에서 일종의 부흥을 경험하고 있다는 점은 놀랄 만한 일이 아니다.

정교화의 예비단계로서 프라그마티스트 미학을 그것이 놓인 철학적 문맥 속에 그리고 다른 경쟁이론들과의 관계 속에 자리매김하는 작업이 필요하다. 이러한 작업을 하기 위해 그리고 프라그마티즘이 왜 분석철학에 의해 질식되었는가를 설명하기 위해, 이번 장에서는 듀이가 대변한 전통적 프라그마티스트 미학과 분석미학 사이의 주요한 대비를 탐구해 나갈 것이다. 이러한 대비를 통해, 분석미학을 상대적으로 궁색하게 보이게 만든 현대 유럽대륙이론의 몇몇 풍부한 주제들이 어떻게 듀이에게서 강력하게 나타나는지를 우리가 또한 볼 수 있을 것이다. 이러한 주제들이 듀이에게서 때로는 더욱 명확하고 고무적으로 표현된다. 분석미학과 대륙미학의 사이에 위치하면서, 즉 대륙미학의 통찰 및 광범위한 관심을 분석미학의 경험적 정신 및 실제적 감각과 결합하면서, 프라그마티즘은 현대 예술철학을 재 인도하고 재활시키기에 아주 좋은 위치에 있다. 프라그마티즘을 분석적 전통과 대륙적 전통 사이의 전도유망한 중간 길과 매개로 바라보는 이러한 관점이 듀이의 미학과 관련하여 이번 장에서 개진되겠지만, 이 관점은 필자의 책 대부분을 구성한 동인이기도 하다.

왜 듀이의 미학이 영미철학자들에게 다소 제한되고 짧은 호소력을 지녔었는지에 대해서는 많은 이유가 존재한다. 한 가지 명백한 이유는 분석철학이 프라그마티즘을 널리 압도한 것이지만, 여기서 그에 대한 충분한 설명을 시도하는 것은 적절치 않다. 가장 광범위하고 상상적인 차원에서 생각해보면 그리고 오스카 와일드(Oscar Wilde)의 예술에 대한 통찰력을 빌리자면, 철학에서의 정복은 강한 새로운 개성이나 새로운 매체의 산물이라고 볼 수 있다. 무어와 러셀의 거만한 개성과 러셀의 새로운 기호논리 속에서 분석철학은 이 두 조건을 충분히 만족시킨다. 프래그머티즘은 하나의 방법으로 존재한다고 스스로 말함에도 불구하고 『수학의 원리(*Principia Mathematica*)』에서 나타나는 논리만큼이나 강력히 과학적인 어떠한 특별한 방법이나 매체를 그 어느 곳에서도 보여주지 못하고 있다. 더욱이, 모든 프래그머티스트들이 과학과 과학의 방법을 칭찬하고 퍼스(Peirce)와 제임스(James)는 분명 과학적 인물들이지만, 프래그머티즘은 과학철학을 철학이 할 수 있는 또는 해야만 하는 모든 것으로 바라보지 않았다. 과학이 대학교과들의 왕이자 모범인 전문적 기술의 시대에, 프래그머티즘이 일편단심의 과학적 프로그램인 분석철학에 패배했다는 것은 놀랄 만한 일이 아니다.

프래그머티스트 미학이 분석철학에 쉽게 편입될 수 있는 것도 아니다. 왜냐하면 프래그머티즘의 경험적, 실제적 정신에 공감하기는 하지만, 분석철학은 진리, 지식, 경험 등에 대한 프래그머티즘의 가장 중심적 교설과 항상 깊게 대립한다. 이러한 대립의 일부를 전체론(holism)과 반토대론(anti-foundationalism)이란 헤겔(Hegel)적 주제에 대한 분석철학의 적대감에서 분명히 살펴볼 수 있다. 이러한 헤겔적 주제는 프래그머티즘, 특히 듀이에게서 중심적이기도 하다. 분석철학이 그 당시의 정통 주류였던 브래들리(Bradley), 보장케(Bosanquet), 맥태가트(McTaggart) 등의 신헤겔주의를 격렬히 공격하고 실권시킴으로써 이룩되었다는 점을 기억해야만 한다. 헤겔주의에 대한 무어와 러셀의 공격이 지닌 핵심은 내적 연관과 유기적 통합성이라는 전체론의 교설에 대한 비판이었다. 그 교설은 성분이나 개념은 하나의 독립적 정체성이나 본질을 지니고 있는 것이 아니라, 자신이 속한 전체 속에서 모든 다른 성분들 및 개념들과 상호관계를 맺으면서 띄게 되는 하나의 기능이다는 생각으로 이루어져 있다. 분석철학의 프로그램은 논리원자론(logical atomism)의 비호 아래 추진되었다. 논리 원자론의 생각은 실재, 진리, 지시 등에 대한 불변의 토대를 구성하는 그리고 우리의 개념적 체계를 통해 경험 속에서 어떠한 방식으로든 우리에게 표상되는 어떤 논리적으로 독립된 사실이나 사물들이 비록 감각 자료(sense-data)로서 일망정 세계 속에 존재한다는 것이다. 기본적으로 칸트(Kant)적인 노동의 분화 속에서는 철학이 개념들을 분석하는 특별한 임무를 지녔기 때문에 과학과 구분되었다. 개념들을 통해 논리적으로 독립된 사실들이 나아가 모든 경험적 사실들이 표상되고 알려지는 것이다. 철학은 단지 또 다른 이름의 경험적 진리를 제공하는 것이라기보다는 필연적으로 알려질 수 있는 그리하여 지식에 대한 모든 주장들을 위한 토대로 기능할 수 있는 비경험적으로 존재하는 개념적 진리를 공표하는 것이다.

리처드 로티(Richard Rorty)는 분석철학과 프라그마티즘 사이의 인식론적 그리고 형이상학적 갈등이 칸트와 헤겔 사이의 다툼을 반영하고 있다는 점을 시사하였다. 필자는 이 점이 거치나마 미학에도 확대될 수 있다고 생각한다.[4] 듀이의 미학은 전체론, 역사주의, 유기론(organicism) 등이라는 점에서 헤겔적이었고, 심지어 듀이의 프라그마티스트 계승자들에게도 지나치게 헤겔적이었다.[5] 더욱이, 듀이의 미학은 크로체의 미학과 흡사하였다. 크로체의 미학은 헤

---

[4] Richard Rorty의 *Philosophy and the Mirror of Nature* (Princeton: Princeton University Press, 1979), 130-69 그리고 "Dewey's Metaphysics," in *Consequences of Pragmatism* (Minneapolis: University of Minnesota Press, 1982), 72-89를 참고하기 바란다. Nicholas Wolterstorff는 분석미학이 신 칸트주의의 일종임을 적절히 보여주었지만 프라그마티스트 미학은 고찰하지 않았다. N. Wolterstorff의 "Philosophy of Art after Analysis and Romanticism," in Shusterman (ed.), *Analytic Aesthetics*, 32-58을 참고하기 바란다.

[5] 듀이의 미학이 지닌 헤겔적 유기론에 대한 비판의 예로는 Stephen Pepper의 "Some Questions on Dewey's Aesthetics," in P. A. Schilpp, *The Philosophy of John*

겔의 관념론과 관련을 맺고 있었으며, "관념주의 미학"에 대한 분석적 비판의 초점이 되었다.6) 우리가 보게 될 것처럼, 듀이 미학이 지닌 몇몇 헤겔적 측면들은 분석적 예술철학의 칸트적 전제, 방법, 관심 등과 대조를 이루었다. 그리하여 분석철학의 스타일 내에서 작업한 영미미학의 계승자들과 듀이의 미학은 돌이킬 수 없이 어긋나게 되었다.

그렇지만 필자의 목적은 여기서 칸트/헤겔, 분석철학/프라그마티스트의 대칭을 옹호하는 데 있지 않다. 필자의 목적은 분석철학자들이 왜 듀이의 『경험으로서의 예술』을 "모순적 방법들과 훈련받지 않은 사변들의 뒤범벅"이라고 경시했는지에 대한 이유를 이해시켜 주기 위하여 프라그마티스트 미학과 분석미학을 대비하는 데 있다.7) 대비를 분명히 하기 위해, 필자는 분석미학을 실제 역사에 확고히 근거하기는 하겠지만 다소 대범하고 단순화된 베버(Weber)적인 "이상적 유형(ideal type)"의 필치로 특징화할 것이다.

Dewey (La Salle, Ill.: Open Court, 1989), 369-89를 참고하기 바란다. 이러한 비판으로부터 듀이를 옹호하려는 현대적인 시도는 Thomas Alexander의 *John Dewey's Theory of Art, Experience, and Nature: The Horizons of Feeling* (Albany: Suny Press, 1987), 1-13을 참고하기 바란다.

6) 예컨대 W. B. Gallie의 "The Function of Philosophical Aesthetics," in William Elton (ed.), *Aesthetics and Language* (Oxford: Blackwell, 1954), 13-35를 참고하기 바란다. Elton의 이 선집은 크로체에 대한 많은 다른 비판들을 담고 있다. 크로체주의와의 대립을 통하여 이루어진 분석미학의 초창기 발달에 대한 일반적 설명은 졸고 "Analytic Aesthetics, Literary Theory, and Deconstruction," *Monist* 69 (1986), 22-38을 참고하기 바란다.

7) Arnold Isenberg의 "Analytical Philosophy and the Study of Art," *Journal of Aesthetics and Art Criticism* 46 (1987), 128을 참고하기 바란다.

(1) 듀이 미학이 지닌 가장 중심적 특징들 중의 하나는 육체적 자연주의(somatic naturalism)이다. 『경험으로서의 예술』의 첫 장 제목은 "생물(The Live Creature)"이다. 그리고 이어지는 모든 다른 장들과 마찬가지로, 첫 장도 미학의 뿌리를 인간 유기체의 자연적 필요, 구조, 활동에서 찾는 데 할애되고 있다. 듀이는 "미적 경험과 정상적 삶의 과정, 양자 간의 연속성을 회복하는 것"을 목표로 하였다(AE 16). 미적 이해는 예술(art)과 아름다움의 뿌리가 "기본적인 생명기능"에, 인간이 "금수"와 공유하는 "생물적 평범함"에 있다는 점으로부터 시작해야 하며, 그리고 결코 이 점을 잊어서는 안 된다(AE 19-20). 듀이에게서 모든 예술은 살아 있는 유기체와 그 유기체를 둘러싸고 있는 환경 사이에, 피동과 능동 사이에 이루어지는 상호작용의 결과이다. 그러한 상호작용은 에너지, 행동, 자원들을 재조직하는 것과 관련된다. 미감적 예술(fine art)이 점점 더 정신화되었다고 할지라도, "유기적 기초는 힘차고 깊은 토대"로, 예술이 지닌 정서적 에너지를 떠받치는 근원으로 남아 있다(AE 30-1). 이 정서적 에너지는 예술이 삶을 강화시키는 것을 가능케 한다. 그렇지만 유기적 기초라는 본질적인 생리적 층이 예술가에게만 한정되지는 않는다. 감상자 또한 예술을 감상하

기 위해서는 자신의 생리적인 감각 반응뿐만 아니라 자신의 자연적 감정과 에너지도 끌어들여야 한다. 듀이에게서 예술을 감상한다는 것은 감상자가 어떤 대상을 미적 경험 속에서 예술로 재구성하는 것을 의미한다. 그러므로 반응의 그러한 통로들에 대한 예비적 훈련은 "미적 교육의 커다란 일부이다. 추구하는 바를 그리고 그것을 바라보는 방법을 안다는 일은 운동기관(motor equipment)에 의한 순발적 사태이다." 비록 "앞서의 경험에서 나온 의미들과 가치들"로 채워진 저장고를 필요로 하기도 하지만 말이다 (*AE* 103-4).

미적 경험과 예술적 대상들을 표준적으로 특징짓는 것은 형식의 존재이다. 그러나 회화와 조각에서조차도 형식은 정적인 공간의 관계가 아니라 "축적, 긴장, 보존, 기대, 그리고 완수" 등을 드러내는 성분들의 역동적인 상호작용이며, 그러한 성분들은 정서적 강렬함과 더불어 하나의 미적 경험을 정의하는 특성들이다. 그리고 그러한 "형식적 조건들은 …… 세계 그 자체 속에 깊이 뿌리 내리고 있다." 즉, 우리 자신의 생물학적 리듬들과 자연의 더 큰 리듬들 속에 뿌리 내리고 있다. 그러한 리듬들은 점차 신화와 예술의 리듬들 속으로 그리고 과학의 리듬적 "법칙들" 속으로 투영되고 정교화된다(*AE* 152). 그리하여 듀이는 다음과 같이 주장하였다. "생물이 그 자신의 환경과 맺는 관계의 기본적 유형이 …… 모든 예술의 그리고 모든 예술작품들의 리듬 밑바닥에 깔려 있다." 그러므로 "자연에 대한 가장 넓고 깊은 의미에서의 자연주의는 모든 위대한 예술에 필수적인 것이다"(*AE* 155-6). 왜냐하면 자연의 역할은 어떤 순수한 천상의 경험을 성취하기 위해 인간의 자연적, 유기적 뿌리와 욕망을 부정하는 것이 아니라, 만족스럽게 통합된 표현을 우리의 신체적 그리고 지적 차원 모두에 제공하는 것이기 때문이다. 듀이는 우리가 이 양 차원을 분리하는 뼈아픈 잘못을 범해왔다고 생각한다. 예술의 목적은 "전체 생물의 통합된 생명력 속에서 전체 생물을 위해 이바지하는 것이다"(*AE* 122).

분석미학의 요점은 자연화된 예술과 미적 가치에 첨예하게 대립된다. 무어(G. E. Moore)는 가장 전형적인 분석미학자라고는 할 수 없지만 자연주의의 오류(the naturalistic fallacy)라는 자신의 학설을 통해 이 문제에 대한 주요한 분석적 전략을 제공하였다. 자연주의의 오류는 "선에 대해서와 마찬가지로 미에 대해서도 아주 흔히 범해져 왔던 오류이다."8) 우리는 미를 어떤 자연적 성질과 단순히 동일시할 수 없다. 왜냐하면 우리는 그러한 성질을 지닌 어떤 대상이 사실상 아름다운가라는 질문을 항시 의미 있게 던질 수 있기 때문이다. 만일 미가 그러한 자연적 성질과 동일하다면, 이 질문은 전혀 무의미할 것이다. 이 "열린 질문(open-question)" 논증이 지닌 호소력이 크게 약화되어버린 때조차도, 분석미학자들은 미적 성질들을 자연적 성질들과 동일시하는 것을 나아가 자연적인 지각적 성질들에 의해 논리적으로 수반되는 것으로 간주하는 것을 거부하였다. 이 점이 맥도널드(Margaret Macdonald)가 "예술작품들은 비밀스러운 대상들이다"라고 주장한 이유이다. 그리고 이 점이 시블리(Frank Sibley)의 큰 반향을 불러일으킨 논문인 "미적 개념들(Aesthetic Concepts)"의 요점이다. 이 논문은 미적 개념들이 자연적인 감각적 지각과 지성에 근거해서는 올바로 사용될 수 없고, 특별한 취미의 기관을 필요로 한다고 주장하였다. 그러한 취미는 시블리가 보기에는 법칙에 의해 지배되는 것도 또는 인간본성의 자연적 천성으로서 모두에게 공통적인 것도 아니다.9)

법칙에 지배받지 않는 취미의 기관이라는 개념은 분명히 칸트로의 회귀

---

8) G. E. Moore, *Principia Ethica* (Cambridge: Cambridge University Press, 1903; repr. 1959), 201.

9) Margaret Macdonald의 "Some Distinctive Features of Arguments Used in Criticism of the Arts," in Elton (ed.), *Aesthetics and Language*, 114. Sibley의 논문은 *Philosophical Review* 68 (1959), 421-50에 처음 실린 후 여러 선집에 널리 실렸다.

이지만, 혹자는 취미의 기준이 "인간본성 속에 ······, 즉 우리가 모든 사람이 가졌으리라고 짐작하는 그리고 모든 사람에게 요구하는 인간본성 속에" 근거하고 있다고 주장하면서 취미에 대한 칸트의 미학이 확연한 자연주의라고 간주할 수도 있다.[10] 그러나 칸트의 미학적 자연주의는 크게 보아 환상이다. 미적 판단에 대한 그의 설명은 특수한 문화적 조건과 계급적 특권을 전제로 하고 있을 뿐만 아니라,[11] 그가 미적 판단의 타당성에 대한 기반으로 삼기 위해 의존하고 있는 인간의 본성은 우리가 이해할 수 있는

---

10) Immanuel Kant, The Critique of Judgement, J. C. Meredith역 (Oxford: Oxford University Press, 1952), 116. 그리고 이 문단의 다른 인용들은 64, 65, 67, 212-13에서 따왔다.

11) 칸트에게서 미적 판단은 기본적으로 형식에 대한 무관심적 주목에 의해 특징 지워진다. 여기서 무관심은 "욕망"으로부터의 자유를 전제한다(Critique of Judgement, 49). 그러나 누가 무관심할 수 있는 여유가 있는가? 누가 시간과 노고를 바쳐 형식에만 국한하여 대상들을 음미할 수 있으며 그리고 자신의 욕망과 필요를 만족시키는 대상들의 도구성을 무시할 수 있는가? 그렇게 할 수 있는 안정, 여유 그리고 수단을 지니고 있는 사람들, 기본적인 욕망이나 필요가 가장 적절히 충족되는 사람들, 즉 사회·경제적으로 그리고 문화적으로 특권화된 사람들임에 틀림없다. 예술에 대한 취미가 올바른 교육을 필요로 할 뿐만 아니라, 자연에 대한 미적 감상조차도 칸트에게서는 올바른 사회-문화적 조건들과 훈련에 근거하고 있음이 판명된다. 숭고는 자연의 "두려운" 파괴로부터 안전한 거리를 확보하지 않고는 그리고 우리 문화가 "도덕적 이상들의 발전"을 이루지 않고는 감상될 수 없다. 그러므로 "문화는 숭고에 대한 판단에서 (미에 대한 판단에서 보다 더) 필수적이다"(115-16). 그러나 자연미에 대한 감상조차도 문화화 되지 못한 사람들에게는 "사실상 상식적이거나" 자연적이지 "못하다". "자연미에 대한 감상은 사유의 습관이 이미 선에 대하여 훈련받았거나 그러한 훈련에 현저히 민감한 사람들"에게 (160) 그리고 형식에 대한 취미가 자연의 정서적 감각적 매력들, 즉 취미에 대한 판단을 불순케 하는 그러한 매력들을 무시할 수 있는 사람들에게 (65) "고유한 것이다".

다양한 "관심적"인 반응들과의 구분 속에서 무관심성의 개념을 도입하면서 칸트가 취미와 사회문화적 특권 및 차이와의 연관을 명확히 강조하는 인물들을 채택한다는 점에 주목할 만하다. 궁전에 대하여 무관심적인 미적 태도를 취하지 못하는 사람들은 "파리에는 요리점보다 더 마음에 드는 것은 없다고 말한 이로쿼이 족의 추장"이며, "백성의 땀을 그처럼 불필요한 것에 낭비하는 왕후의 허영에 반대"함으로써 하류계층에 관심을 가진 "루소와 같은 사람"이며, 그리고 사회로부터 완전히 격리되어 자신의 사회적 지위를 취미판단을 통해 다른 사람들에게 주장할 기회를 박탈당한 "무인도"에 사는 사람이다(43). 칸트의 자연주의에 반대하는 필자의 논증은 "Of the Scandal of Taste: Social Privilege as Nature in the Aesthetic Theories of Hume and Kant," Philosophical Forum 20 1989), 211-29에서 한층 상세히 개진되었다.

바로서의 본성의 영역을 넘어선 것, 즉 "(오성의 어떤 개념으로도 획득할 수 없는) 모든 주관들의 초감각적 기체(基體)"이다. 그러한 초감각적 기체는 신념의 형이상학적 항목으로 설정되어 있다. 이 초감각적인 것으로의 비상은 칸트의 미적 자연주의가 인간본성에 대한 매우 천상적이고 무력한 개념을 대변하고 있다는 사실을 보여주는 것이다. 전체 생물에 대한 듀이의 고려와는 대조적으로, 칸트의 미적 판단은 형식의 지적인 속성들에만 좁게 집중하고 있다. 인식능력 …… 의 활력"으로부터 비롯된 쾌만이, 즉 "감각 속에서 만족된 쾌가 아니라 감각의 형식에 의해 즐겨진" 쾌만이 미적이다. 정감과 감각적 쾌로부터 이끌어진 자연적 만족은 관심과 욕구를 함축하고 있다는 근거에서 거부된다. 그러므로 칸트에게서는 "어떤 것을 아름답다고 기술하는 판단에 매력이나 정감이 개입하게 되면 항시 결함이 존재하게 된다." 그리고 그러한 만족을 옹호하는 취미는 "미개함으로부터 아직 벗어나지 못한 것이다."

(2) 무관심성에 대한 칸트적 개념은 분석적 예술철학에서 많이 등장하며, 프라그마티스트 미학과의 두 번째 대비를 보여준다. 미는 선과 마찬가지로 순수한 내재적 가치, 즉 그 자체로 비도구적 목적이며, 수단으로서는 잘못 생각되거나 잘못 적용될 수 있을 뿐이라는 주장은 무어(Moore)의 관점만은 아니다. 비도구성과 무보상성(無補償性)으로 정의되는 무엇으로서 예술을 특징화하는 한층 더한 주장이 존재한다. 스트로슨(Strawson)은 예술에 대한 우리의 관심을 "예술이 할 수 있는 또는 예술이 하여야만 하는, 또는 우리가 예술을 통해 할 수 있는 것에 대한 어떠한 관심도" 완전히 결여한 것으로, "나아가 예술이 우리 속에서 산출할 특정한 반응 (즉, 흥분이나 마취)에 대한 관심조차 아닌 것으로" 정의함으로써 예술을 위한 어떠한 일반적 규칙도 불가능함을 설명하였다. 이와 마찬가지로 햄프셔(Stuart

Hampshire)도 "예술작품은 무상적이다," 즉 "무상적으로 만들어지거나 행해지는 것, 그리고 제안된 문제에 대한 반응으로 이루어지지 않는 것"이라고 말하였다.12) 예술을 어떤 기능성으로부터도 순화시키려는 이러한 시도들에 깔린 동기는 예술을 가치 없이 무용한 것으로 격하시키려는 것이 아니라 예술의 가치를 도구적 가치의 영역으로부터 분리하여 그 위에 두려는 것이었다. "예술을 위한 예술"의 잔재인 이러한 전략은 예술이 도구적 가치의 측면에서는 적절히 경쟁될 수 없다는 염려를 바탕으로 하여 폭압적인 공리주의적 사고와의 불공평한 경쟁으로부터 예술의 자율성을 보호하려는 것이었다. 이 전략의 바람은 인간 정신의 특정영역을 미련스럽게 지독히 계산된 수단-목적의 합리성(means-end rationality)으로부터 보호하려는 것이었다. 이러한 합리성은 세상을 계몽시켰을 뿐만 아니라 기능화된 산업화의 얼룩으로 물들여 황폐화시켰다. 미적인 것은 자유의 독자적 영역을 대변할 것이다. 예술은 기능, 용도, 그리고 문제해결 등으로부터 자유로울 것이다. 용도로부터의 이러한 자유는 예술의 정의적(定義的), 귀족적 특징일 것이다.

이러한 모든 점은 듀이의 프라그마티스트 미학과는 낯설다. 듀이 또한 미적인 것을 옹호하고 미적인 것의 대체될 수 없는 가치를 입증하는 데 진력하였지만, 그는 이러한 작업을 예술의 위대한 그러나 범세계적인 도구적 가치를 강조하면서 수행하였다.13) 어떠한 것이 인간적 가치를 지니려면, 그것은 어떤 방식으로든 필요를 충족시켜야만 하고 인간 유기체의 삶

---

12) Peter Strawson의 "Aesthetic Appraisal and Works of Art," in *Freedom and Resentment* (London: Methuen, 1974), 187 그리고 Stuart Hampshire의 "Logic and Appreciation," in Elton (ed.), *Aesthetics and Language*, 162, 164를 아울러 참고하기 바란다.
13) 듀이에게서, "예술철학은 그것이 우리에게 경험의 다른 양태들과의 관계 속에서 예술의 기능을 일깨우지 못한다면 척박한 것이다"(*AE* 17).

과 발전을 주변환경과의 조우 속에서 증진시켜야만 한다. 칸트적 전통의 오류는 다음과 같은 점을 전제하는 데 있다. 즉, 예술만이 잘 수행할 수 있는 어떤 특정한 고유의 기능도 예술이 지니고 있지 못하기 때문에 예술은 용도와 기능을 완전히 넘어섬으로써만, 순순히 내재적 가치를 지님으로써만 옹호될 수 있다는 점을 전제하는 데 있다. 이러한 오류는 다음과 같은 생각, 즉 전제된 수단-목적 이분법으로 인하여 그리고 도구성과 "저급하지는 않을지라도 협소한 효율 사무소(office of efficacy)"와의 결합으로 인하여 도구성이 내재적 가치와는 여하튼 대립한다고 여기는 생각에 의해 종종 증폭된다(*AE* 144).

듀이의 수정은 수단-목적의 구분을 재해석함으로써 도구적 가치와 내재적 가치 사이의 대립을 거부하는 것에 그치지 않았다(*AE* 143-6, 201-4). 듀이의 수정은 예술의 특별한 기능과 가치가 어떤 *특수화된* 특정 목적에 있는 것이 아니라 생물을 더욱 범세계적인 방식으로 만족시키는 데 있다고 주장하는 지점까지 나아갔다. 그러한 만족은 다양한 목적들에 기여함으로써, 그리고 무엇보다도 우리를 기운생동케하는 우리의 직접적 경험을 증진시키고 그리하여 우리가 추구하는 상위 목적들에 대한 성취를 북돋아 줌으로써 이루어진다. 그러므로 예술은 도구적으로 가치 있으면서 동시에 그 자체로 만족스러운 목적이다(*AE* 144). "단순한 유용성이라는 것은 …… 특정하고 제한된 목적만을 만족시킨다. 미적 예술작품은 많은 목적들을 만족시킨다 …… 그것은 삶의 정의되고 제한된 양태를 규정한다기보다는 삶에 기여한다"(*AE* 140). "우리는 일상적 경험의 상황과 긴급사태에 대한 갱신된 태도를 취하게 된다." 예술의 도구성은 "지각의 직접적 행위가 멈추었을 때라도 중단되지 않는다. 그것은 간접적인 경로 속에서 지속적으로 작용한다"(*AE* 144). 추수의 들녘에서 불리는 노동요는 추수하는 사람들에게 만족스러운 미적 경험을 제공하는 데 그치는 것이 아니다. 그 노동요가 지닌 풍취는 추수하는 사람들의 노동에 전해져 그 노동을 생동케 하고 증진시키며 노래와 노동이 끝난 이후에도 오랫동안 남는 연대의 정신을 심어 준다. 유사한 광범위한 도구성이 고급예술작품들에서도 발견될 수 있다. 고급예술작품들은 특별한 미적 경험을 산출하기 위한 정제된 일련의 도구들이 아니다. 그것들은 지각과 소통을 변화시키고 명료화하는 작용을 한다. 그것들은 활기를 돋우어 영감을 준다. 왜냐하면 미적 경험은 항시 흘러 넘치고 우리의 다른 활동들 속으로 통합되어, 그 활동들을 증진시키고 심화시키기 때문이다(AE 101, 110, 138, 248-9, 335, 348-9).

그리하여 예술은 "일반적 세계를 충만한 상태에서 경험하게 하는 힘을 계속 살아 있게 만든다"(AE 138). 그리고 예술은 어떤 "만족스러운 통일감"을 세계에 대한 경험 속에 들여옴으로써 세계와 그 세계 속에서의 우리의 현존을 더욱 의미 있고 견딜 만한 것으로 만든다(AE 199). 즐거운 의미의 형식과 전체를 존재에 제공함으로써 존재를 정당화하는 예술의 위와 같은 깊이 있는 역할은 듀이의 미학을 "이 세상은 오직 미적 현상으로써만 정당화될 수 있다"라는 니체의 관점과 짝 맞추어 준다. 이러한 관점은 "존재의 미학(aesthetics of existence)"이라는 푸코(Foucault)의 그리스적 이상 속에서 다시 나타난다. 더욱이, 충만하게 구현된 미적인 것을 옹호하고 칸트적 무관심성을 반박한다는 점에서 듀이는 "미학의 '생리학'"에 대한 그리고 그것이 지닌 "'관심'의 …… 자극"에 대한 니체의 깨달음과 일치한다.[14]

---

[14] 니체에 대한 인용은 그의 *Birth of Tragedy* 그리고 *The Genealogy of Morals* (New York: Doubleday, 1956), 143, 240, 247에서 하였다. 푸코는 "존재의 미학"을 *The History of Sexuality*, vol. 2 (New York: Vintage, 1986), 89-93에서 말하였다. 미적 삶에 대한 그의 관점은 이 책의 5장에서 논의될 것이다. 역사의 사회적 구조가 신체에 그리고 즐거움에 대한 신체의 양태에 얼마큼 중요한 영향을 끼치는가를 듀이의 자연주의가 무시했다고 비판할 수는 없다. 듀이에게서 그러한 구조는 환경적 자연에 속한다. 환경적 자연은 환경적 자연과 상호작용하는 인간 유기체를 형성하는 데 도움을 준다. 어떻게 사회적 그리고 역사적 요소들이 우리의 미적 지각을 형성하는지, 어떻게 "인류의 제도적 삶"이 "우리의 상이한 감관들"에 영향을 끼치는지에 대한 듀이의

듀이는 이러한 육체적(somatic) 니체의 주제를 푸코(Foucault) 및 바타이유(Bataille)와 공유한다. 일탈, 사회문화적 왜곡 그리고 극단에 대한 푸코 및 바타이유의 급진적인 강조는 듀이를 건전하게 또는 순진무구하게 보이도록 만든다. 좋든 나쁘든, 자연적 에너지에 대한 듀이의 낙관적인 미학은 계몽적 유럽의 지식인들보다는 희망에 찬 "신세대(New Age)" 개척자들을 더 고취시킬 것이다. 그러나 여하한 경우든 듀이의 미학은 신체를 미학의 본질적인 주제로 포착한다. 이는 분석미학에서 결여되었던 주제이며, 유럽 대륙이론에서는 점차 중요하고 매혹적이 되어 가는 주제이다. 듀이의 육체적 관점은 살아 있는 육체에 대한 메를로 퐁티(Merleau-Ponty)의 기본적인 강조와 한층 밀접히 호응할 것이다. "회화와 예술로 증폭되는 것은 가장 작은 지각에서 시작된 육체의 표현적 작용이다"라는 메를로 퐁티의 주장은 그러했던 것은 아니지만 『경험으로서의 예술』에서 곧장 추론될 수도 있었다.15)

(3) 예술의 범세계적 기능성에 대한 듀이의 깨달음은 대부분의 분석철학자들과 첨예하게 대비되는 또 다른 관점과 연관된다. 그것은 예술과 미적인 것에 대한 문화적 으뜸성과 철학적 중요성이다. 미적 경험은 "전체 생물을 생동케 하는 그리고 가장 생동케 하는 경험"이기 때문에 듀이는 "그러므

깨달음은 이후에 필자가 논의할 예술의 박물관적 개념에 대한 듀이의 사회사적 비판을 부분적으로 형성한다(*AE* 26-7). 어떠한 편협한 물리적 자연주의와도 달리, 듀이는 다음과 같이 주장한다. "야만인도 문명인도 때 묻지 않은 구조에 의해 존재하는 것이 아니라 그가 참여하는 문화에 의해 존재한다"(*AE* 347).

15) Maurice Merleau-Ponty의 *Signs* (Evanston: Northwestern University Press, 1964), 70을 참고하기 바란다. 듀이의 다음과 같은 주장과 비교해보라. "개인적 육체의 운동은 물질적인 것에 대한 전면적 재형성 속으로 들어간다 …… 생기 있는 자연적 표현이 지닌 리듬의 무엇인가는 …… 새기기, 그림그리기, 상(象)만들기, 건물설계하기, 그리고 이야기 쓰기 등 속으로 가야만 한다"(*AE* 231-2). "그러므로 예술은 삶의 모든 과정 속에 이미 형성되어 있다"(*AE* 30).

로 철학자는 경험이 무엇인지를 이해하기 위해서 미적 경험에 다가가야만 한다"라고 주장하였다. 듀이에게서, 미적 경험을 파악하는 특정 철학의 능력은 "경험 그 자체의 본성을 파악하는" 특정 철학의 역량에 대한 시금석이다. "예술과 미적인 것에 대한 특정 철학의 대응보다 특정 철학의 일면성을 확실히 드러내는 시금석은 없다"(*AE* 24-5, 33, 278). 한 걸음 더 나아가 듀이는 "문화의 질에 대한 최종적인 척도는 …… 만개하는 예술이다"라고 주장하였다(*AE* 347). 이에 반해, 분석철학자들에게는 인간업적의 이상과 전범은 과학이다.

분석철학이 과학철학을 모범으로 삼았기 때문에, 예술과 미적인 것은 주변부적 지위가 부여되었고 과학적 이해의 영역을 넘어선 가망 없는 것으로 종종 의도적으로 회피되었다. 분석미학은 적어도 그 시작단계에서는 과학철학의 논리적으로 엄격하고 정확한 방법을 예술의 변덕스럽고 희미한 영역에 적용하려고 시도하였다. 그리고 그를 통해 예술의 흐릿한 개념들을 그리고 예술이 이해되고 감상되는 해석과 평가의 혼란스러운 방법들을 명료히 하려고 하였다. 과학을 그리고 과학이 문명에 내린 혜택을 매우 높이 평가하기는 하지만, 듀이는 과학적 경험을 예술보다 빈약한 것으로 간주할 수밖에 없었다. 왜냐하면 예술은 인간유기체와 더욱 의미 있는 그리고 직접적으로 만족스런 방식으로 관계 맺기 때문이다(*AE* 90-1, 126, 278). 이러한 관계는 고도의 복합적인 사유를 포함한다. "진정한 예술작품의 생산은 그 스스로를 '지식인'이라고 뽐내는 사람들 사이에서 진행되는 이른바 사유 중에서 최상의 사유가 요구하는 것보다도 더 지성을 요구한다(*AE* 52)." 그러므로 듀이는 "직접적인 즐거움을 통해 소유할 수 있는 의미들로 충전된 활동의 양태인 예술은 자연의 완벽한 절정이며 과학은 이러한 행복한 산물의 예의바른 시녀로서 자연적 사태들을 안내한다"라고 주장하였다.[16]

필자는 이러한 다소 지나친 주장 또는 미적 경험이 "경험 그 자체의 본성"을 철학적으로 이해하기 위한 필수적인 열쇠라는 주장을 입증할 명확한 방도를 알지 못한다(*AE* 278). 그리고 어느 정도 미적 경험이 철학적 용어로 분석되어야 하는지를 확신하지 못한다. 비록 필자가 듀이를 연구하고 응용하면서 이를 충분히 논의할 것이지만 말이다. 그렇지만 두 가지 점은 명확하다. 근본적으로 자연주의적 그리고 경험주의적 철학적 기초에서 예술을 과학보다 우위에 둔 듀이의 행위는 점점 더 기술화되어 가는 세계 속에서, 지배적인 문화적 영웅이 과학인 세계 속에서 용기 있고도 치유적인 몸짓이었다. 둘째, 예술뿐만 아니라 예술이론이 문화에 대한 우리 스스로의 이해를 위해서 철학적으로 가장 중요하고 값지다고 간주될 때, 미적 탐구가 가장 잘 이루어질 듯이 보인다. 여기서 다시 듀이의 프라그마티즘은 대륙철학과 발맞추어 분석미학보다 우위를 누리게 된다.

(4) 견고한 사유가 과학에서 만큼이나 예술에서도 더 중요하다고 주장하면서도, 듀이는 과학 그 자체가 감정과 상상력을 결여한 순수한 사유보다 우위에 있다는 점을 그리고 "미적 성질이 …… 과학적 저작 속에 내재해 있을 수도 있다"는 점을 깨달음으로써 곧바로 보완을 하였다(*AE* 202). 왜냐하면 과학적 탐구는 모든 인간기능들의 "질서 있고 조직적인 운동을 통한 내부적 통합과 완성(에서 나오는) …… 만족스러운 정서적 질"을 제공하기 때문이다. 이러한 정서적 질은 예술과 미적인 것에 대한 듀이적인 보증서이다(*AE* 45). 듀이는 예술과 과학이 고대나 원시문화에서는 거의 구분되지 않았다는 점에 주목하면서 이 양자가 경험과 조화롭게 조우하는 깊은 유사성을 지녔음을 강조하려고 애썼다(*AE* 153-4). 듀이는 "과학 그

---

16) John Dewey, *Experience and Nature* (La Salle, Ill: Open Court, 1929), 290. 다음부터는 *EN*이라는 약호를 사용할 것이다.

자체는 다른 예술들의 생성과 활용에 예비적인 기본적 예술이다"는 점을 그리고 과학과 철학은 양자 모두 그 종사자들에게 미적 경험을 제공할 수 있다는 점을 선언하는 데까지 나아갔다(AE 125-6).

상이한 분과의 모든 이러한 연결과 통합은 미학과 다른 영역에서 듀이가 가장 중요시하는 주제들 중의 하나를 암시해준다. 그것은 흔히 연속성의 논제(the continuity thesis)라 부르는 주제이다. 분석철학과는 대조적으로 듀이는 구분보다는 연결을 이루는 데 전념하였다. 이는 아마도 또 다른 Kant/Hegel의 대립을 반영하는 것일 터이다. 듀이는 인간경험과 활동의 여러 측면들을 연결하는 데 예민하였다. 그러한 여러 측면들은 특수화되고 구획화된 사유에 의해 나뉘었으며, 나아가 그런 단편화된 분과적 사유를 재강조시키고 재강화시키는 특수화되고 구획화된 제도들에 의해 더욱 더 야만적으로 찢어졌다. 그러므로 어떤 면에서 듀이는 분과적 권력을 더욱 정교하게 분석하는 푸코를 예고한다. 그리고 듀이는 관료적인 분리화와 획일화를 통해 통치되는 우리 관리사회의 사회적이고 개인적인 분열에 대해 더욱 따갑게 비판하는 아도르노를 예고하기도 한다. 구별의 공고화가 증진시켰던 경험의 고통스러운 파편화를 탄식하면서, 듀이는 그 파편화의 전형적 원천이자 지속적 결과인 참을 수 없는 사회적 분화와 문화적 모순에 반대하였다. 사유와 경험의 사회·역사적 조건을 항시 의식하면서, 듀이는 다음과 같은 점을 깨달았다.

> 스스로를 경험의 다른 양태들로부터 절연시켜 자신만의 고유한 영역에 놓음으로써, 예술과 예술에 대한 감상을 고립되게 만드는 이론들은 그 자체의 주제 속에 내재해 있는 것이 아니라 명시가능한 외재적 조건들로 인해 비롯된다. 제도들 속에 그리고 삶의 관습들 속에 그대로 각인되어 있는 이 조건들은 아주 무의식적으로 기능하기 때문에 효과적으

로 작용한다. 그러므로 이론가는 그 조건들을 사물들의 본성 속에 각인되어 있는 것으로 가정한다. 그렇지만 이들 조건들의 영향은 이론에 한정되지 않고 ...... , 삶의 활동들에 깊은 영향을 끼쳐 행복의 필수적인 요소인 미적 지각을 몰아내거나 보상적이고 일시적인 쾌락적 자극의 수준으로 떨어뜨린다(AE 16).

인류의 제도적 삶은 탈조직화에 의해 특징 지워진다. 이러한 무질서는 제도적 삶이 계층으로의 정적인 분화의 형태를 취한다는 사실에 의해 종종 은폐되며, 이 정적인 분리는 공공연한 갈등을 산출하지 않는 것으로 고정되고 용인되는 한 질서의 핵심으로 받아들여진다. 삶은 구획화되며 그리고 제도적 구획들은 높은 것과 낮은 것으로 분류된다. 제도적 구획들의 가치들은 세속적인 것과 정신적인 것으로, 물질적인 것과 이상적인 것으로 분류된다. 관심들은 외연적으로 그리고 기계적으로 상호 연관된다 ...... 종교, 도덕, 정치, 경영 등은 각각에 걸맞은 그 자신의 고유한 구획을 지니고 있기 때문에, 예술도 또한 그 자체의 독특하고 사적인 영역을 지니고 있어야만 한다 ...... 그러므로 경험의 해부학을 쓴 사람들은 이러한 분화들이 인간본성의 핵심적 구조 속에 내재해있다고 생각한다 .... 현재의 경제적·법적인 제도조건들 아래서 실제로 영위되고 있는 우리 경험의 대부분 경우, 유감스럽게도 위와 같은 분리가 유지되고 있다(AE 26-7).

"미적 경험과 삶의 정상적 과정 사이의 연속성을 회복"시키려고 하는 듀이의 미적 자연주의는 "미감적 예술(fine art)에 대한 구획화된 개념"이 쌓아놓은 숨 막히는 감옥을 부수려고 하는 그의 노력의 일환이다. 미적인 것에 대한 낡고 제도적으로 공고화된 철학적 이데올로기, 즉 예술을 실제 삶과 날카롭게 구분하여 박물관, 극장, 연주장 등의 "분리된 영역"에 가두는 이데올로기를 부수려고 하는 그의 노력의 일환이다(AE 9, 14, 16).

그러나 연속성에 대한 듀이의 미학은 예술과 삶을 연결시키는 데서 한 걸음 더 나아간다. 듀이의 미학은 일군의 전통적인 이분법적 개념들, 즉 오랫동안 전제된 대립을 통해 철학적 미학의 대부분을 구성해왔던 전통적인 이분법적 개념들이 근본적인 연속성을 지녔음을 강조한다. 즉, 미감적 예술 대 응용 또는 실제적 예술(AE 11-12, 33-4, 87), 고급예술 대 대중예술(AE 191), 공간예술 대 시간예술, 인식적인 것(AE 45, 52, 80, 202) 및 실제적인 것(AE 45-7, 265-7)과 대조되는 미적인 것,17) 예술가 대 예술가의 청중을 구성하는 "일반"사람(AE 54, 60, 80) 등의 이분법적 개념들이 근본적인 연속성을 지녔음을 강조한다. 미학 속에서 그러한 연속성을 확보하기 위하여, 듀이는 예술에 대한 우리 경험의 분리화와 파편화를 강조하고 강화하는 한층 기본적인 이원론을 훼손시키는 데까지로 이분법적 사유에 대한 공격을 확대시켜 나아갔다. 이러한 이원론의 주요한 것들로는 육체와 마음, 물질적인 것과 관념적인 것, 사유와 감정, 형식과 내용, 인간과 자연, 자아와 세계, 주관과 객관, 수단과 목적 등 사이의 이분법이다.

지금 여기서 모든 이러한 이원론에 대한 듀이의 비판을 언급할 수는 없다.18) 그러나 연속성에 대한 듀이의 강조가 얼마나 근본적으로 분석적

---

17) 미적인 것을 실제적인 것과 인식적인 것으로부터 구별하는 칸트적 생각에 명확히 반대하여, 듀이는 다음과 같이 주장하였다. "미학의 적들은 실제적인 것도 지적인 것도 아니다. 미학의 적들은 지루함, 허술한 목적이 지닌 느슨함, 실행과 지적 과정에서 관습에 대한 복종 등이다"(AE 47).
18) 이러한 이원론에 대한 듀이의 비판을 추적하는 데 관심이 있다면, 육체/마음에 대해서는 AE 26-8, 267을, 물질적/관념적에 대해서는 34, 38, 109를, 사유/감정에 대해서는 40, 125, 161, 251-2, 263을, 형식/내용에 대해서는 112-14, 123, 133을, 인간/자연에 대해서는 152-5, 163, 190, 336, 341을, 자아/세계에 대해서는 109, 252, 254, 274-5, 286을, 주관/객관에 대해서는 251, 281, 292를, 수단/목적에 대해서는 201-2를 참고하기 바란다.

방법과 대조되는가를 주목하는 것이 중요하다. 분석적 방법은 그 이름 자체가 부분들로의 분화를 함축하며 그 스스로 자신이 하는 구별의 명료함과 엄격함을 긍지로 삼는다. 분석미학은 애초에 덥수룩하고 텅 빈 일반화를 공격하면서 자신을 나타냈다. 덥수룩하고 텅 빈 일반화는 예술과 미적인 것을 우리가 유익하게 일반화할 수 있는 하나의 연속적인 전체로 보고 접근함으로써 생긴 결과인 듯하다. 분석미학의 주요한 비판표적은 듀이가 아니라 크로체였다. 크로체는 예술을 자유롭게 창조적인 직관-표현(intuition-expression)으로 정의하면서 모든 장르구분의 타당성을 부정하였고, 예술가와 청중 사이의, 이른바 예술과 다른 표현 사이의 어떠한 기본적 구분도 부정하였으며, 그리고 미적인 것을 언어적인 것으로 사실상 명백히 혼동하였다. 분석미학자들의 주된 논증은 미적 연속성에 의탁하는 일은 다음과 같은 거대이론을 낳는다는 것이다. 즉, 너무 모호하고 탄력적이어서 사실상 텅 빈 거대이론을 낳거나, 그렇지 않고 좀더 규정되었을 경우에는 특정예술들을 보편적 이론에 맞추기 위하여 그 특정예술들의 독특한 특징을 왜곡시키는 거대이론을 낳는다. 보편적 미학의 덥수룩한 "따분함(dreariness)"과 왜곡에 대한 치유책으로 분석미학자들은 "냉혹한 구분"과 한층 전문화된 분과적 접근을 옹호한다. 심지어는 "미학은 존재하지 않지만 문학비평, 음악비평 등의 원리들은 존재한다," 그리고 보편적 미학은 "개별적 예술들에 대한 응집된 특수한 연구"를 위해 반박되고 포기되어야 한다라는 주장이 제기되었다.[19]

다양한 예술들과 그 비평에 대한 세밀한 분석에 구획적 초점을 맞추어 미학적 탐구를 해나가는 일이 어떤 면에서는 매우 생산적일 수 있다. 그리

---

[19] 여기서의 인용은 John Passmore, "The Dreariness of Aesthetics," in Elton (ed.), *Aesthetics and Language*, 50, 55에서 했다. 이 점은 필자의 "Analytic Aesthetics, Literary Theory, and Deconstruction"에서 구체적으로 논의되었다.

고 분석미학의 가치 있는 노력이 이 일에만 국한되어 있지도 않다. 분석미학은 상징화와 재현에 대한 보편적 이해에 중요하게 기여하기도 하였다. 그러나 세 가지 점이 언급될 필요가 있다.

첫째, 개별적 예술들에 대한 구획화된 전문적 연구는 이 예술들에 대한 전문적 아카데미 비평의 급속한 성장에 기인한 바 크다. 그리고 제도적으로는 대학의 개별적 학과들과 분과적 정기간행물들에 기초하고 있다. 직업적 정당화의 압력이 전문화에 대한 옹호를 거역할 수 없게 만들었다.

둘째, 이러한 개별적 연구들이 예술들은 −그 명백하고 강조된 차이에도 불구하고− 어느 정도 (최소한 역사적으로라도) 연결되어 있다는 모호한 개념 아래에서 주로 진행되었을 경우라도, 분과적 전문화가 낳은 변함없는 결과는 그리 만족스러울 수 없었을 것이다. 왜냐하면 오늘날 우리는 예술에 대한 통합분과적(interdisciplinary) 연구를 옹호하는 파고를 목격하고 있기 때문이다. 문화연구를 하는 새로운 정기간행물과 학과의 점증은 전체적 통합으로 나아가는 전도유망한 전환을 반기는 제도적 표현이며 지원이다.

셋째, 구분화의 필요성에 대한 분석미학자들의 강력한 논증, 즉 담화를 구성하는 구분이 없다면 어떤 생산적 탐구도 가능하지 않다는 논증은 듀이에게서도 완벽히 용인될 수 있다. 왜냐하면 듀이는 성향을 나타내고 통찰을 제공하는 유연하면서도 일시적인 도구로 구분과 정의를 기꺼이 받아들였기 때문이다. 듀이는 분류와 평가를 신성불가침의 원리로서 받아들이는 것을 거부할 뿐이다. 즉, 사물들 사이의 필연적이고 메울 수 없는 간극에 대한 표식으로서 분류와 평가를 받아들이는 것을 거부할 뿐이다. 왜냐하면 구체적 경험 속에서는 그 사물들이 깊고 풍부하게 연결되어 있거나 연결될 수 있기 때문이다. 듀이 자신은 미적 경험을 다른 경험과(*AE* 61), 미적 정서를 일상적 정서와(*AE* 85) 구분하였으며, 그리고 여러 다른 예술들을 그것들이 지닌 여러 다른 매체들을 통해 구분하였다(*AE* 111, 231). 그러나 예술 또는 미적인 것을 정의하는 하나의 단일한 특별한 성질이나 경험, 즉 "하나의 단일한 *근본적 분절점*"을 추구하는 전형적인 분석적 방법과는 대조적으로,20) 듀이의 구분은 연관된 특성들의 복합적 성좌 속에서 두드러진 또는 "중요한 *성향*"을 통해 이루어졌다(*AE* 221, 227, 287). 미적 경험은 어떤 특별한 요소를 독특하게 소유함으로써 차별화되는 것이 아니라 일상적 경험의 모든 요소들을 한층 완전하고 풍부하게 통합함으로써 차별화된다. 그러한 통합은 "아주 다양한 상태에 있는 요소들로부터 하나의 전체를 만들며," 그리고 경험의 주체에게 세계 속에서의 통일과 질서에 대한 한층 더 거대한 느낌을 제공한다(*AE* 199, 278). "미적 경험은 일상적 경험 속에서 발생하는 것보다 더 많은 모든 심리적 요소들을 하나의 단일한 반응으로 환원하지 않고 한층 더 크게 포용하는 특징을 지닌다"(*AE* 259).

듀이의 전체론(holism)에 따르면, "대상의 전체 경험 속에서 한 가닥"을 분리하여 미적인 것을 정의하려는 시도는 (그 가닥이 감각적이든, 정서적이든, 형식적이든 간에) 분석적 오류이다. 이른바 미적 가닥이 "자신이 기여하는 그리고 자신이 흡수되는 전체유형으로 인해 바로 그 미적 가닥이 되는" 경우에, 위와 같은 시도를 하는 것은 분석적 오류이다(*AE* 259). 마찬가지로, 예술들 간의 그리고 그들 매체들 간의 구분이 확연히 날카로운 것은 아니다. 혼합매체로 이루어진 명백한 작품들의 예를 들지 않더라도, 우리는 은유나 다른 문학적 특성들을 회화, 조각, 무용 등에서 발견할 수 있다. 그리고 인쇄된 시의 텍스트 속에 미적으로 형성된 그래픽적 시각성이 존재한다.21) 그러므로 듀이에게서 "시적, 건축적, 극적, 조각적, 회화적,

---

20) J. O. Urmson, "What Makes a Situation Aesthetic?," in F. J. Coleman (ed.), *Contemporary Studies in Aesthetics* (New York: McGraw-Hill, 1968), 359, 368.

21) 필자는 텍스트에서의 미적 시각성을 "Aesthetic Blindness to Textual Visuality," *Journal of Aesthetics and Art Criticism* 41 (1982), 87-96; "The Anomalous Nature of Literature," *British Journal of Aesthetics* 18 (1978), 317-29; 그리고 "Ingarden,

문학적 등의 단어들은 …… 어느 정도 모든 예술에 속하는 *성향*들을 지칭한다. 왜냐하면 그러한 단어들은 모든 완벽한 경험을 수식하는 반면에, 어떤 특정한 매체는 기껏해야 그 성향을 뚜렷이 만들게 조정되기 때문이다"(*AE* 233). (형식과 내용 사이 또는 상이한 장르들 사이 등의) 구분은 문맥 의존적이다. 그 구분의 가치와 "실제 역할은 구체적 재료의 변화하는 움직임에 접근하는 도구로서이지 그 재료를 엄격한 불변성에 묶어 두는 일이 아니다"(*AE* 137, 229). 구분의 위험은 우리가 구분을 숭상하고, "그것을 구획적 분할로 확립"하고 마는 데 있다(*AE* 257).

미학에서의 분류적 구분에 반대하는 듀이의 실제논증은 매우 개략적일 뿐 분명치 못하다. 논증 중의 하나는 다음과 같은 듯싶다. 하나의 두드러진 전체로 경험 속에 존재하는 것을 분리하고 독립적으로 탐구함으로써, 우리는 그러한 경험된 전체를 하나의 전체로 파악하는 우리의 이해를 왜곡시키고 빈곤하게 만든다. 왜냐하면 듀이가 지지하는 유기적 통일성(organic unity)의 원리에 의하자면 모든 미적 전체는 전체의 부분들이 고립된 부분들의 상태에서 지니고 있는 성질들의 총합보다 더 크다. 부분들이 전체 속으로 통합되지 않는다면 부분들은 그 자체로는 지금의 자신의 모습을 취할 수 없다. 구획화가 전체로부터 부분들을 분리해 놓은 것이다(*AE* 43-4, 140-1, 166, 196).

사물들을 분리된 것으로보다는 통일된 것으로 바라보는 것이 한층 더 풍부하고 만족스럽다는 점이 이와 연관된 논증인 듯싶다. 그리고 이 점은 다음과 같은 생각에 의해 설명될 수 있을 것이다. 인간능력, 관심, 대상들을 엄격하게 분리함으로써 우리는 인간생물을 그 스스로에 반하여 분리하게 되며, 자연적으로는 함께 작용하는 (정서적·지적·감각적) 능력들 중

Inscription, and Literary Ontology," *Journal of the British Society for Phenomenology* 18 (1987), 103-19에서 논의한 바 있다.

에서 강요된 하나의 선택을 하게 되고, 그 결과 내적 모순을 그리고 스스로의 부분으로부터 소외된 느낌을 낳게 된다(AE 26-8, 34, 252-3). 더욱이, 해체론보다 이미 오래 전에 듀이가 말한 것처럼, 구분은 가치적 색채를 취하는 경향이 있으며, 그리고 한 조건을 다른 조건보다 특권화함으로써 "최상"의 가치에 본질적인 진정한 가치를 희미하게 하거나 평가절하한다. 조건들과 조건들이 산출한 "제도화된 구획들은 높고 낮게 분류된다. 조건들의 가치는 세속적이고 정신적인 것으로, 물질적이고 이상적인 것으로," 감각적이고 지적인 것으로 분류된다. "그러한 상황 아래에서는 감각과 육신은 악명을 얻으며," 우리는 이들이 삶의 충만함에 기여하는 바를 무시한다. 이들의 기여는 대체할 수 없는 것이다. 그리고 이들의 기여는 심지어는 도덕적, 지적인 차원에서도 이루어진다(AE 26-7).

분류적 구획에 반대하는 듀이의 가장 중요한 논증은 아마도 다음과 같은 주장일 것이다. 분류적 구획은 사유와 지각을 고정된 판박이로, 즉 미리 결정된 통로와 길들여진 한계를 지닌 규격화된 자동적 회로로 굳혀버린다. 이는 지각의 융통성과 풍부함을 가로막고 창조성을 방해하며, 경험에 대한 개방성을 제한한다. 듀이는 경험에 대한 개방성을 발견에 그리고 삶의 증진에 기본적인 것으로 간주하였다. 미적 장르 "분류"의 고정성은 "지각을 제한하며 …… (그리고) 창조적 활동을 규제한다 ……. 어떤 경우에든 순수한 표현을 가로막는 장애들이 충분히 존재한다. 분류에 수반되는 규칙들은 또 다른 장애를 더한다"(AE 229-230).

듀이의 전체론과는 대조적으로, 분석미학은 구분화에 대부분 집중하였다. 그리고 미적인 것을 비미적인 것으로부터, 예술을 비예술로부터, (넬슨 굿맨의 저작에서 두드러지듯이) 특정한 예술작품을 (위조품 그리고 충실치 못한 텍스트와 퍼포먼스 같이) 그 예술작품을 재현하는 양 거짓시늉을 내는 다른 대상들로부터 명확히 구분하는 데 큰 노력을 기울였다. 그러나 영향력 있는 분석미학자 중 적어도 한 명은 예술의 분류적 정의가 지닌 가치에 의문을 제기하면서 듀이에 매우 근접하였다. 그가 모리스 와이츠(Morris Weitz)이다. 그는 논리적으로 열려진 개념인 예술에 (본질을 통한 또는 필요충분한 조건을 통한) 진정한 정의를 제공하는 것은 논리적으로 불가능하다고 주장하였다. 나아가 그는 논리적으로 열려진 개념인 예술을 정의하기 위해 예술이란 개념을 닫으려 하는 데는 아무런 유익도 없다고 말하였다. 그러한 닫음은 "예술 속에 있는 창조성의 직접적 조건들을 …… 배제하거나" 제한할 뿐일 것이다.[22]

다른 한편으로, 와이츠는 매우 영향력 있는 한 가지 구분을 고안한 책임이 있다. 이 구분은 분석미학을 빈곤하게 만든 제한된 이분법으로 굳어져 버렸다. "예술"이란 말은 분류적 기술과 칭찬의 용어라는 두 가지 용도로 사용된다는 와이츠의 관점은 조지 디키(George Dickie)에 의해 예술의 개념이 두 가지 상이한 "의미"로, 즉 순수히 기술적 또는 분류적 의미 대 평가적 의미로 구획화된다는 점으로 전개되었다. 그리고 전자는 평가적 내용을 결여한 그리하여 논쟁에서 벗어난 것으로써 객관적으로 정의될 수 있다고 주장되었으며, 예술에 대한 가치중립적인 제도적 정의의 중심이 되었다. 의문의 여지없는 "객관적" 방식으로 예술을 구분하고 식별하려는 엄격한 탐구는 예술을 그것이 지닌 가치와 분리된 텅 빈 형식적 방식으로 정의하는 결과를 낳는다. 단순히 예술작품은 "예술계"라 불리는 제도에 의해 예술의 지위가 부여되는 인공품이며, 그 인공품이 예술로 간주될 만한 가치가 있는지의 여부는 중요하지 않다.

(5) 예술의 기술적 의미와 평가적 의미의 이러한 분리 그리고 그 결과로

---

[22] Morris Weitz, "The Role of Theory in Aesthetics," *Journal of Aesthetics and Art Criticism* 16 (1955), 27-35; repr. in Coleman (ed.), *Contemporary Studies*, 90.

나타나는 기술적 의미에 대한 집착은 평가의 문제를 꺼리는 분석미학의 일반적 경향과 통한다. 분석미학의 이러한 경향은 과학적 철학이 되고픈 바람과 가치중립적 진리를 과학으로 간주하는 생각이 낳은 결과이다.[23] 자기 스스로를 메타비평(metacriticism)이라고 생각하는 분석미학의 지배적 특성은 이러한 경향을 더욱 명확히 만든다. 그 목적은 기존하는 비평의 개념과 활동을 분석하고 명료화하는 것이지, 그것들을 어떤 실질적 의미에서라도 개정하는 것이 아니다. 그 목적은 예술에 대한 우리의 개념을 올바로 설명하는 것이지, 그것을 변화시키는 것이 아니다. 이와는 명백히 반대로, 듀이의 미학은 진리를 위한 진리에 관심을 기울이지 않고, 한층 풍부하고 한층 만족스러운 경험을 성취하는 데, 가치를 경험하는 데 관심을 기울인다. 여기서 언급된 가치란 이 가치가 없이는 예술이 아무 의미나 목적을 지니지 못하는 그러한 가치, 이 가치가 없이는 예술이 거대현상으로서 정의는 물론이거니와 존재나 이해도 될 수 없는 그러한 가치를 말한다. 듀이의 프라그마티즘에서는, 진리보다는 경험이 최종적인 기준이다. 심지어는 "이상적인 것들의 가치도 이상적인 것들이 낳는 경험에 놓여 있다"(*AE* 325). 듀이의 인식론은 진리나 지식 그 자체가 아닌 더 나은 경험 또는 경험된 가치를 모든 과학적 또는 미학적 탐구의 궁극적 목적으로 상정한다. 지식의 가치는 "행동을 조정함으로써 직접적 경험을 풍부하게 하는데 있으며"(*AE* 294), 듀이에게서는 미적 경험의 풍부한 직접성에 견줄 수 있는 것은 아무 것도 없다.

가치에 대한 이러한 급진적인 경험적 기준으로부터 과학이 예술보다 하위에 놓인다는 점이 도출된다. 그렇지만, 미적 가치가 예술이론이나 비평

---

[23] 넬슨 굿맨이 평가적인 것에 대한 집착이 "미적 탐구의 위축과 왜곡"을 유발시킨다고 불평하는 경우에서처럼, 비(非)평가적인 것에 대한 지향이 때론 아주 명백하게 드러난다.

에 의해 영구히 고정될 수 있는 것이 아니라 경험 속에서 지속적으로 검증되어야만 하며 그리고 변화하는 미적 지각의 법정에 의해 전복될 수도 있다는 점이 또한 도출된다. "대상이 고정되고 변할 수 없는 가치를 지닌다는 생각은 예술이 벗겨버리고자 했던 바로 그 선입견이다." 왜냐하면 "푸딩에 대한 증명은 예술작품"의 경우에서와 마찬가지로 어떤 "선험적 규칙"이나 비평적 원리에 있다기보다는 "먹는 데 결단코 있기" 때문이다(*AE* 100-1).

(6) 그러나 이러한 경험적 기준이 낳은 한 걸음 더 나아간 그리고 한층 더 급진적인 결과가 존재한다. 그 결과란 예술 그 자체의 개념을 포함하여 우리의 미적 개념들은 최상의 경험을 제공하지 못할 경우 도전받고 개정될 필요가 있는 도구일 뿐이라는 점이다. 이 점이 예술과 미적인 것에 대한 우리의 개념을 급진적으로 개혁하는 데 전념한 듀이의 분명한 시도를 설명해 줄 수 있다. 그리고 이 시도는 분석미학이 지닌 기본적으로 용인적이고 분류적인 정신과는 낯설다. 분석미학은 예술의 개념을 "고급" 미감적 예술(그리고 이와 연관된 숭고와 천재)의 개념과 동일시함으로써 예술의 가치와 자율성을 옹호하는 낭만적 그리고 근대적 전통을 따르고 있는 반면, 듀이는 이러한 엘리트적 전통을 개탄하였다. 그는 이러한 전통을 "예술에 대한 박물관적 개념" 그리고 "미감적 예술(fine art)에 대한 기괴한 관념"이라는 딱지를 붙여 공격하였다(*AE* 12, 90).

예술의 정신화된 분리에 대한 듀이의 반대는 그의 자연주의와 연관되어 일찍부터 언급되었다. 그러나 그가 펼치는 공격의 주된 동기는 자연주의적 연속성과 출현에 대한 존재론적 성찰로부터 비롯되지 않았다. 그 주된 동기는 우리의 직접적 경험을 사회문화적 변형을 통해 개선시키는 도구적 목적이다. 여기서 예술은 더 많은 사람에게 더 풍부하고 더 만족스러운 것이 된다. 왜냐하면 예술은 사람들의 최상의 생기적 관심에 더욱 가까워

질 것이며, 그들의 삶 속으로 더 잘 통합될 것이기 때문이다. "아득한 주춧대 위에 놓인," 다른 인간 노력의 재료와 목적으로부터 격리된 고상한 "독립영역"으로 예술을 구획화하고 정신화하는 일은 예술을 우리 대부분의 삶으로부터 멀게 하며, 그 결과 우리 삶의 미적 질을 궁핍하게 만들었다 (AE 9-15). 결과적으로 예술은 자유롭고 임의적인 접근과는 거리를 유지하는 박물관, 음악당, 교실, 연극공연장에 격리된다. 예술을 고급예술과 동일시하는 엘리트적 등식은 미감적 예술에서 만족을 찾는 것을 어렵게 하고 억압한다. 그리고 그뿐만 아니라 많은 사람들이 즐기는 "영화, 재즈 음악, 만화 등"의 이른바 "저급(low)"예술이나 오락이 지닌 예술적 정당성과 잠재력을 깨닫지 못하게 한다. 그러므로 많은 사람들은 세련된 예술적 감수성에 절망하게 되며, 그 보상으로 점점 더 "천박하고 …… 조잡한" 것들 속에서 만족을 추구한다(AE 11-12). 그러므로 예술을 미감적 예술의 고급전통과 동일시하는 일은 자신의 계층적 우월성을 주장하고 강화하려는 억압적인 사회문화적 엘리트를 위해 봉사할 수 있다. 그리고 이는 열등한 일반인의 감각을 끄집어내어 강조함을 통하여 예술이 (적어도 규범화된 양태의 감상 속에서는) 일반인의 취미와 범위 너머에 있다는 점을 확실히 함으로써 이루어진다.

더욱이, 듀이에게서는 문화 엘리트들의 경험조차도 미감적 예술에 대한 정신화 되고 기괴한 개념에 의해 궁극적으로는 궁핍화되고 제한된다. 문화적 엘리트들도 생존하고 번성하기 위해서는 유미주의자를 넘어선 능동적 개인으로 삶에 참여하여야 하기 때문에, 예술에 대한 그들의 감상도 삶의 경험과 밀접히 연관되고 그리고 삶의 경험을 증진시킬 때 더 풍부하고 더 만족스러울 수 있다. 심지어는 예술가도 삶과 구분되고 삶보다 위에 있는 예술의 개념을 통해서 좌절된다. "능동적 관심의 주요 흐름으로부터" 직업적으로 고립되어 있는, "사회적 임무의 정상적 흐름 속에 이전보다 덜 통합되어 있는," 청중을 구성할 수 있는 아주 많은 사람들로부터 단절되어 있는, 예술가들은 예술창작에 도움을 줄 수 있는 경험적 소재들과 원천들에 대한 접근이 한층 제한된다. 그들은 또한 (다른 전문가들과의 그리고 심지어는 다른 예술가들과의 날카로운 차이를 표방케 만드는 전문화와 독창성의 논리에 의해) 아주 예민한 개성을 발달시킬 것을 강요받는다. 이러한 개성은 그들 작품에 대한 깊이 있게 만족스러운 음미와 감상을 점점 더 어렵게 만든다(*AE* 15).

그러나 예술 이외의 것들도 예술의 정신화 된 격리에 고통을 받는다. 예술의 구획화가 즐거움을 확보하고 순화하려는 유미주의자들에 의해서만 그리고 그러한 유미주의자들을 위해서만 이루어진 것은 아니었다. 예술과 미적인 것이 자유, 상상력, 즐거움 등으로 구획되는 하나의 독립된 영역이라는 생각은 일상적 삶이 무미건조하고 상상력이 메말라버린 강요된 삶일 수밖에 없다는 우울한 전제와 상응한다. 이는 미적 즐거움과 상상적 자유의 즐거움을 바라는 자연스런 인간의 욕구에 야만적으로 등 돌린 채 우리의 일상적 삶을 구축하는 권력과 제도에 변명을 제공한다. 그러한 즐거움은 실재의 삶에서 추구되는 것이 아니라 예술 속에서 추구되는 것이다. 예술이 행하는 실재와의 대비와 실재로부터의 도피는 고통 받는 우리 인간들에게 일시적인 위로와 평안을 제공한다. 예술과 미적인 것을 우리가 실재로부터 단절하였을 때 향유되는 무엇으로 구획화함으로써, 우리 문명의 가장 추악하고 억압적인 제도와 관습들은 합법성을 얻게 되며 필연적인 실재인 냥 더욱 깊이 공고화된다. 그러한 제도와 관습들은 실재의 원칙에 의해 예술과 미가 따라야 하는 필연적인 것으로 확립된다. 설상가상으로, 그렇게 완고하고 잔혹하게 분할된 제도적 실재들은 우리의 문명이 그러한 실재들을 넘어서고 회피하고자 하는 와중에서 생산해낸 고급예술을 통해 오히려 스스로를 정당화하고 찬양한다. 듀이의 신랄한 표현에 따르자면,

예술은 문명의 추악한 공포와 야만을 번지르르한 미적 표면으로 덮은 "문명의 미용원"이 된다. 듀이에게서 문명의 추악한 공포와 야만에는 속물계층, 제국주의, 자본주의 등이 행하는 이윤추구의 압박, 사회적 해체 그리고 노동의 소외가 포함된다(*AE* 14-16, 345-7).

여기서 다시 우리는 프랑크푸르트 학파로부터 수입된 요즘의 영향력 있는 주제들을 예고하는 듀이를 발견한다. 우리들의 가장 고급스러운 문화의 뒷면은 가장 저급한 야만성이라는 벤야민(Benjamin)과 아도르노(Adorno)의 불만은 예술을 "문명의 미장원"이라고 간주한 듀이의 관점에서 이미 울려 퍼지고 있다. 문명의 미장원에서 "문명은 문명적이지 못하다"(*AE* 339, 346). 듀이를 미학에서의 "진정한 해방적인 사상가"로 칭찬했던 아도르노는 듀이가 언급한 것과 동일한 야만적인 실재에 대해 탄식하였다. 그곳에서 "사치스러운" 부르주아 예술은 "직접적인 감각경험의 영역 속에서는 진정한 희열을 박탈당한" "금욕적" 삶에 대한 보답이 된다.[24] 그러나 아도르노는 예술은 결단코 삶으로부터 거리를 유지해야 한다고 주의 깊게 강조하였다. 그는 타락한 세계에 의한 오염을 피하고 그리하여 추악한 실재에 대한 순수한 비판을 지속하기 위해서는, 예술이 자신의 신성화되었지만 결함 있는 자율성과 고급예술에 국한된 좁은 정체성을 유지해야 한다고 보았다. 반면에 듀이의 프래그머티즘은 야심에 찬 긍정적인 생각을 지니고 있다는 점에서 마르크스(Marx)에 가까운 듯이 보인다. (철학의 역할과 마찬가지로) 예술의 역할은 실재를 비판하는 것이 아니라 실재를 변화시키는

---

24) T. W. Adorno, *Aesthetic Theory* (London: Routledge & Kegan Paul, 1984), 19, 460. "문화와 야만의" 얽혀진 "변증법"에 대한 아도르노의 주장은 벤야민의 유명한 발언인 "문명의 기록 중에서 동시에 야만의 기록이지 않는 것은 존재하지 않는다"를 상기시킨다. T. W. Adorno, *Prisms* (Cambridge, Mass: MIT Press, 1981), 34, 그리고 Walter Benjamin, *Illuminations: Essays and Reflections* (New York: Harcourt, Brace & World, 1968), 256.

것이다. 그리고 예술이 은둔의 영역에 남아 있다면 변화를 낳을 수 없다. 그러므로 듀이는 비미적인 세계에 의한 타락한 유용의 위험에도 불구하고 예술은 자신의 신성화된 구획화로부터 벗어나 일상적인 삶의 영역으로 들어와야만 한다고 주장하였다. 일상적이 삶의 영역 그 곳에서, 예술은 실재에 대한 수입된 장식품이나 희망하는 상상적인 대체물에 그치지 않고 건설적 개혁을 위한 지침, 규범, 자극으로 한층 효과적으로 기능할 수 있을 것이다.[25] 아도르노보다는 벤야민의 정신에 더 가깝게, 듀이는 고급예술이 지닌 선험적 권위의 전제적 아우라(aura)를 개선된 삶의 그리고 풍부해진 이해 공동체의 현세적이고 민주적인 광휘로 대체하고자 하였다. 즉, 듀이에게서는 예술에 대한 우리의 개념은 우리 사회개혁의 한 부분과 한 덩어리로써 개혁될 필요가 있다. 우리 사회의 지배적인 제도, 서열구분, 그리고 계층분화는 예술이란 개념을 깊이 형성하였으며, 그리고 그 역으로 예술이란 개념에 의해 자신들도 어느 정도 강화되었다.[26]

---

[25] 듀이가 편협한 정치적 또는 도덕적 예술을 권유하고 있는 것은 아니다. 아도르노와 마찬가지로 듀이는 그러한 예술을 싫어한다(AE 186, 194, 348-51). 그러나 예술과 예술의 미적 원리를 일상적 삶의 영역에 도입한다는 것이 듀이에게서 구체적으로 정확히 어떤 의미인가? 이는 충분히 명확치는 않은 듯싶다. 답변의 일부는 (사회적·실천적·기술적 예술들을 포함한) 삶의 다양한 실제적 예술들에 대한 정력적이고 집중적인 연마일 것이다. 이 때 실제적 예술들이란 멀리 유예된 그리고 외적으로 연관된 즐거움에 대한 단순한 희망 아래서가 아닌 직접적 만족과 함께 더욱 많은 삶의 활동들이 추구되게 조화의 질, 창조성, 상상력을 강조하고 수단과 목적을 한층 잘 통합하는 그러한 예술들을 말한다(AE 87). 또 다른 일부는 통일성에 대한 자신의 미학적 개념을 통해 우리의 윤리적·사회적·정치적 삶을 재구성하는 일일 것이다. 그의 통일성에 대한 개념에 따르자면, 통합적 전체를 구성할 때 "부분들의 자기 동일성에 대한 어떠한 희생도 존재하지 않는다"(AE 43). 이는 다시 한번 아도르노가 옹호한 이상이기도 하다. 예술과 일상적 삶의 통합에 대한 이러한 해명이 여전히 너무 모호하게 보인다면, 대중예술과 미적 삶에 대한 필자의 천착(7-9장)이 이에 대한 더 구체적인 상세한 논의를 하려는 시도로 간주될 수 있을 것이다.

[26] "유용한 것과 미감적인 것 사이의 단절과 궁극적인 날카로운 대립이 엮어놓은 이야기는 산업발전의 역사이다. 산업발전에 따라, 생산이 유예된 삶의 형태가 되었으며, 그리고 소비가 다른 사람의 노동결실에 대한 상위의 즐거움이 되었다"(AE 34). 산업생산과 미적 향유 사이의 이러한 고통스러운 균열, 즉 예술과 실제적 삶 사이의 개념

(7) 여기서 듀이의 미학과 분석미학 사이에 이루어지는 차이는 엘리트적 미적 구획화에 대한 듀이의 공격 속에 그리고 명료화보다는 개혁에 대한, 즉 활동을 설명하거나, 근거세우거나, 정당화하려기보다는 변화시키려는 이론에 대한 듀이의 관심 속에 놓여 있다. 그리고 그뿐만 아니라 양자의 차이는 듀이의 이론이 지닌 역사적·사회문화적 두터움 속에도 놓여 있다. 듀이는 예술과 미적인 것이 이들이 지닌 사회문화적 차원에 대한 완전한 평가 없이는 이해될 수 없다고 주장하였다. 이는 듀이의 헤겔적인 역사적 전체론을 반영하는 것이며, 그의 사상을 유럽 대륙미학의 마르크스적 전통과 조율시키는 것이다. 상당히 최근까지만 해도 대부분의 분석미학자들은 이러한 배경적 차원을 부적절한 것으로 무시해버렸다. 왜냐하면 전통적으로 미적 경험은 그것이 직접적 만족을 준다는 이유에서뿐만 아니라 추론적 사유보다는 직접적 지각에 속한다는 이유에서도 직접성에 속하는 것으로 여겨져 왔다. 어쨌든, 무어는 모든 미적 감상에 "절대적 독립의 방법"을 권유하였다. 이는 다양한 미적 대상들을 "마치 절대적 독립 속에서 그 스스로 존재하는 것처럼" 직관적으로 평가하는 방법이다. 분석미학의 전통에 초석을 놓은 예술이론가인 벨(Clive Bell)은 역사적 문맥에 대한 경시를 무어와 유사하게 드러냈다. "나는 예술 또는 여타의 것에 대한 역사가가 아니다. 나는 대상들이 언제 만들어졌는지 또는 왜 만들어졌는지를 거의 염두에 두지 않는다. 나는 그것들이 우리에게 지닌 정서적 의미를 염두에 둔다. 역사가에게는 모든 것이 어떤 다른 수단들을 위한 수단이다. 나에게는 중요한 모든 것은 정서를 위한 직접적 수단이다." 이러한 탈역사적 경향은 정감적 오류에 대한 그리고 (의도적 오류를 포함한) 발생적 오류에 대

적 간극을 표현하는 이러한 고통스러운 균열에 대한, "영구적인 해결책은 급진적인 사회적 변혁 이외에는 가능하지 않다. 이 경우 사회적 변혁은 노동자가 자신이 생산하는 상품에 대한 생산과 사회적 분배 과정에서 차지하는 참여의 등급과 종류에 영향을 끼친다"(*AE* 345).

한 비어즐리(Monroe Beardsley)의 이론을 통하여 더욱 뒷받침되었다. 그의 이론은 미적 대상을 생산과 수용의 더 큰 역사적 맥락들로부터 명백히 독립시켰다.27)

예술감상이 지닌 제거할 수 없는 사회역사적 차원을 분석미학에 최초로 주목케 만든 이론가는 아서 단토(Arthur Danto)일 것이다. 뒤샹(Duchamp)의 *Fountain*과 워홀(Warhol)의 *Brillo Box*와 같은 작품들에 반응하면서, 단토는 1964년 다음과 같이 썼다. "어떤 대상을 예술로 바라보는 것은 눈이 찾아낼 수 없는 무엇인 예술적 이론의 분위기, 예술사의 지식, 즉 예술계를 필요로 한다".28) 단토의 예술계 개념은 예술에 대한 디키(Dickie)의 제도적 정의로 변형되었지만, 다른 한편으로 단토, 볼하임(Wollheim) 등의 분석가들은 예술과 미적인 것에 대한 개념을 우리가 형성할 때 예술사가 중요한 역할을 한다는 점을 강조하였다. 그러나 예술을 사회적·역사적으로 이해하려는 그러한 분석적 시도들은 듀이의 시도와 비교해보았을 때는 매우 좁고, 내재적이고, 설익다. 왜냐하면 듀이에게서 예술계는 추상적이고 자율적인 미적 개념이 아니라 실제 세계 속에 물질적으로 관련된 그리고 실제 세계의 사회경제적·정치적 요소들에 의해 의미심장하게 구조화된 무엇이다. 듀이는 예술사를 그러한 요소들에 의해 유사하게 조건화된 것으로 보았다. 단토와 그의 분석미학적 동료들에 의해 그려진 본질적으로 자율적인 "내적 발전"으로 본 것은 아니다.29) 더욱 중요하게는 듀이는 다

---

27) 다음을 참고하기 바란다. Moore, *Principia Ethica*, 187-8; M. C. Beardsley, *Aesthetics: Problems in the Philosophy of Criticism* (New York: Harcourt, Brace, 1958), 457-61; 그리고 Clive Bell, *Art* (New York: Capricorn, 1958), 73. 신비평가인 웜사트(William K. Wimsatt)와 같이 쓴 비어즐리의 "오류"이론은 신비평의 공공연한 반역사적 이데올로기를 형성하였다. 신비평은 오십 년대와 육십 년대를 풍미하였고, 그 비평적 활동은 이후 분석미학을 위한 모범으로 그리고 정당화의 근거로 기여하였다.

28) Arthur Danto, "The Artworld," *Journal of Philosophy* 61 (1964), 581을 참고하기 바란다.

음과 같은 점을 깨달았다. 즉, 우리가 이론화하는 예술과 미적인 것이라는 개념들뿐만 아니라 이론과 철학이라는 바로 그 개념들도 우리의 삶과 사유를 채워주는 사회적 활동들과 제도들에 의해, 그리하여 그러한 구조화하는 활동들과 제도들을 일정방식으로 형성하는 역사의 우연성과 투쟁에 의해 그 자체로 구조화되고 조건화된다는 점을 깨달았다.

예술과 삶의 통합을 옹호하기 위해, 듀이는 양자 간의 용인된 대립은 어떤 필연적인 부정합성의 산물이 아니라는 점을 주장하여야만 했다. 그러나 그는 이러한 점을 머리 한 가닥을 양단하는 듯한 개념적 분석을 통해서가 아니라 역사정치적 그리고 사회경제적 계보학을 통해서 주장하였다. 활동적인 것과 미적인 것 사이의 균열은 필연적인 악이 아니라 역사적 재앙이다. 그러므로 듀이는 한층 미적으로 통합된 고대 그리스 사회에 호소함으로써 자신의 이론을 펼치기 시작한다. 그 사회에서는 선한 행위들이 아름답기도 한 것으로 묘사되었으며(*kalon-agathon*; *AE* 46) 그리고 예술은 "공동체의 에토스와 제도들이 하나로 통합된 부분이므로 '예술을 위한 예술'이라는 생각은 이해될 수조차 없었을 것이다"(*AE* 13-14). 그리고 그는 "미감적 예술이라는 구획화된 개념"을 그 탄생 당시의 부패를 통해 약화시키기 위해 매우 간결하고 일반적인 어투로 그 개념이 대두하게 된 몇 가지 "역사적 이유들"을 제시해나간다.

> 미감적 예술들의 작품들이 옮겨지고 보관된 우리의 현재 박물관들과 미술관들은 예술을 사원, 광장 그리고 연합된 삶의 다른 형태들 등의 동반자로 발견하기보다는 그로부터 분리된 것으로 만들었던 몇 가지

---

29) Arthur Danto, *The Philosophical Disenfranchisement of Art* (New York: Columbia University Press, 1986), 97-111, 204, 그리고 Roger Scruton, *The Aesthetic Understanding* (London: Methuen, 1983), 166-78을 참고하기 바란다.

원인들을 보여 준다 ……. 나는 꽤 많은 두드러진 사실들을 지적할 수 있다. 특히 대부분의 유럽 박물관들은 민족주의와 제국주의 대두의 기념물들이다. 모든 수도들은 그림, 조각 등을 위한 고유의 박물관을 한 편으로는 자신들이 지닌 예술적 과거의 위대함을 전시하기 위해, 다른 한편으로는 다른 국가들을 정복한 군주가 수집한 약탈물을 전시하기 위해 가지고 있어야 했다. 루브르에 있는 나폴레옹의 약탈물들이 후자의 예이다. 이것들은 예술의 근대적 분리와 민족주의와 군국주의 사이의 연관을 입증한다(AE 14).

예술에 대한 박물관 개념을 생성시키고 공고화시키는 사회역사적 요소들은 정치적일 뿐만 아니라 경제적이기도 하다.

자본주의의 성장은 예술작품 고유의 집으로서의 박물관을 발달시키는 데, 그리고 예술작품이 일상적인 삶과 떨어져 있다는 생각을 증진시키는 데 강력한 영향을 끼쳤다. 자본주의 체계의 중요한 부산물인 벼락부자는 자신의 주변에 귀하면서도 비싼 예술작품을 두어야 한다는 강박관념을 느꼈다. 일반적으로 말해, 전형적인 수집가는 전형적인 자본가이다. 더 고급문화의 영역 속에 좋은 자리를 차지하고 있다는 점을 입증하기 위해, 그는 그림, 조각, 예술적 장신구들을 모은다 ……. 개인들뿐만 아니라 공동체와 국가들까지도 오페라 하우스, 미술관, 박물관 등을 지음으로써 문화적으로 좋은 취미를 입증한다. 이러한 것들은 한 공동체가 물질적 부에 전적으로 흡수되지 않음을 보여준다. 왜냐하면 예술을 후원하는 데 자신의 이윤을 기꺼이 쓰기 때문이다 ……. 이러한 것들이 탁월한 문화적 지위를 반영하고 확립시키기는 하지만, 그 반면에 나타나는 일상적 삶으로부터의 분리는 이러한 것들이 토착적이고 자율적인 문화의 일부가 아니라는 사실을 반영한다.
…… (그러므로 미감적 예술은) 공동체의 시간과 에너지를 대부분 흡수하는 이윤과 직업보다 …… 신성하다는 선민의식을 (반영할 수 있다)(AE 14–15).

계속하여 듀이는 어떻게 국제적 자본주의와 산업화가 예술의 생산과 소비를 변화시키는 데 일조하여 예술을 자신만의 은둔된 세계로 만들었는가에 대하여 논증해 나갔다.

경제체계로 인한 무역의 그리고 인구의 이동은 예술작품들과 그 작품들이 자연적으로 표현한 바 있던 기풍 사이의 연결을 약화시켰거나 파괴시켰다. 예술작품들이 고유의 지위를 상실함에 따라 새로운 지위를, 즉 미감적 예술 바로 그 자체의 표본으로서의 지위를 획득하였다 ……, 이것은 다른 품목들과 마찬가지로 시장에서 팔리기 위해 이제 생산된다(AE 15).

예술가에게 알려진 개인들로부터 또는 교회와 같은 기관들을 근거로 한 공동체로부터 이루어진 과거의 경제적 후원과는 대조적으로, 예술적 생산은 "세계시장의 익명성"에 내팽개쳐지고 일반공중과의 (심지어는 일반공중에 대한 지식과의) "친근한 사회적 연관"은 박탈된다. 그리하여 예술가는 "사회의 일반흐름"으로부터 점차 주변화되고 고립화되며, 작품고유의 특수성을 강조함으로써 자신의 작품에 주목하게 몰고 나가게 된다. 더욱이, 우리 사회가 금전적 이윤에 의해 지배당하기 때문에, 예술가가 사회적 고립을 자신의 예술에 본질적이고 자신의 예술 속에 필연적으로 표현되어야 하는 것으로 간주하는 것은 당연하다. 그리하여 예술은 한층 더 구획적으로 특수화되고, 멀고, "난해한" 것이 된다(*AE* 15).

모든 이러한 요소들이 일반적 사회적 조건들 -자유로운 즐김과 "외적으로 강요된" 노동 사이를, 상상적인 정서의 만족과 기계적인 무미건조한 생산 사이를, 그리고 더욱 "일반적으로는 현대사회 속에서의 생산자와 소비자 사이를" 가르는 사회적 조건들-과 더불어 결합되었을 때, 우리는 예술과 미적인 것에 대한 지배적인 철학이론들을 구축하는 뜻밖의 배경을 지니게 된다. 우리는 "일상적인 경험과 미적 경험 사이의 간극"을, 실제 세계 속에서 능동적으로 활동화되는 삶과 그러한 세계로부터 박물관, 극장, 연주장으로 도피되어 감상되는 예술 사이의 심연을 지니게 된다(*AE* 15-16, 285).

듀이는 예술에 대한 자신의 간략한 계보학이 경제에 의해 예술이 완전히 결정된다는 입장을 지지하는 것은 아니라는 점을 경고하였다. 그리고 피에르 부르디외(Pierre Bourdieu)의 저작이 밝혔듯이, 부와 사회적 계층 사이의 그리고 경제적 자본과 문화적 지위 사이의 관계들은 듀이가 제시하는 것보다 훨씬 더 복잡하다.[30] 문화적 지위와 계층적 속물근성은 예술의 성골화된 대상들을 소유하고 숭상함을 통해서뿐만 아니라 그 대상들을 사용하는 특수하게 유지되는 양태들을 통해서도 마찬가지로 얻어진다. 스스로를 일상적 경험 및 경험자들로부터 특권적으로 분리시키기 위해, 그러한 지위와 근성은 비평적 유행을 통해 부단히 변할 수 있는 기반 위에 놓일 수도 있다. 즉, "스스로를 경험의 다른 양태들로부터 절연시켜 자신만의 고유한 영역에 놓음으로써, 예술과 예술에 대한 감상을 고립되게 만드는 *이론들*은 사물들의 참되고 필연적인 본질을 바라보는 순수 이성의 절대적인 발견들이 아니라 "제도 속에서 그리고 삶의 관습 속에서" 사회적으로

---

30) Pierre Bourdieu, *Distinction: A Social Critique of the Judgement of Taste* (Cambridge, Mass.: Harvard University Press, 1984)를 참고하기 바란다.

새겨진 "명시할 수 있는 외적 조건들"의 결과이다(AE 16). 역사적으로 그리고 조건적으로 구성되었기 때문에, 그러한 이론들과 그 이론들의 개념들은 개혁적 재구성으로부터 면제된 특권화된 진리의 지위를 주장할 수 없다. 그런데 듀이의 미학이론은 개혁적 재구성을 목표로 한다.

더욱이, 듀이에게서 이론의 사회역사적 구성은 미학에 국한되지 않는다. 윤리이론에서의 수단과 목적의 엄격한 분리 그리고 전통적 심리철학의 "날카로운 심리학적 구분"은 고대 그리스에서 "분배와 계층 간에 발견되는 차별형태"의 산물이라고 볼 수 있다(AE 252, EN 298-9). 철학이 초시간적인 개념적 진리가 아니라 "사상 속에 포착된 자신의 당대"[31])에 대한 역사적으로 형성된 표현이며 그리고 더 나은 사상뿐만 아니라 더 나은 시대를 창조하기 위한 비판이라는 헤겔-프라그마티스트 관점은 분석철학에는 확연히 낯설다. 듀이 미학이론의 전반을 지배하고 있는 그리고 듀이가 의도한 이론적·사회적 개혁에 사회주의적 경향을 불어넣고 있는 자본주의에 대한 반감 또한 분석철학에는 확연히 낯설다. 비록 듀이 미학의 쇠퇴와 경시를 설명하는 데 무리가 있기는 하지만, 헤겔과 마르크스의 이러한 결합은 듀이의 이론이 분석미학이 급속히 성장한 1950년대 매카시(McCarthy) 시기에 미국 철학을 위한 선택이 되는 것을 어렵게 만들었다.

(8) 분석미학의 지배적 전제에 대한 듀이의 반대가 현대 대륙철학의 강력한 흐름과 유망하게 수렴되는 지점인 또 다른 논점을 검토함으로써 듀이에 대한 서론적 설명을 마무리 짓도록 하겠다. 우리의 관습적 사유가 예술작품으로 동일시하는 ―그리하여 상품화하고 물신화하는- 고정된 물질적 대상보다 역동적인 미적 경험을 우위에 두는 일은 듀이의 가장 중요한 미

---

31) G. W. F. Hegel, *Philosophy of Right*, trans. T. M. Knox (Oxford: Oxford University Press, 1952), 11.

학적 주제일 것이다. 듀이에게서, 예술의 본질과 가치는 우리가 전형적으로 예술이라 간주하는 단순한 인공품 속에 있는 것이 아니라 그 인공품을 창조하고 지각하는 역동적이고 발전적인 경험적 활동 속에 있다. 그러므로 듀이는 "예술생산품" —일단 창조된 이후에는 "인간의 경험으로부터 떨어져", "외적으로 그리고 물리적으로" 존재할 수 있는 그림, 조각, 인쇄된 텍스트 등과 같은 대상들—과 "그 생산품이 경험과 더불어 그리고 경험 속에서 행하는 것인 실제 예술작품" 사이를 구분하는 데 착수한다(AE 9, 167). 생산품보다 미적 과정을 우위에 둠으로써, 예술은 대상들의 집합이나 그러한 대상들에 의해서만 공유된 실체적 본질로 정의되기보다는 "경험의 질"로 정의된다. 그리하여 미적 경험은 예술철학의 초석이 된다.[32]

듀이는 예술의 물질적 대상이 지닌 중요성을 부정하지 않는다. 아도르노와 마찬가지로, 듀이는 "대상화에 대한 필요성", 즉 합리적으로 고정되어 미적 경험의 창조를 이끌고 구축하는 데 질적으로 도움이 되는 무엇인가에 대한 필요성이 불가피함을 주장하였다.[33] 듀이에게서, "*대상*과 동떨어진 미적 경험은 존재할 수 없으며, 그리고 …… 어떤 대상이 미적 감상의 내용이 되기 위해서는 그러한 *대상적* 조건들이 만족되어야만 한다. 그러한 조건들이 없이는 …… (미적 경험의 필요조건들)은 불가능하다"(AE 151). "아이디어들이 부유하기를 멈추고 대상 속에 구현될 때만 하나의 미적 생산품이 열매 맺는" 것처럼, 우리의 "이미지와 정감들이 대상과 결부될, 그리고 …… *대상*의 질료와 융합될" 때만 미적 경험으로서의 예술작품이 열

---

32) 듀이에게서, 예술은 실체적 종류나 경험의 구획적 범주라기보다는 경험의 질적인 양태이다. "예술은 하나의 경험에 스며드는 질이다. 예술은 비유법일 경우를 제외하고는 경험 그 자체가 아니다"(AE 329). 듀이는 빈번히 예술을 "행위의 질" 또는 "행동의 질"이라고 언급한다(AE 218, 227, 233). 그러나 행위와 행동은 경험의 형태들이기 때문에, 이 점이 그의 이론과 부합하지 않은 것은 아니다.

33) Adorno, *Aesthetic Theory*, 263.

매 맺는다(AE 280). 그러나 예술의 고정된 대상이 필요함에도 불구하고, 듀이는 아도르노가 이후에 "미적 경험의 그리고 예술작품의 과정적 본질"이라고 기술한 바를, 즉 "예술작품은 실제(actu) 속에서만", 역동적 경험 속에서만 "존재한다는" 사실을 우위에 둔다.34)

　예술을 미적 경험으로 정의하는 듀이의 주된 목적은 예술에 대한 박물관적 개념의 숨 막히는 지배를 부수는 것이다. 그러한 지배의 힘은 미감적 예술의 성골화된 대상들에 대한 지나친 집착에 의해 강화된다. 왜냐하면 미적 경험은 미감적 예술과 그 대상들의 한계를 명백히 넘어서기 때문이다. 그러나 경험으로의 듀이의 전환은 미감적 예술에 대해서도 증진된 감상을 제공할 것을 요구한다. 그리고 몇 가지 점에서 그러한 요구는 신뢰할 수 있다. 첫째, 정적인 대상이 아닌 생생한 경험을 통한 미감적 예술에 대한 이해는 예술을 매혹적으로 생동화시키는 힘과 감동적 정신에 더 잘 부합한다(AE 181, 197). 왜냐하면 미적 경험은 이른바 정적인 예술들을 관조하는 미적 경험인 경우에서마저도 항상 능동과 피동이 시간적으로 진행하는 과정이기 때문이다. 그러한 과정이 이루어지는 곳에서 경험은 점증적으로 발달하여 완성에 이른다. 그리고 그 곳에서 창조적 예술가와 같은 지각자는 자기 스스로가 참여하고 기여하는 에너지 —참여하고 몰입함으로써 만족과 생명력을 발견하는 에너지— 를 통해 그러한 완성에 사로잡히고 그러한 완성을 추구해나간다(AE 57-62, 70-1, 142-3, 165-6, 178-81). 둘째, 예술의 본질적이고 직접적인 가치에 대한 요구는 예술이 자본

---

34) Ibid. 252, 253. "예술작품은 행동의 양태이다"(257)라는 아도르노의 관점은 예술이 "행위의 질" 또는 경험의 질이라는 듀이의 정의와 명백히 비슷하다. 그러나 그럼에도 불구하고 아도르노는 듀이보다 예술의 대상화에 대해 훨씬 더 우호적이다. 이는 고급 예술의 성골화된 대상들이 예술의 구획적 개념을 유지하는 데 도움을 주기 때문이며, 그리고 듀이와는 극히 대조적으로 아도르노는 예술에 대한 이러한 개념을 삶으로부터의 분리를 유지하는 그리하여 삶의 불순함에 대한 더욱 효과적인 자유로운 비판을 유지하는 영역으로 보존하는 데 열중하였기 때문이다.

주의적인 상품 대상이 아니라 미적 경험으로 여겨질 때 훨씬 더 설득력이 있고 훨씬 덜 사회적인 반감을 산다. 셋째, 구획적으로 고립되고 분리된 대상들로부터 그 대상들이 경험 속에서 지닌 역할과 역사로의 전환은 예술의 복합적인 사회역사적 문맥성을 포용하는 데 필요한 더 나은 기초를 제공한다. 작품은 작품 창작자의 경험된 세계 속에서 이루어진 원래의 생산으로부터도, 또는 다른 사람의 경험 속에서 이루어지는 작품에 대한 다양하고 변화하는 수용으로부터도 논리적으로 분리될 수 없기 때문에, 작품이 지닌 원래의 사회역사적 조건과 작품에 대한 해석과 평가에서 나타나는 이후의 변화, 양자 모두 작품의 의미와 가치에 속하게 된다. 그리하여 작품의 의미와 가치는 그 작품에 대한 우리의 경험을 조건 짓는 변화하는 실재 및 활동과 더불어 변화할 수 있다(*AE* 113, 325-7, 334). 아도르노가 동의하였듯이, "예술작품들은 영원히 고정되어 있는 것이 아니라 유동하는 것이다 …… 그 과정적 질로 인하여 역사적 존재를 지닌다 …… (그리고) 역사적으로 변하는 사람들의 태도에 따라 변한다." 그러나 그러한 변화가 동일한 예술작품에 대해 유의미하게 이야기하는 것을 저해할 만큼 클 필요는 없다.35)

예술에 대한 듀이의 경험적 정의가 지닌 목적, 장점, 문제점 등은 예술의 정의와 관련된 논쟁 및 이론의 역할에 집중하는 그리고 나의 프라그마티스트 이론이 그 뿌리인 듀이의 이론과 어떻게 다른지를 그리는 다음 장에서 길게 다룰 것이다. 그렇지만 이번 장에서는 왜 분석철학이 프라그마티즘과는 대조적으로 예술대상을 예술대상에 대한 미적 경험보다 우위에 두었는가를, 그리고 왜 미적 경험이라는 개념이 분석미학에 의해 종종 회피되고 공격당했는가를 탐구할 것이다.

---

35) Ibid. 255-6.

한 가지 이유는 심리주의에 대해 지니고 있는 전통적 분석철학의 염려이다. 즉, 경험의 어떠한 개념도 경험하는 주체의 사적인 주관성에 완전히 오염되기 때문에 미적 경험을 통해 예술을 생각하는 것은 예술을 극히 사적으로 만들고 그리하여 예술로부터 어떤 진정한 소통가능성이나 공적 비판을 박탈해 버린다는 걱정이다. 듀이의 효과적인 반응은 그러한 염려는 경험을 경험에 대한 단지 하나의 좁은 철학적 개념, 즉 본질상 주관적이고 원자적인 감각이나 감정과 동일시하는 데서 비롯된다는 것이다. 듀이가 경험주의에서 그리고 내적 삶에 대한 낭만주의적 옹호에서 그 뿌리를 찾은 이러한 개념은 역사적으로 제한되고 철학적으로 편협할 뿐만 아니라 경험적으로 거짓이기도 하다.36) "그리스인들에게, 경험은 활동적 행동들의, 고통들의, 기술(skill) …… 로 점차 구축되어 가는 지각의 축적이 낳은 결과였다 …….경험에 대한 단지 개인적이거나 주관적인 것은 없다"(*EN* 189). 이러한 옛 개념은 오늘날에도 여전히 남아 있고, 기예적인 철학의 바깥에서 경험에 대한 우리의 가장 상식적인 개념을 핵심적으로 형성하고 있다. 우리가 경험 있는 개인에 대해 말할 때 또는 우리가 어떤 사람이 어떤 직업에 대한 필요한 경험을 지니고 있는 지의 여부를 물어볼 때, 우리는 그 사람이 사적인 감각들이나 올바른 "무가공의 느낌들"을 지니고 있는지에 관심을 기울이지 않는다.

그러나 듀이가 주장하는 미적 경험의 핵심을 이루는 것은 "경험"에 대한 또 다른 상식적 의미이다. 즉, 삶의 단조로운 흐름으로부터 "내적 통합과

---

36) 듀이는 원자적 경험주의는 경험 속에 주어진 것에 대한 경험주의의 *분석*과 *경험되어* 경험 속에 실제로 주어진 것을 잘못 혼돈한다고 논증하며, 그러한 혼돈을 "주지주의적 오류"라고 비판한다(*EN* 18-23). 동료 프래그머티스트인 제임스와 마찬가지로 듀이는 어떤 부가적인 정신적 능력을 통해 차후에 대상들과 연관되고 대상들 속으로 종합되는 개별적·독립적 감각들이 아니라 전체 사물들과 그것들의 관계들을 우리가 경험한다고 생각하였다.

완성"에 의해 "*하나의 경험*"으로 우뚝 솟은 기억할 만하고 극히 만족스러운 삶의 삽화적 사건(episode)을 지칭한다. 내적 통합과 완성은 일정 종류의 "만족스러운 정서적 질"을 제공하는 의미들과 에너지들의 발전적인 조직화를 통해 달성된다. 듀이에게서, 특유하게 미적인 경험은 "*하나의 경험*"이 지닌 만족스러운 요소들과 질들이 "지각의 입구 너머로 상승되고" "그것들 스스로를 위해" 감상되는 그러한 때에 존재한다(AE 42, 45, (63).[37] 그러나 정서적 만족을 도입하는 것이 하나의 경험을 사적으로 또는 아주 주관적으로 반드시 만드는 것은 아니다. 왜냐하면 비록 그 경험들이 우리의 다양한 인성들과 역사를 통해 언제나 다소 다양하게 굴절된다고 할지라도 전문적인 철학적 회의주의자들을 제외하고는 그 누구도 우리가 그러한 기억할 만한 경험들을 어떤 방식으로든 공유할 수 있다는 점에 대해 전혀 의심하지 않기 때문이다. 그러한 *고양된* 경험들은 공유된 것으*로서* 뿐만 아니라 공유되었기 *때문에* 종종 기억된다. 확실성에 대한 철학의 완고한 집착만이 개인적 오해의 골치 아픈 반복과 지속적인 가능성에 주목하면서 미적 경험을 공유된 정서적 경험을 가로막는 사적인 것의 감옥에 가둔다.

나아가 듀이는 이른바 사적인 정신적 경험조차도 심리적인 프라이버시를 항시 능가한다고 주장한다. 왜냐하면 언제나 경험은 "(정신적 주체를 그 자체로 항시 능가하는) 유기체와 유기체를 둘러싼 환경 –물리적일 뿐만 아니라 인간적이기도 한 그리고 국지적 상황들뿐만 아니라 전통과 제도의 자료들까지도 포함한 환경– 사이의 상호작용"이기 때문이다(AE 251). 우리의 가장 사적인 생각들은 공유되고 공적인 언어 속에 항시 존재한다. 이는 우리의 감각적 경험이 생리적인 그러나 언어적으로 그리고 문화적으

---

[37] 단순한 경험과 "*하나의 경험*"에 대한 듀이의 구분은 유럽 해석학적 이론에 공통적인 *Erfahrung*과 *Erlebnis*에 대한 딜타이(Dilthey)의 구분과 명백히 평행한다. 그렇지만 듀이가 *Art as Experience*에서 딜타이를 참고한 것은 아니다.

로 굴절된 구조에, 문화 속에 사는 "모든 정상적인 개인들에 (많든 적든) 공통된 구조"에 기반하고 있기 때문에 어느 정도 공유되는 것과 마찬가지이다(AE 250).

미적 경험에 대한 듀이의 강조를 분석철학자들이 혐오했던 두 번째 이유는 그러한 경험이 중요한 냥 강변될 뿐만 아니라 사라지기 쉽고 파악하기 힘들기 때문이었다. 구분되어 확고히 유지될 수 있는 그리고 오스틴(Austin)이 "중간 크기의 건물류(middle-sized dry goods)"에 대한 철학의 존재론적 편견이라고 부른 것에 부합하는 예술의 대상과는 대조적으로, 미적 경험은 분석과 구분을 위해 안정된 실체나 명확히 정의 가능한 현상으로 정립되어 있지 않았다. 미적인 또는 예술적인 것으로 일상적으로 분류되지 않는 경험들, 예컨대 운동, 대화, 성찬 등이 가져다주는 즐거움들과 같은 것들로부터 미적 경험을 분리하는 일 또한 가망 없이 어려운 듯이 보였다. 역으로, 미적 경험은 예술의 명작들 앞에서 어김없이 나타나는 것이라는 신뢰를 얻을 수 없었다. 그러나 미적인 모든 것에 공통적이고 고유한 하나의 경험으로서가 아니라면, 하나의 특유한 미적 경험이 존재한다고 우리가 어떻게 말할 수 있는가? 미적 경험은 분석적 정의에도 본질적으로 거슬리는 듯이 또한 미적인 것과 비미적인 것 그리고 예술과 비예술을 구분하는 우리의 공고화된 관습과도 맞지 않은 듯이 보였기 때문에 무용하고 혼돈된 형이상학적 "허깨비"라고 비난받았다.[38] 미적 경험을 정의하고 적용하는 어떤 잘못된 방식들에 대해서 분석적 비판이 부분적으로는 정당하게 반응하였지만, 미적 경험이 정의 불가능하다는 점과 미적 경험이 전통적인 비미적인 것으로 유입된다는 점으로부터 미적 경험의 존재에 대

---

38) George Dickie의 "Beardsley's Phantom Aesthetic Experience," *Journal of Philosophy* 62 (1965), 129-36을 참고하기 바란다. 이 논문은 듀이 또한 미적 경험을 어떤 관념적인 "형이상학적인" 것으로 다루었다고 비판하였다.

한 그리고 예술철학에서 미적 경험의 중요성에 대한 부정이 논증되지는 않는다. 정의적(定義的) 한계를 비웃는 그리하여 외피적인 관습적 분할의 속박을 부수는 미적 경험의 바로 그 힘이 듀이의 미학과 같은 개혁적 미학에서 미적 경험을 중요하게 만든다.

예술의 대상을 미적 경험보다 우위에 두는 (더 일반적으로는 예술의 개념을 미적인 것보다 우위에 두는) 세 번째 이유는 미적 경험을 즐거움, 감각성, 정서 등에 대한 사소한 관심에 의해 지배되는 것으로, 예술의 활동적·정치적인 잠재력뿐만 아니라 기본적인 인식적·정신적 힘을 곡해하는 것으로 간주하는 일반적 개념이었다. 왜냐하면 단토가 불평했듯이 "미적"인 것에 대한 우리의 전통적 개념은 "예술을 오직 즐거움에만 걸맞은 것으로", 형식적이고 사소한 것에 기본적으로 한정된 것으로 "간주함으로써 예술을 사소화시키려고 하는" 철학을 대변하고 있기 때문이다.[39] 듀이는 이러한 비판을 조금도 부인하지 않을 것이다. 그러나 대신에 그는 예술의 광범위한 가치는 미적인 것에 대한 개념을 금지함으로써가 아니라 그 개념을 더 풍부한 말로, 즉 미적 경험의 인식적·활동적 중요성을 그리고 예술과 미적인 것이 사유 및 행위의 일상적 세계와 맺는 연관성을 더 풍부한 말로 재구성적으로 재해석함으로써 더 잘 확립된다고 주장할 것이다. 그렇지만 듀이는 (철학자들을 포함한) 우리 인간들이 진리가 아닌 감각적이고 정서적인 만족을 위해 기본적으로 살기 때문에 단순한 즐거움이 결코 사소한 것은 아니라고 또한 주장할 것이다.[40] 그러므로 미적 경험의 즐거움이

---

39) Danto, *Philosophical Disenfranchisement of Art*, xiv-xv, 13.
40) John Dewey의 *Reconstruction in Philosophy* (New York: Mentor, 1952), 32-3 그리고 *EN*, 67-9를 참고하기 바란다. 여기서 "향연과 축제, 장식, 춤" 등을 통한 "직접적인 즐거움에 대한 열중"은 인류의 "가장 두드러진 특징들"의 하나로서 긍정적으로 논의되었다. 더욱이, *AE*에서 그가 덧붙였듯이 "즐거움은 고통으로 가득 찬 세계에서 무시되어서는 안 된다"(23).

지각 및 인식과 분리될 수 없다고 할지라도, 그것이 지닌 고동치는 정감적 가치는 미적 경험의 가치를 평가하는 데서 경시될 수 없다. 그러므로 미적 경험의 가치는 (넬슨 굿맨이 주장하는 것 같은) 인식적 장점으로 또는 실제적 유용성으로 환원될 수 없다.41)

즐거운 미적 경험이라는 듀이의 목표와는 대조적으로, 분석철학은 마음으로부터 독립된 대상들에 대한 진리라는 너무 좁게 해석된 객관적 진리를 목적으로 삼는다. 분석미학이 예술의 대상들에 지나치게 집착하고 있다는 점은 의심의 여지가 없다. 막대한 노력들이 상이한 예술들 속에서 예술대상의 존재론적 지위를 결정하려는 데, 그리고 동일한 예술작품을 그것의 다양한 출현형태 (예컨대, 사본, 프린트, 퍼포먼스 등의 출현형태) 속에서 감정해내는 정확한 기준을 확립하여 그 작품을 다른 작품들로부터 그리고 거짓된 출현물들로부터 구별하려는 데 바쳐졌다. 이에 대한 사회문화적 압력은 아주 명백하다. 종교적 신념의 소멸은 고급예술작품들을 성스러운 텍스트와 신성한 유물에 가장 가까운 것으로 만들었다. 그리고 그렇게 물신화되기 위해, 고급예술작품들은 자신들의 순수함 속에 보존되고 사기꾼들로부터 보호되어야 했다. 그러나 예술적 텍스트를 경험을 위한 매체로부터 물신화된 "언어적 도상(verbal icon)"42)으로 변형시키는 데 한층 더 영향을 끼친 것은 아마도 학계의 전문적인 압력이었을 것이다.

---

41) 프라그마티스트 성향을 강하게 지닌 분석미학자인 굿맨은 미적 경험의 풍부한 인식적 차원과 가치에 대한 탁월한 옹호를 펼쳤다. 그러나 그의 옹호는 미적 가치를 인식적 가치에 환원시킴으로써 훼손되었다. 그러한 환원은 지식에 대한 철학자의 직업적 선입견을 반영한다. 그의 *Languages of Art*, 259를 참고하기 바란다. 여기서 그는 "인식적 탁월함 아래 미적인 것이 포함됨"을 언급한다. 그는 이러한 관점을 더 최근에는 *Of Mind and Other Matters* (Cambridge, Mass.: Harvard University Press, 1984), 134, 148에서 확증하였다.

42) 언어적 도상이란 표현은 비평가 윔샷(Wimsatt)이 긍정적인 의미에서 이름 붙인 것이다. W. K. Wimsatt의 *The Verbal Icon* (Lexington: University of Kentucky Press, 1954)를 참고하기 바란다.

대학에서의 비평은 고양된 경험보다는 객관적 진리를 공언해야 한다. 객관적 진리는 잘 정의된 대상에 대한 요구를 전제하고 있었고, 메타비평으로서의 분석미학은 이를 스스로의 목표로 삼았다. 자신의 첫 번째 저서에서 미적 경험을 메타비평적 예술철학의 중심주제로 삼았던 비어즐리(Beardsley)조차도 이후에 대상을 객관적 비평의 필수적인 보증자로 간주하면서 절대적인 우위에 두었다. "비평을 가능케 하는 데 필요한 첫 번째의 것은 비평되는 대상, 즉 해석과 판단에 대한 점검을 가능케 하는 고유의 성질들을 지닌 …… 무엇이다." 그러므로 그는 "독립"과 "자율성"이라는 구체적인 원리들을 설정하였다. 즉, "문학작품들은 개별자들로서 존재하며," 그리고 "자족적인 실체"로서 그 성질들과 의미가 작품들의 발생문맥 및 경험 속에서의 수용문맥으로부터 독립되어 있다.[43] 넬슨 굿맨의 영향력 있는 저서인 『예술의 언어(*Languages of Art*)』에서, 예술대상의 정확한 정의에 대한 메타비평적 갈망은 역설적인 극단에 다다른다. 왜곡을 방지하는 이론적으로 정확한 방식으로 예술작품을 정의하기 위해, 굿맨은 작품의 동일성과 그 출현의 진정성을 "미적으로 중요한 성질들"로부터 독립되어 있는 것으로 다루었다. 작품을 정의하는 "구성적 성질들은 …… 미적 성질들과 동일시될 수 없다." 왜냐하면 작품이 지닌 미적 성질들은 정의적인 정확함을 갖추기에는 과도한 모호함과 가변성을 허용하기 때문이다. 굿맨에게서 음악적 작품의 정체성과 연주의 진정성은 "악보에 대한 완벽한 순응"에 의해 정의되기 때문에, "하나의 잘못된 음조를 지닌 탁월한 연주는 작품의 완전히 진정한 사례로 간주되지 못하는 반면에" "실제 오류들을 지니지 않은 가장 볼품없는 연주"는 진정한 사례로 간주된다. 유사한 역설

---

43) M. C. Beardsley, *The Possibility of Criticism* (Detroit: Wayne State University Press, 1970), 16. 비평적 평가의 메타비평적 토대로서 미적 경험을 강조하는 비어즐리의 입장에 대해서는 그의 *Aesthetics*, 524-43을 참고하기 바란다.

들이 문학과 연극작품들에 대한 기호적 정의에서도 발생한다.44) 그러나 작품들이 미적 경험을 구조화하는 데 사용되지 않는다면 작품들을 정의하고 유지하는 목적이 무엇인가라고 듀이는 물을 것이다. 그리고 기호적으로 올바를 경우 미적으로 볼품없는 것도 정당화시키는 반면 "미적으로 중요한 성질들"은 경험을 위해 유지될 필요가 없다는 식으로 정의가 이루어진다면 그 정의의 효과는 무엇인가?

후기 구조주의는 완전히 고정되고, 자족적이고, 신성불가침한 대상으로, 즉 물신화된 닫힌 통일성으로 예술작품을 바라보는 분석미학의 개념에 저항함으로써 우리에게 호소한다. 텍스트의 의미는 영원히 주어진 것이 아니라 쓰기와 읽기의 (가변적인) 활동들을 통한 가변적인 산물이라는 후기구조주의의 주장은 인간노력에 의해 형성된 열려지고 유연한 세계를 주장하는 프라그마티즘의 존재론과 닮았다. 듀이는 세계를 "변화를 위한 재료"로 생각한다.45) 닫힌 작품에서 열려지고 발전하는 텍스트의 활동으로 이동하는 현상, 선행하는 진리의 발견으로서의 비평에서 향유된 의미의 창조로서의 비평으로 이동하는 현상은 듀이의 미학에서 사실상 이미 뚜렷이 보이고 있다. 후기구조주의가 텍스트는 언어의 부단히 변화하는 맥락의 산물이기 때문에, 텍스트와 다른 텍스트들 사이의 언어관계들이 행하는 상호작용의 산물이기 때문에 그 의미는 끝없이 변한다고 주장하듯이, 듀이 또한 작품의 의미는 끊임없이 변한다고 주장한다. 왜냐하면 작품은 경험의 부단히

---

44) Goodman의 *Languages of Art*, 120, 186, 209-10을 참고하기 바란다. 굿맨의 정의 방식에 대한 프라그마티스트 관점에서의 더욱 상세한 비판에 대해서는 필자의 졸저인 *The Object of Literary Criticism* (Amsterdam: Rodopi, 1984), 130-9를 참고하기 바란다.

45) Dewey, *Reconstruction in Philosophy*, 101. 고정된 "대상-작품"에서 변화하는 텍스트의 역동성으로 이동하는 후기구조주의의 영향력 있는 진술은 Roland Barthes의 "From Work To Text," in *Image, Music, Text* (New York: Hill and Wang, 1977), 155-64 그리고 Jacques Derrida, *Of Grammatology* (Baltimore: Johns Hopkins University Press, 1976)에서 찾을 수 있다.

변하는 문맥의 산물이며, 문맥은 상대적으로 안정된 예술생산품 그리고 유기체와 유기체를 둘러싼 요소들 사이에서 행해지는 상호작용과 항시 연관되기 때문이다. "한 조각의 양피지, 대리석, 캔버스는 …… (시간의 피해를 감내하면서도) 시대를 통해 자기동일성을 유지하는" 반면, "예술작품은 오직 …… 어떤 개별화된 경험 속에서 사는" 까닭에 "미적으로 경험될 때마다" 어느 정도 다르게 "재창조"되어야만 한다(AE 113). 왜냐하면 "경험은 예술적 생산품과 자아가 이루어내는 상호작용의 문제이기 때문이다. 그러므로 경험은 상이한 사람들에게서 두 번 똑같이 나타날 수 없다 …… 경험은 동일한 사람에게서도 그가 작품에 상이한 무엇을 불어넣음으로써 변한다"(AE 113-14) 예술가 자신조차도 "상이한 시일에 따라 그리고 자기 발전의 상이한 단계에 따라 작품 속에서 상이한 의미들을 발견할 것이다. 그 예술가가 분명할 수 있었더라면, 다음과 같이 말했을 것이다. '나는 바로 그 점을 의미한 것이며, 그리고 그 점은 당신이나 또는 어떤 사람이 작품으로부터 정직하게 얻어낼 수 있는 모든 것, 즉 당신 자신의 생기 있는 경험 (그리고 예술 생산품에 대한 세밀한 주목)을 통해 얻어낼 수 있는 모든 것을 의미한다.' 이와는 다른 생각은 예술작품의 과장된 '보편성'을 단조로운 동일성과 동의어로 만든다"(AE 113-14).46)

그러나 듀이는 정체성을, 구조적 폐쇄를, 예술적 대상성 (그리고 또한

---

46) 듀이는 조심스런 논리적인 세밀함보다는 전망을 지닌 철학자이다. 작품이 항시 상이하게 경험된다는 그리고 경험을 통해 정체화(identify)된다는 듀이의 세밀하지 못한 언급은 주관주의에 대한 염려뿐만 아니라 작품의 자기-정체성(self-identity)과 관련된 실제적인 문제 또한 불러일으킨다. 경험의 정체성은 미적으로 우리가 기꺼이 회피해야하는 단조로운 것이다라는 듀이의 제안은 이 문제를 조금도 해결하지 못한다. 왜냐하면 이 문제는 상이한 경험들을 통해서도 유지되는 작품에 걸맞은 어떤 기능적인 자기-정체성이 없이 상이한 경험들이 주어진다면 우리가 어떻게 동일한 작품에 대해서 말할 수 있는가라는 논리적인 문제이다. 이러한 질문에 대해 듀이가 명확한 답변을 내놓고 있지는 못하지만, 그는 답변을 내놓을만한 논거들은 가지고 있다. 필자는 개괄적인 답변을 이 책의 4장에서 시도하였다.

경험하는 자아)와 연관된 유기적 통일성을 거부하는 데서 후기구조주의보다 덜 극단적일 수 있다. 왜냐하면 이러한 개념들이 토대적으로라기보다 유연하고 기능적으로 프라그마티즘의 입장에서 해석된다면, 이 개념들을 채택하지 않을 이유가 없다. 더욱이, 변화와 차이에 대한 듀이의 칭찬은 안정, 합의, 통일성이 다양하고 유연한 형태들로 나타날 수 있다는 점에 대한 그리고 그것들이 좋은 삶과 효과적인 사회, 정치적 행동 등을 위한 매우 본질적인 가치들을 대변하기 때문에 정체된 엄격성, 단조로운 통일성, 억압적인 전체화와 필연적으로 동일한 것으로 사악화될 수 없다는 점에 대한 깨달음에 의해 누그러진다. 미적 경험이라는 듀이의 개념은 통일성에 대한 칭찬이기 때문에(*AE* 43-9), 적어도 또 하나의 반대와 마주쳐야 한다. 이번에는 후기구조주의자의 관점에서 비롯되는 반대이다. 비판은 듀이의 개념이 미적 경험을 너무 단정하고 질서 있는 것으로, 너무 성취된 통일성의 흐뭇한 만족 속에 갇힌 것으로 만들어 놓음으로써 예술을 긍정적인 격동과 자극의 힘으로 만드는 이따금의 부조화적 효과를 올바로 다루고 있지 못하다는 것이다. 경험은 그 어원이 설명하듯 위험과 위기를 겪는 지속적인 과정이다. 그리고 미적 경험도 이와 전혀 차이가 없는 것이라고 논증될 수도 있을 것이다.[47]

고전적 미학의 통일성에 대한 관점에 그리고 뉴크리티시즘(New Criticism)에 아무리 적절히 대항하고 있다고 할지라도, 이러한 비판은 듀이와 관련된 특징을 쉽게 간과하고 있다. 듀이는 미적 경험의 통일성은 우리가 만족스러운 관조 속에서 마침내 쉴 수 있는 완결된 영구적인 안식처가 아니라고 거듭 주장한다. 오히려 미적 경험의 통일성은 긴장의 그리고 무질서의 에너지로 가득한 경험적 유동상태 속에서 순간적으로 맛보아

---

[47] Victor Turner의 *From Ritual to Theatre* (New York: Performing Arts Journal Press, 1982), 17-18을 보라.

지는 동적이고, 가변적이고, 소멸적인 사건이다. 미적 경험의 통일성은 긴장과 무질서를 일시적으로 통제할 수 있을 뿐이다. 미적 경험의 통일성은 자신이 정점에 이르렀을 때 뒤이은 경험의 흐름 속으로 해체적으로 용해되는 발전적인 하나의 과정이다. 뒤이어지는 경험의 흐름은 우리를 낯선 것 속으로 밀어 넣으며, 그리고 과거 경험들 및 현재 요소들의 잔해와 저항으로부터 새로운 미적 경험을, 새로운 움직임과 일시적인 통일성을 만들어내야 하는 도전으로 나아가게 한다.

더욱이, 듀이에게서 경험된 통일성의 영원성은 불가능할 뿐만 아니라 미적으로 바람직하지도 않다. 왜냐하면 예술은 긴장과 격동적인 신선함의 도전을 그리고 성취를 위한 율동적인 고투와 질서의 붕괴를 필요로 하기 때문이다. "예술가는 통일이 성취되는 경험의 국면을 특유한 방식으로 고려하기 때문에 저항과 긴장의 순간을 회피하지 않는다. 오히려 그는 그러한 순간을 그 자체 때문이 아니라" 하나의 통일된 경험으로 변형될 수 있는 "잠재력을 지녔기 때문에 육성한다"(AE 21). 그러므로 듀이에게서는 "미적 경험이 발생하지 못하는 두 가지 종류의 가능한 세계가 존재한다." "단지 유동만하는 세계" 속에서는 통일성, 안정 또는 절정의 느낌은 전혀 가능하지 않다. 그러나 다른 한편으로 "완성되고, 종결된 세계는 긴장과 위기의 흔적을 지니지 못하고 해결을 위한 어떤 기회도 제공하지 못할 것이다. 모든 것이 이미 완결된 곳에서는 어떤 성취도 없다. 니르바나(Nirvana)와 불변의 지복은 이것들이 고통과 갈등으로 가득한 우리 현세를 배경으로 하여 비추어지고 있다는 바로 그 이유 때문에 즐거이 상상되는 것이다." 그러한 것에 대한 실제적인 경험, 예컨대 경험의 영원히 지속되는 미적 통일성에 대한 실제적인 경험과 같은 것은 죽음처럼 지루할 것이다. 우리는 격동과 무질서가 필요하다. 왜냐하면 "격동으로부터 조화로의 변천의 순간은 가장 격렬한 삶의 순간이며" 가장 만족스러운 순간이기 때문이다

(*AE* 22-3). 그리고 또한 그러한 조화 속에 한없이 머물 수도 없다. 미적 경험은 임시적으로 음미된 절정, 주기적인 휴식의 막간일 뿐이다. 다양함에 대한 삶의 요구를 분담하고 있는 이러한 절정과 막간은 질서에 만족할 수 없으며 따라서 "우리를 낯선 것 속으로 밀어 넣는다"(*AE* 173). 미적 경험은 기존의 것에 대한 이룩된 질서만큼이나 새로운 것에 대한 자극적인 격동이다. 듀이는 이 점을 분명히 하였다.

> 삶의 과정에서, 평정한 순간의 성취는 동시에 환경에 대한 새로운 관계의 시작이다. 즉, 투쟁을 통해 이루어지는 새로운 적응력을 환경에 부여하는 일의 시작이다. 완성의 시간은 또한 새로운 시작의 시간이다. 완성과 조화의 시간에 따르는 즐거움을 주어진 시기를 넘어서까지 영속화시키려는 어떠한 시도도 세계로부터의 후퇴를 이루어낸다. 그러므로 그러한 시도는 생기의 약화와 손실을 나타낸다(*AE* 23).

유기적 삶에 대한 듀이의 앞서 언급은 그가 유기적 삶의 리듬으로부터 출현한다고 간주한 미적 경험의 통일성을 발달시키고, 분해하고, 그리하여 유발시키는 데도 또한 적용될 수 있다. "정해진 한계들을 뛰어넘는 일은 해체와 죽음이지만, 그러나 그로부터 새로운 리듬이 건설된다"(*AE* 22). 미적 경험은 살아있는 아름다움으로 빛난다. 그 까닭은 미적 경험이 무질서와 단조로운 틀의 사멸에 둘러싸여 있기 때문만이 아니라 그 자신의 번득이는 이력은 자신의 소멸 과정을 살아 있는 것처럼 투사하기 때문이다.

경험과 실천 사이에서의
예술과 이론

　　　　　　　　　　예술이란 무엇인가에 대한 물음은 오랫동안 미학 이론에 영향을 미쳐 왔다. 하지만 그 물음에 대해 답하고자 했던 많은 정의들 가운데 그 어떤 것도 철학적으로 만족스럽다거나 논란의 여지가 없는 것으로 받아들여지지는 못했다. 예술을 경험이라고 한 듀이의 프라그머티즘적 정의도 예외는 아니어서 수많은 철학적 비판을 허용할 수밖에 없다. 너무나 명백하게도 그 정의는 모호할뿐더러 평범하다. 미적 경험을 규정하는 그 개념은 일반적으로 예술적인 것으로 간주되지 않는 것(가령 어떤 방의 깔끔함이라든지, 운동의 활동성 등)조차도 망라하고 있기 때문에, 우리가 예술이라고 정의하는 그 개념에 대한 정확한 내용과 범위를 반성해내는 데는 분명히 실패하고 만다.

　　예술에 대한 정의는 이론적 해결, 즉 소수의 철학자들이 예술을 정의하고자 했던 그 기획을 무의미한 것이라고 해서 포기해버릴 것을 주장했던 바에 저항하고 있다는 사실을 밝혀냈다. 그래서 현대의 어떤 프라그머티스트들은, 실천의 우월성을 당연한 것으로 존중하여, 이론의 가치와 가능성 모두를 부정하기까지에 이르렀다. 프라그머티즘 이론가는 어떤 굴레 속에 놓여 있다. 그는 전통적인 이론들을 의심하고 또 자기 이론의 성공에 힘입은 나머지, 예술에 대한 하나 이상의 정의를 철학적 고찰로서 제안하기를 꺼려 할 뿐만 아니라 마침내는 미학사의 부스러기쯤으로 낮게 평가한다. 하지만 그는 동시에 "예술이란 무엇인가"라는 물음이 너무나 중요한 것이어서 교묘히 빠져나갈 수도 없다는 사실을 깨닫는다. 즉, 이론은 획득될 수 없는 것이지만 또 회피할 수도 없는 것이다.

내가 보기에 예술과 그 이론 사이에서 이루어진, 역사적으로 잘못된 이런 만남을 해결할 유일한 길은 이론의 목표들과 정의가 개념화되지 못했으며, 그리하여 오히려 예술에 더욱 잘 소용이 닿도록 적절히 변경될 수 있다는 점을 제시하는 일이다. 그렇지만 이것이 예술을 비판으로부터 벗어나게 하거나 개념화하는 일로부터 자유롭게 하지는 못한다. 많은 부분에서 오도된 이론에 의해서 예술에 관한 우리의 생각이 그 자체로 오도될 소지가 있고 방향을 재설정해야 할 필요가 있을는지도 모르기 때문이다.

이 점들을 명료하게 하고 또 정당화하는 데 도움을 주기 위해서 나는 다음과 같은 역설을 논의해야만 하겠다. 즉, 듀이가 전통적인 철학적 규준을 가지고서 예술을 하나의 경험이라고 정의했던 점은 옳았지만, 그럼에도 불구하고 그것은 분명히 부적절할 뿐만 아니라 부정확한 규정이다. 물론 이론과 예술을 다시 개념화하고자 하는 데는 이보다 더 많은 논의가 필요하다. 만일 이론의 목표와 방향이 그릇되게 이끌어진다면, 그리고 예술 또한 잘못 개념화된다면, 우리는 예술을 정의한 역사를 살펴봄으로써 어째서 그리고 어떻게 그런 일이 벌어졌는가를 살펴볼 필요가 있을 것이다. 더욱이 만일 듀이의 실험적 정의가 어느 정도 옳다면, 우리는 예술을 실천으로서 정의하고 또 듀이의 정의만큼이나 뛰어난 프라그마티스트의 정의인 것인 양 보이는 오늘날의 가장 강력한 이론보다 듀이의 정의가 어째서 더 나은가를 살펴볼 필요가 있다.

예술을 정의하는 일이 철학에 있어서는 영원한 숙제였다. 오래 전인 18세기 말에조차도 미학은 엄밀한 철학적 이론으로서 대두되었다. 진정으로 예술에 대한 정의는 철학 자신의 세대와 자기형성에 결정적인 문제였다.[1] 왜냐하면 철학은 고대 아테네 문화에서 그 자신을 예술에 비해 보다 우월한 지혜의 원천으로서, 이를테면 추구해야 할 최고의 것으로서 공격적으로 규정함으로써 생겨났기 때문이다. 그 당시 철학은 관조를 위한 최고의 지침이자 가장 고상하고 강력한 관조의 즐거움을 제공해 줄 수 있었다. 소크라테스와 플라톤에게서 철학이란 한편으로 수사학자들이나 소피스트들에 그리고 다른 한편으로 예술가들에 대항해서 싸웠던 지적인 우월성을 지키기 위한 과정에서 태어났다(당시에 수사학적인 의미에서의 시는 예술가의 주된 적이었다. 왜냐하면 그것은 전통에 대한 신성한 지혜를 가장 잘 획득했을 뿐만 아니라 조형예술이 지닌 실용적인 특성

---

1) 이 점에 대해서는 John Dewey, *Experience and Nature* (La Salle, Ill.: Open Court, 1929), 74-7쪽 참고바람.
  이 후부터는 *EN* 으로 인용함. 그리고 *Art as Experience*(Carbondale, Ill.: Southern Illinois Univ. Press, 1978), 298, 331쪽. 이 후부터는 *AE*로 인용함. 이 두 저술에 대한 인용은 본문의 괄호속에 표시할 것이다.
  또한 Arthur Danto, *The Philosophical Disenfranchisement of Art*(New York: Columbia Univ. Press, 1986), 1-21쪽을 참고 바람.

을 가지고 있지 못했기 때문이다).

철학이 수사학의 논증적인 전략을 사용하자마자 예술로부터 인식론적이고 형이상학적인 방향으로 나아가게 된 것처럼 보인다. 테오리아(theoria)라고 불리우는 인식의 이상, 즉 실재와 관조 사이의 능동적인 상호작용이나 실재에 대한 재구성이라기보다는 오히려 양자를 분리시키는 인식모형은 연극이나 마침내 완성된 조형예술 작품을 감상하는 관객의 태도를 반영한다. 마찬가지로 실재란 잘 정의되고 또 고정된 형식들, 즉 이성적으로 그리고 조화롭게 정돈된 형식들 그리고 그 형식을 관조하는 일은 숭고한 즐거움을 준다고 하는 생각은 훌륭한 예술작품을 선점할 것을, 그 작품의 분명한 형태와 명료한 윤곽을 열심히 담아내려는 일을, 그 작품을 지속시키는 것과 지적인 조화를 제안한다. 그렇지만 그런 일들은 그 작품을 일상적인 경험의 혼란스러운 흐름 너머로 가져갈 뿐만 아니라 그것을 일상적인 경험의 실재성보다 더 실재적이라는 의미에서 더욱 찬란하고, 불변적이고, 또 억지스럽게 만든다. 시인들은 미의 창조자로서만이 아니라 지혜의 제공자로서 높이 평가받았기 때문에, 철학은 예술을 더욱 부정적인 말로 정의 내림으로써 자신의 자율성과 권리를 확립해야만 했다. 예리한 변증술적인 창의력과 더불어, 철학은 예술이 가진 인식론적이고 또 형이상학적인 모방을 모사 혹은 미메시스(mimesis)라는 말로써 예술에 대해 폄하하는 정의로 변형시켰다.

플라톤에 있어 예술은 현상에 대한 모방으로서 실재에 대한 참된 형상으로부터 두 단계나 멀리 떨어져 있으며 기만적인 데다가 영혼의 가장 저급한 부분에 호소하고 있다. 뿐만 아니라 예술은 미와 욕구의 즐거움이라는 점에서 보면, 결코 철학과 경쟁할 수도 없다. 예술이 아름다운 대상들을 보도록 해주는 반면에, 철학은 더욱 더 완전한 초월적인 형상들에 대한, 즉 예술의 모방적인 대상들(그리고 실로 모든 대상들)을 아름답도록 만들어주는 형상들에 대한 황홀한 관조를 제공해 줄 수 있으며, 또한 미의 바로 그 형상이라는 궁극적인 미에 도달한 시각적 환희를 기획하도록 해준다. 그러므로 (『향연, *Symposion*』에서) 철학자는 "에로스의 주인"으로서 묘사되어 있지 단순히 진리의 옹호자로서 그려지고 있지는 않다.

플라톤은 이처럼 예술의 실천을 증진시키고 예술에 대한 평가적인 이해를 도모하기 위해 예술을 정의한 것이 아니라, 오히려 그것을 낮게 평가하고, 제한하며, 조종하기 위해서 그렇게 했다. 그는 더욱이 『공화국(*Politeia*)』에서 우리가 볼 수 있듯이, 검열과 추방의 확대를 위해서 그처럼 규정했다. 뿐만 아니라 그는 예술을 정의하면서, 예술철학도 아울러 정의하고 있는데, 플라톤에게 그것은 마치 철학의 부스러기처럼 예술에 반응해서 나온 부가물쯤으로 비춰질 수 있었다. 그것이 처음부터 그처럼 부정적이고도 의심스럽게 동기가 부여되고 또한 개념화되었기 때문에, 미학이론은 오도될 것이라고 기대될 수 있었다. 게다가 그 분야에 대한 플라톤의 형식적 인상이 가로놓여 있었기 때문에, 비록 철학자들이 플라톤의 해석으로부터 점차 해방되고 있다고 느꼈더라도, 그들은 여전히 미학이론이 발생한 그 초기부터 잘못 인도된 그 방향에 예속되었다. 우리는 이를 이미 예술에 대한 아리스토텔레스의 변호에서 알고 있다. 감각적 개별자들에 대한 모방이 더 지배적이라는 플라톤적인 멍에로부터 예술을 자유롭게 하기 위해, 아리스토텔레스는 비극이란 보편자를 모방하는 것이고 그래서 역사보다 "더욱 철학적인" 진리를 드러낸다고 주장했다. 그렇지만 이것은 모방이론과 철학의 헤게모니를 더욱 강화시켰을 뿐이었다. 더욱이 아리스토텔레스의 카타르시스설에서 처럼 그는 예술을 근본적으로 일상적인 삶과 행위와는 동떨어진 대상들의 명료한 영역이라고 여기는 플라톤의 태도를 계속 이어갔다. 간단히 말해서 예술을 모방(mimesis)이라 여기는 플라톤의 정의가 두 가지 의미로, 즉 (예술과 삶 사이의 영향적 연관을 무화시키는 일이라고도 할) 구획짓는 일의 감소라는 의미로, 그리고 "범주화"를 따지는 일이라고 여겼던 그리스어의 원래적 의미로 예술을 범주화했던 반면에, 하위이론은 따지는 일을 포기하고 구획짓는 방식의 정의라는 관례를 고수했다.

모방이 결국 자신의 호소력과 지위를 상실했을 때, 다른 이론들이 제안되었다. 표현이론, 형식이론, 유희이론 그리고 상징이론 등이 가장 강력했다. 하지만 그들 가운데 어떤 것도 예술을 사물의 특수한 범주로 규정하고 또 사물의 단일한 본질을 반성하는 철학의 이성적 요구를 만족시키지는 못했다. 어떤 것이 일반 사물이라기보다는 오히려 어떤 예술작품이 되도록 필요하고도 충분한 조건을 주려는 이 모든 이론들은 모든 예술작품들에게 일반적이고도 특수한 본질을 드러내 보여주는 데 실패했다. 예술작품들에서 매혹적으로 드러나는 특성들에 집중한 이러한 정의들은 지나치게 광범위하거나 지나치게 협소한 나머지 실패하고 말았다. 모방처럼 표현, 유희, 형식 그리고 상징이라는 형태들도 분명히 예술에 고유한 형태가 아닐뿐더러 예술의 모든 중요한 특성을 단일하게 혹은 집합적으로 설명하지도 못한다. 벨(Bell)과 프라이(Fry)가 제시한 유의미한 형식이론과 같은 협소한 이론의 경우에는 유의미한 형식에 의해 규정된 신비한 미적 감정 그 자체에 대해 순환적으로 답할 따름이다. 게다가 그 이론은 분명히 재현적인 내용을 너무도 결정적인 것으로 삼는 예술들을 망라할 수조차 없었다.

본질주의자(essentialist)가 예술에 관해 정의하려고 시도했던 실패의 오랜 역사를 정리하면서, 예술 자체에서 되풀이되고 있는 혁명의 최근 역사를 분명히 인식하게 된 모리스 웨이츠(Morris Weitz)는 1955년에 근본적인 처방을 제안한 바 있다.[2] 예술에 관한 진정한 정의에서의 문제(즉, 본질이

---

2) Morris Weitz, "The Role of Theory in Aesthetics", *Journal of Aesthetics and Art Criticism* 16(1955), 27-35쪽.

라는 어떤 것, 혹은 필요하고도 충분한 특성이라는 어떤 것)는 논리적으로 불가능한 것이므로 배제되어야만 한다. 왜냐하면 예술은 어떤 보편적인 본질로서 규정되지 않기 때문이다. 웨이츠는 그러한 본질이 "예술"이라는 일반적 용어의 지적인 사용과 그와 관련된 의미에 필수적이라는 논의에 반대하면서, 비트겐슈타인을 좇아 다음과 같이 주장한다. 상사성(相似性)과 가족유사성이 지닌 복합적인 네트워크들은 관련된 예술작품을 통해서 이 일반적인 개념을 효과적으로 적용하고 가르치는 데 필수적이고 또 가능한 그런 모든 공공성(commonality)을 뒷받침해 준다. 예술작품과 상사성의 네트워크 이면에 있는 이러한 배경에 기초해서, 우리는 또한 "예술"이라는 말을 새롭고 낯선 대상들에 적용할 수 있게 된다. 웨이츠의 논의는 단순히 예술이 본질을 결여하고 있다는 것, 즉 일련의 필요 충분한 특성(어떠한 작품에 의해서도 드러나고 또 드러나야만 하는 그런 특성)이 대개 예술이라 일컬어진다는 점을 의미하지는 않는다. 오히려 웨이츠의 논의는, 즉 예술이라는 개념의 바로 그 논리가 예술이 그런 어떤 본질을 가지고 있다는 것을 금한다는 것을 뜻한다. 예술은 원래 개방적이고 중립적일 수 있는 개념일뿐더러 창조성, 고상함 그리고 혁신에 만족하는 영역이다. 이처럼 비록 우리가 모든 현존하는 예술작품들을 망라하는 규정조건들을 발견할 수 있다 하더라도, 미래의 예술이 그 한계에 고착되리라는 보장은 없다. 예술이 어처구니없게도 그 한계들을 파괴할 것이라고 생각하는 데는 참으로 그럴 만한 이유가 있다. 간단히 말해서, "예술의 바로 그 팽창적이고도 모험적인 성격"이 자신에 대한 정의를 "논리적으로 불가능하게" 만든다.

그러므로 철학자들은 예술을 정의하려는 허망한 기획을 포기하고 그 대

이 영향력있는 글은 여러 앤솔러지에 널리 실려 있다. 필자가 여기서 인용한 곳은 F. J. Coleman(편), *Contemporary Studies in Aesthetics*(New York: McGrawHill, 1968), 84-94쪽 및 90-94쪽.

신에 그들의 노력을 예술개념을 분석하는 데 할애하도록 종용받았다. 그리고 그들의 분석은 예술개념이 개방적일뿐더러 복잡하고 또 근본적으로 논쟁적이라는 점을 보여주었다. 웨이츠의 경우에 그것이 두 가지로 구별되는 사용과 분류 그리고 가치평가를 가진다는 데서 복합적이다. 우리가 "어떤 예술작품"이라고 꼬리표를 단 모든 것들에 대해서 그 말을 사용한다고 해서 찬사를 보내는 것은 아니다. 그것은 개념을 그토록 경쟁적으로 만드는 평가적인 사용이며, 우리가 예술에서 무엇을 평가해야 할 것인가를 권하도록 가장하는 시도들을 예술로 하여금 하게 하는 혼란스런 과거의 정의들이다. 웨이츠의 주장에 따르면 이 전통적인 이론들은 "예술에서 탁월함을 평가할 어떤 규준"이라는 평가적인 제안으로서나 "예술의 어떤 형태에 어떤 방식으로 주목하는" 하나의 타당한 추천으로서 평가받을 만하다. 하지만 그것들은 평가나 추천이 아니라 오히려 논리적 기술과 개념적 명료화를 주된 일로 삼고 있는 철학 이론으로서 다만 잘못 이끌어진 것들이다.[3]

웨이츠의 논의를 넘어서기 위해서 새로운 유형의 정의가 제안되었다. 만일 평가의 쟁점이 어떤 규정을 번복할 수 없으리만큼 논의할만한 것으로 만들었다면, 규정은 분명히 예술의 분류적 의미에 제한될 것이다. 만일 예술작품이 일반적이면서도 독특한 성격을 드러내지 못하는 듯이 보인다

---

[3] 웨이츠는 서둘러 철학이란 평가적인 논점들을 피하지 않으면 안 된다고 가정한다. 그는 사실과 가치라는 이분법 및 철학이 진리나 사실을 거울처럼 비추어 주는 데에 관련된다는 견해 양자를 전제로 한다. 이 두 가정들은 의문의 여지가 많다. 어떤 가치들은 사실들이다(사회적 영역이나 실험적 영역에서는 확실히 그러하다); 평가적 진술들은 기술상(記述上) 사실이며 정보를 제공한다. 반면에 어떤 기술들은 실제로 평가들을 포함하기도 한다(특히 부정적 판단과 더불어 그러하다). 두 번째 가정은 아래와 같은 도전을 받는다. 즉, 두드러지게 현상(現狀)을 재현하는 정적(靜寂)주의적 철학적 이상은 비트겐슈타인 만큼이나 해방된 사상가에게서 찾아볼 수 있다. 비트겐슈타인은 다음과 같이 주장한다. 즉, "철학은 언어의 실제적 사용에 있어서 어떤 경우에도 방해하지 않는다; 철학은 마침내 언어를 기술할 수 있다. 왜냐하면 철학은 언어에 토대를 제공할 수 없기 때문이다. 철학은 언어인 바 그대로 둘 뿐이다"(Ludwig Wittgenstein, *Philosophical Investigations*(Oxford:Blackwell, 1968), 124절).

면, 아마도 예술의 본질에 관한 정의는 그 작품의 드러난 성격에서가 아니라 그것의 발생과정에서 성립할 것이다. 웨이츠에 반대하여 언급하자면, 단순한 유사성은 예술개념의 통일성을 설명할 수 없다. 왜냐하면 유사성이란 어떤 두 가지의 사물들 사이에서 이해될 수 있기 때문이다. 반면에 가족유사성에 관한 대안적 개념은 이미 일반적이면서 발생적인 핵심내용이나 나뉘어 형성된 역사를 암시한다. 이러한 논의는 디키(George Dickie)의 예술제도론을 위한 중심사상을 형성한다. 그 이론은 예술작품을 "어떤 사회적 제도, 즉 예술계를 대표해서 행동하는 어떤 사람이나 사람들이 평가받을 만한 후보의 지위를 부여한 인공물"[4]로 정의한다.

이 이론이 논의될 만한 이유는 그것이 분석미학에 가한 충격 때문만이 아니라 기교적인 정교함과 반성적이고도 잘 구획된 정의를 고수하고자 하는 근본적인 고집을 여실히 보여주고 있기 때문이기도 하다. 그 이론은 "예술작품"을 필요 충분한 조건들에 의해서 정의함에도 불구하고, 전적으로 형식적이거나 절차적이어서 미학적인 혁신을 방해하지도 않을 뿐더러 평가기준에 관해서 편견을 가지고 있지도 않다. (다른 모든 고질적인 문제들과 마찬가지로 그러한 방해와 편견도 일반적으로 예술계에 남아 있다). 게다가 그 이론은 예술을 발생하게 하고 또 감각상에 직접 드러나지 않는 특징들을 그것에 부여해주는 사회적 맥락을 부각시키는 장점을 지니고 있다. 이것은 예술이 가지지 못한, 겉으로 드러나 공유하고 있는 본질을 보상해 줄뿐더러 예술에 (비록 예술작품이 그 어떤 것도 현시하지 못한다 하더라도 그것이 현시하려 하거나 현시하려 하지 않는 어떤 것에 의해서도 흔들리지 않을) 궁극적인 지평과 결정적인 토대를 제공한다.

---

[4] George Dickie, *Aesthetics*(Indianapolis: Bobbs-Merrill, 1971), 101쪽. 디키는 이어서 자신의 제도론을 *The Art Circle*(New York:Haven, 1984)에서 재구성하고 있다. 하지만 본질적인 접근은 바뀌지 않고 있으며, 계보상의 의도에서 보면, 초기의 영향력 있는 논의가 더욱 적절한 것으로 보인다.

디키가 내린 예술의 정의는 그 이론이 형식주의자처럼 절차상의 지위 부여에 의존한다는 점에서 그리고 그것이 평가적이고 본질적인 내용을 배제한다는 점에서 정상적인 실증주의가 내린 법칙의 정의에 대한 유비물이다. 그래서 그의 정의는 비평과 같은 것에 속한다.5) 지위를 부여하는 제도적 행위는 필요하지도 않고 충분하지도 않다. 대체로 논하자면, 예술의 지위가 꼭 부여될 필요는 없지만 기계적으로 가정된 맥락 속에서 어떤 예술작품이 생겨난다. 그래서 만일 지위 혹은 자격부여라는 주어진 행위가 예술계에 의해서 적절한 방식으로 받아들여지지 않는다면, 그 행위는 절대로 예술의 지위를 부여할 수 없을 것이다. 예술계와 그것의 발생적인 힘에 관한 인식에서 벗어나는 일과 관련해서, 이 정의는 어떠한 본질적인 해명이나 목적을 가질 수 있는가? 디키조차도 결국 "이것이 예술이다"라고 하는 엄밀한 분류적인 판단이 미학적 논의에서 무의미하다는 사실을 인정한다. 전통적으로 예술이란 무엇인가를 정의하는 데 주안점을 두고 있었던 본질적인 미학적 문제(우리가 특정한 작품을 하나의 예술작품으로 평가할 수 있는가, 있다면 어떻게 그런가 하는 문제)의 경우에, 이는 단순히 예술계와 그 평가 차원 내지는 기준에 따라 결정된다.

결국, 예술작품의 존재가 필연적으로 훌륭한 것이거나 가치를 평가할 만한 것으로 남아야만 하는 것이 아니라는 디키의 주장이 옳다고 하더라도, "예술계"가 가치를 배제한다는 의미에서 정의될 수 있다고 가정하는 것은 잘못이다. 디키 자신의 정의에서 보건대, 작품의 평가를 위한 후보자라는 바로 그 개념은 분명히 예술이 평가되는 배후를 전제하고 있다. 이는 마치 "예술계"라고 하는 바로 그 개념이 예술이 문화적 실천과 그것에 의한 성취로써 평가되는 세계를 전제한다는 것과 마찬가지이다. 예술과 가치는

---

5) 나는 이러한 유추와 유추적 비평을 좀더 자세하게 "Positivism: Legal and Aesthetics", *Journal of Value Inquiry* 16(1982), 319-25쪽에서 전개하고 있다.

분리될 수 없다는 주장은, 순전히 분류적인 의미에서 예술을 본질주의자적으로 정의 내리는 일이 예술에 무엇이 근본적인가 하는 점을 그릇되게 배제해버린다는 사실을 의미한다. 이는 비록 예술이 그처럼 분류된 그 대상들 가운데 다수의 것들로부터 벗어나 있다 하더라도 그러하다.

만일 디키의 이론이 왜 예술이 평가되는지를 설명할 그리고 예술에 대한 우리의 평가경험과 이해를 풍성하게 만들어줄 그러한 본질적인 통찰을 제공해 주지 못한다면, 이는 그가 그러한 점들을 알지 못했기 때문이 아니다. 오히려 그는 반성적이고 구분하는 정의라는 모형에 의해 이끌렸기 때문이다. 그 정의의 본질적인 목표는 예술을 개선한다거나 심오하게 하는 데 있다기보다는 예술에 대한 현재적 이해를 성취하는 데 있다. 예술이 반드시 다른 영역들로부터 명석하게 분리된 대상들의 어떤 판명한 영역이라는 가정이 주어진다면, 정의를 내리는 일은 모든 대상들에 적합한, 그리고 그 영역에 대해 알맞은 이해에 따라서 예술작품이라고 일컬어질 대상들에만 적합한 언어적 공식을 찾는 일일 수 있다. 우리는 그 언어적 공식이 잘못 적용되었을 뿐더러 적용하는 데도 실패했으며 그래서 예술의 영역을 그릇되게 포함하거나 배제시켰다는 반증을 가지고서 위에서 제시된 정의에 반대한다. 따라서 그 정의는 너무 광범위하거나 너무 협소한 것으로 비춰질 수 있다. 즉, 그 정의를 이끄는 이상은 완전한 적용범위이고 그래서 그 이상은 이론의 "투명한 비닐포장지" 모형이라고 불릴 법하다.

음식을 싸는 좋은 랩 포장지처럼, 예술에 관한 그러한 이론들은 그 대상들(예술에 관한 우리의 이해)을 드러내 보여주고, 담아 놓을 뿐만 아니라 그것들을 보호하기까지 한다. 그것들은 [예술에 관한 우리의] 이해를 의미심장하게 변형시키지는 못한다. 그리고 그 이론들은 우발적인 경우가 아니라면 예술에 관한 우리의 경험과 실제를 증진시키거나 수정하지도 못한다. 만일 그것들이 우리로부터 감탄해 마지않는 찬동을 이끌어낸다면, 이는

"망라하기"와 논증게임에서 그 이론들의 철학적 기민함과 상상력 넘치는 재주 때문이거나 그 이론들의 지지 속에서 나온 예술에 대한 민감하고 통찰력이 풍부한 담론 때문일 것이다. 예술계라고 하는 [개념의] 내용 없는 투명성과 더불어, 디키의 포장지이론은 그것이 지닌 가공할 유연성 때문에 특히 철학자들에게 흥미를 끌었다. 그것은 요구된 제도적 예술계를 망라할 수 있었다. 하지만 아이러니컬하게도 그 이론은 또한 반대에 봉착했는데, 이는 예술계라는 그 제도적 그림이 그리 유연한 것이 못되었기 때문이었다.

제도들(가령 국가 기구, 종교조직, 교육제도 등)은 전형적으로 분명하게 분류하여 정리되고 또 엄격하게 관리되는 역할과 구조 그리고 실천에 관한 명료한 네트워크를 가지고 있다. 예술계는 분명히 이 제도들보다도 훨씬 더 모호할 뿐만 아니라 유연하기조차 하다. 그 어떤 것도 형식적으로 예술계에 제한되거나, 전향하거나 편입되지 않는다(또한 반대로 그 어떤 것도 예술계로부터 유배되거나, 배제되거나 추방되지도 않는다). 그 대신에 우리가 행위 할 때 틀림없이 만나게 될 특정한 조건들이 있는 것도 아니며, 그러한 행위를 규제할 정식화된 규칙이 있는 것도 아니다. 예술계의 규칙과 규제가 비공식적이고 또한 암묵적이라는 항변에 대한 대답은 단순히 예술이란 엄밀한 의미에서 제도인 것은 아니지만 문화적 전통이나 사회적 실천임을 인정하는 일과 같은 것이다. 이러한 생각은 예술계라는 보다 느슨하고 또 역사적으로 알려진 전망을 통해서 과연 오늘날 예술에 관한 가장 강력한 포장지 이론이 무엇인가를 보여주고 있다.

오늘날 보다 풍부한 상상력과 예술적으로 예민한 감수성을 지닌 미학자들 중 한 사람인 단토(Arthur Danto)는 예술사의 관점에서 광범위하게 예술을 정의해왔다. 디키의 정의에 영감을 준 것이 바로 그의 예술계의 "발견"이었을지라도, 그리고 그가 "예술계 없이는 예술도 없다"고 지속적으로 주장했음에도 불구하고, 단토 자신은 '제도론'을 대부분 거부했는데, 이는 그 이론이 역사적인 깊이를 결여하고 있기 때문이었다.[6] 그 제도론은 "모든 것이 모든 시대에 가능한 것은 아니다"라고 말한 뵐플린의 유명한 통찰을 무시하면서, 예술계를 구조화함으로써 예술계를 대리하는 자들 혹은 중개하는 자들의 활동을 안내하고 제한하는 역사적인 구속들에 대해 전혀 고려하지 않은 채, 신기하게도 예술계 대리인들의 전지전능하고 독단적인 힘에 모든 것을 맡겨 놓았다는 것이다. 따라서 제도론이 앤디 워홀의 〈브릴로 박스〉(단토의 이론화에 공공연한 영감이 되었던)가 어떻게 예술의 자격을 얻을 수 있었는지 설명할 수 있다고 하더라도, 어째서 이 작품이 거부되어 인정받지 못하는 것으로 받아들여져야 하는지, 혹은 만일 워홀이 세기말의 파리나 15세기의 피렌체에서 그것을 제작했다

---

6) Arthur Danto, *The Transfiguration of the Commonplace*(Cambridge, Mass.:Harvard Univ. Press, 1981), 5-6, 94, 125쪽.

면, 어째서 그 작품 자체가 인정되지 않았을 것인지를 설명할 수는 없다.

단토에 의하면, 그러한 설명은 예술사와 예술론에 좌우된다. 예술작품의 자격은 예술계의 대리인들에 의해서 감상할 만한 후보자로 자격이 주어지는 것 이상을 의미한다. 미술관 경호원이 큐레이터를 대신해서 우리에게 아름다운 꽃을 줄 수도 있는데, 이 때 그 꽃은 지금 그 곳에 전시된 실제의 꽃이라는 예술작품(*살아 있는 아름다움*이라는 제목이 붙은)과 시각적으로는 구별이 불가능할지라도 그 꽃을 예술작품이라고 하지는 않는다. 단토에게서는, 예술로서 성공적으로 주의를 끄는 어떤 사물도 특정한 예술작품으로 해석되는 일(예를 들어 일반적으로 정물과 미술관이 가지는 그 빈사 직전의 특성에 대한 예술적인 비평으로서의 예술작품인 꽃)을 감수해야만 한다. "이처럼 예술작품을 구성해주는 해석 없이는 어떠한 예술작품도 없기 때문에, 해석을 할 때에는 가능한 한 필수적으로, 예술사에 관한 어떤 구조나 문맥, 그리고 예술론이 요구된다.[7] 따라서 예술작품으로서의 〈브릴로 박스〉는 그것의 영향에 대한 해석이 요구되는데, 워홀에게는 독창적인 것으로 해석되기를, 관객에게는 대담성을 주는 것으로 해석되기를 바란다. 그리고 예술작품은 그러한 해석을 가능하게 하기 위하여 "어떤 역사적인 전개"를 필요로 한다. 사물들은 예술계에서 이런 식으로 해석된다면(즉, 예술작품이라고 설정해주는 식으로), 예술작품이다. 또한 예술계는 단지 예술사를 구성하는 예술적인, 비평적인, 사료(史料) 기술적인, 그리고 이론적인 실행으로부터의 추상이기 때문에, 예술은 본질적으로, 역사적으로 정의되어야 하는 복합적인 역사적 실천 혹은 전통(단토가 비록 이런 용어를 하나도 사용하지 않았을 지라도)이다.

물론, 단토의 예술론은 너무나도 풍부하고 세분화되어 있어서 이처럼

---

[7] 앞의 책, 135쪽 및 이 절 안에서의 다른 인용은 208쪽에서.

개요형식으로 파악할 수는 없다. 그러나 단토 예술론의 실체적인 내용과 역사적 깊이가 디키의 이론을 별개의 것으로 보이게 할지라도, 그의 예술론도 역시 완전한 적용범위라는 은유를 지닌 포장지 모형이라는 정의에 의해 좌우된다. 그런데 이는 "예술에 대한 어떠한 정의도 워홀의 〈브릴로 박스〉를 포괄할 수 있어야" 하지만 그것과 구별이 되지 않는 일상의 박스를 포괄해서는 안 된다는 단토의 동기에 드러나 있다.8) 과연 "박스로 만들어진 예술"이라는 이런 특수한 아이콘에 대해 그토록 열중한 단토의 몰두는 당연히 예술을 구획된 것으로 구속하려는 자신의 정의 충동에 대한 표현일 것이다. "그 시대의 철학적인 열망, 즉 역사적인 전복에 의해서 위협받지 않을 정의에 대한 열망"을 나눠가졌을 때, 단토는 특이하게도 본질적으로 예술을 역사에 의해 정의함으로써, 더 나아가 최근의 예술의 역사를 "예술 자체의 역사적 본질에 대한 이해"9)의 발전으로 묘사함으로써 역사 그 자체 속에서의 정의를 추구한다.

단토에게 있어 이러한 진술은, 예술이 우리에게 자신의 역사적 본질을 이해시키면서 역사적 사명을 수행해 왔고, 또 어떤 의미에선 역사를 완결했다는 반어적인 역설을 품고 있다(예술이 여전히 포스트모더니즘적인 포스트히스토리에 대한 막연한 암중모색들 속에서 살아남아 있을지라도), 그러나 이것이 역사적으로 전개된 문화적 실천이라는 예술에 대한 정의를 논박하고 있는 것은 아니다. 왜냐하면 이른바 종결된 것은 과거의 성과들로부터 전개된, 그리고 지속, 검토와 반동에 의해 그러한 성과들에 반응해 온 문화적 전통으로서의 예술사라기보다는 오히려, 단지 계획된 목표점을

---

8) 앞의 책, vii. 비록 예술적 해석에 의한 단토의 예술에 대한 정의가 재현, 표현, 메타포, 수사학 및 양식 등 더욱 진전된 세분화에 의해 보완된다 하더라도, 이 모든 개념을 적용해 보는 일은 항상 그 역사에 의해 정의되는 예술계의 중심범주에 의존하게 된다.
9) Danto, *Philosophical Disenfranchisement of Art*, 209, 204쪽.

향한 직선적인 진보라는 의미에서의 예술사일 뿐이기 때문이다. 따라서 역사는 예술을 정의하는 데에 있어서 궁극적인 그릇이며, 이는 예술의 역사에 의해 예술작품으로서 취해진 모든 사물들이, 그리고 그러한 사물들만이 반드시 그러한 역사적인 정의에 의해서 포괄될 것이기 때문이다.

단토만이 예술을 그 역사에 의해 본질적으로 정의된 복합적이고도 일시적으로 전개되는 사회-문화적 전통으로 다루고 있는 것은 아니다. 볼하임(Richard Wolheim)도 기본적으로는 그와 마찬가지로 "예술이란 비트겐슈타인의 의미에서," 자율적인 절차와 제도를 지니는 "삶의 한 형식"일뿐더러, "예술은 본질적으로 역사적"이라고 주장했다.10) 아도르노는 이와는 달리 마르크스주의적인 조망에서 다음과 같이 동의했다. 즉, 예술은 어떤 "불변하는 원리"에 의해서 정의될 수 없다. 왜냐하면 "예술은 역사적으로 변화하는 계기들의 배열"이기 때문이다. 그러한 계기들의 내용과 구성적인 통일은 그 "구체적인 전개"를 "되짚어 봄"으로써 사회적으로 깊숙이 박혀있고 또 지속적으로 자율적인 독특한 실천으로서 가장 잘 정의된다.11)

보다 최근에 이르러, 수많은 미학자들이 예술을 사회적인 혹은 문화적인 *실천*이라고 정의함으로써, 이와 아주 유사한 역사주의적 견해를 표명해왔다. 그들에게 실천이라는 개념은 다음과 같이 간단히 이해될 수 있다.12)

---

10) Richard Wollheim, *Art and its Objects*(Harmondsworth: Penguin, 1975), 120-1, 142, 167쪽. Jerold Levinson은 예술을 역사적으로 정의내린, 또 다른 의미에서의 분석 철학자이다. 그의 글, "Defining Art Histotrically," *British Journal of Aesthetics* 19(1979), 232-50쪽을 참고 바람.

11) T. W. Adorno, *Aesthetic Theory*(London: Routledge & Kegan Paul, 1984), 3-4, 371, 418-19쪽.

12) Noel Carrroll, "Art, Practice, and Narrative," *Monist* 71(1988), 140-56쪽 및 Nicholas Wolterstorff, "Philosophy of Art after Analysis and Romanticism", Richard Shusterman(편), *Analytic Aesthetics*(Oxford: Blackwell, 1989) 32-58쪽 참고.
  Carroll은 예술을 "문화적 실천"으로서 정의하는 한편, Wolterstorff는 그것을 "사회적" 실천으로서 다룬다. 이 두 형용사들은 여분의 말을 포함하고 있다. 왜냐하면 적절한 의미에서의 모든 실천들은 규범에 관계되기 때문이며, 그것들은(비트겐슈타인의 실천이란 습득된 솜씨나 지식을 요구하며 그 실천에 내재적인 어떤 이익을 성취하는 것(비록 외적인 이익, 즉 금전상의 이익이나 명성 등이 부산물로서 요구될지라도)을 목표로 하는 상호 연관된 활동들의 복합체이다. 실천은 내재적인 이익에로 이끌리기 때문에, 명시적으로 공식화된 것이기 보다는 실천의 역사에서, 즉 실천의 전통적인 성과들이나 걸작들에서 구체화된 성취의 내재적인 원인과 기준에 의해서 더 많이 좌우된다. 이러한 내재적인 원인이나 기준, 이익은 엄격하게 정의되지 않기 때문에, 실천은 그런 것들의 해석과 적절한 정당성에 대한 지속적인 검토를 수반한다. 이것은 여러 가지의 경쟁적인 성취들뿐만 아니라, 실천의 내재적인 이익이나 원인, 기준의 확대 혹은 수정을 초래할 수 있다. 그러나 그러한 다양성에도 불구하고, 그리고 그러한 다양성이 공통된 본질을 공유하지 않을지라도, 그것들 모두는 공통된 역사를 통하여 분명한 통일성으로서, 즉 어떤 주어진 실천으로서 나타난다.

말하자면 예술은 여러 예술들 및 여러 장르들(그것들 자체가 또한 시시각각 복합적으로 변하는 실천들인)로 구성된 그러한 복합적인 실천으로서 가장 잘 정의된다. 예술작품을 다른 사물들과 구별하는 작업인, 전통적인 정의적 기능은, 이제 더 이상 예술의 본질을 발견하는 일에 있지 않고, 예술이라는 복합적인 실천의 내재적인 원인들이나 기준들에 위임되어 있으며, 아마도 궁극적으로는 다양한 하위실천들(음악의 실천은 그것의 예술작품과 동일한 반면, 시는 그것 자체의 작품과 동일하다)에 위임되어 있다. 게다가 월터스토프(Wolterstorff)와 캐롤(Carroll)이 말하듯이, 예술을 실천

사적 언어의 논변을 유추하여) 사회적이지 않으면 안 된다. 그리고 사회적 실천들은 항상 어떤 의미에서는 문화의 실천이다. 그것이 비록 반사회적이고 반문화적인 실천이라 불리더라도 말이다. Carroll과 Wolterstorff 양자는 그들의 이론적 근거를 Alisdair MacIntyre가 *After Virtue*(London: Duckworth, 1981)에서 밝힌, 실천에 대한 영향력 있는 설명에 두고 있다.

이라고 정의하는 것의 범위는 예술작품의 범위를 넘어선다. 왜냐하면 실천이라는 개념은 인간의 매개행위일 뿐만 아니라 그 성과물을 인정하는 일에 집중되어 있으므로, 예술을 복합적인 실천이라고 정의하는 일은 예술의 대상(예술이라는 사물)들뿐만 아니라 실천을 지속하는 주체, 즉 예술작품의 제작자이자 수용자를 쉽사리 포괄해버린다.

예술이 역사를 통하여 발전하고 변화하는 실천들 가운데, 하나의 복합적인 실천인 한에서라면, 그것은 고정된 본질에 의해서가 아니라, 오히려 그것의 통일성과 통합성을 설명함과 동시에 지속시키는 데 도움이 되는 복합적으로 응집된 역사적 서술에 의해 정의되어야만 한다. 예술을 정의하는 서술의 엄밀한 형식은 개방되어 있고 거듭 수정되어야만 하는데, 이는 미래의 작품을 고려하기 위해서뿐만 아니라 서술의 과제 자체가 개방되어 있고 이론의 여지가 있는 실천, 즉 예술사와 예술비평의 실천이기 때문이기도 하다. 하지만 서술적으로 완성하는 일, 즉 정의 내리는 일의 종결불가능성이 불완전하고 불순한 결점으로 보이지는 않는다. 서술적인 정의의 개방성은 예술의 개방성을 포착하기 위해 필수적이다. 게다가 캐롤이 옳다면, 우리는 적어도 원칙적으로, 미래의 현재를 위해 완성될 수 있을 미래의 변화들과 미래의 서술들을 기다리는 동안 "우리가 아는 바와 같이 예술을 실천"이라고 정의하는 지금까지의 충분한 서술을 언제나 제공할 수 있을 것이다.[13]

예술을 실천으로 보는 견해는 상당 부분 옳다. 과연 이론이 가지고 있는 전통적인 목적을 통해서, 예술을 역사적으로 정의된 사회-문화적인 실천으로 정의한 일은 아마도 우리가 얻을 수 있는 아주 훌륭한 정의일 것이다. 그것은 그 범위와 융통성, 잠재적인 예술사적 실체로 인해, 예술개념의 내

---

[13] Carroll, "Art, Practice, and Narrative," 152쪽.

용을 완전히 파악하고 예술을 다른 것들과 구별 지음으로써 예술을 이론화하려는 철학적 시도의 정점인 것처럼 보인다. 어떻게 예술대상과 예술 활동이 식별되고 관련되며, 또 총괄적으로 구별되는지를 충실하게 제시하는 데서, 그것은 정확한 성찰과 구획된 구별의 이중적인 정의의 목적을 가장 잘 실현하고 있다. 그러나 그렇게 함으로써 또한 그 정의는 그러한 이론적인 목적이 얼마나 무익하고 그릇된 것인지도 아울러 드러내고 있다.

무엇보다도 캐롤은 완전하고 통일된 서술적인 정의가 원칙적으로 가능하다고 가정했음에도 (본질적으로 이론의 여지가 있는 예술의 본성과 그것의 역사가 모순적이고 아마도 같이 비교할 수 없는 진술들을 도출해 낼 수 있기 때문에 문제시되는 가정), 캐롤 자신이 인정했듯이 그러한 정의는 실천에 있어서는 전혀 적절하지도 바람직하지도 않다. 왜냐하면 사소한 부분들과 무의미하고 혁신적이지도 못한 예술작품들의 대다수가 실제적으로도 완전한 서술을 불가능하고도 매우 지겹게 만들기 때문이다. 반복되는 부분들을 강조하는 일은 예술이 그것을 통하여 정의되고 통일되는 바로 그 전개되는 서술구조를 모호하게 할 것이다.

게다가 만일 우리가 비록 그런 난점들을 무시하고, 또 단지 우리의 예술 개념을 충실하게 나타내기에 필수적인 것이 무엇인지를 알려주는 어떤 용이한 서술을 찾아낼 수 있다고 가정한다 치더라도, 그러한 정의의 가치는 무엇인가? 그것은 우리에게 어떠한 역할을 할 것인가? 예술을 예술사적인 서술에 의해 정의된 실천으로서 정의할 때에, 무엇이 예술로서 간주되는가 혹은 예술 축에 드는가와 같은 모든 실체적인 규정은 예술사에 의해서 기록된 실천들의 내재적 규정에 맡겨져 있다. 예술철학은 간단히 예술사 속으로 와해되어 버리고, 예술이란 무엇인가라는 당면문제는 지금까지 예술이 무엇이었는지를 되짚어 보는 검토로 환원된다. 예술이론은 그것이 충실하게 "우리가 아는 바대로 예술이라는 실천"을 제시할 경우, 자신의 목적을 구현할 것이다. 그러나 단순히 예술철학이 이미 예술을 어떻게 이해해 왔었는가를 반성하기만 한다면, 그것은 자신이 비난했던 동일한 방식의 환원적 정의로 인해 비난받을 것이다. 그것은 본질적으로 모방의 모방이다. 즉, 그것은 예술사가 예술을 설명하는 바에 대한 설명이다. 대체 그런 설명은 현실을 거울처럼 반사하는 방식으로서의 이론을 위해 낡은 철학적인 관습을 충족시키는 일 이외에 어떤 목적을 수행하겠는가? 그리고 이러한 인식론적인 관습이 깊숙이 박혀 있는 한, 예술철학은 자신에게 의미를 부여해주는 선험적인 형이상학보다 오래 살아남기 때문에 사뭇 그릇된 방향으로 인도된 듯이 보인다.

원래 반성이 추구하는 이론적인 이상은 실재성이 일상적인 경험적 이해를 넘어서 있는 고정적이거나 필연적인 본질에 의하여 구상될 때에 의미를 지닌다. 왜냐하면 일단 우리가 실재적인 것에 대한 적절한 설명을 성취해냈다면, 이는 항상 일상적 이해에 접근하기 위한 어떤 기준으로서 타당하고 유효한 것으로 남아 있을 것이기 때문이다. 그렇지만 만일 실재성이 예술의 이력이라는 경험적이고도 변화하는 우연성이라면, 반성적인 모형은 무의미하게 될 것이다. 이 경우, 이론이 행하는 설명은 변화하는 현상들을 꿰뚫지도 못할 뿐만 아니라 그 현상들의 변화들을 확증할 수도 없다. 그 대신, 그것이 예술의 역사를 설명함으로써 반성적인 이론이라는 거울을 예술의 본성을 변화시키는 데까지 이르게 하려면, 끝없는 서술적인 수정이라는 허망한 행로를 달려가야만 한다.

그러나 예술의 변화무쌍한 역사가 단순히 설명될 필요는 없다. 그것은 또한 만들어질 수 있다. 그리고 그 역사는 예술가들의 작품이나 역사가들의 서술에 의해서 만들어질 수 있을 뿐만 아니라 이론가들의 개입에 의해서도 만들어질 수 있다. 그런데 그 이론가들의 견해는 전통적으로 창조적이고 비평적인 맥락에 집중되어 있으며, 그런 맥락 속에서 예술가들, 비평가들, 예술사가들은 활동한다. 예를 들어 어떻게 아리스토텔레스의 시학이 수세기에 걸쳐 극작가들이나 비평가들을 지배했는지, 혹은 어떻게 미적인 상상력과 판단이라는 칸트의 생각들이 낭만적 시를 형성하고 근대 형식주의를 정당화시키는 데 이바지했는지를 생각해 보라. 예술이 방향을 잃은 나머지 그 종말이나 죽음에 직면한 것처럼 보이는 오늘날의 포스트모던적 위기상황에서, 이론적인 중재를 위한, 즉 정태적인 반성이라기보다는 오히려 수정작업을 위한 이론적 개입의 필요와 아울러 기회가 있다.

프라그마티즘 미학은 예술에 대해 다시 생각하고 다시 모습을 바꾸려 할 때, 그런 활동가적 역할을 권장한다. 듀이는 처음부터 예술을 경험이라고 정의함으로써 이를 수행하려고 했다. 하지만 그러한 이론적 활동주의는 완전히 무관심적인 진리의 추구로서의 전통적인 철학적 기획과 자기 이미지를 방기함으로써 철학을 포기하는 것을 의미하는 것은 아닐까? 이러한 이견에 대해서는 두 가지의 대답이 있다.

첫째, 듀이가 주장한 것처럼 이런 목표는 결코 실제로 철학의 주요성과를 지배하지 못했다. 철학의 이론들과 선별된 문제들은 오히려 사회-문화적인 조건들과 그 당대의 난맥상에 대한 지적인 반응이었다.[14] 확실히 플라톤의 이론은 예술의 본성을 무관심적으로 설명하려는 것으로 이해될 수 없다. 분명히 그것은 아테네 사회를 이끌어야만 했던 지적 지도력(예술의 고대적 지혜 혹은 철학의 새로운 합리성)에 밀착된 긴박한 문제에 대한 정치적인 반응이었다. 당시 아테네는 내부의 불화와 혁명에 의해서뿐만 아니라 군사적인 패배의 굴욕감에 의해서도 그 전통과 안정 그리고 국가권력이 심각하게 위협받았던 엄청난 변환기에 놓여 있었다. 비록 플라톤이

---

14) John Dewey, "Philosophy and Civilization," in *Philosophy and Civilization*(New York: Capricorn, 1963), 3-12쪽.
듀이에 있어 그러한 복합성의 주된 원천은 "신기하면서도, 받아들여진 권위와의 양립이 어려운, 과학적인 경향과 정치적인 야심이다"(3-4쪽).

예술에 가한 비방이나 제한의 목적은 바로 듀이의 것과 정반대되는 것일지라도, 철학이 가지고 있는 참여적이고도 활동가적 역할은 동일하다.

둘째, 중재의 어떤 순간적인 이득보다도 철학이 가지고 있었던 중성적으로 반성적인 이상의 상실이 더 가치 있으리라는 바로 그 생각, 철학이 심지어는 다른 부분의 붕괴를 감수하더라도 순수성을 지켜야 한다는 바로 그 생각은, 불순한 편견 그 자체이다. 고매한 무관심성을 지키려는 엄격한 태도는 편협하고 전문화된 철학적 보수주의의 관심을 반영한다. 이 보수주의는 자신의 철학적인 정의에 의해 그 지위를 강화하는 일에 만족해하거나, 단순히 너무 소심하고 나약한 나머지 감히 예술과 문화를 형성하고자 하는 혼란스런 투쟁에 자신의 손을 더럽힐 수 없다고 여긴다. 더욱 심각한 것은 무관심적인 중립성에 대한 맹목적 숭배가 다음과 같은 사실을 모호하게 만든다는 점이다. 즉, 그들은 철학의 궁극적인 목적이 순수한 진리 그 자체를 위해 섬기는 것이라기보다는 오히려 인간의 삶을 유익하게 하는 것이라고 여긴다. 예술이란 인간의 융성한 활동의 중요한 실례이자 소중한 원천이므로, 철학은 자신의 미래를 향상시키기 위한 투쟁에 참여하지 않고서 단지 예술의 발전하는 예술사를 포기하는 태도를 보인다면 이는 자신의 사명을 방기하는 일이다.

우리는 실천으로서의 예술에 관한 정의를 더욱 비판함으로써 예술을 경험이라고 말하는 듀이의 재구성적인 정의를 더 잘 평가할 수 있을 것이다. 포장지 모형에 대해 생각해 보면, 그 정의가 예술의 재현적인 적용범위와 구획을 나누는 차별화라는 이중의 목표를 지니고 있다. 지금까지 우리의 비판은 전자의 목표에 집중되어 있었다. 전자의 실제적인 무익함과 그 반성적인 이상의 공허함은 예술사에로 함몰된다. 그러나 또한 예술이 (그 이름에 걸 맞는) 역사적으로 정의된 특수한 실천과 동등해질 경우, 구획화를 좁혀야 하는 문제가 생긴다. 그리고 이러한 문제는 듀이가 경험으로서의 예술이라고 한 주장을 통해 가장 잘 극복되는 것처럼 보인다.

(1) 첫 번째의 것은, 무엇이 그리고 누가 예술의 가치를 결정하는가이다. 독특한 역사적 실천으로서의 예술의 구획적 정의와 함께, 가치에 관한 모든 문제는 이러한 실천의 내부로 쏠리면서, 그 가치가 실천에 내재하는 기준과 절차에 의해서 결정될 수 있는 개별적이고도 내적인 이익에 관한 협소한 문제들로 갈라지게 된다. 가치에 관한 이런 전적인 내재화는 실천

이 지니는 가치의 원천을 총괄적으로 설명하지 못하며, 또한 그것은 실제로 실천의 내재적인 특성이나 기준의 우수함에 대해서도 설명하지 않는다. 왜냐하면 실천이 그것들을 그렇게 정의하기 때문에 그것들을 훌륭하다고 말하는 것은 명백히 순환적인 것처럼 보이기 때문이다. 게다가 예술계의 실천에 대한 내적 조정에 가치의 모든 문제를 국한 짓는 일은, 실천이 예술을 오도해서 많은 이들의 삶과 기쁨으로부터 점점 멀어지게 하는 저 실천을 다시 구성하게 할 수 있는 더 포괄적인 규범적 조망을 통해서 실천을 사실상 비판에서 제거해 버린다.15) 예술이 역사적으로 특수하게 정의된 실천과 동일시된다면 예술의 자율성이라는 위험이 초래되게 되는데, 그 실천이 사회-정치적인 부조리라는 유감스러운 역사적 조건 아래서 오랫동안 이루어져 왔을 경우에는, 위험은 더욱 더 불길하리만큼 실재적인 듯이 보인다.

그러나 예술의 가치가 전적으로 예술외적인 것에 의해 정당화되어야만 한다는 우리와 반대된 생각은 여전히 받아들일 수 없다. 예술의 가치를 인식이건, 도덕성이건, 심리적 평정이건, 문화적 성장이든 간에, 어떤 다른 목적을 위한 단순한 도구로 보는 일은 무엇보다도 예술의 특권을 빼앗고 철학과 같은 다른 문화적 실천에 그것을 종속시켰던 것과 동일한 논리를 재연하는 일이 되고 만다. 또한 이것은 외적으로도 매우 수긍이 가는 도구주의적 견해도 아니다. 결국 이는 예술의 가치에 있어서는 자율적인 어떤 것, 즉 우리가 다른 실천에서의 다른 이익을 위해 그것을 수단이라기보다는 오히려 목적 그 자체로서 추구하는 예술 자체의 이익에 관한 어떤 것이 있는 것처럼 보이기 때문이다. 그러한 어떤 것은 확실히 미적 경험이다.

---

15) 실천의 과거 역사는 그것의 현재 잘못된 방향에 대한 '외부의' 비판으로 기여할 수 있다고 여겨질는지 모른다. 하지만, 역사의 바로 그 형태와 연관성이 대체로 현재의 실천과 그것의 서술적인 경향에 의해 결정된 이래로, 이 '외부적' 비판의 힘이 의문의 여지가 있게 된다.

그 경험이 지니고 있는 직접적이고도 몰입적인 만족은 예술을 목적 그 자체로 만든다. 그리고 종종 압도적인 위력으로 우리의 감각과 상상력에 직접적인 인상을 주는 이런 경험된 가치는 (공식화할 수 없음에도 불구하고) 반박할 여지없는 규범적인 주장으로 예술을 지지한다.16) 비록 예술의 본질적인 목적들이 때때로 물질적인 최종산물(조각되고 그려진 사물들, 청각적인 이벤트 등 우리가 예술품이라고 부르는 것)과 동일시된다 하더라도, 이러한 산물들은 미적 경험에 있어서 그것들의 사용가치(실제적이고 잠재적인)와 분리된 어떠한 예술적 가치도 지니지 않는다.17) 경험하는 주체가 없다면, 그 산물들은 죽은 것이고 무의미한 것이다. 그리고 그것들을 독자적으로 가치 있는 것으로 다루는 일은 동시대의 예술상황을 망쳐놓는 구체화, 상품화, 맹목적 물신화라는 왜곡을 부추긴다.

미적 경험이 어떤 본질적인 목적과 가치를 구성한다면, 비록 많은 예술작품들이 그것을 산출하지 못할지라도, 그와 관련해서 예술을 정의할 만한 합당한 이유가 있을 수 있다. (논리적인 본질이라기보다는 오히려 평가적

---

16) 미적 경험의 영향력은 강제적이어서 경합적인 가치들의 입지를 약화시킬 수 있다. 예컨대 하버마스는 니체주의자나 이성에 대한 포스트모던적 비판을, 대안적이고 규범적인 근거로서 마법을 지닌 미적 경험의 매력이라 하여 비난한다. (Jürgen Habermas, *The Philosophical Discourses of Modernity*(Cambridge, Mass.: MIT Press, 1987), 92-105쪽을 참고.)

17) 실로 심지어 그들의 예술적 지위는 그러한 경험에 기능하는 데에서 유래한다. 듀이는 이 점을 암시하는 데에 있어 혼자가 아니다. 넬슨 굿맨은 "진정한 물음은 '어떤 대상이 영구히 예술작품인가?' 가 아니라 '언제 하나의 대상이 예술작품인가?'" 라고 예술을 정의하는 논변을 제시함으로써, 많은 것을 같은 점으로 언급했다. 그리고 그는 미적 경험에서 그 자체로서 대상의 기능에 의하여 후자의 물음에 답함으로써 그렇게 했다. 거기에서 그러한 "미적으로 기능하는 것은 예술작품이라는 개념에 대한 근거를 제공한다.Nelson Goodman, *Worldmaking*(Indianapolis:Hacket, 1978) 66-7쪽 및 *Ways of Mind and Other Matters* (Cambridge, Mass.: Harvard Univ. Press, 1984), 145쪽. 굿맨은 미적 경험과 기능을 상징화, 즉 통사론, 의미론적 밀도, 관계적 충만함, 범례화 및 복제, 복합지시의 어떤 특징을 널리 알리는 것으로 성격 지운다(같은 책, 135-6쪽); 그리고 그는 그 가치를 전적으로 인식적인 용어에 놓는다. 이는 듀이가 너무 좁게 본 것인지도 모른다.

인 본질인) 그러한 정의는 역사적으로 이해되는 모든 예술을 구획적으로 포괄하려 한다기보다는 오히려 예술의 평가를 향상시키기 위해 예술에 있어서 가장 중요한 것이 무엇인지를 조명하려 한다. 설사 그것이 전통적으로 공인된 영역 바깥에서 예술을 인식하는 것을 의미할지라도 말이다. 왜냐하면 미적 경험은 예술을 역사적으로 규정된 실천이라고 여기는 협소한 한계에 구속되지 않으며, 결과적으로 예술의 내적인 이익에 대한 이런 실천과 규정을 지배하는 이들의 배타적인 통제에도 속하지 않기 때문이다. 그래서 그것은 독립적이지만 아직은 외적이지 않은 토대의 역할을 수행한다. 미적 경험이 역사적으로 확립된 예술이라는 실천범위 너머로 확대된다고 하는 사실은 분명하다. 무엇보다도 그것은 자연에 대한 감상에서, 특히 생동하는 인체라는 자연의 부분에 대한 감상에서 존재한다. 그러나 우리는 또한 미적 경험을 제의(祭儀)나 스포츠, 퍼레이드, 불꽃놀이, 대중문화매체에서, 또한 신체상의 혹은 가정의 장식에서, 원시인들의 문신이나 동굴벽화로부터 동시대의 화장술이나 인테리어 장식에 이르기까지, 진정 우리의 도시를 가득 채우고 일상의 삶을 풍부하게 하는 다채로운 장면이나 움직이는 이벤트들에서도 발견한다. 그러한 독자적인 미적 경험에 반하여 두 가지 관련된 논의가 종종 제기된다. 첫째로 모든 의미 있고 완전한 경험은 배경이 되는 실천을 요구한다는 것이다. 어떤 미적 경험도 예술이라는 실천으로부터 분리되어 나타날 수 없다. 비록 그 경험이 직접적으로 자발적인 것처럼 보일지라도, 그것은(듀이 자신이 주장한 것처럼) 항상 정향을 선(先)구조화하는 선(先)지각과 그 자신이 배경실천인 축적된 의미들이라는 배경에 의존한다. 그러나 이 점으로부터 귀결되는 바는 어떤 배경실천, 즉 반드시 그렇지는 않지만 역사적으로나 구획적으로 정의된 것으로서의 예술이라는 특수한 배경실천이 요구된다는 점이다.

두 번째 논의는 "미적인"이라는 용어(비록 그것이 그리스어 어원을 가지고 있을지라도)가, 문화영역을 (학문적, 실천적-도덕적, 예술적 영역으로) 다양화하는 과정의 일환으로서, 단지 18세기에 만들어졌다는 사실에 근거한다. 그런데 이 과정은 또한 순수예술(fine arts)이라는 좀더 협소한 실천으로서의 근대적 예술개념을 낳았다. 만일 예술이 근대성 속에서 구획적으로 명백한 실천으로서 확립되기 이전에는 "미적인"이라는 바로 그 개념이란 존재하지도 않았다고 한다면, 미적 경험은 그 개념 없이는 결코 존재할 수 없었을 것이며, 그래서 미적 경험은 그 개념에 의존한 채로 남아 있다. 따라서 자연에 초점을 두었을 때조차, 미적 경험은 그것의 특수한 태도와 특질을 근대성의 예술 실천에서 배워온 감상 습관으로부터 가져온 것이며, 따라서 본질적으로 그러한 예술실천에 포함되어 있다.[18]

이러한 논의는 극히 문제가 된다. 왜냐하면 첫째로, 미적 경험의 출현이 역사상 예술개념과 실천에 관한 근대적 전개에 의존한다는 점을 당연한 것으로 받아들인다 해도, 이는 결코 미적 경험이 오늘날 그러한 실천에 의해서 완전히 망라된다는 것을 의미하진 않기 때문이다. 그러한 생각은 발생적인 오류라는 다소 미숙한 실수일 것이다. 그리고 특히 예술의 실천과 미적인 것이라는 개념이 그 이후로도 얼마나 다양하게 그리고 때때로 얼마나 대조적으로 전개되어왔는지를 생각한다면 더욱 그러하다. 둘째로, 우리가 "미적인"이라는 용어를 취하기 전에는 어떠한 미적 경험도 있을

---

[18] 하버마스는 "미적 경험의 근대적 기원"을 주장하면서 이 논변에 의존하고 있다 (*Philosophical Discourses of Modernity*, 307쪽). 더욱이 그는 나아가 그 점을, 대안적 '타자'로서 미적 경험에 호소함으로써 모더니스트 이성에 대한 근본적인 비판이 깊은 모순에 연루되어 있음을 주장하는 데에 토대를 둔다. 미적 경험 그 자체가 그 존재를 모더니스트 이성의 산물이 문화적 영역을 구분 짓는 전개로서 예술에 의존하고 있다(339-40쪽). 비슷하지만 더욱 분명한 방식으로, 리처드 볼하임(*Art and its Objects*, 112-15쪽)은 자연에 대한 우리의 미적 감정과 태도는 다만 예술에 대한 우리의 미적 감정과 태도에서 나온다고 말한다. 그리하여 우리는 그러한 감정을 "예술제도의 밖에서 혹은 그에 앞서"(115쪽) 적절하게 고려할 수 없게 된다. 하지만 그는 이들 제도들이 전근대적 사회에서 존재했었는가에 대한 물음을 주의 깊게 따지고 있다.

수 없다고 주장하는 것은 맹목적인 언어적 변형을 취하는 일이라 여겨진다. 논리학과 같은 종류에 의하자면 이른바 그리스 예술들은 아직 근대적인 예술개념이나 예술실천이 형성되지 않은 상태에서 기술(techne)과 제작(poiesis)으로서 묘사되었기 때문에 사실상 예술이 아니었다고 (콜링우드처럼) 주장해야 할 것이다. 하지만 이는 마치 맹장염이라는 질병이 잘 진단되고 식별되기 전에는 어떠한 사람도 맹장염으로 고통 받지 않았다고 말하는 것과 동일하다. 미와 숭고에 대한 경험들은 의심할 바 없이 "미적인"이라는 용어가 탄생했던 18세기보다 앞서서 나타난다. 그러므로 그러한 경험들은 당연히 미적 경험의 영역으로부터 배제될 수 없다. "미적인"이라는 용어는 "미"와 "숭고"라는 이름 아래에 포섭되기에는 질적인 면에서 너무나 다양할 뿐더러 단순한 취미로서 묘사되기에는 의미상 너무나 풍부하고, 또한 예술의 실천으로써 한정짓기에는 너무나 광범위한 이전의 경험들을 설명하고 구성하기 위해 도입되었던 것이다.[19]

물론 미적인 것을 구성한 이론가들은 단지 인류의 여명기 이래로 여전히 존재해왔던 익숙한 경험들에 단순히 새로운 이름을 부여하지는 않았다. 왜냐하면 미적 경험들이 어떤 불변하는 실체적 본질을 지닌 존재론적인 부류나 자연적인 종(種)을 구성하지는 않기 때문이다. 미와 숭고, 그리고 "미적인 것"과 같은 것에 대한 경험을 특징지을 때에, 그리고 그러한 특징의 의미를 정의할 때에, 미이론가들은 또한 이러한 경험들을 그들이 선호하는 방향으로 전개시키고 또 재구성하려 했다. 그리 놀라울 것도 없이 대다수 철학자들은 미적 경험을 합리성과 정신성을 향상시키려는 쪽으로

---

[19] 예를 들면, 칸트는 미적 경험이란 자연에 비하여 더욱 순수하게 존재했다고 주장한다. 그 평가는 전체적으로 개념으로부터 벗어나 있다. 반면에 예술대상에 대한 경험은 필연적으로 우리로 하여금 예술개념을 지시하게 한다. Immanuel Kant, *The Critique of Judgment*, J. C. Meredith(역),(Oxford: Oxford Univ. Pess, 1952), 34, 158-60, 172-3. 183-4쪽.

이끌고자 애썼다. 그리고 이것을 증진시키는 한 가지 방식이 미적 경험을 자연미가 가지고 있는 확고한 물질성으로부터 분리시키는 일이었으며, 또한 미적 경험의 미래를 순수예술의 실천에 위임하는 일이었다. 그리고 대상들을 짐짓 이성적으로 다루는 그 기술은 문제시될 수 없었을 뿐더러 이러한 정신화된 잠재력도 수세기 동안의 종교적 예술에 의해 입증되었다. 미적 추상화와 비자연화에로 향한 충동은 헤겔에게서 아주 분명히 나타난다. 그는 자연미에 대한 예술미의 우위를 부여했을 뿐만 아니라 여러 예술들을 질료로부터 자유로운 정도에 따라 등급을 매겼다. 그에게 시는 가장 이상적인 것이었으므로 최고의 위치에 놓였다. 그리고 동일한 동인이 다음과 같은 견해에 동기를 부여했다. 즉, 미적 경험이란 역사적으로 정의된 예술의 실천에 의해 한정되고 또 그것에 의거한다는 말이다.

(2) 미적 경험을 예술의 실천에 위임하는 일은 단순히 제한적인 것만은 아니고, 거의 틀림없이 점진적으로 그러하다. 왜냐하면 이 경험은 거의 역설적으로 좀 더 협소해지고 보다 특수화됨으로써 성장하는 것처럼 보이기 때문이다. 역사적으로 정의된 실천으로서의 예술에 내재하는 제한적이고 배타적인 경향들은 예술을 그러한 실천으로서 정의하고자 할 때에 또 다른 위험을 보여준다. 만일 예술개념이 일단 아주 다양한 솜씨, 학식, 재주, 기술 체계 등을 포괄한다면, 그 개념은 오늘날 근대성에 의해 구획적으로 설정된 순수예술의 실천을 위해 보존될 것이다. 예술에 대한 이런 협소한 해석은 아마도 단지 그 개념에 대한 완화적이고도 정화적인 엄밀함이라고 옹호될 수 있을 것이다. 하지만 듀이가 논의했던 것처럼, 예술을 순수예술로 축소하는 일은 (본질적으로 불유쾌하다고 생각되는) 실천적인 노고 및 (향유할 수 있지만 무기능적인 것으로 생각되는) 미적 경험에 관한 근대사회의 그릇된 구분을 반영하고 또 강화시켰다. 게다가 그 구분은 고통

스러울 정도로 비미적인 산업과 쓸모없으며 적절치 못한 순수예술 속에서 너무나 자주 분명하게 드러났다.[20]

생산적 공예로부터 순수예술을 나누는 예리한 구별은 실천적인 것과 미적인 것 사이에서 문제시되는 근본적인 대립에 근거하고 있다. 왜냐하면 미적인 노력이 분명히 실천적인 목적(낭만적 사랑, 종교적 숭배, 사회적 축제 등)에 이바지할 수 있는 것과 마찬가지로, 필시 실천적인 노동이 미적으로 기도되거나 향유될 수도 있기 때문이다. 만일 그 구별이 단순히 과거의 계급구분(고통스러운 노역으로 인해 일을 미적으로 음미할 수 없는 노동 계급과 실천적인 삶으로부터 벗어나 유희의 쾌감에 전념한 유한계급)에 근거해서 남아 있는 편견이 아니라면, 실천적/미적이라는 가정된 대립은 수단과 목적 간의 기능적인 구분은 양자 사이를 근본적으로 대립된 구분으로 잘못 해석한 데서 나왔을 것이다. 그러한 구분은 수단을, 그 목적을 위한 단지 외적이고 강압적인 인과 조건과 혼동함으로써, 수단으로서의 어떤 기능도 자유롭게 선택되거나 목적으로서 향유될 수 없다고 잘못 추정하고 있다. 또한 그 구분은 수단이 목적에 기여하는 측면으로서 음미될 수 있다는 점을 인정하려 하지 않는다.[21] 회화의 수단(색채, 선, 재현적 형태)은 단순히 미적 경험이라는 완전한 목적에 대한 외적인 인과조건이 아니다. 그런 수단들은 미적 경험의 통합적인 구성성분이다. 스포츠카의 매끄러운 운행과 빠른 속도는 하나의 수단임과 동시에 운전이라는 경험에

---

[20] 우리는 이 점을 칸트의 예술구분, 즉 자유롭고 순수한 예술과 단지 공예적이고 산업적인 예술에서 본다. 후자는 노동, 말하자면 사업이고, 그 자체로는 불쾌하며 고되다. 다만 그것이 결과하는(예를 들면, 임금 등) 데에서 관심을 끌 뿐이다. 그것은 끊임없이 강제적으로 무엇인가를 부과할 수 있다(같은 책, 164쪽).

[21] 듀이가 수단과 목적에 대한 전통적인 구분을 비판하고, 그리고 수단을 단지 외적인 인과관계와 혼동하는 데에 대한 그의 비판에 대해서는 *AE* 201-4쪽 참고 바람. 또한 *EN* 296-300쪽을 보기 바람. 여기에서는 듀이가 수단/목적이라는 그릇된 이분법을 추적하고 있다. 강제된 외적 물질조건을 생산조건으로 소급하고 고대 아테네의 계급제도로 수단을 소급하여 잘못 지각한 점에 대해서도 추적하고 있다.

서의 직접적인 만족의 원천이다. 듀이가 생각한 바대로, 이와 같이 수단과 목적에 있어서의 만족을 주는 융합이 미적 경험의 특징이라면, 그리고 그러한 미적 경험이 순수예술뿐만 아니라 유용한 예술에서도 발견될 수 있다면, 그것들 간의 예리한 구분을 위한 어떠한 미적 정당화도 없으며 산업예술과 상업예술을 좋아하고 또 그것에 대한 고도의 미적 기준을 주장하지 않을 어떠한 이유도 없다. 산업디자인과 상업제품이 점점 미적으로 자의식적이고 가치 있는 것으로 되는 것은 바로 미적 이론과 순수예술에 있어서 구분을 짓는 경향을 압도한 미적 경험이 지닌 위력의 성과라 하겠다.

예술의 무기력한 위축이 현대성에 의해 순수예술의 실천에로의 구획적인 환원과 더불어 끝나지는 않는다. 왜냐하면 순수예술에 대한 우리의 개념은 특히 그것이 예술사로 정의될 경우, 그 자체로 점진적인 협소화와 배타적인 특수화로 받아들여지는 것처럼 보이기 때문이다. 역사적으로 정의되는 순수예술은 예술을 역사로 만드는 순수예술을 의미하지만, 반면이는 예술과 그것의 합법적인 미적 경험이 본질적으로 고급예술에의 전통과, 엘리트주의 그리고 신기원을 좇는 아방가르드에 국한된다는 사실을 의미한다. 단토가 "역사의 명령"이라고 부른 바에 따라 정의하자면, 예술적인 "성공이란 수용된 혁신을 산출하는 데 있으며," 예술의 진보란 적어도 금세기에 대다수의 사람들이 행하고 있는 감상과는 점차적으로 멀어짐을 뜻한다.[22]

---

[22] Danto, *Philosophical Disenfranchisement of Art*, 108-9쪽. 어쨌든 단토는 예술이란 그 스스로를 예술철학으로 바꿈으로써 궁극적으로 헤겔의 방식에 따라 그 역사적 사명을 완성한다고 생각한다. 하지만 단토에게 있어 예술과 예술계란 본질적으로 역사에 의해 정의되므로, 역사의 목적은 예술의 목적을 뜻하게 된다. 단토의 예측은 다음과 같다. 즉, "역사에 의해 예견되고, 이리하여 새로운 것을 표시하고, 차츰 시들어 버릴 예술계의 제도란 ······ " 예술계의 "역사 안에 살고 있는 거대한 특권"에 대한 생각으로 아쉽게도 조절되고 있다(115쪽). 그 영역으로부터 배제된 그리고 예술에 대한 정당한 경험으로부터 배제된 특권을 지니지 못한 많은 이들이 침묵의 웅변으로 말을 하고 있는 고백이다. 그럼에도 불구하고 역사의 목적이 예술을 인간의 목적으로

아도르노와 다른 입장을 취하는 철학자들과 오르테가 이 가세트(Ortega y Gasset)는 현대예술이란 "근본적으로 비대중적"이어야 하며 "반대중적"이어야 한다고 단호하게 주장한다. 왜냐하면 현대예술은 근본적으로 예술적 진보인 아방가르드와 동일하기 때문이다. 심지어 전통적인 면에서 볼 때조차도, 현대예술은 더욱 더 새로운 것임이 분명하다. 왜냐하면 그러한 고상함은 전통 속에서 도야되기 때문이다. 그래서 그것은 "생산적인 힘과 의식의 사회적으로 가장 진보된 수준에서 보조를 맞춰야 한다."[23) 그 결과 새로운 예술은 오직 "특히 천재적인 소수의 사람들," 즉 "보다 뛰어난 감각을 지닌 특권층"에 의해서만 가능할 수 있게 된다. 그래서 예술경험은 "가장 최근의 핵물리학의 발전"만큼이나 "비전문가"에게는 당연히 접근 불가능한 것이 되고 만다. (오르테가 이 가세트에 대비하여 볼 때) 아도르노는 예술을 궁극적으로 인간의 결속과 자유를 위한 힘으로 보기를 여전히 원하는 반면에, 또 예술이 고급예술 전통의 발전이라는 "특수화의 틀을 가지고 작업함으로써만이 그 보편적인 인간성을 실현시킬 수 있다"고 주장한다. 그는 "그 밖의 모든 것은 기만적인 의식이다"라고 주장한다. 왜냐하면 그것은 예술을 정의하는 역사의 진행방향에 역행하기 때문이다. 그러므로 무엇이 보다 대중적인 경험에 호소하는가, 아니면 덜 박학한 이해에 호소하는가 하는 일은 하위예술 영역과 경멸적으로 불리는 키치, 오락, 혹은 대중문화에서의 "산업" 등과 관련된다. 예술의 감상과 그 감상자들의 지위

되돌릴 것을 바라면서 또한 인간의 필요와 병행하면서(xv, 115쪽), 단토는 프라그마티즘 미학으로 전도유망하게 수렴하고 있다.

23) Adorno, *Aesthetic Theory*, 51쪽. 이 저술을 통해 아도르노는 현대예술에서의 "새로운 것에 대한 권위"를 역사적 불가피성으로 주장하고 있다. (듀이가 그렇듯이) 그는 소비를 자극하기 위한, 새로운 것에 대한 자본주의적 요구를 이것과 연결 짓고 있다(30-1쪽). 이 절에서의 다른 인용은 334쪽으로부터 이고, 오르테가 이 가세트의 *The Dehumanization of Art*(Princeton: Princeton Univ. Press, 1968), 5쪽 및 6쪽에서의 인용이다.

는 문화적으로 정당하지 못하다. 그래서 예술은 인간사회를 그 소통적인 힘으로 통일시키기보다는 오히려 진정한 예술을 감상할 수 있는 특권을 가진 감상자들 및 모조품들로 스스로를 기만하는 눈먼 대중들로 나뉜다.

고급예술을 전문화하고, 지식화하며, 그것에 아방가르드적 자극을 주는 일은 원래 잘못된 일이 아니다. 평등을 갈망하는 인민당원을 만족시키기 위해 고급예술의 고귀한 건축물을 허물어버리려 하는 일이야말로 저급한 가치환원이다. 문제는 이러한 전통이 합법적인 예술분야와 미적 경험을 고갈시킨다는 배타적인 가정이다. 이 가정은 예술이 예술사의 견지에서 정의될 때 피할 수 없는 것으로 보인다. 그리고 그 경우의 예술사란 진보적이고도 신기원을 이루는 변형들을 거친 고급예술의 역사다(비록 그 수많은 변형들이 더욱 대중적인 문화의 에너지와 내용에 의해 자극받은 것일지라도 말이다). 그러나 만일 우리가 예술사에 대한 신뢰보다는 오히려 미적 경험을 예술에서 중요한 것으로서 받아들인다면, 우리는 예술의 제도적인 역사, 즉 단토가 옳다면, 자기파멸의 견지에서 자기정화에로의 진보적인 궤도를 추구해온 역사 속에서 협소하고 배타적인 경향에 맞서 싸우기 위한 견고한 토대를 얻게 될 것이다. 이렇게 해서 우리는 예술의 공적인 역사와 계급적으로 특권화된 제도들이 오랫동안 예술의 고결함을 약탈해왔던 사실을 미적 경험을 위한 정당한 예술로써 회복시킬 수 있다. 그리고 우리는 역사적으로 우위를 차지하고 있는 고급예술의 미학을 통해서 그 제도들을 배타적으로 정당화하지 않고서도, 하지만 오히려 그것들이 제공해주는 강력하고 충만한 미적 경험으로 인해 이를 행할 수 있다.

(3) 역사적으로 정의된 실천과 예술을 동등하게 놓는 데서 야기된 마지막 두 가지 문제점은 고급예술과 아방가르드 사이의 현대적 결합에 앞서 그 실천에 이론적으로 함의되어 있던 속박들을 포함한다. 첫 번째 문제는 예

술을 실재성이라든지 혹은 삶과 본질적으로 동떨어진 어떤 것으로 정의하는 경우이다. 두 번째 문제는 인간의 동력인들을 산출할 때의 목적이 그 자신의 결과로부터 동떨어진 대상들로 이해될 경우에, 예술을 그런 외적인 작용의 실천으로 정의하는 경우이다. 플라톤의 모방이론이 첫 번째 것을 설정했다면, 예술을 실천(praxis)과는 다른 의미의 제작술(poiesis)로 분류한 아리스토텔레스는 사실상 두 번째 문제를 설정했다. 물론 이 두 가지 이론적 움직임들은 철학, 윤리학 그리고 정치학 같은 다른 영역들을 통해 예술의 권리를 빼앗는 데 일조를 했는데, 이러한 영역들은 인위적으로 짜 맞춰진 대상들로 단지 실재성과 행위를 모방한다기보다는 오히려 그 실재성과 행위를 포함하고 있다고 여겨졌다. 만일 이 양자의 전략이 예술의 역할과 감상을 제한했다면, 그것들이 불러온 어떤 난관들은 경험으로서의 예술을 강조함으로써 가장 잘 바로잡힐 것으로 보인다.

(a) 얄궂게도 플라톤이 예술과 실재 사이에 만들어 놓은 그 틈은 수많은 예술작품들을 통해 다시 강화되고 또 주제화되어 확고한 독단이 되어 버렸다. 하지만 분명히 이 단절이라고 하는 생각은 옳지 못하다. 예술은 두말할 나위 없이 실재적이다. 예술은 우리가 안락한 삶이라고 부를 수 있는 바의 소중하고도 유일한 부분이므로, 우리가 사는 세상과 우리의 삶 속에 구체적으로 생생하게 존재한다. 물론, 우리는 항상 실제 대상과 그것의 예술적인 재현을 구별할 수 있지만, 이는 재현이 비실재적이거나 본질적으로 사람을 현혹시키는 것을 의미하지는 않는다.

예술이 현실과 분리되었다는 주장은 예술을 인식적으로 무가치한 것으로 낙인찍는 데 일조했을 뿐만 아니라 예술의 허구화를 통해 그것을 본질적으로 비실용적이라고 낮게 평가함으로써 예술의 실천을 실천적인 삶과 사회-정치적인 활동으로부터 고립시키는 데 일조했다. 그래서 예술이 비록 근대 미학자들에 의해 높이 평가되었음에도 불구하고, 그것의 적합한 역할과 평가는 여전히 인식의 영역과 실천적 윤리의 영역에서 나온 것으로 남아 있었다. 그렇지만 그 대신에 칸트 이후로 예술은 무관심적이라는 말에 의해, 즉 사물의 "현존"에 대한 "완전한 무관심"에 의해 근원적으로 정의된 미적 영역으로 격리되어 버렸다.24) 이러한 관점은 우리의 태도를 변화시킴으로써 세상을 바꾸려는 예술가들의 노력을 기만할 뿐더러, 또한 예술의 실천과 수용을 본질적으로 목적이 없으며 까닭이 없는 어떤 것이라고 부추긴다. 예술이 가지고 있는 광범위한 인식적 잠재력과 사회적 잠재력을 무시하는 일은 예술가들을 고립된 몽상가이자 사회에서 추방된 자들로, 그리고 진정한 심미가들을 경박한 멋쟁이나 부랑아로 오해하도록 부추겼다.

끝으로, 역사상 삶과 예술의 분리는 신체적 에너지나 욕구와 미적 경험 사이의 연결을 부인함으로써, 즉 그 경험의 쾌를 삶의 감각적인 쾌와 대조해서 정의함으로써, 미적 경험이 가지고 있는 내용을 간과해버린다는 데서 문제시되었다. 미적 쾌는 전적으로 "매력과 정서로부터 독립된" 것이고, 결코 "어떠한 경험적인 만족도 …… 그 쾌의 규정근거와 혼합"되어서는 안 된다는 칸트의 규정에서, 철학적 미학은 예술경험을 육체로부터 분리된 정화의 길 위에 올려놓았고, 그 길 위에서 열정적이고 폭넓게 공유될 수 있는 감상의 즐거움은 소수에 의한 무기력하고도 거리를 둔 감식안으로 정제되었다. 만일 고급예술이 가진 합법적인 쾌가 모든 이들에게 지나칠 정도로 영적이고 미적으로 되어버린다면 우리에게 가장 강력한 쾌를 가져다주는 표현 형식들은 전형적으로 단순한 유흥거리로 폄하될 것이다.

예술을 경험으로 보는 견해는 예술과 삶 사이에서 가정된 틈이 가지고 있는 모든 문제들에 답한다. 경험으로 인해, 예술은 실재성에 대한 단순한 허구적 모방이라기보다는 오히려 우리 삶의 명백한 부분, 즉 우리의 경험

---

24) Kant, *Critique of Judgement*, 43쪽.

된 실재의 아주 명백한 형식이다. 둘째로, 경험은 우리의 행위맥락 속에 포함되어 있는 다양한 동기들과 산재하는 질료들을 결합해야 하기 때문에, 그리고 우리는 의도를 지닌 감상자들의 자격으로 예술의 어떠한 맥락에 접근하기 때문에, 예술적 혹은 미적 경험의 합법성을 훼손하지 않고서도 예술경험은 인식요소와 실천요소를 받아들일 것이라고 반드시 기대된다. 듀이는 전적으로 이 점을 명확히 한다. "미적 경험은 항상 미적인 것 이상이다" 그 여러 가지 질료들은, 본질적으로 그들 자체가 미적이지는 않지만 "완성을 향해 정돈된 주기적인 움직임 속으로 들어갈 경우, 미적인 것이 된다. 질료는 크게 볼 때 인간이다"(실천적·실용적·교육적인 면을 포함하여). 그리고 예술의 기능은 그것을 충분히 통합된 전체로 구체화하는 것이다.[25] 반면 신성시되는 대상들의 집합으로서의 예술은 삶의 휴식처로부터 분리되어 아마도 박물관에 갇혀 있을 때, 그와 같은 예술은 그 결과들이 우리가 추구하고자 하는 또 다른 것에게로 흘러들어 그것을 고무하는 그런 예술경험이라고 말할 수 없다. 마지막으로, 완전히 구체적인 즐거움, 즉 "그의 통일된 생명력 안에 모든 창조물"에의 참여, 즉 감각적이고도 정서적인 만족에의 풍성함으로서의 예술경험에 대한 듀이의 강조는 미적 즐거움을 순전히 지적인 쾌로 만드는 그 정신적인 환원과 맞서고 있다.

(b) 플라톤은 예술을 부분적으로 현혹스런 비실재라고 해서 비난했는데, 이는 그 예술의 힘이 인간의 영혼에 침입해 들어가 오염시키는 것과 예술에 의해서 올바른 행동을 타락시킬 것을 우려했기 때문이다. 예술적인 창조와 감상은 모두 불합리한 형식으로 여겨졌고, 예술가와 관객은 뮤즈를 근원으로 하는 강신(降神)의 사슬에 묶여 있는 것으로 여겨졌다. 아리스토

---

[25] *AE* 329-30쪽. 또한 다음과 같은 듀이의 주장을 참고할 것, 즉 "특별한 강조로서 전개되고, 다른 경험에서 부분적으로 실현되는 우리 존재의 모든 요소들은 미적 경험 속에서 융합된다"(278쪽).

텔레스의 반동적인 옹호는 예술을 제작, 즉 외적인 조작의 이성적인 활동으로 이해함으로써 그것을 인격과 행위로부터 분리시킬 수 있었다. 하지만 이것은 어떤 생산기술을 통해 명확한 대상을 만들어내는 일로서의 실천적 행위라는 상급활동과는 예리하게 대조되었다. 그런데 이들 양자 모두는 동력인의 내적인 특성으로부터 나오고, 또 서로 대상을 형성하도록 돕는다. 예술의 제작은 그 목적을 예술과 예술제작자(대상 속에서 만들어지는 예술의 목적과 가치) 외부에 두는 반면, 행위는 그 목적을 행위 그 자체와 그것의 동력인, 즉 비록 그가 무엇을 만드는가에 의해 진술되지는 않을지라도 그가 어떻게 행위하느냐에 의해 영향을 받는 것 양자 속에서 행위의 목적을 가진다(『니코마코스 윤리학』, 6권, 1140a1-1140b25).

아리스토텔레스 이래로, 예술의 실천은 이러한 제작의 모형에 의해 지배되어왔는데, 그것의 왜곡된 편견은 균형을 회복하기 위해 실천으로서의 예술을 다시 사유할 것을 요구한다. 산출모형에 치우치는 일은 감상경험에서 대상들의 사용을 거의 고려하지 않는 예술대상들에 대한 맹목적인 숭배를 이끌어 냈다. 즉, 막대한 자금들이 거의 미적 교육을 위해서는 쓰이지 않고 있는 반면에, 예술작품들의 발굴과 보호에 기부됨으로써, 이 작품들이 많은 이들의 삶을 풍요롭게 하는 데 보다 좋은 작품으로 쓰일 수 있었다. 게다가, 예술품을 제작하는 예술가들로부터 완전히 독립적인 특정대상들과 예술을 동일하게 놓는 일은, 그런 특정하고도 독창적인 작품에 대해서 말로 나타내기 힘든 예술적인 표현 형식들을 거부할 뿐만 아니라(즉흥안무에서와 같은), 예술이 그 제작자들과 마찬가지로 관객들에게도 미치는 부정할 수 없는 효과들마저도 무시해 버린다. 외적인 제작인 경험으로서의 예술을 다시 사유하는 일은 우리에게 예술적 창조가 그 자체로 예술가뿐만 아니라 작품까지도 형성하는 강력한 경험임을 상기시켜 준다.

끝으로, 예술의 제작적인 모델은 예술가와 관객, 활동적인 제작자와 작가, 그리고 관조적인 수용자와 독자 사이의 근본적인 분열을 초래하려는 경향이 있다. 이러한 곤혹스러운 틈을 메우는 한 가지 방법은 감상을 독자들이 다시 미적 대상을 능동적으로 재구성하는 창조적인 생산으로 간주하는 일이다. 듀이는 바로 이 점을 주장한다(*AE* 261, 285). 하지만 외적인 제작으로서의 예술의 모델은, 그것이 강단적인 비평의 제도적이고 전문적인 억압과 쌍을 이룰 경우, 올바른 감상이 새로운 텍스트들의 생산과 철저히 일치된다는 보다 급진적인 견해를 불러 일으켜왔다. 그래서 읽기라는 유일하게 가치 있는 형식만이 수정될 수 있으며, 텍스트를 만드는 일은 우리가 원하는 어떤 변형해석 텍스트를 만드는 것이라고 말한다. 자기 확언적인 비평에 대한 평가를 이처럼 축소하는 일은 예술이 가진 가변성과 매력에 우리를 복종시킴으로써 얻어진 풍요로움과 즐거움을 부정하게 만든다. 예술의 제작에 대한 이상은 자신이 무엇을 만들기를 원하는지 정확하게 알고 있으며 생산절차를 완전히 통제하는 제작자로서의 예술가의 모형을 전적으로 반영한다. 그리고 제작의 "남성다운"(macho) 모형은, 예술을 수동적이고 비이성적인 신내림이라고 비난했던 플라톤의 견해에 대한 유용한 대답인 반면에, 그것은 상당히 그릇되게 편파적일뿐더러 공공연히 창작 과정에서 정신적인 몰입의 요인들과 통제력의 상실을 알고 있는 예술가들에 의해 논박당한 채로 남아 있다.[26]

경험으로서의 예술을 다시 생각해 보는 일은 경험의 필요 충분한 계들로서의 상반되는(성별과 연결된) 두 원리들을 결합함으로써 이 두 견해들이 가지고 있는 상호대립과 편견을 극복한다. 왜냐하면 듀이의 주장대로 경험은 수동적인 겪음과 생산적인 행함, 즉 흡수됨과 경험된 것들에 대한 재구

---

[26] 예를 들면, A. E. Housman, *The Name and Nature of Poetry*(Cambridge: Cambridge Univ. Press, 1933), 45-50쪽.
그리고 T. S. Eliot, *Of Poetry and Poets*(London: Faber, 1957), 97-9쪽을 보라.

성 모두를 포함하기 때문이다. 거기서 경험하는 주체는 형성하면서 형성된다. 경험이라는 개념은 예술의 완전함을 더 잘 정당화할 뿐만 아니라 동일한 양 갈래 과정에서 예술가와 관객을 결합시킨다. 예술은, 그것의 창조와 감상에 있어서, 직접적인 제작이자 개방된 수용이며, 통제된 구성이고 황홀한 몰두이다.

우리는 예술을 미적 경험의 관점에서 다시 정의하는 일의 몇 가지 적절한 이유들을 살펴보았다. 그럼에도 분명히 거기에는 역시 난점들이 있으며, 이것들은 이미 이전 장(章)에서 논의된 미적 경험에 대한 반론들, 즉 미적 경험의 주관성, 자기 충족적인 통일성, 하찮게 되어버린 쾌라는 목표, 그리고 이미 인정된 예술의 한계들을 구별하지 못한 실패 등을 극복한다.

(1) 한 가지 문제는 미적 경험이란 너무 불안정한 나머지 설명력을 갖지 못하는 것처럼 보인다는 점이다. 미적 경험이 의심의 여지없이 존재한다 하더라도, 그것은 우리가 명확하게 분리하고 정의할 수 있는 무엇인가로 존재하지는 않는다. 그러므로 예술을 미적 경험으로 정의하려 할 때, 모호하여 표현하기 힘들고 정의할 수 없는 무엇인가를 통해서 비교적 명확하고 한정적인 것을 정의하고 있는 것이다.

듀이는 이 문제에 대해 상반된 견해를 가지고 있다. 한편으로는 그는 미적 경험이 충분히 정의될 수도 있다는 점을 암시하면서, 그것의 독자적인 특성에 대해 길고도 상세한 논의를 내놓는다. 따라서 미적 경험은 미적 경험 그 자체와 경험의 정지에서 생명력 있는 모든 창조물을 포함하며 다양함 속의 완전한 통일을 이끌어 낸다(AE 42-9, 61-3, 166). 그리고 미적 경험은 그 부분들을 특수한 전체로 통합하여 하나로 묶는 어떤 특수한 흡수성이 있기 때문에 비교적 강렬하거나 돋보인다(AE 22-4, 33, 196-9). 그것은 상대적인 정지의 계기들을 포함하는 규칙적인 진행과정을 가지며, 능동적이고 역동적이다(AE 57-60, 159-62, 177). 또한 단순히 정서적이라기보다는 미적으로 표현되는 것을 가능하게 하는 저항과 방해를 거쳐서 형성된다(AE 67-70). 미적 경험은 형식충족의 경험이며, 거기서 수단과 목적, 주체와 객체, 행함과 겪음이 하나로 통일된다(AE 53-5, 142-4, 201-4, 253-5). 무엇보다도 그것은 "직접적인 경험"으로 그것의 가치는 "직접적으로 만족하는 것"이며, 어떤 다른 목적이나 경험에 따르는 것이 아니다 (AE 87, 91, 120-6). 듀이는 심지어 "미적 경험의 형식적인 특징들을 집적, 긴장, 유지, 예감 및 성취"(AE 149)라고 정의한다.

다른 한편으로, 그는 또한 미적 경험의 정의 내릴 수 없음(그리고 진정으로 추론적인 인식의 불가능성)을 명백하게 언명했던 것 같다. 왜냐하면 그가 "미적 필연성"으로서의 "미적 경험의 직접성"을 주장한 반면, "현존의" 그러한 모든 질적 "직접성은 말로 표현할 수 없는 것이다. 그러나 ...... 말들로 지적될 수는 있지만 묘사되거나 정의되지는 않는다"라고 주장하기 때문이다(AE 123, EN 73). 사실상, 듀이가 후에 충분히 단일화된, 그래서 경험을 미적으로 구성하는 개별적인 특성에 대해 말할 때, 그는 "그것은 오직 느껴질 수 있어야 한다. 즉, 직접적으로 경험된다 ...... 그것은 서술될 수 없으며 심지어 명확하게 지적될 수도 없다. 왜냐하면 예술작품으로 지정되는 것은 무엇이든지 간에 그것의 특수화들 중 하나이기 때문이다"(AE 196).

미적 경험이 본질적으로 정의 내릴 수 없는 것이라고 하더라도, 예술을 미적 경험에 의해 설명하는 일은 그리 요원하지는 않을 것이다.[27] 그보다 더 끔찍한 것은 그런 정의가 인식론에서의 "주어진 것에 대한 신화"가 지니는 그 혼란과 유사한 혼란을 미학에서도 환기시킨다는 점이다. 물론 인식론에서 경험적 주장의 확실성은 그 경험의 침묵에 달려 있다. 예술을 미적 경험으로 정의하려 할 때, 우리는 예술에서 경험된 대상들과 사건들을 그것들의 경험을 통해 얻은 결과들과 잠재적인 결과들의 관점에서 예술과 비예술로 분류하는 효과적인 규준을 획득해왔다고 생각할 수도 있다. 게다가 미적 경험을 예술가치의 원천으로서 정의할 때, 우리는 예술작품에 서열을 매기고 평가하기 위한 기준으로서 경험을 끌어들이려고 시도한다. 심지어 비어즐리(Monroe Beardsley)같이 신중한 철학자조차도 이러한 유혹에 굴복하고 말았다. 아마도 듀이의 경험적인 이론을 높이 평가했던 독특하고도 대표적인 분석미학자인 비어즐리는 우리가 궁극적으로 우리의 가치판단들과 예술작품들의 등급을 "아주 위대한 크기"라는 미적 경험을 산출할 수 있는 그것들의 힘이라는 점에서 설명할 수 있다고 주장한다. 미적 경험의 크기가 클수록, 더 훌륭한 작품이다.[28]

그러나 풍부하지만 사라져버리는 직접성을 공식화하는 일이 불가능한 것으로 주어질 경우, 미적 경험은 비평의 가치판단을 정당화하는 기준으로는 부적합하게 된다. 어떻게 우리가 적절하게 정의할 수도 없고 크기를 구분할 수도 없는 경험의 크기들을 측정할 수 있다(소통시킨다)고 생각하

---

[27] 동일한 논변이 예술에 관한 듀이의 관련된 기술, 즉 "행위의 질"에 관하여 행해지고 있다. 질이란 "구체적이고 실존적"이어서 일반적인 추론의 정형으로 파악될 수 없다 (*AE* 2218-19, 227쪽). 듀이에 있어, "질은 직접적이며 정의할 수 없는 것이다"(*EN* 93쪽).

[28] Monroe C. Beardsley, *Aesthetics: Problems in the Philosophy of Criticism* (Harcourt, Brace, 1958), 530-1쪽. 경험 그 자체가 모든 필요한 비판적 작업을 행할 수 없음을 아마도 깨달으면서, 비어즐리는 또한 통일성, 복합성 및 강도라는 세 가지 평가규범을 주장하고 있다. 이는 비록 그것들이 경험에 관계가 있다 하더라도 예술작품에서 보일 수 있는 것이다(456-70쪽 및 534쪽).

는가? 단지 직접적인 경험에 호소함으로써 다른 사람들에게 자신의 의견을 증명할 수 있는 방법밖에는 없다. 또한 그것은 질적인 직접성과 흔들리는 일시성 속에서 증거로서 서술적으로 증명될 수 있거나 보존할 수 있는 것이 아니다. 물론 그는 자신의 독자에게 유사한 경험을 불러일으키는 것을 목적으로 삼는 작품에 관해 서술함으로써 자신의 주장을 정당화하려 할 수 있지만, 그것은 이미 단순히 직접적인 경험이 호소하는 것 이상을 포함한다.

우리가 앞서 지적한 바와 같이, 이것은 미적 경험에서 느끼는 만족들이 일종의 직접적이고도 "생기 있는" 예술의 가치표명을 그려낸다는 점을 부정할 수는 없다. 이러한 사실은 예술에 이끌리는 우리의 심정을 조절하거나 이해하기 위해 매우 중요하다. 하지만 이 점을 이해하고자 할 때, 우리는 또한 그러한 비명제적인 증거가 비판적인 정당화의 심각하고도 상세한 인식론적인 작품을 산출해낼 수는 없다는 점, 그리고 그 작품을 명제적인 용어로 변형시키는 일은 다만 예술(혹은 주어진 작품)이란 그렇게 경험되기 때문에 가치 있는 것이라고 말하는 것(물론 사실상 그 이상이 언급되지도 않는다) 이상을 설명하지 못한다는 점을 이해해야만 한다.[29] 그래서 미적 경험에 대한 설명이 지닌 빈곤함이 주어져 있다면, 어째서 우리는 그런 용어들로 예술을 정의해야만 하겠는가?

듀이의 답변은 직접적으로 프라그마티스트적인 방식으로 철학적인 정의와 이론을 재인식하는 데 달려 있는데, 이는 그가 추상적인 철학적 퍼즐들을 해결하려는 것이 아니라 경험에서 더 풍부하고 구체적인 이로움을 보다 잘 획득하려 했기 때문이다(철학적 추상개념들 속에서의 지적인 만족

---

[29] 아직까지도, 비록 미적 경험이 인식론적으로 쓸모 있는 개념이 아니더라도, 그러한 경험이 하찮게 인식적 가치가 없다는 사실을 말하지는 않는다. 왜냐하면 비추론적인 직접성이 알려져 있든, 그렇지 않든 간에 인식적 가치를 지닌다는 것이 아직도 인식의 폭넓은 다양성을 위해 본질적일 수 있으며, 적절하게 인식론적이며 비판적인 노고를 위한 구조적인 배경을 제공하게 된다.

들이 그러한 경험적인 이득에서 배재됨에도 불구하고). 듀이는 예술에 필요충분조건을 부여하거나 예술작품을 평가하고 등급을 매기기 위한 공식들을 제공해주는 전통적인 예술 포장지 이론을 추구하지는 않았다. 왜냐하면 그는 그러한 "형식적인 정의들은 우리를 냉랭하게 만든다"고 느꼈기 때문이다(AE 155).30) 그 대신에 그는 "정의란 그것이 …… 우리가 경험을 얻는 쪽으로 재빠르게 움직일 수 있도록 방향을 가리킬 때 좋은 것"(AE 220)이라고 생각했다. 그리하여 예술에 관한 좋은 정의는 우리를 효과적으로 더 풍부하고 더 좋은 미적 경험에로 이끌어야만 한다.

경험으로서 예술을 정의하는 일은 적어도 두 가지 방식에서 우리로 하여금 민첩하게 이 목표에 이르게 한다. 첫 번째, 그것은 우리에게 경험이란 궁극적으로 예술이 무엇에 관한 것임을 상기시켜줌으로써 예술과 우리의 상호작용인 미적 경험을 촉진하고 기대하게 해준다. 두 번째로 그것은 우리에게 미적 경험을 제공하지만 그 이상의 것을 제공해줄 수 없는 표현적인 형식들을 깨닫고 또 평가하도록 도움을 준다. 이렇게 예술을 경험으로서 다시 사유하는 일은 대중문화가 가진 예술적 정당성을 옹호하려는(7장과 8장) 나의 노력에 동기를 부여한다. 그리고 그것은 또한 예술로서의 삶에 변화를 줌으로써 살아 있는 아름다움이 지닌 윤리적인 이상의 근거가 된다(9장에서 언급된). 요컨대, 경험으로서의 예술을 다시 사유하는 일은 순수예술의 제도적으로 은폐된 실천이라는 그 질식 상태로부터 그것을 해방시켜 준다. 예술은 더 이상 전통적으로 특권적인 어떤 형식들과 매체(예

---

30) 이는 예술 및 예술의 하위개념에 적용될 뿐 아니라 아름다움에도 적용된다. 아름다움이란 용어는 나의 책의 타이틀에 등장하지만 이를 정의하기 위해 어떤 노력도 나는 하지 않는다. 아름다움이란 미적 경험만큼이나 질적으로 직접적이면서도 정의가 불가능하다. 듀이는 실제로 철학에 의해 형식상 정의될 수 있으며 또한 정의되어야 한다는 생각으로부터 "아주 멀리 떨어져 있는" 것으로 여겼다(AE 195). 아무튼 나는 오늘날의 미학이 언명해야 할 보다 중요한 문제들을 지니고 있다고 생각한다.

술의 역사적인 과거의 실천에 의해 권위가 부여되고 또 지배되었던)에 제한되지 않는다. 미적 경험의 의도적인 산물로서의 예술은 경험된 삶의 질료, 즉 미적으로 형성되고 또한 변형되는 질료들의 커다란 다양성을 통해 미래의 실험에 더욱 더 개방적이 된다.

(2) 이 점에서, 듀이의 정의는 또 다른 문제와 부딪히고 있음에 틀림없다. 즉, 이론을 실천적으로 만들려는 시도는 그 자체로 지극히 비현실적이다. 왜냐하면 그것의 수정된 목표들은 지나치게 비실제적으로 과장된 것이기 때문이다. 철학적인 이론은 단지 너무 보잘것없는 것이기에 예술을 다시 정의하고자 하는 듀이의 목적에 미칠 수 없다. 우리는 예술과 관련된 분류적인 개념적 도식이 너무나 깊게 파고들어서 듀이의 전반적인 경향을 성공적으로 파악할 수 없다. 비록 우리가 상상적으로 세금형식에 대한 우리의 재산목록을 묘사할 수는 있지만, 우리가 예술을 계산으로서 재분류할 수 있는 방법은 없다. 미적 경험의 견지에서 예술을 다시 정의함으로써 예술의 개념적 한계를 다시 그려보고자 하는 데서 오는 결과란—아마도 혼란을 야기하는 것 외에는—아무 것도 없다.

이러한 논쟁에는 두 가지 답이 있다. 첫 번째 답은 듀이의 근본적인 목적이(그리고 어떤 전략) 예술을 전반적으로 재분류하려는 것이 아니라 더 커다란 미적 경험을 고무시키려는 것이다. 예술을 경험으로 정의하는 것은 우리의 분류 습관들에 변화를 주지 않고서도 이런 일을 할 수 있다. 만일 우리가 충분히 완성적인 경험에 의해 사물들을 분류할 수 있다면, 그것은 전적으로 예술의 경험적인 특징에 초점을 맞추도록 해주는, 그리고 그렇게 분류된 것이 아니라 그렇게 될 수 있는 것의 미적 가치를 감상하도록 해주는 설득력 있는 수사적 도구로서 가능하다. 두 번째로 예술의 개념상의 경계들을 전체적으로 수정하는 일은 아마도 무익한 것인 반면에, 분류상의 변화들이 생겨날 수 있는 경계에 관한 문제들이 있다. 한 가지 중요하고 의문시되는 경계는 일반적으로 단순한 오락으로 분류되는 매스미디어 문화의 표현적 형식과 관련된다. 여기서 경험으로서 예술을 다시 사유하는 일은 록(Rock)음악 같은 형식의 예술적인 정당화에 영향을 미칠 수 있다. 그것은 또한 그렇게 많은 국가들, 문화들 그리고 계급들로부터 많은 사람들에게 이르기까지 자주 또 강력하게 만족스런 미적 경험을 준다.

나의 계획이 듀이의 것과는 상당히 다르다는 주장은 이런 편협한 생각에 자리 잡은 것이다. 그가 서술 불가능한 경험의 형식적인 형태를 기술함으로써 미적 경험으로서의 예술을 다시 정의하려 고군분투했던 반면, 나는 정의할 수 없는 것을 정의하는 일이나 그런 경험을 일반적인 철학적 예술에 대해 정의하는 일에는 관심이 없다. 만일 듀이의 정의가 가치 있다면, 그것의 가치는 전체적인 개념의 혁명을 성취하는 일과 보편적 정의에 대한 우리의 전통적 충동을 만족시키는 일에 있는 것이 아니라, 예술의 제도적인 실천이 지닌 어떤 끔찍스런 한계를 치유하려는 직접적인 몸짓에 있다. 예술을 경험으로서 재구성하여 정의내림으로써 이 모든 병세를 치유하려는 시도는 영웅적인 노력이었다. 그러나 내 생각에는 그런 영웅주의는 철저히 모방된다기보다는, 더 수용되고 응용된다. 그래서 정의적 문제의 총화를 꾀하려는 듀이의 노력보다, 나는 그 대신에 단편적인 프라그마티스트의 노동정신 속에서 예술의 경계를 대중문화의 형식들과 우리의 생활에 어울리는 윤리적인 예술에 이르기까지 넓히기 위한 아주 특별한 기회를 만들고자 한다.

(3) 그러나 심지어 나의 제한된 목표들은 더욱 근본적인 논변에 의해 의문시된다. 그 논변은 이론적 중재를 통해 예술의 확고한 개념이나 실천을 수정하려는 어떠한 시도도 무익하다고 주장한다. 프라그마티즘 진영에서

제기된 가장 말썽 많은 이 논변은(스탠리 피시의 언급에서) 실천을 위해서라면 "이론은 어떠한 결론도 가지지 않는다"고 주장한다. 왜냐하면 그것은 "불가능한 기획"이기 때문이다.31) 만일 이상으로부터 선험적 인식의 특권과 실천적 관심의 결여를 가지고서 그것을 지배하려 든다면, 그것은 실천으로부터 벗어난 순수한 어떤 것으로서의 오래 된, 근본적인 의미에서 불가능하다. 왜냐하면 프라그마티즘이 옳게 주장하듯이, 인간의 모든 사유처럼, 이론은 언제나 특정한 상황에서 발생하고 또 그 상황을 정의내리는 데 도움이 되는 목적에 의해 동기가 부여되기 때문이다. 그리고 우리가 이론에로 되돌아가는 그 상황은 실천이 형성되는 일이자 문제를 해결하기 위해 이론을 추구하는 그 실천 속에서 어떤 문제 혹은 충돌에까지 가장 전형적인 방식으로 우리를 이끈다. 그런데 이론은 실천적인 동기들로 가득

---

31) Stanley Fish, "Consequences", in W. J. T. Mitchell(편), *Against Theory*(Chicago: Univ. of Chicago Press, 1985), 110쪽 및 115쪽. 보다 최근에 피시는 자신의 반이론적 입장을 어느 정도 누그러뜨렸다. "진정한" 이론(이 때 이론이란 토대주의자 혹은 근본주의자의 이론을 뜻한다)이란 그것이 존재할 수 없기 때문에 어떠한 중요성도 없다는 점을 아직도 주장하는 반면에, 그는 "이론말하기"(이론적 담론을 실천하는 일은 사실상 우리가 전형적으로 이론의 실천을 뜻한다)가 "중대한 결과를 가져올" 수 있음을 인정한다. 피시에 있어서는 "이론과 이론-말하기의 구분이 모든 실천으로부터 떨어져 있는 담론(그리고 그런 담론은 존재하지 않는다)과 그 자체가 실천인 담론을 구분하는 것이다"("Introduction: Going Down the Anti-Formalist Road," in *Doing What Comes Naturally*(Durham, N.C.: Duke Univ. Press, 1989),14쪽). 하지만 이론이란 너무 협소하게 그리고 기본적으로 이론을 불가능하도록 정의한다는 사실을 분명히 확인해주는 이 구분은 피시 자신의 텍스트 기준에서 볼 때 무망한 구분인 것이다. 심지어는 이론-말하기 없이 이론을 상상하는 방법이란 없는 까닭에, 그 때 떨어져 존재할 수 없는 것을 구분해주는 그 포인트는 무엇인가? 추론적이며 비판적으로 설득력 있는 실천의 한 형식으로서 비토대주의적 용어로 이론을 재해석함으로써, 이론과 이론-말하기 사이의 의문의 여지 있는 구분을 도입하기보다는 오히려 이론/실천구분을 유지하고 개선하는 편이 훨씬 유용하다(프라그마티즘 관점에서는 더욱 이치에 맞다). 피시 자신은 이 점에 가까운 듯이 보이는바, 그가 나중에 이론을 "실천"으로 지위를 낮추는 듯이 보일 때 그러하다. 그리하여 "이론은 항상 그러했듯이, 여하튼 많은 수사적 형식들 가운데 하나이며, 그 영향력이 우연한 사건들(제도적 역사, 지각된 필요성, 긴급한 위기들 등) 가운데 하나의 기능을 수행할 뿐, 예측하거나 통제할 수 없다(같은 책, 25,26쪽).

찬 것만이 아니다. 그것은 실천에 근거해 있고 또 스스로 실천을 구성한다.

그러나 만일 이론이 실천을 지배하기 위한 영원한 진리를 선험적으로 그리고 맥락 없이 폭로할 수 없다면, 그것은 과연 어떤 형식적이고도 결론적인 역할을 수행할 수 있겠는가? 이론을 실제로 우연적인 실천에 대한 보편적이고도 지극히 명백한 설명으로서 이해하는 일은 그것을 상당히 타당한 것으로 만든다. 하지만 그것이 가지고 있는 변형적인 힘을 앗아간다. 그러므로 우리가 보았듯이 예술이론은 예술실천의 역사에 대한 말없는 부차적인 재현으로까지 환원된다. 이렇게 해서 만일 이론이 실천으로부터 벗어날 수 없다면, 그것은 단순히 실천에로 와해될 것이고 그래서 그것을 환원시킬 힘을 구성하지도 못할 것이다.

실천의 실제적인 역사에 대한 이론의 분명하고도 지속적인 영향을 차지하고서라도, 이 논변은 프라그마티즘의 상호매개적인 지위가 가질 수 있는 가능성을 묵과한다. 그것은 선험적이고 인식적인 특권과 비천한 무기력 사이에 이론을 자리매김하는 것이며, 실천의 우위성과 이론적 중재의 힘을 깨닫는 것이다. 여기서 이론은 실천에 대한 비평적이고도 상상적인 반성으로서 이해된다. 그리고 이론은 실천과 그것이 언제나 제기하는 부차적 문제로부터 벗어나 있다. 이는 바로 무엇이 적당한 실천을 구성하는가를 규정하는 방법의 적법한 문제들이며, 실천이 어떻게 구성되어야 하며 또 수정되어야 하는지에 관련된 문제들이다. 이론은 배경실천에 뿌리내리고 있을 뿐만 아니라, 그것이 전개되고 개선되는 데 도움이 되는 그 실천의 결과물에 의해 실용적으로 판정된다. 이처럼 이론의 주장과 변형적 권고는 내적으로 실천에 비해 우월한 인식론의 특권적 지위를 좋아하지 않는다. 그리고 그것들은 선험적인 신뢰성이나 자명한 증명에 의해서가 아니라 바로 언제나 논쟁적인 설득을 통해서 그리고 그것들 자체가 제안한 변화의 실천에 대한 실험적 성공에 의해서 실천에 변화를 가져다준다.[32]

그러한 비토대주의적 혹은 비근본주의적 프라그마티즘 이론을 위한 역할을 거부하는 논의들은 모두가 개연적이다. 우리가 스스로를 실천에 대한 일차적인 문제에 국한시킨다는 주장은 일차적인 문제와 이차적인 문제들 사이의 바로 그 구별이 이미 이론적 반성의 부차적 산물이란 점을 무시한다.[33] 스탠리 피시와 더불어 추측하건대 심사숙고한 이론적 반성을 요청하는 실천에 관한 모든 논쟁적인 문제들이 "아주 명백한" 방식으로 이미 해결되었다고 주장하는 것은, 즉 실천을 "철저히 내부적으로 소통하게 하는", 깊숙이 자리 잡은 매개자로서의 위치로부터 (더 이상의 반성 없이) "자연스럽게" 논쟁하는 일[34]은 이 논쟁의 손쉬운 해결이란 이루어진 적이 없다는 분명한 사실을 무시한다. 왜냐하면 실천에 관한 논쟁은 격렬하기 때문이며, 그리고 상호 관련된 실천이 언제나 이미 충돌과 서로 상이한 방향에서 드러나기 때문이다. 이론의 실행은 이런 방향들을 비판적으로 평가할 수 있으며 그런 비판을 통해서 개념들을 만들어내기도 하고 더 나은 개념들을 추구하기도 한다.

물론 피시는 이론이 지닌 의식을 고양시키는 비판적인 반성은 실천의 어떤 변화에 대해서 "불필요하게" 논쟁한다는 점과 그런 고양된 의식과

---

[32] 엄청난 낙관주의는 제쳐놓고, 프라그마티즘은 해체주의나 프랑크푸르트 학파의 비판 사회이론과는 다른 것으로 보인다. 이론은 비판과 수사적 설득을 통해서뿐만 아니라 경험 속에서 검증되는 구체적 대안의 제안을 통해서 실천을 변형시키는 데 도움을 준다는 점을 강조하는 데서 그러하다고 하겠다. 변화를 위한 구체적인 비평과 제안을 실행함으로 해서, 비토대주의적 프라그마티즘 이론은 피시가 단순히 "반토대주의 이론을 소망"이라 일컫고 있는 것과 혼동되어서는 안 된다. 반토대주의 이론이란 일반적으로 신념을 위한 토대가 모두 우연적이고, 반토대주의 이론은 우리를 우리의 신념으로부터 느슨하게 하고 그것들을 바꿀 수 있다는 사실을 보여주는 부정적인 제스처이다(*Doing What Comes Naturally*, 322, 346, 593n).

[33] 이 점은 Joseph Margolis, *Pragmatism without Foundations*(Oxford: Blackwell, 1986), 42쪽에서 잘 논의되고 있다.

[34] Stanley Fish, "Dennis Martinez and the Uses of Theory", in *Doing What Comes Naturally*, 386-9쪽.

변화는 다른 수단에 의해서 산출된다는 점을 옳다고 본다.35) 하지만 이는 어쨌든 중재라는 이론의 힘에 관해 반박한다. 즉, 그것은 오직 그 힘의 저항불가능성과 배타성을 부정한다. "이론이 실천의 한 형식"이라는 이유로 그것이 실천을 이끌거나 영향을 줄 수 없다고 보는 논의와 같은 경우, 이론과 실천이라는 개념들을 총체화함으로써, 그리고 나아가 (이론이라는 실천을 포함해서) 실천의 다양성들 사이에 등장하는 모든 차이를 동질화함으로써 이것은 단순히 논리적 시야의 혼란만을 포함한다.36) 예술이론 자체가 실천이라는 사실은 그것이 이론화하고자 하는 바로 그 실천임(혹은

---

35) Fish, "Consequences", 121쪽. 피시는 아주 최근에 비판적 자의식의 바로 그 가능성에 대해 질문을 제기했다. 비판적 자의식은 불가능하게도 "마음 혹은 정신으로 하여금 중립적이고 관심에서 자유로운 관점으로부터 그들을 비판하기 위해 그 자신의 사유 방식들의 편에 서 있을 수 있도록 요구한다"고 주장하면서 말이다(Stanley Fish, "Critical Self-Consciousness, or Can We Know What We're Doing?," in *Doing What Comes Naturally*, 437쪽). 하지만 그가 종종 그러하듯이, 피시는 전체적으로 움직이면서 우리를 잘못 인도하고 있다. 왜냐하면 비판적 자의식이 요구하는 모든 것은 타자의 관점으로부터 그들을 비판하기 위해 우리 마음의 사유방식들 가운데 약간을 양보할 수 있어야 한다. 프라그마티스트를 위해서 이들 다른 방식들은 물론 중립적이지도, 관심에서 벗어나 있지도 않다. 하지만 그것들은 또한 우리로 하여금 특별한 실천에 관하여 우리의 마음을 바꾸도록 도와주는 잠재력을 가지고 있지 못하다. 비판적 반성과 자의식을 단지 피시가 "반토대주의 이론을 소망함"이라고 부른 것과 동일시하는 일은 잘못이다. 왜냐하면 이들은 우리 견해의 폐기가능성에 대한 일반적인 자각을 포함할 뿐 아니라 실제로 잘못된 구체적인 비판적 반성을 포함할 수 있기 때문이다.

36) Fish, "Consequences", 125쪽. 피시는 이론을 다른 것과 다르지 않은 실천으로 강등시키기를 요구하면서 이 점을 되풀이한다. 그리고 실천을 환기시킬 수 있는 그 어떤 것보다 더 높은 곳에 관하여 새롭고 늘 변화하는 보편적인 데로 고양시킨다(*Doing What Comes Naturally*, 26쪽). 그러나 이론과 실천 사이의 인식적 우위에 관한 깊은 인식론적 틈이 없다는 사실이 그들을 동일시하거나 동일시할 수 없게 하거나 상호적인 영향력을 행사하지 못하게 한다. 이는 마치 인식론적 동격이 다른 실천들을 동일하게 하지 못하는 것과도 같다. 그러한 혼동은 피시에 있어 두 가지 총체적인 경향들에서 파생한다. 즉, 근소하게 지배적이며 "우월성 또는 통치"의 엄격한 "관계"로 비판적인 안내를 할 수 있는 모든 중요한 차이들을 동화함으로부터 파생하며(같은 책, 377쪽), 그리고 실천의 특수한 맥락 안에서 그리고 그것의 이론적인 반성 안에서 그들 사이의 차이를 찾는 대신에 이론과 실천개념을 총체화하는 것으로부터 나온다. 궁극적으로 이론과 실천 사이의 구분은 기능적이고 문맥적이다. 역사적 이론으로서 중요한 것은 역사의 이론을 위한 일차적 실천이 된다.

완전히 그렇게 환원된 것임)을 암시하지는 않는다. 그래서 그 사실은 이론이 예술의 실천에 기초해 있어야만 하고 어떤 의미에서는 그 실천의 연장이어야만 한다는 점을 부인할 수는 없다.

이론의 근본적인 무능함에 대한 하나 이상의 프라그마티즘적 논의들이 있다. 이론은 실존하는 실천과 관련해서 구조화되고 심지어 평가되므로, 이론의 상상력과 비판적 전망은 틀림없이 전적으로 실천의 한계에 갇혀 있게 되고 그래서 실천을 변형시킬 어떤 실재적인 능력도 결여하고 있다. 그러므로 피시는 다음과 같이 결론짓는다. "그 어떤 이론도" 실천 속에서 "어떤 의미에서는 이전에 발생한 적이 없는 변화를 강제할 수 없다."[37] 그는 더 나아가 실천은 오직 그 자신의 내적 메커니즘에 의해서만 변화할 수 있다고 주장한다. 왜냐하면 실천이라는 신념체계의 밖에 놓여 있는 것이 무엇인지가 적절히, 그러므로 받아들일 만하게 이해될 수 없기 때문이며, 또한 그 어떤 변화도 그 자체가 이해되거나 받아들여지지 않는다면 실천에 영향을 미칠 수 없기 때문이다. 하지만 이 논의는 두 가지 문제를 가지고 있다. 첫째로, 그 어떤 새로운 것도 이미 존재하는 신념과 실천의 구조와 관계되지 않고서는 이해될 수 없다는 타당한 가정은 이해된 모든 것은 반드시 이미 그 구조 속에서 수용된 장소를 가진다는 모호한 견해와 부적절하게 혼합되어 있다. 둘째로, 그 논의는 우리의 실천이 가지고 있는 심각한 모호성뿐만 아니라 그 실천들의 상호 교차적이고도 중첩된, 그리고 종종 충돌을 일으키는 다양성도 무시한다. 이는 다른 것을 통해서 획득된 이해와 전망을 위해서 이론으로 하여금 그것의 대상-실천을 비판하게 한다.

이처럼 비록 우리의 이론적 상상이 언제나 확고한 실천에 의해서 상당히

---

[37] Stanley Fish, "Change," in *Doing What Comes Naturally*, 154쪽. "그 가정에 의해 먼저 전제되지 않은 어떤 것을 고려할 수" 없는 마음에 관한 진전된 논변은 145-7쪽에 가장 많이 초점을 맞추고 있다.

위축된다 하더라도, 그것은 비굴한 복종과 반동적인 반복에 제한되지 않는다. 왜냐하면 변화하는 주위환경이나 다른 실천들과의 우연한 만남은 새로운 양분과 대안적 방향을 제공해 줄 수 있기 때문이다. 그 어떤 실천도 모든 가능한 상황에 대해서 정의되지는 않으므로, 가능한 기획들이 실제로 추구되어야 하듯이, 언제나 상상적인 기획과 창조적인 결정, 즉 경쟁에 부쳐지기에 알맞고, 또 이 결정들이 정당화되는 방법이라는 부차적인 문제를 다시 제기하는 결정이 요구될 것이다. 그 어떠한 실천도 극단적으로 고립되어 있지 않으므로, 즉 다른 것에 의해 영향 받지 않는 것은 없으므로, 다양한 실천들 사이를 관련짓고 조정하고 또 중재할 필요가 있다. 우리의 실천이 그런 문제들과 개선에 대한 승인을 가지고 우리를 드러내는 한, 이론은 가능할 뿐만 아니라 필연적일 것이다.

  실천의 우위성뿐만 아니라 실천이 가진 문제들도 이해하는 프라그마티스트의 이런 경향이 이해될 때, 이론은 선험적인 인식의 특권이라는 자신의 전통적인 지위를 상실함으로써 죽음을 고하는 대신에 생명을 되찾는다. 왜냐하면 일단 우리가 실천에 대한 불변의 필연적인 원리들을 드러내는 것으로서의 이론이라는 토대주의자들 혹은 근본주의자들의 견해를 포기한다면, 나아가 자명하고도 문제시될 수 없는 최종의 정당화에 대한 희망을 버린다면, 그리고 일단 우리가 그 대신에 우리의 실천(혹은 우리의 이론)을 변화하는 상황과 마주치는 우연의 산물로서 이해한다면(그러한 조우는 지속적인 적절성, 명백성, 정당성 그리고 개선을 필연적으로 만들었다), 그렇다면 이론이 가지고 있는 실천에 대한 비판적 반성으로서의 지속적 역할은 보장되고 아마도 배제될 수 없을 것이다. 철학은 영원히 남아 있을 것이다. 하지만 새로운 의미에서 그러할 것이다.

유기적 통일성 : 분석과 해체

　　　　내 생각으로는 듀이 이후에, 프라그마티스트 미학이란 보다 넓고 민주적인 용어로 예술을 다시 생각해 보는 데에 목적을 두고 있다고 하겠다. 하지만 미학은 예술개념보다 더 많은 것을 포함한다. 다른 미적 개념들은 비판적 분석을 요한다. 이를테면, 예술비평의 실제들에서와 같이 그러하며, 프라그마티스트 미학은 그러한 주제를 다룰 수 있어야 한다. 이 책의 대부분이 예술을 다시 생각해 보는 개혁적인 프로젝트에 기여할 것이기 때문에, 나는 적어도 전통적으로 미학이론의 중심이 되는 여타의 논점들을 다루는 데에 프라그마티즘이 어떤 도움이 되는가를 고려하고자 한다. 견본이 되는 논점들로서 나는 유기적 통일성과 해석을 선택한다. 이들 양자에 있어, 프라그마티즘은 토대론적 분석철학과 해체 사이의 전망 있는 가운데 길로서 그 스스로를 드러낸다. 이는 미학에서뿐만 아니라 존재론, 언어 및 인식론의 보다 깊은 문제들에서 그렇다. 여기에 이 두 "미학적" 논점들이 방향을 틀고 있다. 우리가 앞으로 살펴보겠지만, 실로 유기적 통일성과 해석의 문제들은 전통적인 미학의 영역을 넘어갈 것이다.

　　(심지어 우주 혹은 조화를 뜻하는 코스모스라는 바로 그들의 개념에서 시사하는) 그리스말로 소급해보면, 유기적 통일성이라는 개념은 다수의 다

른 철학적 기획들에서 중요하게 적용되고 있음을 본다. 여기서 다른 철학적 기획들이란 윤리학 및 정치이론, 심리철학, 우주론 그리고 물론 생물학의 철학인데, 유기체라는 생물학의 중심개념과 그것은 분명하게 어원적으로 연결되어 있다. 더욱이 유기적 통일성이 예술의 두 가지 고전적인 목표 가운데 하나(다른 하나는 미메시스)를 제공하는 것처럼, 진리와 인식의 두 가지 가장 기본적인 모델들- 즉, 체계적 통일성 또는 신념의 일관성 가운데 하나를 공급해주고 있다. 다시금 여기에서 다른 주요한 인식론적 모델은 실재하는 것과의 재현적인 대응의 모델이다. 그것들의 모든 분명한 차이들에 있어서 미학과 인식론이 동일한 기본적인 대안이 되는 전략들, 즉 재현 혹은 통일성을 공유하고 있다는 점은 흥미를 자아낸다.

예술에 관한 미메시스 이론이 20세기의 예술과 비평에 의해 신뢰를 잃게 된 이래로, 유기적 통일성 속에서 다시 확신을 찾게 된 것은 좋은 일일 것이다. 확실히 오늘날의 대부분의 영미 미학은 그 궁극적 원리를 그러한 개념에서 찾았다고 하겠다. 물론 그것이 그 통일성을 외적 예술대상에 두든지 아니면 그것의 미적 경험에 두든지 간에 그러하다.[1] 하지만 유기적

---

[1] 통일성을 미적 가치의 토대 또는 기준으로 강조하는 일은 아마도 무어, 오스본, 리처즈, 비어즐리 및 신비평이론에서 가장 분명하다 할 것이다. 우리는 이를 이미 미적 경험에 관한 듀이의 설명에서 살펴보았다. 듀이는 예술작품을 하나의 "유기체"로 본다. 말하자면, 그것의 "다른 요소들과 특정의 성질들이……물리적인 사물들은 흉내낼 수 없는 방식으로 섞고 혼합하여 "통일된" 것이다(*Art as Experience* (Carbondale: Sourthern Illinois University Press, 1987), 196). 또 다른 예들은 G. E. Moore, *Principia Ethica* (Cambridge: Cambridge University Press, repr.1959), 27-30, 189-208(이후로는 *PE*로 줄여 언급함)에서 보인다. 오스본은 유기적 통일성을 미와 예술작품의 특성을 정의하는 것으로 본다. 즉, 예술작품이란 서로 얽혀 있는, 하나의 유기적 전체물이다"(Harold Osborne, *The Theory of Beauty*(London: Routledge & Kegan Paul, 1952), 203). 리처즈는 미적 경험으로서 예술작품을 그것의 뚜렷한 통일성 및 완결성과 동일시하고 있다(I. A. Richards, *Principles of Literary Criticism* (London: Routledge & Kegan Paul, 1976), 142-3, 184-7). 비어즐리의 유기체설은 미적 경험에 대한 그의 정의에서 자명하다. 그는 미적 경험을 하나의 완결되고 응집력있게 통합된 경험으로 보며, 통일성을 미적 비평의 세 가지 객관적인 규준 가운데 하나라고 주장한다(M. C. Beardsley, *Aesthetics: Problems in Philosophy of Criticism*

통일성 그 자체는 근본적으로 최근의 포스트모던 예술과 미학의 전개에서 도전을 받고 있다. 그리고 이는 이유가 없지는 않다. 왜냐하면 이 개념은 맹목적인 물신숭배가 되고, 억압적인 엄격한 이상으로 고착되어 버렸다. 이는 창조성을 숨 막히게 하고 형식적인 실험을 막았으며 우리 내부를 아주 손쉽게 유혹하고 세계 안에 자기 만족감을 자아냈다. 포스트모던 예술이 단편 혹은 파편과 탈중심을 강조하는 점과 연결하여, 통일성의 전체 생각에 집중적인 이론적 공격이 감행되었다. 거기에서는 단지 그 가치뿐만 아니라 그 근거나 심지어 일관성까지도 문제시되었다. 물론 푸코는 장르, 책, 저자의 글의 통일성을 포함하여 우리의 사유에 있어서 통일성이나 연속성의 구조라고 가정한 것에 대해 폭넓게 도전했다. 피에르 마슈레이(Pierre Macherey)는 그의 마르크스적인 관점으로부터 비슷하게 미학에서의 통일성에 대한 전통적인 가정에 반하여 격렬하게 공격했다. "작품에서 요구된 통일성은 다소간에 명확하게 항상 비평의 기획에 붙어 다녔으나, 이제는 비난을 받지 않으면 안 되게 되었다. …… 그 충분성이나 이상적인 일관성 보다는 작품을 실제로 형성하고 있는 결정적인 불충분성이나 미완성 혹은 불완전성을 우리는 강조해야 한다."[2] 그렇지만 아마도 미학이론에서의 유기적 통일성이라는 개념을 의심하고 뒤엎으려는 가장 근본적이

(New York: Harcourt, Brace, 1958), 462-3, 527-30). 리처즈 및 비어즐리와 신비평과의 연결은 별도의 문제로 하고, 클린스 브룩스(Cleanth Brooks)의 "의역 혹은 부연설명의 이단"은 여러 부분들이 풍부하게 복합되어 있는 통일성의 이념에 대해 신비평이 헌신하는 예들을 제공할 수 있다. 부분들의 모두는 시로 하여금 잘 쓰여진 전체를 구성하도록 한다. 브룩스에 있어서는 좋은 시를 알려 주는 이런 본질적인 통일성은 엄격하게 "논리적인 일관성"의 문제라기보다는 "상상적인" 문제이다. 그것은 다성음에서 "이루어진 화성"에서 "같은 것과 같지 않은 것을 통일시키는, 균형을 이루고 조화를 이루는 의미의 함축과 태도 및 메시지"의 문제이다 C. Brooks, *The Well Wrought Urn* (New York: Harcourt, Brace, 1947), 195, 202쪽.

2) 예를 들면, 미셸 푸코의 *The Archaeology of Knowledge* (New York: Harper and Row, 1976), 4-38쪽 및 Pierre Macherey, *A Theory of Literary Production* (London: Routledge & Kegan Paul, 1970), 78-9쪽.

고 혹독한 시도는 해체로부터 나온다.

데리다의 중심된 목표들 가운데 하나는 "자유로운 놀이"의 영역을 제한하는, 중심에 있으며 완전한 유기적 전체로서의 구조라는 전통적인 이념에 도전하고 파괴하는 일이다. 언어라는 피할 수 없는 매개를 통하여, 이 영역은 항상 "무한한 대체의 장"이 되지 않으면 안 된다. 그 무한한 대체의 놀이를 통하여 "전체화를 배제하며", 구조적 폐쇄라는 모든 추정상의 고정된 한계를 황폐케 만든다.[3] 탈중심화되고 제한할 수 없는 자유와 대체라는 그러한 관점은 분명히 우리에게 잘 알려진(원래는 아리스토텔레스적인) 유기적 통일성에 대한 이해와는 갈등을 일으킨다. 유기적 통일성이란 명확한 "시작, 중간 그리고 끝"을 갖는 완전한 전체이며, 여러 부분들이 아주 통합적으로 연결되어 있어서 "만약 그것들 가운데 어떤 한 부분이라도 바뀌거나 제거되면, 전체는 해체되고 혼란스럽게 된다."[4]

폴 드 망(Paul de Man, 그를 따른 컬러와 노리스에서)에 있어서 유기적 통일성에 대한 해체주의자의 공격은 신비평으로 대변되는 영미 미학에 더욱 직접적으로 향해져 있다. 신비평은 한 텍스트의 통일성에서의 의미론적 풍부함을 찬양하는데, 이는 "근본적으로 서로 서로에게 반대될 수 있는 의미의 복수성을 드러냄으로써 종말을 고하게 된다." 하지만 드 망에 따르면, 이는 시에 있어서의 유기적 통일성 및 "자연계의 일관성"에 유사한 어

---

3) Jacques Derrida, "Structure, Sign, and Play in the Discourse of the Human Sciences," in R. Macksey and E. Donato(eds.), *The Structuralist Controversy* (Baltimore: Johns Hopkins University Press, 1972), 247-72; 260쪽에서 인용.

4) Aristoteles, *Poetics*, VII-VIII. 나는 S. H. Butcher의 *Arisotle's Theory of Poetry and Fine Art*(London: Macmillan, 1911), 31, 35쪽에서 그의 번역을 따랐다. 플라톤도 *Phaedrus* 에서 어느 정도 유기적 통일성에 대한 이러한 생각을 어렴풋이 나타내고 있다. 그는 여기서, "모든 담론은 살아 있는 생물체이어야 하며 그 자신의 몸과 머리와 발을 지녀야 한다. 거기에는 중간과 시작 그리고 끝이 있어야 하고 서로서로 전체에 순응해야 한다"고 말한다.(*The Dialogues of Plato*, ed. B. Jowett, vol. 3(Oxford: Clarendon Press, 1953), 172-3)

떤 통일성이라는 바로 그 이념을 "폭발시키는 것이다." " 결국에 이런 유일한 비평은 애매성에 대한 비평이 되며, 그것이 요구했던 통일성의 결여에 대한 아이러니한 반성에 대한 비평이 된다."5)

드 망의 논변은 두 가지 매우 중요하면서도 의심스러운 전제들(그에게 있어서는 아마도 궁극적으로는 같은 것인)을 간청하는 것이다. 말하자면, 유기적 통일성은 어떤 근본적인 반대도 결코 포괄할 수 없으며, "자연계" (드 망이 유기적 세계와 동일하다고 생각하는)의 통일성이나 일관성은 어떤 유사한 반대나 갈등을 일으키는 힘들을 포괄할 수 없다는 것이다. 헤라클레이토스에까지 거슬러 올라가 사상가들의 전체 그룹은 그러한 통일성이 포함하고 있을 뿐만 아니라 그것이 포괄하고 있는 반대자들의 긴장에 의해 유지되고 고양된다는 가능성을 주장한다.6) 그리고 근대과학은 근본적인 반대가 자연의 통일성을 원자의 긍정적이고 부정적인 책임 바로 아래

---

5) Paul de Man, "Form and Intent in the American New Criticism," in *Blindness and Insight,* 2nd ed.(Minneapolis: University of Minnesota Press, 1983), 20-35, 28쪽으로부터 인용. 크리스토퍼 노리스는 신비평의 "형식주의적 유기체설에 대한 드 망의 비판을 따른다(Christopher Norris, *Deconstruction: Theory and Practice* (London: Methuen, 1982), 103-5쪽). 반면에, 유기적 통일성의 미적 이념에 대한 조나단 컬러의 공격은 그의 *On Deconstruction: Theory and Criticism after Structuralism*(Ithaca: Cornell University Press, 1982) (앞으로 *OD*로 표시)에 상세히 설명되어 있는 바와 같이, 이 장에서 자세한 주목을 기울일 것이다.

6) 헤라클레이토스는 분명히 그가 다음과 같이 언급할 때, 차이들과 갈등을 포괄하는 통일성을 옹호한다. 즉, "반대를 통합한다. 따로 떼어진 것으로부터 가장 아름다운 조화가 결과한다. 모든 사태들은 싸움에 의해 발생한다"(Milton Nahm, *Selections from Early Greek Philosophy*(New York: Crofts, 1934), 제 46편, 91쪽을 보기 바람. 나아가 영국의 비평계에 "유기적 통일성"이란 말을 소개한 코울리지는 시적 천재의 상상력 속에서 그 표현을 다음과 같이 말하고 있다. 즉, "통일성은 반대, 일치하지 않는 성질들, 혹은 동일한 것과 다른 것의 균형이나 화해 가운데 드러난다"(S. T. Coleridge, *Biographia Literaria* (London: Dent, 1965), 174쪽). 더욱 두드러지게도 드 망에게 공공영한 영향을 미친 하이데거는 예술적 통일성을 "세계"와 "대지"-여기에서는 작품의 통일성이 전투의 싸움에서 처럼 일어나는-사이에서 갈등을 일으키는 노력이라고 기술한다(Martin Heidegger, "The Origin of the Work of Art," in *Poetry, Language, Thought*(New York: Harper and Row, 1971), 49-50쪽.

에 깃들어 있다는 사실을 드러내는 것처럼 보인다. 드 망의 부당하고 불확실한 가정은 우리가 결코 찬성할 수가 없다. 그것들은 결코 명료하게 될 수 없는 유기적인 통일성에 대한 단일적이고 획일적인 개념에 호소하고 있다. 그것들의 문제적 특성은 이 개념을 오히려 당대의 사상을 위해서 그로부터 되찾을 수 있는 바를 보기 위해, 보다 더 조심스럽고 엄격하게 다룰 필요가 있음을 지적해준다.

나는 여기서 분석철학에 대항하여 해체의 구멍을 냄으로써 이 점을 떠맡을 것이다. 왜냐하면, 해체란 미학에 있어서 이 개념에 대해 가장 통찰력 있게 기소할 뿐만 아니라, 통일성에 대해 영미 미학의 대부분이 의존하고 있는 언어분석철학에 대한 가장 강력한 도전과 아울러 대안이 되기 때문이다. 실로 유기적 통일성은 반대되는 관계들에 대해 세밀한 계획을 세우는 데 있어서 특이하게 유익한 초점을 제공해준다. 거기에서 파괴와 분석은 매우 깊이 연결되어 있다고 하겠다.[7] 왜냐하면 비록 해체론이 미학에서의 유기적 통일성에 반대한다 하더라도, 우리는 다음과 같은 사실을 발견할 것이기 때문이다. 즉, 이러한 미학적 논의의 표면 아래에 상당히 깊이 있는 논리적 수준으로 그것은 그 자체 유기적 통일성에 대한 중심된(원래는 헤겔적인) 의미를 기본적으로 수행하고 복잡하게 얽혀 집착한다. 더욱이 미적 통일성에 대한 공격은 이러한 유기적 통일성에 정확히 그리고 본질적으로 의존한다. 이에 반하여 분석철학은 유기적 통일성의 어떤 형태를 미적 원리로서 옹호하며, 유기적 통일성의 보다 더 근본적인 논리적 원리를 강하게 부정한다. 유기적 통일성의 보다 더 근본적인 논리적 원리는 미적

---

[7] 나는 어디인가에서 해체미학과 분석미학 사이의 뿌리 깊은 반대와 놀랄 만한 집중의 다른 점에 대해 개탄한 바 있다. Richard Shusterman, "Analytic Aesthetics, Literary Theory, and Deconstruction,"*Monist* 69(1986), 22-38 및 "Deconstruction and Analysis: Confrontation and Convergence,"*British Journal of Aesthetics* 26(1986), 311-27 참고.

통일성뿐만 아니라 의미지시와 개별화의 바로 그 가능성-이는 분석적인 기획의 토대가 되는 핵심인바-에 대해 해체론이 가하는 공격의 중요한 토대를 이루고 있다. 이렇듯 경합관계 사이의 논쟁적인 막다른 골목으로부터 프라그마티즘은 각각의 유리한 점을 만회하기 위한, 가장 가능한 선택으로 나타날 것으로 보인다.

  이들 반대되는 역전과 프라그마티즘적 대안을 계획하기 위해서 우리는 먼저 유기적 통일성의 다양한 의미들을 구분할 필요가 있다. 그리고 시작해야 할 가장 좋은 장소는 바로 무어(G. E. Moore)가 삼부작으로 내놓은 분석과 더불어서 이다. 무어는 20세기 초에 당시 유행하던 헤겔적인 관념론(이상주의)에 반하여 공동의 반기를 들었던 러셀과 함께 분석철학을 정립한 인물이다.

무어가 다루는 유기적 통일성은 복합적으로 동기를 부여받은 까닭에 복합적이라 하겠다. 이 개념은 실재론을 변호하고 본질적인 가치의 객관성을 옹호하는 그의 두 가지 철학적인 기획에 중심적인 역할을 수행한다. 전자에 있어서 그것은 추방되어야 할 관념론적 사유의 악마이다. 반면에 후자에 있어서 그것은 어떤 것의 본질적인 가치가 어떻게 여러 부분들(그들 자신들은 하찮은 가치밖에 없는)에 의존하고 있는가 그리고 부분들의 가치의 합으로 아직은 환원될 수 없는가를 설명하는 데에 있어 매우 긍정적인 역할을 한다. 이 유기적 원리에 의해 전체들은 본질적인 가치를 지닐 수 있는바, 바로 이 유기적 원리는 비록 그것들의 필연적인 구성부분들이 아무 것도 지니고 있지 못하다 하더라도, 가능한 본질적 재화의 영역을 크게 넓히고 선한 삶을 실현시키는 기회를 넓힌다. 그리하여 이 점이 무어 윤리학의 중심이 된다. 무어는 갈등을 일으키는 기본가치들이 할당될 수 있는 개념의 의미를 분명히 구분함으로써 유기적 통일성이 존재론적·윤리적 기획을 위해 지니고 있는 갈등을 일으키는 기본가치들을 결정하고자 탐구했다. 그리하여 그는 "관념론의 반박"에서 유기적 통일성이라는 독성 있는 담요의 거절로부터 윤리학의 원리(*Principia Ethica*)에

서 보다 더 조심스럽고 균형 잡힌 세 부분으로 된 분석으로 옮겨간다.[8]

무어의 실재론에 있어서 유기적 통일성은 맹렬히 비난받는 적대적인 원리이다. 왜냐하면 그것은 그의 관념론적 반대자들에게 "감각 또는 이념과 그 대상들" 사이를 구분하는 힘을 부인하는 무기를 제공해주기 때문이다. 이 구분은 지각된 것을 넘어서 어떤 실재의 대상이 있다거나 지각된 것과는 다르다는 무어의 논변에 있어 아주 중요하다. 무어에 따르면, 비록 관념론자들이 어떤 의미에서 초록색과 초록색의 감각이 구분된다는 점을 인정한다 하더라도 그들은 다음과 같은 점을 반대할 것이다. 즉, "구분된 사물들은 '유기적 통일성'을 이루고 …… 각각은 다른 것과의 관계를 별도로 하는 것이 아니다." 이리하여 서로 서로 "떨어져 있는 것으로" 또는 독립된 것으로 고려하는 일은 "정당하지 못한 추상작업"이다. 그래서 그들 사이의 어떤 분명한 구분도 우리가 초록색을 관념화하여 경험하는 것 밖에서 초록색 혹은 초록 대상물의 실재에 대해 주장하는 것으로 사용될 수 없다. 무어는 유기적 통일성의 원리를 "유기적 전체의 한 부분이 무엇이든 간에 당신이 그것을 주장하려고 애쓸 때마다, 당신이 주장하는 바는 전체에 있어서만 진실"이라고 기술한다. 그리고 그는 그것을 불합리하게 암시하는 것(동일성을 수반하는 진정한 보편적 대체가능성의 전제가 주어진)이라고 단호하게 비난하며, 전체는 절대로 부분과 동일하며 동시에 전체를 부분들과 대조하여 어떻든 구분된다고 가정한다(RI 14-15). 유기적 통일성에 대한 이러한 요약된 거절은 헤겔 원전에서 보이는 조소받을 만한 비난을 동반하고 있다.

---

[8] 이 두 저술들은 1903년 같은 달(10월)에 처음으로 출간되었다. 갈등을 일으키는 기본적인 가치와 유기적 통일성에의 적용은 무어의 생각에서 매우 분명해졌음에 틀림없다. "관념론 반박"은 RI로 나타내고, 쪽수 인용은 무어의 *Philosophical Studies* (London: Routledge & Kegan Paul, 1922), 1-30의 재인쇄된 것에 따른다.

유기적 통일성의 원리는 …… 모순되는 두 전제들 양쪽을 주장하는 관행을 옹호하는 데에 주로 사용된다. 다른 문제들과 마찬가지로 여기에서도 철학에 대한 헤겔의 주된 기여는 이름을 부여하여 하나의 원리로, 경험이 철학자들에게 보여 주었던 오류의 유형으로 승격시키는 데에 있으며, 남은 인류들로 하여금 거기에 빠지게 한다. 그를 추종하는 자와 찬양하는 자가 있다는 것은 놀랄만한 일이 아니다(*RI* 16).

헤겔적인 유기적 통일성에 대한 비판은 『윤리학 원리(*Principia Ethica*)』에서 상세하고 엄격하게 진행되고 있는데, 여기에서 무어는 "유기적 통일성" 또는 "유기적 전체"의 세 가지 의미를 구분하고 있으며, 그 중 두 가지를 그는 뒷받침하고 있다. 첫째는 전체를 이루는 여러 부분들이 관계를 맺고 있어서, " …… 한 부분의 지속된 존재는 계속되는 다른 부분들의 필요한 조건이 되고 있다. 반면에 …… 후자의 지속된 존재는 또한 전자의 지속된 존재를 위한 필요조건이다"(*PE* 31). 이 생각은 다음과 같은 단순한 주장 이상의 의미를 담고 있다. 즉, 유기적 전체는 만약 여러 부분들이 정확하게 무엇인지 분명치 않다면 그것이 그러한 바와 같이 정확하게 존재할 수가 없게 된다. 왜냐하면 그것은 어떤 특수하게 유기적인 전체를 표시하기 보다는 오히려 다른 전체를 주장할 것이기 때문이다. 전체를 이루는 부분들의 어떤 변화는, 전체가 가정상 다른 부분들을 갖게 되고 그리하여 하나의 다른 전체가 된다면 어느 정도까지는 변화하지 않으면 안 된다는 사실은 진부한 논리적 진리인 것으로 보인다.[9]

---

[9] 어떻든 이 논변은 모든 전체란 유기적 전체라고 주장하는 무어의 스승인 맥타거트에게 있어서는 충분하다. 이 주장으로부터 우주는 궁극적으로 하나의 필연적이고 일원적인 전체라는 결론이 나온다. 말하자면 서로 다르고 독립적인 부분들의 모두가 실제적으로, 본질적으로 그리고 내적으로 관계를 맺고 있다는 말이다. J. McTaggert, *The Nature of Existence* (Cambridge: Cambridge University Press, 1921), 20장 참조.

그 대신에 유기적 통일성에 대한 무어의 두 번째 의미가 주장하는 바는 단순히 전체가 아니라, 전체를 이루는 부분들이 다른 부분들의 해체를 견디어낼 수 없다는 점이다. 그러한 유기적 전체에서는 그 구성부분들이 (혹은 그 가운데 약간은) "서로 서로 인과적인 의존관계를"(PE 32) 맺고 있다. 관계의 종류는 일단(최근에 의료공학에서 진전을 보기 이전에) 신체의 다양하게 살아 있는 기관들 사이에 존재하는 것으로 생각된다. 사람의 심장은 만약 허파와 간이 제거된다면 단지 동일한 몸의 한 부분으로 그치지 않고서, 곧 함께 존재하기를 그만두고 만다. 하지만 무어가 시사하는 바와 같이(PE 32), 여러 부분들의 그러한 상호의존관계는 비생명적인 구조들 안에서도 또한 존재할 수 있다.

비록 무어가 유기적 통일성의 이러한 "인과적인" 의미를 먼저 받아들이다 하더라도, 그것은 불가피하게 그의 윤리학이나 미학에 사용할 수 있다는 사실을 발견했다는 뜻은 아니다. 중요한 유기적 현상은 오히려 하나의 전체가 그것을 이루는 부분들의 성질로 환원할 수 없거나 심지어 어울리지 않는 주목할 만한 성질들을 지닐 수 있다는 것이다. 무어는 전체론적 유기체의 원리가 가치에 의하여 나타난다고 전형적으로 표현한 바이다. 하나의 유기적 전체는 "양에 있어서 부분들의 가치의 합과는 다른 내적인 가치를 지닌다." 실로, "그러한 전체의 가치는 부분들의 가치의 합과는 어떤 규칙적인 비례관계를 유지하지 못한다"(PE 27, 36). 하지만 그가 성질들에 있어서의 차이가 없이는 가치에도 차이가 없다는 점(PE 35)을 인정한 이래로, 이러한 유기적 통일성에 대한 의미는 더욱더 일반적으로 하나의 통일성으로 여겨지게 되었다. 통일성에서는 전체의 성질들은 개별적인 부분들의 성질들의 합과는 다르며, 거기에로 환원될 수 없다.

이 의미는 한 부분의 존재로부터 그것 없이는 존재할 수 없는 다른 부분의 존재에로의 추론을 허용하지 않음으로써 첫 번째 의미와는 다르다. 여기서 유기적 관계란 그들의 존재를 위한 부분들의 상호의존의 문제가 아니라, 그것의 성질과 가치를 위한 전체의 부분들에 대한 의존의 문제이다. 물론 이 두 번째 유기적 통일성은 살아 있는 유기체에 적용된다. 하나의 전체로서의 몸의 조직은 특별한 부분들 없이도 특수한 성질들과 가치를 지니게 된다. 아직도 그러한 통일성은 특히 예술작품(이는 첫 번째 의미에서의 일상적으로 유기적인 것은 아니다)의 특성으로 고려된다. 그리하여 무어는 그것을 미적으로 다음과 같이 보여준다. 즉, 한 그림의 모든 부분들은 몸의 어떤 부분들이 지니고 있는 바와 같은 상호인과적인 의존관계를 지니고 있지 않다. 상호인과 관계를 지니고 있지 않은 작품의 존재들은 아마도 절대적으로 전체의 가치에 본질적일 것이다(*PE* 33). 그렇지만 다시금 그러한 통일성은 샐러드 만드는 이나 샌드위치 만드는 이가 알고 있는 바와 같이, 쉽사리 살아 있는 것과 (표준적으로) 미적인 것 밖에서 찾아질 수 있다.

유기적 통일성에 대한 이 두 가지 개념은 "관념론의 반박"에서 비난한 바와 같이 헤겔의 개념과 대조된다. 그러한 의심스러운 통일성은 "부분들이 그것이 무엇인가가 아니라 전체의 존재를 위한 것처럼, 전체는 그것이 무엇인가가 아니라 부분들의 존재를 위할 것"을 요구한다. 그러므로 "어떤 특수한 부분은 다른 부분들이 또한 존재하지 않는다면, 존재할 수 없다"(*PE* 33). 어떻든 이는 첫 번째 의미의 단순한 인과적 의존관계가 아니다. 그것은 오히려 논리적 의존관계이다. 부분이라고 하는, 바로 그 본질 또는 정체성은 그것이 관련을 맺고 있는 전체를 포함한다. 그래서 전체 없이 그것은 엄격하게 말해 동일한 부분이라고 말할 수 없다. 그 생각은 하나의 사물이 전체의 한 부분을 이룰 때, 그것이 달리−전체의 분분을 이루는 성질뿐만 아니라 전체에의 참여를 통해 얻어진, 더욱 중요하고 본질적인 성질들을 소유하게 된다. 유기적인 전체로서의 인체의 부분이 힘과 성질들을 지닐 때의 손은 인체에서 따로 떼어진 부분으로서의 손과는 다르다. 다른 성질들을 지닌 사물들은 서로 같을 수 없다. 그래서 유기체의 부분으로서의 손은 전체로부터 절단된 동일한 손과는 본질적으로 다르게 된다. 그 다른 동일성은 분명히 그것이 속하고 있는 전체에 기인하거나 전체에 의해 구성되는 것으로 보인다. 이른바 전체는 부분의 정체성을 위해 부분들을 이루고 있으므로, 부분은 부분일 수 없으며, "전체로부터 떨어져서는 바로 그 의미와 의의를" 상실하게 된다. 이리하여 그러한 "부분들은 전체의 부분들을 제외하고서는 상상할 수도 없다"(PE 34, 36).

무어는 유기적 통일성의 이러한 형식을 혼란스럽고 자기모순적인 것이라 하여 거부한다. 부분 자체의 성질들을 본질적으로 정의하면서 적절하게 전체에 속하는 성질들로 나타난 것과 혼동을 일으킨다는 말이다. 둘째로 그러한 전체의 어떤 부분도 전체를 부분 자체의 부분으로서 필연적으로 지니고 있다고 주장하는 것과 혼동을 일으킨다. 하지만 이것은 그 전체를 구별할 수 있는 부분으로서의 부분과 일치하지 않는다. 첫째 요점은 한 부분을 위해 전체의 다른 부분들과 관련하여 드러난 속성이나 가치를 그 자체 고립하여 전개하지 아니하고 전개하는 일은 부분 자체가 그것의 동일성을 유지하는 부분으로서의 이러한 성질을 실로 지니지 않음을 뜻한다. 왜냐하면 전체의 한 부분으로서만, 그리고 다른 부분들과 함께 성질을 전개하는 일은 전혀 그 성질을 지닌다고 할 수 없기 때문이며, 오히려 그 성질을 지니지 아니한 전체의 부분이기 때문이다. 이 생각, 즉 전체로서의 유기적 전체에 속하며, 전체와 관련하여 자신들을 산출해내는 부분들에 적절치 않는, 주목을 끄는 성질들과 가치들은 무어에 있어서 중요한 점이다. 그리고 이것은 무어가 자신의 윤리적 가치평가의 문제에 있어 빈틈없이 끌어들인 바이다. 하지만 이를 미학에 적용하기는 아주 쉽다. 예를 들면, 우리가 예술적 전체의 한 부분(말하자면 얼굴 그림에서 선 하나)을 가리키고, 이 부분이 어리석은 미소라거나 교활한 미소라고 주장할는지 모른다. 그렇지만 만약 얼굴의 다른 선들의 배치를 위한 것이 아니라면 그렇지 않을 것이라고 주장할는지 모른다. 하지만 미소의 어리석음이나 교활함이란 엄격히 말해서 단순한 선이 아니라 전체 얼굴의 한 성격인 것이다. 우리가 비록 지각을 집중시키기 위해 전체의 단일한 부분인 선을 가리킨다고 한다면, 그래서 이렇게 나타난 전체의 표현적인 성질이 더 잘 파악될 것이다. 무어는 사람의 팔에 살아 있는 신체와 연결하여 전개되는 성질들의 지위를 부여하는 것에 반하여, 이 점을 비미적으로 논변한다.

> 우리는 신체의 한 부분으로서 팔이 커다란 가치를 지니게 되며, 반면에 그 자체로서는 아무 것도 아니라고 쉽사리 말하게 된다. 그리하여 그 전체의 "의미"는 신체와의 관계 속에 놓이게 된다. 하지만 사실상 문제가 되고 있는 가치란 신체에 속한 것이 전혀 아니다. 단지 한 부분으로서의 가치를 지니는 일은 전혀 가치를 지니지 않는 것과도 같다. 그것은 다만 그것을 지니고 있는 바의 부분일 뿐이다. 어쨌든 이러한 구별을 무시하여 부분이 달리 갖고 있지도 않을 부분으로서의 가치를 지닌다고 주장하는 일은 부분으로서 달리 그럴지도 모를 것과 다르다는 가정에 이르게 된다. 왜냐하면 그것은 다른 가치를 지닌 두 개의 사물이 다른 관점에서도 또한 다르다는 점이 실로 사실이기 때문이다(*PE* 35).

자기모순에 대한 한층 더한 비난이 남아 있다. 동시에 이 유기적 원리는 부분(P)이 있으며, 부분은 전체(W)를 이루는 데 도움을 준다. 따라서 전체(W)와는 논리적으로 구분된다고 주장한다. 그리고 P는 그 자신의 독립된 또는 구별할 수 있는 본성을 지니고 있다는 사실을 부인한다. 그렇지만 오히려 바로 그 동일성은 전체(W)를 포함하며, 그것이 한 부분인 상호연관의 체계를 포함한다. 그래서 P가 원래 W와는 구분되고 단지 W의 부분인 반면에, 그 자신의 부분으로서의 W를 분석적으로 포함하는 것으로 모순되게 다루어진다. W의 상호 연관된 여러 부분들에 의해 이루어지기 때문에 그러하다. 달리 말하면, 유기적 통일성이라는 근본적인 개념은 전체를 이루는 데 기여하는 것으로서 우리가 구분하는 어떠한 개별적인 부분도 그렇게 구분될 수 없다고 요구한다. 그 자체로서는 똑같은 부분일 수 없으며 전체의 부분일 수도 없다. 왜냐하면 전체의 부분으로서 그것은 다른 본질적인 혹은 구성적인 성질들을(바꿔 말하면, 전체 속에서 다른 부분들과 더불어 나타나는 상호관계와 가치의 성질들) 지니고 있기 때문이다. 그리하여 우리는 P란 전체(W)의 부분이면서 부분이 아니라는 모순에 빠지게 된다. 혹은 양자택일적으로 P란 P가 아니게 된다. 왜냐하면 그것이 전체의 부분이면서 고립될 때에는 동일한 것이 아니기 때문이다. 무어가 요약한 바대로, "동일한 것은 다른 때보다도 한 때에 보다 더 가치 있는 전체의 부분이기에, 다른 때보다도 한 때에 더욱 본질적인 가치를 지닌다는 가정은 자기모순적인 생각에 용기를 불어넣는다. 여기서 자기모순적인 생각이란 동일한 것이 두 개의 서로 다른 사물일 수 있으며, 그 형식들 중의 한 형식만이 진정으로 그것인 바의 것이다"(*PE* 35).

유기적 통일성에 대한 무어의 비판은 깊숙이 자기입장을 굳힌 원리들로부터 그것의 힘을 끌어낸다. 원리들이란 동일성 및 모순율 그리고 자기 동일적인 특수자나 논리적으로 독립된 개별자의 실재를 가리킨다. 하지만 그것은 비평에 영향을 받지 않은 것은 아니다. 먼저 그의 세 부분으로 된 분석은 지성사에 영향을 미친 유기적 통일성의 의미를 속속들이 규명하진 않는다. 무어의 분석에서 가장 분명히 결여하고 있는 바는 유기적 통일성의 시간적인, 활력적인, 발전적 의미에 대한 어떤 감지이다. 이는 낭만주의 미학에서[10] 그리고 물론 듀이의 미학에서 매우 중요한 것이다. 듀이와 낭만주의에 있어서는 유기적 전체란 여러 부분들이 진화하여 전체로 펼쳐지는 역동적 통일성이다. 이는 자연적인 성장이나 질서 매김된 발전의 몇몇 과정으로 이루어진다.

유기적 통일성에 대한 무어의 설명이 시간성과 활력적인 발전을 간과한 데에는 좋은 이유가 있다. 왜냐하면 그의 설명에 그러한 유동성을 받아들이는 것은 다음과 같은 사실을 제시하기 때문이다. 즉, 그의 상식인 오성 혹은 지성이 하나의 전체를 이루는, 개별적이며 논리적으로 독립되어 있고

---

[10] James Benziger, "Organic Unity: Leibniz to Coleridge," *PMLA* 66(1951), 24-48쪽 참고.

안정된 부분들을 확고하게 파악하고 있는 바는 사물들의 본성에 고정되어 주어져 있지 않다는 것이다. 만일 하나의 부분으로서 중요한 점이 시간과 더불어 변할 수 있다고 한다면, 그리고 만일 여러 부분들이 부분과 전체에로의 배열에 대한 서로 다른 시간적 해석에 의해 단지 다르게 구성될 수 있다면, 부분들에 대해 논리적으로 지속적인 자기 동일성에 대한 전체적인 생각은 더욱 더 확실치 않게 된다. 반면에 그것에 의존하고 있는 모순으로부터 오는 무어의 상식논변은 훨씬 덜 강제적이 된다. 헤겔의 관점에서 보면, 우리는 이렇게 말하는지 모른다. 즉, 부분과 전체 사이를 이동하는 해석적 구성에 있어서 정신의 시간적 측면과 형성적 놀이를 무시함에 있어서 무어는 상식오성 혹은 지성이라는, 철학적으로 메마른 수준으로 자신을 안전하게 가두고 만다는 것이다. 이 수준은 소박하게 우리가 다루고 있는 대상들, 부분들 그리고 전체들이 고정된 자동적인 실재라고 생각한다. 반면에 헤겔과 해체론자들은 그 대신에 그것들을 융통성이 있는 추상물 및 정신활동 혹은 차이들의 언어놀이활동으로 구성된 산물로 간주한다.[11] 프라그마티즘 또한 그것들을 인간실천 혹은 실제나 목적으로 본다. 하지만 프라그마티즘은 우리의 상식인 대상들, 부분들 및 전체들이 아직도 확고하고 믿을 만하다고 주장한다. 우리의 실제들 가운데 어떤 것은 단단하게 지속되는 전제된다.

해체론은 부분들의 고정된 자기정체성에 대한 무어의 분석적인 언약에 도전할 뿐만 아니라, 무어가 문제로 제기하고 있는 이 개념의 근본적인 논리적 의미에 정확하게 의존하면서 분석적으로 확인된 유기적 통일성의 미학을 공격한다. 이를 보여주기 위한 가장 좋은 길은 미적 통일성에 대한 해체론의 비판이 디페랑스(*difference*)의 개념에 어떻게 의존하고 있는가

---

[11] 이에 대한 헤겔의 견해는, 예를 들면 *The Phenomenology of Mind* (New York: Harper and Row, 1967), 171-8쪽을 참고.

를 보여주는 것이다. 그리고 어떻게 차연(差延)이 보다 오래 된 근본적인 유기적 통일성에 대한 개념의 번역 또는 추론 혹은 적용인가를 보여주는 것이다. 두 번째 점으로부터 시작해보자.

데리다의 차연개념은 소쉬르의 구조주의의 생각에 토대를 두고 있다. 소쉬르는 언어체계에 "적극적이고 긍정적인 용어들 없이 다만 차이들만이 있다"[12]고 말한다. 예를 들면, 어떤 특별한 음소(音素)는 어떤 적극적인 본질, 어떤 실질적인 뚜렷한 음향적 소리(왜냐하면 그것은 질적으로 다른 다수의 소리들에서 실현될 수 있기 때문에)에 의해 이루어지는 것이 아니라, 그 대신에 언어체계 안에서 다른 음소들과의 다른 관계들에 의해서 이루어진다. 소쉬르를 토대로 삼으면서 그리고 우리 세계에 대한 모든 대상들과 개념들이 언어적으로 매개된다는 점을 나아가 인정하면서, 데리다는 이렇게 주장한다. 즉, 담론의 모든 대상들, 요소들 및 범주들은 또한 다르게 구성되고, 언어의 차별적인 망을 넘어서 실재의 적극적인 본질들에 토대상 의존하고 있지 않다고 말한다. 어딘가에 현재하고 있으며 그 스스로 차이의 놀이를 피하면서 그들은 그들의 원인으로서 일반적으로 하나의

---

12) F. de Saussure, *Course in General Linguistics* (London: Peter Owen, 1960), 120쪽. 데리다의 목표들 가운데 하나는 언어를 닫혀 있으며 총체적으로 차이를 나타낼 수 있는 체계로 설명하는 소쉬르의 전체계획을 정확하게 훼손하는 일이라고 어떻든 해체론자들은 올바르게 주장할 것이다. 데리다는 또한 "차연개념"에 대한 내 생각에 논쟁할는지 모른다. 그는 되풀이하여 그것은 "단어도 개념도 아니다"라고 주장한다. Jacques Derrida, "Difference", in *Speech and Phenomena and Other Essays on Husserl's Theory of Signs* (Evanston: Northwestern University Press, 1973), 129-60쪽 및 그의 *Positions* (London: Athlone, 1981), 39-40쪽을 참고하기 바라며 *Positions*는 앞으로 *Pos.*로 인용함. 두 번째 점에 관해서 나는 저자의 명령이 개념성에 대하여 표현을 면제할 수 없다고 하는, 그리고 표현을 개념으로 받아들이는 모든 것이 "언어게임에서의 한 위치"라는, 차연은 분명히 그러한 위치를 "해체의 언어게임 안에" 지니고 있다는 로티에 응답하고자 한다(Richard Rorty, "Deconstruction and Circumvention," *Critical Inquiry* 11(1984), 18쪽을 참고. 첫 번째 점에 관해서(나의 뒤이은 논의에서 다루어지는 바와 같이)는 차연의 전략이 대상들을 구별 짓는 관계들로서 보는, 어떤 종류의 총체적 움직임에 대한 호소 없이 분석철학 및 미적 통일성에 대하여 충분히 결정적일 수 있다는 점이 분명치 않다.

주제나 실체, 하나의 사물을 지니고 있지 못하다. 그리고 그는 "본질, 실질의 정의에 반응하기 위해 그리고 본질적인 술어체계를 재구성하기 위해,"13) 적극적인 요소들을 제공하는 형이상학적인 반응에 대하여 경고한다.

차연은 "차이들의, 차이들의 흔적의, 그리고 요소들이 서로 서로 관계를 맺고 있는 공간유지의 체계적인 놀이에 대한 …… 하나의 구조이며 운동이다. 이들 없이는 '온전한' 용어들이 의미를 나타내지 못하며 기능하지 못할 것이다"(*Pos* 27). 달리 말하면, 어떤 사물이나 요소는 그 개별화와 의미를 위해 다른 요소들과의 차별적인 상호관계에 의존하게 되므로, 그 결과 어떤 사물이란 본질적으로 그것이 아닌 것에 대한 기능인 것이다. 그래서 그것은 차별적인 관계들에 의해, 다른 것으로 그 안에 단순히 현재하지 않으며 반드시 동시에 인접한 요소들로 구성되어 있으므로(여기서 차연의 보류하는 의미가 개진되어 있다), 어떤 사물이나 요소는 결코 충분히 그 자체 현재하지 않으며 단순히 그 자체를 위하여 또는 그 자신에 의해 구성된다.

> 차이들의 놀이는 어떤 순간에 어떤 의미로 하나의 단순한 요소가 본질적으로 그 자체 현재한다는 사실을 금지하고 있는 종합과 조회를 …… 제안한다. 그 스스로에만 조회하며 …… , 어떤 요소도 그 자체 단순히 현재하지 않는 다른 요소를 참조하지 않고서는 기능할 수 없다. 각 '요소'에 있어 이렇게 섞여 있는 결과는 그 안에서 연결고리나 체계의 다른 요소들의 흔적에 기초하여 이루어지고 있다. …… 요소들 사이에 또는 체계 안에 어떤 것도 결코 단순히 현재하거나 없는 것이 아니다. 단지 어디에나 차이들이 있으며 흔적들의 흔적이 있을 뿐이다(*Pos* 26).

---

13) Derrida, "Difference," 141쪽 및 *Pos* 58쪽 참고.

차연의 본질적인 동일성 및 유기적 통일성의 근본적인 개념은 이제 분명하게 드러나야 한다. 특히 만일 우리가 전체라는 개념을 언어적 차이들의 (아마도 충분히 총체화할 수 없는) 체계나 구조를 나타내는 것으로 받아들인다면 그러하다. 우리가 본 바와 같이, 그 이유는 근본적인 유기체론이란 어떤 부분이나 요소가 "전체와는 별개로 의미나 의의를 지닐 수 없다"고 주장하기 때문이다. 또한 어떤 개별적인 부분도 사유의 자기 동일적이며, 자기충족적인 명확한 대상일 수 없다고 주장하기 때문이다. 모든 부분들은 그것들이 무엇인가가 아니라 전체의 존재를 위해 있으며, 전체를 이루는 부분들을 제외하고서는 생각할 수 없다. 각 부분은 전체를 이루는 다른 부분들과의 관계에서 그 의미를 끌어낸다(PE 33, 34, 36). 이제 우리가 대체로 하나의 전체로서 생각하는 어떤 대상은 그 자체보다 커다란 전체, 구조 혹은 전체(그것이 세계의 부분이라는 최소한의 모호한 의미에서)의 한 부분으로 보일 수 있는 까닭에, 이러한 유기적이며 차별적인 동일성을 다른 대상에 적용할 수 있다. 유기적 통일성 혹은 차연의 논리적 원리로부터 다음의 사실이 나오게 된다. 즉, 어떤 대상인 바의 것은 본질적으로 그것이 아닌 바의 기능인 것이다. 그것은 본질적으로 다른 대상들과 그것의 차별적인 관계들에 의해 구성된다. 다른 대상들과는 구별이 되지만, 연합적이고 관계적인 구분이 없이는 구분될 수 없거나, 그것인 바대로 구분될 수 있을 뿐이다.

무어가 인식하고 있는 바와 같이, 이 생각은 헤겔에까지 거슬러 올라간다. 전체를 주장하는 철학자들은 거의 분석철학자들에 의해 거부되고 있다. "존재하는 모든 것은 상호관계 속에 있다. 그리고 이 상호관계는 모든 존재의 틀림없는 본성이다. 이런 식으로 존재하는 것은 그 자신의 존재가 아니라, 그 밖의 다른 것이다."[14] 하지만 똑같은 생각이 니체에게서(또 다른 독일의 최초의 해체론자이자 분석적 저주자인) 또한 두드러진다. 그것은 그의 권력에의 의지와 영겁회귀의 중심원리의 논리적 핵심을 이룬다. "'그 자체 하나의 구성체를 이루는 사물들은' 즉 우리가 절대로 깨뜨려야 할 독단적 생각"이라고 니체는 타이른다. "현실의 세계에서는 …… 모든 것이 그 밖의 모든 것에 의해 묶여 있으며 조건 매김되어 있다." 그리하여 다른 모든 역동적인 양과의 긴장관계에서 아무 것도 남아 있지 않고 다만 역동적인 양만 남아 있다. 그것들의 본질은 다른 모든 양과의 관계에 있다."15)

---

14) G. W. F. Hegel, *Hegel's Logic*, trans. W. Wallace(Oxford University Press, 1975), 191쪽.

15) Friedrich Nietzsche, *The Will to Power*(New York: Vantage Press, 1968), 559, 584, 635절. 니체가 하나의 체계 안에서 사물들을 유기체적으로 분해하는 방법들이 그의 권력의지와 영겁회귀의 원리들의 근거가 되고 있다. Alexander Nehamas, *Nietzsche: Life as Literature*(Cambridge, Mass: Harvard University Press, 1985)을 참고. 니체를 토대로 삼고 있는 무어에 대한 최근의 비판과 유기적 통일성에 대한 나의 이전의 작업은 지금 내가 하는 작업보다 더욱 해체론자의 길을 취하고 있는바, 이에 대해서는 Thomas Leddy, "Moore and Shusterman on Organic Wholes," *Journal of Aesthetics and Art Criticism* 49(1991), 63-73쪽을 참고하기 바람. 이 문제에 대한 내 입장에 보다 분명한 논의는 Richard Shusterman, "Pragmatism and Perspectivism on Organic Wholes," *Journal of Aesthetics and Art Criticism*,49, 1991을 보기 바람.

자연의 이러한 유기체적 논리가 어떻게 미적 개념으로서의 유기적 통일성을 해체하는 데에서 전개되고 있는가? 그것은 두 가지 주된 논변에다 구조 짓는 논리적 토대를 제공하고 있다. 이 두 가지 논변은 예술작품의 통일성이라는 개념의 바로 그 일관성을 훼손하는 데에 목표를 두고 있다. 해체적 논변의 특성으로서 이 양자는 미적 통일성을 가정하는 일로부터 출발하지만, 그 때 그것들을 통해 그러한 통일성의 바로 그 이념 안에서 필연적으로 그것을 해치면서 아포리아를 드러내거나 내적 모순을 드러낸다.

첫 번째 논변은 작품의 유기적 통일성의 이념 안에 포함된 전체성과 통합성의 의미와 관련된다. 우리는 작품을 뚜렷한 통합적 전체로서 간주한다. 이는 전체에 속하는 부분들로서 구성되어 있으며, 그러한 부분들에 의해 구성된 것으로 그 자체 완전하다. 하지만 그러한 통일성은 그것 밖에 있는 어떤 것과 구분되거나 그것을 배제하는 근거 위에서만 이루어진다는 점이 논의된다. 이는 통일된 전체를 이루는 요소나 부분이 아니다. 유기적으로 통일된 작품이 하나의 시작과 중간 및 끝(심지어는 단지 시작과 끝)을 갖지 않으면 안 된다는 아리스토텔레스의 견해에 우리가 찬성한다면,

우리는 다음의 사실을 인정해야 한다. 즉, 그것들을 표시하기 위해 그리고 그들이 둘러싸려고 하는 작품의 형태를 만들거나 틀을 짓기 위해 시작하기 전에 그리고 끝을 넘어서 무엇인가를 지니고 않고서는 그것들을 지닐 수 없다는 것이다. 그리하여 하나의 전체로서 자기충족적인 작품 밖이나 이와는 동떨어져 혹은 무관하다고 주장되는 바는 그것에 본질적이고 그것을 구성하는 것이 된다. 작품 밖에 그리고 작품을 넘어 놓여있다고 보이는 것은 작품 내부의 구성부분들 만큼이나 작품을 만드는 부분이 된다. 작품의 안과 밖 사이의 전체 구분은 완전한 통일성의 개념이 의존하고 있는 바인데, 이는 작품의 외부에 놓여있는 것이 작품 내부에 본질적인 것이 될 때 문제가 된다. 그 부분들로서만 구성된, 뚜렷한 유기적 통일성으로서의 작품의 바로 그 가능성은 작품이 그 부분들로서가 아니라 오히려 그 부분들의 틀을 짓는 것으로 보일 때에 똑같이 공허하게 된다. 이 통일성에 낯설고 대조적으로 반대되는 것으로 이루어진 부분들의 통일성은 그래서 통합되었다기보다는 기본적으로 그리고 불가피하게 자기분열적이라 하겠다.

  컬러는 이 논변의 노선을 따르면서, 예술작품의 '유기적 통일성'이란 틀의 산물이라고 주장한다. 이는 정밀한 공식화를 피하는 내부와 외부 사이의 구분에 의존하고 있으며, 외부적인 배경 또는 보충적인 틀과 이것이 틀 짓는 작품의 통합된 총체성 사이의 구분에 의존하고 있다. 하지만 그렇다면 "이 한계적인 보충" 또는 외부는 그러므로 "본질적이요 구성적이며 소중히" 여기는 것이 된다. 왜냐하면 "틀 지우는 일은 미적 대상을 창조하는 것이기 때문이다." 어쨌든 작품의 내적 본질의 구조 밖에서 틀은 본질적인 내용이나 구조를 지닐 수 있는 대상을 우리에게 부여하는 바의 것이다. 그래서 컬러에게 있어서는 작품에 외적인 혹은 한계적인 것은 "바로 그 한계성에 의해 중심이 된다는 것이다"(*OD* 195-9).

  틀에 대한 컬러의 변증법적 논변은 틀(문학의 틀을 짓는 담론으로서의 비평과 문예작품 그 자체에서 메타언어적인 장치의 틀을 짓는 데에서 다듬어진)을 *파레르곤(parergon)* 으로 보는 데리다의 분석으로부터 온다. 그들의 공식화는 내가 위에서 윤곽을 드러낸 유기체적 논변보다도 얼마간 더 복합적인 것으로 보일는지 모른다. 그렇지만 이는 틀 자체가, 그들이 보듯이, 작품의 외부와 분명하게 동일시되지 않기 때문이다. 그러기 보다는 오히려 데리다의 말을 빌리자면, "그것은 안과 밖의 합성물인 *파레르곤*이다. 하지만 이 합성물은 아말감(amalgam)이 아니고 반반을 섞은 것도 아니다. 내부로 불리는 외부는 외부를 내부로서 구성하기 위한 내부인 것이다".16) 그럼에도 불구하고, 우리는 여기서 똑같은 본질적인 논변을 한다. 왜냐하면 그것은 내부를 내부로서 가능하게 하는, 내부로 불러들이는 외부의 틀이기 때문이다.

이는 마찬가지로 내적 부분들의 본질적이고 구성적인 것으로 불가피하게 다시 새겨진 유기적 통일성의 논리적 원리에서 배제된 외적 부분들이다.

예술작품을 통합된 전체로 보는 것에 반한 두 번째 논변은 작품을 작품 외부와 구분하는 것이 아니라 오히려 작품 자체의 내부에서 구분하는 것과 관련된다. 작품을 여러 부분들의 통일성으로 구성하기 위해, 우리는 전체 속에서 약간의 일관된 구조를 구분할 필요가 있다. 이 구조는 어떤 의미에서 특권을 갖고 있으며 위계적이다. 그러므로 우리는 전형적으로 하나의 작품에서 주변(한계적인 것)에 반대되는 것으로서의 중심에 관하여 말한다. 분석적인 미학자들은 종종 작품의 "본질적인 특징들의 핵심"을 비본질적인 특징들의 주변적인 경계영역과 구분한다. 이를 굿맨의 용어를 빌려 말하면, "구성적인 성질과 부수적인 성질"을 구분하는 것이다.17) 우리는

---

16) J. Derrida, "The Parergon," *October* 9(1979), 26쪽.
17) Andrew Harrison, "Works of Art and Other Cultural Objects," *Proceeings of the Aristotian Society* 68 (1967-8), 125쪽 및 Nelson Goodman, *Languages of Art*

문학적 능력의 관행들을 모두 잘 알고 있다. 우리는 텍스트에서 진정으로 중요한 것에 집중하기 위해 그 능력을 근거로 하여 텍스트의 몇몇 특징들을 부수적인, 비본질적인 또는 우연적인 것이라 하여 무시한다. 분명히 중요하지 않은 단어들, 구두점, 텍스트의 시각적 형태와 색깔,[18] 동음이의어의 의미 또는 그 단어들의 대안적 사용, 다른 분야에서 제기되는 거리감 있는 연합들, 이들은 주어진 문예적 맥락에서 명백히 제자리를 벗어난 것이다. 이 모든 것은 우리가 요점을 벗어난 것으로 그리고 만약 우리가 그것들에 초점을 맞춘다면 작품의 진정한 의미와 통일성을 방해하는 것으로 보아 기준에 맞게 버리는 것이다.

어떻든, 해체론자들은 만약 이런 관계없는 측면들이 텍스트에 속한다면, 텍스트의 몇몇 대조되는 본질과 비교하여 그것들을 부적절하고 비본질적이라고 하는 정당성은 무엇인가? 라고 묻는다. 왜냐하면 유기체론의 논리적 원리에 의해 본질적인 성질 또는 의미는 본질적일 수도 없고 본질적인 것으로 구별되지도 않는다. 만약 그것들의 틀을 짓는 이른바 부적절하고

(Oxford: Oxford University Press, 1969) 115-21쪽 참고. 그들의 이론화는 전통적인 비평의 담론과 실제를 반영하고 있다. 이는 특징적으로 단지 작품 안에 무엇이 있는가를 결정하고자 탐구할 뿐만 아니라 그것의 중심이 무엇이며 가장 형성적인 차원-헬렌 가드너의 말로 표현하면, "작품의 중심, 모든 부분에 있어서의 생명의 근원"이 무엇인가를 결정하고자 탐구한다. Helen Gardner, *The Business of Criticism* (Oxford: Oxford University Press, 1970), 230쪽 참고.

[18] 나는 어떤 다른 곳에서 이렇게 논의한 적이 있다. 즉, 많은 문예작품들, 특히 시에서 쓰인 것의 시각적 특징이나 인쇄된 텍스트는 미적으로 매우 관계적이며 때로는 본질적이다. 시가 단지 소리이며 감각이고 시각이 아니라는 독단은 주로 음성중심적인 것에 대한 고대의 철학적 편견의 산물이다. 비물리적인 것으로서의 정신적인 것은 잘못 인도된 형이상학적 미신에 결부되어 있다. 이 형이상학적 미신은 구술적인 것을 쓰여진 것보다 아무튼 덜 물리적인 것으로 본다. 이 문제에 대해서는 Richard Shusterman, "The Anomalous Nature of Literature," *British Journal of Aesthetics* 18(1978),317-29쪽 참고. "Aesthetic Blindness to Textual Visuality," *Journal of Aesthetics and Art Criticism* 41(1982), 87-96쪽 및 "Ingarden, Inscription, and Literary Ontology," *Journal of the British Society for Phenomenology* 18(1987), 103-19쪽 참고.

비본질적인 성질이나 의미를 위한 것이 아니라면 그러하다. 그리고 만약 비본질적인 것이 본질적인 것에 본질적인 것으로 나타난다면, 이는 통일성으로서의 작품을 이루는 부분들과 의미들의 특권적인 구조를 훼손하게 될 것이다. 더욱이 그것은 비본질적인 것(본질적인 것으로서)이 비평가로서 그리고 평가자로서 우리의 주목을 받을 만하다는 점을 시사한다. 하지만 그러한 주목은 심리적으로 체험된 작품의 통일성을 혼란시키는 것으로 보인다. 그래서 통일성은 객관적으로도 주관적으로도 이루어지지 않게 된다.

경계성(한계성) 또는 보충성(보완성)에 대한 데리다의 논리에서 그리고 텍스트의 "무관계성(부적절성)"에 초점을 맞추는 해체의 해석적인 실제에서 두드러지게 반영되고 있는 이 논변은 컬러에게서 가장 분명하게 제시되고 있다. "일반적으로 해석은 중심과 주변, 본질과 비본질의 구분에 의존한다. 해석한다는 것은 하나의 텍스트 혹은 일군의 텍스트들에 중심적인 것을 발견하는 것이다." 그러나 경계성이 존재론적으로 주어지는 어떤 것이 아니라 해석적인 틀의 산물인 까닭에, "경계에 소속되거나 이전의 해석자들에 의해 한 쪽에 놓여진 것은 정확하게 다른 이유들로 중요하게 되는지 모른다." 우리가 …… "경계란 사실상 중심이라는 점"을 보여 주기 위해 위계질서를 거꾸로 할 수 있다는 점은 "새로운 중심의 동일성에로 이끄는 것이 아니라, 본질적인 것과 비본질적인 것, 내부와 외부의 구분의 전복 혹은 파괴에로 이끈다. 경계가 중심이 된다면, 중심이란 무엇인가"?(*OD*, 140) 더욱이 드 망이 제시한, 전통적인 "설명 혹은 해설의 기풍"의 전도에 기초를 두는 것은 "독서란 더 이상 맹목적으로 통제된 의미의 목적론에 종속시키지 않는다"[19]고 시도함으로써, 컬러는 통일성의 개념을 사용하는 우리의 경향과 의미의 가능성을 배제하는 주제적 일관성을 비난한다. 이

---

19) de Man, "Foreword" to Carol Jacobs, *The Dissimulating Harmony*(Baltimorre: Johns Hopkins Univrsity Press, 1978), ix-x.

때 의미의 가능성이란 그러한 독서의 초점 또는 연속성을 분열시키는 까닭에 텍스트의 일관된 해석을 위한 문제를 제출하는 것이다(OD, 246-7).

이렇듯 논변의 한층 더한 꼬임 혹은 뒤틀림은 중요하다. 통일성을 옹호하는 이는 경계적인 것 혹은 비본질적인 것이 논리적으로 틀을 짓는 데에 있어 본질적이라는 점을 인정할는지 모른다. 그러나 계속해서 우리는 그러한 본질성을 미적 중심성 또는 미적 주목을 위한 가치와 혼동하지 않아야 한다고 주장한다. 응답을 함에 있어 컬러는 먼저 텍스트 안에서 무엇이 미적 평가를 위해 중심이며 적절한가를 판단하는 우리의 기준이 텍스트의 가정된 통일성에 적합하거나 기여하는 규준이라고 지적한다. 하지만 그는 주장하기를, 이는 정확히 텍스트가 통일되었다는 물음을 요청하는 것이라고 말한다. 우리는 그러한 통일성을 증명하기 위해 텍스트에서 논의된 유기적 통일성에 호소할 수는 없다. 문예작품들은 어떤 특별한 존재론적 지위에 의해 유기적 통일성이라는 형이상학적인 공리로서 단정할 권리를 우리는 갖고 있지 못하다. 저자나 해석자의 의도적인 행위와는 관계없이 그러하다고 하겠다. 문예작품을 자동적으로 유기적인 형식으로 구체화하는 신비평에 대한 드 망의 비판은 어쩔 수 없이 여기서 옳을 수밖에 없다. 한 텍스트(텍스트의 의미와 같이)에서 요구되는 통일성이란 기껏해야 해석학적으로 그리고 맥락적으로 구성된 의도적인 구조물이다. 그것은 기본적이며 바뀌지 않은 채로 주어진 것이 아니다.

하지만 우리가 통일성의 이념을 해체적으로 폐기하기 이전에, 프라그마티즘은 그것을 회복하기 위해 끼어든다. 왜냐하면, 기본적인 통일성 없이, 독서의 전략으로서 그리고 적절성과 중심성에 대한 해석학적인 기준으로서 작품 안에서 통일성을 주장하는 프라그마티즘적 정당성이 남아 있기 때문이다. 왜냐하면 그것이 마련해주는 풍부한 통일성과 만족들은 우리가 문예 텍스트를 읽으면서 주로 추구하는 것이기 때문이다. 컬러는 재빨리 이런 의도를 협소한 형식주의자의 쾌락주의라 하여 영리하게 거부하며, 나아가 연관된 독서를 차단하는 인식적 엄격함이나 진지함을 결여하고 있는 놀이와 즐거움의 영역으로 문예작품을 잘못 분류하여 거부한다. 바르트나 하르트만과 같은 몇몇 이전의 해체론자들의 이른바 쾌락주의적 과잉에 방어적으로 반응하여, 그와 크리스토퍼 노리스는 "해명을 풍부하게 하는" 해석학적인 의도를 피한다. 그리고 "미적 풍요로움을 끝내기를 거부한다." 그 대신에 그들은 해체의 논증할 만한 엄격함을 설정하고 "지배의 감정"은 비평의 우선적인, 가장 중요한 목표로서 그것의 탈중심적인 독서를 통하여 이루어진다.[20] 그렇지만, 만약 미적 풍요로움의 즐거움이 그 자신의 직접적인 정당성을 제공한다면, 그것에 대한 노리스와 컬러의 고발은 어떤 비슷한 강제적인 힘도 결여하게 된다. 그들의 태도는 오히려 뒤틀린 청교도주의("유혹적으로" 즐거운 언어적 도상(圖像) 혹은 기호의 절단에 주의를 기울인)를 반영할 뿐만 아니라, 즐거움을 위한 읽기와 권한을 부여하기 위한 읽기 사이의 그릇된 이분법을 가정을 반영하고 있다.

만약 경험의 혼란스러운 흐름에서 만족할 만한 통일성을 지각할 우리 인간의 욕구가 예술에 대한 우리의 관심에 동기를 부여하는 것이라면, 이 욕구는 거절되어서는 안 된다. 우리가 거절해야 하는 것은 그러한 통일성의 표현에로 예술을 억압하여 제한하는 것이다. 그들 자신의 자극하는 미적(그리고 인식적) 효과를 지닐 수 있는 어긋난 파편과 부조리를 막는 일은 보다 복합적인 일관성의 형식으로 귀결될 수 있다. 마찬가지로 우리는 미적 대상들의 물신화를 거부해야 한다. 마치 그것들이 경험에서의 그들 작업은 별개로 하고 독립적으로 그 자체 가치 있는 통일성이라 하더라도

---

20) J. Culler, *Roland Barthes* (New York: Oxford University Press, 1983), 98-100쪽; *OD* 132쪽 이하, 221, 225, 240쪽에서 인용. Noris, *Deconstruction: Theory and Practice,* 92-108쪽 및 *The Deconstruction Turn*(London: Methuen, 1983), 6-7쪽, 7쪽으로부터 인용.

그렇다. 우리가 제1장에서 강조한 바와 같이, 마침내 미적 경험의 통일성 조차도 물신적으로 삶의 흐름으로부터 떨어져 정적이고 항구적인 어떤 것으로 점화되어 들어가지 않아야 한다. 어쨌든 이런 조건들에 대한 프라그마티즘의 주장은 통일성의 가치에 대한 확고한 인식을 거부하지 않는다.

컬러는 통일성에 대한 우리의 추정상의 편견을 다만 문예적 역량의 문화적인 "관행"으로, 그리하여 자의적이며 없어도 되는 것으로 간단히 처리해 버릴는지 모른다. 그렇지만 그러한 움직임은 우리의 모든 문화적 관행들이 실로 피상적으로 자의적이라고 잘못 가정할 뿐이다. 이런 가정은 자연적 혹은 관행적 거리를 무비판적으로 수용하는 데에 기초를 두고 있다. 내가 어디인가에서 논의한 것처럼, 자연적 및 문화적으로 알려진 또는 "관행적인" 인간의 관심과 실제들 사이에 날카로운 선이 그어져 있지 않다는 것이다. 이른바 우리의 관행들 가운데 많은 것은 아주 깊이 굳어져서 우리가 자연스레 그것을 받아들여 사용하고 우리 삶의 형식에다 기본적으로 취한다. 실로 있음직하지만, 그것 없이 행하는 것은 매우 빈약하게 될는지 모르며 우리의 사고, 행동 및 경험의 형태를 이루는 것으로부터 우리 자신이 소외될는지 모른다.[21] 통일성을 향한 우리의 관행적인 미적 편견에 관하여, 컬러는 아주 정직하게 "이질성에 대한 찬양을 매우 왕성하게 선언한 비판적인 저술들이 해석상 엄밀한 조사를 통하여 쉽사리 사라지지 않을 유기적인 통일성이라는 개념에 의존하여 드러날 경향이 있다는 점을 용인하고 있다"(OD 200). 이는 실로 정확하게 우리가 데리다와 컬러 자신이 차연의 철학적인 이질성을 찬양하는 데에서 보았던 바이다.

---

21) Richard Shusterman, "Convention: Variations on a Theme," *Philosophical Investigations* 9(1986), 36-55쪽을 참고. 관행적인 것과 피상적인 것의 흔한 혼동은 "자의적인"의 두 가지 다른 의미, 즉 변덕스러운, 되는 대로의, 이치에 닿지 않은 그리고 쉽사리 뒤바뀔 수 있는 의미 대 우연적인(부수적인, 불확정의) 또는 존재론적으로 필연적이 아닌 의미의 융합에 의해 더욱 조장되었다.

작품의 통일성에 대한 해석학적 가정을 위한 또 다른 프라그마티즘적 정당성이 있다. 해석학적 이해란 "완성의 선개념"에 기초를 두고 있는 부분적인 선이해의 산출이라는 지적은 하이데거와 가다머의 생각이다. 이는 "의미의 통일성을 진정으로 이루는 것은 지성적인 것"이라는 가정인 것이다. 통일성과 지성의 바로 그와 같은 프라그마티즘적인 연결은 듀이의 탐구개념, 즉 혼란스러운 문제 상황을 "하나의 통합된 전체로" 변형시키는 것의 밑바탕을 이룬다. 우리는 하나의 텍스트(또는 행위)가 산출되고 이해될 때, 어느 정도 일관된 전체로 귀결되기를 기대한다. 그리하여 그것이 그 자체 또는 관련되고 있는 우리의 견해와 연관하여 조리가 없는 것으로 보일 때에는 우리는 그것을 해석할 필요가 있으며, 그래서 어떤 "통합된 의미가 실현될 수 있게 된다."[22] 우리는 이를 전형적으로 텍스트를 그 자체와 그리고 우리의 신념과 더 응집하는 것으로 해석하거나 일관된 설명적인 계산 안에서 그것의 비일관성을 해석함으로써 행한다. 일관된 설명적인 계산의 예로서는 저자의 다른 문화적 또는 심리적 문맥이나 우리에게 충격을 주기 위해 부조리함을 표현하고자 하는 저자의 욕구 등이다. 바꿔 말하면, 보다 커다란 의미의 일관된 총체성 안에서 부조리함과 불연속성을 이해하는 일이다. 심지어 드 망조차도 유기적 통일성을 자연주의적 구체화라고 비판하면서, 아직도 그 해석학적 실재를 인정하고 있다. 해석학적 실재란 "해석학적 과정의 총체성에 대한 부인할 수 없는 의지나 의향"이며, "비판적 과정의 총체화하는 원리의 필연적인 현존을 안내하는 충동이다."[23]

그렇지만 이러한 해석학적 전체론의 원리는 아무튼 지성이 통일성이라

---

22) Hans-Georg Gadamer, *Truth and Method* (New York: Crossroad, 1982), 261쪽 및 John Dewey, *Logic: The Theory of Inquiry* (New York: Irvington, 1982), 104-5쪽 참고.

23) De Man, "Form and Intent in the American New Criticism," 31-2쪽.

는 어떤 이념에 의존하고 있다는 생각인데, 이는 데리다가 비난하는 바이다. 그는 이를 "형이상학이 그 스스로 통일성을 욕구하고 꿈꾸며 상상하는 만큼, 그런 한에서 형이상학의 자명한 구조의 널리 퍼진 오류"라고 말한다. "아리스토텔레스 이래로, 적어도 베르그송에 이르기까지, 형이상학은 끊임없이 되풀이하여, 생각하고 말하는 것은 하나 혹은 하나의 문제인 어떤 것을 생각하고 말한 것을 반드시 뜻한 것으로 가정해 왔다."24) 분석철학은 이런 가정을 다음과 같은 입장으로 표현했다. 즉, 모든 지성적 사유와 언어는 "개별화하는 의미지시체"에 의존하며, 우리가 지시할 수 있는 어떤 것은 자기 동일적이지 않으면 안 된다. 아주 잘 알려진 언명으로 말하면, "동일성 없이는 실체도 없다"는 것이다. 그러나 어느 정도까지 통일성과 동일성의 이런 가정이 정말로 필요하며 타당하고, 심지어는 가능한가? 우리가 타자와 독립한 것으로 진실로 가리키고 구분할 수 있는 "어떤 것"이 있는가? 우리는 적어도 이들 "어떤 것"이 있으며, 어떤 방식으로 통합되지 않으면 안 된다고 가정하는가?25) 그래서 우리는 그 가장 기본적이고 도전적인 수준에서 유기적 통일성에로 소급하지 않으면 안 된다. 논리학, 형이상학 및 언어철학의 한 원리로서 그리고 가장 첨예하게 분석과 해체를 나누는 원리로서, 이는 그것들을 피할 수 없으며, 아마도 끝없는 대면의 갈등으로 묶어 놓는다.

---

24) J. Derrida, "Intepreting Signatures(Nietzsche/Heidegger): Two Questions," *Philosophy and Literature* 10 (1986), 256-7쪽.

25) 개별적인 어떤 것과 통합된 어떤 것, 단순한 통합성과 보다 강한 의미에서의 통일성 사이에 구분이 만들어질 수 있겠다.

우리는 무어가 유기적 통일성에 대해, 다음의 잘못을 범한다고 하여 공격한 사실을 기억해야만 한다. 즉, 첫째, 주어진 한 부분의 성질을 정의하는 데에 있어서의 전체의 주목을 끄는 관계적 성질과 둘째, 한 부분이 논리적으로 전체(그리고 전체의 다른 부분들)로부터 뚜렷이 구분되고 그 자신의 본성을 이루는 부분으로서 그 모두를 본질적으로 포함하는 것이다. 이 양자들의 비평의 힘은 분명히 우리가 실로 한 부분과 그것의 고유한 본성에 관해 이야기할 수 있다는 가정에 달려 있다고 하겠다. 모든 것(여기서는 어떤 부분)이 그 자신의 고유한 특징들을 결여하고 있다고 주장할 때 근본적인 유기적 통일성이 도전하고 있다는 이런 가정은 정확하다. 하지만 그것은 단지 상호관계와 더불어 그리고 그 밖의 것과의 차이를 통해서만 이루어진다. 그리고 이는 (니체와 헤겔이 역설한 바와 같이) 근본적으로 고정되어 있는 관계가 아니라 (가능하게도 변화하는) 해석의 산물인 것이다. 어떤 부분의 어떤 동일화도 해석되는 다른 부분들이 관계를 맺고 있으며 구분된다는 점에 의존한다. 해석이 없이는 어떠한 부분도, 어떠한 사실도 없다.[26] 그렇지만 만약 해석을 떠나서는 어떠한

---

26) 지금의 논의에서 나는 "해석"이란 말을 사태들에 대한 관점적인 이해나 뜻의 파악으로 아주 넓은 철학적인 의미에서 사용하고 있다. 아무튼 내 생각에는 그러한 모

동일성도 없다면, 우리는 부분의 정체성이 잘못 기술되거나 자기 모순적으로 파악되는 변화를 내쫓을 수 있다. 부분들은 서로 다른 상호관계에 의해서 다르게 해석됨으로써 단지 다른 부분들이 된다. 무어의 튼튼한 논리에 근거한 논변이 그 날카로운 날을 잃게 되었다.

분석가들은 두 가지 관련된 방식으로 동일성에 대한 이런 차별적이며 해석적인 설명에 반응한다. 차이나 상호관계의 전체 개념이 구별되거나 상호관계를 맺는 실체가 있다는 가정을 그는 주장할 수 있을 것이다. 아울러 우리가 동일성 없이는 실체에 대해 말할 수 없다는 주장을 펼 수도 있을 것이다. 차이란 동일성이 차이의 이념을 미리 전제하는 만큼 개념적으로 동일성에 의존하게 된다. 이 개념들의 불가분성은 제임스의 프라그마티스트 관점에서 보인다. 그는 "같은 것 또는 다른 것"은 우리의 가장 중요한 상식의 개념이 되고 있다고 말한다.27) 그렇지만 해체론자나 프라그마티스트는 다음과 같이 설득력 있게 답변할 수 있다. 즉, 이는 기본적인 자기동일성의 실체를 수반할 필요가 없다는 것이다. 왜냐하면 차별화에 대한 충분한 동일성은 "개별적인 혹은 특수한 해석에 따른 동일성"이라는 생각에서 규정되어 있기 때문이다. 마찬가지로 진정한 특수자는 사고와 담론를 위해 개별적인 지시자들이 필요하다고 분석적인 논변은 요구한다. 이 논변은 그러한 지시자들이 단지 어떤 해석에 따른 개별자들일 수 있다고 허용함으로써 답이 가능하다.

그러면 분석가는 나아가 더욱 특수하게 니체의 "역동적인 양"의 기본적인 차이개념에 질문을 제기함으로써 압력을 가할지 모른다. 이 때 해체

든 이해가 해석으로 간주되지 않기를 바란다. 그 까닭에 대해서는 제5장에서 제시하겠다.

27) W. James, *Pragmatism and Other Essays* (New York: Simon and Shuster, 1963), 76쪽.

는 모든 대상들을 이루고 있는 상호관계적 해석에 진입하면서 역동적인 양을 본다. 이 해석학적 구성요소들은 무엇인가? 만약 그것들이 기본적인 원자라면, 대상들에 대한 해석학적 구성에 들어가는 어떤 사물들은 그 스스로 그렇게 구성되어 있지 못하다. 그 대신에 만약 이 기본적인 요소들이 그 자체 그들의 상호관계에서 더욱더 기본적인 요소들을 해석하는 산물이라면, 그렇다면 우리는 그것들에 관해 동일한 질문을 제기할 수 있으며 또한 제기해야 한다. 되풀이하여 이런 분석적인 전략(논리적 원자론의 기본적인 전략)을 적용하면서, 우리는 어떤 종류의 원자적 요소들로 귀결되거나, 아니면 그 대신에 무한한 후퇴나 궁극적으로 해석해야 할 해석을 넘어설 것이 없는 곳에서의 해석의 순환이 "결코 끝날 수 없다." 이는 단순히 그것이 재현하는 텍스트 안으로 함께 넘어지는 의존적 세계에 관한 물음이 아니다. 여기서 텍스트 그 자체라는 바로 그 생각은 어떤 독립적인 "해석으로부터 자유로운" 텍스트나 해석하는 대상 없이 해석으로 녹아 들어간다.[28]

데리다는 그러한 결론에 대해 거의 겁을 내어 피하지 않는다. 그는 확실하게 우리를 그토록 오랫동안 매혹시켰던 존재-신학적인 형이상학의 패러다임 징후로서 분석적 논변(원래의 토대에 대한 환원적인 탐색을 하면서)을 비난한다. 존 서얼에 답변하면서, 그는 이렇게 경고했다. 단순하고 고스란히 완전하며, 정상적이고 순수하며, 표준적이고 자기 동일적이라고 주장

---

[28] 분석가는 또한 동일성을 이루기 위한 기본적인 본질 없이 의미지시의 어떤 공유적이며 안정된 대상도 있을 수 없고 어떤 효율적인 담론도 없다고 이의를 제기할지 모른다. 이에 대한 프라그마티즘의 반응은 이미 다음과 같이 제시된 바가 있다. 즉, 효율적인 개별화의 의미지시나 발화를 위해 필요한 공유된 규범적인 규제성은 어떤 변화하지 않는 존재론적인 의미지시체에 근거를 둘 필요가 없다. 특히 문화의 사회적 실제 밖에서 그렇다. 그리고 소통의 붕괴를 필연적으로 초래하지 않고서 어떤 변화나 일탈을 받아들일 수 있다. 우리 언어의 공유된 의미지시체는 전통적으로 나누어 가질 수 있으며, 기본적인 실체라기보다는 오히려 프라그마티즘적으로 이루어진 "통일성"이나 "개별자"이다.

되는 기원에로 혹은 우위에로 "전략상" 이상적으로 되돌아오는 분석적 기획은 …… 타자들 가운데의 형이상학적인 제스처가 아니다. 그것은 형이상학적인 긴박함이다.29) 프라그마티즘은 마찬가지로 무한후퇴에 대한 형이상학적인 전략을 거절한다. 실제의 삶과 사유에는 퇴행적인 분석이나 설명으로 거슬러 올라가며, 요점이 없고 의미 없는 곳에도 항상 요점이 있다고 주장하면서 거부한다.

전통적인 분석의 형이상학적인 뿌리는 확실히 분명하다.30) 어떻든 분명한 것으로부터 거리가 먼 것은 바로 그 분석의 비판에서 해체가 그 자체 필사적으로 피하고자 하는 형이상학에 의해 함정에 빠지지 않는다는 점이다. 왜냐하면 비판의 근거가 되고 있는 유기적 통일성의 개념은 그 자신의 잠재적이며 설득력 있는 형이상학적인 제스처를 반영하는 것으로 보인다. 모든 것이 상호관계의 산물이고 다른 것들과의 차이의 산물이며, 어떤 것도 독립적이거나 내적으로 고유한 본성을 지니고 있지 않다는 해체론적인 생각은 모든 사물들이 불가피하게 밑바탕부터 상호 연결되어 있다는 생각에 의존하고 있다. 세계를 유기적인 통일성 또는 용어들의 체계로 보는 생각은 헤겔과 니체에게서 명백하며, 이는 그 관계성이 독립된 실체의 존재의 근거가 되고 있다. 여기에서 그것은 형이상학적인 명제로서 두드러지게 다가온다. 헤겔의 문맥에서, "존재하는 모든 것은 상호연관 속에 있으며, 이 상호연관은 모든 존재의 진실된 본성이다. 이렇게 존재하는 사물은 그 자신의 존재가 아니라 그 밖의 다른 것에서의 존재"라는 점을 회상해보자. 마찬가지로 아마도 데리다와 보다 가까운 니체에게서, "실제의 세계에

---

29) J. Derrida, "Limited Inc," *Glyph* 2(1977), 236쪽.
30) 그들은 또한 분명히 분석철학에 공감하는 해석자나 역사가에 의해 인정받고 있다. 예를 들면, J. O. Urmson, *Philosophical Analysis: Its Development between the Two World Wars* (Oxford: Oxford University Press, 1969), 45-7쪽을 보기 바람.

서 …… 모든 것은 그 밖의 다른 것에 묶여 있으며 그것에 의해 조건 매김 된다." "다른 모든 역동적이고 불확정적인 물리량(量子)과의 긴장관계에 있는 역동적이고 불확정적인 물리량(量子) 외에는" 아무 것도 없다. "모든 원자는 존재하는 것 전체에 영향을 미친다."31)

세계를 상호 연관되어 있으며, 서로 한정된 요소들의 총체성이라고 보는 이런 견해는 명백히 독립된 개별대상들인 세계가 내적인 체계연관들의 단순한 해석적 구성물이라는 것이다. 이는 형이상학적인 견해가 아닌가? 그리고 왜 우리가 그것을 진실된 견해로 받아들여야 하는가? 데리다 그 자신은 "존재들의 총체성"이라는 생각을 위험한 형이상학적인 이념이라 하여 비난한 바 있다. 거기에서 그는 니체를(그리고 마침내 부지불식간에 그 자신을) 구해내고 싶어 했다.32) 아마도 이러한 회피에 영향을 미치는 가장 좋은 길은 니체의 우주론적 유기체설을 기본적인 형이상학의 견해로 보지 않고, 단순히 세계에 대한 보다 해석학적인 관점으로 보는 일이다. 이 때 문제는 단지 관점상의 입장이 유기적 통일성으로부터, 원자론자를 논박하거나 세계를 한정된 성질이나 그 자신을 구성하는 요소를 지닌 사태들로 보는 일상적인 관점을 논박하는 힘을 빼앗는 것이다. 단지 세계에 대한 다른 관점으로서, 근본적인 유기체설이 제공해야 하는 것이 무엇인가? 그것은 틀림없이, 말하고 생각하고 행동하는 우리의 굳어진 이성중심의 방식에 적합하거나 실제적인 입장을 제공하는 것이 아니다. 이를 변호하는 일

---

31) Hegel's *Logic*, 191; Nietzsche, *Will to Power*, 584, 634, 635.
32) Derrida, "Interpreting Signatures," 258-61쪽. 데리다가 특별히 겨냥하는 목표는 하이데거의 니체 해석이다. 하이데거는 총체화의 개념을 인정하고 강조한다. 아무튼 이런 해석은 하이데거뿐만 아니라 네하마스에게서도 보이며, 더욱 중요하게는 니체의 텍스트에서 아주 두드러진다는 점을 언급해야겠다. 유기적 통일성에 대한 니체의 개념과 특히 그것에 대한 네하마스의 적용은 더욱 상세하게 나의 글, "Nietzsche and Nehamas on Organic Unity," *Southern Journal of Philosophy* 26(1988), 379-92쪽에서 비판되고 있다.

은 아주 개방적이고 행복하게 이를 수용하는 것이다. 그렇다면 그것은 실용적인 근거보다는 더욱 미적인 근거를 제공하는가? 존재론적인 관점을 미적으로 평가하는 데에는 잘못이 없다는 점을 우리는 강조해야 한다. 그리고 아마 아무 것도 미적인 정당성과 실용적인 정당성을 궁극적으로 나누지 않는다는 점을 강조하지 않으면 안 된다. 확실히 콰인의 존재론적 극소주의(minimalism)는 프라그마티즘과 "사막의 정경에 대한 취미"33) 양자에 동시에 연결되어 있다.

비록 이른바 예술작품의 통일성에 대한 미적인 만족을 훼손하는 일에 주로 사용된다 하더라도, 해체론적 유기적 통일성 혹은 차연에 의해 암시된 존재론적 관점은 다른 종류의 미적인 만족, 말하자면 독특하게 형이상학적인 미적 만족감 또는 희열을 제공하는 것으로 보인다. 왜냐하면 그것은 우리의 무질서하고 불가해한 세계라는 덩어리를 궁극적으로(또는 적어도 해석할 수 있는 것으로) 본질상 상호 연관된 요소들이 이루는 하나의 유기적 전체로서 제시하기 때문이다. 이 요소들이란 해석이 개입함으로써 다르게 배열되고 형성되며 조정될 수 있는 것이다. 그러므로 우리는 포스트모던한 황무지의 부수어지고 흐트러진 파편들을 통해 충분히 볼 수 있다. 그리고 본질적으로 상호연관된 거대한 전체와 통일성으로 그것 모두를 본다. 더욱이 이러한 포괄적인 통일성의 만족할 만하며 자신을 갖게 하는 일 외에도, 다음과 같은 편안한 전망이 있다. 즉, 세계의 어떠한 혼란스러운 사실이나 대상도 단순히 더욱 즐겁게 하는 해석적 구성으로 차별적인 요소들을 재해석함으로써 즐거운 모습이 바뀌거나 해체될 수 있다.

이 통일성은 많은 이들(분석가, 프라그마티스트 및 문외한)에게 너무 멀리 떨어져 있고 형이상학적이어서 현실적인 편안함을 주지 못한다는 생각

---

33) W. V. Quine, *From a Logical Point of View* (New York: Harper and Row, 1963), 4, 16-19, 46쪽을 참고.

이 들 것이다. 전통적으로 굳어진 통일성의 손실을 불만족스럽게 보충하는 것으로 보인다. 전통적으로 굳어진 통일성이란 우리가 우리들 일상세계의 개별적인 대상이나 아름다운 예술작품, 해체적인 유기적 통일성이 우리로 하여금 질문을 하게 하거나 포기하게 하는 사태들로서, 익숙하게 여기게 하는 것이다. 그렇지만 만약 그러한 통일성에 대한 우리의 믿음이 이미 상실되었다면, 그리고 만약 인간성에서의 한계적 지식인으로서 우리는 사실의 이데올로기와 사실 자체들의 미몽에서 깨어나게 되고, 사실들을 피하고자 희망함으로써 예술작품의 미몽에서 깨어나게 된다면, 유기적 통일성의 원리는 통일의 어떤 위안을 제공한다. 왜냐하면 모든 것은 본질적으로 연결되어 있을 뿐 아니라, 모든 사실들은 해석으로 용해된다.

내 생각에는 프라그마티즘은 분석과 해체 사이의 훌륭한 중재자이자 취사선택이며, 이는 또한 사물들을 어떤 의미에서는(또는 어떤 때에는) 해석으로 볼 수 있지만, 해석은 우리의 현실적인 생각 속에 해결할 수 없을 정도로 얽혀 굳어져 있어서 사실이나 현실의 지위를 갖게 된다. 그렇다고는 하지만 기초적인 사실로부터 모든 이해란 해석(혹은 잘못된 해석)이라는 해석학이나 해체론의 총체화하는 결론으로 나아갈 필요가 없다. 지적 경험의 자유롭고 유동적인 유희에는 그것들을 구분할 어떤 우위나 위계질서가 없다. 왜냐하면 이는 이해와 해석 사이에, 그리고 한층 더한 해명을 요구함이 없이 우리가 파악하는 것과 그것을 만족스럽게 다루기 위해 해석할 필요가 있는 것 사이에 빈번하게 사용할 수 있는 구분을 포기하는 것이기 때문이다.[34] 그리고 프라그마티스트를 위한 현실은 근본적으로 "결국에는 사유에 대한 강제성"을 갖는 일이다. 반면에 진리란 개략적으로 "신념의 방식에서 선한 것으로 증명되는 것은 무엇이거나"이며 "사유의 방식

---

[34] 이 구별을 자세하게 다룬 것에 대해서는 제 5장 이하를 볼 것.

에서 편리한 것"이고, "결국에는 전체적으로" 프라그마티즘은 해체보다는 상식의 세계관에 보다 더 가까울 것이다. 그 자신의 성질들을 지니고 있는 그것의 특정한 대상들 및 독립적인 사물들과 더불어 그러하다고 하겠다.35) 그렇지만 그것은 세계를 이렇게 받아들이는 방법으로부터 궁극적으로 거기에 무엇이 있는가라는 기본적인 형이상학적 추론으로 진행해 나아가는 것을 원하지 않을 것이다. 존재론적인 물음은 열려 있다는 사실을 남기고자 원할 것이다. 아마도 단지 쓸모없고 공허한 것으로 그것을 남길 것이다.

데리다는 의심할 여지없이 유기적 통일성 또는 차연에 대한 그의 생각이 총체성의 형이상학을 따르고 있다는 점을 부인할 것이다. 그가 명시적으로 총체성의 이념을 부인하지 않는가? 어떻게 우리는 체계적이고 차별적인 의미의 산출을 적어도 상호연관된 용어들의 일시적인(가능하게도 지금까지 확장적인) 총체성의 이념을 전제하지 않고서 이치에 닿게 할 수 있는가? 데리다 자신은 언어가 총체화를 배제한다고 주장하면서, 언어의 차별적인 장을 *"유한한 전체적 조화의 폐쇄*" 속에서의 무한한 대체 혹은 대리의 장"36)으로 특징짓고 있다. 더욱이 심지어 총체성에 대한 물음을 삼가면서, 세계의 모든 요소들 또는 대상들은 본질적으로 다르게 상호 연결되어 있으며, (그들이 총체화될 수 없다 하더라도) 상호간에 서로를 구성하는 요소가 된다. 그리고 그 자체 분명히 우주적 통일성과 일관성으로 미리 기울어진 형이상학적인 전망을 이루는 것으로 보인다.

아주 깊은 존재론적인 차원에서 전통적인 분석철학을 해체와 대면시키면서, 우리는 하나의 선택과 마주하게 된다. 이를테면, 러셀과 비트겐슈타

---

35) W. James, *Collected Essays and Reviews* (New York: Longmans, 1920), 18쪽 및 *Pragmatism* 36, 98쪽.
36) Derrida, "Structure, Sign, and Play," 260쪽, 이탤릭체 강조는 필자의 것임.

인의 원자론적 형이상학에서 말하는 기본적으로 독립적이며, 외적 관계를 통해 사실들의 구조를 이루는 자기 동일적 실체 대 니체가 그리는 해체적인 그림이다. 니체의 그림에는 그렇게 떨어진 개별적인 실체나 통일성이 없다. 왜냐하면 훨씬 방대한 차별적인 통일성이 있는 곳에는 모든 것을 포괄하는 통일성, 즉 그것의 내적으로 차별적인 관계들이 분석가가 개별적인 사태들로 받아들이는 바를 구성하는 통일성이 있기 때문이다. 이러한 존재론적인 차원에서(밟고 지나가기를 싫어하는 곳인바) 프라그마티스트가 보는 것은 자율적인 원자의 세계가 아니며, 통합된 상호관계 및 본질적으로 연결된, 상호 구성된 용어들의 세계도 아니다. 그 대신에 프라그마티스트가 보는 바는(보다 편안하게 느끼는 존재론적 차원에서) 오히려 "아직까지도 불완전하게 통합된 세계"이며, 대체로 "상식의 세계"이다. 여기에서 우리는 사물들이 부분적으로 결합되고 부분적으로 분리되는 것을 본다. 사물들은 자기 동일적이지만, 그 개별화는 우리의 실제와 목적에 의존한다.[37]

그리고 프라그마티스트는 유기적 통일성에 관하여 무엇을 원하는가? 제임스는 분석과 해체에 관한 몇몇 주제와 표어를 만들어내면서 하나의 대답을 암시하는, 편리하고 알맞은 언명을 한다. "사물들 간에 어느 정도의 거리 및 어느 정도의 독립의 전율, 부분들 간의 어느 정도의 자유로운 놀이와 얼마간 현실의 진기함과 기회를 여러분이 인정한다면, 아무리 사소하다 하더라도 프라그마티스트는 충분히 만족할 것이다. 그리고 아무리 크다고 하더라도 여러분으로 하여금 진정한 연합 혹은 결합의 양을 허용할 것이다."[38] 통일성을 아무리 깊이 있게 평가한다 하더라도, 프라그마티즘은 똑

---

37) James, *Pragmatism*, 36, 98쪽.
38) 앞의 책, 77쪽. 존 듀이는 동일하게 매개하는 프라그마티스트의 관점을 내보이고 있다. " …… 논리적으로 연결을 부인하는 원자론에 대하여 그리고 절대주의의 토대

같이 차이를 존중해야만 한다. 이러한 존중은 존재론과 미학을 넘어서 윤리학 및 정치학에로, 그리고 인종과 성문제를 넘어서 간다. 유기적인 통일성은 적어도 다른 부분들이 약간의 상대적 자율성을 향수하는 그러한 해석에서 아마도 억압적이지 않은 통일성 또는 차이 가운데의 조화를 위한 하나의 모델을 제공한다.

끝으로 프라그마티즘은 본질의 문제를 어디에다 세워야 하는가? 분명히 그것은 불변의 본성에 대한 토대주의의 생각을 거부하지 않으면 안 된다. 이러한 변하지 않는 본성은 우리의 대상과 개념의 서로 다른 정체성을 영원히 제한하고 정의한다. 해체론처럼 프라그마티즘은 그러한 정체성 혹은 동일성이 관점적인 파악의 산물이며 수정할 수 있는 언어적 실제의 산물이고, 그런 까닭에 항상 재해석할 수 있다는 점을 인정한다. 이런 식견은 해석이란 어디에나 있을 뿐 아니라 모든 사물의 절대적 우연성이나 자의적 개별성을 주장하는 근본적인 반본질주의를 자극할지 모른다. 리처드 로티가 강하게 옹호하고 있는 그러한 프라그마티즘은 어쨌든, "개별적인 것과 우연적인 것의 보편성과 필연성"[39]을 주장하는 반본질주의가 반전된 본질주의로 바뀌는 듯이 보인다.

물론 논리적 필연성의 의미에서 모든 것은 우연적일는지 모른다. 하지만 어떤 것은 다른 것보다 분명히 우연적이며, 절대적 사유라는 우리의 나쁜 철학적인 습관을 단지 반영해주는 서로 다른 류의 우연성들 사이를

인 일원론에 대한 존속할 수 있는 대안을 찾을 필요가 있다. 관계들의 실재를 위해 그러하다. 이들 원자론이나 일원론은 이산(離散)을 위한 그리고 다수 및 개별자를 위한 여지를 남겨두지 않고 있다"(Dewey, "Experience, Knowledge, and Value," in P. Schilpp(ed.), *The Philosophy of John Dewey*(LaSalle, Ill.: Open Court, 1989), 544). 제임스와 듀이에게서 존재론적 개별성과 다원론에 대한 주장은 뚜렷한 윤리적 · 정치적 동기를 부여했다고 하겠다.

39) Richard Rorty, *Contingency, Irony, and Solidarity* (Cambridge: Cambridge University Press, 1989), 26쪽.

구분하는 데 실패한다. 우리가 살고 있는 세계에 논리적 필연성이 없다면, 실제적 확실성을 구성하는 개연성이 남게 된다. 그리고 만약 토대가 되는 본성이 없다면, (그들이 있는 바대로 변경할 수 있으며 논쟁할 수 있는) 역사적 규범이 남게 된다. 이들 규범은 우리의 언어적 실제나 다른 사회적 실제를 조직화하며 규제하고 상대적으로 역사화된 본성으로서 기여하게 된다.

로티 이후의 프라그마티즘은 이렇듯 보다 더 적당하며 더욱 해방된 선택을 인정할 필요가 있다. 왜냐하면 일단 우리가 실로 토대론적 형이상학으로부터 빠져나오기 때문에, 본질적인 본성(그리고 본질적인 것과 비본질적인 것 사이의 구분)이라는 개념은 사용을 위해서 프라그마티즘적으로 재해석되며 회복될 수 있다. 마찬가지로 토대론적 인식론과의 진정한 절교는 프라그마티스트로 하여금 해석 자체의 본성과 역할을 재해석하도록 허용한다. 이 문제로 이제 돌아가 보자.

제4장

프라그마티즘과 해석

프라그마티스트라 주장할 만한 해석에 대해 최소한 세 가지의 다소 상이하고 영향력 있는 이론들이 있다. 『크납(Knapp)』과 마이클즈(Michaels)의 이론은 엄격하게 의도주의적이고 저자에 메어 있는 반면에, 리처드 로티의 이론은 이와 대조적으로 비저자 독해적인 산물임을 강조한다. 스탠리 피시(Stanley Fish)가 진전시킨 세 번째 이론은 텍스트의 적절한 의미를 규정하는 권위로서의 해석공동체의 관념에 저자와 독자 양편을 따르게 하고 여기에 용해시킨다. 이 장에서 나는 이 경합들을 보이는 이론들을 연구할 것이고, 그것들을 더 일반적인 프라그마티즘적 원리들의 관점에서 고찰할 것이다. 이 과제의 목적은 가장 확실한 프라그마티스트 이론에 대한 생득권을 수여하는 것이 아니라 해석의 더 나은 이해와 그것의 다양성에 도달하는 일이다. 그리고 이것은 해석의 단일한 전체 이론으로 공식화될 수는 없을는지 모른다.1)

이런 프라그마티스트 이론들을 검토하기 이전에, 우리는 그와 더불어

---

1) 해석에 대한 다른 새로운 프라그마티즘적 설명이 표면에 드러나기 시작한다는 점을 나는 언급해야겠다. 조셉 마골리즈는 *이 점을 그의* "Reinterpreting Interpretation," *Journal of Aesthetics and Art Criticism* 47 (1989), 237-51쪽에서 전개하기 시작한다. 나는 그것이 아래에서 비판되고 있는 그의 이전의 분석철학보다도 훨씬 더 적합하다는 점을 안다.

그 이론들이 다투지 않으면 안 되는 분석적이고 해체적인 이론화작업의 문맥에다 그것들을 놓아야 한다. 분석과 해체 양자는 저자의 해석적 권위가 윔샷(Wimsatt)과 비어즐리(Beardsley)가 말하는 의도주의의 오류의 학설과 "저자의 죽음"[2]이라는 바르트(Barthes)의 선언에 의해 도전을 받은 이후에 대개 권위에 대한 해석의 위치 및 인식적인 지위와 관계를 맺고 있다. 저자의 의도는 해석에서 주장된 목적과 판단기준으로서 오랫동안 번영을 누렸었다. 왜냐하면 그것은 다른 해석들의 합법성을 판단하는 데에 있어 결정적이고 변하지 않는 표준을(이론적으로) 제공하기 때문이다. 그러나 이런 독특하고 고정된 의미가 오직 이론적으로만 보증되기 때문에 해석적 노력과 접근의 계속적인 다양성을 또한 허용한다.

간단히 말해, 저자의 의도라는 알기 어려운 관념은 역설적으로는 문학적 해석(학문적 비평이 과학적 계획으로써 그것의 정당함을 요구하는 어떤 것)에서의 수렴과 객관적 진실의 보증을 제공한다. 반면에 동시에 이런 객관적 진실이나 의미는 결론적으로 증명될 수 없는 안전을 제공하고, 이것을 결정적으로 그것에 의해서 해석에 대한 계속적인 요구를 보증한다.[3]

---

[2] William K. Wimsatt 와 Monroe C. Beardsley, "The Intentional Fallacy," repr. in Joseph Margolis, *Philosophy Looks at the Arts* (New York: Scribner, 1962), 91-104쪽 및 Roland Barthes, "The Death of the Author," in *Image, Music, Text* (New York: Hill and Wang, 1977), 142-8쪽.

[3] 이러한 의도 개념이 얼마만큼 이해하기 어려우며 망령과 같은가는 이를 가장 솔직하게 설명하는 허시(E. D. Hirsh)의 애매한 공식화에서 우리는 엿볼 수 있다. 그는 그것의 실용적인 가치를, 역사적 저자가 의도했을 수도 있는 것과 일치하지 않는 해석을 제쳐놓는 명확한 기준 또는 시금석으로 제시한다. 하지만 심리주의를 두려워하여 그리고 (전부는 아니지만) 문예적 해석이 알려진 역사적·전기적 사실들로부터 기계적으로 연역될 수 있기에는 너무 복합적이라는 점을 인식하여, 허시는 필수적인 저자의 의도를 경험적인 개인에게 위치시키는 일로부터 물러나 있다. 그 대신에 저자를 상상적 구조물, "말하는 주체"에 넣는다. 이는 "실제의 역사적 인물로서의 저자의 주관성과 동일하지 않다." 이러한 저자-주체라는 추상은 해석을 위한 분명한 사실상의 시금석을 결코 제공해주지 못하며, 그 자체 텍스트에 의하여 해석적으로 구성될 필요가 있다. E. D. Hirsch, *Validity in Intepretation* (New Haven: Yale University Press, 1967), 242-4쪽을 보기 바람.

이러한 요구는 비평적 공언에 대한 진실보다도 훨씬 더 중대할 수 있다. 그리고 거기에서 새로운 해석들과 비평적 전망들의 산출이 그것 자신의 재생산과 진보(그것이 참여자들의 개인적인 경력을 위해서 그러하듯이)를 위해 필요하다. 그런 압력들은 왜 최근의 아카데미 비평이 먼저는 저자(이미 새로운 비평에서)의 추방을, 그리고 바르트에 의해 옹호되는 다원적인 텍스트성의 생산적 자유와 해체를 크게 고무시키기 위하여 한정되고 명확한 작업에 대한 그 이상의 추방을 매우 열광적으로 포용하고 있는지를 설명할 수 있다. 이런 무책임한 해석적 생산을 반대하는 앵글로-아메리카의 이론가들은 그것이 진실 위에 수렴되는, 학문적으로 인식적인 교과로써 비평의 일관성을 파괴할 것이라는 두려움을 나타낸다.[4] 분석적인 해석과 해체적인 해석이론 사이에 벌어진 많은 논쟁은 창조적 생산성에 대한 진실의 우위에 관한 논쟁으로써 보일 수 있다.

심지어 분석적 이론이 저자의 의도를 포기했을 때조차도 그것은 전형적으로 해석적 의도들이 몇몇의 명확한 진실에 의해 자극되는 데 있어서 본질적으로 획일적이었다는 점을 가정했었다. 텍스트의 의미와 그 저자가 그것에다 의미하고자 의도했던 것 사이의 차이점에 대해 논쟁할 때, 비어즐리는 이러한 차이점이 "텍스트적인 의미와 …… 저자의 의미를 발견하기 위해" 최소한 두 가지 다른 해석적 기획을 허용하고 있음을 인식한다. 그는 더 나은 유용성과 더 풍부한 미적 보상 때문에 텍스트적 의미의 선택을 추천하지만 해석자의 목적이 미적 풍요로움 그 자체가 아니라 진실이거나 올바름이며, 그리고 거기에서 해석들은 "참이거나 거짓을 원칙상 보여줄 수 있어야 한다"고 주장한다. 따라서 해석의 "일반적이고 본질적인 일"은 텍스트 자체의 의미, 즉 공적인 언어적 규칙들에 의해 규정되고, 모순되는

---

4) 예를 들면, E. D. Hirsch, *The Aims of Interpretation* (Chicago: University of Chicago Press, 1978), 12-13쪽을 보기 바람.

해석적 진술들을 정확한 것으로 허용하지 않을 만큼 충분히 명확한 의미에 대한 발견이다.5)

비어즐리가 공격하는 이론가들은 그럼에도 불구하고 합법적인 해석이 본질적으로 기술적 진리나 어떤 상대적인 인식적 유비를 겨냥하고 있다는 그의 추정을 공유한다. 허시(Hirsch)는 "해석에서의 지식"의 목적을 수행하면서, 문학적 연구가 "인간적 지식"의 형태임에 틀림없다고 믿는다. 그리고 거기에서 자격 있는 해석가들은 "함께 작업하거나 경쟁하면서 경험적인 탐구를 통하여 문학의 지식에 덧붙일 수 있다."6) 실로 그는 객관적인 해석적 지식의 목적을 명백히 보증하기 위하여 텍스트적 의미의 표준으로써 저자의 의도를 옹호한다. 그리고 그 주장은 오직 의미에 대한 텍스트의 규정성만이 그런 지식을 허락할 것이고 오직 저자의 의도만이 그런 규정성을 제공할 수 있다는 것이다. 따라서 "저자의 의도가 해석에 대한 유일한 가능적 표준이 아니라는 것을 알고 있다" 할지라도 허시는 "그것이 해석의 인식적 교과를 위한 유일한 실천적 규범"7)이라는 것을 주장한다. 그는 그것이 없이는, 작업이 동일시될 수도 있는 단일한 해석에 대한 집합점을 보증하기 위해 의미를 지배하고 있는 공적인 언어적 관행들 속에, 단순히 너무나 많은 자유와 무규정성 및 불안정성이 있다고 주장한다. 그것에 의해서 연구와 비평을 위한 안정된 대상을 구성한다고 주장한다.

비어즐리의 또 다른 주요한 타겟인 조셉 마골리즈(Joseph Margolis)는 앵글로-아메리카의 해석 이론의 인식적 일원론에 대한 예외인 것으로 보인다. 왜냐하면 그는 저자의 의도로부터 뿐만 아니라 의미의 엄격한 규정성

---

5) Monroe C. Beardsley, *The Possibility of Criticism* (Detroit: Wayne State University Press, 1970), 31, 33, 41-3쪽.
6) E. D. Hirsch, *The Aims of Interpretation*, 1, 12쪽 그리고 "On Justifying Interpretive Norms," *Journal of Aesthetics and Art Criticism* 43 (1984), 91쪽.
7) E. D. Hirsch, *The Aims of Interpretation*, 7쪽.

으로부터 해석적 타당성을 자유롭게 하는 "견고한 상대론"을 옹호하고, 그것에 의해서 충돌하는 해석들의 가능한 타당성을 허용하기 때문이다.[8] 하지만 비록 마골리즈가 자유롭게 해석적 접근들과 결론들의 다원성과 비수렴성을 받아들인다 할지라도 "해석의 인식적 개념"에 대해 제한되어 있는 상태로 남아 있다. 비평적 해석(그것이 많은 방법에서 아주 유사한 해석적 수행과는 대조적으로)은 본질적으로 참된 또는 "진실 같은" 명제들을 생성하는 데 초점을 맞추고 있다. 그리고 그럴듯함과 그럴듯하지 않음의 관념들은 "참과 거짓 외의 그런 상대화된 '진실-가치들'"을 공급하기 위해 도입된다. 더욱이 하나의 작품에 대한 어떤 그럴 듯한 해석은 단지 상대적으로 그럴듯하기보다는 오히려 엄격하게 진실이라는 작품의 기술들에 기초를 두어야 한다. 즉 "해석적인 주장들은(최소한도로) 어떤 주어진 작품에 대해 기술적으로 진실인 것과 양립할 수 있어야 한다. …… 어떤 그럴 듯한 설명도 분명히 진실한 진술과 양립할 수 없는 것은 아니다." 그것이 마골리즈가 해석과는 구별되지만 그것을 위한 필요한 기초로써 "기술"이라 부르는 바이다. 그리고 그것은 어떤 그럴 듯한 해석이 기초로 삼고 있는 진실한 진술들을 제공해준다. 해석들과는 달리 기술들은 관련된 비평적 문맥과는 독립된 예술작품에 대해 단지 참이거나 거짓일 뿐이다. 그것들은 비어즐리와 허시가 또한 해석들에 기인한 것으로 돌리고 있는 양립 불가능한 것들에 대한 비관용성을 드러낸다. 즉 "대상은 …… 기술된 …… 속성들을 갖거나 갖지 않는다." 대조적으로 " '해석'은 …… 물질적 현존의 어떤 발명적 사용, 해석자의 덧붙여진 공헌, 그리고 가능한 대안적인 해석들을 향한 어떤 개방성을 …… 강조하여 …… 예술상 기교의 접촉, 연행(演行)의 요소를

---

[8] Joseph Margolis, *Art and Philosophy* (Atlantic Highlands, N. J.: Humanities Press, 1980). 여기서의 인용은 111, 150, 159, 161-2쪽. 마골리즈의 이론에 대한 보다 상세한 나의 비판적인 설명은 "Interpretation, Intention, and Truth," *Journal of Aesthetics and Art Criticism* 49 (1988), 399-411쪽.

제안한다."

마골리즈는 여기서 현명하게 결정적인 진실과 계속되는 생산성에 대해 충돌하는 요구들을 만족시키려고 시도한다. 그리고 이는 또한 비어즐리와 허시가 그들 자신의 함축적인 방법으로 추구한 바의 것이다. 만약 허시에게 있어 저자의 의도가 진실의 주장을 만족시킨다면, 그것의 애매함은 끊임없는 해석을 전망케 한다. 비어즐리에게 진실이 의미의 일반적 약정들을 통하여 보증될 수 있다면, 해석의 계속적인 생산성은 이러한 약정들이 끊임없이 변하고 있다는 사실을 통하여 보증된다. 마골리즈에게 진실은 예술의 확고하고 부인할 수 없는 속성들의 작업에 대한 묘사의 설명에서 주어지는 반면에 그런 핵심의 묘사적 속성들을 넘어서 작업을 확장하기 위한 해석의 창조적 공헌은 진실에 의해 속박되고 기초하지만 그것에 제한되지 않는 계속적이고 결코 끝나지 않는 해석적 생산성을 허락할 뿐만 아니라 고무하기도 한다. 묘사와 해석의 중요성을 구별하는 이런 전략은 구별이 실용적 방법보다 더 확고하고 원리적인 방법에서 주장될 수 없다는 사실이 아니라면 이상적인 해결이 될 것이다.

기술적 진리(작품의 비논쟁적인 속성들의 핵심을 제시하는)와 해석적 정교함 사이에 놓인 확고하고 명확한 구별에 대한 어떤 생각은 기술적으로 참인 것이 종종 우리가 채택하게 되는 작품에 대한 해석에 의존할 것이라는 사실에 의해 약화된다.[9] 예를 들어, 아버지에 대한(그가 애통해하며 우울한 행동으로 선언하고 표현하는) 햄릿의 사랑은 극의 기술적인 "확고

---

9) 기술과 해석이 순환적으로 상호의존하는 이러한 문제는 아마도 작품의 동일성과 해석의 보다 더한 상호의존을 명시하는 것이다. 여기에서는 해석의 적합성이 작품의 실체적 동일성에 반하여 측정된다. 하지만 후자는 전자를 통해서만 결정될 수 있다. 이 문제에 대한 더 진전된 논의는 나의 "Four Problems in Aesthetics," *International Philosophical Quarterly* 22 (1982), 21-33쪽 및 *The Objectivity of Literary Criticism* (Amsterdam: Rodopi, 1984), 50-64쪽을 참고 바람.

한 사실"로써 받아들여진다. 하지만 우리가 그의 어머니를 향한 햄릿의 분위기, 지체감 그리고 행동에 대해 그럴 듯한 프로이트적인 해석을 받아들이게 된다면, 이런 분명하고 확고한 사실은 햄릿의 자기기만이라는 합리화 속으로 사라지게 된다. 더 일반적으로 말해, 우리는 우리가 원래의 기술들이 더 이상 진실되고 적합하지 않는, 그러한 방법으로 작품을 보여줌으로써 사실들을 축출하거나 개조하는 작품의 해석에 도달하기 위해, 작품에 관한 단순한 사실들로써 우리가 본래부터 알고 있는 것으로부터 이끌어질 수 있다. 사실상 해설적인 예술과 독서에서 우리가 향수하는 기쁨은 종종 이와 같은 종류의 현상에 기초하고 있다고 하겠다.

다시 말해서, 그것은 우리 모두가 사실들을 어떻게 기술할 것인지에 동의하고 우리가 그것들로부터 공들여 완성한 어떤 해석들 안에서만 다르다는 것이 아니다. 그것은 오히려 기술적인 사실들이 단지 우리 모두가 강력히 동의하고 있는 것이 무엇이든, 해석들은 단지 더 적은 합의를 명하고, 더 넓은 일탈을 보여 주거나 견딘다는 것이다. 그러나 작품을 이루고 있으며 어떤 타당한 해석에 대한 논쟁의 여지없는 사실적 기초를 구성하는 명확한 기술적 속성들에 대한 고정된 핵심이 없다면, 그것을 전제하는 이론들은 약화되고 만다. 해체는 해석이 "모든 독서가 오독이다"라는 왜곡된 변화를 항상 포함해야 한다는 것을 주장하기 위해서 영구적인 기술적 본질의 이런 지각적 결핍을 이용한다.

2

해럴드 블룸(Harold Bloom)은 그것을 조장하는 오독, 전문적인 작가, 그리고 생산적인 압력들에 대한 이러한 일원론의 탁월한 예를 보여 준다. "'오해'나 강한 '오독'의 방어적인 필연성"을 권할 때, 그는 "시인이 사용하기 위해 잡는 것처럼 우리가 사용하기 위해 읽는다"고 주장한다.10),11) 그리고 모두가 빼앗기 위해 추구하는 본질적인 것은 힘이거나 영향이다. 그리고 이것은 과거의 영향으로부터 어떤 자유를 요구한다. 블룸은 전문적인 비평가나 해석가와 함께 융합하는 독자에 대해 흔한 실수를 하고, 따라서 비평적 해석을 제시하거나 공식화하는 비평적 수행과 독서의 작용을 동등시한다. 전문적인 방법을 조장하기 위해, 그런 해석은 그것 자체를 구별하기 위한 창의성에 대해 몇몇의 주장을 해야 한다. 따라서 그것은 오직 그것에게 영향을 미쳤던 앞선 해석들의 우월로부터 출현할 수 있고 주어진 작업이 이미(그것들 스스로 종종 발표된 해석이나 "독서"를 제공하기 위한 전문적인 인쇄의 산물) 받아들인 많은 비평적

---

10) Harold Bloom, *Agon: Towards a Theory of Revisionism* (New York: Oxford University Press, 1982), 16, 17쪽을 보기 바람.

11) Harold Bloom, *A Map of Misreading* (New York: Oxford University Press, 1975), 3쪽.

해석들 사이에서 연구를 위해 선별될 수 있다. 이해하고 즐기려는 단순한 열망보다는 전문적인 독자 해석자에 대한 더 이상의 어떤 것이 있다. 그는 다른 사람들에게 영향을 미칠 그 자신의 해석을 고안함으로써 그의 목표를 만들어야 한다. 더 일찍이 블룸이 "독서는 …… 시대에 뒤떨어지고 거의 불가능한 작용이며, 만약 오독이 항상 강력하다면"이라 말할 때, 그는 연약함으로써 좋지 않게 말려든 다른 독자들이 있다는 것을 인식하는 데 근접하게 된다. 왜냐하면 그들은 아마도 그들 스스로를 충분히 텍스트에 대해 제기할 만큼 문학의 야망으로부터 자유롭고 따라서 그것을 그럭저럭 다루기 때문이다. 그러나 블룸은 즉시 그런 독서의 중요성을 계속해서 받아들이지 않는다. 왜냐하면 그것은 오직 "강력한 독자이고, 독서는 그 자신에게 뿐만 아니라 다른 사람들에게도 중요할 것"이기 때문이다. 단순히 독서를 수행하는 단순한 독자보다는 오히려 새로운 해석을 써놓는 비평가만이 전문적인 지도 위에 그의 표시를 해놓을 것이고 전문적인 비평가로써 블룸을 몰두하게 한 영향력(그리고 불안감을 피하고서)을 즐길 것이다.

만약 우리가 아마추어 즉 "약한 독자들"의 정당하지 못한 해산 혹은 해고에 설득력 없이 토대를 두고 있는 "오독의 필연성"에 대한 블룸의 주장을 발견한다면, 그의 동료인 해체론자들은 심지어 가장 온순한 비전문가조차도 오독할 수밖에 없다는 점을 보여주기 위해 더 무거운 인식론적인 이유들을 재빠르게 이끌어낸다. 논변의 기본적 노선은 모든 언어적 의미, 그러므로 텍스트적 의미가 본질적으로 문맥-의존적이라는 것이다. 그리고 문맥들이 냉혹할 정도로 바뀌므로 텍스트의 의미는 신뢰할 만한 독서에서 정확하게 재생되거나 회복될 수 없다. 소쉬르(Saussure) 위에 기초하여, 데리다(Derrida)와 그의 제자들은 언어적 의미를 언어가 지시하고 있으며 그것이 그것의 의미들을 얻는 이전의 언어외부적 실재 위에 닻을 내리고 토대를 두지 않는 것으로 본다. 오히려 언어적 의미는 언어체계의 다양한 요소들 사이에(이를테면 어형변화나 발화(發話)가운데 통합적 관계를 갖는 어구 등)있는 특이한 관계들의 산물이다. 그리고 그것은 새로운 요소들에 대해 열려 있고 계속해서 그 스스로 변형하고 있으며 따라서 정상적이고, 밀접하고, 온전히 규칙적인 의미에서 구조주의적 체계를 실재로 구성하지 않는다. 그 대신에 차연의 근원을 가지고 있는 언어는 "구조라는 개념에서 볼 때 정적인, 공시적인, 분류적인, 비역사적인 동기들과 양립할 수 없으며", "비환원적이며 생성적인 다양성"12)을 드러내는 변화하는 "차이들의 체계적 놀이"이다. 언어가 지닌 이런 다방면의 시각은 진정한 독서와 이해를 모두 가망 없는 추구인 것으로 만들어서 특별한 의도적 내용이나 의미 있는 대상에 대한 회복이나 재생으로써 이해에 대해 소박한 전기 비트겐슈타인적인 그림과 쌍을 이룬다.

따라서 컬러(Culler)는 "독서와 이해의 관념들이 내용이나 의미를 지속하거나 재생하고 그것의 동일성을 유지하는 반면에 오해와 오독은 그것을 왜곡하며, 그것들은 차이를 산출해내거나 도입한다"13)고 주장한다. 여전히 그는 계속해서 다음과 같이 논변한다. 즉, 이런 주장은 언어(따라서 그것에 대한 이해)가 항상 문맥과 더불어 바뀌고 있으며, 따라서 항상 그것에 의해 절대적인 동일성, 지속성 또는 의미의 모사 또는 복제를 불가능하게 만드는 어떤 차이를 포함하고 있기에 근거가 없는 것이다. 컬러가 그 점을 힘차게 제기하고 있는 바와 같이 "의미는 문맥에 묶여 있지만 문맥은 경계가 없다." 그리고 "새로운 문맥적 특징은 …… 비발화적인 힘을 변경한다." 의미가 그것의 완전한 모사를 전적으로 허용하기 위해 문맥상 결코 제한될

---

12) Jacques Derrida, *Positions* (London: Athlone, 1981), 27, 45쪽.
13) Jonathan Culler, on *Deconstruction: Theory and Criticism after Structuralism*(Ithaca: Cornell University Press, 1982), 176쪽을 보기 바람. 이 패러그래프에서의 다른 인용은 123, 128, 176쪽에서 온 것임.

수 있는 것이 아니기에 참된 독서나 해석은 불가능하게 되고, "모든 독서는 오독"이 된다. 비록 모든 훌륭한 독자들이 이런 의도를 잘 알고 있지 않다 할지라도 블룸은 그들이 의도적으로 사용하기 위해 오독한다는 점을 주장한다. 반면에 컬러는 오독이라는 특별한 문제점에 관하여 그들이 실제로 중요하지 않다고 주장함으로써 모든 독자적인 의도들을 공평히 다룬다. 독서하는 주체(완전한 자율적인 행위자로서의 그 위상이 어쨌든 도전받는)의 의도가 무엇이건 간에, 주체는 언어적 의미가 반드시 그 스스로 반복할 수 있는 것이 아니기 때문에 오독할 수밖에 없다.

하지만 컬러의 논변은 강제적이지 않다. 왜냐하면 그것의 두 중심된 전제들 가운데 하나가 위험스럽게도 거짓이기 때문이다. 비록 우리가 이런 변화의 많은 부분이 거의 중요하지 않고, 연속성의 지배적인 배경 위에 발생한다는 것을 기억할 필요가 있다 할지라도, 우리는 언어가 어느 정도까지는 영속적인 변화와 발전의 과정에 있다는 해체론의 학설을 부인하지 않아야 한다. 하지만 동일한 의미론적 대상, "내용이나 의미"의 회복이나 재생으로서의 독서, 이해 그리고 해석을 분석한다는 두 번째 전제는 오래도록 해석 이론을 잘못 이끌어 온, 그릇되지만 골고루 스며든 철학적 그림을 공급한다. 의미는 그 존재가 인간의 사회-언어적 관행, 즉 더 나은 순간에 있어서 해체가 강조하기 위해 잘 행하는 점으로부터 본질적으로 관계적이며 뒤얽혀 있는 어떤 것으로서 인식되기보다는 오히려 분리되고 자율적인 대상으로서 실체화된다.

비트겐슈타인이 우리를 가르치기 위해 노고한 바와 같이, 의미는 분리된 대상이나 내용이 아니라 단지 이해의 상호관계이다. 그리고 무엇을 이해한다는 것은 어떤 고립되고 결정된 의도적인 대상이나 의미에 관한 내용을 거울처럼 비추어 파악하게 하거나 모사하는 것이 아니다. 그것은 기본적으로 공동체에 의해 합의하에 공유되고, 인가되고 주입되는 어떤 수용된 방식으로 사물들을 다루거나 거기에 반응하는 능력이다. 하지만 그럼에도 불구하고 그것은 (다양한)해석과 교정에 대해 유연하고 개방적이다. 참된 이해의 적절한 반응으로서 중요한 것은 주어진 사회의 규범적인 관행에 달려 있을 뿐만 아니라 그 사회 및 하위문화들 안에서의 서로 다른 문맥들의 관점에서도 변한다. 예를 들어 우리는 어떤 발화에 대한 일상적인, 문예적인 그리고 정신분석적인 이해에서 파악하기 위해 이해의 다른 반응들을 기대해야 한다. 비트겐슈타인 자신도 이해가 문맥적이며 하나의 보편적 기준에 의해 지배되지 않는다는 것을 인정했다. 그는 단어의 의미를 이해하기 위한 두 가지 일반적인 기준은 그것을 정확히 사용하는 능력이고 그것의 의미를 설명하는 능력이라 주장한다. 그러나 그는 또한 어떤 시를 이해하기 위한 하나의 일반적 기준은 그것이 적당한 표현이나 운율을 가지고서 그것을 읽을 수 있을 것이라 주장한다.[14]

---

14) 의미와 이해에 관한 비트겐슈타인의 견해에 대해서는 특히 그의 *Philosophical Investigations* (Oxford: Blackwell, 1968), 143-242 절을 참고하기 바람. 비트겐슈타인의 입장에 관해 더 다듬어지고 분명한 것에 대해서는 G. P. Baker 및 P. M. S. Hacker의 *Wittgenstein: Meaning and Understanding* (Oxford: Blackwell, 1983), 29-45, 321-46쪽을 보기 바람. 시에 대한 정확한 이해의 수단 혹은 기준으로서 구두로 읽는다는 생각은 비트겐슈타인의 *Lectures and Conversations on Aesthetics, Psychology and Religious Belief* (Oxford: Blackwell, 1970) 4-5, 40쪽에서 암시되고 있다.

비트겐슈타인의 비판에도 불구하고 왜 의미가 한정된 내용(참된 기술이나 오독에 대한 것인지 아닌지)의 대상이라는 그런 완고한 가정이 있는가? 그 이유의 일부는 그런 "실재론을 의미하는 것"이 해석적 지식의 분명한 모델을 제공한다는 것이다. 왜냐하면 만약 "지식의 대상"으로써 다루고, 참인 의미-대상이 없다면 어떻게 텍스트의 의미에 대한 어떤 진실이나 지식이 있을 수 있겠는가 하고 허시는 주장하기 때문이다.15) 의미를 구체화하는 이런 정당성을 근거짓는 일은 매우 개연적이고 이제는 아주 많이 퇴조해 있는 진리와 지식에 대한 대응이론이다.16) 실재에 대응하는 것으로서의 진리에 대한 질박한 생각은 단지 너무 모호해서 도움이 될 수 없다. 그리고 사실들 및 사건들의 상태에 대한 대응(초기 논리원자론자들의 표현 속에서)에 대해 더 명확하게 말하는 것은 원자론의 계획을 좌절시키는 문제들의 분류를 제기한다. 예를 들어, 우리가 그것들

---

15) E. D. Hirsch, *The Aims of Interpretation*, 1-3쪽.
16) 진리의 대응론과 인식의 대응론 사이에 구별이 될 것이다. 인식의 대응론만이 "실제로 있는 것 그 자체"로서의 대응하는 실재가 인식이 요청하는 비교와 평가를 위해 이용될 수 있을 것이다. 아무리 가치가 있다고 하더라도 이러한 구분은 우리가 여기서 고려하고 있는 이론들에는 영향을 미치지 못한다. 이 이론들은 해석적인 진리보다는 오히려 해석적인 인식의 요청에 더 관련되고 있다.

을 표현하는 참된 명제들로부터 떨어져 있는 이런 사실들을 언급하거나 개체화할 수 없기 때문에, 우리는 어떻게 어떤 비교나 조화를 감안하기 위해서 그런 명제들과 그것들을 진실로 만드는 요소들 사이를 의미있게 구별할 수 있는가? 그리고 우리는 어떻게 부정적인 사실들이라는 소화될 수 없는 이상야릇한 관념을 삼키지 않고서 부정적인 진실들을 이해할 수 있는가?

독립적인 대상들과의 대응 혹은 일치는 적잖이 개연적이다. 왜냐하면 사실들과 같이 독립적인 대상들은 그것들의 정확하고 지식-산출적인 대응을 위한 하나의 표준으로서 기능하기 위해 우리의 추론적인 관행으로부터 고립될 수 없기 때문이다. 왜냐하면 대상들은 오직 그것들의 몇몇 언어적 특징의 관점에서만 언급될 수 있고, 언어가 한 영역을 다른 대상들로 구성하는 다양한 방법들이 있기 때문이다. 세계에 대한 단일한 기술은 없으며, 우리로 하여금 호소하는 데에 이용할 수 있으며 심지어 언어사용자들로서의 우리가 지적으로 알 수 있는 대상들에 대한 어떤 선험적이고 언어적인 신의 눈을 가진 전망은 없다. 따라서 우리가 언급하는 대상들이 항상 언어적으로 중개된다는 사실이 주어진다면, 대응론을 인식론적으로 사용하는 "그 자체로 실재로 있는 바"로서의 직접적인 대상에 대해 어떤 실행 가능한 관념도 있을 수 없다.[17] 특히 문제가 되고 있는 대상이나 실재가 텍스트의 의미일 때, 대응으로서의 진리개념이 "통용될 수 없는 진부한 은유"[18] 라는 로티의 프라그마티즘적 결론을 피하기는 어려울 것이다.

그런 어려움이 주어진다면 작품의 의미에 대한 대응으로서의 해석적 진리의 생각 전체를 왜 포기하지 않는가? 아마도 그것을 포기한다면 해석적

---

17) 다음 장에서 내가 논의하려는 이 입장은 세계와 세계에 대한 경험을 언어적인 것에로 환원하는 것과 같지 않다.
18) Richard Rorty, "Texts and Lumps," *New Literary History* 17 (1985), 3쪽.

지식에 대한 모든 주장을 포기할 것이라는 두려움일 것이다. 하지만 이러한 두려움은 발견되지 않는다. 그리고 그것은 그런 요청을 합법화할 수 있는 진실의 택일적인(대응론이나 프라그마티즘적 이론) 이론들 때문이 아니다. 왜냐하면 비록 그러한 택일적 대안들과 사실상 진리에 대한 모든 이론들이 성공적이지 못하거나 잘못 이끌어진다 할지라도 진리가 지식을 고갈시키지는 않는다는 중대한 요점이 남아 있기 때문이다. 또한 라일(Ryle)이 "방법을 아는 것"이라 부르는 것이 있다. 어떻게 춤을 추거나 수영하는지를 아는 것, 존경스럽게 또는 무례하게 행동하는지를 아는 것, 몸짓이나 영어로 자신을 표현하는 것을 안다는 것은 어떤 일련의 명료한 진리에 대한 지식으로 단순히 환원 가능한 것이 아니다. 그 대신에 그러한 지식은 어떤 능력, 말하자면 사회적으로 어떤 지지되는 관행, 기준 그리고 모델에 대해(맹목적으로 단호한 집착보다는 오히려) 일반적인 순응의 어떤 방법으로 수행하는 성향적 능력에 의해 구성된다. 그것들은 대체로 명료하지 않을 수 있으며, 논쟁의 여지가 있는 양자택일적인 해석들을 허용할는지도 모른다. 비트겐슈타인의 어구를 빌려보면, 그런 성향적이고 실천적인 지식을 갖는 일이 요구하는 바는 과거의 적용들과 기준들의 범위를 넘어서 적절한 관행들이 "어떻게 되어가는지를 알고", 어떻게 타당하고 효과적이며 또는 최소한 옹호할 수 있는 계획들을 만드는 것이다. 듀이가 단언하고 있듯이, 그런 지식은 거울에 비치는 수동적인 관망이라기보다는 오히려 능동적이고 반응을 보이는 동인과 구조 짓지만 유연한 환경 사이의 상호작용, 즉 양자가 바뀔 수 있는 "상호작용의 양식"[19]인 것이다.

---

[19] 길버트 라일(Gilbert Ryle)의 *The Concept of Mind* (London: Hutchinson, 1949), 26-60쪽에서 '어떻게 인식하는가'에 대한 논의를 보기 바람. Wittgenstein, *Philosophical Investigations,* 179 절 및 John Dewey (LaSalle, Ill.: Open Court, 1989), 352쪽. 인식, 심지어는 과학적 인식이 과학적 진리보다 더 많은 것이 있다는 생각은 Putnam이나 Lyotard와는 다른 철학자들에 의해 최근에 각광을 받고 있는 주제이다.

또한 이런 유형에서 문화적으로 적절하게 반응하는 범위에 순응하는 방법들, 이미 수용된 방법들 또는 수용 가능한 방법들에서 작품에 반응하는 수행능력으로서의 해석적 지식을 볼 수 있다. 이러한 이유로, 해석에 있어서 우리의 목적들은 저자에 의해 텍스트에서 이미 조심스럽게 감추어져 있는 객관화된 의미를 파내고 기술하는 것이 아니라 오히려 텍스트에 대한 풍부하게 의미 있는 반응을 전달하고 전개시키는 데에 있다. 그 계획은 작품의 주어지고 한정된 의미를 기술하는 것이 아니라 오히려 그 작품의 뜻을 통하게 하는 것이다. 비록 의미를 만드는 우리의 활동이 고정되어 있는 앞선 의미를 반영하거나 파악하는 것으로 노예화되어 있지는 않는다 할지라도, 그것은 자의적이고 일탈된 "오독"에 대해 전적으로 자유롭다거나 비난받는 것은 아니다. 왜냐하면 우리는 처음부터 삶의 문제들에 대한 그것들의 일관성, 깊이 그리고 반영을 강조하는 어떤 방법들에서 문예작품들을 해석하는 우리의 문화적인 훈련에 의해 제한될 뿐만 아니라, 우리가 그것들을 다르게 해석함으로써 그 만큼의 아름다움을 상실할 것이라는 두려움에 의해 이런 관행을 강력하게 계속하지 않을 수밖에 없기 때문인 것이다. 문예적 해석에 대한 가장 확립되고 존중되는 우리의 관행들은 "이해에 대한 일관된 포괄성"[20]으로 불릴 수 있는 이중의 원리에 의해 알려져 있는 것처럼 보인다. 왜냐하면 그것은 의미 있는 특징의 더 큰 부(富)를 작품 그 자체의 한계를 넘어서고 사실상 더 큰 맥락에서 그것들을 제시하고 설명함으로써 작업의 불일치와 그것의 해석적 아포리아 위에 설정될

Hilary Putnam, *Meaning and the Moral Sciences* (London: Routledge & Kegan Paul, 1979), 72-3쪽 및 Jean-Francois Lyotard, *The Postmodern Conditon* (Minneapolis; University of Minnesota Press, 1984), 31-53쪽.

[20] 의도주의자, 신 비평가, 구조주의자 및 해체론자로부터의 여기에 대한 증명은 나의 *T. S. Eliot and the Philosophy of Criticism* (New York: Columbia University Press, 1988), 122-3쪽을 보기 바람.

수 있는 더 일관된 전체, 즉 일관된 이해를 연관 지어 구성하는 데에 목적이 있기 때문이다.

아무튼 이러한 일반적인 해석학적 방향으로부터 해석의 목적에 대한 어떤 엄격한 통일성이 시사되지는 않는다. 왜냐하면 텍스트들의 뜻을 통하게 하고 우리의 이해에 대해 (심지어 그것들의 비일관성에서조차도) 그것들을 일관적이게 하는 데에 사회적으로 확립되고 미적으로 입증되지만 아직 서로 경합을 보이는 해석상의 전략들에 대한 방대한 다양성이 있기 때문이다. 텍스트를 충실히 재구성하는 텍스트 비평가가 추구하는 해석은 거의 그것을 재미삼아 해체하는 후기 구조주의자의 해석이 아니다. 오늘날의 비평은 주로 텍스트를 따르는 독서와 텍스트에 거슬리는 독서로 대충 나뉜다. 그리고 심지어 하나의 단일한 의미를 만드는 전략(저자의 의도와 같은) 안에서조차도, 해석적 타당성에 대한 정확한 목적과 그에 따른 표준은 문맥과 더불어 변화할 것이다. 이것은 항상 그 안에서 이해가 일어나게 되는 전체를 규정한다. 일요신문에 적당한 것은 강의실에서나 학술적인 잡지를 대신할 리 없다는 것이다. 왜냐하면 그것의 표준은 거의 다시는 균일하지 않기 때문이다.

두 가지 다른 점들이 텍스트의 의미를 만드는 기본적인 다양성에 기여한다. 첫째, 모든 해석적 반응이 인식적 목적에 의해 지배되는 것만은 아니다. 그리고 고양된 미적 경험의 목표(창조적이고 해석적인 연행(演行)에서처럼)는 어떤 미적이지 않은 의미에서 "참"이려고 시도하는 목적을 무시할 수 있다. 우리 철학자들은 지식이 독서와 해석을 위해 유일한 가치 있는 이유만은 아니라는 점을 상기할 필요가 있다. 둘째, 의미를 만드는 일은 항상 작품의 내용이나 형식을 표상하는 어떤 분명한 언어적 반응을 구성하는 문제인 것만은 아니다. 실제로 의미를 만드는 몇몇 방식들은 너무나 직접적이고, 즉각적이며 그리고 사고력이 없으므로 그것들은 해석보다는 오히려 단순한 독서나 이해로써 더 잘 기술된다.

의미결정으로서의 해석에 대한 프라그마티스트의 설명은 독서와 해석의 목표나 목적으로서 객관화된 의미들에 대한 하나의 마지막 논쟁에 직면해야 한다. 즉, 작품의 정체를 확인해주는 어떤 고정된 의미대상이 없다면, 반응이나 이해의 공통된 객체로서 그것을 개별화하거나 언급하는 적당한 방법은 없을 것이고, 따라서 그것이 어떻게 이해되어야 하는가에 대한 유익한 비평적 대화의 가능성은 없을 것이다. 확실히 하나의 문예작품(또는 그 밖에 어떤 것)을 이해하는 일은 무엇인가를 이해하는 것임에 틀림없다. 하지만 객관화된 의미가 없다면, 이해하는 독자들과 비평가들을 위한 공통의 의미 있는 대상이 없을 것이다.

우리는 분명히 문예작품을 물리적으로 새겨지거나 구두로 수행된 텍스트들 가운데 단지 어떤 하나(또는 전체 합하여)와 동일시할 수 없다. 왜냐하면 허시가 제안하듯이, 의미의 가정 없이는 이러한 텍스트들은 단지 종이 위의 자국이거나 공중의 소음에 불과하고, (같은 모양의 토큰들처럼) 그것들을 함께 묶고 있는 어떤 공유된 의미의 가정이 없다면, 그것들은 관계를 맺고 있지 않은 대상과 사건일 것이기 때문이다. 그러나 의미 있는 어떤 것으로서의 텍스트의 동일성이 오직 이치에 닿는 노력의 산물이라면, 그것의 독자들이 그것을 다르게 이해할 때, 어떻게 우리는 같은 작업으로써 그것을 계속 동일시할 수 있겠는가? 그것은 다소 다른 독자들에 의해 주어진 다른 의미들이 있는 것만큼 많은 작업들로 분해되는 것 같다. 그렇다면 다르게 해석하거나 반응하는 다른 독자들을 위한 공통의 작업, 즉 비평적 토론을 위한 공통의 대상은 없을 것이다. 그러나 우리가 주어진 작품을 토론하는 것이 가능하므로, 그것을 저자의 의도(허시)나 텍스트 자체의 객관적 의미(비어즐리)와 동일시하든지 우리가 토론하고 있는 어떤 공통의 의도적인 대상이 있어야 한다는 점을 주장할 수 있을 것이다.

이러한 주장이 아무리 설득력 있게 드러난다 할지라도, 그것은 우리로 하여금 비판적 논의를 위한 언급의 정체성을 보장하기 위하여 그 작품의 동일성으로서 어떤 고정된 독립적인 의미를 가정하도록 강요하지 않아야 한다. 핵심은 지시적 동일성의 논리적 논점과 동일시되는 것의 본성, 특성 또는 의미의 실질적인 논점을 구별하는 일이다. 확실히, 우리가 어떤 작품에 대한 우리의 해석들이 아무리 많이 다르다는 것을 인정한다 할지라도, 우리는 적어도 "그" 작품(그리고 실제로 "그것의" 다른 수용)에 관하여 말하기 위해 이런 차이 사이에서 같은 작품에 대한 재동일성을 감안해야 한다. 담론에 대한 일상의 지시적이고 서술적인 기능들은 단지 개별화에 대한 이런 있는 그대로의 논리적-문법적 동일성을 요구할 뿐이다. 그러나 그런 동일성은 다른 경우들과 동일시되는 것이 완전히 또는 심지어 실질적으로 동일하다는 것을 수반하지는 않는다.[21] 담론의 실제적인 목적들을 위해, 우리가 그 사물의 실질적인 본성이 무엇인가에 관하여 근본적으로 다른 한, 그것이 한 마리의 새이건, 비행기이건 아니면 실제로 슈퍼맨이건 간에, 우리는 같은 것에 관하여 이야기하고 있다는 점에 동의할 수 있다. 지시적 동일성에 관한 동의는 기술들을 동일시하는 어떤 최소의 수에 동의함으로 보증될 수 있거나, 그것은 단지 깊이 뿌리내린 개별화의 문화적 관습들에 의해 추정(그리고 매우 흔하게)될 수 있다. 지시적 동일성과 실질적 동일성 사이를 구별하면서, 비슷하게 우리는 해석된 대상 안에서의 변화와 해석된 대상에 관한 변화 사이를 구별할 수 있다. 그리고 거기에서 전자는 후자를 포함할 필요가 없다(그러나 만약 충분히 극단적인 경우라면, 포함할 수 있다). 새로운 해석이나 저자의수정은 개별화의 지시적 의미에 있어서 그것을 완전히 다른 시로 만들지 않고서 새로운 시를 만들 수 있다.

---

[21] Joseph Margolis는 본질적으로 해석에 관한 그의 새로운 설명인 "Reinterpreting Interpretation"에서 같은 점을 말하고 있다.

듀이에게 있어서, 해석과 지식은 항상 그것들이 전용하고 있는 대상들에서 변화하고 있다. 그러나 이러한 변화들을 통한 연속성의 충분한 배경이 있을 때, 우리는 계속해서 동일시하고 그것들을 같은 대상들이라 언급한다. 그런 대상들은 고정되어 있는 것이 아니라 "상대적으로 한결같거나" 안정적이다. 그리고 욕구된 안정성의 정도와 본성은 우리의 (변화하는) 개별화의 목적들에 달려 있다.[22] 예술작품들이나 텍스트들은 그것들이 다루는 문화의 전통과 사회적이고 언어적인 관행들에 의한 개별적 대상들로써 구성되고 재구성되는 문화적 실체들이다. 그것들의 개별화와 동일성은 그런 관행들을 넘어서는 어떠한 것에도 의존하지 않고, 따라서 이런 관행들과 마찬가지로 변화에 개방되어 있다. 이 점을 인정한다면, 비록 그 작업이 저자에 의해 이미 기록되거나 "완성"되었다 할지라도 그리고 우리가 그것을 같은 작품으로서 계속해서 동일시한다 할지라도, 우리는 특성과 의미에 대한 작품의 실질적인 동일성이 어떻게 시간을 넘어 중요하게 변할 수 있는지를 쉽사리 설명할 수 있다. 무엇인지 아닌지에 대한 물음을 계속해서 고민할 필요는 없을 것이다. 만약 그러한 변화가 주어진다면, 그것은 실로 동일한 작품이다. 그리고 또한 우리는 질문이 명확한 답변을 가져야 한다는 점을 가정하면서, 구체화된 의미에 선행하여 결정되고 독립적인 대상으로서 작품이 존재한다는 점을 만약 우리가 가정한다면, 실로 그것은 그래야 한다.

그 대신에 내가 윤곽을 그리고 있는 프라그마티즘의 설명에 있어 예술작품은 그것의 이해와 해석을 규정하는 노력, 다시 말해서 그 작품이 어떻게

---

[22] John Dewey, *Art as Experience* (Carbondale, Ill.: Sourthern Illinois University Press, 1987), 327쪽. "The Practical Character of Reality," in *Philosophy and Civilization* (New York: Capricorn, 1963), 36-55쪽. 여기서 듀이는 "모든 존재란 변화하는 중에 있기" 때문에, 지식의 기능이란 "복제하는 것이 불가능한 것"이 아니라, "실재에 있어 어떤 차이를 만드는 것"이라고 논변한다(40, 46-7쪽).

그리고 무엇을 취할 것인지를 규정하는 노력에 대한 계속적이고 논쟁적인 구성이라는 것이 판명된다. 이는 프라그마티즘적으로 말해, 그것이 실제로 어떠하며, 무엇인지에 도달하는 것이다. 비록 이해를 규정하는 그런 노력들이 아마도 저자(만약 우리가 예술적 및 언어적 전통들이 이미 규정하고 있는 노력들을 규정하고 있다는 기억할 만한 사실을 잊는다면)와 함께 시작한다고 할 수 있다 할지라도, 이해를 계속해서 형성하고 인도하는 의도들은 저자의 통제를 멀리 넘어서 확장된다.

동일성과 해석의 문제점 및 진리 대 생산성의 변증법은 둘 다 해석에 대해 통용되고 있는 지배적인 세 가지 프라그마티스트 이론에 중심된 것이다. 해석에 대한 크납과 마이클즈의 이론은 논쟁을 불러일으킨 "이론에 반하여"에서 역설적으로 진전된 바 있으며, 여기서 "이론"은 "해석 일반에 대한 설명에 호소함으로써 특별한 텍스트들의 해석들을 지배하는 시도"23)로서 좁게 정의된다. 크납과 마이클즈 전략의 요점은 해석에 관하여 이론화하려는 기획 전체가 다음과 같은 오류에 의존하고 있다고 논변한다. 즉, 일반적으로 텍스트가 무엇을 의미하는지 그리고 그것이 어떻게 해석되어야 하는지의 물음을 이론화하는 어떤 것이 있다는

---

23) Stephen Knapp과 W. B. Michaels의 "Against Theory," in W. J. T. Mitchell(ed.), *Against Theory* (Chicago: University of Chicago Press, 1985), 11쪽(이후에는 *AT*로 줄여 씀). 아무리 일반적이라 하더라도(같은 곳) 이론에 대한 좁은 구문해석을 거부하는 좋은 이유들이 있으며, 이론이 어떠한 "본질상 경험적인" 설명을 포함할 수 없다는 그것과 연관된 가정들이 있다. 왜냐하면 이런 견해는 이론에 대해 문제를 요청하는 방식에서 일상적인 용법으로부터 날카롭게 빗나가고 있기 때문이다. 즉, 이론을 그렇지 않으면 안 되는 것보다도 훨씬 더 좁고 단호하며 이의를 제기할 수 있는 것으로 보이게 하는 방식에서 그렇다. 게다가 Knapp과 Michaels는 반성적 모순 속에 있는 것으로 보인다. 왜냐하면 해석―"텍스트의 의미는 단순히 저자의 의도된 의미와 같다"고 하는―에 대한 그들 자신의 주장에 따른 반이론적 입장은 그 자체 비경험적이고 이론적이다. 반대라고 하는 그들의 저항에도 불구하고 말이다(*AT* 12, 98-100).

것이다. 오직 텍스트적 의미와 해석이 어떤 것일 수 있다는 선택적 가능성들이 존재한다는 가정 위에서만, '해석하는 데에 있어 대안이 되는 방법들 사이의 선택의 착각'이 이런 의문의 여지에서 이론의 위치를 정할 수 있으며, 이런 가능성들 사이에서 평가하고 결정하는 기능을 그 자체 받아들일 것이다(AT 17).

대부분 해석적 이론화는 텍스트의 의미가 작가의 의도와 동일해야 하는지에 대한 의문에 중심을 두기 때문에, 크납과 마이클즈는 텍스트의 의미가 결코 저자의 의도가 아니라는 것은 논리적으로 불가능하다는 점을 주장함으로써 이런 의문의 바로 그 타당성에 도전한다. 그리고 가능한 대안이나 선택이 없다면, 단순히 문학적 해석이 의도주의적이어야 하는지를 논변하는 이론을 위한 장소는 없게 된다. 이런 방법으로 그들은 그들의 입장과, 결코 이론화하는 것이 아니라 단순히 텍스트의 의미와 해석에 관한 개념적 필연성 위에 보고되고 있는 더 전통적인 의도주의의 이론(허시처럼)과 주장으로부터 그들의 입장을 구별해낸다. 다시 말해서 "텍스트가 의미하는 것과 그것의 저자가 그것에 의미하고자 의도하는 것은 동일하고" 따라서 그 해석은 "역사적인 저자의 의도에 대해 반드시 충실"해야 한다(AT 19,103).

하지만 일상적인 담론과 비평적인 담론에서 "의미"와 "저자의 의도"는 개념적으로 동일하지 않다. 우리는 이것을 의도주의의 논점이 뜨겁게 논쟁되었기 때문만이 아니라 우리가 주어진 텍스트가 실제로 저자의 의도를 전달하는지를 의미있게 물을 수 있다는 단순한 사실로부터 안다. 하지만 크납과 마이클즈는 그런 세련되지 않은 수수한 경험적 사실들을 무시하고 텍스트의 의미와 저자의 의도에 대한 개념적 동일성이 논리적으로 그리고 반드시 언어의 순수한 본성으로부터 뒤따른다는 점을 선험적으로 주장한다.

그들은 그들의 주장을 언어적 의미가 그것들을 구체화하려는 의도와 발화행위의 관점에서 이해되어야 한다고 주장하는(그라이스『Grice 와 설

Searle에 의해 오스틴』Austin으로부터 발전된), 지금 폭넓게 수용되는 관점 위에 기초를 두고 있다. 비록 분석철학이 유령처럼 지나치게 사적인 것으로 보이는 실체들에 의존하고 있는 의도주의를 종종 피했다 할지라도, 의도적인 문맥들이 의미에 대한 표준적인 진리기능의 설명들을 거절하기 때문이다. 그리고 그것은 문장과 발화의 의미가 순수한 외연적 용어들로 완전히 설명될 수는 없고, 따라서 언어가 어떤 의미에서 의도적(비록 우리의 의도가 차례로 본질적으로 언어에 의존하듯이 보인다 할지라도)이어야 한다는 점차 증가하고 있는 인식을 보여준다. 우리는 여기서 이런 일반적인 논점을 해결할 필요가 없다. 왜냐하면 비록 우리가 "의미들은 항상 의도적이다"라는 크납과 마이클즈의 생각에 동의한다 할지라도, 이는 여전히 "텍스트가 의미하는 바와 그것의 저자가 그것에게 의미하고자 의도하는 것이 동일하고" 나아가 실제로 "모든 독서에 대한 해석의 필요한 대상이 항상 역사적인 저자의 의도"라는 그들의 결론을 일으키지 않기 때문이다 (*AT* 24, 101, 103). 우리는 모든 텍스트적 의미가 어떤 의미에서 한 텍스트의 의미는 *역사적 저자*의 의도나 의도된 의미와 동일하다는 그 도전적인 단언과 더불어 의도적이라는 관점을 혼동하지 않도록 주의해야 한다.

그러나 이것은 정확히 크납과 마이클즈가 범한 실수였다. "의미"와 "저자의 의도된 의미"를 융합함으로써 그들은 그것에 의해 의미하고자 의도했던 바를 의미하는 데 실패한 누군가의 발화나 글쓰기의 가능성, 즉 사실상 매우 종종 현실적인 가능성을 배제한다. 이러한 융합을 거절한다면 언어가 기본적으로 의도할 수 있는 것 혹은 지향성을 여전히 인정할 수 있는 것이다. 크납과 마이클즈가 이 점을 바르게 강조한다. 인간이 의도하는 바의 배경이 없다면 언어적 의미, 즉 "의도와는 독립하여 혹은 의도에 앞선 언어의 가능성"이 없을 것이라는 전체적 의미에서 이를 첫 번째로 인정할 수 있을 것이다(*AT* 19). 하지만 누구나 모든 개개의 언어적 텍스트가 그것의 의미를 위해 어떤 특별한 의도를 요구한다는 것을 그 이상으로 그럴싸하게 간직할 수 있다. (크납과 마이클즈가 보인 예에서처럼) 모래 위의 파장에 의해 또는 컴퓨터에 의해 우연히 산출된 일련의 문자들은 여전히 그것의 의미를 위해 의도적 행위-여기에서 의미 있는 텍스트로써, 즉 단순한 표시라기보다는 언어로서 표시들을 보고 사용하고 있는 독자의 의도-에 의존할 것이다.

어떻든 비록 우리가 "의도 없는 의미가 …… 있을 수 있다"는 점을 부인하고 (어떤 의미에서) "의도된 것과 의미된 것이 동일하다"는 점을 주장하는 데 있어서 크납과 마이클즈를 따른다 할지라도 이것은 여전히 "텍스트의 의미가 단순히 저자의 의도된 의미와 동일하다"는 점을 수반하지는 않는다(*AT* 12, 15, 17). 뒤따르는 모든 것은 텍스트의 의미가 *어떤* 의도(또는 의도들의 그룹)나 또 다른 의도와 분리될 수 없다는 것이다. 그러나 필요한 의미를 확보해주는 의도들은 크납과 마이클즈가 텍스트의 의미를 그것의 의도와 동일시하는 원래의 "역사적 저자"에게보다는 오히려 텍스트의 독자들(또는 집합적으로 해석적인 공동체)에게 속할 수 있을 것이다.[24]

그들이 이러한 동일성을 확보하는 유일한 방법은 텍스트의 독자들 중 어떤 이를 의미를 부여하는 저자로서 고려하려는 것이다. 그러나 그런 강렬하게 작용하는 처방은 저저의 바로 그 생각을 벗겨냄으로써 의도주의자의 전체 생각, 즉 저자에 정향된 해석을 훼손한다. 크납과 마이클즈는 저자가 텍스트를 산출해낼 때 의미를 부여하는 의도를 "특별한 경우"의 의도에 훨씬 더 좁게 제한하고 "저자"를 "역사적 저자"에 제한하면서 이러한 움직임을 명백히 거절한다(*AT* 103, 141). 그들에게 있어서는 어떤 의미 부여된

---

[24] 누구의 의도가 의미를 결정할 것인가라는 물음은 어떻게 의미와 해석이 또한 깊이 있게 권력의 논점들인가 라는 점을 시사한다. 로티, 피시, 크납과 마이클즈에 대한 나의 뒤이은 비판에 깔려 있는 주제는 이 권력에 그들이 얼마나 근접하게 놓여 있는가의 문제와 연관된다.

의도가 우리의 목적들을 위해 더 유효하다고 선택하는가에 대한 논점이 있을 수 없으며, 어떤 의도적인 맥락이 (비록 이것들이 아주 뛰어나게 프라그마티스트의 고려라 할지라도) 그 작품을 다룸에 있어 사용하는 데 더 유용한 선택인가에 대한 논점은 있을 수 없다. "그것(역사적인)의 저자가 의도했던 바를 결정하는 데 경험적 어려움"만 있을 뿐이다(AT 142).

물론 크납과 마이클즈는 문예해석가가 역사적 저자의 의미 이외에 달리 의미들과 관계하고 있다고 종종 주장하고 또한 그렇게 보인다는 점을 잘 알고 있다. 이런 반항적인 경험적 증거에 반대하기 위해, 그들은 그런 비저자의 해석이 결국 비평-비용계정의 합법적이고 특성상 프라그마티스트의 논변-에 대해 궁극적으로 반생산적인 것이라고 주장하지 않는다. 대신에 그들은 그들이 회피하는 척하는 고차원적인 이론과 선험적인 논변의 길을 택한다. 그들은 단지 또 다른 작품을 적어놓아 이것을 다룸으로써 읽기와 해석의 행위 밖에서 한 영역에 대해 다른 의미들의 발견이나 조성을 격하시킨다. 즉, "저자의 의도를 어떤 다른 의도로 대치하는 일은 …… 다시 쓰는 것이고, 결코 더 이상의 해석이 아니라는 것이다"(AT 103).

이러한 격하를 정당화시키기 위해 크납과 마이클즈는 같은 텍스트가 논리적으로 두 개의 다른 의도나 해석을 낳을 수는 없다고 주장한다. 따라서 저자의 한정된 의도 이외의 어떤 의도를 해석하는 것은 다른 텍스트를 해석하거나 써놓는 일이다. 우리가 일상적으로 텍스트의 다른 가능한 의미나 표현된 의도로써 받아들이는 것은 다른 텍스트들의 뜻으로 파악되어야 한다. 그들은 주장하기를, 하나의 텍스트란 단순히 다른 의미들을 지닐 수 없다. 왜냐하면 텍스트의 유사함이 의미의 유사함을 요구하기 때문이다. 그리고 그것 자체가 의도의 유사함으로써 정의된다. 따라서 해석의 다양성을 불법화하고 텍스트의 의미를 저자의 의미와 궁극적으로 동일시하는 그들의 경우는 텍스트적 동일성의 논점에 관한 이론적 주장에 의존하고 있다. 역사적 저자의 특별한 의도와 더불어 그것의 의미를 오직 엄격하게 동일시함으로써, 텍스트는 적당하게 개별화될 수 있다. 그리고 오직 "특별한 경우에 대한 특별한 저자의 의도는 …… 하나의 텍스트에 텍스트로서의 그것의 동일성을 부여하는 것이 될 수 있다"(AT 141). 하지만 관계있고 실질적인 동일성을 융합할 때, 그들은 개별화의 유일하게 실행 가능한 기준인 이것에 대한 참된 논변을 제공하지 않는다. 그리고 다시 한 번 그들의 이론에 단호하게 반하여, 분명한 사실은 텍스트들이 상이한 의도나 해석을 배제하기 위한만큼 개별화되지 않는다는 것이다.[25]

마지막으로, 비록 우리가 특별한 저자의 의도라는 관점에서 텍스트를 개별화하는 일에 동의한다 할지라도, 이는 여전히 해석이나 가능한 의미의 다양성을 배제하지는 않을 것이다. 왜냐하면 첫째, 의도들 자체는 그것들이 전형적으로 공식화되는 언어의 많은 무규정성을 공유하고 있거니와, 따라서 그것들 자체가 다르게 해석될 수 있기 때문이다. 크납과 마이클즈는 의도가 그 자체 해석을 필요로 하지 않으며 또한 상이한 해석들을 허락하지도 않는, 고정되고 투명한 어떤 것으로 텍스트의 의미와 정체성의 근거가 될 것이라고 추정한다. 그러나 우리는 의도성이라는 그런 투명하고

---

[25] 연이은 주제인 "Against Theory 2: Hermeneutics and Deconstruction"(*Critical Inquiry* 14(1987), 49-69)에서 크납과 마이클즈는 가다머와 리쾨르의 해석학 이론, 굿맨과 엘진의 의미론적 관행주의, 데리다의 해체론적 텍스트주의에 대한 의도주의자의 비판을 확장하고 있다. 아무튼 논의의 기본노선은 바뀌지 않고 있다. "텍스트란 저자가 의도한 것 이외에 어떤 것을 뜻할 수"는 없다. 또한 "텍스트의 동일성에 대해 저자의 의도와는 무관하게 기능하는, 어떤 그럴 듯한 기준(예를 들면, 통사론, 언어적 관행, 또는 동일화의 전통 등)은 없다"(50). 단지 어떤 결정적인 의도 없이 텍스트는 그 자체 무엇을 의미할 수도, 확인될 수도 없기 때문이다.
나는 크납과 마이클즈가 비어즐리의 반관행주의를 텍스트의 의미가 "영원히 변하지 않는다"(51, 68)고 주장함으로써 잘못 대변하고 있다는 점을 또한 지적해야 겠다. 그에 반해 텍스트의 의미가 저자가 죽은 오래 후에(단어의 뜻이 변함으로써) 변할 수 있다는 사실은 비어즐리의 주된 논변을 이루고 있다. 그는 텍스트의 의미가 논리적으로 저자의 의미와 같지 않다고 밝히고 있다. Beardsley, *Possibility of Criticism*, 19쪽 참고.

언어중립적이며 자기 해석적이고 명백한 개인언어가 정말로 존재하거나 심지어 존재할 수 있었다는 것을 믿을 이유가 없다. 그리고 의도 자체가 무규정적이고 다양하게 해석가능하기 때문에 그것은 텍스트에 대한 명료성과 단일한 해석을 보증할 수 없다. 둘째로 개별화되는 의도는 사실 명백한 다양성들 모두가 미리 보이고 미리 규정되는 것만은 아닌 텍스트의 다의성과 다수의 해석에 대한 생성일 수 있다. 확실히 모호하면서도 열린 텍스트를 의도적으로 산출하는 일은 동시대의 예술과 미적 해석에 특징이 되고 있으며, 부분적으로 그것들을 의도와 해석의 단일성이 더 중요한, 더욱 실천적인 담론으로부터 구별한다. 그러므로 크납과 마이클즈가 개방적이고 다의적인 텍스트의 관념을 장려하는 데 도움을 주는 해석 이론의 관행과 함께 논점을 채택한 바와 같이, 문예텍스트들을 더욱 일상적인 발화행위의 상황 속으로 의심할 여지없이 동화시키는 것은 놀랄 만한 일이 아니다.

  비록 개연적이고 확신할 수 없다 할지라도, 크납과 마이클즈의 의도주의 이론은 그럼에도 불구하고 프라그마티즘의 해석을 위해 교훈적이다. 왜냐하면 그것은 그것이 나타내고자 의도하는 프라그마티즘의 정신에 거슬려 매우 잘못된 길에 빠져드는 것 같기 때문이다. 첫째, 그들의 입장은 해석이 가능했던 것에 대한 어떤 선택의 가능성을 부인한다. 그리고 그것이 주장하는 바에 의하면 "해석이 항상 작용하는 방법을 묘사하고" 문학적 비평가들과 학회들의 의도 및 활동과는 반드시 무관하게 작용해야 한다(*AT* 105). 그리고 우리가 해석할 수 있는 방법의 어떤 선택을 부인할 때, 크납과 마이클즈는 유사하게 해석이 가능했던 것의 어떤 변화나 전개를 우리의 (변화하는) 필요에 더 기여할 수 있으며 만족감을 주도록 허용하지 않는다. 이러한 단호한 해석적 일원론은 프라그마티즘의 전통에 직면한다. 그리고 이것은 사유의 추정상의 필연성과 정적인 우주의 불변성에 도전하고, 대신에 인식과 작용에서 선택의 영역을 넓히고 강조하는 것을 목적으로 삼는다.

제임스(James)는 프라그마티스트의 태도가 다원적이고 열려 있으며 "······ 추정된 필연성을 외면하고," 그 대신에 세상의 대상물들을 "우리 인간의 목적에 어울리도록"26) 잘라 내는 데 있어서 선택의 역할과 가능성의 범위를 인정하고 촉진하는 것이라 말한다. 프라그마티즘은 또한 앞을 내다보는 철학이다. 왜냐하면 그것은 미래의 결과와 변화의 중요성을 강조하기 때문이다.27) 선례의 현상이 아니라 결과의 현상, 선례가 아니라 행동의 가능성 위에 있는 그것의 주장은(듀이의 말에서) 프라그마티즘과 "역사적 경험주의"28)를 구별하는 것이다. 크납과 마이클즈는 의미의 뒤를 돌아보고 의미에 대한 고정된 설명에서뿐만 아니라 텍스트의 의미가 반드시 저자의 의도를 뜻한다고 주장된 개념적 진리에 호소함으로써 그것의 필연성을 입증하는 그들의 시도에서도 구시대의 경험론자들로서 자신들을 드러낸

---

26) William James, *Pragmatism and Other Essays* (New York: Simn and Schuster, 1963), 27, 111쪽. 제임스는 우리가 주어진 것으로 받아들이고 있는 그러한 대상과 사실이 우리의 선택이나 의지와는 무관하게 실로 우리가 수용하기로 훈련된 우리 조상들의 과거의 선택이나 해석의 산물이라고 생각한다. "우리가 느끼며 살고 있는 세계는 우리의 선조들과 우리가 생생한 경험으로부터 끌어낸" 것이다(William James, *The Principles of Psychology* (New York: Dover, 1950), 289쪽을 보기 바람). 퍼스와 듀이는 마찬가지로 정적인 세계와 그것을 다루는 고정된 개념의 필연성에 대한 가능성과 이원적 선택을 단언하고 있다. 프라그마티즘 대해 본질적으로 이원적인 정신은 최근에 Richard Bernstein, "Pragmatism, Pluralism, and the Healing of Wounds," *Proceedings and Addresses of The American Philosophical Association*, 63(1989), 5-18쪽에서 강조되고 있다.

27) 제임스는 프라그마티즘을 본질상 "미래를 향해 전진하면서" 마주치는 것으로 기술하며, "프라그마티즘적 방법"을 전제된 필연성인 제일 사물, 원리, 범주를 멀리하는 태도로 보며, 마지막 사물, 결실, 결과 및 사실을 바라보는 태도로 본다." 마찬가지로 그의 프라그마티즘은 지식의 목적이 존재하는 실재를 복사하는 것이 아니라 존재하는 실재란 우리에게 더욱 만족할 만한 경험을 제공하기 위하여 변할 수 있다고 주장한다 (James, *Pragmatics*, 26-7, 99-100쪽 참고).

28) John Dewey, "The Development od American Pragmatism," in *Philosophy and Civilization*, 24쪽. 이어서 내가 언급하려는 경험론에 대한 콰인의 비판은 다음을 참고. W.V. Quine, *From a Logical Point of View* (New York: Harper and Row, 1963), 20-46쪽.

다. 왜냐하면 이런 호소는 경험주의에 대한 콰인(Quine)의 첫 번째 도그마, 즉 의미에 대한 도전 불가능한 분석적 진리들에서의 신념을 포함하기 때문이다.

프라그마티즘의 세계개선론과의 예리한 대조에서, 크납과 마이클즈의 필연주의는 해석적 관행을 개선하려는 어떤 목적을 자랑스럽게 회피한다. 왜냐하면 그것이 반대하는 이론의 계획처럼 그들의 "반-이론"은 그것이 저지하려고 추구하는 이론 자체의 관행을 제외하고 "문예비평의 관행을 위한 어떤 귀결도 가질 수 없기"때문이다(AT 99). 하지만 해석이 항상 반드시 저자의 의도를 발견하는 동일한 계획이라면, 그리고 해석이론이 어떤 "실천적 결론"도 가지지 않는다면(AT 25), 왜 모두가 소란인가? 이론이 때때로 우리를 실천으로부터 딴 데로 돌린다는 사실은 단지 크납과 마이클즈의 의지의 열정이 텍스트의 의미와 저자의 의도에 대한 이론을 근절하고 개념적 동일성을 설정하는 것을 정당화시킬 수 없다. 그들의 열정은 오히려 해석적 실천을 변형하는 이론의 힘과 저자의 의도로부터 자유로운 다른 해석적 방식들을 생성하는 데 있어 과거의 성공에 대한 두려운 인식을 나타낸다. 그들의 걱정은 의미의 불안정성과 그런 해석의 다원론이 인식상 훌륭한 교과로서 문예비평을 이해하기 위해 필요한 집합점을 훼손할 것이다. 그러한 해석적 집합점을 떠받치기 위해 크납과 마이클즈는 그런 차이점이 오직 논리적으로 적법하지 못한 것으로 그것을 금지하는 동안, 명백하다는 사실을 주장함으로써 해석적 차이를 균질화함과 동시에 추방할 것을 추구한다. 비저자의 해석을 "다시 또는 고쳐 쓰는 일"로 격하시키고 해석적인 변화의 바로 그 가능성을 부인함으로써, 그들은 해석의 범위를 고정시키며 제한하고자 하며, 그리하여 텍스트가 의미할 수 있거나 의미하는 바를 억제한다. "모든 읽기의 대상이 항상 역사적 저자의 의도"인 것은 원리적으로 고정된 공통의 해석적 목적과 대상을 보증해준다(AT 103).[29)]

비판적 담론이 텍스트를 개별화하고 다시 동일성을 찾는 가능성 없이는 일관적이지 못할 것이라는 점을 인식하면서, 이론가들은 전형적으로 그런 동일성이 어떤 영구적인 실질적 지층, 즉 변화하는 해석적 관행 외부에 놓여 있는 어떤 변하지 않는 텍스트의 본질에다 그것을 고정함으로써 오직 이해되고 지지될 수 있다고 가정한다. 크납과 마이클즈는 보다 더 전통적인 의도주의자들처럼 저자의 의도에다 그것의 닻을 내리고 있지만, 비어즐리와 굿맨(Goodman)과 같은 텍스트주의자들은 그것을 텍스트 자체에 위치시킨다.30) 양자 모두가 개별화와 지시적 연속성을 위한 필요를 고정된 실질적 동일성을 위한 요구와 혼동하는 과실을 범하고 있다. 일관된 개별화와 유익한 탐구를 허용하는 광범위한 실천을 넘어 어떤 실질적 고정성을 필요로 한다는 가정에 도전하면서, 듀이의 프라그마티즘은 문예작품을 변화하도록 열어 놓으며, 문예작품의 동일성과 의미를 해석자들의 공동체의 변화하는 관행과 목적에 맡긴다. 로티와 피시는 이런 유연하고 미래지향적이며 실천의존적인 방향을 따른다. 그러므로 현대의 프라그마티즘은 해석적 변화와 차이에 대한 그들의 인식을 환영해야 한다. 그러나 그것은 또한 다양성과 변화에 대한 그들 지지의 제한과 가치를 또한 조심스럽게 고려하지 않으면 안 된다.

---

29) 원칙상 이러한 고정성의 틀 안에서 크납과 마이클즈는 아직도 실제에 있어서의 해석적인 다양성의 존재를 허용할 수 있다. 역사적 저자가 의도하는 것뿐만 아니라 그가 실제로 누구인가의, 이른바 경험적인 문제를 완전히 열어둠으로써 그렇다. 그것은 심지어 "보편적인 뮤즈"(*AT* 103)일 수도 있다고 그들은 말한다. 그리하여 허시처럼 그들은 해석적 생산성이 가하는 전문적인 압력을 허용한다. 반면에 우리에게 다음의 사실을 확신시켜 주면서 그러하다. 즉, 궁극적으로 해석은 고정된 공통의 진리대상에 집중되고, 이는 해석의 구실을 축적된 지식을 겨냥하는 협력적인 기획으로 유지하는 것이라 본다.

30) 나는 *The Object of Literary Criticism*, 130-45쪽에서 동일성에 관한 굿맨의 텍스트적인 정의에 대한 자세한 비판을 제공한다. 여기서 나는 열려 있으며 프라그마티즘적으로 맥락적인 "범위개념"으로서 작품의 동일성의 개념을 다룬다.

, 로티는 크납과 마이클즈가 주장하는 필연론자의 입장과 저자의 의도를 되돌아보는 이론에 대해 가장 두드러진 대조를 보인다.31) 그들이 텍스트의 의미를 역사적 저자의 과거의도에 의해 영구적으로 정의되는 어떤 것으로서 간주하는 반면에, 로티는 그것을 미래, 즉 미래 독자들의 의도와 실행에 의해 끊임없이 다시 정의되는 어떤 것으로서 간주한다. 크납과 마이클즈는 해석이 하나의 필요한 대상과 목적을 가지고 있다고 생각하는 반면에, 로티는 해석의 대상들과 목적들이 항상 "선택의 문제"(*PP* 134), 즉 항상 신념과 욕망에 대해 우리의 망(網)을 다시 엮으므로 "우리에게 우리가 원하는 바를 얻도록" 겨냥해서 다시 문맥화하고 다시 기술하는 산물이라 주장한다(*CP* 150). 로티에게 있어서는 우리가 문학과 그것에 대한 비평으로부터 원하는 바는 다양성과 새로움, 말하자면 새로운 의미, 새로운 용어, "말하는 새로운 방법"(*CP* 150)이다. 이에 반해 크납과 마이클즈는 비평적 진실의 이름으로 과거의 의미에 대한

---

31) 나는 괄호 속에 다음과 같은 약호로 로티의 저술들을 언급하겠다. 즉, *Consequences of Pragmatism* (Minneapolis: University of Minnesota Press, 1982), *CP*, "Texts and Lumps," *New Literary History* 17(1985), 1-16, *TL*; *Contingency, Irony, and Solidarity* (Cambridge: Cambridge University Press, 1989), *CIS*.

일치와 고정성을 추구한다. 비록 그들이 텍스트가 이치에 닿지 않는다고 이야기하지 않고서 고정된 실질적 동일성을 요구한다 할지라도, 로티는 비평적 의사소통에 대한 유일하고 필연적인 기초로써 "대상, 즉 변화하는 기술들에 대해 지속적인 토대를 요청하는" 이러한 필요를 거절한다. 대신에 그는 텍스트들의 대상성을 "관계의 일시적인 망(網) 안에 있는 매듭," 즉 "사용할 수 있는 가능성들의 초점"으로 해결한다(*TL* 12; *CP* 153).

그러나 영속적인 실질적 대상으로서가 아니라고 한다면, 어떻게 텍스트가 비평적 담화의 목적을 위해서 동일시되겠는가? 위에서 개략적으로 기술된 프라그마티스트의 전략을 받아들이면서, 로티는 추론적인 실천 자체가 비판적 의사소통을 위해 유익할 정도의 충분한 개별화를 제공한다고 주장한다. 우리의 다른 해석들과 변화하는 기술들은 같은 텍스트로 향할 수 있으며 그리고 같은 텍스트를 밝히기 위한 지시의 동일성을 설정하기 위해, 우리는 어떤 실질적이고 영구적인 동일성이나 텍스트의 본질―"바로 텍스트 그 자체나 텍스트의 참된 의미"―을 가정할 필요가 없다. 그리고 그것은 서술에 대한 영구적인 지시와 해석의 적절함을 제공한다. "요구되는 모든 것은 우리가 이야기하고 있는 것에 관해 동의가 구해질 수 있어야 한다는 것이며, ―그리고 이것은 단지 적절한 용어를 사용하는 명제들의 타당한 수에 대한 동의를 뜻한다"(*TL* 12). 해석자들 사이의 이러한 동의 혹은 일치, 즉 텍스트의 이름(또는 그것에 대해서 대명사적인 대체들)에 대한 추론적인 적용들의 필요한 수에 (반드시 분명한 것은 아니지만) 대한 동의는 우리가 동일시한 것에 관하여 그 이상의 논의를 구조화하는 데에 요구된 개별화하는 초점이나 논리적 지시물을 제공할 수 있다. 그 작업은 정지 상태의 실질적인 동일성보다는 오히려 담론의 산출을 위해 유기적으로 조직화하는 초점과 분야가 된다. 하지만 그것은 단지 동의에 의해 하나의 초점으로서 이루어진다. 그것의 기술들과 해석들(결코 그들 모두가 동시적인 것은 아니지만)이 우리가 담론의 대상을 변화시킨다는 점을 반드시 함축하지 않고 변화하도록 허용하는 반면에 그것을 동일한 작품으로서 실용적으로 동일시하는 이야기나 반응의 방식들로서 그러하다.

해석의 대상들에 대한 이러한 프라그마티즘적 탈구체화는 처음에는 이상하고 아마도 심지어는 악순환적인 것처럼 보일 수도 있다. 아직도 여기에는 유사한 언어적 전환만이 있다. 다시 말해서 텍스트들처럼 언어적인 항목들의 개별화는 나아가 언어적 실제들에 의존하고, 단순히 어떤 개체들에 관하여 이야기하는 언어 외부의 방법, 즉 모든 세계와 세계에 대한 경험을 언어에로 환원하는 일을 수반하지 않을 필요가 있다는 견해는 없다. 그러나 비록 추론적인 동의를 통하여 보통의 개별화에 대한 전략이 그것 자체로 완전히 수용 가능한 것처럼 보인다 할지라도, 그것은 추론적인 "다양화와 새로움"에 대한 로티의 일면적인 강조와 공유하고 있는 것들에 관해 자율적으로 개별화하는 그의 근본적인 특권을 결합할 때 거의 틀림없이 일관적이지 못하다(*CIS* xiv, 77).

우리의 언어사용에서 우선되어야 하는 것은 진실을 발견하려는 실재론자의 목표나 심지어 신념의 합의 혹은 일치를 조장하기 위해 해결하려고 협력적인 문제를 제기하는 하버마스의 목표가 아니라 오히려 독창적인 창조를 통한 사적인 완성의 목표라고 로티는 되풀이해서 주장한다. 주된 목적은 사물들을 새롭게 만드는 것이며, 이전에는 결코 꿈도 꾸지 못했던 어떤 것을 만드는 것이다. 그리고 자기 "자신의 용어로" 이러한 사물들을 다시 기술하는 "새로운 언어를" 고안해냄으로써 자기 자신과 자신의 세계에 대한 자율성을 성취하는 것이다. 그리하여 "오직 모방이거나 복제인 자기 자신을 발견하는 두려움"인 그 영향에 대해 블룸이 제시한 불안을 포함해서, 공유하고 있는 "상속된 기술들의" 억압으로부터 피하기 위해 그러하다(*CIS* 13, 27-9).

로티는 이런 언어적인 전략이 특별히 문예작품들과 비평을 위해 타당하다고 믿는다. 왜냐하면 우리가 "이러한 작품들과 그것들의 비평에 대해 원하는 것은 새로운 술어들"이기 때문이다(CP 142). 그리고 그것을 보증하기 위해 "지적인 개인의 상상력"을 자극하는 새로운 어휘들을 증식하는 데에 억압은 없다. 로티는 "비평가들이 주장할 수 있는 공통의 언어"는 필요 없다고 주장한다(CP 158). 그러나 그런 공통의 언어를 부인하는 데 있어서, 로티는 그 자신의 설명에 의해 그가 어쨌든 텍스트들(또는 사실상 어떤 대상들)에 관하여 이야기하도록 허용하는 명제적 일치의 순수한 상태를 부인하는 것 같다. 우리가 그것에 관해 이야기할 수 있는 해석의 대상들을 지니기 위해서, 그것들이 아무리 일시적이고 아무리 다르게 해석된다 하더라도 명제들에 관한 어떤 일치가 있음에 틀림없고 따라서 그것을 제공하는 어떤 공통의 언어나 추론적인 실제가 있음에 틀림없다. 어떤 공통의 언어를 부인하는 것은 어떤 효과적으로 관계있는 개별화, 따라서 어떤 효과적인 담론을 부인하는 셈이다. 이것은 바로 로티가 사실상 지지하고 있는 사적인 언어를 반하는 비트겐슈타인적인 경우의 한 측면이다.

로티는 이런 이의에 직면하는 두 가지 방법이 있다고 말한다. 하나는 은유적 의미에 대한 데이빗슨의 설명과 그의 "언어에 대한 스쳐지나가는 이론"[32])을 채택함으로써이다. 그는 우리가 명제들, 여기서는 대상-개별화에 대한 일시적인 일치에 도달하기 위해 언어적 규범에 대한 어떤 공통의 집합을 필요로 하지 않는다고 주장한다. 왜냐하면 우리는 본질적으로 안정적이고 보수적인 언어이해에 대한 우리의 이전습관들과 문맥을 기초로 하는 의미의 직관적인 서술을 통하여 이것을 행할 수 있기 때문이다. 하지만

---

32) Donald Davidson, "What Metaphors Mean," in *Inquiries into Truth and Intepretation* (Oxford: Oxford University Press, 1984), 245-64쪽 및 "A Nice Derangement of Epitaphs," in E. Lepore(ed.), *Truth and Intepretation* (Oxford: Blackwell, 1986), 433-46쪽 참고.

로티가 그것에 대해 주장하는 바와 같이 답변은, 만약 언어가 근본적으로 혁신적이고 변화무쌍하며 사적인 것이라면 그런 습관들은 훼손되고 계획할 수 없는 것이 되고 말 것이다.

  로티에 있어 사적인 언어논쟁에 대한 이런 변화를 앞지르는 또 다른 방법은 언어에 대한 공적인 사용과 사적인 사용을 구별하는 것이다. 전자는 언어공동체(대상들의 개별화를 포함하는)의 기본적 필요를 공유하며 거기에 봉사하는 것이다. 후자는 만약 우리가 다양성, 새로움 그리고 자율권을 최대화하는 것을 목표로 삼는다면 언어공동체의 기본적 필요를 공유하지 않을 것이고 필요하지도 않다. 그러나 그것은 사적인 언어논쟁의 영향력을 피하기 위해 공유하고 있는 공적인 언어에 충분히 근거를 대고 있거나 관계를 맺고 있을 수 있다. 자유로운 국가 안에서 개인주의자의 자기창조와 자기완성의 윤리학에 대한 로티의 최근의 옹호는 공적인 언어와 사적인 언어 사이의 그러한 구분, 즉 우리 삶에 더 가치 있고 의미 있는 사적인 사용이나 개인적인 방언에 특권을 부여한다. 하지만, 그럼에도 불구하고 표류하는 전체 언어와 사회적 기획을 유지하기 위해 공적 언어에 대한 의존을 인식하고 있다.[33] 같은 방법으로 텍스트적 동일성에 대한 우리의 의문에 관하여, 로티는 다음과 같은 점을 지지할 수 있었다. 즉, 공유하고 있는 공적 언어가 텍스트의 동일성을 위해 완전한 동일성을 제공하며, 반면에 남아 있는 비평가들은 이렇게 동일화된 초점을 해결하는 것을 두려워하지 않고 공공연하게 동일시되는 것의 의미나 내용을 채우는 데 있어 그들 자신의 사적인 어휘와 의미의 망(網)을 자유롭게 이야기한다. 이러한 전략은 비평에 대한 사실상의 실천을 반영하는 것이다. 그리고 여

---

[33] 로티는 불확실하지 않은 말로 선언한다: "자기창조라는 용어는 반드시 사적이며 공유하지 못하고 논변에 어울리지 않는다"(xiv). 자기창조라는 그의 개인주의적 윤리는 9장에서 상세하게 검토된다.

기에서 우리는 전형적으로 우리가 논의하고 있는 어떤 텍스트를 동의하는 데 있어서의 문제가 아니라 그것이 정확히 무엇을 뜻하는 가를 동의하는 데 있어서 계속적인 문제를 가진다.

어쨌든 "사적인 것과 공적인 것 사이의 확고한 구분"(*CIS* 83)에 그토록 지나치게 의존하고 있는 어떤 전략도 그 믿을 수 없는 구분의 확고함만큼이나 불확실할 수밖에 없다. 로티가 비평가들의 사적인 어휘들이나 읽기의 방식이라 일컫는 바는 항상 사적인 것 이상이다. 그리고 그것들은 대개 항상 그것들이 상속하고 있는 공적인 언어와 해석들에 의해 미리 구조화되어 있기 때문만은 아니다. 그것들은 또한 공표를 위해 전형적으로 간행되고 본질적으로 기획되었다는 중요한 의미에서 공적이라 하겠다. 로티가 인위적으로 지정하는 새로운 어휘들과 읽을거리들은 처음부터 철저하게 그들 자체를 공적이게 할 뿐만 아니라 공공연하게 수용되고 영향력 있도록 하는 목적에 의해 자극을 받게 된다. 로티가 칭찬하는 자율적이고 사적인 독자는 분명 해럴드 블룸의 "강한 오독자"(*CP* 151-8)와 동일시된다. 그가 말하는 강한 오독자란 새롭게 변형된 해석들이 이미 영향력이 있게 된 그들 자신에 의해 영향력 있는 독서들의 지배를 피하는 것을 목적으로 한다. 강한 오독자가 독서들이 "그 자신에게 뿐만 아니라 다른 사람에게도 문제가 된다"고 우리는 회상한다.

이리하여 (로티에게 그것들을 "사적인" 것으로 구분하도록 허용하는) 공공의 공유된 해석들로부터 모든 그들의 초기의 일탈에 대해, 거기에서 그것들이 공식화되는 이런 독서들과 어휘들은 단지 사적인 것으로 간주될 수 없다. 그러므로 로티는 그것들의 사적인 위치가 그것들로 하여금 독서의 "공적인" 방법들을 방해할 수 없도록 하거나, 읽히는 텍스트들의 바로 그 개별화를 위해 사용되는 공유된 공적 담론을 위협할 수 없게 한다고 주장할 수 없다. 부인할 수 없는 사실은(그것의 본래적인 공적 위치가 표준적으로 저자들의 출판과 제도상의 제휴에 의해 강조되는) 그런 혁신적인 "사적인 독서들"이 그것들 스스로 독서하는 공중에게 주제넘게 나선다는 것이다. 그리고 그것들이 문학에 대해 친숙하며, 공유되고 아마도 소중히 여겨지는 이해들에(더 나아지거나 더 나빠지기 위해) 도전한다는 것이다. 텍스트적 대상들에 대한 우리의 개별화가 우리의 문예적 관심과 가치에 의존하고 있는 까닭에, 텍스트들에 대한 우리의 이해와 경험을 본질적으로 변화시키는 것은 그것들의 개별화를 변화시키는 결과를 가져올 수 있다. 우리는 그것들을 같은 방법으로 개별화할 만한 가치가 있다는 사실을 더 이상 찾지 못할는지 모르며, 또한 그것들의 믿을 만한 복사물들을, 과감히 생략되거나 삭제된 번역본들과 구별하는 일에 관해 더 이상 관심을 가질 수 없을는지 모른다. 다시 말해서 비록 우리가 작품의 개별화와 해석상 그것에 기인한 특별한 의미와 내용을 구별할 수 있고 또한 구별해야 한다 할지라도, 후자는 때때로 상호적으로 전자에 대한 우리의 결정을 제한할 수 있다. 이러한 교훈을 로티의 전략에 적용해 볼 때, 비록 폭넓게 다양한 사적인 독서들이 서로를 자유롭게 동요시키고 "공공연하게" 공유하고 있는 개별화된 텍스트에 계속해서 초점을 맞출 수 있다 할지라도, 만약 그런 해석적인 동요가 충분히 길고 격렬하다면, 처음에 조직화하는 초점이 흐트러질 수 있다는 점을 우리는 깨닫게 된다.

   로티의 이른바 사적인 독서들은 더욱 일반적인 방법으로 사적인 것들을 넘어서고 어긴다. 집합적으로, 그것들은 어떤 것을 통용되게 알리고 또한 최신의 것이라 인정하는 반면에 다른 것들을 단순하고 낡은 것이라고 비난하면서, 텍스트들에 대해 받아들일 만한 공적인 반응의 범위를 구조화하고 제한하는 분야를 만들어 낸다. 이런 구조화하는 작업들은 비평적인 직업 안에서뿐만 아니라 사실상 "비전문가"와 같은 그런 반응을 분류하고 낮추면서 규제된 경계들 외부에 놓여 있는 더욱 진정으로 "사적인" 독자의 반응에 대한 크고 가치 있는 범위를 (버리기 위해) 구획표시를 한다. 비전문가적인 독서와 해석에 대해 이러한 경멸적인 배제를 용이하게 하는 것은 동시대의 이론에 공통인 이중의 혼동이다. 해석을 곁들인 독서의 융합은 문예비평적인 전문직업에 의해 합법화된 모든 해석의 형식들과 함께 문예 해석의 모든 합법적인 형식들에 대한 함축적인 동일성과 짝을 이룬다. 궁극적 요점은 그 이름에 읽을 만한 가치 있는 모든 독서가 전문화된 해석의 관행과 목적에 따라야 한다는 것이다. 그런 해석이 텍스트에 대한 우리의 이해에 새롭게 공헌할 예정으로 있기 때문에, 그리고 그것이 항상 명백하게 설명되는 까닭에(이리하여 읽는 일만큼이나 쓰는 일이 중요하다), 결국 혁신적으로 텍스트를 해석하는 데 실패하는 어떤 해석적인 노력도 해석으로써 권한을 부여받아서는 안 된다.

그런 전체화하는 전문적 기질과 새로운 것에 대한 몰두의 한탄스러운 경향은 모든 정당한 읽기가 또한 쓰는 일이어야 하고, 해석이 전문적으로 어떤 가치를 지니기 위해 근원적이어야 한다는 것이다. 이런 태도는 독서와 해석에 대한 가치의 가능성들을 냉엄하게 제한한다. 첫째, 그것은 이런 활동들이 전문화된 엘리트에 의해서만 타당하게 실행될 수 있다고 제안한다. 둘째, 그것은 심지어 그 엘리트의 일원들에게조차도 중대한 가치를 부인한다. 왜냐하면 이런 전문가들은 항상 전문가들 이상이면서 이하이기 때문이다. 그들은 구체적인 개인들로서는 항상 그 이상이다. 그리고 그들은 모든 문학들과 저자들에 관하여는 거의 전문가일 수 없기 때문에, 그들은 마찬가지로 또한 불가피하게 단지 비전문가적인 독자들에 불과하다. 확실히 그들 학문의 특수한 영역 밖에서(하지만 나는 또한 그것에 대해 의심한다), 전문적인 비평가들은 친숙한 공유된 독서들 안에서, 그리고 사실상 그것들이 공유되고 있다는 바로 그 사실들 안에서 가치를 발견할 수 있다. 반응의 공동체는 예술이 조성할 수 있는 비환원적인 사회적 재화들 가운데 하나이다. 비록 예술이 그것에 대한 평가가 경험의 공통적 범위로부터 매우 멀리 떨어져 있게 되고, 대신에 전문적인 평가자라는 제도화된 성직자 계층의 손에 놓여 있을 때 분열성을 또한 낳을 수 있다 할지라도 그러하다고 하겠다.

로티 자신의 프라그마티즘적 기준에서 보면, 해석적 혁신에 대한 경우는 선험적인 개념의 필연성에 호소하기보다는 오히려 평가적인 비용계정의 관점에서 만들어져야 한다. 해석학적 새로움 혹은 신기함에 대한 그의 논변은 그것이 더 큰 기쁨과 자율성을 제공하는 것처럼 보인다. 양자의 견해들은 도전을 받을 수 있다. 비록 나는 독서의 기쁨이 어떻게 측정되어야 하는지를 확신할 수 없지만, 나의 (전문적이고 비전문적인) 경험은 다음과 같은 점을 제시한다. 즉, 새로운 해석들을 행한 학문적 글들을 기계적으로 자꾸 만들어내려고 시도하는 일이 보다 더 공통인 이해에 집중하는 아마추어로서 단순히 문예작품을 읽는 일보다 항상 더 만족하고 있는 것만은 아니라는 것이다. 확실히 이것은 비전문적인 독자들에 대한 경우이어야 한다. 그리고 그들 비전문적인 독자들의 주장이 실재하지는 않지만 여기에서 무시되는 것처럼 보인다. 더욱 중요한 일은, 비록 "강한 잘못 읽기나 잘못 쓰기"에 대한 즐거움이 사실상 더 우월하다 할지라도, 우리는 가장 좋은 것을 좋은 것의 적(敵)이 되도록 해서는 안 된다. 그 밖의 다른 경우에서와 같이 여기에서도, 로티의 해석이론을 손상시키는 것은 혁신적인 개인주의자의 읽기에 대한 옹호가 아니다. 공통성을 무시하고 품위를 떨어뜨리는, 그것의 일방적이며 실제로 배타적인 지정이다. 프라그마티스트들은 다원론자들이어야 한다.

새로움이 자율성에 대한 최상의 또는 유일한 표현이라는 논변은 마찬가지로 의심스러운 것 같다. 진정한 자율성이 의미 있는 혁신적 해석이나 심지어 어쨌든 정형화된 해석을 산출하지 않고서 작품을 경험한다면, 우리가 새로운 해석들을 추구하기를 희망하는지 아니면 단지 좋은 읽기를 하는 것이 더 나은지에 대한 선택을 우리에게 허용할 것이라고 혹자는 생각할는지 모른다. 비록 로티가 그것을 자율성과 동등시한다 할지라도, 해석의 새로움에 대한 요구는 학문적 공표와 전문적 향상 혹은 촉진의 압력들에의 명백한 복종을 나타내고 있다. 이들은 근본적으로 새로운 것에 대해 안목을 지니고 찬사를 하는 후기 낭만주의 및 모더니스트 미학에 대해 오래 지속되고 의심할 여지없는 속박에 의해 혼합되어 있다.[34] 더욱이 신속하고 냉혹한 혁신에 대한 전문적이고 미적인 요구들은 계속적인 이익을 산출해내는 새로운 상품들에 대한 자본주의의 증가하는 수요에 의존적인 문화적 반영으로서 더 위대한 주인을 따르는 것으로 보일 수 있다.

---

34) 사실상 로티는 프라그마티즘을 문예적 모더니즘과 한 쌍을 이루는 철학적 상대물로 본다. 문예적 모더니즘이란 경험의 진실성이나 이전에 존재하는 의미의 발견보다는 오히려 그 자율성과 새로움을 자랑하는 문예의 일종이다(*CP* 153).

만약 혁신적인 사적 해석에 대한 로티의 일면적인 주장이 읽기경험에 대한 특권을 갖게 되는 결과들에 의해 정당화될 수도 없고 공적/사적인 분열에 대한 그의 학설에 의해 지지될 수도 없다면, 우리는 마침내 피시의 이론에 의지하지 않을 수 없다. 왜냐하면 여기에서 문예비평이라는 직업에 의해 프로그램적으로 생성되고 제도적으로 통제된 해석적 새로움에 대한 생각은 더 분명히 그리고 체계적으로 옹호되기 때문이다. 피시는 몇몇 방법에서 로티의 이론들과 크납과 마이클즈의 이론들 사이의 중간적인 근거를 나타낸다. 로티가 독자의 해석적 자율성을 옹호하고 크납과 마이클즈가 텍스트적 의미의 위치와 해석적 권위를 역사적인 저자에다 고정시키는 반면에, 피시는 해석공동체라는 지배적인 개념 아래에 독자와 저자를 포섭하는 데 목적을 두고 있다. 해석공동체는 텍스트 의미를 산출하는 데에 있어 그들 양자를 다스리고 해석적 권위의 근원을 구성한다. 해석에 대한 그의 이론 전체는 이 개념에 의존한다. 크납과 마이클즈처럼, 피시는 논리적 개별화와 실질적인 동일성의 논점들을 혼동하고, 따라서 실수로 텍스트의 동일성과 해석의 동일성을 혼합한다. 텍스트들을 해석에 의해 구성되는 것으로 간주하면서, 그는 "동일한 텍스트"의 정체성이 해석적 일치에 의존한다고 생각한다. 의미 있게 다른 해석을 제기하는 일은 "결과로 생기는 텍스트가 다르다는 점"을 의미한다. 그리고 "같은 '언어의 과장 혹은 남용'은 …… 더 이상 같을 수 없다. 왜냐하면 각각의 해석이 그것을 다르게 특징지을 것이기 때문이다." 텍스트적 개별화와 실질적인 동일성의 이런 융합으로부터 그리고 그가 로티와 더불어 해석들은 항상 새로워야 한다는 것을 공유하는 견해로부터, 피시는 "텍스트를 설명하는 것과 그것을 변화시키는 것 사이의 구별"[35]은 있을 수 없다고 결론을 내린다.

크납과 마이클즈처럼 피시는 텍스트의 참된 의미와 해석을 "저자의 의도"와 동일시한다. 하지만 저자의 의도, 즉 해석이 단지 발견해야 하지만 변할 수는 없는 경험적 사실에 관한 문제의 불변하는 사실이 존재한다고 추정하는 실재론자의 노선을 취하기보다는 오히려, 피시는 더욱 더 프라그마티즘적으로 그 저자의 사실을 끊임없이 누구나 입수 가능한 그것 자체 그리고 진행 중인 해석을 통한 변형으로써 다룬다. "그 밖의 어떤 것처럼 의도란 결코 고정되거나 주어져 있지 않고, 해석되지 않으면 안 되는 하나의 해석적인 사실이다"(WC 213). 그리고 피시에게 있어 해석적인 구문분석은 결국 문장의 구성을 뜻한다. 따라서 저자의 의도와 텍스트적 의미의 "사실"은 해석과 더불어 변할 수 있을 뿐만 아니라 그것은 또한 만약 비평이 건전한 계획이 될 의도라면 변해야 한다.

---

35) 이 절에서의 인용은 다음의 저술에서 온 것이며, 이 후에는 약호로 쓰겠다. Stanley Fish, "Change," *South Atlantic Quarterly* 86(1987), 427쪽, *C*, 그리고 "Working on the Chain Gang: Interpretation in the Law and in Literary Criticism," *Critical Inquiry* 9(1982), 204, 211쪽, *WC*. 내가 언급하려는 피셔의 다른 글들은 "Profession Despise Thyself: Fear and Self-Loathing in Literary Studies," *Critical Inquiry* 10(1983), 349-64쪽, *PD*, "No Bias, No Merit: The Case Against Blind Submission," *PMLA* 103(1988), 739-47, *NB*. 이 모든 글들은 그의 *Doing What Comes Naturally* (Durham, N. C.: Duke University Press, 1989)에 모아 있는 것이다. 나는 또한 그의 *Is There a Text in This Class?: The Authority of Interpretive Communities* (Cambridge, Mass.: Harvard University Press, 1980), *ITT*에서 인용할 것이다.

독자들의 변화하는 해석적 전략들로부터 유래하는 텍스트적 의미의 유연성을 주장하는 해석적 변화와 새로움에 대한 이런 옹호는 피시로 하여금 해석에 대해 미래를 내다보는 로티적인 견해와 함께 하게 하고, 크냅과 마이클즈의 뒤를 돌아보는 해석적 완고함에 대해서는 반대하는 태도를 취하게 한다. 로티에게서와 만큼 피시에게서도 해석은 이미 주어진 의미와 속성들을 폭로하는 것이 아니라 오히려 그것들의 생산이다. 그리고 그것은 결코 바로 읽기가 아니라 항상 쓰기이다. 모든 "해석적 전략들은 텍스트를 읽기 위해 있는 것이 아니라 쓰기 위해, 즉 그것들의 속성을 구성하기 위해 있는 것이다." "해석은 해석의 기술이 아니라 구성의 기술이다. 해석자들은 시들을 해독하는 것이 아니라 그들은 그것들을 짓는 것이다"(*ITT* 14, 327). 그리고 로티에게서 보다 훨씬 더 피시에게 있어서 그들은 그것들을 새롭게 해야 한다. 새로운 해석은 (로티처럼) 단지 유일한 선함이나 "강한" 선택이 아니다. 왜냐하면 그것은 결코 선택이 아니라 제도적인 필연성이기 때문이다. 확립된 해석들의 배경에 작용하면서 해석하는 비평가는 "제도의 관례들에 의해 그것들을 다른 어떤 것으로써 …… 제거할 수밖에 없다"(*ITT* 350).

단지 우연히 새롭고 본질적으로 사적인 것으로 남아 있을 수 있는 개인적인 독서들을 자유로이 탐구하고 공표하는 자율적인 해석자에 대한 로티의 환상을 치료적으로 대비하면서, 피시는 다음의 사실을 인정한다. 즉, "사적인" 것 자체가 항상 이미 공적이라는 것이다. 말하자면, 활동들을 가능케 하고 …… 그리고 …… 해석 공동체에다 그 근원을 두고 있는 사유에 대한 공동의 또는 관행적인 범주들과 떨어져 존재하지 않는 "사회적 구조물"이라는 점을 인정한다(*ITT* 335).[36] 그는 해석적 새로움의 원인을 개인

---

36) 어딘가 다른 곳에서 피시는 "개인을 자유로운 인자로서가 아니라, 해석적 공동체의 확장으로서 본다. 해석적 공동체란 그것을 정당화해주는 추정 혹은 가정은 보일 수

적인 자유에다가 아니라 해석공동체의 전문적인 제한들에다 보다 더 정확히 위치시킨다. 그리고 이것은 본질적으로 주된 작업이 끊임없이 새로운 견해들과 주제들을 소개함으로써 그것의 범위와 전문적인 기회들을 확장해야 하는 "변화의 수단 혹은 기구(器具)"이다(C 433). 피시가 그 점을 솔직하게 제기한 바와 같이: "이런 공언에서 당신은 어떤 것을 그 밖의 누군가가 그것을 말하지 않기 때문이거나 그것이 보통 말하는 것의 반전이기 때문에 말할 권리를 얻는다. …… 당신은 어떤 것을 개인적인 비평적 감성과 하나의 작품 또는 그것의 저자 사이의 친교 혹은 교섭의 보고로써 제공하지 않는다. 그리고 만약 당신이 그러하다면 …… 당신의 글들은 경청되지 않을 것이다"(NB 739).

따라서 피시는 저자들과 독자들의 특별한 의도들 외에, 사실상 전자를 미리 구조 짓는 일반적인 제도적 의도들이 또한 있다는 점을 인식한다. 그리고 그는 새로움과 변화에 대해 전문가가 주장하는 의도를 자극하는 증가된 성장과 힘의 경제적이고 정치적인 협의 사항을 인식하는 데 있어 산뜻하게 솔직해 보인다. 해석들이 더욱더 새롭게 소개되면 될수록, 그것들은 더욱더 교대로 더 많은 글들의 저술에 의해 도전받을 수 있고, 더욱 많은 전문가의 일원들이 그런 해석적이고 재해석적인 작품에 의해 진보될 수 있다. 그리고 작품과 그들의 진보를 통해서, 더 많은 전문가들이 성장할 수 있다. "먼저 작품을 창작하고, 그 다음 그것이 결코 행해지지 않을 것이라는 점을 확실히 하는 것"이 비평적 전문가의 일이다. 그래서 전문적인 진보와 확장을 촉진하기 위해서 거래되는 더 많은 해석적 상품을 위한 여지는 항상 있을 것이다(NB 743).

해석공동체는 변화를 촉진하지만 또한 (아주 중요하게는) 그것을 규제

있는 것, 따라서 기술될 수 있는 것의 한계를 정해준다"고 생각한다(C 435-6쪽).

하기 위해서도 기능한다. 왜냐하면 근본적으로 무차별적이고 통제되지 아니한 변화는 공동체의 응집력을 위협할 수 있거니와, 그 결과 (구성된) 대상들이나 텍스트들의 일관성을 위협할 수 있기 때문이다. 그러므로 피시는 변화란 "공동체의 분명한 절차들과 암묵적인 이해들에 의해 질서 있게 제한되어야 한다"고 주장한다. 사실상, 그는 모든 변화가 공동체 안에서 생성되어야 하고 그것이 실제로 그 공동체 안에 "권위 있는" 어떤 사람들에 의해 조절되고 가동된다는 (바로 그 불안정한 인식론적 근거에서37)) 한층 더한 주장을 폄으로써, 그런 통제 아래 있지 않은 변화의 바로 그 가능성을 부인한다(C 429, 440). 그리하여 비록 자아를 공동체의 한 구성물로 용해함으로써 개인적으로 "자유로운 인자"라는 생각을 부인한다 할지라도, 피시는 여전히 그 인자가 영향력 있는 읽기들을 통하여 공동체를 변형시키는 권위적인 개인들을 위한 여지를 찾기 원한다. 그리고 그는 분명히 자신을 사적인 개인 이상의 사람들 중 한 명으로써 그럼에도 불구하고 해석공동체를 위해 지시하고 말함으로써 그의 사적인 관심을 다루는 한 명으로서 보기를 원한다. "순수한 마음"은 비이기적인 공동체보다 더욱 자아에 봉사하는 것처럼 보이는 공동체를 그토록 강조함으로써 어려움을 당할 수 있다. 그러나 그런 비순수성을 가정하므로 피시에 대해 공정하기 위해, 나는 신-보수적 자유주의와 공동체주의를 비판하는 사람들 사이의 이런 윤리적-정치적 논점을 무시할 것이다. 대신에 나는 해석공동체에 대한 그의 생각을 가지고 몇몇의 논리적 어려움들을 고려할 것이다. 그러나 그것의 본성, 범위 그리고 개별화는 분명하게도 일관되게도 특징화되지 않는다.

첫째, 그것의 위치는 이론적 추상과 효과적인 구체적 실체 사이에서 모

---

37) 논쟁은 기본적으로 해석적 공동체의 신념구조의 외부에 놓여 있는 것은 무엇이나 보일 수 없으며, 그래서 믿어질 수 없다는 것이다. 왜냐하면 신념만이 신념을 변화시킬 수 있기 때문이다. 신념의 어떤 변화도 공동체 밖으로부터는 나올 수 없다. 나는 이러한 논점을 2장에서 비판한 바가 있다.

호하게 흔들린다. 한편으로, 그것은 실제 사람들의 구체적인 역사적 공동체로서가 아니라 일련의 해석적 전략들과 관례들, 즉 전자로서 그려지고 있다. 이는 관점을 공유하는 일단의 개인들이 아니라 이해의 구분과 범주들, "개별자들을 공유하고 있는 연관성의 조건들"로써 그려지고 있다(C 423-4). 다른 한편으로, 해석공동체는 종종 문예비평의 학문적인 일, 즉 내가 곧 비판하려는, 매우 구체적이지만 극히 개연적인 동일성과 동일시된다.

두 번째 문제는 개별화와 일치에 관련된 것이다. 피시는 먼저 해석적 실제의 온전한 일치의 관점에서 해석공동체를 정의하는 것 같다. "해석공동체들은 해석적 전략들을 공유하는 사람들로 구성된다." 그래서 "같은 공동체의 일원들은 반드시 그들의 해석들에 있어서 일치할 것이고" 오직 그런 일치에 의해서만 같은 텍스트를 구성할 것이다(ITT 14, 15). 하지만 피시가 후에 인정하는 바와 같이, 불일치는 만약 새로움과 변화가 있을 의도라면 실제로 필요한 부분을 형성한다. 그래서 해석공동체는 해석적 불일치를 포함하도록 허용되어야 하고, 단일체일 수는 없다. 그렇다면 문제는 그런 불일치가 주어지고 텍스트적 개별화와 해석적 동일성의 융합에 주어진다면, 피시는 다른 해석자들의 공동체가 여전히 구성되어 있고 따라서 동일한 텍스트에 대해 논쟁하고 있다는 점을 주장하기가 불가능할 것이다.

이런 어려움을 협의하는 그의 유일한 시도는 공동체를 "몇몇의 일반적인 목적과 범위에 관한 동질성과 그것이 수용할 수 있는 다양한 관행들에 관한 이질성 양자"를 동시에 기술함으로써이다(C 432). 그러나 해석에서 희미하고 불분명한 "일반적 목적"에 호소하는 이러한 책략은, 즉 동일한 공동체 안에서 모든 다른 해석자들을 통합하고 그들로 하여금 동일한 텍스트를 구성하도록 하는데, 이는 피시가 해석공동체라는 개념이 수행하기를 원하는 개별화의 작업에 부적절한, 오히려 공허한 묘안처럼 보인다. 왜냐하면 비록 우리가 "텍스트의 의미를 추구하는 것"과 같은 몇몇의 모호한 일반적인 목적 아래에서 모든 해석적 차이를 통합할 수 있다 할지라도, 그런 통합하는 공식은 분명히 다른 해석들을 동일한 텍스트의 해석들과 다른 텍스트들의 해석들로 정당히 분류하고 배열할 그런 방법에서 해석공동체들을 개별화할 만큼 충분히 정확하거나 구체적이지 않기 때문이다. 그러나 텍스트의 구성적인 개별화는 정확히 해석공동체에 대한 피시의 생각을 행하는 것으로 되어 있는 것이다. "비록 유사함이 텍스트의 자기동일성에 기인하는 것이 아니라 해석행위의 공통의 본성에 기인한 것이라 할지라도", 동일한 해석공동체의 일원들은 "동일한 텍스트를 …… 구성한다. 물론 만약 동일한 행위가 또 다른 공동체의 일원들에 의해 행해진다면 …… 결과로서 생기는 텍스트는 다를 것이다"(C 424).

그러나 개별화의 또 다른 문제는 심지어 우리가 어떻게 그것들을 개별화하기 위해서 우리와 다른 해석공동체들을 인식할 수 있느냐이다. 피시는 모든 이해를 반드시 해석공동체 내의 것으로 여긴다. 왜냐하면 이해는 공동체의 범위, 범주 그리고 신념구조들에 의해 제한되기 때문이다. 이것은 우리가 항상 일련의 동일한 공동체 추정들에 의해 제한되어야 한다는 것을 의미하지 않는다. 왜냐하면 이것들은 변할 수 있고 변해야 하기 때문이다. 하지만 공동체에서의 그런 변화는 오직 "그 자체 그것에 내재하는 기제(基制)들"에 의한 "자기변형"일 수 있다. 공동체는 외부로부터의 변화에 논리적으로 닫혀 있는 채 남아 있다. 왜냐하면 그것의 신념구조들의 해석적 범위 외부에 순전히 있는 것은 "결코 주목되지 않았을 것"이거나 변화를 시작할 만큼 충분히 이해되지 않았을 것이기 때문이다(C 429-32). 그러나 만약 우리의 해석공동체 외부에 있는 사물들과 실제들이 실로 이해될 수 없다면, 어떻게 우리가 그것들을 가령 다른 셋의 해석공동체로 개별화시키기는커녕, 다른 해석공동체에 속하는 것으로서 그것들을 인식할 만큼 충분히 이해할 수 있는가? 바꾸어 말해, 피시가 말하는 해석공동체의 그 자체

둘러싸인 본성은 그것들의 차이들을 소통시키는 문을 닫을 뿐만 아니라, 심지어 그것들이 다른(따라서 개별화될 수 있는) 가지성(可知性)을 허용하는 문도 닫는다.

피시는 때때로 동일한 해석공동체의 다른 "하위공동체들"에 관해 말한다(ITT 343). 그리고 그가 주장하는 "내재론자"의 인식론적 제한이 주어진다면, 그가 다른 해석그룹들 사이에 분명한 차이를 설명할 수 있는 유일한 방법은 이른바 동일한 전체 공동체의 단순한 하위공동체들로서 모든 다른 해석공동체들을 다루려 할 것이다. 그리고 그것들의 차이들은 오직 유사함의 배경에서만 이해가능하다. 이러한 전략은 가다머의 다음과 같은 시도와 비슷할 것이다. 즉, 하나의 본질적인 전통의 지평이 그 모두의 밑바탕이 된다는 점을 가정함으로써 다른 해석학적 지평들을 이해하는 데 가능성을 확실히 하려는 것이다.[38]

그렇지만 피시는 모든 이해가능한 해석의 실제들을 포용하는 전체 해석공동체로서 전통을 그토록 방대하게 총제화하는 생각에 호소하지 않는다. 그러나 그는 마찬가지로 똑같이 애매한, 총체화하려는 움직임을 행하는 바, 이는 훨씬 더 위험하며, 모든 것을 포섭하는 관념으로서 전문적인 일을 전통으로 대신하려는 것이다. 그는 문학이해의 전체 해석공동체와 아카데믹한 문예비평의 제도적인 전문적 일을 암시적으로 그러나 널리 스며들게 동일시한다. 그리하여 효과적으로 공동체의 구성원으로부터 비전문가들을 배제하고 그것들을 읽고 해석하는 그들의 빼앗을 수 없는 권리를 부인한다. 그가 하나를 다른 하나에 동화하는 방식은 매우 미묘하면서도 설득력이 있다. 대체로 그 이유는 그것이 분명한 논변에 의해서보다는 수사적인 제시에 의해서(거기에서 "공동체", "제도" 그리고 "직업"이라는 명사들은

---

38) Hans-Georg Gadamer, *Truth and Method* (New York: Crossroad, 1982), 271쪽을 보기 바람.

자유롭게 연합하고 상호 교환된다) 그리고 또한 청중의 나르시즘적인 자기기만에 의해서 보다 덜 작동하기 때문이다. 그것은 우리 자신의 전문적으로 아카데믹한 비평의 몰입에 의존하며, 그것의 특권과 무제한적인 지배에 대한 우리의 자기 추구적 가정에 의존한다.

그 논변의 뼈대는 다음과 같다. 즉, 하나의 전체로서의 문예 해석공동체가 종사해야 하고 우리가 요약해서 "문예비평"이라 부를 수 있는 문학의 해석과 평가는 문화적 실제이다. 그러므로 그것은 그것을 하나의 실제로서 구성하는 문화적 관행이나 제도들의 존재에 의존한다. 만약 문예비평이 본질적으로 제도적인 것이라면, 그것은 그것의 가장 제도화된 형식과 동일시될 것이다. 그리고 이것이 전문적인 아카데믹한 비평이다. 만약 문예비평이 전문적인 아카데믹한 비평을 뜻한다면, 전체의 문예 해석의 공동체는 그 본질에 있어 오로지 아카데믹한 비평작업인 것이다. 요약하자면, "제도 바깥의 활동이라는 개념이 비일관적"이기 때문에, 문예이해의 행위는 "전문주의와 어떤 제도 외적 형식 사이의 선택이 …… 아닌 것이며, 전문적 일로부터 독립하여 작용하는 어떤 가능성도 가지고 있지 않다"(*PD* 357, 362).

터놓고 말해서, 그 논변은 분명히 결점이 있다. 그것은 제도 밖의 것과 전문적인 것 밖 사이에서 빚어진 혼동에 기인한다. 또는 더 깊이 있게 말해서 "제도"에 대한 뚜렷한 두 가지 의미, 즉 하나는 "어떤 안정된 풍습이나 관례적인 실제"이고, 다른 하나는 "그런 실제를 촉진하는 데 이바지하는 조직"인데, 이 둘 사이에 일어난 혼동에 기인한다는 말이다. 더욱이 우리는 실제를 오직 그것의 가장 진보적이고 특수화된 형태와만 동일시할 수 있다고 잘못 추정하고 있다. 그러나 피시의 설득력 있는 수사학을 읽을 때에, 융합은 그럴 듯하게 보일 수 있다. 부분적으로 그 까닭은 그가 (전문주의를 해석공동체에 대한 그의 생각을 통하여 옹호하고 전자에 의하여 후자를 분류하는) 그의 논변들에서 해석적이고 전문적인 공동체의 이념들을 미묘하게 지속하고 있기 때문이다. 하지만 그것이 확신하는 것처럼 보이는 주된 이유는 우리의 전문적인 탁상논의가 제도화된 아카데믹한 비평의 관점에서만 문예비평에 관해 생각하도록 훈련을 받기 때문이다. 그래서 피시가 "문예공동체는 그 구성원들을 가르치고 …… 문예비평은 어떤 누구나 할 수 있는 것이 아닌 …… 하나의 전문적인 일"이라고 주장할 때(NB 744), 그 진술은 그럴 듯하게 보인다. 왜냐하면 그와 우리는 이미 함축적으로 하나의 전체로서의 문예공동체를 그것의 협소한 전문적인 부분과 동일시하고 있기 때문이다.

문예 해석공동체와 아카데믹한 비평의 일을 융합시킨 피시는 해석공동체라는 매우 모호하고 이론적인 개념에 대해 어떤 구체적인 실재나 범례를 주기 위한 그 자신의 전문적인 몰두와 가치 있는 욕망으로부터 유래하는 정직한 실수를 범한 것인지도 모른다. 그러나 그 동기가 아무리 순박하다 하더라도, 그 융합은 그것이 엘리트적이며 강압적으로 제한하고 있는 것만큼 잘못이다. 첫째, 우리는 아카데믹한 비평보다는 문예비평의 전문적인 일에 더 많은 것이 있다는 점을 인식해야 한다. 저널리스트적인 비평이라는 크고 힘 있는 영역이 있다. 이것은 피시가 본질적인 것으로 간주하는 아카데믹한 출판의 제도적인 관행들과는 독립하여 번영한다. 더욱 중요한 점은 우리가 단지 문예비평을 전문적인 비평으로 제한하는 타당한 이유를 결코 가지고 있지 못하다는 것이다. 동일성을 그럴 듯하게 보이도록 하는 것은 오직 문예비평이 바로 출판을 위한 글쓰기에 다름 아닌 것을 포함할 수 있다는 가정이다. 발행의 기관들이 전문적인 통제 아래에 있기 때문에, 비평가는 발행할 가치 있는 저작의 전문적인 관례들에 대한 우수성을 제시함으로써 "어떤 것을 말할 권리를 얻어"야 한다. 따라서 "어떤 글에 대한 글쓰기는 오직 질문들 및 그것들에 대한 수용 가능한 답변방식을 제공하는 제도적인 틀 안에서 이치에 닿게 된다." 만약 당신이 무엇인가 새로운 것에 대해 기여함이 없이 당신의 "경험"을 보고한다면, "당신의 글들은 …… 경청되지 않을 것이다"(*NB* 739-40, 743).

정당한 비평적 담론을 혁신적인 글의 글쓰기로 제한하는 일은 쉽사리 피시로 하여금 해석을 텍스트들을 읽는 문제가 아니라 텍스트를 쓰고 변화시키는 문제로써 간주하도록 한다. 더욱이 "해석이 공동체의 마을에서 유일한 게임"(*ITT* 355, 356)이고, 그것을 오직 필자-해석자들의 전문적인 그룹 안에서만 놀이할 수 있다고 주장함으로써, 단순히 텍스트를 읽고 이해할 수 있는 가능성은 비합법적이고 심지어 일관성이 없는 것으로 반드시 배제되고 만다. 하지만 왜 문예비평이 간행된 글의 형태를 취해야 한다고 가정하는가? 왜 작품에 관한 우연한 논의나 구두(口頭)의 보고가 문예비평의 행위를 구성할 수 없는가? 왜 그런 논의가 적어도 상세히 문예해석의 공동체 안에서의 해석적 역량과 구성원임을 보여줄 수는 없는가? 피시는 "비평의 행위들이란 전문적인 일의 규범들과 제한들을 벗어나" 수행할 수 없다고 단언한다(*NB* 747). 하지만 그는 (당신이 지금 읽고 있는 것과 같은) 전문주의의 전문적인 비판들이 반드시 전문적인 일의 규범을 기술하고 그에 따라 전문적인 일의 외부에서 비평에 대한 불가능성을 증언한다는 것을 지적하는 것 외에 이것을 지지하는 논변을 제시하지 않는다. 그러나 만약 우리가 전문적인 간행들과 강좌들의 외부를 들여다본다면 이러한 불가능성을 논박하는 것을 찾아보기란 어렵지 않다. 사실 매일 커피 마시는 시간에 그리고 지하철 안에서, 그것은 비전문적으로 해석적이고 평가적인 판단들, 즉 전문적인 합법화의 결핍으로 인해 무의미하거나 쓸모없는 것이 되지 않도록 하는 판단들로부터 거짓인 것으로 끊임없이 밝혀진다.

일상적인 비전문가들은 규칙적으로 그런 비공식적인 문예비평에 종사한다. 그리고 만약 그들이 종사할 수 없다면, 즉 그들이 해석적 문예공동체로부터 배제되고 그리하여 같은 텍스트들을 (구성하거나) 읽을 수 없다면,

문예비평이라는 전문적인 일은 그것이 행하는 것처럼 번성할 수 없을 것이다. 왜냐하면 그것은 청중, 재정 그리고 새로운 충원에 있어서 더 커다란 문예공동체로부터의 지지를 잃게 될 것이기 때문이다. 피시는 그의 해석공동체라는 개념을 통해서 인간은 자기충족적인 해석의 섬이 아니라고 올바르게 주장한다. 그러나 그는 또한 전문적인 비평이 섬일 수 없다는 사실을 깨달아야 한다. 아카데믹 문예라는 전문적인 일은 오직 더 큰 문예 해석공동체의 (상대적으로 최근의) 요소이다. 그러나 번갈아 후자는 전문적이고 비전문적인 우리의 문예활동과 제도를 알리고 지지하는 더 전체적인 해석공동체와 전통의 훨씬 더 커다란 모체로 혼합된다.

따라서 변화에 대한 개방성의 옹호에도 불구하고, 피시의 전문가적 프라그마티즘은 문예경험의 불필요한 제한을 포함하는 문예적 의미의 좁은 제도적인 통제에 대한 깊은 열망을 드러낸다. 합법적이고 정당한 문학에 대한 유일한 이해와 경험은 전문적인 담론에 나타난 것으로 제한된다. 이러한 배타적인 전문주의는 프라그마티즘의 다원론적 개방성과는 낯선 것 같으며, 이는 듀이가 매우 열정적으로 고발했던 예술의 구분에 대한 비평적인 한 면을 나타낸다. 편협한 전문주의와 그것의 압력과 같은 종류의 것은 크납과 마이클즈의 진리를 추구하는 의도주의의 근거가 되거니와 심지어는 해석적 새로움에 대한 로티의 일방적인 혹은 일면적인 요구를 자극한다. 아카데믹 비평이라는 전문적인 일은 이러한 충돌을 일으키는 이론들 아래에서 쓸 수 있다. 왜냐하면 그것은 역설적으로 해석적 진실의 목적에 의해 그것 자체를 합법화하지만 그런 진실의 최종적 발견을 인정할 수 없는 계속적인 새로움을 통해 그것 자체를 지지하고 팽창하기 때문이다. 크납과 마이클즈는 전자의 목적에 호소하는 반면 로티는 후자를 향해 나아간다. 그리고 피시는 일시적으로 전문적인 신뢰를 얻는 새로운 해석이 무엇이든지 간에 그것과 진실을 동등하게 함으로써 그것들을 결합하고자 한다(*ITT* 16).

듀이와는 대조적으로, 이러한 세 가지 주도적인 프라그마티스트 이론들은 모두 단지 풍요로워진 경험, 즉 글쓰기에서 아마도 소통이 되는지 모르는 경험 이외에 해석적 진실도 널리 알릴 수 있는 새로움도 추구하지 못하는 비전문적인 반응들의 가치를 인식하지 못함으로써 미적 경험의 영역을 허약하게 한다. 하지만 그것은 합법적이고 의미 있는 것으로서 중요시할 필요가 없다. 아마도 듀이는 더 폭넓은 시야를 가졌던 것 같다. 왜냐하면 그는 문학예술을 읽는 아카데믹한 방식들이 더 넓은 문예공동체에서 비전문가들의 방식들로부터 덜 단절되었을 때 썼기 때문이다. 그리고 그 때문에 아카데미는 그토록 지배적이지도 않았으며, 아직 발행에서 인식적인 정당성과 혁신적인 생산성이라는 그런 강한 전문적인 압력에 의해 지배되지도 않았다.

우리는 아카데믹한 비평 위로 시계를 다시 되돌릴 수 없다. 뿐만 아니라 우리는 그렇게 되도록 원해서도 안 된다. 전문주의가 문학에 대한 우리의 지식과 평가를 증가시켜 왔으며 따라서 많은 사람들의 미적 경험과 삶을 고양시켜 왔다는 점은 의심할 여지가 없다. 그렇지만 우리가 아무리 전문적인 실제와 더불어 즐거워한다 하더라도 우리는 철학자로서 그것 외부에 놓여 있는 것을(그리고 그것의 가치를) 알아야 한다. 우리가 문학을 어떻게 읽는가를 이론화할 때 우리는 해석에서 우리의 합법적이고 유익한 의도들의 범위가 전문적인 의도들 이상을 포함하고 있음을 기억할 필요가 있다.[39] 나는 우리가 또한 독서에 있어 우리의 의도들과 활동들이 유용하게 해석이라 일컬어질 수 있는 것을 능가—또는 최소 그 아래에—한다는 사실을 깨달아야 한다고 생각한다. 다시 말해서 독서(그리고 더 일반적으로

---

[39] 나는 해석적 목표(그 모두가 인식적인 것은 아니지만)의 이러한 다양성 가운데 약간을 "The Logic of Interpretation," *Philosophical Quarterly* 28(1978), 310-24쪽 및 *T. S. Eliot and the Philosophy of Criticism*, 124-33쪽에서 탐색한다.

말하면, 이해)가 항상 해석되고 있는 것만은 아니라는 것이다. 그러나 보편적 해석학의 논변들에 대항하여 이러한 후자의 주장을 옹호하는 일은 신선한 출발을 요구하며 그 자체 한 장(章)을 요구한다.

제5장

해석의 아래에

이미 모든 것은 무상하며, 태양 아래 새로운 것은 없다고 말한 고대의 포스트모던주의자라 할 코헬렛(Kohelet)은 또한 모든 것에는 마땅히 그것을 위한 시대가 있다고 주장했다. 즉, 태어나게 된 시간과 죽는 시간, 붕괴하는 시간과 세우는 시간, 끌어안는 시간과 끌어안는 것으로부터 벗어나는 시간이 있게 마련이다. 지금까지 해석을 위한 시간에 대한 언급은 없었다. 하지만 그러한 시간이 확실히 있으며, 그 시간이 바로 지금이라 하겠다. 우리의 시대는 포스트모던이라기보다는 오히려 해석학적이라고 말하는 편이 나을 것이다. 이런 상황에서 제기되는 중요한 물음은 과연 우리가 해석하는 일로부터 벗어난 적이 있었는가 하는 것이다. 세계적인 해석학자들은 이 점을, 우리가 단순히 지각하고 읽고 이해하고 혹은 전적으로 지성적으로 행동하는 것이 이미, 그리고 언제나 해석하는 것이라고 주장하면서 아주 부정적으로 답변한다. 그들은 우리가 어떤 의미 있는 것을 경험할 때마다, 그런 의미 있는 경험은 언제나 해석의 한 경우이며 산물일 수밖에 없다고 말한다.

이런 해석학적 보편주의의 입장[1]은 최근의 해석학 이론의 큰 흐름을

---

[1] 이전의 글("Beneath Interpretation, Against Hermeneutic Holism," *Monist* 73(1990), 181-204쪽)에서 나는 이를 "해석학적 전체론"으로 언급한 적이 있다. 하지만 이 용어

차지하고 있다. 토대주의자 혹은 근본주의자들과 실재론자들이 말하는 객관성에 대한 신뢰의 상실이 현재의 도그마를 만들었다. 적나라하고 확실하며 직접적인 실재에 대한 신의 관점의 이상을 포기하였으므로 우리는 정반대의 입장을 어쩔 수 없이 끌어안는 것처럼 보인다. 즉, 우리는 모든 것을 해석적인 베일이나 각도를 통해서만 볼 수 있다는 말이다. 실로 어떤 사람은 "베일"이나 "각도"와 같은 용어들이 적절치 않게 다음과 같은 점, 즉 우리가 가려지지 않고 관점이 개입되지 않은 실재를 전제한다는 점을 암시하기 때문에 우리는 단지 해석을 통해서 모든 것을 *보지* 않고, 모든 것이 실제로 해석을 통해 *구성되어 있다*고 논박할는지 모른다. 바꾸어 말하면, 해석되지 아니한 실재란(확실히 우리에게 실재하지 않는 것이란) 없다는 것이다. 물론 이 이론은 니체의 유명한 말, 즉 "사실들이란 정확히 말해 없는 것이며, 다만 해석이 있을 뿐"[2]이라는 언급으로 거슬러 올라간다. 오늘날의 해석학적 보편주의자들이 니체를 중요한 철학자로 여기며 포스트모던의 선구자로 복원시켜 놓고 있는 점은 전혀 놀랄 만한 일이 아니다. 알렉산더 네하마스(Alexander Nehamas)는 니체에 관한 그의 훌륭한 저술의 대부분에서 니체의 원근법주의와 보편적 해석학[3]에 대한 당대의 옹호를 할애하고 있다. 네하마스는 사실상 니체의 원근법주의를 "모든 관점은 하나의 해석이다"라고 정의함으로써 두 입장을 같게 본다. 그는 "우리의 모든 행위가 편파적이고 어떤 관점을 지닐 수밖에 없다"(N 66, 70, 72)라는

는 또한 내가 전혀 반대하지 않는 입장을 시사할 수 있었다. 말하자면, 이 단어나 언명의 의미 그리고 인식요청의 정당성은 단순히 토대가 되는 객체나 특권을 갖는 표상과의 원자론적 대응에 대한 원자론적 지시의 문제가 아니다. 그 대신에 항상 단어나 진술, 신념 등-이를테면, 사회적 실천의 전체 맥락과 변화에 면역이 되어 있지 않은, 보다 커다란 맥락에 의존한다. 이런 입장들을 혼동하는 일을 피하기 위해 "해석학적 보편주의"란 해석의 편재를 표현하는 데에 더 나은 용어로 보인다.

2) Friedrich Nietzsche, *The Will to Power*(New York: Vintage Press, 1968), 481절.
3) Alexander Nehamas, *Nietzsche: Life as Literature*(Cambridge, Mass.: Harvard Univ. Press, 1985). 이후부터는 *N*으로 표시함.

점을 들어서 모든 관점들뿐 아니라 "모든 실천들도 해석적이다"라고 주장하기를 계속한다.

프라그마티스트들은 니체주의자들처럼 영구히 고정되어 있는, 그래서 인간의 구조화란 작업의 매개 없이도 파악될 수 있거나 심지어는 분별 있게 사유될 수 있는 실재라는 바로 그 개념을 거부한다. 그러한 지각의 구조화 혹은 형태화는 오늘날 전형적으로 해석이라고 여겨지고 있다. 그래서 우리는 스탠리 피시와 같은 현대의 프라그마티스트가 해석이란 우리의 모든 의미 있고 지적인 인간 활동을 포괄하며, "해석만이 문제가 된다"[4]라고 되풀이하여 주장하는 것을 본다. 지식이란 해석된 형태로서 발생한다는 점을 생각하면, 모든 지각과 이해는 분명히 해석이라 하겠다. 우리가 가장 원시적이고 즉각적으로 사물을 볼 때조차도 "해석은 이미 개입되어 있다."[5] 더욱이 이런 근본적인 니체주의나 프라그마티즘적 관점이 아니더라도, 해석학적 보편주의는 "모든 이해란 해석"[6]이라고 말한 가다머와 같은 전통주의자에 의해 확고하게 지지를 받고 있다.

간단히 말해, 급속하게 증가하고 있는 반근본주의자의 다양한 진영은 해석이 모든 의미 있는 경험과 실재를 포함하며 해석의 대상으로 기여하는 그 어떤 것도 해석의 아래에는 없다는 믿음으로 묶여져 있다. 그러한 것으로 여겨지는 어떤 것도 그 자체 해석의 산물이기에 그러하다. 비록 나도 그들처럼 근본주의에 대해 반대하며, 그들처럼 해석의 중요하고 대체될 수 없는 역할에 대해 동의하지만, 해석의 역할을 해석학적 보편주의보다는

---

4) Stanley Fish, *Is There a Text in This Class?: The Authority of Interpretive Communities*(Cambridge, Mass.: Harvard Unniv. Press, 1980), 350, 352, 355쪽.

5) Stanley Fish, "Working on the Chain Gang: Interpretation in the Law and in Literary Criticism," *Critical Inquiry* 9(1982), 204쪽.

6) Hans-Georg Gadamer, *Truth and Method*(New York: Crossroad, 1982), 350쪽; 이후부터는 *TM*으로 표시함.

좀 더 신중한 논의를 통해 이해하는 것이 좋다고 생각한다. 해석이 다른 것들에 대해 여유 공간을 마련할 때, 그리고 곧 터질 것만 같은 과도한 팽창에서 자신을 조금 절제할 때, 자기 파괴적인 제국주의적 팽창에서 벗어날 때 비로소 우리는 해석에 대해서 제대로 이해할 수 있을 것이다.

이 장에서 나는 해석학적 보편주의의 주요 논의를 비판적으로 살펴보면서 그것을 반박하려고 한다. 그러한 논의들이 억지로 해석학적 보편주의로 귀결되지 않아도 된다는 점을 보인 후, 나는 어째서 그런 믿음이 그 반대의 믿음보다 더 위험하고 유익하지 못한지, 즉 우리가 세계와 맺고 있는 의미 있고 지적인 관계들이 비해석적인 경험과 행위, 이해를 포함하고 있는지를 계속해서 시사하고자 한다. 그리하여 해석만이 전부가 아니라고 생각하지 않으면 안 된다. 마지막으로 해석학적 보편주의자들이 모두 해석이라는 개념 아래에 귀결시켜버린 비해석적인 이해라는 것이, 실제로 해석적 경험과 어떤 차이를 보이는지를 구분할 것이다. 이런 구분을 통해서 나는 해석과 이해를 완전히 서로 다른 것이며 같은 대상을 서로 공유할 수 없는 엄격한 존재론을 주장하는 것이 아니다. 그러나 나는 이 둘 사이의 이런 기능적인 구분이 실용적으로 도움을 주며 우리의 이해를 명확하게 하리라고 믿는다.

이런 작업을 수행하기에 앞서, 나는 일찍이 수잔 손탁 (Susan Sontag)이, "해석에 반하여"[7)]에서 행한 비판과 나의 비판을 구분해야겠다. 손탁의 비판은 그 자체의 해석에 대한 것이 아니라, 예술에 대해 해석이 취하고 있는 지배력에 대한 것이다. 실로 그녀는 해석학적 보편주의자들이 뜻하는 "넓은 의미에서의 해석, 즉 니체가 말하는 '사실이란 없다. 있는 것은 해석뿐이다'"(*AI* 5)라는 것을 받아들이고 있다. 하지만 예술에 대해 해석이 지배권을 주장하는 것은 무엇 때문인가? 단토 및 그 밖의 학자들은 예술작품이란 존재론적으로 해석에 의해 구성된다고 말한다. 물리적으로 동일한 대상일지라도, 서로 다른 해석을 가하면 다른 작품이 되듯이, "해석은 예술작품을 구성하는 것이며, 해석 없이는 작품도 있을 수 없다"는 것이다. 해석이 없으면, 작품은 단지 물질적인 "단순한 사물"일 뿐이다.[8)] 예술작품이 단지 물리적 대상이 아니며, 반드시 그 자체가 해석에 의해 구성되어야 한다는 이런 관점은, 다른 영역에 대해서는 실재론자

---

7) Susan Sontag, "Against Interpretation," in *Against Interpretation and Other Essays*(New York: Dell, 1966); 이후부터는 *AI*로 표시함.

8) Arthur Danto, *The Philosophical Disenfranchisement of Art*(New York: Columbia Univ. Press, 1986), 45쪽.

인 단토가 니체의 관점을 예술의 영역에 한정하여 적용시킨 것이다. 단토가 지적한 바와 같이, 예술에 대한 *구성적인* 해석은 손탁의 비판대상이 되어서는 안 될 것이다. 비록 그런 해석의 필연성, 즉 예술이 해석 없이는 의미 있게 경험될 수 없다는 주장을 여기서도 비판할 것이기는 하지만 말이다.

그녀가 비판하고 있는 해석이라는 것은 구성된 대상의 의미와 내용을 공들여서 설명하고 드러내며 탈부호화하는 것을 뜻한다. 이런 내용해석은 "번역의 타락적인 행동이다. 해석자는 텍스트를 직접 지우거나 다시 쓰지는 않지만, 그것을 변경시킨다." 그것을 "전혀 다른 것"으로 만들고 그것의 의미에 대해 잘못된 탐구를 하게 함으로써 "사물 그 자체가 지니고 있는 찬란함을 경험하지 못하게 한다"(*AI* 5, 6, 8, 13). 인식적이고 추론적인 해석의 우위에서 벗어나게 하는 예술의 도전적 근원인, 예술의 표면적 형식에서 얻게 되는 강력한 감관적 체험에 우리를 열어 두는 것보다는 오히려 해석은 우리의 감각을 마비시키고, 우리의 "감관적 능력"(*AI* 7)을 희생시켜 가면서 "예술에 대해 가하는 지성의 복수"를 나타내고 있다. 그러므로 손탁은 "해석보다도 우리는 예술의 관능성을 필요로 한다"라고 말한다. 이런 관능성이 "예술의 형식에 대해 더 많은 관심을 갖게 하며", "내용에 대한 관심을 형식에 대한 관심으로 녹일 것"이라고 말한다. 그리고 이런 관능성은 "예술작품의 모습에 대해 정확하고 날카로우며 사랑스러운 기술을 제공할 것"이라고 말하고 있다. "어떤 사물이 어떻게 생겼는가를 보이는 것은 그것이 무엇인가를 보이는 것이다"(*AI* 12-14).

비록 나도 손탁처럼 예술이해에 대한 해석학의 제국주의적 정복에 반대하고, 미적 경험에 있어서의 감각적 직접성을 중요하게 여기기는 하지만, 나는 그녀의 해석에 대한 비판 방식을 받아들일 수 없다. 내가 그녀의 비판을 받아들일 수 없는 이유가, 형식이나 관능성을 위해 내용을 거부하는 것이 미국 최악의 문화—즉 의미 없는 성관계, 공허한 형식주의, 지성에 대한 경멸—를 정당화하는 결과를 낳게 되기 때문은 아니다. 이런 이데올로기적 불만은 아도르노 학파에게 남겨두거나 우리 자신의 소외된 불만의 순간에 남겨두도록 하자. 우리가 이런 이데올로기적 관점에 대해 어떤 판정을 내리든지 간에 내가 보이고 싶은 것은 손탁의 비판이 깊은 혼동과 보증할 수 없는 가정으로 얼룩져 있다는 것이다.

첫째로, 모든 해석이 "예술작품의 내용으로서 그러한 것이 실로 있다"라는 환상을 지지하는 주장에서 그리고 이어서 그 대신에 비평이 그 자체 대비적으로 사실인 형식에 한정되어 있다고 요구하는 데서, 손탁은 형식이 그 자체로는 어떠한 내용도 담고 있지 않다는 소박하고 엄격한 내용/형식이라는 이분법에 의존하고 있다(*AI*, 11-12). 둘째로, 손탁은 예술작품의 정체성과 형식에 대한 소박한 리얼리즘을 드러내고 있는데, 이 자체가 매우 확실하지 않은 개념이며, 그녀가 지지하고 있는 니체적인 해석의 관점과도 모순되고 있다. 그녀는 해석이 예술작품을 "있는 그대로" 기술하기보다는 "변형시키고", "번역하고", "다른 것으로 만드는 것"에 대해 비판하는데, 이는 예술작품에는 우리가 구성하고 우리의 관점에 의해서 형성되는 정체성이 아닌, 있는 그대로의 근원적인 정체성이 있다는 가정을 하고 있는 것이다. 그리고 그렇기 때문에 우리는 "투명하게" 예술작품의 정체성을 알 수 있다는 것이다(*AI* 6, 8, 11, 13). 손탁이 예술과 예술비평에 있어 가장 높은 가치로 여기고 있는 이 "투명성"이라는 개념은 "사물의 찬란함을 있는 그대로 경험한다는 것이다"(*AI* 13). 하지만 니체가 말하는 구성적 정체성이라는 개념은 이런 관점이 개입되지 않는 투명성을 거부하고 있으며, 또한 해석되지 않은 "사물 그 자체"라는 개념을 교조주의적인 것이라 하여 반박하고 있다.[9]

손탁의 세 번째 혼동은 해석이 예술의 감각적이면서 해방적인 힘을 "다루기 쉽고, 조화되기 쉬운 것"(AI 8)으로 바꾸는 "예술에 대한 지성의 복수"라고 가정하면서, 반면에 형식이란 지성적이지도 강제적이지도 않으면서 단순히 해방적으로 관능적이라는 것이다. 이 주장은 우리가 "조화를 이루기 쉬운"이라는 단어의 형태를 살펴보아도 이것은 명백히 틀렸다고 하겠다. 실제로 우리의 형식에 대한 관념에 틀을 잡아준 플라톤과 아리스토텔레스 시대에서부터, 형식이라는 것은 지성적이고 강제적인 것이었다. 게다가 칸트가 강조했듯이, 미적 대상에 대한 형식적인 감상은 내용에 대한 감상-단지 내용에 의해서 즉각적으로 환기되는 우리의 일상적인 감정에 의존하고 있는-보다 더 많은 지적인 힘과 억압적인 엄숙함을 요구하는 것이다. 칸트와 클라이브 벨(Clive Bell)과 같은 형식주의자들은 좀 더 자연스럽고 덜 지적인 내용에 대한 감상을 교양 없는 야만주의라고 비난했다.[10] 손탁은 이들과 비슷하게 내용에 대한 해석을 교양 없다고 치부하면서, 형식에 대한 감상을 강조했다. 그러나 그녀는 형식에 대한 분석은 지적인 능력이 덜 필요한 것처럼 여겼고, 결국 형식에 대한 분석을 비지성적인 "감각적 직접성"(AI 9)과 혼동하고 있다.

이는 손탁의 입장에 있어 다음과 같은 네 번째의 중대한 오류를 범하게 한다. 즉, 해석에 대한 전체적인 거절을 실로 지지하고 있지 않다는 점을 인정하는 데에 대한 실패이다. 왜냐하면 그녀가 옹호하고 있는 형식적인 분석은 그 자체 해석을 인정하는 형식인 것이다. 모든 해석이 감추어져 있는 의미의 층 또는 핵을 밝히는 깊은 메타포에 의해 다스려진다고 생각하는 것은 단지 잘못일 뿐이다. 해석은 형식적 구조에 의해 이론화되고 또한 실천된다. 감추어진 의미를 드러내는 것이 아니라 또한 드러난 특징

---

9) Nietzsche, *Will to Power*, 556, 557, 559, 560절.
10) Immanuel Kant, *The Critique of Judgement*, J. C. Meredith(Oxford: Oxford Univ. Press, 1952), 64-8쪽 및 Clive Bell, *Art*(New York: Capricorn, 1958), 1장.

들과 표면들을 연결하기보다는 오히려 잘 관련된 하나의 전체로서 작품을 보고 제시하려는 목적을 지니고 있다. 작품의 "전체 디자인을 파악하려는" 이러한 형식주의자의 해석형태를 인정하는 일은 초기에 해석을 거절했던 자인, 이를테면 엘리어트(T. S. Eliot)의 견해인, 해석의 지울 수 없는 역할과 가치를 받아들이기 위해 "예술작품은 해석될 수 없다"는 그 자신의 견해를 바꾸는 것이다.11)

마찬가지로 손탁은 다음의 사실을 인정해야 한다. 즉, 모든 해석에 대한 그녀의 분명한 비판은 단지 모든 다른 것을 넘어선 그리고 거기에 반하는, 하나의 해석형식에 대한 특권을 부여받은 정당화이다. 그녀는 우리가 결코 해석 없이는 함께 해서도 안 되고 또한 할 수도 없는 또는 실제로 우리가 해석 없이 적어도 니체의 구성적 의미에서 행하는 논변을 제공하지 않는다. 그녀는 해석이란 필연적으로 어떤 의미 있는 예술경험에서 혹은 그 밖의 다른 경험에서 현재한다는 점을 지지하기 위해 해석학적 보편주의의 논변을 고려하지 않는다. 간단히 말해, 손탁의 비판은 단순히 우리가 내용을 위해서만 해석해서는 안 된다는 점이다. 그 대신에 내가 주장하고 싶은 점은 논리적으로 그리고 필연적으로 우리는 우리가 무엇인가를 유의미하게 경험하거나 이해할 때는 언제나 해석하고 있다는 견해이다. 이 견해는 "모든 이해는 해석"이라는 가다머의 언명에서 표현된 것이다. 그러므로 나는 이 견해에 대한 강력한 논변을 제출하지 않으면 안 된다.

---

11) T. S. Eliot, "Hamlet", in *Selected Essays*(London: Faber, 1976), 142쪽 및 G. W. Knight, *The Wheel of Fire*(London, Methuen, 1962), xix에 실린 그의 서문 참고. 엘리엇의 해석학적 전환에 대해 동기를 부여받은 논변들에 대한 상세한 설명 및 해석에 대한 그의 성숙한 이론에 대한 비판적 분석은 Richard Shusterman, *T. S. Eliot and the Philosophy of Criticism*(New York: Columbia Univ. Press, 1988), 107-155쪽을 참고.

이런 최근의 해석학으로의 전환은 대부분 토대주의자들 혹은 근본주의자들에 대한 거부로부터 나온 것이기 때문에, 해석학적 보편주의에 대한 주된 논점들은 투명한 사실, 절대적이고 단일한 진리, 마음과는 무관한 객관성에 대한 근본주의자들의 생각들을 거절하는 데에 향해 있다. 왜냐하면 그런 믿음은 우리가 어떻게 사물을 지각하느냐와 관계없이, 신의 관점과 같은 사물에 대한 완벽한 이해를 얻을 수 있다는 생각을 갖게 하며, 따라서 보고 이해하는 등의 일체의 행위들은 우리가 해석의 본질이라고 생각하는 수정가능성이나 관점적인 다양성, 편견으로부터 면제되기 때문이다.

나는 해석학적 보편주의자들이 토대론적인 이해를 비판했다는 점에서는 옳다고 생각하나, 모든 이해가 해석이라고 결론을 내리는 일은 잘못이라고 생각한다. 그들의 간단하지만 중대한 실수는 비근본적인 것을 해석적인 것과 동일시한다는 데에 있다. 바꾸어 말하면, 해석학적 보편주의자들은 모든 이해가 비근본적이기에 언제나 수정가능하고 관점적이며 선입견을 가지고 있으며, 사전에 구조화된 것이라고 여긴다는 것이다. 그래서 어떠한 의미 있는 경험도 중립적이거나 이해관계에 좌우되는 일없이 공평하다고 생각하지 않는 것이다. 하지만 전통적인 토대론자 혹은 근본주의자들의 도식에서 이미 해석을 비근본적인 이해로 굳히고 있다. 그리하여 해석은 수정가능하고 선입견으로 가득할 수밖에 없다고 규정하고 있는 것을 보면, "이해는 근원적이지 않다"라는 입장을 "모든 이해는 해석이다"라는 입장과 구분하지 않게 되기가 쉽다. 그러므로 이런 해석학적 보편주의자들의 혼동은 "비근본적인 것은 해석적인 것이다"라는 전통적인 근본주의자들의 도식에서 여전히 벗어나지 못하고 있는 모습을 보인다. 이것은 우리가 좀더 자유로운 프라그마티스트들의 관점(내가 논변할 것이지만), 즉 이해와 해석을 근본주의의 도식 없이도 구분할 수 있다는 관점을 받아들이는 것을 방해한다. 이런 프라그마티스트들은 비해석적인 실재와 경험, 이해들도 이미 관점적이고, 선입견적이며, 수정 가능한 것이라는 즉, 근본적인 것이 아니라고 말한다.

해석학적 보편주의자들의 주장은 너무나 많다. 나는 여기서 여섯 가지 부분으로 정리해보고자 한다. 비록 서로 겹치는 부분이 있기는 하겠지만, 우리는 이해에 대해서 대충 다음 세 가지 부분으로 정리할 수 있을 것이다. 그 각각은 모든 이해의 세 가지 뺄 수 없는 특징들인, a) 수정가능성, b) 관점적인 다양성과 선입견, 그리고 c) 마음의 활동과 과정이다.

(1) 우리가 이해하는 것, 진실 혹은 사실이라 파악하는 것이 종종 틀렸다는 것을 알 수 있고 그리하여 다른 이해에 의해서 그것을 수정하고 대체한다. 더욱이 새로 등장한 이해는 이전의 이해를 재해석함으로써 얻어지는 것이고, 따라서 그것 자체도 또한 뒤따를 해석에 의해 대체될 수 있는, 이를테면 "단지 해석"일 뿐, 사실이 아니라는 것을 알 수 있다. 이렇게 추정된 사실이나 진실은 다시 다른 해석에 의해 수정 및 대체될 수 있기 때문에 해석보다 더 높은 인식론적 지위를 차지하는 것도 아니다. 그리고 해석은

끊임없이 수정 가능한 것이다. 아마도 "사실이나 진실은 없고 오직 해석만이 있다"라는 말은 위와 같은 의미일 것이다.

여기서 이해라는 것이 인식론적으로 해석과 다를 것이 없기 때문에 이 둘을 아예 동일시해버리는 추론이 등장하게 된다. 모든 해석은 수정가능하고, 또 비슷하게 모든 이해도 수정이 가능하다는 점이 이런 결론을 강화시켜주고 그래서 결국 모든 이해는 해석이 되게 마련이다. 이처럼 이런 추론이 이루어졌지만, 이 추론은 명백히 잘못되었다는 것을 알 수 있다. 하지만 우리는 모든 수정가능하고 부분적인 이해를 해석과 동일시하기 때문에 이 결론을 받아들이게 된다. 마치 진정한 이해는 그 자체로 결코 수정되거나 확대되지 않으며, 이해는 반드시 수정 가능한 것으로 해석되지 않으면 안 되는 것처럼 보인다. 하지만 왜 이런 엄격한 가정을 하는 것일까? 전통적으로 이해란(그 동족어가 진실이나 사실과 같은) 늘 수정이 가능한 "단순한 해석"과는 반대되는 것으로 정의되기 때문이다. 그러나 만약 우리가 이해는 수정되는 것이 아니라는 근본주의자들의 입장을 포기한다면, 수정 가능한 이해라는 것도 가능하게 되고 사실 필요한 것이 된다. 그리고 일단 우리가 이런 개념을 받아들인다면, 모든 이해가 단지 그것이 수정이 가능하다는 이유만으로 해석일 수밖에 없다는 결론을 내리지 않아도 되는 것이다. 해석학적 보편주의자들이 이런 추론을 끌어냈을 때, 그들은 자신도 모르게 근본주의자들과 비슷하게 되어버린 것이다. 즉, 비해석적인 이해를 수정할 수 없는 근원적인 진리와 동일시하게 된 것이다.

(2) 해석학적 보편주의자들의 두 번째 주장은 이해라는 것이 언제나 관점적이고, 따라서 관점적 다양성을 가지고 있다는 것이다. 우리는 네하마스가 모든 이해, 아니 "우리의 모든 활동이 부분적이고 관점적"이라는 가정으로부터 그가 모든 이해는 해석적이라고 주장했다는 점을 이미 살펴보았다.

나는 이 가정을 받아들일 수 있다고 보며, 네하마스가 아닌 다른 사람들의 주장들에 의해서도 이 가정이 성립될 수 있다고 생각한다. 모든 생각과 지각이 지향성을 드러내고 있다는 점에서(어떤 것에 관한 존재의 현상학적인 의미에서), 그리고 지향성은 대상을 특정한 방식으로 포착하는 것이므로 관점적일 수밖에 없으므로, 모든 이해는 반드시 관점적이라고 볼 수 있다. 하지만 이런 전망 혹은 관점 또는 입장이라는 바로 그 개념은 특정한 관점적 견해의 "지평"(가다머의 용어)을 넘어선다. 그리하여 그것의 "시각의 범위"(*TM* 269)를 넘어선다는 사실을 암시한다. 그러므로 어떤 사물에 대한 단 하나의, 배타적인 이해가 있는 것이 아니라, 오히려 많은, 부분적이고 관점적인 이해가 있다는 것이며, 그들 가운데 어느 것도 총체적이고 완벽한 진리를 제공하지 못한다는 것이다.

전제에 대해 많은 것이 있지만, 모든 이해가 해석적이라는 점을 어떻게 따르겠는가? 다시 전통적인 근본주의자들의 도식에서 보면, 해석은 인간이해에 있어서 부분적, 관점적, 다양성이라는 영역을 차지하고 있으며 이는 그들의 이상적인 이해의 상태인 있는 그대로의 단일하고도, 완전한 절대적인 이해와는 반대되는 것이었다. 이런 단일하고 완전한 이해에 대한 바로 그 가능성과 명료성을 거부하면서(네하마스와 가다머가 올바르게 그렇게 하듯이), 해석학적 보편주의자들은 모든 이해란 따라서 해석으로 환원된다고 추론하고 있다. 그리고 이런 추론은 이해를 위한 토대주의자들 혹은 근본주의자들의 범주이다. 이는 관점상 복수이며 반드시 그리고 전적으로 진실이기 때문에 필연적으로 거짓이거나 정당하지 못한(오해가 아닌) 것이 아니라 진실한 이해를 재현할 수 없다. 어떻든 다시 우리가 일단 근본주의의 원칙에서 벗어났다면 그들의 범주를 답습할 이유는 없는 것이다. 그러므로 진실한 이해는 그 자체로 관점적이며, 부분적이고 다양하다는 것을 부정할 이유가 없다. 또한 결과적으로 모든 이해가 반드시 관점적이어야 한다는 것, 그

리고 모든 이해가 해석이어야 한다는 것을 받아들일 이유도 없다.12)

(3) 이해가 관점적이고 그러므로 편파적이라고 생각한다는 것은, 이해가 여러 관점들을 배제하지 않으며, 원칙적으로 언제든지 보충될 수 있는 것이라는 점을 받아들임을 뜻한다. 그러나 편파적이라는 것은 또한 편견과 선입견을 의미하기도 한다. 이해는 언제나 선입견에 의해 매개되며, 따라서 결코 중립적일 수 없다는 점에서 언제나 해석일 수밖에 없다는 것이 보편주의자들의 세 번째 주장이다. 이는 니체주의자와 가다머주의자 그리고 심지어는 프라그마티스트들이 토대주의자들 혹은 근본주의자들을 비판하는 주요 논점이기도 하다. 모든 이해는, 인간적 요소들 즉, 상이한 사회나 개인에 따라서 다르게 나타나기도 하고 서로 겹치기도 하는 우리의 이해관계나 욕구, 필요 등과 같은 인간적 요소들을 포함하고 있다. 더욱이 니체, 가다머 및 프라그마티스트들에게 있어 우리의 필요나 가치에 의해서 이해가 생겨나는 것은 매우 좋은 일이다. 그것은 우리로 하여금 살게 하고 번성하게 하여 우리에게 어떤 것을 이해할 수 있게 한다.

"모든 이해는 불가피하게 선입견을 포함하며"(*TM* 239), "모든 관점은 특별한 가치와 선행하는 언명에 의존하며 이를 드러내 보인다"(*N* 67-8)라는 전제로부터, 그것은 모든 이해나 지각이 해석이라는 생각으로 나아가게 해주는 첫걸음이다. 그러나 여기서 조심스런 프라그마티스트들은 니체나 가다머와 같은 대륙의 해석학자들에게서 떨어져 나가게 된다. 투명하게

---

12) 실용적 용어로 우리는 실로(비록 관점적이라 하더라도) 이해를 완성시킬 수가 있으며, 단지 실용적이고 맥락적인 용어로 완성된 이해라는 생각은 전적으로 지성적이라고 어딘가 다른 곳에서 나는 논의한 적이 있다. 완성이라는 개념은 특수하고 제한된 맥락 혹은 성취목적을 늘 전제한다. 그래서 완성이라는 토대주의적 개념 그 자체는 국면이나 지평 혹은 목적 없이 단순히 의미 없는 개념일 뿐, 유감스럽게도 다가갈 수 없는 이상은 아니다. 이 점에 대한 더 자세한 논의는 필자의 *T. S. Eliot and the Philosophy of Criticism*, 126-8쪽을 참고할 것.

비추어주는 지각에 대한 토대주의자들의 이념 및 이상을 거부하면서 그녀는 이해라는 것이 언제나 해석처럼 선입견에 의해서 발생한다고 생각한다. 그러나 그녀는 그렇다고 해서 이해라는 것이 언제나 해석일 필요가 있냐고 반문한다. 단지 해석만이 편견을 가질 수 있으며, 이에 반해 전(前)해석적인 이해 혹은 경험은 단순히 편견을 가질 수 없다는 점을 우리가 가정하지 않는다면 그와 같은 점이 나올 이유가 없다. 하지만 그녀에게 있어 이런 추론은 마치 진정한 남성이라면 감정에 의해서 영향을 받지 않아야만 하는데, 인간은 모두 감정에 의해 영향 받기 때문에 결국 모두 여성이라는 성차별주의자들의 주장처럼 이상한 것이 되고 만다.

(4) 해석학적 보편주의자들의 네 번째 주장은 이래의 관점적 편파성과 그것의 행동과정이 겹쳐진다는 데에 있다. 모든 이해가 선택적이고-어떤 사물이나 특징에 초점을 두고 있지 다른 것에 두고 있지 않다는 점에서-모든 이해는 그러기에 해석적이지 않으면 안 된다. 이해가 관점적 편파성을 갖는다는 것은 (불완전하고 의도적 편견이라는 두 가지 의미에서)언제나 선택적이라는 점을 함축한다. 이해는 언제나 저것이 아닌 이것을 포착하며, 그것이 무엇을 포착하느냐는 이전의 목적에 의해서 결정된다.

 이 점을 부정할 수는 없을 것 같다. 내가 문제를 제기하고자 하는 부분은, 이해가 언제나 선택적이라면 그것은 늘 해석적이라는 추론이다. 이런 결론은 모든 의도적인 선택은 항상 해석적인 사고와 결정의 소산이라는 전제를 미리 필요로 한다. 하지만 이 전제는 듀이가 " 지성주의"[13] 라고 말한 철학적 오류이다. 왜냐하면 우리의 일상생활에서의 지각과 이해에 있어서 선택이라고 하는 것은 습관에 의해서 어떤 반성이나 심사숙고 없이

---

13) John Dewey, *Experience and Nature*(La Salle, Ill.: Open Court, 1929), 21-4쪽.

자동적이고 무의식적으로 일어나기 때문이다.14) 표준적인 일상적 용법에서 보면, 해석은 확실히 의식적인 사유와 심사숙고하는 반성을 포함하고 있기도 하다. 하지만 지적이고 의도적인 모든 선택이 다 의식적이고 반성적인 것은 아니다. 계단을 내려가는 것은 발과 몸을 어디에 어떻게 놓을까 하는 선택을 필요로 한다. 하지만 이런 선택이 진정 해석을 필요로 할 때는 계단에 어떤 이상이 생긴 비정상적인 경우(예를 들어 매우 어둡거나 좁고 구불구불한 계단일 때, 혹은 발을 삐었을 때, 혹은 어지러울 때)뿐이다.

모든 의도적인 지성적 선택이 늘 추론을 필요로 하는 해석적 결정이라고 생각하는 것은 잘못된 일이다. 그러므로 우리는 즉각적으로 우리에게 주어지는 지각과 이해로부터 이런 것들을 좀 더 반성하고 해석해서 얻어지는 이해를 구분하여야 한다. 만일 내가 산타 크루즈(Santa Cruz) 해변에 누워 있다가 눈이 부신 햇빛 때문에 눈을 떴다면, 내가 즉각적으로 지각하거나 이해할 수 있는 것은 지금이 낮이라는 사실이다. 그 대신 내가 만일 어스레함으로 인해 눈을 뜬다면, 이제는 더 이상 밤이 아니라 따분한 필라델피아의 또 다른 아침이라는 사실을 해석해야만 하는 것이다.

간단히 말해, 모든 이해가 선택적이지만, 모든 선택적 이해가 해석적인 것은 아니다. 만일 이해의 선택이 의식적이지도 않고 심사숙고한 것도 아닌, 단지 전(前)반성적이고 즉각적인 것이라면, 우리는 선택이나 그것의 결과로서의 이해를 해석이라고 여길 이유가 없다. 왜냐하면 이해와는 다르게, 해석은 신중하거나 적어도 의식적인 사고를 포함하고 있어야 하기 때문이다.15) 우리는 어떤 것을 사고하지 않고서도 그것을 이해할 수 있다.

---

14) "일차적이고 비반성적인 경험은 …… 직접적이고 비논리적인 특성이라는 그 자신의 유기적인 조직을 지니고 있다"라는 듀이의 언급을 보라(*Essays in Experimental Logic*(Chicago: Univ. of Chicago Press, 1916), 6쪽).
15) 물론 해석학적 보편주의자들은 그러한 표준적 용법에 대한 견해와 다투며, 심지어 무의식적인 행위나 직접적인 지각이 해석적이지 않으면 안 된다고 주장한다. 그리고

그러나 어떤 것을 해석하려면 우리는 그것을 반드시 사고하여야 한다. 이런 구분은 비트겐슈타인의 유명한 "~로서 봄"이라는 결론을 생각나게 할 것이다. 비트겐슈타인은 이 결론에서 보는 것을 해석하는 것과 구분했다. "해석한다는 것은 생각한다는 것이며, 무엇인가를 행한다는 것이요; 보는 것은 하나의 상태이다".16)

(5) 비록 통찰력을 제공해주기는 하지만, 비트겐슈타인의 말은 또한 문제가 있다. 왜냐하면 우리가 어떤 것도 하지 않은 채로 보거나 이해할 수 있다는 것을 은근히 암시하기 때문이다. 해석학적 보편주의자들의 다섯 번째 주장은 이것에 대한 의심에서 시작한다. 니체나 프라그마티스트들, 그리고 가다머는 이해나 지각을 능동적이라고 했다. 그것은 단지 거울을 비추는 것과 같은 수동적인 것이 아니고, 맞닥뜨리는 것을 구조화하는 능동적인 것이다. 심지어 우리가 그것을 해석하고자 시도하기 전에, 어떤 것을 보고 듣는 행동은 우리의 몸의 활동이나 근육의 자동적인 반응과 긴장, 그리고 감각기관의 신경들을 포함한다. 해석을 "어떤 것을 행하는 것"으로서 보다는 오히려 이루어진 "상태"로서 강하게 대비시켜 보는 것과 이해하는 것을 특징짓는 일은 이해라는 것이 능동적이라기보다는 정적이라는 사실을 암시해준다. 만약 수동적으로 정적이라면, 선택적이며 구조화

어법에 대한 커다란 침해 없이도 기술될지도 모른다고 주장한다. 나의 요점은 보편주의자들이 이런 식으로 해석의 쓰임새를 확장하는 강제적인 이유가 없다는 것이다. 언어적 교정이나 수정을 권함에 있어 혹은 쓸모 있는 구분을 부정하는 데에 있어 입증책임은 무겁다. 이미 분명하게 된 바와 같이, 그들 경우에 대한 호소는 해석되지 않은 이해가 불가능하다고 생각하는 데에 달려 있다. 왜냐하면 그것은 근본적으로 생각되어야 하기 때문이다.

16) Ludwig Wittgenstein, *Philosophical Investigations*(Oxford: Blackwell, 1968), II.xi. 212쪽. 비트겐슈타인은 재빠르게 우리가 해석에서 행하는 사유의 종류를 분류한다. "우리가 가설을 이루는 것을 해석할 때, 그것은 그릇된 것으로 판명될지 모른다"(같은 곳).

하기보다는 중립적일 수밖에 없다. 해석적 보편주의자들의 다섯 번째 주장은 그러므로 이런 구분, 즉 이해는 수동적이며 중립적이고, 해석은 능동적이며 구조화하는 능력을 지닌다는 이런 구분을 공격하며, 따라서 이해는 모두 능동적이기 때문에 곧 해석이라는 결론을 내린다.

여기에 대한 나의 입장은 이미 앞서 밝힌 바 있다. 프라그마티스트로서 나는 모든 지각과 이해가 어떤 행동을 포함한다는 것을 받아들인다. 하지만 그렇다고 나는 지각과 이해가 항상 해석을 포함한다고는 생각하지 않는다. 이런 추론의 뒤에는 인식적으로 가치 있고 중요한 모든 "행동" 그 자체로 이미 사고의 한 형태라는 전제가 깔려 있다. 그러므로 모든 능동적 인 선택과 구조화작업은 이미 사고를 포함해야 하며, 깊이 반성된 선택이어야 하고 해석적 결단을 포함해야만 한다. 이런 전제는 모든 능동적·선택적·구조적인 지성을 능동적·선택적·구조적인 해석능력과 동일시하는 오류를 범하고 있다. 행동이 사고나 지성 없이도 지성적일 수 있는 것처럼, 이해는 해석 없이도 능동적으로 구조화하며 선택할 수 있다. 내가 해변에서 집으로 돌아가면서 "파도타기는 이제 끝났어"라는 말을 들었다고 하자. 나는 소리와 의미를 완벽하게 선택하고 구조화하여, 즉각적으로 이것이 무슨 말인지를 이해한다. 나는 내가 무엇을 들었으며 그게 무슨 뜻인지를 해석할 필요가 없다. 내가 관용적인 영어에 익숙하지 않았을 때이거나 단어들을 못 들었을 때, 혹은 이 발화가 장소에 알맞지 않을 때, 비로소 나는 그것을 해석한다. 이해에 어떤 문제가 생겼을 경우, 어떤 이상한 점이나 의심나는 점이 있을 때에 나는 이 발화를 해결하기 위해서 해석을 가하게 된다.

(6) 하지만 이런 나의 주장은 해석학적 보편주의자들의 여섯 번째 주장에 의해 반복되고 있다. 이들의 여섯 번째 주장은 대륙철학이나 영미철학에서 나타나고 있는 해석학으로의 전환과 언어학으로의 전환을 긴밀히 연결시

키고 있다. 간단히 말해 그들의 주장은 다음과 같다. 즉, 모든 이해는 언어의 개념을 포함하고 있다는 점에서 언어적이다. 하지만 언어적 이해는 자연적이라기보다는 자의적이라고 할 수 있는 기호를 탈부호화하고 해석하는 작업이다. 그러므로 의미 있는 명제로의 변환작업은 해석을 필요로 할 수밖에 없다. 콰인(Quine)과 데이빗슨(Davidson)의 모델에 따르면, 어떤 문장을 이해하기 위해 우리에게 이미 친근한 용어들로 그것을 번역한다거나 해석할 필요가 있다(그들 용어가 해석된 언어로서의 친근함이건 더 알려진 "고국(故國)" 언어로서의 친근함이건 간에). 따라서 데이빗슨은 "언어에 대한 이해는 모두 해석을 필요로 한다"고 대담하게 주장하면서, "사고의 힘"과 "언어를 말하는 능력"을 동일시하고 있다.17) 대륙철학의 전통에서는 가다머가 해석학을 "세계 내의 인간행동에 대해 본질적으로 언어적인 것"으로 여기고 있으며, 언어를 "그 자체로 우리가 매일 종사하고 있는 해석게임"18) 이라고 생각한다. 그러므로 단지 이해뿐만 아니라 모든 경험들도 언어적이라는 점에서 해석적이다. 로티와 데리다 및 다수의 해석학적 보편주의자들이 내린 결론도 위와 같다.

하지만 이런 입장이 많은 동의를 얻고 있음에도 불구하고, 나는 이런

---

17) Donald Davidson, "Radical Interpretation" and "The Very Idea of a Conceptual Scheme", in *Inquiries into Truth and Interpretation*(Oxford: Oxford Univ. Press, 1984), 125, 185쪽.

18) Hans-Georg Gadamer, "On the Scope and Function of Hermeneutical Reflection," in *Philosophical Hermeneutics*(Berkeley: Univ. of California Press, 1989), 19, 32쪽. 어떻든 가다머는 항상 이 마지막 문제에 대해 완전히 일관성 있는 것처럼 보이지는 않는다. 『진리와 방법』의 어떤 곳에서 그는 "언어의 이해"에 대해 말한다. 이는 "그 자체 진정한 이해는 아직 아니다. 이해의 과정을 포함하고 있지 않지만 그것은 삶의 실행 혹은 수행이다. 왜냐하면 당신은 그 안에 삶으로써 언어를 이해하기 때문이다"(346쪽). 여기서 가다머는 비록 오히려 별나고 왜곡된 방식으로일지라도, 해석이 내내 미치지 못하지만 늘 원초적인 언어적 이해에 어느 정도 의존하고 있다는 점을 내가 밝히고자 원하는 그 점을 인정할 수 있는가? 가다머의 이러한 대안적인(거의 전형적인) 견해는 존 커널리(John Connolly)에 의해 나에게 시사되었다.

주장이 설득력이 부족하다고 생각한다. 적어도 두 가지 점에서 이런 주장을 위협할 수 있다고 본다. 첫째, 언어적 이해가 언제나 자의적인 기호를 의미와 통사의 규칙에 의해서 탈부호화하고 변화시키며 해석하는 작업인지에 대해 의문을 가질 수 있다. 이런 생각은 언어적 이해를 지나치게 형식적이고 지적인 것으로 생각하는 것은 아닌지? 우리가 모국어를 통해 들은 부호화되지 않고 별문제가 되지 않은 발화를 단순히 이해하기 위해 늘 해석하고 탈부호화하고 변환시킨다는 것은 자명하지 않은 것 같다. 일상적인 언어에 대한 직접적이고 간단한 이해는 탈부호화나 번안 혹은 번역, 해석과는 구분되어야 하는 이유가 여기에 있다.

해석학적 보편주의자들은 여기서도 우리가 미처 깨닫지 못하고 있는 사이에 해석을 하고 있는 것이라고 주장할 것이다. 왜냐하면 그들에게는 어떻게 다르게 설명할 모델이 없기 때문이다. 그러나 대안적 모델을 비트겐슈타인에게서 찾아볼 수 있다. 그는 언어적 이해가 언어 게임에 있어서 적절한 반응과 행동을 할 수 있느냐의 문제라고 생각한다. 그리고 이런 능력 혹은 언어습득은 비이성적인 훈련과 기술습득에 의해 얻어진다고 말한다.[19] 언어에 정통한다는 것은 기호들을 해석하기 위해 기호학의 법칙들에 정통해야 한다는 것이 아니라 효과적으로 삶의 방식에 개입하기 위해 지적인 제스처와 반응의 관습들에 정통해야 한다는 것을 말한다.

그래서 나는 언어를 이해한다는 것과 언어를 해석하는 것 사이를 어느 정도 구분해야 할 경우가 있을 수 있다고 생각한다. 또한 반응에 대한 비반성적이지만 지적인 관습을 어떻게 이해하고 반응해야 할는지에 대한 사려 깊은 결정으로부터도 어느 정도 구분해야 할 경우가 있을 수 있다고 생각한다. 나는 독일어로 된 말들을 이해하기 위해 번역하고 해석해야 한다.

---

[19] 예를 들면, Ludwig Wittgenstein, *Zettel*(Oxford: Blackwell, 1967), 419절 및 *Philosophical Investigations*, 5, 6, 9, 86절을 참고.

나는 단지 불명료하고 확실히 이해되지 않은 것들에 대해서만 해석한다. 이해와 해석의 융합을 옹호하기 위해 비해석적인 발화를 이해하는 것도 실은 이미 소리를 단어로 해석하고 있는 것이며, 혹은 더 나아가 나의 신경체계가 진동을 소리로 해석하고 있다고 말하는 것은 "해석"의 의미를 생산적이지 못한 목적을 위해서 지나치게 확장하고 있는 것이며, 우리의 실제적인 경험과도 잘 맞지 않는다. 우리가 분명 단어와 소리를, 그리고 소리와 진동을 구분하고 있기는 하다. 하지만 우리가 이것들을 구분한다고 해서 일상 경험에 있어서도 그것들이 실지로 정말 확연히 달라서 어떤 소리를 단어로 이해하기 위해서 반드시 그것들을 해석해야 하는 것은 아니다. 이와는 반대로 내가 이해하는 어떤 언어를 들었을 때, 나는 소리들을 듣는 것이 아니라 단어나 메시지를 이해하는 것이다. 오히려 해석학적 노력이 필요한 것은 단어를 소리나 진동으로 이해하려고 할 때이지 그 반대가 아닌 것이다.

둘째, 언어적 이해가 언제나 필연적으로 해석이어야 한다는 점을 우리가 인정한다고 해도, 이런 인정으로부터 모든 이해가 해석적이어야 한다는 결론은 나오지 않는다. 왜냐하면 이것은 그 배후의 전제, 즉 모든 이해와 의미 있는 경험은 진실로 언어적이라는 전제를 필요로 하기 때문이다. 그리고 이런 전제는 비록 그것이 분석철학이나 대륙철학이 언어학적인 전환을 하는 데 있어 뿌리 깊게 내재되어 있는 전제이기는 하지만, 자명하지도 않으며 의심이 가지 않는 것도 아니다. 본질상 언어적일 수 없는 신체적인 인식이나 이해가 분명히 있으며, 이런 사실은 비록 그것이 언어를 통해 언급될 수는 있지만 그 자체로는 언어적 특징을 가지지 않는다. 무용수로서 우리는 몸짓이나 자세의 의미와 적절함을 우리의 근육이나 뼈를 통해서 느끼는 것이지, 그것을 개념적인 언어적 형식으로 변환시켜서 이해하는 것이 아니다. 움직임에 대해서 아무리 말을 해봤자 우리는 그것을 배울 수도 없고 적절히 이해할 수도 없는 노릇이다.

게다가, 인식할 수 있는 비언어적인 이해 및 경험과는 별개로 우리가 의식하지 못하는 기본적인 경험과 이해-우리의 의식이 전면으로 부상할 수 있도록 하는 배후의 조건이 될 수 있는-가 있을 수 있다. 우리는 우리 시선의 방향과 수직성을 인식하지 못하고도 경험하고 있다. 하지만 우리가 그것을 경험하지 못한다면 우리는 지금 보고 있는 것에 대해서 의식하지도 못할 것이다. 그렇게 되면 우리의 인식의 장이 지금과는 매우 다른 모습이 될 것이다. 듀이가 주장하듯이 경험을 인식하지 못하는 것과 경험하지 않는 것 사이에는 차이가 있다. "의식은 단지 경험의 매우 작으며 이동하는 부분에 불과하다." 더욱이 "의식은 비인식적인 맥락과 비반성적인 경험의 우주"[20)]에 의존하고 있다.

이런 비언어적인 경험과 이해에 대해서 해석학적 보편주의자들은 이미 외관상 저항할 수 없는 반응을 보이고 있다. 내가 이미 언어로써 언급하고 있으면서, 어떻게 어떤 경험은 비언어적이라는 사실을 주장할 수 있느냐는 것이다. 어떤 것을 비언어적이라고 말하거나 언어로서는 표현할 수 없는 것이라고 말하는 것은 이미 언어적이며 언어적으로 표현되었다는 것이다. 그러므로 존재한다고 말해지는 것 혹은 존재한다고 생각되는 것은 모두 반드시 언어적이어야 한다는 것이다. 그래서 가다머는 데리다와 로티가 텍스트의 바깥을 부정하는 것처럼 "이해될 수 있는 존재는 언어"(*TM* 432)라고 결론내리고 있다.

이 논변이 매우 설득력이 있다는 것을 인정하며, 필자를 오랫동안 동요시켰다는 점을 시인한다. 그러나 언어 없이 말한다는 생각은 세계나 인간의 본래적인 본성이나 경험보다 오히려 더 궤변적이고 역설적이다. 우리가

---

20) Dewey, *Essays in Experimental Logic*, 4, 6, 9쪽.

어떤 것에 대해 얘기할 때, 그것이 그 존재를 확신하거나 부정하는 것 어느 쪽이더라도, 우리는 반드시 그것을 언어의 게임 속으로 끌어내야 하며, 그것에다가 언어적인 사증(查證, Visa)이나 개념-텍스트적인 동일성을 부여해야 한다. 비록 그 사증이 언어라는 지위보다는 낮은, "표현할 수 없는 것" 혹은 "비추론적인 이미지" 라는 열등한 지위일지라도 말이다. 그러나 이것은 언어적으로 중개되지 않으면 사물에 대해서 얘기할 수 없다는 것을 뜻하는 것이지, 우리는 결코 비언어적인 경험을 할 수 없다거나, 언어로서가 아니면 그것들은 의미 있는 방식으로 존재할 수 없다는 것을 뜻하지는 않는다.

우리 철학자들은 몸에서 떨어져 나온 얘기하는 머리만 가지고 있기 때문에 이런 사실을 보는 데 실패했다. 우리가 인식하고 정당화 할 수 있는 경험의 유일한 형식은 언어적인 것, 즉 생각하고 말하고 쓰는 것이다. 그렇지만 우리 및 우리로 하여금 형성할 수 있도록 돕는 언어 둘 다, 전(前)반성적이고 비언어적인 경험과 이해의 명료하지 않은 배경 없이는 존재할 수 없다.21) 해석학적 보편주의자들의 주장, 즉 언어만 존재하고, 그리하여 해석만이 우리가 할 일이라는 주장은 따라서 실패했다고 하겠다. 왜냐하면 비해석적인 언어이해나, 비언어적이지만 의미 있는 경험이 있을 수 있기 때문이다. 이런 것들은 우리 철학자들이 피해왔던, 다루기 힘들 정도로 어둠침침한 몸의 영역에 살고 있었다. 하지만 이런 영역은 철학자들이 그들의 직업을 떠났을 때에는 늘 머물고 있는 곳이다.22) 회의에서의 논문발표들이 끝난 후에, 우리는 그 곳의 술집으로 어슬렁거릴 것이다.

---

21) 더욱이 언어학이나 언어철학분야에서의 최근의 작업은 우리 언어구조들의 많은 수가 (우리의 추상적이고 논리적인 원리들의 약간을 포함하여) 신체경험의, 보다 근본적으로 前맥락적이고 前언어적인 패턴에 의해 이루어지는 것처럼 보인다. 이에 대해서는 Mark Johnson, *The Body in the Mind*(Chicago: Univ. of Chicago Press, 1987)를 참고.
22) 우리의 직업적인 활동(예컨대 읽기나 쓰기 등)은 또한 비해석적인(언어적 또는 운동감각적) 이해에 의존하는데, 특히 그러한 활동이 분명히 우리의 보다 일반적인 비전문적인 수습이나 훈련에 의존한 이래로 그렇다.

지금까지 나는 모든 이해란 해석이며, 그럴 수밖에 없기에 이해와 해석은 구분될 수 없다는 해석학적 보편주의자들의 주장을 반박하였다. 이제 마지막으로 남은 것은 어째서 이런 구분이 필요한가 또한 그런 구분을 어떻게 할 수 있으며 이해할 것인가에 대한 것이다. 내가 중요하다고 생각하는, 이해와 해석에 대한 몇몇 구분을 유지해야 할, 세 가지 이유가 있다.

첫째로 그리고 가장 단순한 이유로서, 이런 구분은 해석이 그 한계를 정하고 의미를 규정짓기 위해 필요한 "반대항"을 제공하기 때문이다. 해석과 대조되는 활동이 없다면, 해석은 실지로 무슨 의미를 가질 수 있겠는가? 대체항이 있다는 것은 어떤 것이 의미 있기 위한 필요조건인 것이다. 구조주의자의 기호학과 분석적 정보이론에서 주장되고 있는 이런 선택의 원리는, 어떤 단어나 명제의 의미가 그것이 배제하고 반대되는 단어나 명제의 함수관계에 의해서 생겨난다는 것이다.[23] 보편적으로 맞는 동의반복어처럼 의미의 한계 없는 확장은 결국 공허하게 되어버린다. 우리가 행동하고 경험하는 것이 언제나 그리고 반드시 해석일 수밖에 없다면, 해석이라는

---

23) John Lyons, *Semantics*(Cambridge: Cambridge Univ. Press, 1977), vol.1, 33-50쪽.

것의 개념은 우리 인간의 모든 활동, 삶과 동의어가 되며, 따라서 그것이 갖고 있는 특별하고 실질적인 의미를 상실하게 된다. 해석이 가해지지 않은 이해, 경험이라는 것이 해석에 대해서 대비되었을 때, 해석은 그 자신만의 유한한 의미를 갖게 되는 것이다. 왜냐하면 그것의 의미는 그것이 대비되고 그것이 배제하고 있는 것에 의해서 규정되고 한정되기 때문이다.

둘째, 이해는 해석에 대해서 의미를 부여하는 반대항이 될 뿐만 아니라, 의미를 부여하는 토대가 된다. 이해는 우리의 해석의 토대가 되며, 해석을 어떤 방향으로 인도할 뿐만 아니라 해석의 단계적 활동이나 수준의 차이를 구별시켜 준다. 이해가 어떻게 해석의 토대가 되며 해석을 이끈다는 것일까? 우리는 해석학적 보편주의의 위대한 두 선구자이며, 내가 생각하기는 그것의 교조주의에 대해서는 반대하는, 하이데거나 비트겐슈타인에게서 그 답을 찾을 수 있을 것이다. 이해와 해석 간의 상호적이며 계층적이기도 한 복잡한 관계는 하이데거가 말하는 두 번째 해석학적 순환에서 암시되고 있다. 그는 "이해에 공헌하는 모든 해석은, 이미 무엇이 해석되어야 하는지에 대해서 이해하고 있어야 한다"[24]고 말한다.

이 생각을 문예 텍스트와 연관하여 분명히 설명해보면, 우리는 그것을 해석하기 전에 이미 우리가 무엇을 해석할 것인지에 대해 방향을 정한다. 최소한 우리가 무엇을 해석의 대상으로 삼을 것인지에 대해 기초적인 이해를 하고 있어야만 한다. 게다가 어떤 텍스트를 만났을 때 그것을 의미 있는 것으로 생각하고 좀 더 완전하게 알고 싶어 하는데, 텍스트에 대한 최초의 이런 이해와 경험은 결국 그것을 해석하게 하는 욕망을 낳는 것이다. 우리가 만나는 모든 텍스트를 해석하지는 않는다. 주어진 텍스트를 해석하려는 시도는, 선행적인 이해-비록 그것이 모호하고 수정 가능한 것일는지 몰라

---

24) Martin Heidegger, *Being and Time*(New York: Harper and Row, 1962), 194쪽.

도-에 의해 동기가 부여되고 방향이 잡히는 것이다. 텍스트에 대한 해석상의 가정들은 텍스트에 덧씌워진 것들에 대해서가 아니라, 고유하게 텍스트에 속한 것들에 대한 이해에서 비롯되기 때문이다.

그러나 우리를 이끌어주는 최초의 이해가 잘못된 것이 아니라 정당한 것이라는 것을 어떻게 알 수 있는가? 우리는 이해에 대한 토대주의자들 혹은 근본주의자들의 설명을 거부했기 때문에, 이해의 수정불가능성에 호소해서는 안 된다. 또한 최초의 이해에 대한 정당성을 텍스트의 의미와 대조해보면서 테스트할 수도 없다. 왜냐하면 텍스트의 의미라는 것 자체가 자명하게 주어진 것이 아니라, 오히려 문제에 싸여 있는 것이므로, 우리는 먼저 이 의미라는 것이 무엇인지에 대해서 결론을 내려야 하기 때문이다. 그런데 이렇게 하려면 우리는 먼저 해석을 해야만 하고, 결국 우리는 최초의 이해에 대한 정당성을 해석에 의해서 판가름할 수밖에 없다. 즉, 텍스트의 해석이 이미 선(先)이해에 바탕을 두고 있지만, 선(先)이해도 그것의 정당화나 설명을 위해서는 해석을 필요로 할 수밖에 없다는 것이다. 하지만 해석에 대한 설명이나 정당화가 또 다시 그것에 대한 이해에 의존한다는 것도 마찬가지로 정당화되어야 한다. 결국 해석학적 순환은 이해와 해석 사이의 순환을 계속 되풀이하는 것이다.

이런 점에 대한 고찰로 인해 결국 가다머나 다른 해석학적 보편주의자들은 "모든 이해란 해석"(*TM* 350)이라는 결론을 내리게 된 것이다. 하지만 이런 주장은 해석 없이는 아무런 것도 이해하지 못한다고 말하는 셈이므로 설득력이 없을뿐더러 잘못된 것이라 하겠다. 왜냐하면 많은 경우에 있어 우리는 최초의 이해에 대해 만족하며, 더 이상 해석하려 하지 않기 때문이다. 그 이외에 대체로 더 나은 다른 할 일이 많은 것이다.

더욱이 만약 우리가 해석 없이는 아무 것도 이해하지 못한다고 한다면, 우리는 어떻게 해석 그 자체를 이해할 수 있는가? 그것 역시 해석되어야

하고, 그 해석 역시 또 해석되어야 하는 식으로 무한히 계속되는 것이다. 비트겐슈타인이 언급한 바와 같이, "해석은 그것이 해석한 것과 같이 공중을 떠돈다." 해석은 궁극적으로 선이해, "해석이 아닌 다른 어떤 것을 파악하는 방식"에 의존하고 있다.25) 이해와 해석이 어떻게 관계를 맺고 있는지에 대한 철학적인 관점은 다음과 같다. "이해는 해석의 토대가 되어주고 해석의 길을 인도하는 반면에, 해석은 이해를 확장시키고, 정당화시켜주며 수정한다. 그러나 우리는 이런 구분이 존재론적인 것이 아니라, 기능적이고 관계적이라는 점을 명심해야 한다.26) "해석이 아닌" 선이해는 어쩌면 선해석의 산물일지도 모른다. 게다가 선이해는 명백하게 형성되거나 의식적인 것이 아닐 수도 있으며, 그것이 해석에게 제공하는 바탕은 *수정 불가능한 토대가 아닐 수도 있다*.27)

---

25) Wittgenstein, *Philosophical Investigations*, 198, 201절.
26) 많은 현대철학이 혼란스럽고 부정하는 듯이 보이는, 문제가 되는 다른 구분, 즉 관행적인 것 대 자연스러운 것에 대해서도 똑같이 말할 수 있다. 관행은 그것이 토대로 삼고 있는 자연적인 것보다 항상 더 피상적이다. 하지만 하나의 맥락에서 보다 자연적인 배경과 대비하여 볼 때 우리가 관행적인 것이라 간주하는 것은 더욱더 피상적이고 인공적인 어떤 것과 관련하여 그 자체 자연적인 것으로 간주할 수 있다. 이 주제에 대한 더 자세한 논의는 Richard Shusterman, "Convention: Variations on a Theme," *Philosophical Investigations* 9(1986), 36-55쪽을 참고하기 바람.
27) 이것이 해석되지 않은 이해에 대해 내가 부여하는 복권(復權)이 셀라즈(Sellars)가 "주어진 것의 신화"(Wilfred Sellars, "Empiricism and the Philosophy of MInd", in *Science, Perception and Reality*(New York: Routledge & Kegan Paul, 1963, 127-96쪽)라고 불렀던 바에 대한 단순한 부활로 보이지 않아야 할 한 가지 이유이다. 또한 리처드 로티가 *Philosophy and the Mirror of Nature*(Princeton Univ. Press, 1979), 182-92쪽)에서 공들여 완성한 글을 보기 바란다. 나는 다음과 같은 점에서 셀라즈와 로티에 동의한다. 즉, 다른 이해를 위해 인식론적인 근거로서 기능하는 어떠한 이해도 항상 "이유들의 논리적인 공간" 안에서 존재해야 하며 그리고 개념적이어야 한다. 하지만 첫째, 나는 그러한 개념적 이해들이 아직도 직접적으로(비록 자명한 것은 아니지만) 주어질 수 있다고 주장한다. 개념적인 이해들은 해석일 필요가 없다. 둘째로, 비개념적인(예컨대 운동감각적인) 경험들은 비록 그것들이 이유들의 논리적 공간 아래에 있다 하더라도, 그럼에도 불구하고 의미가 있을는지 모르며 이해의 한 형식을 이룰는지 모른다고 나는 주장한다. 끝으로, 비록 내가 그러한 경험들이 개념화되지 않는다면 그리고 개념화될 때까지는 더 나은 이해를 위해 인식론적인 근거나 정당성을 제공할 수 없다고 하는 셀라즈와 로티의 견해에 동의하지만, 그들은 아직도 그러한

비록 해석학적 보편주의자들이 이해와 해석 간의 타당하고 유용한 구분을 부정한 것은 잘못이지만, 그들이 이 구분을 부인하려는 시도가 오히려 도움이 된 적도 있다. 왜냐하면 엄격하고 절대적인 이분법이란 없으며, 단지 이해와 해석 간의 본질적인 연속성과 상호의존성의 단계가 있을 뿐이라는 것을 보였기 때문이다. 현재에 있어서 즉각적으로 이해되는 것들도 한때는 힘들인 해석의 결과였던 적이 있었으며, 또한 나중의 해석에 대한 기반이 되어 준다. 내가 한 때 힘들여 해석한 프랑스 노래의 가사들이 지금은 즉각적으로 이해되며, 이런 이해가 나로 하여금 좀 더 심도 있게 그것의 시적인 의미에 대해 해석하도록 하는 토대를 마련해준다. 비록 종종 어떤 것들은 해석을 필요로 하지도 않고 해석을 받지도 않는 것들이 있기는 하지만, 많은 것들은 우리에 의해서 혹은 우리를 위해서 해석이 가해지기 전에는 불충분하게 이해되는 경우가 흔하다. 이해에 의해서 충분히 만족하지 못했을 때 해석을 하게 된다. 우리는 이미 그것을 부분적으로, 모호하고, 편협하게, 파편적으로 혹은 어설프게 이해하고 있지만 좀 더 완전하고 적합하게 이해하고 싶어 한다. 물론 이를 가능하게 하는 것은 해석이지만 해석 역시 적합하지 않은 선이해에 의해서 인도되는 것이 사실이다. 만약

이해를 위해 실천적 근거를 제공해 줄 수 있으며 방향을 정해주는 배경을 제공해 줄 수 있다.
  바꿔 말하면, 나는 지성적 행위의 근거가 되면서 이를 이끄는, 그러나 이유들의 논리적 공간의 추론적이며 인식론적인 차원이 아닌, 이미 경험한 실천의 범주에 대한 인정을 촉구한다. 이는 단순히 자연과학에 의해 기술된, 물리적 조건들과 원인들로 환원될 수 없다. 뿐만 아니라 이 범주는 인식론상 이유들과 물리적 원인들의 범주의 근거가 되는 것으로 보이지 않아야 한다. 셀라즈와 로티는 의심할 나위없이 다음과 같이 이의를 제기한다. 즉, 근거를 제시하는 모든 형식들은 반드시 이유들의 논리적 공간 안에 있어야 하거나 원인들의 물리적 공간에 들어가야 한다. 이 공간들은 혼돈되어서는 안 되며, 그 이분법은 인간경험을 이해하는 방식들을 피폐하게 만든다. 그 것들은 확실히 논리적 이유들과 물리적 이유들을 혼돈하지 않도록 올바르다. 하지만 그 두 가지는 고갈시키는 이분법을 구성하는 것으로 간주하는 일은 이해에 대한 불필요한 제한으로 보인다. 그리고 몸과 마음, 사유와 물리적 연장이라는, 그 엄격하면서도 철저한 이분법으로써 데카르트주의의 불행한 흔적으로 보인다.

제5장 해석의 아래에 | 251

해석이 완전한 이해를 제공해서 우리를 만족시킨다면, 우리는 더 이상의 해석을 필요로 하지 않는다. 무엇이 만족인가에 대한 기준은 문맥이나 이해의 종류에 따라서 다를 것이 분명하다. 비트겐슈타인은 여기에 대해 프라그마티즘적인 관점을 잘 말해주고 있다. "중요한 것은 이 상징이 더 이상 해석될 수 없다는 것이 아니라, 내가 해석하기를 멈춘다는 것이다. 나는 현재의 문제에 대해서 편안함을 느끼기 때문에 더 이상 해석하지 않는다."[28]

해석과 이해를 구분하는 일이 왜 바람직한가에 대한 나의 세 번째 이유는 매우 일상적이다. 단지 이 둘을 구분하고 있는 일상적인 용례 때문만이 아니라, 보편적 해석학이 모든 경험을 해석이라고 치부함으로써 그 정당성과 가치를 잃어버린 우리의 이해에 대한 일상적 경험이기 때문이다. 일상의 담화에 있어서는 이해가 모두 해석이 될 수 없다. 많은 문맥에 있어서, 실제로 어떤 것을 해석하지 않고서도, "그것에 대해 어떻게 해석하느냐"라는 물음에 답할 수 있다. 이를테면 "나는 그가 무슨 말을 하는 건지 해석하고 싶지 않아. 난 단지 표면적인 의미만을 받아들이겠어." "난 그녀의 명령이 뭘 뜻하는지 해석할 틈을 갖지 않고 즉각 그 명령에 따랐어" 등이다.

비록 이런 직접적이고 즉각적인 이해가 언제나 그 이전의 선(先)해석에 의해 습득된 능력이나 습관 때문이라고 할지라도, 노력이나 생각을 들이지 않고서도 이루어지는 이해와 집중적으로 심사숙고해야만 하는 해석 사이에는 분명한 차이가 있다. 해석과, 해석이 토대를 삼고 있는 좀 더 직접적인 경험이나 이해를 구분함으로써, 우리는 일상적인 언어사용 속에서 전면

---

28) Wittgenstein, *Zettel*, 234절. 이 언급에 대한 심상은 나로 하여금 다음의 제안을 감히 말하게 한다. 즉, 해석에 대한 우리의 현재의 몰입은 우리의 이해라는, 종종 갈등을 일으키는 세계에서 대개 집에서와 같은 편안함을 느끼지 않은 결과라는 점이다. 우리의 시대는 해석의 시대이다. 왜냐하면, 그것은 소외와 파열의 시대이기 때문이다. 통일성과 확실성의 상실로서 향수에 젖어 신음할지 모른다. 하지만 그것은 우리의 보다 위대한 자유와 다원성의 대가를 치루고 더 잘 인정될 것이다.

에 드러난 의식적인 행동을 가능하게 하는 배후의 토대, 즉 형식이 잡히지 않고 전반성적이며, 비추론적인 토대를 상정하고 있는 것이다. 모든 이해가 해석이라고 주장하면서 이런 구분을 거부하는 일은 우리 생활과 사고에 있어서 일상적이지만 매우 중요한 비사고적인 측면을 무시하는 것이다.

읽기에 대한 스탠리 피시의 설명에서 우리는 일상적이고 비반성적인 것에 대한 부정을 엿볼 수 있다. 해석학적 보편주의자로서 그는 우리의 모든 행동이 본질적으로 해석이라고 말한다. 우리는 해석 없이는 단순히 텍스트를 읽거나 인식하지도 못한다. 왜냐하면 텍스트는 오로지 해석하는 행동에 의해 이루어지기 때문이다. 해석이 이처럼 능동적인 사고와 담론을 포함하고 있는 까닭에 그것은 어떠한 방식으로든 텍스트를 형성하고 재구성시킬 수밖에 없다. 그러므로 우리가 책을 읽는 명백한 행동은 실제로는 "읽는 것이 아니라 텍스트를 다시 쓰는 것이다." 그리고 읽는 것과 해석을 융합시킨 후, 피시는 해석을 전문적이고 학술적인, 비평에 있어서의 제도화된 해석—즉, 논리적으로 형성되어야 하고, "무언가 다른" 혹은 새로운 것을 제공해야 하는—과 융합시킨다. 그러므로 텍스트를 적절하게 읽는다는 것은 전문적으로 의미 있는 방식으로 "그것을 바꾸는 일"을 수반한다.29) 이 결과로서, 일상의 비반성적이고 비창작적인 읽기가 실제로 전문가적인 변형적 해석에 바탕을 제공하고 있는 것이다. 왜냐하면 우리에게 "동일한 텍스트"라고 동의할 수 있는 공통된 의미의 기반을 마련해줌으로써 앞으로 그것을 다양한 방식으로 전개시켜 나갈 수 있게 해주기 때문이다.

비해석적인 것에 대해 무시하는 것은, 해석학적 보편주의자들이 일상생활의 경험에 산재하는 비반성적이고 비논리적인 부분을 보지 못하기 때문

---

29) Stanley Fish, *Is There a Text in This Class?* 14, 350; "No Bias, No Merit: The Case Against Blind Submission," *PMLA* 103(1988),739; "Working on the Chain Gang," 211.

이며, 이렇게 그들은 엘리트 의식에 사로잡혀 있으며 또한 파벌주의 때문에 올바른 비판능력을 상실하고 있다. 침묵하고 있는 이런 일상적인 측면을 옹호하기 위해서 우리는 해석적 활동과는 다른 무언가를 보호해야만 한다. 비록 해석에 대해 완전히 자유로울 수는 없으며 또한 이미 해석에 의지하고 있다 하더라도 말이다.

지금까지 나는 모든 경험이나 이해가 반드시 해석이라고 주장하지 않더라도 토대주의 혹은 근본주의를 반박할 수 있다는 점을 보여 주었다. 이는 이해가 그 자체로도 비근원적이라는 것을 보임으로써, 즉 수정가능하고, 관점적이며 다양하고, 선입견에 물들어 있으며 능동적인 과정과 연관되어 있다는 것을 보임으로써 가능해진다. 더 나아가, 해석과는 또 다른 인간의 의미 있는 활동이나 경험이 있다는 것을 보이고, 그러므로 해석과 이해 사이의 구분이 필요하다는 것을 보여주었다. 이제 남은 것은 지금까지의 이런 관점을 이용하여 어떻게 이해와 해석 사이의 구분을 끌어낼 것이며, 또한 그것을 어떻게 이해해야 할 것인가 하는 점이다.

첫째, 이해와 해석 사이의 구분은 서로 같은 대상을 공유하지 못하는 엄격한 존재론적인 구분은 아니다. 둘째, 이해가 단일한 진실만을 내포하는 데 비해, 해석은 다원론적인 실수들을 내포한다는 식의 인식론적인 신뢰성으로 구분할 수도 없다. 그럼에도 불구하고 이해와 해석은 그들의 기능적 관계에 있어서 인식론적으로 다르다. 이해는 해석의 토대를 마련하고 해석을 인도하지만, 해석은 의미의 토대를 개척하고 정당화하며 수정한다. 이해와 해석 사이의 다른 차이점들이 아마도 더 많은 논쟁을 불러일으킬 것이다. 이해가-비록 고도로 지적인 이해라 할지라도-가끔 비반성적이고 비사유적이며, 종종 무의식적인 데 반해, 해석은 고유하게 의식적이고 신중한 사유를 포함한다. 모호하고 애매한 것에 대한 설명, 상징의 암호해독, 역설의 해명, 이전에는 모호했던 요소들 간의 형식적이고 기호학적인 관계를 드러내는 것과 같은 것들을 포함한다. 이해는 우리가 마주치는 것들을 별문제 없이 부드럽게 조화시키는 문제에 관한 것인 반면에,[30] 해석은 특성상 문제 상황을 내포하기 마련이다. 우리는 문제를 -어떤 모호함, 이중성, 모순 혹은 최근에 해석을 위해 일부러 문제를 발생시키는 학문적이고 전문적인 것들-해결하기 위해서만 해석을 필요로 한다. 해석에 본질적인 이런 문제-해결의 성격은 왜 해석이 의식적이고 신중한 물음들을 포함하고 있는지를 설명해준다. 단지 명백한 것을 보는 행위는 그런 것을 요구하지 않는 반면에, 문제를 해결한다는 것은 사유를 요구한다.

이런 의식에 대한 문제에 대해서, 우리의 일상적인 언어사용이 잘 적용되지 않는 듯이 보인다. 비록 어떤 사람이 어떤 사건이나 언행에 대해 무의식적으로 "해석한다"고 말하는 것이 이상하게 들릴는지 모르지만, 이는 모순이 되거나 문법에 어긋나는 것은 아니다. 이것은 단지 언어라는 것이 정확성보다는 유연성을 추구하기 때문이며, 해석학적 보편주의자들이 의미있는 경험과 이해란 모두 해석이라는 생각에 우리들을 익숙하게 만들었기 때문이다. 우리의 일상적인 발화가 해석과 이해 간의 구분을 언제나 하지 않는다

---

[30] 드레퓌스는 하이데거의 "주의 깊은 행동"과 "손에 넣을 준비가 됨"이라는 용어를 번지르르하게 하면서, "매일 능숙하게 처리하는 것"으로서 또는 "몰입하는 처리행위"로서 이렇게 부드럽게 조정된 이해를 알맞게 기술하고 있다. Herbert Dreyfus, *Being-in-the-World: A Commentary on Being and Time, DivisionI*(Cambridge, Mass.: MIT Press, 1941), 4장. 이념은 또한 비반성적 지성적 행위 대 의식적 탐구라는 듀이의 개념의 중심이다. 예를 들어 듀이의 "The Practical Character of Reality" and "The Unit of Behavior," in *Philosophy and Civilization*(New York: Capricorn, 1963), 36-55, 233-48쪽을 참고 바람.

는 사실 때문에, 해석과 이해의 구분은 필요 없다는 식으로 결론을 내려서는 안 된다.

해석의 의식적이고 문제해결적인 특성은 이해와 구별시켜주는 또 다른 특징을 드러낸다. 비록 해석과 이해가 모두 불가피하게 관점적이지만, 해석적 행동은 본질적으로 문제를 풀기 위해서는 이와는 다른 대안적 해석이라는 것이 있을 수 있다는 점을 자각하고 있다. 반면에, 이해란 이해에 대한 문제에 대해 자각하지 못하며, 따라서 그 문제에 대한 대안적 이해라는 것이 나올 수 없으므로 이것이 아닌 다른 대안적 이해라는 것의 존재와 가능성에 대해 자각할 수 없다.

나는 이제 원초적이고 기본적인 이해와 경험을 해석과 구분시켜주는 또 다른 특징을 마지막으로 제시하고자 한다. 그리고 이 특징은 내가 정립했던 해석학적 보편주의와 언어학적 방법의 연결을 다시 확인하는 것이다. 해석은 특성상 언어적 형성이다 어떤 의미 있는 표현을 또 다른 것으로 변형시키는 것을 목표로 삼고 있다. 어떤 발화나 행동에 대한 해석이 진정한 해석인가 아닌가에 대한 판단의 기준은 그 해석이라는 것이 얼마만큼 발화나 행동을 뚜렷하고 명확한 형식으로 표현하고 있느냐가 될 것이다. 텍스트를 해석한다는 일은 (최소한 정신적으로) 또 다른 텍스트를 생산하는 것이다.[31] 이에 반해 이해는 언어적인 명확성을 요구하지 않는다. 떨거나 흥분하는 것만으로도 자기가 이해한 것을 지시하는 데 충분하다. 우리가 이해하고 경험하는 것들 가운데는 언어로는 포착되지 않는 것들이 있

---

[31] 예술적 해석, 말하자면 해석적 퍼포먼스는 이러한 요청에 대한 반박을 구성하는 것으로 보인다. 베토벤의 *월광소나타*에 대한 루빈슈타인의 해석이 언어적 텍스트가 아닌 이래로 그러하다고 하겠다. 우리는 이러한 이의를 다음과 같은 주장, 즉 여기서의 "해석"이란 상이한, 파생적인 의미로 쓰이고 있다고 함으로써 마주칠 필요가 없다. 왜냐하면 다시금 우리는 하나의 분명한 텍스트(악보)를 다른 분명한 형식(실제적인 음악연주)으로 옮겨 놓고, 예술적 해석을 하는 기준은 그것을 그러한 분명한 연주 혹은 누군가를 위한 명백한 지시로 표현하기 때문이다.

다. 이는 단지 어떤 특정한 감정들이 적절한 언어적 표현을 부정하고 있기 때문 만은 아니며, 우리가 그것들을 기술해야만 하는 "대상"으로 미처 생각하지조차 못하기 때문이다.32) 그것들은 우리가 그것들을 명료하게 하고 해석하기 시작할 무렵, 이미 우리가 전제하는, 느껴진 토대인 것이다.

"실로 언어로 옮겨놓지 못하는 것들이 있다. 그들은 그들 스스로를 보여줄 뿐이다. 그들은 신비롭다."33) 20세기의 위대한 언어철학자가 그의 첫 번째 철학적 걸작에서 이렇게 말했다. 비트겐슈타인이 여기서 강조하지 못한 것은 말로 표현할 수 없을 뿐, 명백한 이런 것들이 신비로운 것만큼 일상적이라는 사실이다. 그의 이런 말은 언어의 그물을 넘어서 혹은 그 아래에 이해 역시 n해석과 다름이 없으며, 어떤 의미나 경험의 형식이 있을 수 없다고 인정하는 추상적인 철학자들에게 신비감을 가져다 줄 뿐이다.

---

32) 유미주의 혹은 탐미주의에 대한 로티의 최근의 옹호는 때때로 언어에 준하는 가치를 인정하는 일과 매우 가깝다. 그가 "진리보다도 따끔따끔한 느낌 또는 욱신욱신한 느낌을 더 잘 산출해내는 것"을 암시할 때에 더욱 그렇다(Richard Rorty, *Contingency, Irony, and Solidarity*(Cambridge: Cambridge Univ. Press, 1989), 152쪽). 하지만 그는 준문장은 항상 문장에 의존한다고 주장하면서, 듀이의 프라그마티즘보다도 해석학적 보편주의를 더 신뢰한다(153쪽 이하). 그리고 본질적으로 인간경험을 언어경험과 동등하게 놓음으로써 그러다(예를 들면, 사람들이란 "문장을 이루는 여러 태도들 외에 아무 것도 아니다", 88쪽). 로티의 전망있는 "미학적 전회"를 몹시 쓸모 없는 것으로 만들어 버리는, 여분의 언어적 본질주의는 제9장 이하에서 비판받고 있다.

33) Ludwig Wittgenstein, *Tractatus Logico-Philosophicus*(London: Routeledge & Kegan Paul, 1963), 6. 522(나는 피어즈와 맥과인니스의 번역에서 벗어난다. "명백하게 하기" 보다는 단지 더 많이 "보여줌으로써" 그리고 "무엇이 신비로운가" 보다는 단지 더 많이 *신비롭게* 함으로써 그러하다.

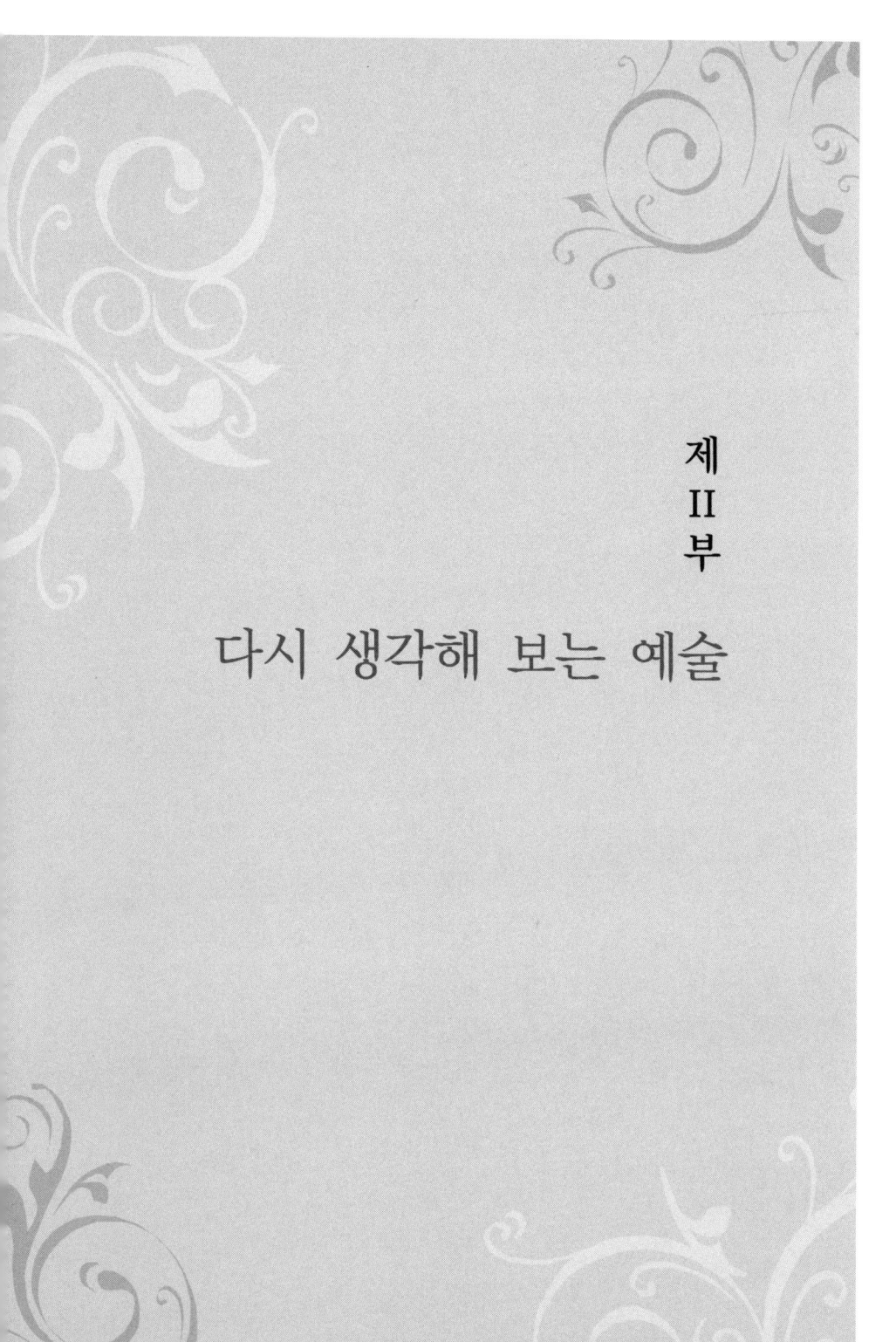

제 II 부

다시 생각해 보는 예술

제6장

미적 이데올로기, 미적 교육 그리고 미적 가치

미란 그것이 무엇이든지 간에 인류에게 강력한 호소력을 지닌 까닭에 그 자체로 옹호되며 어떤 변명도 필요하지 않다. 그렇지만 예술은 그리 운이 좋지 않다. 예술에 대한 플라톤의 최초의 공격부터 자율적 영역으로서 예술의 출현에 이르기까지 예술은 스스로를 정당화하는 데 어려움을 겪어왔다. "시를 위한 변명(An Apologie for Poetry)"(Sidney) 또는 "시에 대한 옹호(The Defence of Poetry)"(Shelley)라는 제한된 제목 아래에서 종종 이루어지기도 하였지만, 예술에 대한 정당화는 플라톤에 대한 아리스토텔레스의 최초의 답변 이래로 미학의 중심적 목표가 항시 되어왔다. 그러한 정당화가 지속적인 중요성을 지니는 한 가지 이유는 (예술에 대한 정의(定義)와 마찬가지로) 예술에 대한 옹호가 추가적 질문을 잠재울 만한 결정적으로 만족스러운 해결을 결코 이루어내지 못했기 때문이다. 각각의 시대는 예술의 본성과 그 가치 양자 모두를 결정하고 확증하기 위하여 새롭게 고투할 필요가 있는 듯이 보인다. 그리고 그 양자 모두를 각 시대의 다양한 필요 (그리고 지배적인 예술 형식이나 양식)에 따라, 그리고 예술에 붙여진 다양한 비판에 응답하면서 다양하게 결정하고 확증할 필요가 있는 듯이 보인다.

이러한 비판들 중 (예컨대, 예술은 "우상"을 섬긴다, 예술은 무용하다, 예술은 환상을 유포한다는 등의) 몇 가지는 역사를 통해 완고하게 지속되어 온 반면에, (예컨대, 예술은 억압적인 사회정치적 계층과 결탁한다는 등의) 다른 몇 가지는 분명 더 최근의 유형이다. 만일 예술이 미래를 가지고 있다면 그 미래는 새로운 혐의를 가져다줄 것이다. 그러므로 우리는 예술의 현상이나 제도에 대한 급진적인 비판을 잠재울 만한 영구적이고도 최종적인 정당화를 기대할 수 없다. 또한 우리는 그러한 정당화를 바라지 말아야 한다. 왜냐하면 예술은 예술에 대한 비판 위에서 구축되고 성장하기 때문이다. 그리고 예술이 지닌 의문의 여지없는 가치에 대한 자기만족 속에서 격렬한 비판을 종식하는 일은 예술의 종식을, 예술발전의 정지를 당연히도 초래하기 때문이다.

1장과 2장에서 다루어진 필자의 논증 대부분은 우리의 미적 사유와 경험을 오랫동안 지배했던 예술개념을 반대하는 방향에서 이루어졌다. 그러한 예술개념은 예술제도를 딱딱하고 편협하게 만들며 예술의 활동을 위축시킨다. 이 지배적인 미적 이데올로기는 예술을 고급미감적 예술(high fine art)의 제도와 동일시한다. 이 관점을 "예술에 대한 박물관적 개념"이라고 이름 붙임으로써 듀이는 이 관점이 담고 있는 구획적인 제도화와 엘리트주의라는 이중적 차원, 삶과 실천으로부터의 분리, 그리고 일상적인 사람들과 그들의 경험으로부터의 유리를 적절히 드러냈다. 이어지는 장들은 예술에 대한 이러한 편협한 개념이 대중예술을 미적으로 부적합한 것으로 배제한다는 비판을 펼쳐나갈 것이다. 그러한 배제는 사회문화적 억압의 형태가 지속되는 것을 돕는다(그러나 이 점이 대중예술 또한 그러한 억압의 도구로 이용당했었다는 점을 부인하지는 않는다).

필자의 확대된 비판이 사회적으로 해로울 수밖에 없는 고급예술은 전적으로 논박되어야 하며, 그 제도들은 붕괴되어야 하며, 그 작품들은 폐기되어야 한다고 주장하는 듯한 잘못된 인상을 줄 수도 있을 것이다. 그러나 예술에 대한 우리의 지배적 개념이 지닌 편협성을 거부하는 것은 그 개념 자체의 배타적인 거부를 거부하는 것이지, 이 개념을 사실상 구성하고 있는 예술을 거부하는 것이 아니다. 더욱이, 우리의 공고화된 예술제도가 오랫동안 엘리트적이었고 억압적이었다는 사실이 예술의 제도가 그렇게 계속 유지될 수밖에 없다는 점을 의미하지는 않는다. 즉, 예술이 필연적으로 그 본성에 의해 우리가 "저항해야만 하는" "대중의 적"일 수밖에 없다는 점을 의미하는 것은 아니다.[1]

미학에서의 프라그마티스트 계획은 예술의 제도를 폐기하는 것이 아니라 그것을 변형시키는 것이다. 듀이의 박물관 은유를 채택하자면, 프라그마티스트 계획의 목적은 예술의 박물관을 폐쇄하거나 부수는 것이 아니라 박물관을 개방시키고 확대하는 것이다. 예술이 사회적 억압과 계급특권을 지키려하는 세력일 수밖에 없다는 비판에 대항하는 프라그마티스트의 옹호는 두 가지 개방과 연관된다. 첫째, 예술개념을 그 지지와 만족면에서 사회문화적 엘리트를 훨씬 넘어서는 대중예술이 포함되게 개방시키는 것과 연관된다. 그러나 우리는 또한 고급예술이 진보적인 윤리적·사회정치적 주제를 촉진시켜나갈 수 있는 방식들에 대한 더욱 큰 개방성을 필요로 한다. 이러한 개방은 고급예술작품이 지닌 윤리적·사회적 차원에 더욱 커다란 비평적 주목을 함으로써 이루어질 수 있다. 고급예술의 많은 작품들은 고급예술의 윤리적 한계와 사회문화적 위험에 대한 스스로의 잠재적 비판을 구현하고 있다. 두 번째 개방성은 특정 작품들에 대한 구체적 비평을 통해 아마도 가장 잘 이루어질 수 있을 것이며, 필자는 이번 장에서 엘리어트(T. S. Eliot)의 시 "여인의 초상(Portrait of a Lady)"과 연관시켜

---

1) Roger Taylor, *Art, an Enemy of the People* (Atlantic Highlands, N.J.: Humanities Press, 1978), 155를 참고하기 바란다.

그러한 비평을 할 것이다.

  그러나 철학적 독자들은 미학에서조차도 해석보다는 논증을 전형적으로 더욱 선호하기 때문에, 사회윤리적 관점에서 고급예술에 반대하여 제기될 수 있는 강력한 논증들 중 몇 가지를 살펴봄으로써 시에 대한 필자의 연구를 시작하는 것이 현명할 듯하다. 이러한 논증들에 반대하면서 고급예술을 옹호하는 필자의 대응논증들은 고급예술을 완전히 결백한 것으로 면죄시켜줌을 결코 목적하고 있지 않고 고급예술이 지닌 사회윤리적 가치를 나름의 유망한 잠재력을 통해 복원함을 목적하고 있다.

(1) 고급예술의 전통이 기존의 억압적인 사회질서에 기여하는 한 가지 방식은 과거에 대한 신성한 존경을 증진하는 데, 과거 예술작품들의 아름다움을 신비화함으로써 이루어진 아부적인 동경을 증진하는 데 있다. 과거 예술작품들의 매혹적인 비범한 특성은 그것들을 생산한 개인과 시대와 질서에 대한 겸손한 숭배의 태도를 유발시키는 경향이 있다 그러한 태도는 엘리어트의 말을 빌리자면 오늘날 "우리가 얻고자 할 수 있는 유일한 지혜"는 그러한 과거 업적 앞에서의 "겸손의 지혜이다"라는 점을 함축한다.[2] 그러나 그러한 겸손은 새로운 사유를 효과적으로 억제할 뿐만 아니라 과거의 전해져 내려오는 이데올로기보다 더 낫다고 주장하는 모든 새로운 사고들을 선제 비판하기도 한다. 그러므로 예술은 억압적인 보수적 체제에 기존의 특권과 지배를 유지하는, 그리고 현상과 그 현상을 생성한 과거를 그것들이 지닌 곤궁과 부당함에도 불구하고 승인하는 가장 강력한 무기를 제공한다. 그리스의 영광스러운 예술에 현혹되어 우리는 그리스의 노예제도와 야만성을, 그리고 우리의 그러한 점을 망각한다. 이러한 이유들로 인하여, 고급예술의 지속적인 존재가 급진적인 새로운 문화 창조와

---

[2] T. S. Eliot의 "East Coker", 97-8행, in *The Complete Poems and Plays of T. S. Eliot* (London: Faber, 1969), 179를 참고하기 바란다.

사회 해방에 대한 위협으로 간주될 수도 있다. 그리하여 러시아 혁명 이후의 "프롤레쿨트(Proletkult)" 문화운동은 고급예술을 완전히 말살시키고자 하였다. "우리 미래의 이름으로 우리는 라파엘로를 불사르고, 박물관을 파괴하고, 예술의 꽃을 짓밟고 있다."[3)]

그러나 고급예술이 우리의 이데올로기 전통과 계승된 사회적 질서에 대한 무비판적인 조용한 겸손을 항시 조장할 수밖에 없는 것인가? 그리하여 공고화되었지만 잠재적으로 개정 가능한 해악들에 대한 넋 빠진 맹목과 무기력을 유발하는 것인가? 이러한 점을 의심할 만한 적어도 세 가지 이유들이 존재한다. 가장 단순하게는, 고급예술의 작품들이 사회비판, 저항, 변혁의 도구로 전혀 기능하지 못했다는 점은 역사적으로 거짓이다. 신랄하게 사회를 풍자하는 소설, 시, 연극, 나아가 그림들이 존재한다. 그리고 예술의 사회비판과 저항이 설득력을 갖기 위해 브레히트(Brecht)의 급진적인 정치적 방식을 취할 필요는 없다. 둘째, 공공연한 사회비판에 대한 관심과는 별도로, 고급예술이 제시하는 낯선 사회적 세계들과 생활방식들에 대한 매혹적인 전망은 우리 자신의 사회적으로 공고화된 활동들이 필연적이지도 이상적이지도 않다는 점을 깨닫는 데 도움을 줄 수 있으며, 그리하여 변화를 위한 길을 연다. 고급예술의 걸작들이 현상을 암묵적으로 지지하거나 강화할 수밖에 없다는 비판은 두 가지 잘못된 전제에 기초하고 있다. 잘못된 첫 번째 전제는 현재의 관례화된 사회질서, 기풍, 가치 등과 과거 세대와 문화의 그러한 것들 사이에 기본적인 유사함이 있다는 생각이다. 그러나 결코 그렇지 않으며, 이 점을 발견하는 것이 과거 예술에 대한 평가에서 얻을 수 있는 중요한 이득들 중의 하나이다. 예술은 변경을 통해, 특히 과거의 것에 대한 변경을 통해 현재가 지닌 번지르르한 지역주의를

---

3) 보그다노프(Bogdanov)의 이 말은 H. Arvon의 *Marxist Aesthetics* (Ithaca: Cornell University Press, 1973), 57에서 인용하였다.

폭로한다. 즉, 자신 스스로의 변화하는 순간에 도취된 그리고 피상적인 새로움에 도취된 현재의 지역주의를 폭로한다. 역사와 마찬가지로 과거예술은 어떻게 사물들이 다르게 존재할 수 있는지를 그리고 그러한 다름이 어떤 의미에서는 더 좋을 수도 있음을 보여준다. 그리하여 현재 자연스러운 사회적인 필요인 듯한 것이 역사적으로 생성되었고 변경 가능한 우연이라는 점을 보여준다. 즉, 사회적 비판과 변화를 위한 의식을 효과적으로 고양시킨다.

　더욱이, 현재에 대한 비판적 대비 이외에도, 과거 작품들과 그 작품들이 그려내는 삶의 전망들은 그들 자체로 상호 일관되거나 보완적이지 않다. 상호 일관되거나 보완적이라는 생각이 과거예술에 대한 찬양은 우리를 기존의 억압적인 편협한 이데올로기에 종속시킨다는 주장의 두 번째 잘못된 전제이다. 우리의 전통은 다원적이고 경쟁적이며 그리고 끝이 열려 있다. 우리의 전통은 합의에 의해서만큼이나 지속적인 논쟁에 의해서도 발전한다. 전통을 구성하는 데 일조하는 예술작품들은 서로를 공격하는 대립적 이데올로기를 대변하면서 논쟁에 참여한다. 경쟁적인 작품들의 구조적으로 연관된 영역을 전체적으로 취할 경우, 고급예술은 그 감상자들에게 더 정제된 비판적 의식을 고취시킴으로써 스스로의 내재적 비판을 산출해 낼 수 있다. 이 경우, 감상자들은 예술작품을 감상하고 그 함의를 읽어내는 행위 바로 그 속에서 예술의 다양한 전망들과 가치들을 소화하고, 비교하고, 숙고하게 된다.

　이러한 점은 고급예술이 걸작들에 대한 신비화된 미화를 통해 과거를 찬양함으로써 억압적 보수주의를 필연적으로 증진시킨다는 비난에 대한 세 번째 반대의 이유를 이끌어낸다. 그러한 비난은 예술작품을 받아들이는 우리 자신의 맹목적이고 미적으로 제한된 양태를 비판하기보다는 예술작품에 모든 책임을 불공정하게 전가하는 것이다. 발언의 힘을 지녔음에도 불구하고 예술작품은 자신에게 발언해오는 대화적 지성이 없다면 벙어리이다. 그러므로 예술작품은 그것이 수용되는 방식과 동떨어져 그 자체로 판단될 수는 없다. 죄가 있다면 자신의 중요성과 용도를 결정할 수 없는 무능력에 있는 것이지, 악의적 힘을 지닌 데 있지 않다. 아도르노는 "여기에 왜 비평이 예술작품들의 보완을 위해 기본적으로 필요한지에 대한 이유가 있다"라고 말하였다.[4] 예술의 사회적 의미는 예술이 어떻게 수용되고 배치되는 지에 달려 있는 것이며, 우리는 고급예술을 발전적인 사회 윤리적 목적을 위해 수용할 수 있어야 한다. 작품이 감추려고 하는 것을 발견키 위해 작품을 뒤집어 읽는 식의 현재 통용되고 있는 정교한 해석전략들이 사용된다면, 보수주의에 명백히 기울어진 작품일지라도 그 역의 입장을 개진시키는 데 차용될 수 있다.

그러나 이러한 논증은 그 이전의 두 가지 논증에도 의문을 제기하는 다음과 같은 반대를 불러일으킨다. 우리의 예술제도 내에서 예술작품을 수용하고 비판하는 표준적 양상은 삶의 실천과 확연히 구분된다는 좁은 의미에서 심미적이다. 그러므로 특정 작품들 속에서 우리가 발견하는 명확한 사회비판이 무엇이든지 간에, 그리고 작품들이 지닌 상이한 전망들에 대한 배열을 통해 우리가 성취하는 고양된 비판의식이 무엇이든지 간에, 모든 이러한 것들은 예술제도에 속함으로써 중립화되어버린다. 예술제도의 이데올로기는 예술의 수용을 실천의 실제적인 물리적 세계가 제거된 상상적인 미적 관조의 자율적 영역에 효과적으로 국한시킨다. 고급예술이 지닌 사회정치적 저항의 많은 부분이 이러한 방식으로 심미화·중립화된다.

그러나 자율적 예술이라는 기존의 이데올로기에 의해 부과된 협소한 미적 영역을 (또는 미적인 것을 삶의 실제적·물질적 관심과 전혀 동떨어진

---

[4] T. W. Adorno, *Aesthetic Theory* (London: Routledge & Kegan Paul, 1984), 131. 다음부터는 *AT*로 약칭할 것이다.

것으로 간주하는 전통적인 예술정의를) 받아들일 필연적 이유가 없다. 더욱이 예술적 자율성이라는 기존의 형식에 대한 도전이 예술의 제도가 상대적으로 자유롭다는 생각 전체에 대한 부정을 의미하지는 않는다. 왜냐하면 예술의 제도가 지닌 자율성은 예술이 삶의 실천으로부터 날카롭게 분리되었다는 의미로가 아니라 예술이 다른 비(非)예술적 제도와 교차하면서도 고유한 생산, 분배, 수용의 틀을 지녔다는 의미로 해석될 수 있기 때문이다.

예술이 사회 윤리적 실천으로부터 명백히 분리되어 있다는 극단적 자율성에 대한 생각이 교회와 궁정의 이데올로기에 봉사하는 전통적 역할로부터 예술을 자유롭게 하였다는 점에서는 미적으로 가치 있고 사회적으로 혁명적이다. 그러나 예술의 순수성을 지키기 위해 삶의 실천으로부터 예술을 엄격히 분리하는 일은 이롭지도 믿을 만하지도 않다. 최근의 마르크시즘적 페미니스트 비평이 거둔 커다란 공헌 중의 하나는 예술과 미적인 것이 얼마나 정치적인 것인가를 그리하여 얼마나 사회 윤리적 관점에서의 비평을 필요로 하는가를 보여준 데 있다. 그러한 비평은 예술 속에 간접적으로 항시 반영되어 있는 사회적 삶의 부당함과 반목을 폭로한다. 이러한 부당함과 반목은 예술이 만족스러운 조화와 통일성을 이루기 위해 이것을 극복하려 할 경우에도 예술 속에 항시 반영되어 있다. 사회적 모순의 이러한 흔적들은 예술작품의 내용 속에서뿐만 아니라 형식 속에서도 발견될 수 있다. 그러나 고급예술에 대한 사회 윤리적 비평은 개별작품들을 거쳐야 할 뿐만 아니라 그 작품들을 수용한 예술의 제도적 틀을 비판하기 위해 개별 작품들을 넘어서야 하며, 한 걸음 더 나아가 우리 사회 속에서 예술의 제도와 역할을 형성하는 데 일조한 일반적인 이데올로기 구조들과 비(非)예술적 제도들에까지 이르러야 한다.

(2) 고급예술을 억압적인 사회적 악으로 비난하는 두 번째 논증은 다음과

같다. 즉, 고급예술은 사회문화적 엘리트들이 자신들이 본질적인 우월성을 지녔다는 점을 고급예술의 빛나는 전통과의 특권적인 연관을 통해 위장하면서도 동시에 공표할 수 있는 황폐한 전략을 제공한다는 것이다. 왜냐하면 사회경제적 그리고 정치적 지배체제를 통해서 문화적으로 비특권화되어 있는 계층들은 (신성화된 작품들뿐만 아니라 신성화된 감상의 양식들까지도 포함한) 우리의 고급예술 전통에 낯설고 접근하기가 어렵기 때문이다. 그런데 고급예술의 감상에 대한 이 계층들의 상대화된 그리고 사회적으로 결정된 무능력이 본질적인 열등성의 징표로, 취미나 감성의 결여로, 사회경제적이 아닌 자연적인 무능력을 암시하는 술어로 비추어진다.[5] 이와는 극히 대조적으로, 고급예술 전통의 문화적 우월성에 대한 엘리트들의 천박한 숭배는 고급예술의 유일한 참된 보호자이자 해석자로서의 선천적 우월성을 자신들이 지녔음을 강력히 표출한다. 그러므로 예술은 예술의 물리적 소유를 통해서뿐만 아니라 감상의 양태나 가능성을 통해서도 사회적 차별과 공고화된 계층구조를 자연화하고 정당화한다.

이 논증에 대한 전형적인 휴머니스트의 답변이 존재한다. 즉, 예술에 대한 교육이 좀 더 많은 시간을 통해 이루어진다면, 학교에서 좀 더 셰익스피어를 가르치고 공영방송에서 좀 더 오페라를 방영한다면, 하부계층일지라도 고급예술에 필요한 감상을 익힐 수 있으리라는 것이다. 그러나 이러한 답변을 우리는 의심해야 한다. 왜냐하면 고급예술의 지배적인 논리는 일반적으로 받아들여지는 이해와 경험의 양태와는 오래 전부터 냉혹히 구별과 거리를 두었기 때문이다. 그러한 구별은 극히 일부의 전문적 감식가 이외에는 이해할 수 없는 극히 새로운 스타일이나 작품들에 대한 감상을

---

[5] 이 점에 대해서는 졸고 "Of the Scandal of Taste: Social Privilege as Nature in the Aesthetic Theories of Hume and Kant," *Philosophical Forum* 20 (1989), 211-29. 그리고 특히 Pierre Bourdieu의 *Distinction: A Social Critique of the Judgement of Taste* (Cambridge, Mass: Harvard University Press, 1984), ch. 1을 참고하기 바란다.

통해서뿐만 아니라 일반인들이 행한 기존의 감상양태에 대한 새로운 수용을 통해서도 표현된다. 후자의 예는 고전 작품들에 대한 해체주의자들의 읽기에서 볼 수 있다.

고급예술의 지속적인 엘리트주의와 일상적 삶으로부터의 격리는 고급예술의 자율적이고 신성화된 성질을 부정함으로써 기존의 부르주아 문화에 도전하려고 했던 아방가르드의 노력이 실패로 끝났음을 통해서도 강력히 확증될 수 있다.6) 변기나 병걸이 같은 일상적으로 경험되는 기능적 대량 생산품들에 예술적 지위를 풍자적으로 부여하는 뒤샹(Duchamp)의 작품, 다다(Dada) 시를 만드는 교범인 차라(Tzara)의 작품, 자동 기술된 작품을 만드는 브르통(Breton)의 작품 등은 예술이 일상 삶 및 일상 사람들과 동떨어진 개인적 천재와 세련된 취미로 구성된 엘리트적 영역이라는 생각에 도전하려고 하였다. 근래의 행위 예술들은 극단적 저항과 변화라는 유사한 목적들 아래에서 유발되고는 하였다. 그렇지만 그러한 시도들은 고급예술의 제도에 의해서는 어려움 없이 '미적'으로 무력화되어 재수용된 반면, 문화적인 피지배적 대중에게는 충격과 당혹을 안겨다 주었다. 행위 예술에 대한 대중들의 이해 불가능함은 대중들의 열등성을 강화하는 데 그리고 고급문화가 대중들을 지배하고 소외시켜야 하는 명백한 논리적 정당성을 강화하는 데 이바지할 뿐이다. 그러므로 고급예술은 가장 자유로운 순간일지라도 사회문화적 해방에 대한 억압적 장애물인 듯싶다.

고급예술의 제도를 부정함으로써 그리고 고급예술이 지닌 엘리트적 이데올로기로부터 벗어남으로써 예술에 대한 우리의 개념을 해방시키려고

---

6) 혁신적 목적의 성취에 실패한 아방가르드에 대한 더 상세하고 사려 깊은 설명에 대해서는 Peter Burger의 *Theory of the Avant-Garde* (Minneapolis: University of Minnesota Press, 1984)를 참고하기 바란다. 그렇지만 뷔르거는 아방가르드의 주요한 업적이 삶의 실천으로부터 동떨어진 독립된 부르주아 제도로서의 예술존재를 명확히 폭로하여 예술에 대한 자기비판의 길을 연 점에 있다고 지적하였다.

했던 아방가르드가 경험한 실패는 의미심장한 결론을 시사해줄 수 있다. 즉, 예술의 해방과 일상 삶으로의 재통합은 고급예술 자체에 대한 급진적 개혁의 시도만으로는 달성될 수 없다. 고급예술의 제도가 너무 강력하기 때문에, 그리고 저항의 산물들을 포용하고 재수용하는 힘이 너무 유연하고 효과적이기 때문에, 고급예술 자체만으로 고급예술의 공고화된 이데올로기와 예술적 합법성에 대한 통제를 극복할 수 없다. 예술비평과 미학이론이 고급예술의 배타적인 지배를 깨뜨리고 예술에 대한 우리의 개념을 변형시키는 데 필요한 지렛대를 제공할 수 있다고 생각하는 것이 좋을 것이다. 그러나 그러한 비평과 이론 그 자체들은 오랫동안 고급예술의 제도적 이데올로기에 사로잡혀 있었기 때문에 자신들의 비판을 논증하고 풍부하게 할 수 있는 어떤 대안적인 문화적 토대가 필요하다. 대중예술은 이러한 토대를 제공할 수 있을 것이며, 따라서 예술에 대한 우리의 개념과 제도를 더욱 자유롭게 그리고 삶의 실천에 더욱 가깝게 만들 수 있을 것이다. 영화, TV 드라마와 코미디, 대중음악, 비디오 등의 대중매체 문화가 만드는 대중예술들은 우리 사회의 모든 계층들이 즐긴다. 그리고 이러한 대중예술들의 위치를 미학적으로 정당한 문화적 산물로 인정하는 일은 예술과 미적인 취미를 고급예술의 사회문화적 엘리트와 가차 없이 동일시하는 일을 감소시키는 데 기여할 것이다. 더욱이, 대중예술에 대한 비판가들도 인정하듯이,[7] 대중예술의 미학적 방향은 넓게는 예술과 삶을 통합시키는 것이다.

---

7) Bourdieu의 *Distinction*, 5, 32-5 그리고 Burger의 *Theory of the Avant-Garde*, 54를 참고하기 바란다. 뷔르거는 다음과 같이 주장한다. 대중예술이 "삶의 실천과 통합되어 있을 지라도," 그것이 지닌 실제적 "목적은 …… 특별한 종류의 소비적 행동을 강요하는 것이다"; 그러므로 대중예술은 "해방의 도구"가 아닌 "복종의 도구"이다. 이 지적은 상당한 경우 분명히 타당하지만, 필연적이지는 않다. 필자는 이 점을 다음 장에서 다룰 것이다. 더욱이, 대중예술을 상업적으로 천박하게 이용하는 일은 대중예술이 지닌 미적 잠재력을 무시하고 그것을 시장의 힘이 행하는 놀이에 방기하여 놓은 결과이다.

물론, 다음 장에서 보게 되듯이 대중예술이라는 주제가 단순하지는 않다. 고급예술과 대중예술 사이의 구분 자체가 문제적이며, 그리고 그 양자들이 지닌 사회문화적 위치와 해방적 기능이나 부작용은 복잡하고 모호하다. 대중예술이 사회문화적으로 빈곤한 계층에만 호소력을 지닌다고 보는 것이 잘못이듯이, 고급예술의 창조자들과 주요한 전수자들이 현대사회의 지배계층을 구성한다고 보는 것도 정확하지 않다. 현대사회의 지배계층은 엘리트 예술가들과 지적인 청중들로 구성되는 것이 아니라, 오히려 대형 기업, 은행, 산업 등으로 구성된다.

그리고 지배를 위한 지배계층의 주요한 문화적 수단이 고급예술이지도 않다. 현대사회의 지배계층은 민주적 대중주의를 교묘히 가장하여 대중문화의 예술들을 그리고 광고의 교묘한 기술을 이용한다. 그리고 그를 통해 온순한 순응주의와 새로운 것에 대한 숭배를 증진시킨다. 새로운 것에 대한 숭배는 소비자를 변화하는 유행의 혼란에 빠뜨리며, 그 결과 소비자 스스로의 취미를 불안정하게 만든다. 이와는 반대로, 고급예술은 적어도 잠정적이나마 물질적 자본에 대한 그리고 사회적 지위 및 정당화의 근원인 과시적 소비에 대한 유일한 진지한 대안을 제시한다. 고급예술이 지닌 상징적인 "문화자본"[8]은 달러화의 전면적 지배에 대항하는 예술가와 지식인의 주요한 무기를 구축한다. 많은 사람들이 탄식하는 불공평한 사회를 유지하고 가동시키는 것은 오페라가 아니고 달러인 것이다.

(3) 고급예술은 다음과 같은 비난, 즉 대리적인 상상적 영역을 제공함으로써 비참하고 사악한 사회적 실재를 암암리에 뒷받침한다는 비난과 마주 대해야 한다. 좀 더 행복한 삶에 대한 우리의 좌절된 희망과 좀 더 나은

---

8) Bourdieu의 *Distinction*, 53-4, 114-5, 291을 보기 바란다.

사회에 대한 우리의 정당한 요구는 오직 상상 속에서만 대치되고, 순화되고, 만족된다. 그리하여 진보적인 실천은 마르쿠제가 예술의 "실제적 환영"9)이라고 부른 것에 대한 환각적 기쁨을 통해 마비된다. 예술의 멋진 산물들에 대한 매혹은 그 예술산물들이 잉태되고 숭배된 비참하고 사악한 물질적 조건들을 거짓이라고 비난한다. 우리는 예술의 만족스러운 아름다움과 완전함에 홀려 그것의 창조자인 인간과 사회도 예술의 정신적 세계 속에서는, 즉 거칠고 단조로운 물질적 존재보다 우월하다고 여겨지는 예술의 정신적 세계 속에서는 적어도 완전함과 만족스러움에 근접했다고 전제한다. 그러한 도피적 환영은 매혹적인 미적 표면에 의해 안타깝게 무시되고 감추어졌을 때만큼이나 안타까운 실제조건들을 받아들이고 지속시킨다. 이 점이 듀이가 고급예술에 대한 우리의 제도를 "문명의 미장원"10)이라고 비난한 이유이다. 그리고 마르쿠제도 이른바 "문화의 용인적인 특징"을 비판하면서 동일한 점을 지적하였다. "통일성"과 "자유"라는 더 좋은 질서에 대한 만족스러운 이미지를 통해서뿐만 아니라 물질적 실재보다 우월하다고 보편적으로 평가받는 것에 대한 요구를 통해서도 고급예술은 "존재의 기존 형식에 대한 정당화"에 기여한다(N 96, 98).

고급예술의 결정적인 특징은 어디서나 필수적이고 영원히 타당하고 더욱 가치로운 세계, 즉 무조건적으로 용인되어야 하는 세계를 주장하는 데 있다. 그러한 세계는 존재를 위해 날마다 투쟁하는 사실적 세계와는 기본적으로 다르기는 하지만, 모든 개인에 의해 사실의 상태에 대

---

9) Herbert Marcuse, "The Affirmative Character of Culture," in *Negations* (Boston: Beacon Press, 1968), 129, 131. 앞으로는 N으로 줄여 부를 것이다. 예술의 매혹적인 환영을 통해, "우리는 전혀 그렇지 않을 때조차도 스스로를 행복하다고 느낄 수 있다. 환영의 효과는 우리가 행복하다는 우리 자신의 주장조차도 부정확하게 만들어 버린다"(122).
10) John Dewey, *Art as Experience* (Cambridge: Southern Illinois University Press, 1987), 346. 앞으로는 AE로 줄여 부를 것이다.

한 어떠한 왜곡 없이도 "내부로부터" 구현될 수 있다(N 95).

더욱이, 후자에서처럼 예술의 고차적 세계에 대한 개인적 수업과 감상을 강조하는 것은 내면으로의 그리고 개인주의적 고립으로의 위험한 도피를 제공한다. 이러한 도피는 사회의 외로운 파편을 (반영하는 만큼이나) 강화할 뿐만 아니라 실천의 연대성을 가로막기도 한다. 예술이 사회적 아픔과 외로움을 저항적으로 형상화할 때조차도 그러한 저항이 진정한 비판과 세계를 변화시키려는 희망을 생성하기보다는 개인의 상상적 경험 속에서 작품에 대한 감상적 즐거움의 일부로서 재수용되어 쾌적하게 배출되어버린다. 그리하여 마르쿠제는 "반항적 생각조차도 정당화의 장식물이 된다"고 결론 내렸다(N 121).

우리는 고급예술의 매혹적 작품들이 치명적인 사이렌 신처럼 회피되어야 하는 것이라는 결론을 내리지 않고서도 위와 같은 방향의 논증이 지닌 상당한 힘을 인정할 수 있다. 단지 우리는 예술에 대한 우리의 비평이 더욱 윤리적인 예리함과 사회정치적인 연관을 지녀야 한다는 점을, 우리의 비평이 개별적 작품들에 대한 미적 감상으로부터 예술계를 포함한 우리의 사회문화적 실재에 대한 비평으로 나아가게 한다는 점을 주장할 필요가 있다. 더불어, 우리는 많은 작품들이 고급예술과 그것의 순진한 미적 이데올로기가 지닌 사회적·윤리적 한계를 지적함으로써 우리를 그러한 비평으로 밀어붙인다는 점을 깨달을 필요가 있다. 그러므로 아도르노가 우리에게 상기시켰듯이 모든 작품들이 어떤 의미에서는 "사회적으로 비난받을"만 할지라도 "그 중에서 가치 있는 작품들은 자신들의 잘못을 속죄하려고 노력한다"(AT 333). 우리는 그러한 속죄가 T. S. 엘리어트 같은 견고한 정치문화적 보수주의자의 시속에서도 사회윤리적 자기비판을 통해 드러나고 있음을 발견할 수 있다. 이를 다음에서 살펴볼 것이다.

유미주의자라는 비판을 때로는 받기도 하지만,11) 엘리어트는 예술이 지닌 사회적 본질과 기능을 주장하였다. 그러나 그는 (셸리, 아놀드, 리처즈 등과는 반대로) 예술 자체만으로는 세상을 구원할 수도 개인을 구제할 수도 없다는 점을 주장하려고 애썼다. 시인에게 통례적으로 부과되고 있는 세계의 입법자, 예언자, 구원자라는 지위의 실체를 신랄하게 폭로하면서, 엘리어트는 시인에게 "음악당 코미디언의 배역에 상응하는 사회 속에서의 배역을" 기꺼이 맡기겠다고 말한다.12) 그리고 그의 시가 지닌 난해성이 엘리트주의를 드러내기도 하지만, 엘리어트의 시적 이상은 가능한 한 광범위한 청중들에게 다가가는 것이었다. 이 점은 단테와 셰익스피어에 대한 그의 찬양에서 명확히 나타난다. 또한 이 점은 시극(the poetic drama)에 대한 그의 옹호 속에서 그리고 연극에 대한 관심을 통해 더 광범위한 청중들을 확보하려고 한 그 자신

---

11) 이러한 비판의 예로 Terry Eagleton, *Literary Theory: An Introduction* (Oxford: Blackwell, 1983), 51을 참고하기 바란다. 엘리어트의 비평이론에 대한 이러한 통상적인 왜곡들에 대해서는 졸고 *T. S. Eliot and the Philosophy of Criticism* (New York: Columbia University Press, 1988), 1-17을 보기 바란다.

12) T. S. Eliot, *The Use of Poetry and the Use of Criticism* (London: Faber, 1964), 154.

의 노력 속에서 한층 더 명확히 나타난다. "나는 시인은 가능한 한 광범위한 여러 종류의 청중들을 위해 쓰는 것을 선천적으로 선호한다고 믿는다 …… 내 자신 또한 문맹의 청중들을 원한다 …… (그러므로) 시를 위한 이상적인 매체는 나에게는 …… 연극이다."13)

고급예술의 전통과 기준에 깊이 빠져들어 있으면서도 엘리어트는 고급예술이 지닌 자만과 그 결과로 나타나는 사회적 분화와 고립에 대해서는 비판적이었다. 더욱이, 교육하고 계도하는 예술의 힘을 주장하면서도, 속이고 타락시키는 예술의 힘에 대해서는 경고를 보냈다. 이러한 맥락에서 그는 하디(Hardy)와 로렌스(Lawrence)를 이단적 작가들이라고 비난하였다.14) 사실상 엘리어트는 예술이 미적인 가치로만 감상될 때, 예컨대 문학작품이 "순전히 즐거움을 위해서만" 읽힐 때 가장 위험하고 비뚤다고 생각하였다. 그리하여 그는 순수한 문학적 감상이라는 생각을 위험한 "추상적 생각"이라고 비판하였고, 문학비평은 좁은 문학비평을 넘어 이데올로기 비평, 예컨대 "명확한 윤리학적·신학적 관점으로부터 나온 비평"으로 나아가야 한다고 주장하였다.15) 아도르노와 마찬가지로 엘리어트도 결론적으로는 예술 감상이 두 단계로 이루어져야 한다는 이론을 펼쳤다. 첫 번째 단계는 작품과 그 작품이 지닌 세계관에 대한 공감적이고 잠정적인 수용이고, 두 번째 단계는 그러한 세계에 대한 의식적인 이데올로기 비판이다.16)

---

13) Ibid. 152-3.
14) T. S. Eliot, After Strange Gods (New York: Harcourt Brace, 1934), 59-66. 엘리어트는 이후에 로렌스에 대한 자신의 비난을 "병자(a sick man)"의 판단이라고 기술하였다(Helen Gardner, *The Composition of "Four Quartets"*(London: Faber, 1978), 55). 그러나 그는 문학비평이 이데올로기 비판을 통해 완성될 필요가 있다는 생각을 결코 철회하지 않았다.
15) T. S. Eliot, *Selected Prose of T. S. Eliot*, ed. Frank Kermode (London: Faber, 1975), 97, 103; *Selected Essays* (London: Faber, 1976), 271; 그리고 *Use of Poetry*, 98, 109를 보기 바란다.
16) 비평적 감상이 두 단계로 이루어진다는 엘리어트의 이론에 대한 상세한 설명을 위해

그렇다면 예술의 사회적-윤리적 또는 인식적 가치를 둘러싼 의문에 대한 하나의 대답은 존재하지 않는다. 두 단계들이 얼마나 성공적으로 완수되느냐에 따라 예술은 계몽적 해방가가 될 수도 있고 혹세무민적 기만가가 될 수도 있다. 이제 필자는 이러한 생각을 엘리어트 자신의 시에 적용시켜, 예술이 자체의 사회 윤리적 결점과 잠재적 발전가능성 양자 모두를 드러내기 위해 어떻게 비판적 감상을 요구하는지를 보여주도록 할 것이다.

여인의 초상

너는 범했다—
간통을 : 그러나 그건 다른 나라에서였고,
더군다나 그 계집은 죽었다.

말타 섬의 유대인

I
12월 오후의 연기와 안개 속에

서는 T. S. Eliot and the Philosophy of Criticism, ch. 6을 참고하기 바란다. 그의 이론은 아도르노의 이론을 예고한다. 아도르노의 이론 또한 공감적인 내부적 이해와 외부적 이데올로기 비평이라는 두 가지 단계 또는 관점을 주장한다(AT 177-9, 346-7, 387, 477-9를 보기 바란다). 한편으로는 예술을 이해하기 위해서는 우리는 "작품 속으로 들어가야 한다"(346). 즉, "스스로를 작품에 …… 양도해야 한다"(387). 다른 한편으로는, "예술작품에 대한 전적으로 내부적으로 이루어지는 이해는 거짓되고 부족한 이해의 양태이다. 왜냐하면 그러한 이해는 예술의 마력에 홀려 있기 때문이다 …… (적절한 이해는) 두 가지 방법에 의해서만, 즉 경험을 반성할 수 있는 이론과 결합된 특정한 경험을 통해서만 완성될 수 있다"(177, 179). "내재적 분석에 의해 발견된 사태들의 상태는 두 번째 단계에서 이루어지는 반성과 비판을 통해 극복되어야만 한다 …… 편협함으로 (인하여), 내재적 분석은 예술에 대한 비판적·사회적 성찰을 질식시키는 데 일조한다"(477). "예술을 내부에서만 바라보는 사람은 예술을 이해하지 못하는 반면에, 예술을 외부에서만 바라보는 사람은 예술과의 친밀함을 결여함으로 인하여 예술을 허위화시키기 쉽다. 이러한 두 가지 관점들 사이에서 임의적으로 동요하지 말고 미학은 특정 작품들과의 필연적인 상호연관을 펼쳐야 한다"(479).

당신은 저절로 꾸며지는 장면을 갖게 된다―마치 장면이 저절로 꾸며
지듯
"내가 당신을 위해 오늘을 남겨 뒀어요"라고 말하며;
그리고 어둡게 한 방에는 네 개의 양초,
머리 위 천장엔 네 개의 빛의 동그라미,
줄리엣의 무덤의 분위기,
말해지거나 말하지 않은 채 남겨둘 모든 것에 대비한.
우리가, 폴란드의 신진 피아니스트가
그의 머리칼과 손가락 끝으로 전주곡을 치는 것을
들으러 갔었다 하자.
"너무나도 친밀해요, 이 쇼팽은. 그래서 나는 생각해요.
그의 영혼이 오로지 그의 친구들,
두셋 친구들 사이에서만 부활해야 한다고,
음악회에서 애무당한 의문시당한
꽃을 만지려 하지 않을 친구들 사이에서만"
―이런 식으로 대화는 미끄러진다,
먼 코르네트와 섞이는
바이올린의 가냘픈 음조를 통해
불완전한 욕망과 조심스레 잡힌 아쉬움 속에,
그리고 시작된다.
"당신은 몰라요, 그들이 내게 얼마나 소중한지, 내친구들이,
그리고 얼마나, 얼마나 희귀하고 이상해요,
너무나도 많은, 너무나도 많은
잡동사니 것들로 이루어진 인생에서 발견한다는 것이
(왜냐하면 정말 나는 인생을 사랑하지 않아요. … 당신도 알고 있었죠?
당신은 장님이 아니니까!

얼마나 영리해요 당신은!)
이런 특질을 가진,
우정이 살아 있는 특질을 갖고 있고 또 주는 친구를 발견한다는 것이,
얼마나 소중한지 내가 당신에게 이렇게 말하는 거예요
이런 우정이 없다면 인생은 얼마나 끔찍스런 악몽이겠어요!"

바이올린의 장식음과
금이 간 코르네트의
아리에타 가운데서
내 두뇌 내부에서 무딘 둥둥 소리가 시작된다.
자기 나름의 서곡을 함부로 치며,
변덕스런 단조
그건 적어도 명확히 '틀린 가락'이죠.
―자 바람이나 좀 쐽시다, 담배에 취했으니,
기념비를 찬미하고,
최근의 사건들을 논의하고,
광장의 괘종시계로 우리 회중시계를 고칩시다.
그리고 나서 반시간쯤 앉아서 흑맥주나 마십시다.

II
라일락이 만발한 지금
그녀는 방에 라일락 화병을 하나 갖고 있다.
그리고 이야기하는 동안 하나를 손가락으로 비튼다.
"아 내 친구, 당신은 몰라요, 당신은 몰라요.
인생이 무엇인지, 두 손에 인생을 쥐고 있는 당신은;
(천천히 라일락 줄기를 비틀면서)

당신은 인생을 흘려보내고 있어요, 인생을 흘려보내고 있어요,
그리고 젊음은 잔인해요, 후회도 전혀 없어요
그리고 젊음은 뜻을 알지 못하는 상황을 보고 미소해요."
나는 미소한다, 물론
그리고 계속 차를 마신다.
"그러나 어쩐지 나의 묻힌 삶과 봄의 파리를 회상케
하는 이런 4월의 황혼 무렵이면,
나는 측량할 수 없을 만큼 평화로움을 느껴요,
그리고 세상이, 역시, 놀랍고 젊다는 것을 발견해요.

그 목소리는 어느 8월 오후의 부서진 바이올린의
끈덕진 불협화음처럼 되돌아 온다:
나는 언제나 당신이 내 감정을
이해한다고 확신해요, 당신이 느끼리라고 언제나 확신해요.
만(灣) 건너로 당신이 손을 뻗으리라 확신해요.

당신은 불사신이에요. 아킬레스의 발꿈치를 안 가졌으니까요.
당신은 계속 나아갈 것이고 당신이 이겼을 때
이렇게 말할 수 있어요: 이 점에서 많은 개인들이 실패했다고.
하지만, 내 친구여, 당신에게 줄 무엇을 내가 갖고 있겠어요,
무엇을 내가 갖고 있겠어요. 또 무엇을 당신은 나한테서 받을 수 있겠
어요?
오직 여행 목적지에 도달하려는 여자의 우정과 연민뿐이에요.

나는 여기 앉아서, 친구들에게 차나 따르겠어요 ……

나는 모자를 집는다: 어떻게 내가 비겁한 보상을

할 수 있으랴

그녀가 내게 한 말에 대해?

내가 어느 아침이든 공원에서 만화와 스포츠 기사를

읽고 있는 것이 눈에 띌 것이다.

특히 나는 주목한다.

어느 영국 백작부인이 무대에 섰다.

어느 그리스인이 폴란드 무도회에서 살해되었다.

또 한 사람의 은행채무 불이행자가 고백했다는 기사에,

나는 안색을 바꾸지 않는다.

나는 침착한 채로 있다.

단 기계적이고 지친 피아노 오르간이,

다른 사람들이 갈망했던 것들을 회상시키며

정원에서 풍겨오는 히야신스 향기와 함께

어느 닳아빠진 통속적인 노래를 되풀이할 때를 제외

하고선,

이런 생각들이 옳은 것인가 그른 것인가?

III

10월의 밤이 내려 온다;

약간 불안스런 느낌 이외엔

전처럼 되돌아와

나는 층계로 올라가서 문의 손잡이를 돌린다.

그리고 마치 내가 손과 무릎으로 기어 올라온 듯한

기분이 든다.

"그런데 당신은 외국으로 갈 예정이라죠; 언제 돌아오세요?

하지만 그건 쓸모없는 질문이죠.
당신도 언제 돌아올는지 거의 모를 테니,
배울 것이 많이 있을 거예요.
내 미소는 골동품 사이로 무겁게 떨어진다.

"어쩌면 당신이 내게 편지 쓸 수 있겠지요"
내 침착은 한 순간 타오른다;
*이것*은 내가 예상했던 대로다.
"나는 최근에 자주 생각해 보았어요.
(그러나 우리들의 시작은 결코 끝을 알지 못한다!)
왜 우리가 친구로 발전하지 못했는지."
나는 미소 짓다가 돌아섰을 때
갑자기 거울에 비친 자기 표정을 본 사람처럼 느낀다.
내 침착은 나풀거린다; 우리는 정말 어둠 속에 있다.

"왜냐면 모두들 그렇게 말했어요. 우리 친구들 모두가,
그이들은 우리 모두의 감정이 밀접히 맞아 들어갈 거라고
확신했었지요! 나도 잘 이해할 수 없어요.
우린 이제 운명에 맡길 수밖에.
어쨌든, 당신은 편지해 주시겠지요.
아마도, 너무 늦을 리는 없겠죠.
나는 여기 앉아서, 친구들에게 차나 따르겠어요 ……"
그리고 나는 표현을 발견하기 위해
온갖 변화하는 모양을 빌려야만 한다. …… 춤추고
춤춰야 한다.
춤추는 곰처럼,

앵무새처럼 소리쳐야 하고, 원숭이처럼 재잘대야 한다.
우리 바람이나 좀 쐽시다, 담배에 취했으니

글쎄! 어떻게 하지, 만일 그녀가 어느 날 오후
회색의 흐린 오후, 노랑과 장미색 저녁에 죽는다면:
죽어서, 손에 펜을 들고 앉아 있는 나를 두고 가 버린다면,
연기가 지붕 꼭대기에서 내려올 무렵에;
무엇을 느껴야만 하는지 혹은 내가 이해하는지,
혹은 현명한지, 어리석은지, 늦은지 너무 이른지
잠시 회의에 잠긴다 ……
그녀가, 결국 유리하지 않을까?
이 음악은 종지(終止)가 성공적이다.
우리가 죽음을 이야기하는 지금엔—
그런데 내가 미소 짓는 것은 당연히 옳은가?17)

   이 시는 감상적인 늙은 여인과 젊은 남자 사이의 어색한 관계를 그리고 있다. 늙은 여인의 예술에 대한 사랑과 미적 태도는 허식에 가깝고, 젊은 남자는 이러한 미적 인공성을 고통스럽게 의식하면서 또한 이러한 인공성 밑에 깔린 그녀의 진정한 감정을 무척 두려워하고 있다. 두 사람의 관계는 12월부터 다음 해 10월에 걸쳐 이루어진 젊은 남자 (시의 화자)의 여자의 집에 대한 방문을 통해 그려지고 있다. 엘리어트의 프루프록(Prufrock)보다는 어리지만, 화자는 프루프록의 아이러니를 공유하고 있다. 화자 또한 프루프록과 마찬가지로 여인과 마주대할 때의 고통스러운 자의식을 지니

---

17) 역자 주: 엘리어트 시에 대한 한글번역은 그의 한글 번역본 시집 『황무지』, 김기태 역(서울: 태학당, 1991)을 기본적으로 참고하였다.

고 있고 (이 점은 두 시 모두에서 계단과 마주대할 때의 어려움과 연관된다), 감정을 직접적으로 소통할 수 없어 당혹해하고 있다. 젊은 화자는 옛 관계를 회상하고 기술하는 "손에 펜을 들고 앉아 있는" 시의 지은이로 마지막 연에서 드러난다.18) 화자는 일상적 일에서 벗어나 있는 듯이 보인다. 왜냐하면 우리는 그를 "어느 아침이든 공원에서" 발견할 수 있기 때문이다. 그리고 여인이 인정하듯이 그는 전도가 유망하고 야망이 있다: "당신은 불사신이에요. 아킬레스의 발꿈치를 안 가졌으니까요./ 당신은 계속 나아갈 것이고, 당신이 이겼을 때/ 이렇게 말할 수 있어요: 이 점에서 많은 사람들이 실패했다고." 실제로 그들의 마지막 만남은 "배울 것이 많이 있을" 외국으로 그가 가려고 할 때 이루어진다.

이 시가 지닌 풍부한 아이러니는 적어도 두 겹으로 이루어져 있다. 우리는 여인이 지닌 과도한 낭만주의에 대한 화자의 비판을 높이 평가하지만, 개인적 통일성과 "자기절제"에 대한 화자의 합리적인 관심이라는 것이 미숙함, 자기보호적인 이기심, 그리고 솔직함에 대한 두려움 등을 가장한 것에 지나지 않는다는 사실을 또한 본다. 휴 케너(Hugh Kenner)와 스티븐 스펜더(Stephen Spender)가 주장했듯이 자기 보호적 "자족"과 "소통의 실패"라는 주제가 이 시의 중심을 이루고 있다. 그러므로 충족되지 않는 긴장이 "퇴폐적 낭만주의"와 "둔중한 현실주의" 사이에 놓여있다. 무디(Moody)는 이 긴장이 시의 주제라고 소리쳤다.19) 이 주제만큼이나 중심적이라고 생각하는 그리고 앞으로 내가 관심을 두고 볼 점은 예술의 사회 윤리적

---

18) 이 의미심장한 점은 Stephen Spender, *Eliot* (London: Fontana, 1972), 46에서 지적되었다.

19) 위의 책 43-6; Hugh Kenner, *The Invisible Poet* (London: Mathuen, 1965), 20-6, 그리고 A. D. Moody, *Thomas Stearns Eliot: Poet* (Cambridge: Cambridge University Press, 1980), 21-2를 참고하기 바란다. 자아에 대한 젊은 남자의 집착과 그에 따른 고독은 "이 *점*에서 많은 *개인*들이 실패했다(at this *point* many *a one* has failed)"(필자의 강조)라는 구절의 원자적 이미지 속에서 이미 암시되고 있다.

가치에 대한 두 가지 관점이 이루어내는 긴장이다. 여기서 두 가지 관점이란 타인들에 대한 우리의 인간적 공감과 관심을 일깨우고 깊게 하는 도덕적 계도자로 예술을 생각하는 낭만적 관점과 예술은 허식, 오도된 감정, 엘리티즘을 살찌우는 도덕적으로 타락한 것이라고 생각하는 반대되는 관점이다. 시의 진행을 통해 엘리어트는 이 두 관점 사이에서 고투하고 동요하다가 결국은 예술을 매우 엄격하게 정당화하는 입장을 드러낸다. 그의 입장이란 예술은 예술이 지닌 도덕적 한계들과 위험들에 대한 비판을 통해서만 도덕적으로 가치로울 수 있다는 것이다. 그리고 이 입장은 이 시의 젊은 화자인 시인에 의해 쓰여진 시 자체 속에 존재하는 도덕적 한계들에 대한 우리의 비판적 반성을 통해서만 정교하게 드러나고 표현된다. 그러나 예술의 사회적·윤리적 가치에 대한 논쟁을 이 시가 어떻게 묘사하고 해결해나가는지를 살펴보기 전에, 예술의 사회·윤리적 가치에 대한 두 가지 경쟁적인 관점을 알아보도록 하자.

예술을 도덕적 계몽자로 보는 낭만적 관점을 대표하는 교과서는 쉴러의 『인간에 대한 미적 교육론(On the Aesthetic Education of Man)』(1795)이다.[20] 프랑스 혁명의 소용돌이 속에서 쓰여진 이 책에서 쉴러는 "품성의 고양"을 통해서만 좋은 정치적 사회와 고도의 지적 사상을 성취할 수 있다고 주장하였다. 그러나 좋은 사회와 좋은 사상에 순환적으로 의존하지 않은 채 어떻게 품성의 고양이 성취될 수 있는가? 그의 대답과 "장치는 예술이다." 예술은 우리의 품성을 자극하고 고양시킬 수 있는 아름다움과 완전함의 표본을 제공한다(AEM 55-7). 기본적으로 가상적 모방(semblance)에 관심을 갖고 있는 그리고 상상력에 의해 인도되는 예술은 그 당대의 정치적·지적 조건에 한정되지 않는다. 미적 상상력은 더 조화로운 시대에

---

[20] Friedrich Schiller, *On the Aesthetic Education of Man* (Oxford: Clarendon Press, 1982). 앞으로는 AEM으로 약칭할 것이다.

생산된 과거예술의 고양된 미와 진리를 파악할 수 있다. "인간성은 그 존엄성을 상실해 버렸다. 그러나 예술은 인간성을 구제하여 의미심장한 표석 속에 보존하였다. 진리는 예술의 환영 속에서 계속 유지되며, 본래의 이미지가 다시 한 번 복원되는 것은 이러한 모방 또는 잔상(after-image)을 통해서이다"(*AEM* 57). 예술의 상상력은 또한 가상적 모방의 영역 속에서 존재하는 아직은 구현되지 않은 아름다운 형식들을 그려나갈 수도 있다 (*AEM* 57-61). 조야하고 "감각적인 인간"에게 도덕적 법칙을 주입함으로써 그의 품성과 감성을 다듬으려 하는 것은 헛된 일이라고 쉴러는 말하였다. 미적인 것을 통해 "우선 우리는 그의 본성 자체를" 미적인 것으로 "바꾸어야 한다"(*AEM* 163). "그들의 즐거움에서 변덕, 경박, 조야함을 추방시켜라. 그러면 여러분은 눈에 보이지 않게 그들의 행동에서, 그리고 결국은 그들의 성향에서 이러한 것들을 또한 추방시킬 것이다. 그들을 둘러싸라 …… 천재의 위대하고 숭고한 형식으로, 완벽함의 상징들로. 가상적 모방이 실재를 정복할 때까지, 예술이 자연을 능가할 때까지"(*AEM* 61).

쉴러는 미적 교육이 필요하다는 자신의 관점을 인간본성에 대한 기본적 이론의 바탕 위에서 전개하였다. 인간은 두 가지 근본충동, 즉 "인간의 물질적 존재 또는 감각적 본성으로부터 진행되는" 감각 또는 물질충동(Stofftrieb), 그리고 "인간의 절대적 존재 또는 합리적 본성으로부터 진행되는" "형식충동"(Formtrieb)을 지니고 있다(*AEM* 79-81). 감각충동은 우리의 물질적 욕구를 만족시키기 위해 변화하는 세계를 우리에게 체험하게끔 만든다. 그리고 이 변화하는 물질적 세계에 묶여 더욱더 조야하고 부단하게 변화를 요구함으로써 "세계와의 가장 다양한 접촉들을" 경험하게 만든다(*AEM* 85-7). 이와 반대로, 인간의 "합리적" 그리고 "절대적 존재"를 반영하는 형식충동은 "무변화"를 목표로 한다. 변화하는 감각의 세계에서는 절대적 무변화가 불가능하기 때문에 우리의 형식적인 합리적 본성은 변화 속에서의 "통일과 지속을 강조"한다. 그리고 더 안정적인 형식을 성취하기 위해, 변화하는 세계로부터 부분적으로 물러남으로써 이러한 통일과 지속을 달성하려고 한다. 쉴러에게서는 "조건의 모든 변화들 속에서"의 안정적이고 지속적인 인간이라는 개념이 도덕성이 필요로 하는 인간 합리성의 그리고 자유의 모범적 상과 조건을 구성한다(AEM 73-5).

쉴러는 감각과 형식의 모순적인 충동들이 전혀 부합할 수 없다는 점을 허용할 수 없었다. 왜냐하면 이는 우리의 인간본성이 분리될 수밖에 없다는 점을 의미하기 때문이다. 그러나 쉴러는 두 가지 충동들이 서로 갈등하고 침해한다는 점을 강조하였다. 따라서 "두 가지 충동들을 동등하게 다루는 것이 …… 문화의 임무"이다(AEM 87). 여기서 예술은 쉴러가 도입한 중재자적인 세 번째 충동을 돕는다. 이 세 번째 충동 속에서는 "두 가지 충동들이 조화롭게 작용한다"(AEM 97). 이 충동을 쉴러는 놀이 충동(*Spieltrieb*)이라 불렀으며, 이 충동이 예술과 미적인 것의 핵심을 이룬다. "감각 충동의 대상을 …… 삶이라 부르고 …… 형식충동의 대상을 형식이라 부르는" 것처럼, "놀이 충동의 대상은 …… 살아 있는 형식이라 불릴 수 있을 것이다: 살아 있는 형식이란 개념은 현상의 모든 미적 성질들을, 즉 가장 넓은 의미에서 미라 불리는 것을 지칭하는 데 사용된다"(AEM 101). 삶과 형식의 원리들을 조화시키려는 놀이충동의 노력이 완벽하게 결실을 거두는 경우는 드물다. "살아 있는 형식" 속에서 삶이 우세하느냐 또는 형식이 우세하느냐에 따라 미는 "생동"하거나 "용해"된다(AEM 111-15).

그렇지만 인간의 두 가지 기본충동들이 어떻게든 조화되는 것은 놀이 속에서이므로, "인간은 …… 놀이할 때 완전한 인간이 된다." 그리하여 놀이는 "미적 예술과 그보다 한층 더 어려운 살아 있는 예술이라는 전체 건물"을 떠받치는 토대가 된다(AEM 107-9). 쉴러는 예술과 미를 삶의 모든 차원에 그리고 교육의 핵심에 도입해야 한다고 결론 내렸다. "왜냐하면 물리적인 상태로부터가 아니라 미적인 상태로부터 도덕적인 것이 발달할 수 있기 때문이다"(AEM 165). "숭고한 정감"이 고취되게 그리고 욕망이 "더욱 숭고히" 되게 "우리의 감정에 대한 작용"을 최상으로 이루어내는 것이 미이기 때문이다(AEM 127, 163, 169). 더 나은 문명사회를 창조하는 예술의 역할은 조화로운 심리와 숭고한 감정의 발달을 통한 개인의 도덕적 교육에 있는 것이 아니라 거대한 소통력에 있다. "반사회적 욕망은" 예술미의 우아함 속에서 "자기탐닉을 폐기해야 한다."

> 인간의 욕망이 인간을 사회 속으로 몰아넣을 수는, 이성이 인간 내부에 사회적 행동의 원리들을 심어 놓을 수는 있지만, 아름다움만이 인간에게 사회적 품성을 수여할 수 있다. 취미만이 사회 속에 조화를 가져 올 수 있다. 왜냐하면 취미는 개인 속에 조화를 육성하기 때문이다. 모든 다른 인식의 형태들은 인간을 분화한다. 왜냐하면 그러한 것들은 인간존재의 감각적인 부분에만 의존하거나 그렇지 않으면 정신적인 부분에만 의존하기 때문이다. 오직 미적인 인식의 양태만이 인간을 하나의 전체로 만든다. 왜냐하면 미적인 인식의 양태를 성취하기 위해서는 두 가지 인간의 본성들이 조화를 이루어야만 하기 때문이다. 모든 다른 소통의 형식들은 사회를 분화한다. 왜냐하면 그것들은 사회 개별적 성원들의 개인적 감수성과만 관련 맺거나 그렇지 않으면 개인적 숙련에만 관련을 맺고, 그리하여 결국은 인간과 인간을 구분하는 것과 관련을 맺기 때문이다. 오직 미적인 소통의 양태만이 사회를 통합한다. 왜냐하면 미적인 소통의 양태는 모두에게 공통적인 것을 연관시키기 때문이다 ······. 취미가 통치하고 미적인 가상적 모방의 영역이 자신의 통치를 확장하는 곳에서는 어떤 종류의 특권이나 독재도 용인되지 않는다(AEM 215-17).

예술이 우리의 감성을 개발시키고 그리하여 도덕감과 인간오성의 능력을 증진시킨다는 쉴러의 낭만적 생각에 반대하는 두 가지 주요한 주장이 존재한다. 첫 번째 주장은 예술에 대한 몰입은 우리의 감정을 인위적으로 만들고, 미적 교육에 대한 헌신은 퇴폐적 심미주의를 낳는다는 것이다. 우리의 자연적인 인간적 감동은 예술적으로 정제되기보다는 일상적이고 조야한 것으로 배척된다. 더욱이, 우리가 지닌 감정과 심오한 정서의 거대한 인간적 잠재력이 우리 인간들이 아닌 예술작품에게로 향해질 위험이 있다. 그럴 경우, 예술의 미적 정서들은 진정한 도덕적 감정과 행동에 대한 효과적인 자극물이 아닌 양순하고 자기기만적인 대리물로 기능한다. 베토벤의 음악에 눈물을 흘리며 자신의 인간적 정서를 표현했던 미적으로 정제된 나치 장교가 무구한 어린이들에 대한 대량학살을 비인간적으로 연주했던 사실을 상기하는 것은 끔찍한 일이다. 덜 극단적 형태이기는 하지만, 이러한 역설은 우리가 사회의 희생자에 대한 관심을 감동적으로 묘사한 연극무대를 빠져 나와 얼어붙은 거리에서 구걸을 호소하는 진정한 희생자들을 황급히 지나치는 경우에서처럼 부단히 반복된다. 예술의 모방은 무구하지도 쉴러가 강변했던 것처럼 도덕적으로 효과적이지도 않다. 가상적 모방으로서의 미와 상상적 유희로서의 예술은 미적인 것을 실재로부터 도피시키는 구획화를 촉진한다. 이는 실재의 추한 잔혹성을, 비미적인 세계를 정당화하는데 일조하는 생각이다.

둘째, 예술의 보편적이고 민주적인 설득력이나 취미의 "특권"과 "독재"로부터의 자유는 더 이상 많은 신임을 얻을 수 없다. 쉴러 (그리고 흄과 칸트)가 의미했던 보편성은 하층민들의 일반적 취미를 포함하는 모든 계층에 속한 모든 사람의 자연적 취미가 아니라 문화적으로 특권화된 사회가 공유하는 취미이다. 예술은 사회를 명확히 통합하는 대신 기예, 오락, 대중예술 등과의 특권화된 구분을 통해 사회를 분화시키고 그러한 분화를 소통시킨다. 그리고 해석적 감상의 특권화된 양태와 일상화된 또는 조야한 양태를 추가로 구분함을 통하여, 예술은 예술을 *풍취있게*(tastefully) 감상하는 특권화된 엘리트라는 계층과 예술을 좋아하기는 하지만 올바로 이해한다고는 여겨지지 않는 다른 계층으로 사회를 한층 더 분화시킬 수 있다. 예술의 도덕적·사회적 가치에 대한 이러한 두 가지 반대논증들 모두를 엘리어트의 시에서 아주 분명히 볼 수 있다. 이제 시로 돌아가 보기로 하자.

나이 든 감상적인 여주인공은 미적 교육의 긍정적인 면과 부정적인 면을 모두 재현한다. 그녀는 예술의 환희와 우정의 즐거움에 깊이 빠져 있는 듯이 보이는데, 이 양자는 G. E. 무어의 이상적인 삶을 그리고 블룸스버리 그룹의 윤리를 떠받치던 두 가지 축이다.[21] 더욱이, 이 시에 등장하는 젊은 남자에 대한 그녀의 감정은 확고하고 변함이 없으며 미적 형식으로 표현되어 있다. "나는 여기 앉아서 친구들에게 차나 따르겠어요"라는 가슴을 찌르는 자제 속에 포착된 그녀의 불변하는 안정성과 세상으로부터의 물러섬은 형식에 대한 쉴러의 안정된 생각을 재현한다. 그리고 그녀의 차를 따르는 의식은 "용해된 아름다움"이라는 쉴러의 개념을 적절히 포착하고 있다(AEM 113). 용해된 아름다움은 여주인공이 나중에 자신의 "묻힌 삶"이 그러했었다고 고백하는 것처럼 삶의 생동력이 널리 약화된 형식에 의해 지배된다. 더욱이, 형식충동이 능동적인 형성원리인 것처럼 여주인공은 드라마 형성을 이끄는 인물이다. 우정에 대한 그녀의

---

21) G. E. Moore, *Principia Ethica* (Cambridge: Cambridge University Press, repr. 1959), 188-208을 보기 바란다. 무어의 미적 윤리는 윤리적인 것을 심미화(aestheticize)시키려는 근래의 시도에 비견된다. 이 책의 5장에서 이 점을 다룰 것이다.

의지에 대하여, 젊은이는 한층 수동적이고 회피적인 반응자로 남아 있다. 이는 쉴러가 근본적으로 수동적이고 반응적이라고 말한 감각충동과 부합한다.

그러나 여주인공의 예술과 미적인 것에 대한 취미는 적어도 젊은 화자의 냉소적인 눈에는 허식과 진부한 감상적 정조와 속물근성으로 넘쳐난다. 그녀는 젊은이와의 만남을 낭만적 "장면"으로 연출한다: "'내가 당신을 위해 오늘 오후를 남겨뒀어요'라고 말하며; 그리고 어둡게 한 방에는 네 개의 양초, 머리 위 천장엔 네 개의 빛의 동그라미, 줄리엣의 무덤의 분위기." 이 장면이 예술의 형식과 분위기를 불러일으키기는 하지만, 우리는 그녀의 낭만적 연출이 인위적이고 그들의 관계에 우스꽝스러우리만치 부적절함을 깨닫는다. 그녀는 자신의 로미오를 환대하는 젊은 줄리엣이 아니다. 그리고 그녀의 반어적인 초상은 단순히 늙은 여인의 초상이 아니라 "여인의" 초상이다. 이는 그녀와 초상예술을 특권적 계급에 연관시킨다. 이와 마찬가지로, ("먼 코르네트와 섞이는 바이올린"이 내는 그리고 그 뒤 연에서는 "바이올린"과 "금이 간 코르네트"가 내는 감상적 음이라고 화자에 의해 조롱스럽게 묘사된) 그녀의 음악적 언급은 지각 있는 감상이라기보다는 미적 허식과 엘리트주의를 보여준다. "너무나도 친밀해요. 이 쇼팽은, 그래서 나는 생각해요. 그의 영혼이 오로지 그의 친구들, 두셋 친구들 사이에서만 부활해야 한다고, 음악회에서 애무당하고 의문시당한 꽃을 만지지 않을 친구들 사이에서만."

이러한 속물주의는 "친구"라는 공통된 주제를 통해 그녀의 우정에 대한 추구와 연관된다. 그리하여 이러한 추구는 일반적 공동체에 대한 광범위한 도덕적 탐구와 연관되는 것이 아니라, 우수한 "특질을 가진 …… 친구"만을 받아들이는 엘리트적 속물주의와 연관된다. 여기서 우정은 예술처럼 특별하고 정제된 것이다. 형식충동을 더 가까이 재현함으로써 그녀는 삶보다 예술에 더 우선성을 둔다("왜냐면 정말 나는 인생을 사랑하지 않아요"). 그녀는 애를 쓸수록 미적으로라기보다는 "너무나도 많은 …… 잡동사니 것들로 이루어진 인생"을 발견한다. 예술적으로 연출해 놓은 방에 대한 "줄리엣의 무덤"이라는 묘사는 예술에 대한 그녀의 원리를 삶을 질식시키는 죽음과 강하게 연관시킨다. 그리고 삶의 생기를 상징하는 젊은이는 그곳에서 당연히도 불안과 위협을 느낀다.

줄기찬 반항적인 성질, 거친 욕망, 시간과 사건들에 대한 조급성, 변화와 삶에 대한 충동 등속에서 젊은이는 감각충동을 대변한다. 그는 동적인 방문객이다. 그는 그 어느 다른 누구보다도 "계속 나아갈 것이고", "외국으로 갈 예정"이고, 자신이 방문한 형식적 공간 속에 정적으로 앉아 있지 못한다.

> 자 바람이나 좀 쐽시다, 담배에 취했으니,
> 기념비를 찬미하고,
> 최근의 사건들을 논의하고,
> 공중의 괘종시계로 우리 회중시계를 고칩시다.
> 그리고 나서 반시간쯤 앉아서 흑맥주나 마십시다.

감각적이고 변화하는 삶의 상징으로서의 젊은이의 역할은 여인의 불평에서 더욱 분명해진다: "아 내 친구, 당신은 몰라요, 당신은 몰라요. 인생이 무엇인지, 두 손에 인생을 쥐고 있는 당신은"; 그리고 삶에 대한 그의 감각충동이 지닌 인간 이하의 본성은 그녀의 인간적 감정에 대한 그의 반응을 드러내는 변화하는 동물 이미지 속에서 포착된다:

> 그리고 나는 표현을 발견하기 위해
> 온갖 변화하는 모양을 빌려야만 한다. …… 춤추고

춤춰야 한다.

춤추는 곰처럼,

앵무새처럼 소리쳐야 하고, 원숭이처럼 재잘대야 한다.

우리 바람이나 좀 쐽시다, 담배에 취했으니

  마지막 행은 외적 움직임을 지향하는 젊은이의 후렴으로서 차 마시는 내적인 일을 지향하는 여인의 후렴과 날카롭게 대비된다.
  독자인 우리는 여인의 미적 삶이 지닌 속물적 인위성을 혐오하는 화자에 공감한다. 여인의 미적 삶은 엘리트 예술과 미화된 우정으로 이루어져 있다. 그리고 우리는 율동적인 원시적인 저항으로 이루어진 젊은이의 따분한 "서곡"에 공감한다.

바이올린의 장식음과

금이 간 코르네트의

아리에타 가운데서

내 두뇌 내부에서 무딘 둥둥 소리가 시작된다.

자기 나름의 서곡을 함부로 치며,

변덕스런 단조

그건 적어도 명확히 '틀린 가락이죠.

  그의 틀린 가락은 겁먹은 듯한 인용부호에 싸여 있다. 화자의 반어법을 염두에 둘 경우, 이는 거칠고 변덕스런 단조가 "옳은" 음악의 유형화되고 인위적인 기준에 의해서만 거짓이 됨을 암시한다. 고급예술에 대한 여인의 낭만으로 정화된 취미는 이러한 기준을 지지한다. 그렇지만, 이러한 취미와 기준은 자연스러운 것이라기보다는 매우 인위적인 사회 속에서의 정교한 문화적 조건의 산물이기 때문에, 둥둥거리는 원시적인 "틀린 가락"이 미적으로 정제된 우정의 전주곡을 전달하는 "바이올린의 장식음"과 "금이 간 코르네트의/ 아리에타"보다 더 자연적이고 진실되고 "명확"하다. 젊은 이의 감정을 미적으로 교육하려는 여인의 시도는 다음 행에서 틀린 가락으로 아주 분명히 드러난다. 아름다운 라일락꽃의 도움을 받아 젊은이를 감동시키려 할수록, 그리고 "이야기하는 동안 하나를 손가락으로 비틀"수록 여인의 시도는 "어느 8월 오후의 부서진 바이올린의 끈덕진 불협화음"으로 격하된다. 여인의 비틀어진 손속에 있는 미적인 것은 모두에게 소통적인 것이라기보다는 엘리트 중심의 선택적인 것이며 가망 없이 비효과적인 것이다. 여인으로부터 화자인 젊은이가 얻을 수 있는 것은 "(자신의) 모자를 집어" 도망가고픈 충동뿐이다.

여인의 무비판적인 낭만적 미학교육은 실패한 듯이 보인다. 그러나 전통적 형식의 고급예술과 미적인 것이 너무 인위적이어서 인간의 감정을 소통시키지도 교육시키지도 못하여 결국 우리의 삶을 증진시키지 못한다면, 비판적인 화자는 어떤 나은 대안을 제안하고 있는가? 분명 그렇지 못한 듯이 보인다. 가상적 모방과 심미적 예술과 우정으로 이루어진 여인의 세계에 질리고 아주 놀라기는 하였지만, 젊은이 또한 자신이 도피처로 삼은 그리고 어느 정도 재현하고 있는 "실제 삶" 속에서 더 행복한 듯이 보이지도 않는다. 소외된 현대의 삶이 전형적으로 제공하는 분절된 감각적 사건들을 그리고 저급한 오락들을 고독하게 방황하며 소비하는 일 이외에 무엇이 젊은이의 삶에 있는가? 젊은이의 감각충동을 충족시키는 데 소모되는 감각적인 잡동사니 것들은 직접적이고 통합된 형식으로 경험되지 못하고, 발터 벤야민이 신문기사들 중에서도 한층 더 분절된 부분이라고 인식한 것을 통하여 대리만족으로만 경험된다.

내가 어느 아침이든 공원에서 만화와 스포츠 기사를
읽고 있는 것이 눈에 띌 것이다.
특히 나는 주목한다.
어느 영국 백작부인이 무대에 섰다.
어느 그리스인이 폴란드 무도회에서 살해되었다.
또 한 사람의 은행채무 불이행자가 고백했다는 기사에.

이 사건들은 의미 없는 "잡동사니"들이고 눈에 띄지 못하는 우울한 감각적인 사태들이다. 그러므로 이는 "폴란드의 신진 피아니스트가/ (그의 영혼이 아닌) 그의 머리칼과 손가락 끝으로 전주곡을 치는 것"을 듣는 것에 대한 화자의 반낭만적 조롱을 훼손시킨다. 왜냐하면 쇼팽의 지루한 낭만주의조차도 신문의 선정적 기사나 만화나 스포츠 같은 매스미디어의 단골품이 지닌 불쾌하고 생기 없고 어떤 의미에서는 비사실적인 사실주의보다 우월한 듯하기 때문이다. 그러나 스캔들을 소개한 이 행들은 사회적 붕괴나 타락 이상을 암시한다. (폴란드인인 쇼팽을 상기시키는) 폴란드 무도회에서 그리스인이 살해되었다는 점은 어떻게 초기 그리스 미학이 이방의 인공적인 낭만주의에 의해 살해되었는가를 암시한다. 그리스에서는 예술이 건강하고 민주적이고 사회의 실제 삶 속에 깊이 통합되어 있었던 반면, 낭만주의는 예술을 순수한 유미주의의 천상적 영역으로 끌어가 버렸다.[22]

여하튼, 화자의 파편적이고 무의미한 실제 삶은 여인의 허식적인 미적인

---

22) 이 견해가 낭만주의보다 고전주의를 우위에 두는 엘리어트식의 좁은 관점이어야만 할 필요는 없다. 왜냐하면 그리스 미학에 대한 이상화는 낭만적 사상가들에게도 그리 낯선 것이 아니었기 때문이다. 실제로 쉴러는 그리스 미학에 공감했을 뿐만 아니라, 만일 그가 후기 낭만주의와 예술을 위한 예술이라는 미학을 목도할 때까지 살았더라면 이것들이 삶을 부정하는 도피주의라고 비판하였을 것이다. 삶과 예술의 그리스적 통합을 자신의 이상으로 삼으면서, 쉴러는 미적 교육을 통해 사적인 미적 구제가 아닌 사회 속에서의 실제 삶의 개선을 목표로 하였다.

모방보다 나아 보이지 않는다. 그 자신이 이러한 실제 삶에 흥미를 느끼지 못함은 분명하다. 비록 그가 이러한 무관심을 미에 의해 생길 수 있는 실제 감정의 위협보다 선호하는 듯이 보이지만 말이다. 미와 감정은 젊은 화자의 이기적인 자기 충족을 위기에 빠뜨리는 까닭에 위협이 되는데, 이는 계산된 자기 이익의 감각충동에 의해 지시되는 계획들보다 더욱 값있는 충실한 계획들이 있을 수도 있다는 점을 암시함으로써 이루어진다. 매일의 세속적인 반복 속에서 그는 주목한다:

나는 안색을 바꾸지 않는다.
나는 침착한 채로 있다.
단 기계적이고 지친 피아노 오르간이,
다른 사람들이 갈망했던 것들을 회상시키며
정원에서 풍겨오는 히야신스 향기와 함께
어느 닳아빠진 통속적인 노래를 되풀이 할 때를 제외
하고선,
이런 생각들이 옳은 것인가 그른 것인가?

화자는 낭만적으로 다듬어진 쇼팽의 자줏빛 전주곡이나, 여주인공 속에 있는 복잡한 정감의 자줏빛 라일락 등 같은 유미주의의 상투적인 방어진에 대항하는 반어법으로 무장해 있다. 그렇지만 그는 거리와 정원의 자연적인 음악과 아름다움에는 쉽게 이끌린다. 이것들은 엘리트를 위해 고립되어 있는 것이 아니라 공동체 속에서 열려 있고 공유된다. 노래는 대중에게 공통적이며 거리에서 울려 퍼지고, 정원은 개방되어 있다. 이러한 것들이 폴란드인의 공연과 여인의 무대보다는 기계적이고 덜 예술적이기는 하다. 그렇지만 "바이올린의 장식음"과 여인의 "라일락 줄기를 비틀"기보다는 적어도 더 정직하고 직접적이고 개방되어 있다. 그러므로 이러한 것들은 정서적으로 더 효과적이다.

미적 경험은 깊고 자연적인 인간의 욕구이다. 이것은 고급예술의 영역에서 좌절을 겪을 경우 다른 영역에서 만족을 찾을 것이다. 듀이가 불만을 토로한 대로, "교양인들에 의해 예술작품으로 인정된 대상들이 거리감으로 인해 대중들에게는 빈혈증을 불러일으키는 듯할 경우, 미적 허기는 싸고 저속한 것을 찾기 쉽다"(AE 12). 예술의 엘리트적이고 고상한 구획화에 반대하는 이러한 불만에 대하여 엘리어트도 이 시에서 공감한다. 엘리어트는 통속적인 거리의 노래들을 위대한 예술로 칭찬하지도 않지만, 이 노래들을 (그리고 이 노래들에 이끌린 화자를) 무가치하게 저속하다고 비난하지도 않는다. "기계적이고 지친," "닳아빠진," 그리고 "통속적인"(통속적인이라는 단어가 여기서 긍정적인 측면에서 "공통적"임을 뜻하는지 부정적인 측면에서 "저속함"을 뜻하는지는 모호하다) 등으로 묘사된 피아노 노래의 이미지를 고려할 때 이 노래들이 미적 이상을 대변하지는 못한다고 말할 수 있다. 여인의 인위적인 선율에 저항하면서 형성된 젊은이의 원시적 리듬에 대해서도 이와 마찬가지로 말할 수 있을 것이다. 이 리듬은 "무딘 둥둥 소리"이며, "함부로 친" "변덕스런 단조이다."23) 그리고 여인의 퇴폐적인 낭만주의보다는 생생하고 강력하다고 할지라도, 이 리듬이 훌륭한 예술이 지향해야 하는 바를 재현하고 있지 못함은 젊은 화자에게조차도 명백하다. 여기서 엘리어트는 예술이 원시적인 뿌리와 리듬과 생기를 버려서는 안 되지만 원시주의로의 전면적 회귀는 서구 미학을 위한 실행가능한

---

23) 자기도취적인 성격을 지닌 젊은 화자의 "둥둥 (tom-tom)" 소리에 대한 체험과 태도가 젊은 시인인 엘리어트를 상징한다는 언어놀이적 동일화에 이의를 제기하기는 힘들다. 그 당시 엘리어트는 그의 친구들에 의해 "Tom"이라고 불렸다. 그러므로 화자의 "무딘 둥둥 (tom-tom) 소리와 이기심에 대한 화자의 비판은 엘리어트가 이러한 문제를 자기 속에서 비판적으로 의식하고 있었음을 암시한다.

해결책이 아니라고 암시하는 듯하다. 곡해된 퇴폐를 경멸하는 것은 좋지만, 단순한 원시주의에 완전히 만족할 수도 없다. 이러한 원시주의는 우리의 사회문화적 경험에는 맞지 않고, 그 결과 우리 경험에 대한 곡해된 자세 및 도피주의와 연관된다.

둥둥 소리와 닳아빠진 노래의 부정적 이미지 속에 반영되어 있는 이러한 딜레마는 화자의 성격 속에서도 엿볼 수 있다. 우리는 그가 교양을 갖춘 사람임을 그의 언어나 시인이라는 직업을 통해서가 아니더라도 최소한 여인이 그에게 바치는 관심과 칭찬을 통해서 안다. 후기 낭만주의 예술과 유미주의에 대한 그의 반어적인 예민한 비판은 여인의 감상적인 분출을 훨씬 뛰어넘는 미적 세련됨을 암시한다. 그가 대중예술의 원시적이고 "닳아빠진 통속적" 형태에 충분히 만족치 못하는 이유가 이러한 그의 문화적 조건에 있는 듯싶다.

젊은이는 감정에 미련하게 둔감하지도 않다. 그는 마치 감식가가 미적 성질이나 정서를 그것을 진정으로 느끼지 않고도 분별할 수 있듯이 여인의 감정을 그것에 공감하지 않고서도 예리하게 분별한다. 그의 둔감성은 인간 감정의 과오이지 지각의 과오가 아니다. 그는 감정이 그의 "침착"을 훼손할지 모른다는 점을, 그리고 결국에는 그를 여인의 감성적 과잉과 우정 탐닉적 나약함에 빠뜨릴지도 모른다는 점을 두려워한다. 너무나 자아에 몰입해 있고 또한 자아를 추구하기 때문에, 젊은이는 우정에 대한 여인의 동기들을 두려우리만치 이기적인 것으로 바라볼 수밖에 없으며, 그리하여 그 동기들로부터 두려움 속에서 물러선다. 쉴러의 다음 글은 마치 이 젊은이를 묘사한 듯하다. "오만한 자기충족은 세속적인 인간의 심장을, 자연적인 인간 속에서는 여전히 조화롭게 박동 칠 심장을 수축시킨다 ……. 감성을 완전히 폐기함으로써만 상식적으로 생각되었듯이 우리는 그러한 탈선으로부터 안전할 수 있다"(AEM 27). "가장 교양화된 사람 속"에서조차도 발견될 수 있는 그러한 사람은 윤리적 야만의 상태에 가깝다. "그 자신의 인간적 존엄을 아직 깨닫지 못한 그러한 사람은 다른 사람 속에 든 존엄도 거의 존중하지 못한다. 그리고 그 자신의 야만적 욕망을 의식한 그는 자신을 닮은 모든 피조물 속에 든 그러한 욕망을 두려워한다. 그는 자신 속에서 타인들을 결코 보지 못하며, 오직 타인들 속에서 자신을 볼 뿐이다. 그리고 공동체적 삶은 그를 종족의 대변자로 확장시키기는커녕 그 자신의 개인성 속으로 그를 한층 편협하게 제한시킬 뿐이다"(AEM 173). 그의 감각적인 "자기추구"의 삶은 "목적의 단조로운 순환, 판단의 부단한 동요"(AEM 171)에 이른다. 이는 젊은 화자의 판에 박힌 일상인 아침신문 읽기, 그리고 기념비, "광장의 괘종시계," 선술집으로의 "담배에 찌든" 순례를 연상시킬 뿐만 아니라 생각이 "옳은 것인가 그른 것인가"에 대한 화자의 동요하는 불확실성을 매우 분명히 연상시키기도 한다.

그렇지만 쉴러가 주장했듯이 미적 매력은 굳어진 심장일지라도 감동시키고 결국에는 부드럽게 만들 수 있다. 엘리어트의 세속적인 젊은이는 거리의 노래와 히야신스에 완전히는 아닐지라도 진심으로 감동한다. 젊은 화자는 인간의 욕망과 연민에 (이전의 원시적 둥둥 소리를 통하여서뿐만 아니라) 통속적이고 단순한 아름다움을 통하여서도 완전히 흔들리지는 않는다. 그렇지만 그는 "다른 사람들이 갈망했던" 것을 그리고 그러한 욕망의 타당성과 가치를 헤아려 볼 정도로 자신의 자아몰입이나 침착으로부터 많이 벗어나 흔들린다. 그는 "이런 생각들이 옳은 것인가 그른 것인가?"라고 묻는다. 그렇지만 이러한 물음이 윤리적인 자기비판이나 개혁과는 아직도 한참 거리가 멀다. 왜냐하면 "옳은 것인가 그른 것인가"는 반드시 윤리적으로 "옳은 것인가 그른 것인가"가 아니라 단지 "참인가 거짓인가" 또는 (속이거나 괴롭히는 "올바른 방식"의 경우에서처럼) 단순히 "수단적으로 옳은 것인가 그른 것인가"를 의미할 수도 있기 때문이다.

더욱이, 정점에 오른 세 번째 만남에서 우리는 젊은이가 침착함을 유지하고 있으며 그를 놀라게 했던 연민이라는 인간의 감정을 여전히 부인함을 알 수 있다. 그렇지만, 그의 자기몰입이나 침착은 이전 연에서 이루어진 미적 경험을 통해 이미 어느 정도 약화된 듯이 보인다. 왜냐하면 여인의 아파트에 다가가면서 그는 "약간 불안스런 느낌"을, 마치 자신이 "손과 무릎"으로 계단을 기어 올라온 듯한 기분을 토로한다. 외국으로 나가기 전 여인에게 작별을 고하면서, 젊은이는 복받친 그녀의 감정과, (이제 편지를 통해서) 우정을 지속하고픈 그녀의 바람과, 그리고 우정이 되돌아오지 않았음에 대한 그녀의 실망과 대면해야만 한다.

"어쩌면 당신이 내게 편지 쓸 수 있겠지요"
내 침착은 한 순간 타오른다;
*이것*은 내가 예상했던 대로다.
"나는 최근에 자주 생각해 보았어요.
(그러나 우리들의 시작은 결코 끝을 알지 못한다!)
왜 우리가 친구로 발전하지 못했는지."
나는 미소짓다가 돌아섰을 때
갑자기 거울에 비친 자기 표정을 본 사람처럼 느낀다.
내 침착은 나풀거린다; 우리는 정말 어둠 속에 있다.

우리가 가까이 들여다본다면, 젊은이의 침착을 완전히 흩뜨려 놓는 것은 여인의 요구나 애처로운 감정이 아니라, 오히려 거짓되고 무정하게 미소 띤 스스로의 응답에 대한 젊은이의 자각이다. 이는 거울 속에 있는 자신의 당혹스런 웃음을, 즉 "거울에 비친 자기표정"을 포착하였을 때 얻는 비판적 자기인식과 흡사하다. 그러나 거울 속에 있는 이미지를 포착한다는 은유는 정확히 예술과 예술이 행하는 *모방*에 대한 가장 오래 되고도 투명한 은유이다. 이 점을 고려한다면, 엘리어트는 여기서 예술이 굳어진 인간의 자기몰입을 전복할 수 있다는 점을, 그리고 인간의 이미지나 행동을 비판적으로 재현함으로써 그러할 수 있다는 점을 은유적으로 암시하고 있는 것이다. 삶과 사회의 악에 대한 재현만으로도 예술이 그러한 악에 대한 비판을 촉진할 수 있으며, 그리고 그러한 비판은 윤리적·사회적 개선으로 나아가는 필요한 걸음이다라고 말할 수도 있다. 미적 교육은 비판과 연관될 때에만 가능하다. 예술은 거울 같은 이미지들을 단지 생산하거나 소비할 때가 아니라 비판적으로 포착하여 소화할 때 교화를 이루어 낼 수 있다. 이러한 주제는 시의 마지막 연에서 반복적으로 강화될 것이다.

마지막으로부터 두 번째 연에서 우리는 포착하는 이미지를 단지 재현할 뿐만 아니라 강화하기도 하는 예술을 본다. 예술적 묘사의 강화는 여인의 마지막 호소를 드러내는 사무치는 반복적 운율 속에서 나타난다.

> 우린 이제 운명에 맡길 수밖에,
> 어쨌든, 당신은 편지해 주시겠지요.
> 아마도, 너무 늦을 리는 없겠죠.
> 나는 여기 앉아서, 친구들에게 차나 따르겠어요.

여기서도 화자의 자기몰입이나 침착을 무너뜨려 그를 인간 이하의 존재로 폭로시키는 것은 감정 그 자체가 아니라 감정의 예술적 기교인 듯이 보인다. 그의 반응은 인간성에도, 여인의 호소가 지닌 미적 힘에도 상응할 수 없다. 표현을 발견하기 위한 그의 우아하지 못한 변덕스런 시도는 곡예 동물의 우스꽝스러운 몸짓에 다름 아니다.

그리고 나는 표현을 발견하기 위해
온갖 변화하는 모양을 빌려야만 한다. …… 춤추고
춤춰야 한다.
춤추는 곰처럼,
앵무새처럼 소리쳐야 하고, 원숭이처럼 재잘대야 한다.
우리 바람이나 좀 쐽시다, 담배에 취했으니

마지막 연은 감상적인 여인이 죽었을 가능성을 외국에서 혼자 상상하고 있는 젊은 화자를 보여준다. 왜냐하면 그녀는 "여행 목적지에 도달하려는 여자의 우정과 연민"을 그에게 줄 때 이미 자신의 "묻힌 삶"을 담담히 이야기했기 때문이다. 여인의 죽음을 생생하고 상세한 예술적 기교로 상상하는 한편, "손에 펜을 들고" 앉아 여인의 반복적인 부탁과 그의 반복적인 거부를 회상하고 기록함으로써, 젊은 화자는 시의 회상적인 서술을 해 내려간 시인으로, 그리고 다른 사람의 고통을 자신 예술의 소재로 이용한 자로 드러난다. 예술은 인간의 감정을 발달시키기보다는 약탈할 수도 있다. 예술은 약탈을 더 잘하기 위해 인간의 감정을 부정하고 왜곡한다. 그러나 다른 한편으로는, 여인의 죽음에 대한 젊은이의 시적 재현은 자신의 감정이 타당한 것인가, 그리고 타인의 인간적 감성을 마주하는 자신의 냉소적 자세가 윤리적으로 정당한 것인가라는 의문을 젊은이 스스로에게 제기하게 만든다. 여기서 시라는 고급예술은 원시적인 둥둥 소리와 닳아빠진 거리의 노래로는 감당할 수 없는 진정한 도덕적 감정을 도입하는 데 성공한 듯이 보인다. 그러나 이 감정이 진정한 것인가? 이 시의 복합적인 결론은 아주 세밀한 탐구를 요구한다.

글쎄! 어떻게 하지, 만일 그녀가 어느 날 오후

회색의 흐린 오후, 노랑과 장미색 저녁에 죽는다면:
죽어서, 손에 펜을 들고 앉아 있는 나를 두고 가 버린
다면,
연기가 지붕 꼭대기에서 내려올 무렵에;
무엇을 느껴야만 하는지 혹은 내가 이해하는지,
혹은 현명한지, 어리석은지, 늦은지 너무 이른지
잠시 회의에 잠긴다 ……
그녀가, 결국 유리하지 않을까?
이 음악은 종지(終止)가 성공적이다.
우리가 죽음을 이야기하는 지금엔—
그런데 내가 미소 짓는 것은 당연히 옳은가?

여인의 죽음에 대한 생생한 예술적 묘사가 젊은이에게 자신의 감정을 또는 자신의 감정의 부재를 비판적으로 다루게 만든 것은 사실이다. 더욱이, 이 미적 기교는 그가 유약하다고 경멸한 여인의 감상들이 우월함을 지니고 있음을 암시한다. 자기몰입이나 침착의 멍에로부터 감정을 자유스럽게 하여 그 스스로의 흐름에 맡겨 놓음으로써, 우리는 "무엇을 느껴야만 하는지"로부터 벗어난다. 우리는 알 필요가 없이 단순히 느끼면 된다. 한 걸음 더 나아가, 다양하게 채색된 "회색의 흐린, …… 노랑과 장미색" 분위기 속에서뿐만 아니라 음악적으로 표현된 "종지" 속에서도 드러나는 여인의 죽음에 대한 상상적인 예술적 묘사는 시의 마지막 행에서 화자에게 최초의 진정한 윤리적 의문을 불러일으킨다. "그런데 내가 미소 짓는 것은 당연히 옳은가?"라는 행에서의 "당연히"와 "옳은"은 이 시에서 최초로 그리고 유일하게 확실히 나타나는 윤리적 용어이다. 왜냐하면 우리가 이미 보았듯이 "옳은 것인가 그른 것인가"라는 생각들은 비윤리적 의미를 지닐

수도 있기 때문이다.

다른 한편으로, 이 시는 여인의 최종적인 우월함이 여인의 감정에 있지 않고 감정의 종식인 여인의 죽음에 있음을 암시하는 것으로 읽힐 수 있다. 그러므로 예술의 보호 아래 있는 시인으로 이제 분명히 드러난 젊은이는 실제 감정의 삶보다 예술적 죽음을 긍정하는 것으로 해석될 수 있다. 물론, 예술은 항시 삶과 대조되어 왔었고, 죽음은 더할 나위 없다. 여인에 관한 이 시를 쓰면서 젊은이는 여인에 대한 실제 감정으로부터 다시 한 번 도피하려 하며, 예술은 이러한 도피를 제공한다. 더욱이, 후기 낭만주의와 "예술을 위한 예술"운동 이후, 예술을 일상적인 실제 삶의 관심과 정서로부터 분리하여 순수화시키려는 주장이, 즉 미적 정서는 실제 삶의 정서와 혼동되어서는 안 된다는 관점이 자주 발견되었다. 예컨대, 클라이브 벨은 이러한 관점을 옹호하였고,[24] 엘리어트 자신 또한 이 시를 완성한 이후 수년 동안의 짧은 기간이기는 하지만 이 관점을 옹호하였다. 자신이 펼친 객관주의 비평단계의 정점에 있을 때인 1920년 엘리어트는 다음과 같이 주장하였다. "문학비평가는 예술작품에 의해 직접적으로 환기된 정서 이외에는 그 어떤 정서를 가지고 있어서는 안 된다―그리고 그렇게 환기된 정서 또한 …… 타당하려면 전혀 정서로 불리지 않아야 할 것이다."[25]

그렇다면, 젊은 시인인 화자는 자신의 예술을 통해 실제 정서와 연민에 진정으로 감동된 것이 아니라 단지 미적 정서에 감동된 것일지도 모른다. 예술은 실제 윤리적 연민과 실천을 유발하고 촉진하는 것이 아니라 오히려 그러한 것으로부터의 손쉬운 도피를 상상된 예술적 연민의 대리만족을 통해 제공하는 것인지도 모른다. 상상된 예술적 연민은 쾌적한 형식 속에서

---

24) Clive Bell, *Art* (New York: Capricorn, 1958), ch. 1을 참고하기 바란다.
25) Eliot, *Selected Prose*, 56. 비평의 객관성에 대한 엘리어트 생각의 변화에 대해서는 필자의 *T. S. Eliot and the Philosophy of Criticism*, ch. 3을 참고하기 바란다.

형성될 수 있고, 생생한 감정과의 실제 작용이나 직접적 대응을 필요로 하지 않는다. 이럴 경우, 우리는 젊은 시인인 화자는 미적으로 정제됨으로써, 즉 여인의 죽음에 대한 순수한 미적 감상이 인간적 감정에 의해 훼방되는 것을 막음으로써 도덕적인 야만인으로 남아 있다고 말할 수 있다. 왜냐하면 그는 여인의 죽음을 고통, 상실, 슬픔, 또는 윤리적 회한과 같은 진정한 죽음에 대한 용어로가 아니라 "이 음악은 종지가 성공적이다"로 간단히 표현된 것처럼 분명하고 단순한 미적 용어로 감상하기 때문이다. 이는 미적 교육이 우리에게 진정한 도덕적 감정과 인간적 연민을 열어주기보다는 미적으로 정제된 그러나 도덕적으로 무감각화된 태도를 강화시킨다는 점을 암시한다. 이러한 태도를 갖게 되면 우리는 심지어는 인간을 포함한 모든 것을 미적 사용의 대상으로 간주하려 한다. 화자가 가장 강렬하게 감흥에 젖어 있는 마무리의 절에서조차도 그는 여인을 인간적 존엄을 지닌 목적 그 자체로가 아니라 미적 대상으로, 즉 그의 "여인의 초상"을 위한 대상으로 다룬다. 그가 조금이라도 마음이 움직인 것이 여인의 실제 운명 때문인지 아니면 자기도취적 유미주의 속에서의 그 운명에 대한 그 자신의 예술적 재현 때문인지는 의문의 여지가 있다. 사실상, 그의 감정의 진실성은 그리고 죽음의 으스스한 잔혹성마저도 고통스러운 연민이 아닌 미적 즐거움을 위한 순간으로 만드는 삶의 전체적 유미화는 시인인 화자 자신에 의해 의문화되는 듯이 보인다. "그런데 내가 미소 짓는 것은 당연히 옳은가?"라는 이 시를 마감하는 의문은 강력하게 이 점을 암시하며, 복합적으로 풍부한 의미의 층을 만들어 읽고 난 후에도 오랫동안 계속해서 여운을 남긴다.

의문은 젊은 화자가 여인의 정서적 연약함이 지닌 어리석음을 비웃는 것이, 또는 진정한 감정과 우정을 요구하는 여인으로부터 마침내 도망친 것에 대해 안도의 웃음을 짓는 것이 당연히 옳은가에 국한되지 않는다.

여인의 을씨년스러운 실제 정서와 고통을 잘 짜여지고 쾌적하게 소화될 수 있는 예술작품으로, 미적 정서를 통해 대리적인 삶과 감정을 제공하는 예술작품으로 훌륭히 변형시킨 것에 대해 시인인 화자가 만족스러운 웃음을 짓는 일이 옳은가라는 점도 또한 의문시되고 있다. 그러나 그는 여인의 죽음에 대한 자신의 편향적인 심미화를 크게 의식하고 있는 듯하다. 화자가 지닌 스스로에 대한 비판능력, 예컨대 "침착"을 잃었을 때의 자신의 어색함을 묘사하는 능력을 고려한다면, 그는 인간의 삶과 죽음에 대한 심미적 태도가 비도덕적인 것이라고 깨달은 점을 비웃고 있는지도 모른다. 나의 냉혹한, 비인간적인 심미주의에 대해, 그리고 도덕적 결함을 지각하는 나의 뛰어난 지적 능력에 대해 미소 짓는 것은 당연히 옳은가? 라고 화자는 또한 묻고 있는 것이다. 우리 자신에 대해 그리고 우리의 윤리적 결점에 대해 사실상 그것들이 미소 지을 문제가 아님에도 불구하고 비판적으로 미소 짓는 것은 옳은가?

여운을 남기는 이 마지막 의문은 여기서 멈추지 않고 우리를 시인인 화자를 넘어 실제의 시인 그리고 마침내는 독자와 비평가로까지 한 걸음 더 나아가게 한다. 젊은 시인인 화자를 스물세 살의 나이에 이 작품을 완성한 젊은 엘리어트와 동일한 인물로 간주한다면, 우리는 스스로에게 묻고 있는 엘리어트를 보게 된다. 즉, 삶을 예술로서 간주하는 젊은 화자의 심미주의와 자기기만에 대해 비판적 우월함을 가지고 웃는 것이 옳은가의 여부를 스스로 묻고 있는 엘리어트를 보게 된다. 아니면, 엘리어트는 그러한 자기기만에 대해 긍정적으로 웃고 있는 것인가? 왜냐하면 시를 쓰면서 범하는 행위, 바로 그 행위를 엘리어트 자신이 하고 있기 때문이다. 악에 대한 예술의 심미화를 비판하지만, 엘리어트는 또 하나의 미적 대상을 생산함으로써 문제를 단순히 재생산하였다. 그러한 미적 대상은 우리의 미적 정서를 그리고 예술 속에 있는 "도덕적 내용"에 대한 일부 우리의 고매한 미적 취미를 만족시킬 것이다. 그러나 도덕적 내용에 대한 세련된 미적 묘사나 심미화는 예술이 아닌 삶 속에서 해결하고 또 해결되어야 하는 문제의 근원으로부터 우리를 벗어나게 한다. 여기서 예술은 문제로 우리를 이끄는 바로 그 행위 속에서 문제로부터 우리를 부단히 벗어나게 하는 특징의 일부를 드러낸다.

마지막으로, 이 시의 독자나 비평가도 이러한 의문이나 자기기만의 위협으로부터 면제되어 있지 않다. 엘리어트가 윤리적인 것에 대한 심미화를 비판하면서 역설적으로 범하는 윤리적인 것에 대한 심미화에 내가 미소 짓는 것이 당연히 옳은가? 우리들 독자나 비평가가 시의 도덕적 교훈과 수수께끼를 단순히 미적 메뉴로만 감상한다면, 우리는 엘리어트나 젊은 화자가 자신들의 창작기술에 미소 짓고 만족하는 것이 옳지 않듯이 우리의 고매한 독서능력과 섬세함에 미소 짓고 만족하는 것이 옳지 않다.

이러한 예술의 도덕적 역설에 대한 대답의 흔적이 있다면, 다음과 같은 것일 듯하다. 우리는 예술작품과 그것의 도덕적 내용에 대한 우리의 비평을 예술 자체의 사회적 역할에 대한 비판적 인식으로, 나아가 삶과 인간적 연민에 무관심한 고급예술을 만드는 우리 사회에 대한 광범위한 비판으로 향하게 할 필요가 있다. 예술은 그러한 비판적 인식을 자극할 수는 있지만 스스로 제공할 수는 없다. "여인의 초상"에서 우리가 보듯이, 예술은 기껏해야 비평이 명료화해야 하고 답변해야 하는 매혹적이나 모호한 질문을 제기할 수 있을 뿐이다.

그렇다면 우리는 여기서 끝을 맺는 것이 당연히 옳은가? 아니다, 우리는 우리의 불행한 사회, 문화적 파편화에 대한 비판을 수행할 의무가 있다. 파편화가 이루어지는 곳에서, 우정은 두려움과 도피와 고립 속으로 함몰하며, 미와 감정은 행복한 연대 속에서가 아니라 한 여인의 외로운 죽음과 한 젊은이의 고독한 회한 속에서 구현된다. 우리의 사회, 문화적 파편화는 예술적 표현의 대중적 형식들이 고급예술로부터 날카롭게 분리되는 곳에서 표현되고 옹호된다. 이곳에서 예술적 표현의 대중적 형식들은 예술의 지위마저도 얻지 못한다. 우리의 문화 속에서 온전한 미적 정당성을 얻기 위해서는 젊은이가 여인의 예술적 성소에 도달하기 위해 층계를 올라야만 했듯이 영혼화와 엘리트적 세련됨의 가파른 층계를 올라야만 한다. 그리고 그 위가 불편스러이 답답하고 침울하다 할지라도, 감히 창문을 열어 신선한 공기와 거리의 대중적 노래를 들어오게 해서는 안 된다. 이를 어길 경우, 우리는 예술의 순수한 공기를 마실 능력이 없는 야만인이나 동물("춤추는 곰")로 취급되어 전혀 다른 문화영역으로 도망칠 수밖에 없다.

젊은이가 예술적 표현의 대중적 형식을 대변하고 여인이 고급예술을 상징한다면, 그들의 소통 또는 공존의 실패는 중대한 문화적 문제를 상징한다. 우리의 예술적 전통 속에서 미적 존중이나 승인을 받지 못한 대중예술은 대중예술에 더욱 미적인 만족과 감수성을 제공할 수 있는 예술적 보호와 관리를 박탈당한다. 경제적 이윤이라는 탈인간화된 생존의 압력에 변형되어, 대중예술은 점점 더 강건해지고 기술적으로 복잡화되지만 감성적인 면에서는 야만적으로 조야해진다. 이와 반대로, 고급예술은 여인의 운명처럼 젊은이와 대중예술이 지닌 삶의 생기(쉴러적인 "기운생동하는 미")로부터 분리되어, 숨 막히는 순수성과 생기 없는 영혼성 속에서 외롭게 죽도록 방치되어 있다.

진정한 고급예술과 비합법적인 대중예술 사이의 이러한 한탄스러운 문화적 이분법은 고급예술의 숨 막히는 인위성과 대중예술의 탈인간적 원시성 사이의 미적 딜레마를 우리에게 남기는 듯하다. 이 딜레마와 이분법은 대중예술을 미적으로 불온한 것으로, 사회문화적으로 타락한 것으로 거부하는 우리의 제도적인 예술 이데올로기를 계속하여 비판함으로써 도전받아야만 한다.

제7장

대중예술의 미학적 도전

대중예술은 미학자들과 문화 이론가들에게 최소한의 전문적인 측면에 있어서조차도 대중성을 얻지 못해왔다. 경멸할 가치도 없는 것으로 전적으로 무시되지는 않을 때라도, 정신 나가고 비속한 쓰레기로 으레 지탄받는다.1) 대중예술(popular art)과 군중문화(mass culture)에2) 대한 경시는 아주 다양한 사회정치적 관점이나 계획을 지닌 지성인들에 의해 광범위하게 지지받기 때문에 큰 설득력이 있어 보인다. 이러한

---

1) 이러한 일반적인 철학적 태도와는 다른 몇 가지 예외를 언급할 수 있음은 기쁜 일이다. Stanley Cavell, Noel Carroll, Alexander Nehamas에 의해 이루어진 영화와 텔레비전에 관한 우호적인 연구는 특히 주목할 만하다. 특히, Cavell의 *The World Viewed* (Cambridge, Mass.: Harvard University Press, 1979); *Pursuits of Happiness* (Cambridge, Mass.: Harvard University Press, 1981); "The Fact of Television," *Daedalus* 111 (1984), 235-68; Carroll의 *Philosophical Problems of Classical Film Theory* (Princeton: Princeton University Press, 1988)와 *Mystifying Movies* (New York: Columbia University Press, 1988); 그리고 이번 장의 주석 52와 65에서 인용된 Nehamas의 저작들은 참고하기 바란다. 또한 David Novitz, "Ways of Art Making: The High and the Popular in Art," *British Journal of Aesthetics* 29 (1989), 213-29를 참고하기 바란다.

2) 적정한 용어를 둘러싼 논쟁은 중요하고 유익하다. "대중"이란 용어는 몰개성화된 비인간적 집합을 암시하는 "군중"이란 용어보다 훨씬 더 긍정적인 함축을 많이 지니고 있다. 용어를 둘러싼 논쟁에 대해서는 Herbert J. Gans, *Popular Culture and High Culture: An Analysis and Evaluation of Taste* (New york: Basic Books, 1974), 10을 보기 바란다. Gans의 이 책은 앞으로 PH로 약칭할 것이다.

경시는 우익 보수주의자와 마르크시스트 급진주의자가 손을 잡고 제휴하는 드문 사례를 연출한다.

대중예술을 옹호함으로써 사상가들의 이러한 강력한 연대에 반대를 제기하는 것은 어려운 일이다. 그러나 이것이 이번 장에서의 필자의 목표이며, 이는 여러 가지 이유에서이다. 필자의 듀이적 프라그마티즘은 고급예술이 지닌 고립된 난해성과 절대화된 주장들에 비판적일 뿐만 아니라 고급예술의 산물들과 대중문화의 산물들 사이에 놓인 어떠한 본질적인 구분도 강하게 의심한다. 더욱이, 역사는 그리스 시대나 엘리자베스 시대의 드라마와 같은 특정문화의 대중적 오락이 그 이후의 시대에는 고급고전이 될 수 있음을 명확히 보여주고 있다. 동일한 문화적 시기에서조차도 한 특정 작품이 일반인들에 의해 어떻게 해석되고 수용되느냐에 따라 대중예술로 기능할 수도 또는 고급예술로 기능할 수도 있다. 19세기 미국에서 셰익스피어는 고급연극이자 통속극이었다.[3]

고급예술과 대중예술 사이의 경계는 양쪽 모두에 확연히 걸쳐 있는 많은 영화들의 예에서 볼 수 있듯이 명확하지도 않고 논쟁으로부터 벗어나 있지도 않다. 그렇기 때문에 앞으로의 필자의 논의가 그러하듯이 이 예술들에 대해 단순하고 일반적으로 이야기하는 것은 엄청난 철학적 추상화와 단순화가 따른다. 그러나 대중예술에 대한 전방위적인 비난이 그러한 단순한 이분법적 용어들로 이루어지고 있기 때문에, 대중예술을 옹호하기 위해 그러한 용어들을 사용하는 것은 정당하다는 느낌이 든다. 그렇지만 필자는 대중예술에 대한 옹호가 궁극적으로는 고급/대중예술의 이분법에 대한 해체로 나아가기를, 그리고 다양한 예술들과 그것들이 수용되는 다양한 형식들에 대한 더 세밀하고 구체적인 분석으로 나아가기를 희망한다.[4]

---

3) Lawrence W. Levine, *Highbrow/Lowbrow: The Emergence of Cultural Hierarchy in America* (Cambridge, Mass.: Harvard University Press, 1988), 13-81.

대중예술을 옹호하는 가장 강력하고 다급한 이유는 천박하고 몰인간화되고 미적으로 비합법적인 것으로 송두리째 비난하기에는 대중예술이 지식인을 포함한 우리들에게 너무나 큰 미적 만족을 제공하기 때문이다. 대중예술을 계몽되지 못하고 속임수에 빠진 군중의 야만적인 취미와 둔감한 마음에나 어울리는 것으로 비난하는 일은 우리를 우리 공동체의 다른 사람들뿐만 아니라 우리 자신과도 적대적으로 분리해 놓는다. 우리는 우리에게 즐거움을 주는 것들을 혐오하게 그리고 그러한 것들이 제공하는 즐거움을 부끄러워하게 된다. 대중예술에 대한 보수적인 비평가들과 마르크스적인 비평가들은 현대의 사회적, 개인적 파편화를 모던화, 산업화, 세속화 그리고 자본주의의 탓으로 비난하면서 거듭 탄식하지만, 그들 자신이 고급문화와 대중문화 사이에 그은 합법성의 엄격한 선은 사회 속에서 그리고 한층 더 깊게는 우리 자신 속에서 그와 동일한 고통스런 구분을 되새기고 동시에 재강화한다. 이와 유사하게, 대중예술에 대한 부당한 비판은 우리의 미적 만족을 보호한다는 기치 아래 이루어지지만, 실상은 금욕적 거부의 한 형태를 대변한다. 즉, 미적인 것의 통제하기 힘든 힘과 감성적 매력을 억제하기 위해 플라톤 이래로 지식인들이 채택한 많은 형태들 중의 한 형태를 대변한다.

이러한 이유에서, 대중예술에 대한 옹호가 이 예술을 소비하는 피지배적 집단의 사회문화적 자유를 성취할 수는 없다고 할지라도, 고급예술의 배타적 주장에 의해 이와 유사하게 억압받는 우리 자신의 피지배적 부분들을 자유롭게 하는 데는 일조를 할 수 있다. 그리고 그러한 자유는 문화적 억압

---

4) 고급/대중예술의 구분을 정의해야만 한다면, 단순히 상이한 대상들로서가 아니라 수용이나 사용의 상이한 양태로서 광범위하게 정의하는 것이 더 낫다. "대중"이란 용어는 일상적인 경험에 더 가깝다는 점에서, 그리고 형식적 교육의 체계나 지배적인 지적 제도의 체계가 주입한 지침과 기준에 의해 구조화되고 통제되는 정도가 약하다는 점에서 "고급"이란 용어와 대조된다.

의 고통에 대한 각성과 더불어 광범위한 사회적 개혁을 위한 자극이자 희망을 제공할 수도 있다.5)

다음과 같은 네 가지 요소가 강력한 지식인 비판가들에 대항하여 대중예술을 옹호하는 일을 특히 어렵게 만든다. 첫째, 옹호가 얼마쯤은 적진에서 수행되어야만 한다. 왜냐하면 지식인 비판에 맞서려는 시도 자체가 응답을 요구하는 그들 주장의 힘을 그리고 그들이 사용하는 중립적이지 않은 비판의 용어들을 받아들여야 하기 때문이다. 대중예술에 대한 옹호는 흔치 않은데, 그 부분적인 이유는 대개의 대중문화 열광자들은 지식인 비판이 응답할 가치가 있을 만큼 적합하거나 강력하다고 생각하지 않기 때문이다. 그들은 고립된 "근심 많은" 지식인들의 주장에 대항하여 자신들의 취미를 옹호할 필요를 느끼지 않는다. 이와 마찬가지로, 그들은 대중예술이 자신들 및 다른 많은 사람들에게 제공하는 만족 이상의 것을 통하여 대중예술을 옹호할 필요를 느끼지 않는다.

두 번째, 그러나 첫 번째와 연관된 어려움은 대중예술에 대한 지식인 변호자들이 대중예술이 지닌 미적 결점에 대하여 너무 굽실거린다는 점이다. 고급예술에 대한 미적 이데올로기를 그리고 대중문화에 대한 고급예술의 미적 비판을 무비판적으로 지지하면서, 그들은 대중예술을 그 자체의 미적 타당성에 호소함으로써가 아니라 사회적 필요와 민주적 원리 같은 "정상참작"에 호소함으로써 옹호한다. 그리하여, 대중예술에 대한 견고한 옹호자인 허버트 간스(Herbert Gans)는 대중예술이 고급예술에 비해 미적

---

5) Pierre Bourdieu는 필자에게 대중예술의 정당성에 대한 이론적 옹호가 그 자체로 실제 사회 속에서 대중예술에 정당성을 부여하지는 않는다고 경고하였다. 더욱이, 그러한 옹호는 우리의 눈을 부당한 사회적 사실로부터 멀어지게 하고, 그 결과 그것들을 지속시키는 데 기여하기 때문에, 채택하기에 위험한 전략이다라고 말하였다. 필자의 답변은 그러한 위험은 감수할 만하며, 옹호의 논증법이 사회적 실재에 대한 눈감음을 함축하지는 않으며, 그리고 이론적 옹호, 경험적 연구, 사회문화적 개혁은 바람직한 정당성을 낳는 데 적용될 수 있고 또 적용되어야만 한다는 것이다.

으로 빈곤하고 열등함을 인정한다. 고급예술은 창조적 "혁신", "형식실험", 깊은 "사회적·정치적·철학적 질문들"의 탐구, "여러 층위에서 이해"되는 용량 등으로 인하여 "더 큰 그리고 더 지속될 미적 만족을" 예술에 제공하는 반면, 대중문화는 이러한 미적 특징들을 결여하고 있다(*PH* 76-9, 125). 그렇지만, 간스는 하류계층들이 자신들이 즐길 수 있는 유일한 문화적 산물인 대중문화를 선택하고 즐긴다는 이유로 비난받을 수는 없다고 주장하였다. 왜냐하면 그들은 "고급문화를 선택하는 데 필요한 사회경제적·교육적 기회를 결여"하고 있기 때문이다. 그들에게 고급문화를 즐길 수 있게 해주는 적정한 교육과 여가를 제공하는 데 실패한 민주사회는 그들의 실제적인 취미의 "욕구와 기준을 …… 충족시켜 줄 문화적 내용의 창조를 허용해야만 한다"고 간스는 주장하였다(*PH* 128, 129).

인간미가 넘치기는 하지만, 대중예술에 대한 이러한 옹호는 이 책의 독자들에게는 도움이 되지 못한다. 이러한 옹호는 고급문화를 감상할 교육과 여가를 지니지 못한 사람들만을 변호해준다. 간스는 다음과 같은 점을 명확히 하였다. 우리는 우리의 "교육적 수준에 맞는 (문화적) 내용을 선택해야 하고", 우리가 "이 수준보다 낮게 계속 선택한다"면 "부정적으로 평가받아야" 하지만, 이 수준보다 높게 선택한다면 칭찬받아야 한다(*PH* 126-7). 이렇게 되면, 대중문화는 더 나은 선택을 할 수 없는 사람들에게만 유효한 셈이 된다. 대중예술은 매우 다양한 사회적 계층들과 인간의 능력을 미적 즐거움과 감상 속에서 묶을 수 있는 것이 아니게 된다. 대중예술은 찬양의 대상이 아니라 "모든 사람에게 더 높은 취향의 문화들을 선택하게끔 해주는" 충분한 교육적 자원이 제공될 수 있기 전까지만 관대히 다루어져야 하는 대상이 되는 셈이다(*PH* 128). 대중예술에 대한 이러한 사회적 변호는 진정한 옹호를 침해한다. 왜냐하면 이러한 변호는 자신이 반대하는 비판과 동일한 종류의 사회적·개인적 파편화를 촉진시킬 뿐만 아니라 마찬가지로 미적 빈곤의 신화를 영속화시키기도 하기 때문이다.

대중예술에 대한 적정한 옹호는 미적인 변호를 필요로 한다. 그러나 그러한 옹호가 쉽지 않은 세 번째 이유는 우리가 고급예술들 중 천재의 유명한 작품들만을 고급예술로 생각하는 경향이 있는 반면, 대중예술은 대중예술들 중 가장 평범하고 규격화된 산물들과 대체로 동일시하기 때문이다. 그렇지만 불행하게도 많은 평범한, 심지어는 나쁜 고급예술 작품들이 존재한다. 고급예술에 대한 가장 열성적인 옹호자조차도 이 점을 인정할 것이다. 그리고 고급예술이 흠집 없는 명작들의 집합이 아니듯이, 대중예술도 미적 기준이 전혀 드러나지 못하거나 발휘되지 못한 몰취미의 획일적인 구렁텅이가 아님을 필자는 논증할 것이다. 엄격하거나 본질적으로가 아닌 유연하고 역사적으로 구분되는 이 두 예술 모두에서 성공과 실패의 미적 차별이 존재하며 또 필요하다.

마지막으로, 가장 큰 문제점인 듯한 것은 지적 담화에서 "미적"이란 용어가 고급예술과 복잡한 스타일에만 배타적으로 사용되고 "대중적 미"란 개념은 마치 모순되는 용어인 양 여겨지는 경향이 있다는 점이다. 이러한 경향으로 인해, 문화에 대한 대중적인 욕구에 공감하고 고급예술의 "무관심적", "비상업적" 이데올로기를 꿰뚫어보는 사람들조차도 부정적이고 피지배적이고 빈곤한 것이 아닌 것으로서의 대중적인 미가 있음을 깨닫지 못하였다. 이러한 유감스런 편견의 가장 두드러진 예는 피에르 부르디외(Pierre Bourdieu)이다. 그는 고급문화의 이른바 무관심적 미학이 지닌 숨겨진 이윤과 감추어진 관심을 혹독히 폭로하지만, 그럼에도 불구하고 자신이 탈신비화하려는 신비에 매혹되어 정당한 대중적인 미적인 것의 존재를 전혀 인정하지 않는다. 그는 부정적인 꺼림칙한 예로써만 이 개념을 언급한다. 그리고 이른바 대중적인 미적인 것을 "반증 또는 부정적인 참고지침"일 뿐이라고 거듭 강조한다.6) 즉, 대중적인 미적인 것은 정당한 미적인 것이 정당성을 확립하기 위해서는 거리를 두어야만 하는 반증 또는 부정적인 참고지침일 뿐인 것이다.

우리는 "미적"(aesthetic)이란 용어가 지적 담화에서 비롯되어, 고급예술에 그리고 가장 세련된 자연 감상에 아주 흔히 적용되어왔음을 인정해야 한다. 그러나 이 용어의 적용이 더 이상 그렇게 좁게 한정되지는 않음이 분명하다. 미적이란 용어가 적용되는 많은 패션스쿨들과 미용기관들을 생각해보라. 그리고 "우아", "고상", "통일성", "스타일"과 같은 전통적인 미적 술어들이 조금의 얼버무림도 없이 대중예술의 산물들에 상례적으로 적용되고 있다. "예술" 그리고 "미적" 등과 같이 높게 가치매겨진 분류적 용어들이 지닌 사회, 정치적 이해관계를 부르디외보다 더 잘 파악한 사람은 없다. 그러므로 그가 그러한 용어들을 그렇게 쉽게 고급예술에만 배타적으로 양도한 것은 놀랍고도 걱정스러운 일이다. 이제 대중예술의 미적 정당성을 옹호함으로써 그러한 독점적 지배로부터 이 용어들을 해방시키는 일이 한층 더 필요하다.

그러한 옹호를 위하여, 필자는 대중예술에 반대하는 주요한 미학적 고발들에 도전할 것이다. 여기서 모든 대중예술들을 다룰 수는 없기 때문에, 록음악, 특히 미국 흑인문화로부터 고무된 펑크음악에 주로 초점을 맞추도록 하겠다. 그 뒤의 장에서는 랩음악의 미학을 논의하고 랩음악의 한 작품

---

6) Pierre Bourdieu, *Distinction: A Social Critique of the Judgement of Taste* (Cambridge, Mass.: Harvard University Press, 1984), 4, 32, 41, 57 (이하 *D*라고 약칭). Roger Taylor 또한 유사한 잘못을 저질렀다. 그는 예술에 대한 우리의 개념이 억압적 귀족적 엘리트로부터 비롯되어 그들에게 봉사하는 데 사용되어 왔으므로 엘리트의 권력에 영원히 맡겨질 수밖에 없으며, 따라서 민중의 적으로 필연적으로 머무를 수밖에 없다고 결론 내렸다. 또한 Taylor는 예술이란 관념 자체가 그것이 지닌 본질적이고 절대적인 상류계층적 특성 때문에 "대중문화를 타락시키는 영향"을 미친다고 주장함으로써 대중문화가 고급예술을 타락시킨다는 표준화된 비판에 대한 흥미로운 전복을 제시하였다. Roger Taylor, *Art, an Enemy of the People* (Atlantic Highlands, N.J.: Humanities Press, 1978)을 참고하기 바란다. 특히, 40-58, 89-155를 보기 바란다.

을 분석할 것이다. 이를 통해 필자의 연구범위는 한층 좁아지겠지만 더욱 구체적이 될 것이다. 일반적 논증과 상세한 구체적 분석이 결합된 이 장들을 통해 대중예술이 우리 미학적 전통의 가장 중요한 기준을 만족시킬 수 있음을 보여주려고 할 것이다. 그뿐만 아니라, 대중예술이 미적인 것에 대한 우리의 전통적 개념을 풍부하고 새롭게 하여 계층적 특권, 사회-정치적 무활동, 삶에 대한 금욕적 거부 등으로부터 이 개념을 해방시킬 수 있는 힘을 지니고 있음을 또한 보여주려고 할 것이다. 그러나 대중예술에 대한 미학적 옹호에 착수하기 전에 더욱 일반적인 문제 한 가지를 고찰해야만 한다.

미학적 옹호가 대중예술을 정당화하는 데 실상은 기여할 수 없다는 반대의견이 제기될 수도 있다. 그리고 그 근거로 대중예술에 대한 가장 혹독하고도 심각한 고발은 대중예술이 지닌 미적 지위를 겨냥하고 있지 않고 대중예술의 위해한 사회문화적·정치적 영향을 겨냥하고 있다는 점을 들 수도 있다. 대중예술의 심각한 사회, 정치적 영향들을 소홀히 다룰 생각은 전혀 없다. 그렇지만, 그러한 반대의견은 대중예술이 지닌 미적 영역 바깥의 위험들이 대중예술이 지녔다고 추정되고 있는 미적 결함들과 직접적으로 관련을 맺으며 그리고 광범위하게 그 결함들 위에 기초한다는 점을 보여줌으로써 해소될 수 있을 것이다. 대중예술에 대한 더욱 일반적인 고발들이 미적인 것 위에 어떻게 기초하고 있는가를 보기 위해 허버트 간스가 작성한 사회-문화적 그리고 정치적 혐의들의 상당히 포괄적인 목록을 분석해보도록 하자. 그는 이 혐의들을 네 가지 유형으로 분류하였다.

첫 번째 유형의 혐의는 "대중문화 창조의 부정적 특성"에 주목한다. 특히, 대중문화가 순전히 "이윤을 위한" 거대한 상업적 산업에 의해 생산되며 그리고 어쩔 도리 없는 "수동적 소비자들"에게 "위로부터 부과"된다는 점에 관심을 기울인다(*PH* 19-20). 그러나 상업주의와 조작적 부과라는 이러한 혐의의 배후동기에는 기본적으로 미적 불만이 놓여 있다. 이 혐의는 단순히 대중예술이 이윤을 창출한다는 점이 아니다. 왜냐하면 고급예술도 이윤을 창출하기 때문이다. 오히려 혐의는 이윤을 창출하기 위해서 "대중예술이 군중들에게 호소하는 획일적이고 규격화된 산물들을 만들어낼 수밖에 없으며"(*PH* 20), 그 결과 군중의 취미에 팔려나가기 위하여 개성적인 예술적 표현이라는 엄밀한 미적 목표를 희생한다는 점이다. 이 점은 대중예술의 창조성·독창성·예술적 자율성에 대한 미적 고발이다.

마찬가지로, 대중예술을 바람직하지 못하게 만드는 것이 산업화된 기술의 단순한 사용일 수 없다. 왜냐하면, 고급문화의 음악적·문학적·조형적 예술들 또한 그러한 기술을 채택하기 때문이다. 여기서도 혐의는 근본적으로는 미적인 것이다. 즉, 산업화는 기술의 규격화와 생산물들의 획일화를 낳으며, 이는 창조적 예술가의 자유로운 표현을 질식시키고 동시에 감상자의 미적 선택을 편협하게 제한한다. 예술가는 자기 결정적인 창조자에서 조립설비 과정의 임금노동자로 전락한다. 그리고 감상자들은 자신들을 진정으로 만족시키지 못하는 것을 즐길 수밖에 없게 된다. 왜냐하면, 감상자들은 그러한 것을 즐거운 것으로 생각하게 체계적으로 짜여지며, 그리고 시장에서 다른 진정한 대안이 없기 때문이다. 마지막으로, "군중문화는 위로부터 부과된다"는 드와이트 맥도널드(Dwight Macdonald)의 고발은 문화적 주입이라는 단순한 혐의일 수 없다.[7] 왜냐하면 고급문화 또한 항시 궁정, 교회, 아카데미, 예술계의 강력한 성소 등으로부터 부과되기 때문이다. 실제의 불만은 부과가 가치 없다는 점이 아니라 부과된 산물들이 가치

---

7) Dwight Macdonald, "A Theory of Mass Culture," in Bernard Rosenberg and David M. White (eds.), *Mass Culture: The Popular Arts in America* (Glencoe, Ill.: Free Press, 1957), 60. Gans의 책 *PH*에서 인용된 "수동적 소비자들"이라는 언급 또한 Macdonald의 동일한 문구로부터 따왔다.

없다는 점이다. 이 또한 미적 주장이다.

대중문화에 대한 두 번째 유형의 사회-문화적 고발은 대중문화가 "고급문화에 부정적인 영향"을 끼칠 것을 염려한다(PH 19). 간스는 여기서 단지 두 가지 기본적 혐의만을 본다. "대중문화는 고급문화로부터 내용을 차용하여 그것을 조야하게 만들며, 그리고 대중문화는 경제적 유인(incentives)을 제공함으로써 잠재적인 고급문화의 창조자들을 꾀어 고급문화의 질을 떨어뜨릴 수가 있다"(PH 27). 대중예술의 미적 가치를 직접적으로 겨냥하고 있지는 않지만, 여기서도 이 혐의는 대중예술의 미적 가치에 대한 부정을 함축하며 그리고 그를 기반으로 하고 있다. 간스는 대중예술의 미적 열등성을 인정하고 있기 때문에, 이 혐의들에 대해 다음과 같은 답변을 할 수밖에 없다. 즉, 그는 차용의 사례들이 "고급문화 그 자체의 또는 고급문화가 지닌 생명력의" 전반적인 "약화"를 실제로 낳지는 않았으며, 고급문화의 시장은 아주 작아 대중예술에 경제적으로 유혹되는 잠재적인 창조자들 전부를 수용할 수는 없다고 주장한다(PH 28-9). 대중문화는 "고급문화나 그 창조자들에게 어떠한 진정한 위협도 제시하지 못하기" 때문에 용인되어야만 한다는 것이 그의 시종일관된 기본적 주장이다(PH 51). 이 다소 모호한 주장은 대중문화의 힘을 부인하고 고급문화의 반격을 과대망상증으로 간주한다. 우리는 간스의 고발들에 대해 그 밑에 깔린 미적 전제들에 의문을 제기함으로써 더욱 근본적인 반응을 펼칠 수 있다. 나아가, 우리는 대중예술의 차용이 고급문화의 힘에 도전을 제기하고 그 힘을 약화시킬지도 모른다는 점을 인정하는 동시에, 대중예술이 자신 고유의 진정한 미적 가치를 지님으로써 응분의 보상을 제공한다는 점을 주장해 나갈 수 있다.

첫째, 내용을 차용하는 데는 어떤 본래적인 잘못도 문화적으로는 없음을 인정해야 한다. 고급문화의 예술 내부에서도 내용은 항시 차용되어 왔으며, 특히 대중적 자원으로부터도 빈번히 차용되어왔다.[8] 그러한 차용은 문화적 전통을 풍부하게 하는 두터운 상호연관의 일부를 제공한다. 필경, 고급문화의 차용을 정당화하는 것은 고급예술의 작품들은 미적 장점을 가지고 있는 반면 대중예술은 전혀 가지고 있지 않다는 점이다. 마찬가지로, 대중예술이 고급예술의 산물로부터 창조적 재능을 고갈시킨다는 혐의 또한 다음과 같은 전제로부터 비롯되었다. 즉, 대중예술이 고급문화에 비하여 미적으로 무가치하고 어떤 다른 보상적 가치도 지니지 못하기 때문에 고급예술에서 대중예술로 전용된 재능이 좋은 용도로 사용되지 못한다는 전제로부터 비롯되었다.

대중예술이 미적으로 무가치하다는 추정은 간스가 주장하는 세 번째 유형의 사회문화적 혐의에도 전제되어 있다. 이 세 번째 유형은 "대중문화 감상자들에게 끼칠 부정적인 영향들"을 걱정한다(PH 19). 세 가지 부정적인 영향들이 지목된다. "대중문화는 가짜 만족을 산출하기 때문에 정서적으로 파괴적이다 …… 대중문화는 현실에 대처할 수 있는 사람들의 능력을 가로막는 피상적이고 도피적인 내용을 제공하기 때문에 지적으로 파괴적이다 …… 대중문화는 고급문화에 참여할 수 있는 사람들의 능력을 손상시키기 때문에 문화적으로 파괴적이다"(PH 30). 간스가 불충분한 경험적 증거에 의해 뒷받침된다는 이유로 거부한 이러한 비판들은 대중예술이 미적으로 빈곤하다는 추정에 모두 분명히 의존하고 있다. 가짜의 만족을 제공한다는 혐의는 진정한 미적 즐거움을 제공할 수 없는 무능력을 함축한다.

---

8) 예를 들어, 인상주의와 후기인상주의 회화가 얼마나 카바레, 카니발, 춤 등의 대중적 오락을 묘사하는 것을 선호했는지를 생각해보라. 엄격한 고급문화 모더니스트인 Mondrian조차도 *Broadway Boogie Woogie*와 같은 작품들을 통해 자신이 대중문화를 차용했음을 주장하였다. 실제로, 모더니스트 아방가르드가 스스로를 아카데미즘으로부터 분리시키기 위해 대중문화에 강하게 의존하였다는 점을 설득력 있게 논증할 수 있다. Thomas Crow, "Modernism and Mass Culture in the Visual Arts," in B. Buchlosh, S. Guilbart, and S. Solkin (eds.), *Modernism and Modernity* (Nova Scotia: Press of the Nova Scotia College of Art and Design, 1983), 215-64.

이 혐의가 가짜의 만족이 직접적인 또는 원초적인 즐거움에 대한 순화된 대체물일 뿐이라는 점을 의미하지는 않는다. 왜냐하면 그러한 혐의는 고급예술의 더 정제된 즐거움들에도 해당될 터이기 때문이다. 마찬가지로, 대중예술이 감각적인 도피적 내용을 통해서만 즐거움을 줄 수 있다는 주장 또한 대중예술의 미적 무능력, 즉 유의미한 형식과 실제적 내용으로 우리를 감동시킬 수 없는 미적 무능력을 전제한다. 그리고 대중예술이 지적 능력을 파괴시키고 진정한 문화를 함양할 우리의 능력을 손상시킨다는 혐의 또한 대중예술이 지적 그리고 미적 관심을 자극하거나 보상할 수 있는 미묘함을 지니고 있지 못하다는 점을 전제한다. 대중예술이 본래 부정적인 미적 특성을 지녔다는 이러한 전제들은 모두 논쟁의 여지가 있다.

마지막으로, 네 번째 유형의 "비-미적" 혐의는 대중문화의 "사회에 대한 부정적인 영향"을 염려한다. 특히, 대중예술이 "사회의 문화적 질의 수준이나 문명의 수준을 떨어뜨릴 뿐만 아니라, 군중을 설득하는 기교에 매우 잘 호응하는 수동적인 감상자들을 창출함으로써 전체주의를 북돋을 수도 있다"는 점을 염려한다(*PH* 19). 간스는 이 중 전자의 염려를 경험적 증거가 결여되었다고 지적하면서 공격한다. 그는 적어도 소비적 측면의 통계에 비추어볼 때 매스미디어의 대중예술이 등장한 이래 (아마도 개선된 교육을 통해서) 고급문화에 대한 관심이 증가되었다고 주장한다(*PH* 45). 그러나 그는 인간의 자유와 즐거움이 "문화적 질" 그 자체보다 더 중요하다고 주장하였다. "한 사회의 전반적인 취미의 수준이 그 사회구성원들의 복지보다 한 사회의 우수성을 위한 기준으로 중요한 것은 아니다"(*PH* 130). 후자의 염려와 관련해서, 간스는 대중문화가 독재를 촉진할 힘을 지닌다든지 또는 "전체주의와 같은 위험을 막는 성벽이 되어야 할" 의무 있다든지 하는 점들을 부정한다. 이러한 부정들은 둘 모두 이와 연관된 간스의 전제, 즉 미디어들은 "기존의 사회적 추세"를 형성하거나 변형하기보다는 기껏해야 "재

강화"함으로써 대중의 의견에 단순히 호응한다는 전제만큼이나 의심스럽다(*PH* 46-7).[9]

간스의 옹호가 부적절하다고 생각한다면, 우리는 이 두 가지 염려의 밑바닥에 깔린 미적 전제를 드러내고 비판함으로써 다시 한 번 대안을 발견할 수 있을 것이다. 사회의 문화적 질이 대중문화의 출현에 의해 (문화적·미적 다양함이 소개됨으로써 고양되고 풍부해진다기보다는) 낮아질 수밖에 없다는 생각은 대중문화의 산물들이 항시 그리고 본래 부정적인 미적 가치를 지니며, 따라서 "사회의 (문화적 질과) 취미수준 전반을 떨어뜨린다"는 점을 전제한다(*PH* 43-4). 그러나 이러한 전제의 밑바탕에 깔린 전통적인 지적 편견을 깨닫는다면 왜 우리가 이 숙명론적 전제를 받아들여야 하는가?

둘째, 대중예술이 생각 없고 수동적인 반응을 요구하기 때문에 전체주의적 순응성을 촉진한다는 염려 또한 대중예술은 백치화된 무비판적 수동성을 넘어선 어떤 미적 주목도 자극하거나 보상할 수 없다는 점을 전제한다. 이 혐의는 만일 대중예술이 지적인 자극을 줄 뿐만 아니라 "기존의 사회적 추세"를 날카로이 비판할 수도 있다는 점을 보여준다면 효과적으로 침식될 것이다. 다음 장에서 이루어지는 랩음악에 대한 설명은 이 점을 보여주려고 하며, 군중문화에 대한 혹독한 비판가들에 의해 대중문화 속에서는 존재하지 않는 것으로 완전히 부정되어왔던 다른 미적 특징들도 드러내려고 한다. 이 일을 준비하기 위해서, 그리고 대중예술에 대한 외견상의 비미적

---

[9] 균형적 입장을 취하고 있는 Todd Gitlin은 미디어가 상업적 이유 때문에 기존의 태도들을 무시할 수는 없지만 기존의 태도들을 형성, 전달 그리고 어느 정도 변형할 수 있고 또 실제로 한다고 좀더 올바르게 주장한다. Todd Gitlin, "Television's Screens: Hegemony in Transition," in Donald Lazere (ed.), *American Media and Mass Culture: Left Perspectives* (Berkeley: University of California Press, 1987), 240-65를 보기 바란다.

인 고발들이 크게는 미적인 고발들에 의존함을 보였으므로, 먼저 이 미적인 혐의들을 더욱 상세히 조사해보도록 하겠다.

대중예술을 미적인 혐의들로부터 옹호하기 위해 전면적인 미적 표백을 시도하려고 하지는 않는다. 대중예술의 산물들이 종종 미적으로 초라하고 한탄스러울 정도로 호소력이 없음을 필자는 인정한다. 마찬가지로, 대중예술의 사회적 영향들이 특히 수동적으로 모든 것을 받아들이는 방식으로 수용될 때 매우 유해할 수도 있다는 점을 필자는 인정한다. 필자가 이의를 제기하려는 점은 대중예술이 그 본래적 구성상 열등하고 부족하기 때문에 미적으로 실패할 수밖에 없다는 철학적 논증이다. 예컨대, "대중문화는 어떤 유익함도 없으며 또 결코 있을 수도 없다는 점을 입증할 만한 이론적 이유들이 존재한다"는 철학적 논증에 필자는 이의를 제기하려 한다.[10]

대중예술을 둘러싼 논쟁 속에서, 필자의 옹호는 비난적인 비관주의와 찬양적인 낙관주의라는 극단의 중간에 위치할 필요가 있다. 전자는 수구적인 고급문화 엘리트들 및 마르크스적 프랑크푸르트 학파의 특징이며, 후자의 경우로는 대중문화회(Popular Culture Association)와 대중문화논단(*Journal of Popular Culture*)을 들 수 있다. 전자가 거의 과대망상적인 두려움 속에서 대중문화를 미적 또는 사회적 장점을 결여한 광적인 조작으로 비난한다면, 후자는 순진한 낙관론 속에서 대중문화를 최상의 미국적 삶과 이데올로기를 자유롭게 표현하는 것으로 감싼다. 후자의 낙관론은 가장 냉소적인 형태의 비관론이라고 보아도 무방하다. 필자의 중용적인 입장은 대중문화의 어두운 결점과 남용뿐만 아니라 그 장점과 잠재력도 인정하는 *개선론*(meliorism)이다. 이 입장은 대중예술은 개선되어야 할 여지가 많기 때문에 개선*되어야* 한다는 점뿐만 아니라 대중예술은 진정한

---

10) Dwight Macdonald, "Theory of Mass Culture," 69.

미적 장점과 가치 있는 사회적 목표를 성취할 수 있고 또 종종 성취하기 때문에 개선될 수 있다는 점을 주장한다. 이 입장은 대중예술이 진지한 미적 주목을 받을 만한 가치가 있음을 역설한다. 왜냐하면 대중예술을 미적 고려의 대상에서 배제하는 일은 대중예술의 가치와 미래를 시장의 금전적인 압력에 위탁해 놓는 일이기 때문이다. 개선론의 장기적인 목표는 논의를 전반적인 비난이나 찬사로부터 벗어나게 하여 좀 더 구체적인 문제들과 세부적인 개선들에 주목케 하는 데 있다. 그러나 대중예술은 미적으로 무가치하다는 일반적인 철학적 논증들이 강한 영향력을 지니고 있어 먼저 응답을 안하고 넘어갈 수 없다. 이 논증들은 다양하면서도 또한 층층으로 겹쳐있어서, 이들을 여섯 가지 구분되는 기본적인 혐의들로 나누어서 다루는 필자의 다음 언급들은 약간의 단순화와 반복의 위험이 있을 것이다.

(1) 대중예술에 반대하는 가장 기본적인 미적 불만은 대중예술이 어떠한 진정한 실제의 미적 만족도 제공하지 못한다는 점이다. 물론, 대중예술에 가장 적대적인 비평가일지라도 영화가 수백만 명을 즐겁게 한다는 점과 록 뮤직이 청중들을 춤추게 하고 기쁨으로 고동치게 한다는 점을 안다. 그러나 그러한 명백하면서도 불안한 사실들은 이 만족들이 진정한 것이라는 점에 대한 부정을 통해 말끔히 제쳐진다. 대중예술들이 제공하는 외면적인 만족, 감각, 경험 등은 허위적이고 기만적인 것으로 배척되는 반면, 고급예술은 진정한 무엇을 제공하는 것으로 옹호된다.

예컨대, 레오 로벤탈(Leo Lowenthal)은 "대중예술과 (진정한) 예술 사이의 차이들"을 "가짜의 만족과 진정한 경험 사이의" 차이로 보며, 이와 마찬가지로 클리먼트 그린버그(Clement Greenberg)도 대중예술 전체에 "키치"라는 경멸적인 이름을 붙이며 "대리적인 경험과 모조의 감각"을 제공할 뿐이라고 비난한다.11) 대중예술의 "씻겨 내려가 버리는(washed-out)" 그리고 "모조의" 만족을 격렬히 비난하는 아도르노(Adorno)도 그 이유를 다

---

11) Leo Lowenthal, "Historical Perspectives of Popular Culture," in Rosenberg와 White (eds), Mass Culture, 51, 그리고 Clement Greenberg, "Avant-Garde and Kitsch," ibid. 102.

음과 같이 설명한다. "대중들은 진정한 즐거움으로부터 거부당하기 때문에, 분노에 차서 저급예술과 오락을 (통하여) …… 대체물을 즐긴다."12) 더욱이, 버나드 로젠버그(Bernard Rosenberg)나 에른스트 반 덴 하그(Ernest van den Haag)같은 비평가들은 "오락산업"의 사이비 즐거움과 "대리만족"이 "삶과 진정한 만족으로부터 우리를 벗어나게" 하기 때문에 "어떤 실제의 만족스러운 경험"을 저해한다고 주장한다.13)

이러한 인용들에 대한 고찰은 대중예술로부터 즐거움과 같은 어떤 긍정적인 것을 제거하려는 근심스런 욕망이 대중예술에 대한 비판가들을 다음과 같은 점으로 이끌었다는 사실을 보여준다. 즉, 비판가들은 대중예술의 경험과 향유가 *미적*으로 진정하지 않으며, 더욱 극단적으로 그것들이 전혀 실재하지 않다고 생각한다. 대중예술이 가짜라는 주장은 오만한 지적 추측으로서, 문화엘리트가 미적 정당성의 한계를 대중적 판단에 역행하여 판단할 힘뿐만 아니라 실제의 경험 또는 즐거움이라는 것을 경험적 증거에 역행하여 제정할 힘도 또한 가지고 있음을 함축한다. 그렇지만 어떻게 그러한 극단적인 주장이 실체화될 수 있는가? 이 주장은 사실상은 결코 실체화되지 못하고, 대신에 그 옹호자들의 권위와 그 반대편의 실질적인 부재에 의해 지탱된다. 이 주장은 이를 중화시키는 지식인들로부터도, 또는 이를 검증할 힘도 관심도 가지고 있지 않은 그리고 이를 자신들의 세계에는 어떤 실제적인 영향도 끼치지 못하는 "추상적 허튼소리"로 단순히 아예 무시해버리는 일반인들로부터도 강한 도전을 제기받지 않는다.

"대중문화가 제공하는 만족은 가짜이다"라는 주장의 진짜의미가 무엇이

---

12) T. W. Adorno, *Minima Moralia* (London: Verso, 1978), 202 그리고 *Aesthetic Theory* (London: Routledge & Kegan Paul, 1984), 340(이하 *AT*)을 보기 바란다.
13) Bernard Rosenberg, "Mass Culture in America," in Rosenberg와 White (eds.), *Mass Culture*, 9; 그리고 Ernest van deg Haag, "Of Happiness and of Despair We Have No Measure," ibid. 533-4.

며, 이 주장을 뒷받침하는 논증은 무엇인가?14) 대중예술이 제공하는 만족들의 실재에 이의를 제기함으로써 이 주장은 그러한 만족들의 정당성과 가치를 부정하는 수사학적 제스처 이상을 의미하는가? 가짜라는 혐의의 가장 직접적인 해석과 합리화는 대중예술의 만족들이 결코 깊게 느껴지지 않기 때문에 실재하지 않는다는 주장과 이 만족들이 단지 "씻겨 내려가 버리는" "모조된 감각"이기 때문에 가짜라는 주장일 것이다. 그러나 고도로 열광적이고 강력하여 마치 신들린 듯한 록음악에 대한 경험은 이러한 혐의가 필경 거짓임을 보여준다. 록에 대한 강력한 비판가일지라도 그러한 경험이 지닌 열정적으로 실재하는 힘과 도취된 만족을 인정한다. 이와 마찬가지로 이들 비판가들은 무서운 교육적 결과들에 그리고 이 힘을 상업적으로 철저히 이용하는 데 탄식한다. 오늘날 젊은이들의 갈망과 경험에 관여하고 이를 표현하는 록의 막강한 힘을 탄식하며, 앨런 블룸(Allan Bloom)은 록음악을 "빈민굴현상"이라고 호되게 비난하였다. 록이 빈민굴에 속하는 것은 즐거움을 주지 못하기 때문이 아니라, 록이 젊은이들에게 주는 고도의 즐거움이 "그들을 교양교육의 실체라 할 수 있는 예술과 사상에 열정적으로 다가가게 하기 매우 어렵기 때문이다."15) 여기서 블룸이 생각하는 교육은 극히 전통적이고 지적인 의미의 교육이다.

강렬함과 호소력이 명백하고 위협적으로 실재하기는 하지만, 대중예술의 만족은 때론 또 다른 의미에서 거짓으로 경멸받는다. 즉, 대중예술의 만족은 하루살이라는 것이다. 대중예술의 만족은 순간적이기 때문에 실재하지 않는다. "우리는 잠시 기분전환은 하지만 …… 만족하지는 않는다." "여러분이 지금 소비하는 것이 여러분을 순간적으로 즐겁게 할지는 모르지

---

14) Van den Haag, "Of Happiness," 531.
15) Allan Bloom, *The Closing of the American Mind* (New York: Simon and Shuster, 1987), 76, 79를 보기 바란다.

만; …… 다른 순간에는 그것이 여러분을 다시 굶주리게 할 것이다."16) 그렇지만 이 논증은 분석을 견디어 내지 못한다. 첫째, 논리적 수준에서 어떤 것이 하루살이라는 점으로부터 비실재한다는 점을 이끌어내는 것은 거짓일 뿐이다. 이 잘못된 추론은 파르메니데스(Parmenides)로까지 거슬러 올라가는 거대한 철학적 계보를 지니고 있기 때문만이 아니라 이와 마찬가지의 강력한 심리학적 동기에 기여하기 때문에도 설득력이 있는 듯이 보인다. 그 심리학적 동기란 안정에 대한 깊은 욕망으로, 이는 전면적인 영속의 확실함을 요구하는 것으로 통상 잘못 해석된다. 그러나 이 강력하고 오랫동안 지속되어온 선입견으로부터 나온 지지에도 불구하고, 위의 추론은 명백히 잘못이다. 일순간 존재하는 것일지라도 실제로 존재하는 것이며, 그리고 일시적인 만족 또한 만족이다.

더욱이, 순간적임이 가짜를 함축한다는, 그리고 만족이 이후에 우리를 더 굶주리게 한다면 그 만족은 실재하지 않고 거짓이라는 논증은 고급예술에 비해 대중예술을 불신임하는 데 기여할 수 없다. 왜냐하면, 받아들여질 경우 이 논증은 고급예술이 제공하는 만족에 반대하는 데도 마찬가지로 효과적일 것이기 때문이다. 우리가 한 편의 시나 열두 장의 그림에 영원히 또는 지속적으로 만족하는가? 이러한 만족의 지나감이 이 만족이 거짓임을 함축하는가? 전혀 그렇지 않다. 왜냐하면 진정한 미적 즐거움이 지닌 긍정적인 특징들 중의 한 가지가 그 즐거움은 만족을 주면서 또한 그러한 즐거움을 더욱 욕망하게 한다는 점이기 때문이다. 한 대상 속에서의 여러분의 미적 즐거움이 여러분을 더 욕망하게 하지 않는다면, 여러분은 조금도 즐거웠던 것이 아닐 것이다.17) 지속적인 만족에 대한 주장 전반은 의문이

---

16) 인용들은 van den Haag, "Of Happiness," 534, 그리고 Rosenberg, "Mass Culture," 9-10에서 각각 따왔다.
17) 많은 사람들이 고전음악의 월례 연주회에 완전히 만족한다고 주장한다면, 이는 그들

제기될 필요가 있다. 이러한 주장은 너무 이론적이거나 비현실적인 듯이 보인다. 계속되는 변화와 욕망으로 이루어진 우리 세계 속에서 영원한 만족은 존재하지 않는다. 기쁨의 일과성과 계속되는 욕망을 끝낼 수 있는 유일한 것은 죽음이다.

대중문화에 반대하여 흔히 이루어지는 다소 다른 형태의 혐의는 만족 자체가 일시적이라는 것이 아니라 만족시키는 대중문화의 능력이 잠깐 동안이라는 것이다. 대중문화의 작품들은 시간의 시험을 견디어내지 못한다. 대중문화는 한 철 반짝일 수는 있으나 급격히 우리를 즐겁게 하는 힘을 상실하고 잊혀져버린다. 그리하여 대중예술의 매력과 즐거움은 결국 환상으로 드러난다. 이와는 달리, 고급예술은 만족시키는 힘을 유지한다. 우리의 귀에 익은 호머의 작품들과 고대 그리스의 드라마들은 수세기 동안 그리고 오늘날까지도 수많은 사람들에게 만족을 제공함으로써 자신들이 제공하는 만족의 정당성을 과시한다. 이러한 지속의 역사에 견줄 만한 것이 대중예술들 속에는 없다. 영화의 고전들 속에도, 대중음악의 주옥같은 흘러간 노래들 속에도 존재하지 않는다.

그러나 이러한 점을 모두 인정한다 할지라도, 위의 논증에는 심각한 결점이 남는다. 첫째, 대중예술의 고전들 중 그 어떤 것도 미적 즐거움의 대상으로 살아남지 못하리라는 주장은 너무 성급한 결론이다. 그리고 많은

이 이 연주회를 실제로 아주 많이 즐긴 것이 아니기 때문일 것이다. 많은 활동적인 사람의 경우에, 연주회장의 숨막히는 수동적인 정지 속에 앉아 있을 수밖에 없는 일은 물리적으로 즐겁지 않기 때문이다. 이는 서성이는 다른 관람객들의 방해를 그리고 감시하는 박물관 경비원들의 비우호적인 눈초리를 피하면서 딱딱한 박물관 바닥 위에 휴식 없이 움직이고 설 수밖에 없는 일과 거의 마찬가지이다. 고급예술의 그러한 처벌적인 "즐거움" 속에서, 우리는 대중예술의 향유 속에서보다도 훨씬 더 "모조의 감각"과 가짜 만족을 이야기할 근거를 발견한다. 고급예술에 대한 경험은 비록 그것이 이해되지도 실제로 즐겨지지도 않는다고 할지라도 문화적 정당화를 위해 요구된다. 그러나 이 점이 고급예술이 진정하고 보배로운 만족을 제공한다는 점을 부정하지는 물론 않는다.

사람들이 즐거움을 위하여 여전히 호머를 읽는다고 믿기보다는 일부 사람들이 앞으로 그러할 것이라고 믿는 것이 더 수월하다. 더욱이, 고급예술의 고전들이 제공하는 지속적인 즐거움의 밑바탕에 깔린 사회문화적 그리고 제도적 근거들을 우리는 망각하기 쉽다. 교육과 선택의 용이성이 우리 즐거움의 대상들을 결정하는 데 커다란 그러나 종종 간과되는 역할을 한다. 대개 우리는 우리가 즐기게 훈련되고 여건이 조성되는 것을, 그리고 우리의 환경이 우리에게 즐기게 허용하는 것을 즐긴다. 고급예술의 고전들은 오랫동안 체계적으로 확산되고 그것들에 대한 감상이 교육의 강력한 제도들을 통해 엄격하게 주입된 반면, 적어도 매스미디어의 시대 이전까지는 대중예술의 작품들을 보급하고 보존하는 조직적인 또는 효과적인 틀이 존재하지 않았기 때문에, 전자의 작품들이 주목의 대상들로 그리하여 미적 즐거움의 대상들로 더 잘 살아남은 것은 놀랍지 않다.

대중예술에 대한 비판가들은 TV시청자들이 그들이 보는 프로그램을 진정으로 좋아하는 것이 아니라 다른 채널에서 더 나은 것이 없기 때문에 좋아하지 않음에도 불구하고 그것을 "즐긴다"는 논증을 선호한다. 대중예술의 소비자들은 "사랑할 그 어떤 다른 것도 남아 있지 않기 때문에 감옥을 사랑하는 죄수"와 같다는 것이다.18) 그러나 선택권이 미흡하다는 점으로부터 나온 이러한 논증은 호머의 "영원한" 즐거움에도 겨눌 수 있다. 오늘날은 이 점이 하찮게 여겨져 호머의 즐거움이 호머의 신이나 영웅들만큼이나 신비하게 보인다. 전통적인 교육적 체계에 의해 주입된 고전에 대한

---

18) T. W. Adorno, "On the French Character in Music and the Regression of Listening," in Andrew Arato and Eike Gebhardt (eds), *The Essential Frankfurt School Reader* (New York: Continuum, 1987), 280. 어쩔 수 없는 조건에 대한 유사한 논증이 다음에서도 나타난다. Dwight Macdonald, "Mass Cult and Midcult," in *Against the American Grain* (New York: Random House, 1962), 9-10. 그리고 Donald Lazere, "Media and Manipulation," in Lazere (ed.), *American Media*, 31.

배타적인 찬양이 대중예술에 대한 관심에 의해 광범위하게 침식되었음은 매스미디어가 대안적인 보급과 교육의 체계를 제공한 덕분이다. 그러나 반복컨대 이 점은 고전들과 고급예술이 더 이상 미적 관심의 가치가 없다는 점을 논증하는 것이 아니라 고급예술만이 정당한 미적 주목을 받을만하다는 전통적인 독점을 거부하는 것이다.

일시적이기 때문에 대중예술이 가짜라는 논증은 고급예술의 많은 위대한 고전들이 원래는 대중예술로 생산되고 소비되었다는 점을 망각하는 결점을 또한 지닌다. 그리스의 드라마는 엘리자베스 시대의 연극들이 그러하였듯 매우 대중적이고 요란스러운 것이었다. 그리고 *폭풍의 언덕* 같은 오늘날 높이 평가받는 소설들은 영화, TV, 록음악이 근래에 비난받았던 것과 마찬가지로 한때 감각적인 상업적 쓰레기로 비난받았다. 대중예술의 작품들이 살아남는다는 점을 사실상 살아남은 그 작품들의 대중적 기원들을 무시함으로써 부인하는 일은 무지한 잘못 이상의 잘못을 범하는 것이다. 이는 지배받는 다수의 문화적 자원들을 지배적 엘리트가 착취적으로 징발하는 것이다. 왜냐하면 이들 작품들이 일단 고급예술로 배타적으로 재분류되면, 이들 작품들이 수용되는 양태는 이 작품들에 대한 대중적인 찬사가 격하되고 무시되는 방향으로, 그리하여 이 작품들이 문화적 엘리트의 비범한 쾌락을 위해 보존되는 방향으로 재규정되기 때문이다.

마지막으로, 대중예술의 작품들이 일시적이고 즐거움을 제공하는 능력이 일순간이라는 점을 우리가 인정한다고 할지라도, 이 점이 대중예술의 작품들이 무가치하고 그 만족이 가짜라는 점을 낳지 않는다. 이를 전제하는 것은 모든 즐거움과 가치를 영원함과 동일시하는 것이다. 그러나 일시적인 것에도 가치가 있으며, 때로는 바로 그 일시성 속에 가치가 있다. 짧은 만남이 영속적인 만남보다 때로는 더 달콤하고 낫다. 일시적인 것의 가치를 거부하는 일은 우리 지적 문화의 상당히 오래 된 편견이다. 생존이 불안정하여 주목과 가치가 가장 지속적인 것에 고정될 수밖에 없었던 과거의 조건에서는 일시적인 것의 가치를 거부하는 일이 매우 쓸모 있었을 것이다. 그러나 그럼에도 불구하고 이는 우리의 즐거움을 시들게 하고 무디게 하는 편견이다. 이는 더 안정되게 만족스러운 삶을 구축하는 주요한 통로를 가로막기조차 한다. 왜냐하면 일시적인 즐거움들이 상대적으로 무가치하고 주목할 만한 가치가 없는 것으로 일단 격하되면, 그러한 즐거움들이 성취되고, 반복되고, 안전하게 삶으로 통합될 수 있는 방식들에 대한 진지한 사유가 이루지지 못하기 때문이다. 결국, 그러한 즐거움들과 그것들이 때때로 삶에 끼치는 폭발적 영향력은 우연과 맹목적 욕망의 변덕에, 그리고 광고의 주입적인 압력에 위험하게 방치된다.

대중예술의 만족은 지금까지와는 또 다른 의미에서 가짜라고 비난받는다. 즉, 더 기본적이거나 실제적인 즐거움의 단순한 대리물이라고 비난받는다. 아도르노는 "직접적인 감각 경험 속에서의 진정한 만족"을 부인하는 사회적 조건들에 적절히 저항하기는 하였지만, 대중예술이 진정한 즐거움에 대한 거짓 대리물을 최면적 도피의 형태로 제공한다고 못 마땅해 하였다. "군중들은 진정한 즐거움으로부터 거부당하기 때문에 화가 나서 자신들에게 던져진 대리물을 즐긴다"(*AT* 19, 340). 그렇지만 고급예술의 즐거움도 대중예술과 마찬가지로 매개되며 실제 삶으로부터 떨어져 있다는 점을 아도르노도 인정해야 한다. 그리고 고급예술의 즐거움도 도피적 목적에 기여할 수 있다.

그러나 대리물이라는 혐의는 진정한 만족을 직접적이기보다는 궁극적인 만족에, 즉 유예된 그리고 종국적으로는 더 완성된 만족에 두는 경우가 많다. 진정한 만족보다는 긴장의 단순한 해소를 제공한다는 점에서 대중예술을 자위행위에 공공연히 견주면서 반 덴 하그(van den Haag)는 대중예술이 "진정한 만족을 빼앗아 가는," 그리하여 어떤 "궁극적인 만족"도 가로막는 소진적인 "대리의 만족"을 개인에게 포식시킨다고 비난하였다.19) 위와 유사하게 외설적으로 빈정거리는 스타일로, 블룸도 록이 제공하는 만족을 비유예적이고 일탈적인 성적 즐거움과 연관시킴으로써 이 만족이 가짜임을 암시하였다. 어린이와 십대에게 "록뮤직은 마치 그들이 최종적이고 완전한 만족을 즐길 준비가 되어 있는 양 미성숙한 환희를 제공한다."20)

유예와 방해가 흔히 만족을 증가시키는 것은 틀림없지만, 어디서 "완전하고" "최종적인" 만족이 발견되는가? 욕망의 끝을 알지 못하는 이 세상 속에서는 힘들 것이다. 진정한 만족은 오히려 어떤 선험적인 영역으로 이전된다. 블룸에게서는 플라톤적 이데아의 영역이고, 아도르노에게서는 마르크스적 유토피아이고, 반 덴 하그에게서는 기독교적 내세이다. 그들이 정당화하려는 듯한 즐거움들은 적어도 이 세계에서는 우리가 성취할 수 없는 즐거움들이다. 고급예술의 미적 즐거움조차도 허용될 수 없다. 아도르노는 "거짓된 세계 속에서는 모든 쾌락이 거짓이고, 미적 즐거움 또한 예외일 수 없다"라고 공언하였다. 그리고 반 덴 하그도 비슷한 걱정을 침울하게 읊조렸다. "이 세상의 즐거움들, 그것들은 추구될 가치가 없다."21) 그러므로 앞서 암시했듯이, 대중예술이 오직 가짜의 즐거움을 제공한다는 비판은 진정한 즐거움을 옹호한 것이라기보다는 모든 세속적인 즐거움에 대한 전면적인 부정을 위장한 것이다. 이는 즐거움을 자신들의 선험적 목표에 대한 위험스런 일탈로 또는 자신들의 근본적인 금욕적 기질에 대한 불쾌한 위협으로 못 마땅해 하는 금욕적 마음들이 채택한 전략이다.

두 가지 마지막 이유들이 대중예술이 제공하는 만족들이 가짜라는 점을 뒷받침하기 위해 때때로 제안 된다. 첫 번째는 "진정한 경험은 …… 노력이

---

19) Van den Haag, "Of Happiness," 533, 534.
20) Bloom, *Closing of the American Mind*, 77, 80.
21) *AT* 18, 그리고 van den Haag, "Of Happiness," 536.

필요한 참여를 전제로 하기 때문에," 대중예술은 그러한 "진정하게 만족스런 경험"을 제공할 수 없다고 주장한다. 두 번째는 대중예술은 개인의 전부를 실재와 연관시키지" 못하기 때문에 그 경험이 진정할 수 없다고 주장한다.[22] 그렇지만 이들 논증들은 가짜의 만족이라는 혐의를 넘어서 대중예술에 대한 두 가지 다른 비판들, 즉 노력 없는 수동성과 텅 빈 피상성이라는 비판들과 연결된다. 이 비판들은 중요한 것이므로 개별적인 주목이 필요하다.

(2) 대중예술은 어떠한 미적인 도전이나 능동적인 반응도 제공하지 못한다는 비난을 종종 받는다. 감상을 하기 위해서는 미적 노력을 요구하는 그리고 미적 능동성과 복합적인 만족을 자극하는 고급예술과는 대조적으로, 대중예술은 생기 없고 보상 없는 수동성을 유발하고 또한 요구한다. 부르디외는 대중예술의 "단순하고 반복적인 구조들은 수동적이고 멍한 참여를 부를" 뿐이라고 말한다(D 386). 이 노력 없는 수동성은 대중예술이 지닌 광범위한 호소력을 설명해 줄 뿐만 아니라 참된 만족을 제공하지 못하는 실패 또한 설명해 준다고 간주된다. 대중예술의 "무노력"은 너무 녹초가 되어 도전적인 것을 추구할 수 없는 우리를 쉽게 사로잡는다. 그러나 아리스토텔레스가 깨달았듯이 즐거움은 능동성에 수반되는 부산물이고 기본적으로 능동성과 연관되기 때문에, 능동적 노력의 결여는 궁극적으로 즐겁지 않은 단조로움으로 변한다. 고급예술의 경우에서처럼 작품에 정력적이고 예리하게 반응하기보다는, 우리는 수동적인 무감각 속에서 작품을 나른하고 생기 없게 받아들인다. 작품이 엄격한 조사와 반응을 견디어 낼 수도 없다. 그러므로 대중예술의 감상자들은 능동적인 참여자로부터 "가능

---

[22] 첫 번째 인용은 Rosenberg, "Mass Culture," 9에서, 두 번째 인용은 van den Haag, "Of Happiness," 534에서 따왔다.

한 한 수동적"이어야만 하는" "수동적인 소비자"로 위축될 수밖에 없다.23)
아도르노와 호르크하이머(Horkheimer)는 어떻게 "모든 오락적 즐거움이 이러한 불치의 만성적 질병을 앓고 있는지"를 설명한다.

> 즐거움은 지루함으로 굳어진다. 왜냐하면 즐거움이 즐거움으로 남으려면 어떤 노력도 요구하지 말아야 하며, 연상의 닳아빠진 궤도를 경직되게 움직여야 하기 때문이다. 청중으로부터 어떤 독립적 사유도 기대해서는 안 된다. 생산품들은 모든 반응을 규정한다. 그것들이 지닌 자연적 형식에 의해서가 아니라 신호에 의해 규정한다. 정신적 노력을 요구하는 어떠한 논리적 연결도 힘들게 회피된다.24)

많은 대중예술이 호르크하이머와 아도르노의 분석에 부합할 수도 있다. 그러나 그들의 비판 또한 모든 정당한 능동적 활동을 진지한 사유로, "모든 노력"을 지식인의 "정신적 노력"으로 단순하게 혼동한다. 대중문화의 비판가들은 지적인 노력과는 상이한 인간적으로 가치 있고 미적으로 보상적인 활동이 있다는 점을 인정하려 하지 않는다. 그렇지만 모든 예술과 미적 즐거움이 어떤 능동적인 노력을 그리고 어떤 저항에 대한 극복을 요구한다고 할지라도, 이러한 예술과 미적 즐거움이 노고스러운 "독립적 사유"를 요구한다고 추론되지는 않는다. 이와는 다른 좀 더 육체적인 형태의 노력, 저항, 만족이 존재한다.

---

23) Rosenberg, "Mass Culture," 5; Macdonald, "Theory of Mass Culture," 60; 그리고 Gilbert Seldes, "The People and the Arts," in Rosenberg and White (eds), *Mass Culture*, 85를 보라. Adorno도 대중음악의 작품들은 "청취자들이 견딜 수 없는 정도의 집중된 청취를 허용하지는 않는다"라고 주장하였다("On the Fetish Character in Music," 288).

24) Max Horkheimer와 T. W. Adorno, *Dialectic of Enlightenment* (New York: Continuum, 1986), 137.

록가요들은 음악과 더불어 율동, 춤, 노래를 통해 통상 즐겨지며, 때때로 땀을 쏟아내게 하는 그리고 결국 우리를 탈진시키는 격렬한 노력을 수반한다. 듀이가 깨달았듯이, 그러한 노력은 "당혹감, 공포, 어색함, 자의식, 생기의 결여" 등과 같은 저항들을 극복하는 일이다.25) 분명, 육체적 차원에서는 고급음악보다는 록음악을 감상할 때 훨씬 더 노력이 필요하다. 고급음악의 연주회는 수동성뿐만 아니라 잠까지도 유발시키는 정지된 침묵 속에서 앉아 있을 것을 강요한다. 많은 록가요들을 특징짓고 칭찬하기 위해 사용되는 "펑키(funky)"라는 용어는 "적극적인 땀(positive sweat)"이라는 의미를 지니는 아프리카 말에서 유래하였다. 그리고 비정열적인 판단적 거리두기가 아닌 격렬하게 능동적이고 정열적인 공동체적 참여라는 아프리카의 미학을 표현한다.26) 록에 의해 환기되는 정력적이고 활동적인 반응은 무관심적이고 원거리적인 관조라는 전통적인 미적 태도가 근본적으로 수동성을 지니고 있음을 폭로한다. 관조적인 태도는 그 뿌리를 즐거움보다는 철학적·이론적 지식에 대한 탐구에, 공동체적 소통이나 사회적 변화보다는 개인적 계몽에 대한 탐구에 두고 있다. 그러므로 록과 같은

---

25) John Dewey, *Art as Experience* (Carbondale, Ill.: Southern Illinois University Press, 1987), 162. 이 점이 록이 다소 수동적인 정지 속에서 소비된다는 점을 부인하는 것은 아니다. 록에 대한 텔레비전과 비디오를 통한 소비의 증가가 이러한 경향을 강화할 것이다.

26) Ki-Kongo 언어로부터 나온 아프리카 용어로는 "lu-fuki"이다. Robert Farris Thompson, *Flash of the Spirit* (New York: Vintage, 1984), 104-5, 그리고 Michael Ventura, *Shadow Dancing in the U.S.A.* (Los Angeles: J. P. Tarcher, 1986), 106을 보기 바란다. "펑키"의 아프리카 어원은 영어의 어원과도 겹친다. 영어의 어원에 따르면, "펑크(funk)"라는 동사는 "공포로 인해 흥분되거나 떨다(to smoke or shake through fear)"를 의미한다(Eric Partridge, *A Dictionary of Slang and Unconventional English* (New York: Macmillan, 1984), 436을 보라). 이러한 의미에서 black funkiness는 겁에 질린 노예의 악취 나는 땀을 암시한다. 이는 치욕스러운 부정적인 이미지를 담고 있다고 할 수 있다. 그러므로 오늘날의 Afro-American 문화에 의해 이 용어가 긍정적인 의미를 지니는 용어로 변형되었음은 의미심장하다. 이러한 변형은 Afro-American 언어를 특징짓는 의미론적 복합성을 드러내준다. 랩에 대한 필자의 연구에서 이 점이 더 논의될 것이다.

대중예술은 육체적 차원으로 환희에 차 돌아오는 급진적으로 개정된 미학을 제시한다. 오랫동안 철학은 인간 가치의 모든 영역에서 자신의 헤게모니를 보존하기 위해 육체적 차원을 억압해 왔다. 따라서 록에 대한 미적 정당성이 격렬히 부인되는 일은, 록이 구현한 그리고 구현하고 있는 노력들이 예술의 진정한 목적, 즉 지적 목적으로부터 비합리적으로 이탈한 것으로 무시되거나 거부되는 일은 놀랍지 않다. 록과 록에 대한 감상이 그 뿌리를 비서양적 문명에 두고 있다는 사실은 록을 더욱더 받아들일 수 없는 역행적인 것으로 받든다.

아도르노에게서, 대중음악은 "육체적 자극물"이기 때문에 "퇴행적"이고 미적으로 부당하다(*AT* 170). 블룸에게서, 록이 지닌 문제는 "감각"과 "성적 욕망"에 깊이 호소한다는 것이다. "록은 이성적이지 못할 뿐만 아니라 이성에 적대적이기까지 한다." 마크 밀러(Mark Miller) 또한 록이 감각에 직접적으로 호소한다는 사실 하나 만으로부터 미적 부당성과 지적 타락을 유추해내는 유사한 잘못을 저지른다. 그는 존 레넌(John Lennon)을 인용하면서 "록음악은 여러분의 두뇌를 경유할 필요 없이 여러분에게로 직접 이른다"고 못 마땅해 하였다. 그리고 이러한 감각적 직접성은 노력 없는 공허와 수동적 "정지"를 수반하는 것으로 부정적으로 여겨져, "모든 록이 사무실이나 비행기 등에서 흘러나오는 배경음악과 같은 것이 되고자" 하는 것으로 비판된다. 즉, 록은 지적인 "해석" 없이도 즐길 수 있기 때문에, 미적으로 정당화될 만큼 충분히 "두뇌적"이지 못하고 록의 이른바 "예술가들과 청취자들은 반지성적이고 대개 취해 있다." 록의 유일한 그리고 단명의 가치는 처음의 파괴적인 도전에 의해 이끌어진 비판적 의식일 뿐이다. 밀러는 대중문화 비판가의 육체 경시적인 데카르트주의를 보여주는 발언을 통해 록의 "육체"는 애초의 저항적 "영혼을 상실한 이후에도 계속 춤추고 있다"라고 탄식한다.27)

반육체적인 의도 이외에도, 아도르노, 블룸, 밀러의 논증들은 두 가지 큰 실수를 공유한다. 첫째, 록의 감각적인 호소력이 그 창조자에게나 그 청중에게나 반지성주의를 함축하지는 않는다. 감각적인 것이 지적인 것과 기본적으로 부합하지 못할 수밖에 없다면, 그러한 함축이 올바를 수도 있다. 그러나 왜 우리 감각적인 지성들이 이러한 함축을 받아들여야만 하는가? 감각적인 것과 지적인 것을 상호배타적인 것으로 간주하는 일은 지성의 배타성, 즉 플라톤으로부터 유래한 강력한 철학적 편견일 뿐이다. 두 번째 오류는 록음악이 딱딱한 사유나 해석 없이 즐길 수 있기 때문에 록의 즐거움은 반성적 분석을 견디어 내거나 또는 반성적 분석에 보답할 수 없다고 추론하는 일이다. 록음악을 지적으로 낮은 수준에서 즐길 수 있다고 하더라도, 이 점으로부터 *반드시* 그렇게 즐겨야만 하며 그리고 다른 어떠한 것도 제공하지 못한다는 추론이 뒤따르는 것은 아니다.

(3) 이제 대중예술은 너무 피상적이라서 지적인 일에 참여할 수 없다는 혐의와 마주해보자. 왜냐하면 만일 대중예술이 인간경험의 육체적인 그리고 정신적으로 메마른 차원에만 참여할 수 있고 그 차원만을 만족시킬 수 있다면, 대중예술이 지닌 가치는 무시할 수는 없다고 할지라도 매우 제한될 것이기 때문이다. 지적으로 천박하다는 혐의는 두 가지의 더욱 세부적인 주장으로 나뉜다.
(a) 첫 번째 주장은 대중예술은 삶의 깊은 실재와 진정한 문제들을 다룰 수 없기 때문에 사이비 문제들과 쉽고도 상투적인 해결들로 이루어진 도피적인 몽상적 세계로 우리를 어지럽히려 한다는 것이다. "깊은 차원에서

---

27) 지금까지의 인용들은 Bloom, *Closing of the American Mind*, 71, 73; 그리고 Mark Crispin Miller, *Boxed In: The Culture of TV* (Evanston: Northwestern University Press, 1989), 175, 181에서 따왔다.

삶에 참여하려고 하는" 그리고 실재 속에서 "본질적인 것"을 다루는 고급예술과는 대조적으로, 대중예술은 "삶으로부터", 삶의 "진정하고 가장 중요한 문제들로부터" 벗어난다. 특히, 대중예술의 작품들은 "군중들을 자신들의 진정한 욕구를 명확히 깨달아 나가는 과정으로부터 벗어나게 한다."[28] 드와이트 맥도널드는 대중예술은 "성, 죽음, 실패, 비극 등의 깊은 실재들을 …… 무화시키거나" 무시할 수밖에 없다고 말한다. "왜냐하면 실재들은 너무 실재적이므로" 대중예술이 추구하는 "마취된 용인을 …… 유발할 수 없기 때문이다."[29] 그러나 이 주장 또한 대중예술의 목적이 항상 마취라는 점을 논증 없이 전제한다. 그러나 이와 반대되는 충분한 증거가 존재한다. 우드스탁(Woodstock)보다 오래 전에도 록음악은 귀에 거슬리는 역동적인 저항의 목소리를 빈번히 내왔다. 그리고 근래에도 여러 록 콘서트를 통해 록음악은 가치 있는 정치적·인도적 운동을 위한 공동의 사회적 행동에 효과적임을 입증하였다.

반 덴 하그는 왜 실재가 매스미디어의 산물들에 의해 다루어질 수 없는가에 대한 가장 일반적인 논증을 제공한다. 대중예술은 고급스런 청중보다 더 광범위한 청중들에 호소해야 하므로 그들이 이해할 수 있게 재단되어야 한다. 그러나 반 덴 하그 및 다른 문화적 속물들에게는 이러한 재단이 실재적인 문제들이나 중요한 경험을 포용하기에는 너무 시시하다.

> 대중예술은 오해되기 쉬운 모든 인간의 경험, 즉 그 의미가 명확하지 않거나 승인되지 못하는 모든 경험과 표현은 생략할 수밖에 없다. 이

---

28) Harry Broudy, *Enlightened Cherishing: An Essay on Aesthetic Education* (Urbana: University of Illinois Press, 1972), 111; van den Haag, "Of Happiness," 533, 536; 그리고 Gilbert Seldes 속에서 인용된 J. T. Farrell, "The People and the Arts," 81을 보기 바란다.

29) Macdonald, "Theory of Mass Culture," 72.

는 매스미디어가 예술, 철학, 문학이 다루는 경험들을 건드릴 수 없음을 의미한다. 적합하고 의미 있는 인간의 경험을 적합하고 의미 있는 형식으로 제시하지 못하는 것이다. 왜냐하면 그렇게 할 경우, 새롭고, 의심스럽고, 난해하고, 아마도 공격적이 되며, 그리고 적어도 오해되기 쉽기 때문이다 …… (그러므로) 매스미디어는 …… 진정한 문제나 진정한 해결을 건드릴 수 없다.30)

최소한 두 가지 근본적인 오류들이 이 논증을 타당하지 못하게 만든다. 첫째, 대중예술의 형식과 내용이 완전히 투명하고 전적으로 승인되지 못하면 대중예술이 대중적이 될 수 없다는 잘못된 전제가 존재한다. 그러나 이 관점은 다음과 같은 또 하나의 거짓된 전제가 깔리지 않고서는 정당하지 못하다. 즉, 대중예술의 소비자들이 너무 우둔하여 명백한 것 이상은 이해할 수 없다는 그리고 심리적으로 순진하여 자신들이 궁극적으로 동의하지 않는 관점들이 제시되는 것은 감상할 수 없다는 거짓된 전제가 깔리지 않고서는 정당하지 못하다. 텔레비전 드라마에 대한 최근의 연구는 매스미디어의 시청자들이 드라마에서 제시되는 "주인공들"과 관점들에 대해 비판적이고 복합적인 태도를 취할 수 있음을 보여준다.31) 그리고 이 점은 마약사용과 폭력적 삶을 암시하는 노래를 즐기면서도 실제로는 그러한 행동을 승인하지 않는 록음악의 열광적 청중들에 의해 더욱 뒷받침된다. 더욱이, 대중예술의 청중들이 단순하다는 점을 전제한다고 할지라도, 이 점으로부터 대중예술의 내용이 즐거움을 주기 위해서는 완전히 명백해야하고 승인되어야 한다는 결론을 내릴 수는 없다. 왜냐하면 오직 부분적으로

---

30) Van den Haag, "Of Happiness," 516-17.
31) 예를 들면, John Fiske가 *Television Culture* (London: Methuen, 1987)에서 논의한 드라마 *Dallas*와 *Dynasty*에 대한 연구를 보기 바란다.

이해되거나 정말 오해될 때라도 즐거움을 줄 가능성이 남기 때문이다. 중산층 백인 청소년들이 록앤롤(rock 'n' roll)을 처음 들었을 때 그들은 자신들이 전율하는 가사를 진정으로 이해하지는 못했을 것이다. 그 가사의 많은 단어들이 숨겨진 미국 흑인언어의 의미를 담고 있다. 예컨대, 록앤롤이라는 단어 자체가 "성교(to fuck)"를 의미한다.

둘째, 반 덴 하그의 논증은 인간경험과 표현 속에서 "적합하고 의미 있는" 것을 새롭고 어려운 것과 혼동한다. 명확히 다른 이 두 개념들을 동일시하는 일은 근거가 없다. 그리고 그러한 동일시는 예컨대 사랑에 빠진다든지, 아이들에게 잘 자라고 뽀뽀를 한다든지, 명절 때 기도를 드리고 음식을 나누어 먹는다든지 하는 등의 우리의 친숙한 경험들과 전통적 형식들이 우리 삶 속에서 지니고 있는 지속적인 중요성에 의하여 논박된다. 반 덴 하그 등은 독창성과 난해성이라는 고급 모더니스트 미학에 맹목적으로 헌신함으로써 거짓된 동일시를 범한다. 독창성과 난해성은 경험적인 적합성과 중요성의 보편적 기준으로 무의식적으로 스며들어 왔다. 설상가상으로, 독창성과 난해성은 "실재적인 것"의 기준이 되어, 그 결과 대중예술에서 다루어지는 일상적인 문제들, 예컨대 실연, 경제적 어려움, 가족 간의 갈등, 소외, 마약, 섹스, 폭력 등의 문제들은 비실재적인 것으로 부정될 수 있는 반면, 예술적으로 표현될 만한 "실재적 문제들"은 일반인들의 경험과 이해를 벗어난 새롭고 난해한 문제들일 뿐이다. 이는 자신들이 지배하는 것들의 실재들에 대한 표현이 예술적으로 정당치 않다고 주장함으로써 그 실재들을 무시하고 억압하는 특권층과 보수층에게는 편리한 전략이다. 그리고 이는 미적 갈등은 "실재를, 특히 사회적 실재를 지배적으로 규정하는 권력층에게는" 기본적으로 대개 "정치적 갈등"이라고 주장하는 부르디외의 요점을 생생하게 예증시켜주는 전략이다.[32] 그러나 문화적 유미주의자에게는 흥미 없는 진부한 것일지라도 "비실재적" 문제들은 우리 세계의 중요한 차원을 구성한다. 빈곤과 폭력, 섹스와 마약, "예비부품들과 상처 난 가슴들"이 "이 세계를 계속 움직이게 한다."33)

(b) 대중예술은 "깊은 실재"와 "실재적 문제"에 호소하지 못한다는 의미와는 또 다른 의미에서 피상적이고 공허한 것으로 비난받아 왔다. 여기서 혐의는 대중예술의 작품들이 "진지한 관심"을 정신적으로 고무시키거나 "지속시킬" 수 있을 만큼 의미의 복합성과 미묘함과 다양한 층위를 충분히 지니고 있지 못하다는 것이다. "내용이 다양한 층위에서 파악되고 이해될 수" 있게 "복합성을 지니려고 하는" 고급예술과는 대조적으로, 대중예술은 "분명하고 쉽게 인식될 수 있는 이미지", 평범하게 고정된 유형, 그리고 공허하게 상투적인 것 등만을 다룸으로써 광범위한 대중성을 얻어야만 한다.34) 따라서, 우리의 지성을 훈련시키지 못하고 아도르노의 말을 빌자면 "공허한 시간을 한층 더 큰 공허함으로 채울" 수 있을 뿐이다(*AT* 348).

매스미디어의 많은 산물들이 지루하게 피상적이고 일차원적이기는 하지만, 문화비평가들은 매스미디어의 모든 산물들이 그럴 수밖에 없다는 잘못된 결론을 내린다. "모든 군중문화는 동일한 것이다"라는 천편일률적인 편견에 암묵적으로 호소하면서,35) 그들은 대중예술의 작품들 속에서 실제로 발견될 수 있는 미묘한 복합성들을 결단코 무시한다. 그러나 아도르노마저도 대중예술의 작품들은 "서로 영향을 미치면서 그 모두가 전체 내용에 기여하는 다양한 층위의 의미들로" 자주 "구성된다"는 점을 깨달았

---

32) Pierre Bourdieu, "The Production of Belief," in R. Collins et al., *Media, Culture, and Society: A Critical Reader* (London: Sage, 1986), 154-5.
33) Bruce Springsteen의 노래가사 "Spare Parts"로부터 인용하였다. Van den Haag의 논증은 지금까지 언급한 논리적 결점들 이외에도 매우 의문스러운 경험적 근거를 지니고 있다. 낭만적·모더니스트적 단계 이전의 고급예술의 역사를 들여다볼 경우, 실험적 새로움과 난해함이 미적 정당성의 필요조건이라는 점을 발견하기는 힘들다.
34) 인용들은 Broudy, *Enlightened Cherishing*, 111, 그리고 Gans, *PH* 77에서 따왔다.
35) Horkheimer와 Adorno, *Dialectic of Enlightenment*, 121.

다.36) 그리고 텔레비전 연속극들에 대한 존 피스케(John Fiske)의 연구는 연속극들의 대중성이 그 극들이 지닌 다층적 · 다성적 · 다의적 특성에 상당히 의존한다는 점을 보여준다. 이러한 특성을 통해 연속극들은 "상이하고 때로는 상충되는 관심을 지닌" 광범위한 "다양한 집단들"에 상이하게 읽힐 수 있으면서도 또한 호소력을 지닐 수 있게 된다. 왜냐하면 미디어와 마케팅 전문가들이 인정하듯이 대중TV의 청중들은 "균질적인 군중이 아니라" "텔레비전으로부터 자신들의 사회적 경험과 연관되는 의미들을 산출하기 위해 텔레비전을 능동적으로 읽는" 많은 상이한 사회적 집단들의 변하는 성좌이기 때문이다.37)

지식인 비평가들은 대중예술이 지닌 다층적 · 다성적 · 다의적 의미들을 깨닫는 데 대개 실패한다. 왜냐하면 그들은 시작부터 "꺼버리며" 이러한 복합성들을 헤아리는 데 필요한 공감적인 주목을 대중예술의 작품들에 기울이려고 하지 않기 때문이다. 그러나 때때로는 그들은 문제가 되는 작품들을 이해하지 못한다. 록뮤직은 오랫동안 비밀스러운 메시지들을 담아왔다. 록은 예속과 문화적 압제의 억압적 조건에서 등장하였기 때문에, 저항과 긍지를 표현하면서도 해악 없는 순진무구한 침묵을 가장하기 위해 의미의 복합적 층들이 필요했다. 흑인문화에서부터 청년문화에 이르기까지 이러한 전통이 지속되어서, 밥 딜런(Bob Dylan)은 1965년의 대담에서 다음과 같이 말할 수 있었다. "만일 제가 여러분에게 우리의 음악이 진정 무엇에 관한 것인지를 말한다면, 우리 모두는 잡혀갈지도 모릅니다."38) 오늘날에도 여전히 우리는 록음악이 아주 사소하고 공허한 것이라고 확신하는 지식인

---

36) T. W. Adorno, "Television and the Patterns of Mass Culture," in Rosenberg and White (eds), *Mass Culture*, 478.

37) Fiske, *Television Culture*, 84, 94를 보기 바란다.

38) Ventura, *Shadow Dancing*, 159에서 인용하였다.

성인들을 발견한다. 그러나 그들은 귀에 거슬리는 소리와 비표준적인 발성법으로 인해 록음악의 의미를 파악할 수 없다고 결국 고백할 것이다. 만일 성인인구의 대부분이 엘비스(Elvis)와 리틀 리처드(Little Richard)를 들으며 자랐을 만큼 젊다면, 그리하여 고전적인 록전통의 소음과 무의미에 대해 불평을 하지 않을 만큼 신식이라면, 의미 없는 소리와 타락한 텅 빈 음악이라는 혐의는 오늘날 펑크나 랩과 같은 장르에 향해질 것이다. 이러한 장르에서 소음과 언어적 일탈은 특정 노래들의 의미적, 형식적 복합성의 일부를 형성하기 위해 의식적으로 이루어진다.[39]

(4) 우리 문화는 예술을 본질적으로 창조적이고 독창적인 것으로, 필연적으로 혁신과 실험에 착수하는 것으로 간주한다. 이는 왜 많은 미학자들이 예술작품이 항상 고유하다고 주장하는지를, 그리고 T. S. 엘리어트 같은 전통주의자까지도 작품이 "새롭지 않다면 …… 예술작품이 되지 못한다"라고 주장하는지를 설명해준다.[40] 이와 대조적으로, 대중예술은 비독창적이고 단조로울 뿐만 아니라 그 생산의 동기와 방법으로 인하여 필연적으로 그럴 수밖에 없는 것으로 전면적으로 비하된다. 대중예술의 산물들은 필연적으로 "미적지근해지고 표준화된다." 왜냐하면 그것들은 이윤에 굶주린 산업에 의해 정형화되고 "개성 없이 상투화"되어 기계적으로 만들어지기 때문이다. 이윤에 굶주린 산업은 "자율적인 취미를 개발하거나 함양시키기 보다는 소비자의 취미에 맞추는 데" 힘을 쓴다.[41] 그러므로, 진정한 예술

---

[39] 랩의 소음과 언어적 일탈은 몇몇 노래들의 제목 만에서도 볼 수 있다. 예컨대, Public Enemy의 "Bring the Noise," BDP의 "Gimme Dat, (Woy)," 그리고 Tone Loc의 "Funky Cold Medina"를 들 수 있다.

[40] T. S. Eliot, "Tradition and the Individual Talent," in *Selected Essays* (London: Faber, 1976), 15.

[41] *AT* 348; Adorno and Horkheimer, *Dialectic of Enlightenment*, 125; 그리고 Ernest van den Haag, "A Dissent from the Consensual Society," in Norman Jacobs (ed.),

이 지닌 창조적 독창성 및 여타 특징들과는 대조적으로, "대중문화는 그 자체의 진정한 특징들, 즉 표준화, 정형화, 보수성, 허위성, 조작된 소비적 상품성 등의 특징들을 지니고 있음이 입증된다."42)

대중예술이 필연적으로 비창조적이라는 주장은 다음과 같은 일련의 세 가지 논증에 근거한다. 첫째, 대중예술의 표준화와 기계적 생산은 개성에 제한을 두기 때문에 창조성을 배제한다.43) 둘째, 대중예술의 집단생산과 노동분화는 한 명 이상의 예술가의 결정과 연관되기 때문에 독창적 표현을 저해한다.44) 셋째, 거대한 청중을 즐겁게 해주려는 욕망은 개인적 자기표현, 따라서 독창적인 미적 표현과 부합할 수 없다. 이 논증들 모두는 미적 창조가 필연적으로 개인적이라는 전제에 근거한다. 이 전제는 부르주아의 개인주의 자유 이데올로기에 의해 살찌워진 의심쩍은 낭만적 신화이며, 예술의 기본적이 공동체적 차원에 어긋난다. 여하한 경우든, 이 논증들 중 어떠한 것도 설득력이 없으며, 대중적인 작품들을 고급예술로부터 분리하는 데 기여하지 못한다.

표준화는 대중예술에서뿐만 아니라 고급예술에서도 찾을 수 있다. 양자는 소통을 원활히 하기 위해, 가치가 입증된 특정한 미적 형식들과 효과들을 성취하기 위해, 그리고 창조적 정교화와 혁신을 발전시키는 데 필요한 견고한 토대를 제공하기 위해 관례들이나 정형들을 채택한다. 소네트의 길이는 텔레비전 시트콤의 길이만큼이나 엄격히 표준화되어 있지만, 그 어떤 제한도 창조성을 배제하지 않는다. 정형, 관례, 일반적인 기준 등이

Culture for the Millions (Princeton: Van Nostrand, 1961), 59를 보기 바란다.
42) Lowenthal, "Historical Perspectives," 55.
43) 예컨대, Rosenberg, "Mass Culture," 12를 보기 바란다. 그는 "근대의 기술"을 "군중문화의 필요충분한 원인"이자 문화적 야만성으로 비난하였다. Lowenthal ("Historical Perspectives," 55) 또한 근대기술사회에서의 "기계화된 작업과정 속에서 일어나는 개성의 쇠퇴"를 인용한다.
44) Macdonald, "Theory of Mass Culture," 65를 참고하기 바란다.

미적으로 타당한지를 결정하는 것은 이들이 상상력 있게 배치되는 지의 여부이다. 대중예술이 너무 자주 이들을 판에 박힌 방식으로 사용한다면, 고급예술은 아카데미즘과 같은 단조로운 표준화의 따분한 형식을 지닌다. 이러한 따분한 형식 속에서, 클리먼트 그린버그의 말을 빌리자면, "창조적 활동은 감소되며," "동일한 주제들이 백여 가지 다른 작품들 속에서 기계적으로 변형된다."[45] 새로운 기술들에 대한 사용은 고급예술에서도 분명히 존재하며, 이는 건축의 역사가 분명히 보여주듯 미적 창조성을 가로막는다기보다는 고무시킨다. 대중예술의 기술은 영화, 텔레비전 시리즈, 그리고 록비디오에서처럼 새로운 형식들을 창조하는 데 일조하였다. 그리고 이 모험적이고 예측할 수 없는 창조적 힘은 고급예술과 고급예술 후원자들의 약해져 가는 권위를 더욱 위협하여, 고급예술 후원자들이 대중예술은 창조적으로 무능하다는 비판을 내놓는 부분적 원인이 된다.[46]

위의 두 번째 논증도 마찬가지로 의문스럽다. 우리는 그리스의 신전들, 고딕교회들, 그리고 설화문학 등이 지닌 미학적 정당성에 의문을 제기할 경우에만 집단적 생산과 예술적 창조성 사이의 모순을 인정할 수 있다. 창조적인 예술의 목표들은 할리우드에서 가장 두드러지게 드러나듯이 조직적 압력에 의해 저해되거나 오염될 수 있다. 그러나 듀이식 표현을 빌리

---

[45] Greenberg, "Avant-Garde," 98.
[46] 대중예술의 기술에 대한 공격의 배후에는 산업화된 기술이 근대적 삶을 비인간화시킨다는 신랄한 비판, 그리고 예술도 기술적 지배에 의해 비인간화되고 궁극적으로는 무력화되지 않을까 하는 두려움이 놓여 있다. 기술은 그 모든 유감스러운 남용과 거짓된 이데올로기에도 불구하고 인류가 맞닥뜨려 인간화시켜야 하는 인간의 산물이다. 대중예술은 기술과 인간 사이의 중재를 위한 표현의 장으로 간주될 수 있다. 록연주가들이 그들의 전기기타를 치장하거나, 조작하거나, 심지어는 파괴할 때, 또는 랩 DJ들이 익살스럽게 레코드판을 긁고 턴테이블을 바꾸어치기 할 때, 우리는 기계를 익살스럽게 인간화시키는 또는 예술가의 인간적 지배를 강조하는 시도들을 발견한다. 그렇지만 오늘날의 전세계적 기술게임에서 누가 놀이의 주체이고 누가 놀이의 대상인지는 명확하기 매우 힘들다. 이 문제는 다음 장에서 랩음악과 관련하여 논의될 것이다.

자면, 이는 실천 속에서 싸우고 고쳐나가야 할 점이지, 창조적 표현과 집단적 작품 사이의 필연적인 모순의 원리로 구체화되어야 하는 점이 아니다. 집단적 생산이 개인적 공상의 나래를 제한하리라는 것은 틀림없지만, 여러 정신들의 협동이 추가의 상상적 자원을 창조성에 보충해 줄 수 있다는 점 또한 사실이다. 여하튼, 우리는 개인적 상상력도 전통적으로 계승된 관례들 및 청중의 기대반응을 통해 공동체와 일정한 종류의 협동 속에서 항시 작용한다는 점을 기억해야 한다. 그러므로 고급문화 예술가도 사회적으로 구성되고 사회적으로 동기 부여된 자아이기 때문에 스스로를 즐겁게 하는 바로 그 행동 속에서 또한 대단위 청중을 즐겁게 하려고 할 것이다.

이러한 성찰은 대중예술이 창조성을 본질적으로 결여하고 있다는 점에 대한 세 번째의 가장 흔한 논증과도 연관된다. 이 논증은 대중성은 전체 군중들에 의해 쉽게 파악되고 감상되는 예술적 형식과 내용을 필요로 한다는 점을 강조한다. 그리고 이는 가장 기본적인 공통분모에 호소하기 위해 개인적인 창조적 표현은 부인됨을 의미한다. 따라서 내용과 형식에서 가장 기본적인 정형들만이 나타날 수 있다. 즉, "매스미디어는 취미의 평균을 부합시키기 위해 균질화된 것만을 제공해야 하므로," 창조적이고 도전적인 것은 전혀 말할 수 없고, "명확하고 승인된 것"만을 표현하는 데 한정된다.47) 이러한 결론은 대중예술의 산물들이 "보통"사람들의 감수성에 정례적으로 충격과 공격을 가해왔다는 사실만으로도 거짓임이 드러난다. 그러

---

47) Van den Haag, "Of Happiness," 517, 529. 이 논증에 대한 최근의 표현에 대해서는 Ariel Dorfman을 보기 바란다. 그는 다음과 같이 말한다. "밀집된 집단적인 사람들의 동시적인 필요에 부응하는 문화산업은 모든 사람이 노력 없이 이해할 수 있는 것만 창조함으로써 가장 기본적인 공통분모에 자신의 메시지들을 하향조정한다. (빈번히 지적되었듯이) 이 공통분모는 인류를 위한 보편적 척도로서의 세속적 규범화를 거친 전형적인 북미 일반인에 근거하고 있다." Ariel Dorfman, *The Empire's Old Clothes: What the Lone Ranger, Babar, and Other Innocent Heroes Do to Our Minds* (New York: Pantheon Books, 1983), 199.

나 이 논증을 많은 문화비평가들에게 그럴 듯하게 보이게 만드는 오류들이 무엇인지를 밝힐 필요가 있다.

첫 번째의 오류는 "다원적인 청중"과 "군집적인 청중"을 혼동하는 일이다. 대중성은 전자를 요구할 뿐이며, 오직 후자만이 균질화된 무차별적 전체를 함축한다. 고급문화 비평가들은 대중예술의 청중들이 군중이라는 잘못된 점을 전제한다. 비평가들은 어떻게 이 청중들이 다양한 취미집단들로 나뉘어 실제로 구성되는지를 깨닫지 못한다. 이 집단들은 다양한 사회, 교육적 배경들과 이데올로기들을 반영하며, 그리고 취미집단의 특정한 사회적 경험에 더 적합하고 즐겁게 대중예술의 작품들을 다양하게 해석한다. 미디어에 대한 연구들은 어떤 특정관점을 표현하는 어떤 작품이 그 관점을 거부하거나 (단순히 파악하지 못하는) 청중들에게 매우 대중적일 수 있음을 보여준다. 왜냐하면 그러한 청중들은 작품을 자신들에게 더 흥미롭고 유용하게 만들기 위해 그 작품의 의미를 창조적으로 "해독"하거나 재구성하기 때문이다. 이 점이 왜 페미니스트, 마르크시스트 그리고 이스라엘에 사는 전통적인 모로코 유대인들이 모두 〈댈러스〉(Dallas)의 열성적인 팬들이 될 수 있는지를, 그리고 왜 "〈다이내스티〉(Dynasty)가 미국에 있는 동성연애자들 사이에서 열광적인 볼거리가 되었는지를" 설명해 준다.[48]

그러나 창조적 오독으로부터 이끌어진 이러한 논증을, 즉 대중예술의 창조성을 그 예술의 공식적인 창조자들에게만이 아니라 다양한 소비자들에게 한층 민주적으로 두는 이러한 논증을 우리가 무시한다고 할지라도,

---

48) 이들 및 다른 예들에 대한 좀더 상세한 점은 Fiske, *Television Culture*, 71-2, 163-4, 320 등을 보기 바란다. 대중성을 성취하기 위해 단순히 균질적인 것을 요구하는 일은 다음과 같은 점이 전제될 경우에만 가능하다. 즉, 한 작품의 의미와 수용의 양태가 그 작품 독자들에게 고정되어 있고 획일적이라는 점이 전제될 경우에만, 또는 작품의 의미가 다른 텍스트들과의, 그리고 사회문화적 상황 속에 놓인 독자들과의 상호소통을 통해 이루어진 대화적이고 변화하는 산물이라기보다는 작품의 저자에 의해 확고히 규제된다는 점이 전제될 경우에만 가능한 것이다.

다원적인 청중과 군집적인 청중을 구분하는 또 다른 이유가 존재한다. 왜냐하면 개별적인 사회적 또는 인종적 배경 (또는 공통적인 이데올로기나 예술적 전통)을 공유한 특정한 취미집단은 평균적 미국인으로 이루어진 균질적인 군중과는 분명히 구분되면서도 다중을 구성하기에 충분할 만큼 다양할 것이기 때문이다. 다원적인 청중들의 만족은 어떤 예술을 대중예술이라 간주하기에 그리고 매스미디어가 내보내기에 충분할 만큼 대중적으로 만든다. 구분되는 거대한 청중들이 있다는 사실은 대중예술이 스스로를 이른바 일반적 공중(public)에 의해 이해되고 용인되는 스타일, 정형 그리고 관점에 한정할 필요가 없다는 점을 의미한다.

인기를 누린 많은 랩노래들의 레코드판 긁기, 흑인영어, 노골적인 성적 내용, 그리고 반미감정 등은 "중산층 미국인"에게 전혀 "명백하지도 승인되지도" 않지만, 이 점이 그러한 노래들이 대단한 대중성을 성취하는 것을 가로막지는 않는다. 그들의 대중성은 그들의 분명히 구분되는 인종적·이데올로기적 초점으로부터, 그리고 용인된 공적인 기준들에 대한 그들의 도전으로부터 나왔다. 즉, "공중의 적(Public Enemy)"이 됨으로써 그들은 대중성을 얻은 것이다. 이 "공중의 적"이라는 명칭은 대중적으로 유명하지만 공적으로는 비난받는 랩그룹이 스스로에게 재치 있게 붙인 명칭이기도 하다. 구분에 근거한 이러한 대중성이 젊은 흑인빈민가 청중들에게만 반드시 한정되는 것은 아니다. 왜냐하면 억압적 권위에 대한 신랄한 공격과 격렬한 저항을 담고 있는 랩의 메시지는 다른 사회적 배경을 가지고 있는 소외된 젊은이들에게도, 나아가 체제에 만족하지 못하는 그리고 랩의 스타일, 비유, 은어를 배우고자 하는 주변부의 지식인들에게도 받아들여질 수 있기 때문이다. 즉, 랩에 앞서 록이 보여주었듯이, 대중성은 전세계적인 "취미의 평균"에 부합할 것을 요구하지 않는다. 그리고 대중성은 새로운 문화나 대항문화적 예술전통의 선도자들만이 적절히 이해하는 의미들을 창조하는 일을 배제하지도 않는다.

대중예술가들은 대중예술의 소비자들이기도 하며, 청중의 일부를 구성하기도 한다. 종종 대중예술가들은 그들 작품이 지향하고 있는 청중들의 취미를 공유한다. 여기서, 자신을 창조적으로 표현하려는 바람과 자신의 거대한 청중들을 즐겁게 하려는 바람 사이의 모순은 실제로 존재할 수 없다. 그러한 모순의 필연성을 잘못 전제하는 일이 세 번째 논증의 두 번째 오류이다. 이 오류는 개인적 천재라는 낭만적 신화로부터 비롯한다. 이 신화에 따르면, 사회로부터의 고립과 사회의 공통적 가치에 대한 경멸은 예술적 완성과 성찰에 필수적이다. 이러한 신화를 조장시킨 역사적·사회경제적 압력들이 요즈음 널리 인식되고 있다. 이 신화는 예술가들이 사회 후원가라는 전통적인 형태로부터 절연당하여 그들의 역할과 그들의 청중이 19세기의 급변하는 사회 속에서 불확실해졌을 때 발달하였다. 오늘날은 이 신화를 거의 신뢰하지 않으며, T. S. 엘리어트 같은 일견 엘리트주의적 예술가조차도 예술가와 공동체의 필연적인 연관을 강조하면서 그리고 가능한 한 그 공동체에 넓게 이르고픈 바람을 피력하면서 이 신화를 공공연히 부인한다.[49]

마지막으로, 대중예술의 대중성이 용인된 정형에 대한 종속적인 순응을 요구한다는 논증은 대중예술의 소비자들이 너무 단순하여 자신들이 익숙지 않고 용인할 수 없는 관점들을 감상하기 힘들다는 전제에 기반한다. 그러나 이미 언급하였듯이 미디어 소비의 경험적 증거는 이 전제가 거짓임을 보여준다. 미디어 시청자들은 지성적 상류계층들이 생각하는 "문화적 마약 중독자들"이 아니다.[50] 대중예술의 청중들이 심리적으로 너무 순진

---

49) 예컨대, T. S. Eliot, *The Use of Poetry and the Use of Criticism* (London: Faber, 1964), 152-3을 참고하기 바란다.

50) Stuart Hall, "The Rediscovery of Ideology: The Return of the Repressed," in M.

하고 일차원적이어서 모순되는 사고들이나 모호한 가치들을 즐길 수 없다는 전반적인 생각은 포스트모던적 삶에 대한 당혹스러운 경험에 의해 명확히 반박되는 듯이 보인다. 포스트모던적 삶에서, 일상은 모순적인 역할과 상충하는 언어놀이들을 즐길 것을 요구할 뿐만 아니라 그것들과 더불어 살 것을 요구하기도 한다. 엘리트적 미적 호사, 태도의 다양함, 믿음과 불신 양자 사이의 동요 등은 더 이상 삶의 필연성이 아니다. 자기기만이나 아이러니 없이 우리가 아직도 전적으로 믿고 매달릴 수 있는 것이 무엇이겠는가?

(5) 공적인 기준에 대한 순응이라는 논점은 대중예술에 반대하는 다섯 번째 주요한 미적 고발을 유도한다. 즉, 대중예술은 미적 자율성과 저항을 결여하고 있다는 것이다. 미학자들은 대개 자율성을 "예술의 양도할 수 없는 측면"으로 간주한다(*AT* 1). 자율성이 예술의 가치에 필수불가결하다는 것이다. 이 자율성이라는 개념이 사회역사적 요소들의 산물이며 계층차별의 사회적 지표로 기능한다는 점을 깨달은 아도르노와 부르디외조차도 이러한 깨달음에도 불구하고 자율성이 예술적 정당성에 그리고 미적 감상이라는 개념에 본질적인 것이라고 주장한다. 왜냐하면, 부르디외에 따르면, 예술이 어떤 다른 것이 아닌 예술로 창조되고 감상되기 위해서는 "예술 생산의 자율적 영역, 즉 …… 예술이 그 생산과 소비 양자 모두에 그 자신의 규범을 부과할 수 있는" 그리고 "(예술의) 특수한 전통 …… 속에 각인된 것 이외의 어떤 필요"나 외적 기능도 거부할 수 있는 예술생산의 자율적 영역을 필요로 하기 때문이다. 그러한 자율적인 규범의 핵심은 "기능에 종속되는 '주제', 즉 외적 지시대상보다는 예술가가 숙달한 형식, 품격, 스

Gurevitch et al. (eds), *Culture, Society and Media* (London: Methuen, 1982), 56-90.

타일 등에 우선성을 둔다"(*D* 3). 이와 마찬가지로, 아도르노에게서도 예술의 규범들은 예술 그 자체를 위한 봉사 이외의 어떤 다른 기능도 배제한다. 예술은 "봉사의 기능을 하지 않을 것이며," "즐거움의 원천이 되고픈 천진스러운 생각마저도" 피해야 한다. "자율적 예술작품은 …… 그 자체와 관련해서만 기능적이다"(*AT* 89, 136, 281). 이와 대조적으로, 대중예술은 순수한 예술적 목적보다는 일상적인 인간의 욕망을 즐겁게 하려하고 충족시키려 하기 때문에 미적 타당성을 상실한다. 그러나 왜 기능성이 예술적·미적 비합법성을 수반하는가?

결국, 이러한 추론들은 예술과 미적인 것을 실제 삶에 기본적으로 대립되는 것으로 정의하는 데 근거한다. 아도르노에게서, 예술은 물질적·사회적 삶에 뿌리를 두고 그로부터 정보를 얻지만 스스로를 우리들 "세속적 실재와의 차별을 통해서"만 그리고 실천적인 기능적 절박함과의 절연을 통해서만 정의하고 정당화한다. 스스로의 자유롭고 상상적인 영역을 주장함으로써, 예술은 세상의 냉혹하게 악착같은 기능성에 대한 비판을 대변한다. 그러므로 "어떤 사회적 기능이 예술에 조금이라도 부여될 수 있다면, 이는 무기능의 기능이다"(*AT* 322). 부르디외도 이와 마찬가지로 미적 태도라는 바로 그 개념이 세상 및 일상적 관심과의 "절연을 함축"한다고 주장한다(*D* 4). 부르디외는 대중예술이 "예술과 삶 사이의 연속성, 즉 형식에 대한 기능의 종속을 함축하는 예술과 삶 사이의 연속성"을 긍정하기 때문에(*D* 32) 적법한 예술이 될 수 없다고 결론 내렸다. 대중예술은 어떤 대중적 심미성에 의해서도 미적으로 정당화될 수 없다. 왜냐하면, 부르디외의 논증에 따르면, 대중적 심미성은 명칭상 가치가 없기 때문이다. 첫째, 대중적 심미성은 결코 의식적으로 그리고 긍정적으로 ("그 자체를 위해") 정식화되는 것이 아니라, 삶과 반대되는 합법적인 미적인 것에 대한 "부정적 판단 기준"으로 기여하며 스스로를 대조를 통해 정의할 뿐이다(*D* 4, 41,

57). 둘째, 실재 삶의 관심들과 즐거움들을 받아들이고 예술의 순수한 자율성에 도전을 제기하기 때문에, 대중적 심미성은 기본적으로 예술에 반대되는 것으로 그리고 "예술의 대상들을 삶의 대상들로 체계적으로 환원시키는" 것으로 격하된다(D 5).

대중예술에 반대하는 이러한 논증들 모두는 예술과 실제 삶이 기본적으로 반대되고 분리될 수 있다는 그리고 그러해야만 한다는 전제에 매달려 있다. 그러나 이 관점이 미학의 고색창연한 믿음이기는 하지만, 왜 이 관점을 받아들여야 하는가? 이 관점의 출처와 동기는 의심스럽다. 예술이 실재로부터 두 단계 떨어져 있다는 플라톤의 예술에 대한 공격에서부터 비롯된 이 관점은 특정한 철학적 전통에 의해 유지되어 왔다. 이 철학적 전통은 예술을 옹호하려고 한 경우에서조차도 예술을 실재로부터 분리시킴으로써 예술의 실재적 본성을 포함한 실재를 결정하는 데 있어서 철학의 지배권을 확실히 하려고 항시 갈망하였다.

그러나 철학적 선입견과 역사적 파벌주의로부터 벗어나 이 문제를 본다면, 우리는 예술이 삶의 일부를 분명히 형성함을 안다. 이는 삶이 예술의 내용을 형성하고, 나아가 "삶의 예술"51) 속에서 삶 자체를 예술적으로 구성하는 것과 마찬가지이다. 대상이자 경험으로서, 예술작품은 세상 속에 존재하며 우리의 삶 속에서 기능한다. 음악은 어린이를 잠재우는 데, 그리고 애국적 감정을 불러일으키는 데 사용된다. 시는 기도와 구애를 위해 사용되며, 우화는 도덕적 교훈을 가르치는 데 사용된다. 고대 아테네의 문화에서 예술은 일상적인 삶과 정신 속에 친밀하게 통합되었다. 회화와 조각은 순수한 시각적 기쁨을 위해 박물관에 놓인 것이 아니라 건축처럼 분명한 종교적·사회적·정치적 목적에 봉사하였다. 음악과 노래는 종교

---

51) Bourdieu 스스로가 이 개념을 사용하였고 (D 47-8, 57, 254, 370), 필자는 미적 삶이라는 윤리적 생각을 마지막 장에서 탐구할 것이다.

적 제의와 도시적 축제의 일부였다. 그리스 드라마의 고전들은 공동체적 신화를 재각색하여 들려줌으로써 사회적 통합과 시민적 긍지를 함양시키려 하였고, 체육경기들과 더불어 축제에서 공연되었다. 이 공연들이 대중문화를 구성하였고, 공연에서의 행동은 오늘날 록공연들에서의 보이는 행동들과 마찬가지로 격식과 세련과는 거리가 멀었다.[52] 즉, 그리스 예술은 근대적 개념의 예술적 자율성을 결여하였지만, 이 결여가 그리스 예술로부터 미적 잠재성을 박탈하지는 않았다.

물론 부르디외도 이 점을 잘 알고 있다. 그의 저작은 예술이 *자율적* 예술로 그리고 미적인 것이 *순수히* 미적인 것으로 변형되어 버린 19세기의 역사적 전개를 강조한다. 그러나 그의 순수주의적 정의들은 역사의 변화들은 변할 수 없이 영원하다는 점을, 그리고 일단 순수한 자율성 속으로 변형되면 예술과 미적인 것은 덜 순수하고 덜 삶을 부정하는 형식 속에서는 더 이상 합법화될 수 없다는 점을 시사한다. 그렇지만 역사는 변형을 거듭한다. 포스트모던 문화 속에서의 최근의 전개는 순수주의적 이상이 해체되고 미적인 것이 모든 삶의 영역 속으로 점증적으로 빨려 들어감을 보여준다. 부르디외는 순수한 것으로 널리 오해되는 미적 순수성을 그 속에 연루된 깊은 물질적 조건들과 은폐된 사회적 이해들을 날카롭게 폭로함으로써 순수함과 거리가 먼 것으로 묘사하기는 한다. 그러나 그는 순수한 자율성이라는 이러한 집단적 오해가 분쇄되고서도 미적인 것이 계속 유지될 수 있다는 생각에 반대하는 듯이 보인다. 그는 삶이 중심을 차지하는 곳에서

---

52) Alexander Nehamas, "Plato and the Mass Media," *Monist* 71 (1988), 223을 보기 바란다. "연극들은 행동이 단정한 청중들 앞에서 공연되지 않았다. 운집한 군중들은 휘파람 불기를 일삼았고 …… 극장은 그들의 '몰교양적 소음'으로 가득 찼다 …… Plato는 극장이나 여타의 장소에서 자신들의 동의와 불만을 소리쳤던 청중들의 소음에 깊은 혐오를 나타낸다(*Rep.* 492c) …… 청중들이 먹던 음식의 일부가 자신들이 싫어하는 배우들에게 던져지고는 했다."

그리고 대중예술과 경험이 복원되는 곳에서 대안적인 미적인 것이 가능하다는 점을 부인한다. 그러나 그러한 미적인 것은 가능할 뿐만 아니라 듀이의 프라그마티스트 예술이론 속에서 강력하게 등장한다. 그의 예술이론은 "살아 있는 창조물"의 기운, 욕구, 즐거움을 미적 경험의 중심에 둔다.

예술의 자율성은 삶과의 구분 속에서 표현될 뿐만 아니라 사회에 대한 저항 속에서도 표현된다. 예컨대, 아도르노는 "예술은 사회에 저항하는 힘을 가질 때에만 영위될 것이다"라고 주장한다. 이러한 저항을 통해 자율적인 구분을 이루는 데 실패한다면, 예술은 단순한 "상품"으로 전락한다(AT 321). 그러므로, 고급예술은 널리 상품화되었다고 할지라도 자율적 가치를 자랑스럽게 주장하는 반면, 대중문화는 "예술인 척"조차 하지 않으며 스스로를 "사업" 또는 "산업"이라고 선언한다. 설상가상으로, 대중문화의 산물들은 보수적이고 순응적인 "타협과 복종의 '메시지'"를 전파함으로써 저항을 더욱 결여시킨다.[53] 이러한 언급은 다음과 같은 낯익은 비판의 경향을 반영한다: 진정한 예술은 "기존의 용인된 것과 다르고" 대립되어야만 하기 때문에, 평균적 취미에 대한 대중예술의 필연적인 순응과 그 결과로 나타나는 보수적인 태도는 예술에 적합하지 않을 수밖에 없다.[54]

그러나 이 논증의 두 전제들 모두가 유지될 수 없는 것으로 밝혀졌다. 사회에 대한 반대는 예술의 영원한 본질이 아니라, 예술 및 예술가가 이전에 누렸던 사회적 유대와 지원의 전통적 형식들이 제거되어버린 사회, 경제적 과정의 결과로 19세기에 등장한 특정한 미적 이데올로기이다. 이 "예술을 위한 예술"이라는 이데올로기의 지배 이전뿐만 아니라 와중에도 대개 고급예술의 대표적 작품들은 형식과 내용 면에서 반골적이지도 진보적이

---

53) Horkheimer and Adorno, *Dialectic of Enlightenment*, 121, 157; Adorno, "Television and the Patterns of Mass Culture," 477.
54) 예컨대, van den Haag, "Of Happiness," 517을 보기 바란다.

지도 않았다.55) 그리고 대중예술의 작품들이 대중성을 확보하기 위해 보수적이거나 순응적일 필요도 없다.

부르디외는 다음과 같은 좀 더 섬세한 논증을 개진하였다. 대중예술은 미적으로 합법화될 수 없다. 왜냐하면 대중예술은 자신을 오만하게 경멸하는 고급예술의 미적 지배를 암암리에 받아들임으로써 자신의 미적 정당성이나 자율성을 기본적으로 부인하기 때문이다. 우리의 문화 속에서는 "순수화를 지향하는" 고급예술의 미학이 "너무 보편적으로 받아들여져 ······ 예술에 대한 정의가 그리고 그를 통한 삶의 예술이 계층 간의 투쟁대상임을 지적하는 목소리는 들리지 않는다." 따라서, 이러한 문화 속에 존재한다는 이유만으로도, 대중미학은 "스스로를 부단히 지배적 미학에 의해 정의할 수밖에 없는 피지배적 미학"임에 틀림없다(D 41, 48). 이러한 지배적 기준에 의하자면 대중예술은 예술로 인정받을 수 없기 때문에, 그리고 자신의 합법적인 합법성을 주장하거나 산출할 수 없기 때문에, 부르디외는 일정 의미에서 "대중예술은 존재하지 않는다"라는 그리고 대중문화는 "문화의 지배적인 정의를" 그리하여 자신의 비정당성을 "막무가내로 강요하는 역설적 개념"이라는 결론을 내린다(D 395). 그러한 자기불법화는 고급문화에 대한 가망 없는 모방을 통해 체념적 "자기비하"의 형식 아니면 "자기 파괴적 재건"의 형식을 취할 수 있다(D 48).

이 논증이 부르디외가 연구한 프랑스 문화에 대해서는 설득력이 있을지

---

55) 대부분의 예술작품들이 그 작품들을 낳은 사회에 저항하기보다는 그 사회를 긍정하려고 했었다는 점을 깨달을 수밖에 없었던 Adorno는 예술이 지닌 실재와는 다른 기능적 허구성이나 차별성을 저항활동으로 해석함으로써 예술의 기본적인 저항적 위상을 옹호하고자 한다. 그러나 이 점을 받아들인다면, 비실재적 도피주의라는 비난을 받았던 대중예술에도 동일한 점이 적용될 것이다. Adorno도 이를 깨달은 듯하지만, 곧 대중예술이 저항을 구성할 만큼 도피적이지 못하다고 비난한다. "도피적 영화들이 그토록 모순적인 까닭은 그 영화들이 실패한 존재들에 등을 돌리기 때문이 아니라 등을 아주 적극적으로 돌리지 못하기 때문이다"(Minima Moralia, 202).

모르지만, 대중예술에 대한 전세계적인 논증으로서는 옳지 않다. 왜냐하면, 적어도 미국의 경우에 대중예술은 자신의 미학적 지위를 주장하며 자신 고유의 미적 합법화의 형식들을 제공하기 때문이다. 많은 대중예술가들이 자신의 역할을 단순한 오락 이상으로 여길 뿐만 아니라, 그들 예술의 예술적 지위 또한 그들의 작품들 속에서 자주 주제화된다. 더욱이, 오스카, 에미, 그래미 등의 상들은 대부분 미국인의 눈에 미적 합법화뿐만 아니라 예술적 특권의 신분을 수여하는 듯이 보인다. 또한 대중예술에 대한 많은 그리고 갈수록 늘어나는 미학적 비평들이 존재한다. 이 중에는 대중예술의 발전을 미학적 측면에서 역사적으로 연구한 것들이 포함된다. 잡지나 책을 통해서뿐만 아니라 매스미디어를 통해서도 확산되는 이러한 미학적 비평은 합법화를 해나가는 담화의 형식임에 틀림없다. 그리고 이러한 비평은 고급예술에 적용되는 것과 같은 종류의 미적 술어를 사용한다. 그렇지만 고급예술의 미학이 미적 담화의 합법적인 사용을 독점적으로 조정한다는 점을 처음부터 전제하지 않는 한, 술어와 비평적 담화를 공유한다는 점이 고급예술로의 복속을 함축하지는 않는다. 이 전제는 독점적인 미적 합법화의 문제를 옳은 것으로 이미 가정하는 오류를 범하고 있다. 그러나 이 문제는 대중예술이 이의를 제기하는 바로 그 문제이다.

마찬가지로, 명확한 철학적 미학에 대한 대중예술의 결여가 대중예술의 미학적 합법성을 배제한다는 전제는 잘못된 것이다. 합법화는 철학적 이론과는 다른 더욱 강력한 형식들을 취한다. 대중예술은 자신이 제공하는 경험들을 통하여, 그리고 자신이 광범위하게 생성시키는 듣기, 보기, 비평적 활동 등을 통하여 미적으로 합법화될 수 있다. 더욱이, 합법화를 철학적 합법화와 혼동하는 것이 잘못이듯이, 사회적으로 용인된 미적 합법성을 사회적으로 주변화된 지적 공동체에 의해 부여되는 것에 한정하는 것도 잘못이다. 미국인들은 철학이나 지식인들의 문화적 주도권을 프랑스나 다른 유럽의 사람들처럼 심각하게 받아들이지 않는다. 미국 대중문화 속에 구현된 이러한 무관심스러운 반항적인 태도가 유럽인들, 특히 젊은이들과 문화적인 피지배층을 사로잡는 그리고 그들에게 진정으로 가치 있는 커다란 부분이다. 왜냐하면 이는 현실 유리적 지식인 철학과 고상한 궁정풍 예술이 이루어 놓은 억압적 전통이 오랫동안 공고화해놓은 문화적 지배로부터 점차 자유로워질 수 있는 귀중한 도구를 제공하기 때문이다.

부르디외의 범지구적인 주장을 미국의 문화적 차이에 주목함으로써 비판하기는 하지만, 필자는 그의 좀 더 일반적인 주장, 즉 예술과 미적인 것이 보편적이고 초시간적인 본질들이 아니라 사회적·역사적 조건에 의해 충전되고 변형되는 문화적 산물들이라는 주장을 전폭 지지한다. 왜냐하면, 특정한 사회적·역사적 요인들은 대중예술이 미학적·문화적 정당성에 대한 고급예술의 억압으로부터 가장 잘 살아남아 그 억압에 가장 성공적으로 도전을 제기한 곳이 왜 미국인지를 적절히 설명해줄 수 있기 때문이다. 이러한 요인들을 적절히 보여주기 위해서는 이번 장의 범위를 벗어나는 상세한 사회, 역사적 연구가 필요할 것이다. 그러나 다음에서 설명하는 요인들이 가장 유망할 것이다.

첫째, 미국이 계층 없는 사회와는 거리가 멀기는 하지만, 미국의 사회적 구조가 전통적인 유럽 사회의 구조보다는 더 유연하고 탈중심화되어 있다는 것은 거의 틀림없다. 그리고 미국의 지배적 이데올로기는 공공연히 평등적이고 반귀족적이다. 둘째, 유럽으로부터 정치적·경제적으로 독립하기 위해 싸웠던 신세계의 국가로서, 미국은 유럽의 문화적 지배에 반발하는 경향이 강했다. 그리고 고급문화는 귀족적인 유럽의 수입품으로 인식되어, 때론 격렬한 애국적 저항을 불러일으켰다.[56] 셋째, 다양한 문화의 이민

---

56) 예컨대, 19세기 미국 극장에서는 영국 배우들에게 음식들이 던져졌으며, "꺼져라! 꺼져라! 영국으로 돌아가라! 돌아가서 양키들이 네 녀석들을 돌려보냈다고 말해라!"

자들로 구성된 국가이기 때문에, 구세계로부터 문제없이 수입되어 결속력을 가질 수 있는 고유한 국가적 전통의 고급문화가 존재하지 않았다. 그리고 문화적 통일성을 강화할 수 있는 중심적인 교육체계도 존재하지 않았다. 대중예술을 위한 문화적 다양성의 자유로운 효과는 아프리카 문화로부터 유래한 블루스, 재즈, 록 등이 미국 흑인들에 의해 발달한 사실 속에서 가장 극적으로 나타난다. 미국 흑인들은 지배적 사회로부터 야만적으로 배척당했기 때문에 사회의 지배적 미학으로부터 자유로울 수 있었다.57)

그러나 미국 사회의 거대한 문화적 자유를 설명해주는 가장 중요한 근거는 미국 사회가 유럽의 고급문화를 구성하여 그 지배적 힘을 유지시켰던 두 가지 전통적 제도, 즉 귀족적 궁전과 국가적 교회를 지니지 않았다는 점일 것이다. 많은 사람들이 논증하듯, 고급예술의 개념은 점차 번성하는 부르주아에 대한 자신들의 지속적인 특권을 확실히 하려는 귀족들에 의해 많은 부분 고안되었다. 이는 사회적인 야망을 지닌 중산층 시민들에 의해 이후에 모방되었던 차별화의 전략이다.58) 다른 한편, 종교적 전통은 예술

라는 고함들이 터졌다. 더욱이, "뉴올리안즈의 청중들은 이탈리아 오페라의 서곡들을 친숙한 애국적인 곡조인 'Yankee Doodle'과 'Hail Columbia' 등을 통해 중음시킬 것을 요구하고는 하였다." 한 지휘자가 이들의 요구를 무시하자, "청중들은 의자들을 부수기 시작하였다." 귀족적인 유럽 문화에 대한 저항은 '넓게는 상류사회 미국인들의 유럽적, 귀족적 경향들에 대한 분노의 표시이기도 한데, 이러한 저항은 1849년 최소한 22명 이상의 사망자를 낸 Astor Place Riot에서 가장 격렬하게 폭발하였다. 고급예술이 지닌 귀족주의, 지성주의, 유럽풍의 엘리트주의 등에 대한 미국 대중들의 저항과 굴종을 좀더 상세히 알기 위해서는, Levine, *Highbrow/ Lowbrow*를 참고하기 바란다. 필자의 인용은 이 책의 62, 95쪽에서 따왔다.

57) Carl Boggs와 Ray Pratt, "The Blues Tradition: Poetic Revolt or Cultural Impasse?," in Lazere (ed.), *American Media*, 279에서도 유사한 견해가 펼쳐진다. "블루스를 형성한 사회적 조건들이 농촌적, 前자본주의적·인종적이라는 점에서, 이 음악은 지배적인 경제체계와 사회관계들의 바깥에 기본적으로 존재한다." 흑인문화를 백인의 사회, 문화적 지배로부터의 피난처로 보는 관점을 좀 더 상세히 알기 위해서는 Eugene D. Genovese, *Roll Jordan, Roll: The World The Slaves Made* (New York: Pantheon, 1974), 그리고 Lawrence W. Levine, *Black Culture and Black Consciousness* (New York: Oxford University Press, 1977)를 보기 바란다.

작품을 경건하게 주목하는 습성을 제공하였을 뿐만 아니라 고도로 영혼화된 경험이라는 강력하면서도 제도적으로 공고화된 이상을 제공하였다. 나아가, 그러한 초월적인 경험과 담화의 타당성을 지도하고 통제하기 위해 지적으로 종교화된 계층을 제공하였다. 신학적 신념은 상실되었으나 종교적 감상과 침울한 영혼화의 습성이 여전히 강렬히 잠재해 있을 때, 이러한 감상과 습성은 고급예술의 종교 속으로, 즉 지적인 예술가들과 비평가들이라는 새로운 종교화된 계층을 동반한 비세속적 경험과 신앙적 경건함의 새로운 영역 속으로 투사되었다. 미국의 종교적 전통은 이보다 훨씬 약했고, 미국을 지배한 엄격한 청교도주의는 미적 수용에 부합하지 않았다. 전통적인 귀족계층을 지니지 않은 그리고 많은 종교적 교파들을 포용한 세속적 공화국으로서, 미국은 부르디외가 기본적으로 "문화의 귀족주의"라고 기술한 것에 잘 저항할 수 있었다(*D* 11-96). 그리고 그 결과 귀족적 차별화도 의사 종교적 가치도 주장하지 않는 대중예술을 미적으로 긍정할 수 있었다.[59]

(6) 마지막으로, 대중예술은 적합한 형식을 성취하지 못한다고 비난받는다. 에이브러햄 캐플런(Abraham Kaplan)이 예리하게 지적하였듯이, "대중예술에서 비미적인 것은 대중예술이 지닌 형식 없음이다. 대중예술은 예술적 형식의 창조에 필요한 지속적인 노력을 요청하지도 허용하지도 않는다."[60] 형식에 대한 고급예술의 깊은 관심과는 대조적으로, 대중예술은 내

---

58) Taylor, *Art, an Enemy of the People*, 43 그리고 Arnold Hauser, *The Social History of Art* (New York: Knopf, 1951), 438ff를 보기 바란다.
59) 그렇지만 그러한 저항이 문화적인 귀족주의와 정치적으로 영향력 있는 고급예술의 체제가 미국에서 창출되는 것을 막을 만큼 강하지는 못했다. 중요한 점은 저항이 미적인 그리고 문화적인 합법성에 대한 고급예술의 신성불가침한 독점을 침식하기에 충분할 만큼 강했고 아직도 강하다는 것이다.
60) Abraham Kaplan, "The Aesthetics of the Popular Arts," in J. B. Hall and B. Ulanov

용에 전적으로 집착하여 형식에는 하찮고 보조적인 역할만을 부여하는 것으로, 그리고 그 결과 스스로를 적절히 표현하거나 주제화할 수 없는 것으로 여겨진다.

대중예술의 형식적 적합성에 반대하는 논증들 자체가 그 형식이 다양하다. 대중예술이 지닌 형식적 구조의 통일성과 복합성 모두가 엄격히 부정되었다. 맥도널드와 아도르노에게서, 대중예술 작품들은 필연적으로 형식적 통일성을 결여할 수밖에 없다. 왜냐하면, 그것들은 자율적인 개인의 창작물이라기보다는 집단적 생산물이기 때문이며, 또한 분열된 퇴행적인 청중들의 비위를 맞추기 때문이다. 이러한 청중들은 진정한 예술작품의 "다층적인 통일성"을 포착할 수 있는 종합적인 능력을 상실하였다. 대중예술의 작품들은 형식을 지녔다기보다는 단순한 정형들만을 지녔다. 이 정형들은 표면상 자극적인 개별적 효과들을 전달할 뿐이다.[61]

대중예술 작품들에서 부정되는 것은 그리고 진정한 예술과 대중예술작품을 구분 짓는 것은 통일성이 아니라 형식적 복합성인 경우가 더 많다. 사물들을 "기능이 아니라 형식"으로 간주할 수 있는 능력이 미적인 태도라고 정의한 부르디외는 일상으로부터 거리를 둔 이러한 분리된 태도를 "형식적 복합성"이라는 고급예술의 목표를 푸는 열쇠로 생각한다. 오직 이 태도를 통해서만 우리는 ("예술적 자율성을 정복하는 마지막 단계로서") "고유하면서도 다의적인 '열려진 작품'을 생산"하는 데 도달할 수 있다(D 3, 34-5). 부르디외에게서, 삶의 내용과 대중예술의 밀접한 연관은 "기능

(eds.), *Modern Culture and the Arts* (New York: McGraw-Hill, 1972), 53.
[61] "인기 있는 노래들의 형식들은 엄격히 표준화되어 …… 어떠한 특정한 형식이 어떠한 특정한 곡에서도 나타나지 않는다." "전체적 응집으로부터 부분들의 해방은 …… 전체로부터 개인적 기교로의 관심의 전환"을 의미한다(Adorno, "On the Fetish Character of Music," 281, 289). 또한 Macdonald, "A Theory of Mass Culture," 65를 참고하기 바란다: "통일성은 예술에서 기본적이다; 이것은 아주 유능한 전문가들의 생산라인을 통해서도 달성될 수 없다."

에 대한 형식의 종속을" 그리고 형식적 복합성에 대한 성취의 실패를 함축한다. 대중예술 속에서 우리는 작품의 내용에 더 직접적으로 연루된다. 그리고 이는 "형식과 내용의 기본적 대립을 받아들일 경우" 진정한 미적 감상과 부합할 수 없다(D 4, 197). 미적 합법성은 "관심을 '내용', 인물, 플롯 등에서 형식으로, 다른 작품들과의 비교를 통해 관계적으로 감상될 뿐인 특수한 예술적 효과로 대치할 때"만 성취된다. 여기서 이루어지는 "비교는 직접적으로 주어진 작품의 통일성 속으로 몰입하는 일과는 다르다"(D 34).

기존의 예술적 전통 속에 존재하는 다른 작품들이나 양식들과 맺는 이러한 비교적 관계성은 고급예술 속에 존재하는 형식적 복합성의 풍부한 자원임에 틀림없다. 그러나 이러한 텍스트 상호간의 연관성은 대중예술 속에서도 존재할 수 있다. 대중예술의 상당수가 다양한 예술적 효과를 산출하기 위해 상호간에 암시와 인용을 자의식적으로 한다. 이러한 암시가 대중예술의 청중들에 의해 감상되지 못하지도 않는다. 일반적으로 대중예술의 청중들은 고급예술의 청중들이 고급예술의 전통에 대해서 아는 것보다 대중예술의 전통에 대해 더 잘 안다.[62]

부르디외의 논증에서 좀 더 혼란스러운 점은 형식과 내용이 어떻든 대립된다는, 그리하여 우리가 내용으로부터 거리를 두지 않는 한 작품을 형식적으로 적절히 경험하거나 창조할 수 없다는 전제이다. 이는 매우 논란거

---

[62] 더욱이, 이 청중들은 뮤직 비디오의 경우에서처럼 내용을 해체시키고 서술의 연속성을 깨뜨리는 형식적 복합성들을 즐길 뿐만 아니라, 그들 고유의 독창적인 텍스트들을 창조하기 위해 대중예술의 산물들을 분할하고 종합함으로써 그들 고유의 형식적으로 복합적인 미적 산물들을 생산해 낼 수 있기도 한다. 이는 계획적인 채널 바꾸기, 비디오 녹화와 편집을 통해, 또는 랩의 경우에서처럼 다양한 음반들을 단편적으로 추출하여 종합하는 방식과 더불어 이루어진다. 텔레비전과 관련된 이러한 점에 대해서는 Fiske, *Television Culture*, 103-4, 238, 250-62를, 랩과 관련해서는 다음 장을 참고하기 바란다.

리인 형식과 내용의 구분을 받아들이고 있는 듯할 뿐만 아니라 "형식적"이란 용어의 두 가지 의미, 즉 형식을 과시한다는 경우의 의미와 단순히 형식, 구조, 형상을 지닌다는 경우의 의미를 혼동하기도 한다. 거리를 두는 태도, 의례적인 금지, 삶에 대한 부정 등을 수반하는 것은 전자의 의미일 뿐이다. 형식은 삶과 기본적으로 대립되는 것이라기보다는 삶의 형상과 리듬을 이루는 항존하는 부분이다. 그리고 (부르디외가 잘 깨달았듯이) 미적 형식은 유기적인 육체적 리듬들 속과 그 리듬들을 구성하는 데 일조하는 사회적 조건들 속에 깊지만 부인된 뿌리를 두고 있다.63) 미적 형식은 지적인 거리를 통해서뿐만 아니라 한층 직접적이고 열광적인 육체적인 것 속에서도 발견될 수 있다. 형식은 엄격하게 형식적일 수 있을 뿐만 아니라 펑키일 수도 있다.

대중예술에 반대하는 두 가지 다른 형식주의적 고발들은 형식적 복합성과 텍스트적 상호연관성의 문제들과 연관된다. 고급예술은 미적 매체에 대한 날카로운 인식과 주제화된 관심으로 인해, 그리고 "자신들이 작업하는 매체로부터 주요한 영감"을 이끌어내는 예술가들로 인해 칭찬받는 반면,64) 대중예술은 내용에 의해 너무 지배됨으로써 매체와 재현적 형식으로서의 자신의 지위를 경시하며 "예술의 대상들을 삶의 대상들로 조직적으로 환원"시킨다고 여겨진다(*D* 5). 둘째, 고급예술은 "형식에 대한 혁신과 실

---

63) Bourdieu는 그 어떤 이론가들보다도 더 미적인 것의 깊은 육체적 차원을 깨달았다. "예술은 …… 지식인적 관점이 주장하는 …… 정신적인 것만이 전부가 아니다 ….예술은 '육체적인 것'이기도 하다." 이는 "빠르기와 느리기, 세기와 약하기, 긴장과 이완" 등과 같은 기초적인 "유기적" 리듬과 연관된다(*D* 80). 그렇지만 불행하게도, 긍정적인 요인들을 사회적으로 지배적인 관점들로 받아들이는 그의 사회학자적 편견으로 인하여 그는 합법적인 미적인 것을 삶과 육체와는 거리가 있는 "순수한 미적"인 것에 한정한다. 이러한 입장은 지적 형식주의의 오랜 전통을 강화할 뿐이다. 이러한 지적 형식주의 속에서는 감각적인 것은 지적 형식의 수단일 경우에만, 아도르노가 말했듯이 "전체적으로 드러나는 지적인 무엇인가를 담지했을 경우에만" 미적으로 합법화된다("On the Fetish Character in Music," 274).

64) Greenberg, "Avant-Garde," 100.

험"으로 유명한 반면(*PH* 76), 형식적 매체에 대한 대중예술의 불충분한 주목은 주제를 통해 즐거움을 주려는 대중예술의 욕망과 겹치면서 대중예술이 "형식적 실험에 대한 취미"를 결여하고 있다는 점을 의미하게 된다(*D* 4). 형식과 내용 사이의 근본적인 대립을 다시 한 번 함축하면서, 부르디외는 대중예술과 그 청중들은 "형식적 실험들과 특수한 미적 효과들을 그것들이 망각될 수 있고 예술의 내용을 방해하지 않는 한도 내에서만" 받아들일 수 있다고 주장한다(*D* 33).

그러나 대중예술의 많은 작품들은 스타일과 매체를 전면에 명백히 내세움으로써 형식에 관심을 가진다. 더욱이, 많은 작품들이 재현으로서의 자신의 지위를 자의식적으로 드러낸다. 이는 작품의 지위를 허구적 텍스트로 자칭하는 대사 및 시각적 서술을 통해서뿐만 아니라 "지나친 멋, 자의식적인 카메라 작동, 동기 없는 편집, 그리고 180도 규칙에 대한 간헐적인 파괴 등과 같은" 형식적 장치를 통해서도 이루어진다.[65] 실험적인 측면의 경우, 대중적인 매스미디어 예술들은 매체와 형식에 대한 실험의 산물이다. 그리고 대중예술의 대부분이 형식적으로 보수적이기는 하지만, (록비디오나 랩과 같은) 새로운 장르나 양식을 창조함으로써 형식적 혁신을 위해 지속적으로 노력하기도 한다. 때로는 기존의 장르나 양식 속에서도 그러한 노력이 존재한다.

이러한 일반적인 언급들과 간단한 예들만으로는 고급예술을 미적인 것으로 식별시켜주는 형식적 성질들을 대중예술이 지니고 있다는 점이 확증

---

[65] Fiske, *Television Culture*, 238. 또한 Alexander Nehamas의 *St. Elsewhere*에 대한 분석을 통해 텔레비전의 자기 반영적인 양식, 형식적 복합성, 자기의식적인 상호 연관적 텍스트성 등에 관한 논의를 살펴보기 바란다. Alexander Nehamas, "Serious Watching," in David Hiley, James Bohman and Richard Shusterman (eds.) *The Interpretive Turn: Philosophy, Science, Culture* (Ithaca: Cornell University Press, 1991), 260-81.

되지 않는다. 즉, 통일성과 복합성, 상호연관된 텍스트성과 열려진 다의성, 실험과 매체에 대한 표면화된 주목 등과 같은 형식적 성질들을 대중예술이 지니고 있다는 점이 확증되지는 못한다. 아마도 이 점을 입증할 그리고 앞서의 모든 고발들에 대답할 유일한 좋은 방법은 대중예술의 작품들이 그 비판가들이 고급예술에만 한정한 미적 가치를 실제로 드러낸다는 점을 구체적으로 보여주는 일일 것이다. 그리고 이 일은 특정한 장르의 실제 작품들을 주의 깊게 분석함으로써만 달성될 수 있다. 다음 장은 랩에 대한 연구와 랩작품들 중의 하나에 대한 세밀한 해독을 통해 이러한 도전과 마주한다.

제8장

예술로서의 랩

… 황홀한 시,
그리고 상상되지는 않으나
언제인가 존재할 예술들
Shelley, *Prometheus Unbound*

<u>랩은 대중음악의</u> 장르 중에서 오늘날 가장 급속히 성장하면서도, 가장 비난과 박해를 많이 받는다. 예술적 위상을 요구하는 랩의 목소리는 격렬한 비판, 검열, 새 회원을 받아들이지 않으려는 상업성 등의 홍수 아래에서 익사한다.1) 이는 분명 놀라운 일이 아니다. 왜냐하면 랩의 뿌리와 줄기가 미국 사회의 흑인하층민들에 있기 때문이다. 그리고 투쟁적인 흑인적 자긍과 빈민가 경험을 표현하는 랩은 미국 사회의 만족스런 현 상태에 대한 위협적인 사이렌을 대변한다. 랩을 평가절하하려는 정치적 동기들이 주어질 경우, 우리는 랩을 합법적 예술형식으로 신임하지 않으려는 미적 근거들을 쉽게 발견할 수 있다. 랩은 노래되지 않고 말하거

---

1) 랩에 대한 검열은 1990년 여름 플로리다에서 The 2 Live Crew가 공연금지 및 체포를 당하였을 때 국가적 뉴스거리가 되었다. 랩을 탄압하려는 초기의 시도들을 더 상세히 알기 위해서는 팜플렛인 *You Got a Right to Rock: Don't Let Them Take It Away*를 보기 바란다. 이것은 Rock and Roll Confidential의 편집자들에 의해 쓰여져, 1989년 9월 뉴욕에 있는 Duke and Duchess Ventures, Inc.에 의해 출판되었다. 공연에 대한 검열과 (Parents Musical Resource Center에 의해 격렬하게 실행된) 음반의 블랙리스트화는 랩가사 속에서 종종 주제가 되며, 표현의 미적·정치적 자유라는 문제와 연관된다. Ice-T의 "Freedom of Speech"와 (기지와 스타일이 많이 떨어지기는 하지만) 2 Live Crew의 "Banned in the USA"를 그 예로 들 수 있다. 물론, 최근의 랩은 너무 대중적이어서 온건한 형식을 띠며 기존의 미디어에 의해 받아들여질 수밖에 없다. 랩의 리듬과 스타일은 대형 매스미디어 광고에 사용되었으며, 온화한 매너를 지닌 랩가수인 Fresh Prince는 황금시간대에 방영되는 큰 TV방송쇼에 출연하였다.

나 낭송될 뿐이다. 랩은 통상 실황연주자들도, 독창적인 음악도 사용하지 않는다. 사운드트랙은 이미 만들어지고 흔히 잘 알려진 음반의 다양한 단편들 (또는 "샘플들")을 통해 구성된다. 마지막으로, 가사들은 조야하고 단순해 보이며, 발성법은 표준 이하이고, 운은 귀에 거슬리고 반복적이며 추잡하기 일쑤이다. 그렇지만 이 장의 제목이 암시하듯, 이러한 가사들은 랩이 시나 예술의 지위를 지니고 있음을 끈덕지게 주장하고 칭송한다.2)

필자는 랩 또는 "힙합(hip hop)"의 미학을 더 상세히 살피려고 한다.3) 필자는 이 음악을 즐기기 때문에, 이 음악의 미학적 합법성을 옹호해야할 개인적 필요가 있다.4) 그러나 문화적 논점들과 미학적 필요들은 더 광범위하다. 왜냐하면 랩은 가장 깊게 공고화된 미적 관습들의 일부에 도전을 제기하는 포스트모던 대중예술이기 때문이다. 이 관습들은 예술적 양식과

---

2) 필자는 이 장의 제목을 Ice-T가 부른 "Hit the Deck"의 가사에서 따왔다. 이 노래는 "미감적 예술로서의 랩을 증명"하려고 한다. 랩의 시적·예술적 지위를 강하게 선언하는 수많은 다른 랩들이 있다. Stetsasonic의 "Talkin' All That Jazz," BDP의 "I'm Still #1," "Ya Slippin'," "Ghetto Music," "Hip Hop Rules," 그리고 Kool Moe Dee의 "The Best" 등을 대표적인 것으로 들 수 있다.

3) "힙합"은 랩보다 더 광범위한 유기적인 문화복합체를 가리킨다. 이것은 브레이크 댄싱과 낙서를 포함하며, 그리고 일정 스타일로 이루어지기는 하였으나 캐주얼한 복장의 양식을, 예컨대 높다란 운동화를 유행시킨 복장의 양식도 포함한다. 랩뮤직은 브레이크맨서들을 위한 장단을 제공한다. 몇몇 랩가수들은 낙서를 했었다고 말한다. 그리고 힙합패션은 많은 랩들에서 찬양되었다. 그 중의 한 예가 Run-DMC의 "My Adidas"이다. 낙서에 대한 연구를 위해서는 Susan Stewart, "Ceci Tuera Cela: Graffiti as Crime and Art," in John Fekete (ed.), *Life After Postmodernism* (New York: St Martin's Press, 1987), 161-80을 참고하기 바란다.

4) 백인 중산층 유대인으로서, 필자는 랩에 대한 필자의 관심이 "정치적으로 올바르지" 않으며 착취적이라는 비판을 받을 수도 있다는 점을, 그리고 빈민가경험이 없는 사람이 그 경험이 형성해 놓은 문화적 형식을 옹호하거나 연구할 권리가 없다는 점을 의식한다. 그러나 랩의 뿌리가 흑인 도시빈민가에 확고히 놓여 있기는 하지만, (우리가 앞으로 보게 되듯) 랩은 훨씬 더 광범위한 청중들에 다가가려고 한다. 그리고 가난, 박해, 인종적 선입견 등에 반대하는 저항을 흑인빈민가의 바깥에서 그러한 것들을 경험했던 많은 단체들과 개인들도 이해해야만 한다. 여하한 경우든, 사회-인종적 배경 때문만으로 랩을 다루는 일을 거부함으로써 현대문화와 미학에서 랩의 중요성을 무시하는 것은 더욱 정치적으로 올바르지 않다.

이데올로기로서의 모더니즘에 뿐만 아니라 모더니티라는 철학적 원리 및 그 원리를 따른 문화적 영역들의 날카로운 구획에도 공통적으로 자리 잡고 있다. 그러나 이러한 관습들에 도전을 제기하기는 하지만, 랩은 그럼에도 불구하고 미적 합법성을 위한 가장 중요한 관습적 기준을 충족시킨다. 지금까지는 대중예술이 그러한 관습적 기준을 지니지 못한다고 여겨졌었다. 그런데 랩은 순수미학적 근거에서 이루어진 고급예술과 대중예술 사이의 어떠한 엄격한 구분에 대하여도 순수한 근거라는 바로 그 개념에 의문을 제기함으로써 도전을 제기한다. 이 주장들을 구체화하기 위해, 필자는 먼저 랩을 포스트모던 미학의 용어로 살펴볼 것이다. 그러나 미적 합법성은 실제의 비평적 지각을 통해 가장 잘 증명될 수 있기 때문에, 필자는 대부분의 장을 대표적인 하나의 랩을 정독하는 데 할애할 것이다. 이러한 정독은 랩이라는 장르가 대중예술에 반대하는 주요한 미학적 고발에 어떻게 대답할 수 있는가를 보여줄 것이다.

포스트모더니즘은 성가실 정도로 복잡하고 논쟁적인 현상이다. 포스트모더니즘의 미학은 명확하면서도 의문의 여지가 없는 정의를 거부한다.[5] 그럼에도 불구하고, 어떤 주제들과 양식적 성격들은 포스트모던의 특징으로 널리 인정된다. 이 특징들은 고유한 독창적 창조보다는 재생적 차용(recycling appropriation), 양식의 절충적 혼합, 새로운 테크놀로지와 군중문화에 대한 정열적인 포옹, 미적 자율성과 예술적 순수성이라는 모더니스트 개념에 대한 도전, 그리고 보편적이고 영원한 것보다는 지역적이고 일시적인 것에 대한 강조 등을 포함한다. 우리가 이러한 특징들을 포스트모던이라 부르고 싶어 하든 안 하든, 랩은 이 특징들을 두드러지게 예증할

---

[5] 필자는 "Postmodernism and the Aesthetic Turn," *Poetics Today* 10(1989), 605-22에서 포스트모더니즘의 미학적 차원을 좀더 상세히 탐구하였다. 필자가 참고한 포스트모더니즘에 대한 매우 영향력 있는 설명은 Fredric Jameson의 "Postmodernism, or the Cultural Logic of Late Capitalism," *New Left Review* 146 (1984), 53-92이다.

뿐만 아니라 의식적으로 강조하고 주제로 삼는다. 그러므로 우리가 포스트모더니즘이라는 총괄적 범주를 거부한다고 할지라도, 위에서 언급한 특징들이 랩을 이해하는 데는 필수적이다.

차용적 샘플링(Appropriative Sampling)

예술적 차용은 힙합 음악의 역사적 원천이며, 그리고 그 기법의 핵심이자 그 미적 형식과 메시지의 중심적 특징으로 계속 남아 있다. 힙합 음악은 "새로운" 사운드트랙을 만들어내기 위하여 이미 녹음된 노래들의 부분들을 선택하고 결합한다. 여러 턴테이블에서 DJ에 의해 만들어진 이 사운드트랙은 랩가사를 위한 음악적 배경을 구성한다. 이것들은 차용된 음악을 샘플링하고 종합하는 DJ의 흉내낼 수 없는 묘기를 칭찬하는 데, 그리고 (MC라고 불리는) 랩가수의 가사적 운율적 힘을 뽐내는 데 기여하고는 한다. 랩가수의 허풍스런 자기칭찬이 종종 자신의 성적 욕망, 상업적 성공, 부 등을 강조하기는 하지만, 지위에 대한 이러한 기호들은 그의 언어능력에 비해 부수적이고 파생적이다.

일부 백인들은 언어를 구사하는 능력이 흑인 도시빈민가에서 높이 평가된다는 점을 상상하기 힘들지도 모른다. 그러나 사회학적 연구는 이 능력이 그 곳에서 매우 높이 평가된다는 점을 밝혀주며, 인류학적 연구는 언어적 솜씨를 통해 우월한 사회적 지위를 주장하는 일이 깊게 자리 잡은 흑인 전통이라는 점을 보여준다. 이 전통은 서아프리카의 구전 낭송자들에까지 거슬러 올라가며, "험담 벌이기"나 "농담 나누기" 같은 관례화된 언어 경연이나 시합을 통해서 신세계에서도 오랫동안 지속되어왔다.[6] 미국 흑인영

---

[6] 예컨대, Roger Abrahams, *Deep Down in the Jungle* (Chicago: Aldine Press, 1970)를 보기 바란다. 필라델피아의 빈민가에 대한 이 연구는 말하는 능력이 "높은 사회적

어가 지닌 전통적인 비유법, 양식적인 관습, 제한 생산된 복합성 등을 깨닫지 못했기 때문에, 즉 적대적인 백인청자들로부터 진정한 의미를 감추기 위해 비롯된 의미적 도치와 우회, 가장된 단순성, 은밀한 풍자 등을 깨닫지 못했기 때문에,[7] 랩가사들이 아주 바보스럽지는 않을지라도 피상적이고 단조롭다는 거짓된 믿음이 생겨났다. 그러나 자세하고 공감적으로 랩을 들여다 볼 경우, 많은 랩노래들이 날카로운 통찰력을 지닌 기지 있는 은어적 표현을 할 뿐만 아니라 미묘한 언어적 형식들과 다원적 의미의 층들을 갖추고 있다는 점이 밝혀질 것이다. 랩이 지니고 있는 다의적인 복합성, 모호성, 그리고 상호 연관성은 고급예술의 이른바 열린 작품(open work)이 지니고 있는 동일한 특징들에 견주어질 수 있다.

랩의 또 다른 가장 두드러진 특징인 펑키 장단도 그 뿌리가 아프리카의 정글 리듬에까지 거슬러 갈 수 있다. 이 정글 리듬은 록과 디스코에서 사용되었고, 이후 랩 DJ들이 차용하였다. 그러나 힙합이 아프리카에 뿌리를

지위를 부여"한다는 점을", 그리고 심지어 청년들 사이에서는 "말하는 능력이 육체적 힘만큼이나 높이 평가된다"는 점을 밝혀준다(39, 59). 워싱턴과 시카고의 빈민가에 대한 연구들도 이 점을 확인해 준다. 언어적 능력이 경쟁적인 실제적 목적을 위해서 뿐만 아니라 "오락적 가치"를 위해서도 "빈민가 사람들에게 두루 평가"받았다는 점을 언급하는 Ulf Hannerz의 *Soulside* (New York: Columbia University Press, 1969), 84-5를 참고하기 바란다. 그리고 Thomas Kochman, "Toward an Ethnography of Black American Speech Behavior," in Thomas Kochman (ed.), *Rappin' and Stylin' Out* (Urbana: University of Illinois Press, 1972), 241-64를 또한 참고하기 바란다. 흑인들의 "험담 벌이기"는 언어적인 모욕을 한다는 전통적이고 전형적인 좁은 의미와 더불어, 암호적 또는 간접적 소통이라는 더 일반적인 의미를 지니기도 한다. 이러한 소통은 해당되는 소통에 대한 특별한 배경적 지식과 특수한 문맥에 강하게 의존한다. 이러한 점에 대해서는 Henry Louis Gates, Jr., *The Signifying Monkey: A Theory of Afro-American Literary Criticism* (Oxford: Oxford University Press, 1988)을 참고하기 바란다.

7) 도치와 험담 벌이기뿐만 아니라 둘러대기와 우회 같은 언어적 전략을 좀더 상세하게 알기 위해서는 Kochman, "Toward an Ethnography"; Grace Simms Holt, "Inversion' in Black Communication"; 그리고 Claudia Mitchell-Kernan, "Signifying, loud-talking, and marking"을 참고하기 바란다. 이 모두는 Kochman (ed.), *Rappin' and Stylin' Out*에 실렸다.

두고 있기는 하지만, 그 탄생은 칠십년대 중반의 디스코 시대에 뉴욕의 빈민가에서 이루어졌다. 처음에는 브롱크스에서 시작하여 할렘과 브루클린으로 퍼져나갔다. 힙합은 디스코의 소리와 기법을 차용하면서, 동시에 디스코를 훼손시키고 변형시켰다. 이는 재즈가 대중가요들의 멜로디에 행했던 바와 유사하다. 그러나 재즈와는 대조적으로 힙합은 멜로디나 악구만을 취한 것이 아니라 구체적인 일련의 사운드를 표절하였다. 그러므로 재즈와는 달리 힙합의 차용과 변형은 작곡이나 악기연주의 창조적 기술을 요구하는 것이 아니라 오직 녹음기기 조작의 창조적 기술을 요구할 뿐이다. 일반적인 디스코 클럽의 DJ는 춤의 흐름을 갑자기 방해하지 않으면서 부드럽게 변화를 주기 위해 템포에 맞추어 한 음반을 절취(cutting)하여 다른 음반과 혼합(blending)하는 기법을 발전시켰다. 디스코와 상업적 팝의 길들여진 소리에 불만을 품은 브롱크스의 DJ들은 이 절취의 기법을 음반들의 부분들 중 춤에 더 적절한 부분들을 강조하고 확대하는 데 응용하였다. 그들에게서, "음반의 중요한 부분은 드럼이 관장하고 있는 부분인 간주이다 …… 무용수들이 날고 DJ들이 절취를 시작할 때가 이 부분에서이다."[8] 즉, 힙합은 단순한 청취가 아닌 움직임을 통해 감상되는 댄스뮤직으로 시작하였다. 애초에 힙합은 집, 학교, 커뮤니티 센터, 공원 같은 곳에서 행해지는 춤판에서의 라이브 퍼포먼스를 위해서만 고안되었다. 여기서 사람들은 DJ의 능수능란함과 랩가수의 개성 및 즉흥적 기술에 경탄하였다. 힙합은 대규모의 청중들을 위해 의도되지 않았으며, 수년 동안 뉴욕시에 한정되어 매스미디어 네트워크의 바깥에 머물렀다. 점증하는 팬들과 불법복제자들에 의해 비공식적으로 카세트에 녹음되어 보급되기는 하였지만, 랩이 처음으로 라디오 방송을 탄 것은 그리고 처음으로 음반으로 나온

---

8) David Toop, *The Rap Attack: African Five to New York Hip Hop* (Boston: South End Press, 1984), 14를 보기 바란다.

것은 1979년에 이르러서이다. 랩 공동체 핵심의 바깥에 놓여 있었지만 음반회사와는 연계를 지니고 있었던 그룹들에 의해 만들어진 "Rapper's Delight"와 "King Tim III (Personality Jock)"라는 두 싱글음반은 경쟁 섞인 분노를 랩세계에 촉발시켰으며, 그리고 지하에서 나와 음반과 라디오로 나아가는 단초와 샘플을 제공하였다. 그렇지만 랩그룹들이 거리에서 떠나 생음악을 사용할 수 있는 스튜디오로 옮겼을 때에도, 차용을 하는 DJ의 역할은 버려지지 않고 랩예술의 중심을 차지하며 지속적으로 주제화되었다.9)

음반들을 절취하는 기본적 기법으로부터 힙합은 자신의 소리와 미학에 중요하게 기여한 세 가지 다른 형식적 기술들을 발전시켰다. 즉, "스크래치 믹싱(scratch mixing)," "펀치 프레이징(punch phrasing)," 그리고 심플 스크래칭(simple scratching)을 발전시켰다. 첫 번째의 것은 한 음반의 특정 소리를 이미 연주 중인 다른 음반의 소리에 덧씌우고 혼합하는 기술이다.10) 두 번째의 펀치 프레이징은 그러한 혼합을 가다듬는 일이다. DJ는 다른 편 턴테이블에서 계속 틀어지고 있는 저쪽 음반의 소리에 강력한 충격효과를 더하기 위해 바늘을 이쪽 음반의 특정한 현이나 드럼 소리부분에서 앞뒤로 움직이게 만든다. 세 번째 기술은 음반을 더욱 거칠고 신속하게 앞뒤로 긁는 것이다. 녹음된 음악을 파악하지 못할 정도로 너무 빠르게 움직이기는 하지만 강한 음질과 광적인 비트를 지닌 극적인 긁히는 소리가 만들어진다.

절취, 혼합, 긁기라는 이러한 기술들은 고급예술만큼이나 다양하고 상상력이 풍부한 듯이 보이는 차용의 다양한 형식들을 랩에 제공한다. 예컨대,

---

9) 예컨대, Ice-T의 "Rhyme Pays," Public Enemy의 "Bring the Noise," Run-DMC의 "Jam-master Jammin'," 그리고 BDP의 "Ya Slippin'"을 참고하기 바란다.

10) "스크래치 믹싱"이라고 불리는 이유는 바늘이 특정 트랙에 손으로 놓여지는 순간 음반을 긁기 때문일 뿐만 아니라 DJ가 바늘을 트랙에 밀 때 긁히는 소리를 자신의 귀로 듣기 때문이기도 하다.

모나리자에 수염을 붙인 뒤샹(Duchamp), 드 쿠닝(De Kooning)의 캔버스를 삭제한 라우셴버그(Rauschenberg), 그리고 상업적 이미지들을 여러 개로 재차 재현한 앤디 워홀(Andy Warhol) 등의 작업과 견주어질 수 있다. 랩은 또한 차용된 다양한 내용들을 보여준다. 다양한 영역의 대중가요들로부터 빌려올 뿐만 아니라 고전음악, TV주제가, 광고노래, 게임기에서 나오는 전자음악 등을 절충적으로 섭취한다. 나아가 랩은 비음악적 내용, 예컨대 뉴스방송 또는 맬컴 엑스(Malcolm X)와 마틴 루서 킹(Martin Luther King)의 연설 일부들을 차용하기도 한다.[11]

몇몇 DJ들은 매우 드물고 난해한 음반들로부터 차용하는 것을 뽐내며, 때로는 자신들이 샘플로 삼는 정확한 음반들을 (경쟁을 두려워하여) 숨기려고도 하였지만, 자신들이 독창적인 음악을 작곡한 것이 아니라 이미 녹음된 소리들로부터 작업을 하였다는 사실을 결코 숨기려고 시도하지는 않았다. 그들은 공공연히 자신들의 샘플링(sampling)방법을 찬미하였다. 이러한 자랑스런 차용의 기술이 지닌 미학적 의의는 무엇인가?

첫째, 이것은 예술에 대한 우리의 개념을 오랫동안 속박해왔던 독창성과 고유성이라는 전통적 이상에 도전을 제기한다. 낭만주의와 낭만주의적 천재에 대한 숭배는 예술가를 신격화된 창조자로 비유하였고, 예술가의 작품들이 전적으로 새로우며, 예술가 자신만의 개성을 표현한다고 옹호하였다. 예술적 진보와 아방가르드를 지지하는 모더니즘은 급진적 새로움이 예술의 본질이라는 도그마를 더욱 강화하였다. 예술가들은 항상 서로서로의

---

[11] 랩의 역사를 연구하는 David Toop (*Rap Attack*, 105)는 이러한 거친 절충을 다음과 같이 설명하였다. "Bambaataa는 칼립소, 유럽과 일본의 전자음악, 베토벤의 5번 교향곡, 그리고 Mountain과 같은 록그룹들을 섞었다; Kool DJ Herc는 Doobie Brothers를 Isley Brothers와 등을 맞대게 하였다; Ground Master Flash는 연설음반과 음향 효과를 Last Poets에 써 놓았다; Symphonic B Boys Mixx는 다섯 개의 턴테이블 위에 고전음악을 써 놓았다." 그의 책 149와 153을 또한 보기 바란다.

작품들로부터 빌려왔지만, 이 사실은 독창적 창조와 파생적인 차용을 날카롭게 구분하는 독창성이라는 이데올로기를 통해 일반적으로 무시되거나 또는 은연중에 부정되었다. 랩과 같은 포스트모던 예술은 차용과 창조가 전혀 부합할 수 없는 것이 아니라는 점을 보여주기 위해 자신의 차용을 창조적으로 배열하고 주제화함으로써 이분법을 훼손시켰다. 나아가 랩의 차용은 외관상으로 독창적으로 보이는 예술작품 자체를 깨닫지 못했을 뿐이지 언제나 차용의 산물이라는 점을 시사한다. 즉, 고유하고 새로운 텍스트도 항시 이전 텍스트들의 모방과 단편이라는 점을 시사하는 것이다.

따라서 독창성은 자신의 절대적인 독창적 지위를 상실하고, 옛것의 변형적 재차용과 재활용을 포함하고 있는 것으로 재인식된다. 이러한 포스트모던의 그림 속에서는 궁극적이고 절대적인 독창성은 존재하지 않으며, 오직 차용의 차용, 모상(simulacra)의 모상만이 있을 뿐이다. 그리하여 창조적 에너지는 진정으로 창조적이 될 수 있는 기회를 스스로 부인하고 있지 않나 하는 두려움 없이 낯익은 창조품들과 자유롭게 유희할 수 있게 된다. 랩가요들은 자신들의 독창성과 차용을 동시에 찬미한다.[12] 그리고 창조/차용의 이분법이 도전받음에 따라, 창조적 예술가와 차용적 청중 사이의 깊은 분리도 도전받는다. 변형적 감상이 예술의 형식을 취할 수 있다.

---

[12] 예컨대, Public Enemy의 "Caught, Can We Get a Witness?," Stetsasonic의 "Talkin' All That Jazz," 그리고 BDP의 "I'm Still #1," "Ya Slippin'," "The Blueprint" 등을 보기 바란다. 이들 중 마지막 랩노래의 동기가 된 이미지는 힙합 독창성의 모상적 개념을 강조한다. BDP는 자신의 언더그라운드 스타일을 다른 랩의 "부드러운 상업적 소리"보다 독창적이고 우월한 것으로 간주하면서, 자신의 독창성을 랩의 빈민가 뿌리에 대한 자신의 근접성과 연관시킨다. "너는 복사본을 가졌지만, 나는 청사진(blueprint)으로부터 읽는다." 그러나 청사진 자체도 원본이 아니라 복사본이다. 청사진은 구체적인 독창적 대상으로는 아직 존재하지 않는 디자인된 대상의 모상 또는 재현이다.

절취와 일과성(Cutting and Temporality)

　샘플링을 하는 랩의 스타일은 통일성과 통합성이라는 예술의 전통적 이상에도 도전을 제기한다. 아리스토텔레스 이후로, 미학자들은 예술작품을 유기적 전체로, 즉 완벽하게 통일되어 부분들이 조금만 손상되어도 전체가 파괴되는 유기적 전체로 간주하고는 하였다. 더욱이, 낭만주의와 "예술을 위한 예술"의 이데올로기는 예술작품을 선험적이고 그 자체로 신성한 목적인 것으로 대하는 우리의 습관을 더욱 강화시켰다. 엄격한 유기적 통일성이라는 이러한 미학과는 대조적으로, 랩의 절취와 샘플링은 포스트모던 미학의 특징인 "분열적 단편화"와 "콜라주 효과"를 반영한다.[13] 고정되고 절대적인 작품에 대한 헌신적인 숭배의 미학과는 대조적으로, 힙합은 해체적 예술의 즐거움을 제공한다. 즉, 새로운 작품들을 창조하기 위해 옛 작품들을 해체하는 그리고 이미 포장되어 있어 지루한 낯익은 것들을 흥분되게 색다른 것으로 분해하는 전율적인 아름다움을 제공한다.

　DJ의 샘플링작업과 MC의 랩은 독창적 예술작품의 외면적 통일성이 인공적으로 구축되기도 한다는 사실을 또한 강조한다. 생산과정이 분화되어 있는 경우가 흔한 현대 대중음악에서는 적어도 이 점이 사실이다. 멤피스에서 녹음된 연주가 뉴욕에서 이루어진 백업 보컬(back-up vocal)들과 결합되고, 본 노래는 LA에서 녹음된다. 랩은 여러 층으로 이루어진 예술적 구성의 이러한 과정을 계속할 뿐이다. 랩은 이미 포장된 음악적 산물들을 해체하여 다르게 재구성한 후에 MC의 노래를 추가의 층으로 부과하여 새로운 작품을 생산한다. 그러나 랩은 이러한 작업을 자신의 작품이 신성불

---

[13] Jameson, "Postmodernism," 73, 75를 보기 바란다. 그러나 이러한 언급이 랩이 그 고유의 어떤 통일성이나 형식적 일관성을 성취하기도 한다는 점을 부인하는 것은 아니다. 왜냐하면 "Talkin' All That Jazz"가 이러한 성취를 이루었다는 점을 필자는 앞으로 논증할 것이기 때문이다.

가침하다는 가장 없이, 이 예술적 과정이 최종적일 수 있다는 가장 없이, 그리고 차용적 변형이 불가능한 절대적 산물들이 존재할 수 있다는 가장 없이 행한다. 오히려, 랩의 샘플링작업은 대상으로서의 한 예술작품의 통합성이 그 대상의 사용을 통해 창조가 지속적으로 이루어질 수 있는 가능성을 결코 능가해서는 안 된다는 점을 함축한다. 그러므로 랩의 미학은 예술이 기본적으로 완성품이 아니라 과정이라는 듀이의 메시지를 암시한다. 이 메시지는 모든 예술적 표현을 물화하고 상품화하려는 경향을 강하게 지닌 우리 문화 속에서 반가운 메시지이다. 랩은 이러한 경향에 거세게 저항하면서도 또한 이 경향에 희생당해 왔다.

예술작품의 절대화된 통합성에 이의를 제기하면서, 랩은 또한 예술작품의 불멸성, 보편성, 영원성이라는 전통적 개념에 도전한다. 찬미되는 작품들이 더 이상 엘리어트가 생각하는 식의 초시간적이면서도 전통에 의해 통시적으로 보존되는 "기념비"의 "이상적 질서"로 여겨지지 않는다.[14] "시는 영원하다"라는 전통적인 관점과는 대조적으로, 랩은 차용적 해체를 통해서뿐만 아니라 자신의 일과성을 노래 속에서 공공연히 주제화하는 작업을 통해서도 예술작품의 일과성과 비영구성을 강조한다. 예컨대, BDP의 몇몇 노래들은 "88년도 동안의 신선함, 제기랄" 또는 "89년도 동안의 신선함, 제기랄" 등과 같은 가사를 담고 있다.[15] 연도에 대한 그러한 선언은 경과성에 대한 인정을 함축한다. 88년도 동안 신선한 것은 89년도에는 분

---

14) T. S. Eliot, "Tradition and the Individual Talent," in *Selected Essays* (London: Faber, 1976), 15. 엘리어트의 이런 초기 관점에 대한 비판 및 그가 이후에 왜 이러한 관점을 포기했는지에 대한 설명을 위해서는 Richard Shusterman, *T. S. Eliot and the Philosophy of Criticism* (New York: Columbia University Press, 1988), 156-67을 참고하기 바란다.

15) "My Philosophy"와 "Ghetto Music"을 각각 보기 바란다. "Ya Slippin'"과 "Hip Hop Rules"는 자신들에 1987년과 1989년의 연도를 각각 매긴다. Public Enemy의 "Don't Believe the Hype"는 1988년도의 시간 딱지를 달고 있으며, 비슷한 시간딱지들이 Ice-T, Kool Moe Dee 등에서 발견된다.

명히 상할 것이며, 따라서 89년도 산의 새로운 신선함에 뒤처지게 될 것이다. 그러나 랩의 포스트모던 미학에 따르면, 예술적 창조품들의 한시적인 새로움이 이 작품들을 미적으로 무가치하게 만들지는 않는다. 이는 크림의 한시적인 신선함이 크림의 달콤한 맛을 허구적인 것으로 만들지 않는 이치와 마찬가지이다.16) 미적 가치는 시간의 시험을 견디어 내야만 실재할 수 있다는 관점은 공고화되기는 하였지만 정당화되지는 못한 전제이다. 이는 실재를 영원하고 불변하는 것과 동일시하는 철학적 편견으로부터 궁극적으로 기인한다.

예술작품을 영원하고 순결한 헌신을 위한 기념비로 간주하는 것을 거부함으로써, 그리고 작품들을 더 잘 활동하게 하기 위해 그것들에 재작업을 가함으로써, 랩은 가장된 보편성에 의문을 제기하기도 한다. 즉, 좋은 작품은 보편적인 인간적 주제들을 다룸으로써 모든 사람과 모든 시대를 기쁘게 해줄 수 있어야 한다는 도그마에 의문을 제기하기도 한다. 힙합은 불의와 억압과 같은 보편적 주제들을 다루기는 하지만, 그러나 자신의 뿌리와 임무를 흑인 도시빈민가와 그 문화에 둠으로써 "빈민가음악"으로써 자랑스럽게 지역화된다. 백인사회를 배척하려고 하지는 않지만, 그리고 백인 랩가수들과 청중들도 있지만,17) 랩은 백인들과 중산층 흑인들이 다소 무시했던 빈민가 삶의 특징들인 성병의 창궐, 노상살인, 백인경찰의 학대, 뚜쟁이질, 매춘, 마약중독 등에 초점을 맞춘다. 대부분의 랩가수들은 자신들의 지역적 연고를 도시단위로뿐만 아니라 할렘(Harlem), 브루클린(Brooklyn), 브롱크스(Bronx) 등의 소지역 단위로 아주 구체적으로 명시한다. 랩이 국제

---

16) 이와 똑같은 이유로, 랩에 대한 필자의 현재의 설명은 비록 이 설명이 랩의 새로운 발전에 의해 곧 낡은 것이 될지도 모르지만 가치가 있다.

17) Blondie, Tom Tom Club, Beastie Boys, 3rd Bass와 같은 그룹들이 만든 그리고 백인 솔로 랩가수인 Vanilla Ice가 만든 랩음반들이 존재한다.

적으로 확산되었을 때라도, 랩은 지역적인 것으로 자랑스럽게 남는다. 예컨대, 프랑스의 랩에서도 특정한 소지역을 겨냥하고 지역적 문제들에 집중하는 동일한 현상이 발견된다.18)

지역화가 모더니즘의 국제적 스타일과 갈라서는 포스트모더니즘의 두드러진 측면이기는 하지만, 랩의 강한 지역성은 랩의 기원이 소지역의 모순과 경쟁으로부터 비롯한 데 더 기인할 것이다. 힙합은 지역갱들의 폭력적 대결을 랩단원들 사이의 음악적·언어적 경연으로 변형시키는 데 일조하였다.19)

아직까지는 다양한 지역의 음악들 사이에 존재하는 날카로운 스타일 상의 차이를 지적하기 어렵다. 왜냐하면 지역적 차이는 일단 랩 음악이 매스 미디어를 통해 보급되기 시작하여 상업적 압력 아래 놓이게 되면 유지되기

---

18) 예컨대, 프랑스의 랩앨범 *Rapattitudes*를 보라. 이 앨범에서 랩가수들은 파리의 특정한 자신의 소지역을, 그리고 자신들이 안고 있는 주거와 사회적 용인의 문제들을 언급한다. 프랑스 랩은 그 정신은 고유하기는 하지만 미국적 뿌리로부터 매우 많이 파생되었다.

19) Toop, *Rap Attack*, 14-15, 70-1을 보기 바란다. 힙합이 물리적 폭력과 공격을 상징적 형식으로 변형시켜주는 미적 영역을 제공한다고 주장해도 무방할 것이다. 격한 대립과 공격적 경쟁이 랩의 미학에 기본적임은 틀림없다. 아마도 랩가요의 가장 흔한 주제는 어떻게 자신이 다른 랩가수들보다 우월한지를, 어떻게 자신이 다른 랩가수들의 도전에 대처할 수 있고 랩대결을 통해 그들을 연약하고 바보스럽게 만들 수 있는지를 보여주는 것일 것이다. 이러한 랩 대결은 "농담 나누기"나 "험담 벌이기" 같은 전통적인 언어적 모욕 경쟁에서와 같이 매우 공격적인 용어들로 이루어지고는 한다. 그렇지만, "최상"임을 주장하는 이러한 비타협적인 경쟁과 더불어, 랩가수들은 동일한 예술적·정치적 입장을 공유하고 있는 다른 랩가수들과의 연대성을 노래 속에서 표현하기도 한다.
랩이 지닌 상징적 폭력의 가장 곤혹스런 표현 중의 하나가 여성에 대한 태도이다. 여성에 대한 랩의 표현은 성적으로 노골적 일 뿐만 아니라 야만스럽게 잔인하기까지 하다. 이러한 폭력적인 여성혐오적 가사에 대해 랩이 제공할 수 있는 가장 최상의 변호는 이 가사들이 자의식적으로 과장되어 있으며, 그리고 남성우월주의에 대한 풍자적 비판으로 이해되어야 한다는 것이다. 의문의 여지가 많은 이러한 변호는 NWA의 경우보다는 Ice-T의 경우에 더 적절히 해당된다. 가장 고무적인 징후는 여성 랩가수들의 반격이다. 예컨대, HWA (Hoes Wit Attitude), BWP (Bytches With Problems), 그리고 가장 유력하게는 Queen Latifah에서 이를 확인할 수 있다.

힘들기 때문이다. 이러한 이유에서, 랩노래들은 자신들의 상업적 확장을 반기면서도 못 마땅해 한다.

기술과 매스미디어 문화

대중적 확산과 상업화에 대한 랩의 복합적 태도는 포스트모더니즘의 또 다른 중심적 특징을 반영한다. 즉, 랩은 현대의 기술, 특히 매스미디어의 기술을 열광적이고 전폭적으로 받아들인다. 이러한 기술의 상업적 산물들은 사용하기에 아주 간편하고 유익한 듯이 보이기는 하지만, 이것이 지닌 실제적인 복잡성과 사회경제적인 복잡한 관계는 소비자 대중에게 측량할 수 없고 제어할 없는 것으로 다가온다. 기술이 우리에게 제공하는 힘에 최면화되어, 우리 포스트모던인들은 곳곳에 확산되기는 하지만 점점 불가해한 매체인 기술의 거대한 힘에 막연히 방해받기도 한다. 그러나 그 경외스러운 힘에 열광하는 일은 기술을 효과적으로 사용함으로써 우리 스스로가 기술의 전문가가 되는 짜릿한 전율을 제공할 수 있다. 그러한 짜릿한 전율을 제임슨(Jameson)은 "포스트모던적 또는 기술적 숭고"의 "환각적 즐거움"이라고 특징 지웠다.[20]

힙합은 매스미디어 기술을 뜨겁게 포용하고 능란하게 차용함으로써 그러나 바로 이 기술체계와 이 체계를 지탱하는 사회에 의해 불행하게 억압받고 차용당함으로써, 제임슨이 말한 특징을 강력하게 드러낸다. 랩은 음반과 턴테이블, 앰플리파이어와 믹서 등의 상업적 매스미디어 기술로부터 태어났다. 랩의 기술적 성격은 그간 필요한 악기가 없었기 때문에 또는 그 악기를 연주할 음악적 훈련이 부족하였기 때문에 만들 수 없었던 음악

---

20) Jameson, "Postmodernism," 76, 79.

을 랩의 예술가들에게 창조할 수 있게 해준다.21) 기술은 랩의 DJ들을 소비자나 단순한 실무기술자가 아닌 예술가로 만든다. "Run-DMC는 DJ도 밴드가 될 수 있다고 처음 말하였다/ 너의 자리를 박차고 나와 스스로의 발을 딛고 서라"라고 퍼블릭 에너미(Public Enemy)는 자신의 랩에서 외친다.22) 그러나 상업적인 매스미디어 기술이 없다면, DJ밴드는 딛고 설 그 어떤 것도 없었을 것이다.

랩예술가들이 새로운 기술을 차용하는 창조적인 솜씨는 매우 신명나며, 랩노래 속에서 자주 칭송된다. 여러 턴테이블 위에서 많은 음반들을 절취하고 바꾸는 곡예와 같은 요술을 부림으로써, 능란한 DJ들은 상업적 음악과 그 기술을 다루는 예술적 그리고 물리적 솜씨를 보여준다. 디스코 기기로부터 출발하여, 랩예술가들은 더 많은 그리고 더 진전된 기술들을 채택해 나갔다. 예컨대, 전자드럼, 신서사이저, 계산기나 누름단추(touch-tone)식 전화기의 소리들, 그리고 가능한 소리들의 전 영역을 검색한 후 원하는 소리들을 복사하고 종합하는 컴퓨터 등의 기술들을 채택해 나갔다.

매스미디어의 기술은 빠르게 증가하는 랩의 대중성에도 또한 매우 중요하였다. 흑인문화의 산물로서, 기본적으로 문자문화가 아닌 구두문화로서, 랩이 적절히 감상되기 위해서는 힘있게 요동치는 소리를 통해 직접적으로 들려지고 느껴질 필요가 있다. 어떤 악보도 랩이 행하는 광적인 음악콜라주를 전달할 수 없으며, 그리고 가사들조차도 랩의 표현적 리듬, 억양, 파도치는 듯한 강조와 분출 등으로부터 분리된 문자적 형식으로는 적절히 전해질 수 없다. 오직 매스미디어 기술만이 그러한 구두적 퍼포먼스의 광범위한 확산과 보존을 가능케 한다. 라디오와 TV 방송을 통해서 그리고 음반, 테이프, CD 등의 녹음 매체를 통해서, 랩은 원래의 빈민가 청중을

---

21) Toop, *Rap Attack*, 151.
22) Public Enemy의 "Bring the Noise"를 보기 바란다.

넘어서서 그 음악과 메시지를 미국 백인과 유럽인들의 귀에까지 크게 들려주었다. 빈민가 삶의 절망스런 억압을 그리고 사회적 저항과 변화에 대한 당당하고도 강렬한 희망을 귀에 거슬리게 표현하곤 하는 탓에 미국 중산층들이 억누르려고 했던 힙합이 우리 대중문화 속에서 익히 들을 수 있는 목소리가 될 수 있었던 것은 매스미디어 덕분이다. 그러한 체계가 없었다면, 랩은 "국가의 핵심에 침투"(Ice-T)할 수도, "부르주아를 가르칠"(Public Enemy) 기회를 가질 수도 없었을 것이다.[23] 이와 마찬가지로, 힙합이 예술적 명성과 번영 그리고 상업적 성공을 거둘 수 있었던 것도 매스미디어 덕분이다. 이러한 성공은 예술적 재투자를 가능케 하였으며, 흑인이 지닌 문화적 자긍심의 부인할 수 없는 원천으로 기여하였다.

랩은 매스미디어의 기법과 기술에 의존할 뿐만 아니라 그 내용과 이미지의 많은 부분을 대중문화로부터 끌어온다. TV쇼, 유명운동선수, 전자오락게임, 아디다스 운동화 같은 친숙한 상표의 물건 등이 가사에 자주 등장하며, 이것들의 음악적 주제들이나 후렴 등도 종종 샘플링된다. 고급문화의 전통이 알려지지 않은 또는 호소력을 지니지 못하는 사회 속에서는 매스미디어 문화의 이러한 산물들이 예술적 창조와 소통을 위한 문화적 배경을 제공한다.

그러나 이러한 도움에도 불구하고, 매스미디어는 믿을 만하고 확실한 동지가 아니다. 매스미디어는 깊은 의심과 분노에 찬 비판의 초점이 되기도 한다. 랩가수들은 미디어의 거짓되고 겉치레적 대우를, 상업적으로 규범화되고 소독된 그러나 비실재적이고 공허한 내용을 욕한다. "엉터리 미디어, 우리는 그것이 필요 없지 않은가? 미디어는 속임수이다"라고 퍼블릭 에너미는 외친다.[24] 그리고 이들은 또한 "She Watch Channel Zero"에서

---

23) Ice-T의 "Heart Beat"와 Public Enemy의 "Don't Believe the Hype"을 보기 바란다.
24) "Don't Believe the Hype"를 보라.

일반 TV 쇼들이 흑인여성의 지성, 책임성, 문화적 뿌리 등을 침식시키는 것을 한탄한다. 랩가수들은 라디오가 정치적으로 설득력 있거나 성적으로 노골적인 랩을 회피하고 온순한 "상업적 빵죽(commercial pap)"으로 방송을 채운다고 지속적으로 비판한다(BDP). "빌어먹을 라디오는 결코 나를 틀지 않는다"라고 Public Enemy는 불평한다. Ice-T도 "상업적 폐물 오직 그것만"을 지속적으로 방송하게 하기 위해 라디오와 미국 연방통신위원회가 표현의 자유와 삶의 괴로운 실재들을 부인하는 검열을 수행한다고 말한다.25) Ice-T는 모든 진보적 랩을 괴롭히는 중요한 "미디어 문제"를 제기하고 이에 답한다. "라디오가 진실을 다룰 수 있는가? 천만에." 그러나 그는 미디어가 전복적인 시도들을 통제하는 방식을 제공한다는 점을 암시하면서 자신이 라디오의 금지에도 불구하고 테이프를 통해 수백만 명에 다가갈 수 있다고 주장한다("그들은 라디오 마약을 만들고 있고, 사람들은 탈출구를 찾아야 한다/ 그러나 비록 내가 금지 당한다고 할지라도, 나는 수백만 개의 테이프를 팔 것이다").26)

마지막으로, 거짓되고 피상적인 내용과 억압적인 검열 이외에도, 미디어는 힙합의 주요한 청중들을 착취하고 억압하는 세계화된 상업적 체계 및 사회와 연결되어 있다. 지배적인 기술-상업 복합체를 통제하고 옹호하는 사람들이 흑인하류계층의 지속적인 호소에 무관심하다는 점을 깨달으면서 ("나와 같은 녀석들에게는 쥐뿔도 해주지 않는 땅이 여기 있다 …… 그러나 통제권을 빌어먹을 놈들이 가졌다"), 랩가수들은 우리 자본주의 사회가 군대 및 경찰에서의 흑인들의 복무를 통해 자신의 사회, 정치적 안정을

---

25) BDP의 "Ghetto Music," Public Enemy의 "Rebel Without a Pause," 그리고 Ice-T의 "Radio Suckers"를 보기 바란다. 그렇지만, 이들 랩가수들이 인정하듯, 어떤 방송들은 어떤 경우에 (통상 심야에) "가공하지 않은 실재 소리"를 틀려고 한다.
26) "Radio Suckers" 중에서.

유지하기 위해서 그리고 불필요한 상품에 대한 흑인들의 욕구증진을 통해 자신의 이윤을 증진시키기 위해서 흑인들을 어떻게 착취하는지를 비판한다.27) 힙합의 한 가지 매우 두드러진 주제는 과시적 소비를 이상화하는 고급차, 의류, 첨단기술의 전자제품 등에 대한 광고가 빈민가 젊은이들을 범죄의 삶으로 어떻게 유혹하는 가를 보여주는 것이다. 범죄의 삶이란 이러한 상품들을 쉽게 가질 수 있는 기회를 주지만, 그러나 결국은 죽음, 감옥, 또는 빈곤으로 끝이 나서, 가난과 절망의 빈민가 순환을 강화시킨다.

랩가수들은 소비적 부귀의 성취를 칭찬하면서 동시에 그것이 행하는 무비판적 이상화를 그리고 빈민가에 있는 청중들에게 잘못되고 위험한 방식으로 다가가려는 일을 비판한다. 이는 힙합이 지닌 포스트모던적 역설의 하나이다. 이와 유사한 방식으로, 자칭 "언더그라운드" 랩가수들은 상업주의에 대해서는 예술적·정치적 변절로 격하하면서 동시에 자신들의 상업적 성공에 대해서는 자신들의 예술적 힘을 보여주는 것으로 찬양한다.28) 그러한 역설들은 빈민가 삶의 그리고 이른바 비상업적 예술의 사회문화적 영역들 속에서 발생하는 한층 더 기본적인 모순들을 반영한다.29)

분명, 미국 흑인문화 속에는 독립적 표현과 경제적 성취 사이에 매우

---

27) Public Enemy의 "Black Steel in the Hour of Chaos"를 보라. 백인사회가 흑인사회를 착취하는 주제에 대해서는, BDP의 "Who Protects Us From You?" 그리고 Ice-T의 "Squeeze the Trigger"를 또한 참고하기 바란다.

28) 첫 번째 역설의 예로는 Ice-T의 "High Rollers," "Drama," "6'N the Mornin'," "Somebody Gotta Do It (Pimpin' Ain't Easy!)," 그리고 Big Daddy Kane의 "Another Victory"를 들 수 있다. 두 번째 역설의 예로는 Ice-T의 "Radio Suckers"와 BDP의 "The Blueprint"를 들 수 있다. 랩이 지닌 또 다른 곤란한 모순은 소수층에 대한 억압과 착취를 비난함에도 불구하고 여성을 폭력적으로 착취하는 지독한 남성우월주의를 채택하고는 한다는 것이다.

29) Pierre Bourdieu의 *Distinction: A Social Critique of the Judgement of Taste* (Cambridge, Mass.: Harvard University Press, 1984)는 이른바 순수하고 비상업적 예술의 활동을 허용하는 그리고 순수하고 비상업적인 것으로의 효과적인 은닉을 허용하는 물질적·상업적·계층적 이익들과 메커니즘들이 어떤 숨겨진 논리를 지녔는가를 폭로한다.

깊은 연관이 존재한다. 이 연관은 비상업적 랩가수들에게도 상업적 성공과 재산을 염탐케 만든다. 왜냐하면, 휴스턴 베이커(Houston Baker)가 아주 잘 예증하였듯이, 미국 흑인예술가들은 흑인적 경험과 표현의 기반을 형성하는 노예 및 상업적 착취의 역사를 의식적이든 무의식적이든 항시 감수해야 한다.30) 노예가 독립적 인간에서 재산으로 둔갑했듯이, 독립을 재성취하는 노예의 방식은 자유를 살 만큼 충분한 재산을 획득하는 데 있었다. 소유물이었던 탓에 오랫동안 자신들의 목소리를 낼 수 없었던 미국 흑인들은 "오직 재산만이 표현을 가능케 한다"는 결론을 추론해냈다.31) 그렇다면, 언더그라운드 랩가수들에게 상업적 성공은 자유로운 예술적·정치적 표현을 가능케 하는 그리고 역으로 그러한 표현에 의해 더욱 가능케 되는 경제적 독립의 기호로 기능할 수도 있다. 이 찬미되는 경제적 독립의 주요한 차원은 범죄로부터의 독립이다.32)

자율성과 거리(Autonomy and Distance)

랩의 자유분방한 취사선택이 미적 순수성과 통일성이라는 고급모더니스트의 관례를 위반한다면, 문화의 깊은 정치적 차원에 대한 랩의 호전적인 강조는 모더니티의 가장 기본적인 예술적 관례들 중의 하나인 미적 자율성에 도전을 제기한다. 베버(Weber) 등에 따르면, 모더니티는 전통적인 종교적 세계관을 해체한 후 이를 과학, 예술, 도덕이라는 세속적 문화의 세 가지 독립적이고 자율적인 영역으로 나눈 서양적 합리화, 세속화, 차별

---

30) Houston Baker, *Blues, Ideology, and Afro-American Literature: A Vernacular Theory* (Chicago: University of Chicago Press, 1984), 34-63.
31) Ibid. 57.
32) 예컨대, Ice-T의 "Rhyme Pays" 그리고 Kool Moe Dee의 "They Want Money"와 "The Avenue"를 보기 바란다.

화 등과 관련이 있다. 이들 세 가지 영역들은 이론적 · 미적 · 도덕적-실천적 판단이라는 자체 내부의 논리에 의해 각각 통제된다.33) 물론, 이러한 삼분법은 인간사유를 순수이성, 실천이성, 미적 판단으로 나누어 비판적으로 분석한 칸트에 의해 반영되어 더욱 강화되었다.

문화적 영역들의 이러한 분리 속에서, 예술은 지식의 형성이나 보급에는 관심을 기울이지 않는 존재로 간주되어 과학과는 구분되었다. 왜냐하면 예술의 미적 판단은 기본적으로 비개념적이며 주관적이었기 때문이다. 예술은 또한 실재의 관심이나 욕망적 의지와 관련되는 윤리학이나 정치학의 실천적 활동과도 엄격히 다르다. 대신에, 예술은 쉴러가 이후에 놀이와 가상의 영역이라고 기술한 무관심적이고 상상적인 영역으로 여겨진다.34) 미적인 것은 지식과 행동의 합리적인 영역과 구분될 뿐만 아니라 인간본성의 감각적이고 욕망적인 만족과도 확연히 구분된다. 미적 즐거움은 형식적 성질들의 거리를 둔 무관심적 관조이다.

"지적 랩(knowledge rap)"(또는 "메시지 랩")이라는 힙합의 장르는 예술과 미적인 것에 대한 이러한 구획화되고, 사소화되고, 형식화된 관점을 부수는 데 전념한다. 이 랩들은 예술가와 시인으로서의 자신들의 역할이 실재에 대한 통찰력 있는 탐구가로서의 그리고 진리의 교사로서의 자신들의 역할과 분리될 수 없다고 거듭 주장한다. 특히, 이들은 기존의 역사책과 현대의 미디어에 의해 경시되고 왜곡된 실재와 진리의 측면들에 관심을 기울인다. BDP의 KRS-One은 "가장 핵심에서 새로운 개념들을 시작하는 교사와 예술가"로서 뿐만 아니라 철학자(*Ghetto Music* 앨범에는 "형이상

---

33) 예컨대, Jurgen Habermas, *The Philosophical Discourse of Modernity* (Cambridge, Mass.: MIT Press, 1987), 1-22를 보기 바란다.

34) Friedrich Schiller, *On the Aesthetic Education of Man* (Oxford: Clarendon Press, 1982)를 보기 바란다.

학자"라고 쓰여 있다)와 과학자("나는 과학을 중단하지 않는다, 나는 과학을 가르친다. 그렇다!")로 자칭한다.35) 그는 미디어의 정치적 표백화, 고정유형, 공허한 도피적 오락과 대조하여 다음과 같이 자랑스럽게 주장한다. "진리를 노래 속에 담음으로써/ 나는 도망가지 않고 문제와 정면으로 부딪칠 것이다 …./ 간단하다; BDP는 실재를 가르칠 것이다./ 우리의 곡조가 그러하듯; 둘러대지 말고, 바로 말할 것이다./ 그러므로 우리 시인의 작업은 결코 끝나지 않았다./ 그러나 나는 결코 과로하지 않는다, 왜냐하면 그래도 나는 최고이기 때문이다."36)

물론, 힙합이 드러내는 실재와 진리는 전통적 철학의 선험적인 영원한 진리가 아니라 물질적, 사회-역사적 세계의 변화하는 사실들과 유형들이다. 그렇지만, 실재의 시간적으로 변화하며 그리고 변형될 수 있는 성질에 대한 이러한 강조는 미국 프라그마티즘과 연관되는 상당히 그럴 듯한 형이상학적 입장을 구성한다. 미국 프라그마티즘을 거의 알지 못하겠지만, 랩 철학자들은 형이상학에서뿐만 아니라 사회적 기능, 과정, 구체적 경험을 강조하는 비구획화된 미학에서도 듀이를 "압도"한다.

왜냐하면 지성적 랩은 미적인 것과 인식적인 것의 결합을 주장할 뿐만 아니라, 실천적 기능성이 예술적 의미와 가치의 일부를 구성할 수 있다는 점을 마찬가지로 강조한다. 많은 랩 노래들은 흑인의 정치적 의식, 긍지, 혁명적 충동 등을 고양시키는 데 열중한다. 몇몇 노래들은 미적 판단들이, 특히 무엇이 예술로 간주되는가라는 판단들이 정당화와 사회적 투쟁이라는 정치적 논점들과 연관된다는 점을 강력하게 주장한다. 다른 랩들은 범

---

35) BDP의 "My Philosophy"와 "Gimme Dat, (Woy)"를 보기 바란다. 이들의 지성적 랩인 "Who Process Us From You?"의 가사는 자신들의 랩을 "부기 다운 프로덕션(Boogie Down Production)의 과학자들이 행하는 공익성명"으로 기술한다.
36) "I'm Still #1"을 보라. 기존의 역사와 미디어 그리고 미디어의 고정유형 등에 대한 BDP의 공격은 "My Philosophy," "You Must Learn," "Why is That?"을 보기 바란다.

죄, 마약, 성병 등에 대해 경고하고 조언하는 거리의 도덕적 우화로 기능한다(예컨대, Ice-T의 "Drama"와 "High Rollers," Kool Moe Dee의 "Monster Crack"과 "Go See the Doctor," BDP의 "Stop the Violence"와 "Jimmy" 등을 들 수 있다). 백인중심의 역사와 교육이 지닌 획일적 주장에 도전하고 흑인의 역사를 대신 제시하는 랩들도 있다(예컨대, BDP의 "Why is That?," "You Must Learn," "Hip Hop Rules" 등을 들 수 있다). 마지막으로, 랩은 빈민가 교실에서 쓰기, 읽기, 그리고 흑인역사를 가르치는 데 효과적으로 사용되어 왔다.[37]

제임슨은 전통적인 모더니스트 경계들을 해체하는 일이 "새로운 혁신적인 문화적 전략"을, 즉 "정치적 예술과 문화의 인식적·교육적 차원을 전면에 내세운" 포스트모던 미학을 대안으로 제공할 수 있다고 주장하였다.[38] 그는 이 새로운 문화적 형식을 아직은 "가설적"인 것으로 간주한다. 그러나 이 새로운 형식이 랩 속에서 전개되고 있을지도 모른다. 랩의 예술가들은 힙합의 대중적 지위와 예술적 지위를 함께 주장함으로써 합법적인 고급예술과 대중적 오락 양자 사이의 사회적으로 억압적인 이분법을 침식시키려 하며, 이와 마찬가지로 교육과 정치적 행동주의를 공공연히 목적으로 한다.

그러나 대부분의 문명 비평가들이 그러하듯, 제임슨 또한 포스트모던 예술이 "비판적 거리의 폐지"로 인해 효과적인 사회적 비판과 정치적 저항을 제공할 수 있을지를 염려하였다. 예술적 자율성의 요새를 침식하고 일상적이고 상업적인 삶의 내용을 열광적으로 차용함으로써, 포스트모던 예술은 예술이 "자본의 거대한 존재 바깥"에 서는 데 필요한, 그리하여 아도

---

[37] 가장 좋은 예로는 랩을 통한 글읽기 프로그램을 개발한 뉴욕의 라디오 DJ인 Gary Byrd를 들 수 있다.

[38] 여기와 다음 두 문단에서의 제임슨 주장에 대한 인용은 그의 "Postmodernism," 85, 87, 88, 89에서 했다. 다음에 등장할 아도르노의 주장은 그의 *Aesthetic Theory* (London: Routledge & Kegan Paul, 1984), 322에서 따왔다.

르노가 "추잡한 실재"라고 부른 것에 대한 대안을 나타내는 데 필요한 "최소한의 미적 거리"를 결여하고 있는 듯이 보인다. Public Enemy, BDP 또는 Ice-T 등을 듣는 사람들은 그 그룹들이 지닌 저항적 에너지의 진정성과 강도를 의심하기 거의 힘들다. 그러나 모든 현대의 "문화적 저항의 형태들은 이 형태들을 자신의 일부로 간주하는 체제에 의해 비밀리에 해제되고 재흡수된다"라는 혐의가 랩에 향해지는 것은 당연하다. 왜냐하면 랩은 미디어의 고정유형들, 폭력, 화려한 생활에 대한 탐구 등을 비난하는 한편, 이것들을 이용하고 찬양하곤 하기 때문이다. 상업주의와 자본주의 체제를 비난하기는 하지만, 랩의 "언더그라운드" 노래조차도 이와 동시에 자신의 상업적 성공과 판촉의 이력을 찬양한다. 예컨대 몇몇 노래들은 상업적 이유로 레코드 회사를 바꾼 것을 묘사하고 정당화한다.[39]

힙합이 제임슨이 다국적 자본주의라는 "새로운 세계체제의 범세계적이고 전체적인 공간"이라고 간주한 것의 바깥에 전적으로 놓여 있지는 물론 않다. 그러나 이러한 포괄적인 체제가 일순간이나마 존재한다고 할지라도, 왜 이 체제의 몇몇 특징들과 맺는 랩의 이로운 관계가 랩의 사회적 비판력을 무효화시켜야만 하는가? 어떤 것을 효과적으로 비판하기 위해서는 그것의 바깥에 완전히 놓여야만 하는가? 존재론적으로 기반화된 명확한 경계를 해체하는 포스트모던적 그리고 후기구조주의적 비판은 "완전히 바깥에" 놓인다는 개념 전체에 심각한 의문을 제기하는 것 아닌가?

안/바깥이라는 명확한 이분법에 대한 이러한 도전과 더불어, 우리는 왜 적절한 미적 반응이 냉정한 무관심적 주체의 거리를 둔 감상을 전통적으로

---

[39] 예컨대 Ice-T의 "409"와 BDP의 "Nervous"를 보기 바란다. 비상업적이라 자칭하는 랩 예술가들조차도 상업세계를 암시하는 이름을 지니고 있다. Ice-T는 "Rhyme Syndicate Productions"로 불리며, BDP는 "Boogie Down Productions"를 의미한다. 상업적 랩들은 가사가 음반을 또는 발신자 부담의 상업적 전화선을 선전하곤 한다. 예컨대, LL Cool J의 랩 "1-900-LL Cool J"를 보기 바란다.

요구해야만 하는지에 대해서도 의문을 제기해야 한다. 거리를 필연적으로 상정하는 것은 예술적 순수성과 자율성이라는 모더니스트 이데올로기를 또 한 번 드러내는 것이다. 힙합은 이를 거부한다. 랩가수들은 거리를 둔, 비참여적인, 형식적 판단으로 이루어진 미적인 것보다는 심층적으로 구현된 참여적 개입으로 이루어진 미적인 것을 역설한다. 그들은 정적인 관조와 무감정적인 연구를 통해서가 아니라, 정력적이고 열정적인 춤을 통해서 감상되기를 원한다.[40] 예컨대, Queen Latifah는 자신의 감상자들에게 "나는 네가 나를 위해 춤출 것을 명한다"라고 강력하게 지시한다. 왜냐하면, Ice-T의 설명처럼, 랩가수들은 춤추는 사람들이 땀에 젖고, "통제력을 잃고", 그리고 장단에 거칠게 "홀리기 전까지는 행복하지 않을 것이기" 때문이다. 그리고 랩가수들 또한 압운(rhyme)을 사용하는 신묘한 재능을 통해 청중들을 춤추게 만들기 위해서는 스스로 홀려야 한다.[41] 이러한 신적이면서도 육체적인 홀림의 미학은 신적인 뮤즈로부터 예술가와 공연자를 거쳐 청중에까지 뻗어 내려가는 신적인 광기의 연쇄줄로 시와 시의 감상을 설명하는 플라톤을 생각나게 한다. 플라톤은 이 홀림을 신적임에도 불구하고 참된 지식에 비해 비합리적이고 열등한 것으로 비판한다.[42] 더 한층 중요한 의미에서, 신적인 육체적 홀림이 주는 정신적 환희는 미국 흑인음악의 뿌리인 아프리카 종교의 형이상학을 생각나게 하기도 한다.[43]

---

[40] Grandmaster Flash는 자신의 절취기법의 새로움과 능란함에 "군중들이 춤을 멈추고 세미나에서처럼 둥글게 모이는 것을" 못 마땅해 하였다. "이것은 내가 원하는 바가 아니었다. 여기는 학교가 아니다 너의 엉덩이를 흔들어야 할 때이다"(Toop, *Rap Attack*, 72로부터 인용).

[41] Queen Latifah의 "Dance for Me" 그리고 Ice-T의 "Hit the Deck"을 보기 바란다. 공연자나 청중 양자 모두에서 나타나는 랩이 지닌 최면술적 홀림과 물리적·정신적 감흥력에 대한 강조의 유사한 예를 위해서는, Kool Moe Dee의 "Rock Steady"와 "The Best"를 보기 바란다.

[42] 이 점은 플라톤의 *Ion*에서 가장 분명히 언급된다.

[43] 예컨대, Michael Ventura, *Shadow Dancing in the U. S. A.* (Los Angeles: J. P.

합리화와 세속화라는 모더니티의 계획으로부터 무엇이 더 멀어질 수 있겠는가? 모더니즘의 합리화되고, 탈실체화되고, 형식화된 미학에 무엇이 더 적대적일 수 있겠는가? 기존의 모더니스트 미학이 랩 및 록 뮤직 일반에 아주 적대적인 것은 놀랍지 않다. 모더니스트의 합리화된 미학과 전혀 비합리적인 미학 사이에 숨쉴 공간이 있다면, 이는 포스트모던 미학을 위한 공간일 것이다. 필자는 랩이 그 공간 속에 거주한다고 생각하며, 그 곳에서 계속 번성하기를 희망한다.

Tarcher, 1986), 그리고 Robert Farris Thompson, *Flash of the Spirit* (New York: Vintage, 1984)를 보기 바란다.

지금까지 필자는 랩을 전통적인 예술적 관례에 도전하는 이탈자로 묘사하였다. 그렇다면 왜 랩을 예술로 불러야 하는가? 랩의 가사들은 자신을 자랑스럽게 예술이라고 주장한다. 그러나 자기주장만으로는 표현적 형식의 예술적 또는 미학적 특징을 구축하기에 충분치 않다. 주장에 확신이 있어야 한다. 물론, 확신은 기본적으로 경험으로부터 나와야 한다. 우리는 한 작품의 예술적·미학적 힘이 우리의 감각과 지성에 각인됨을 느껴야 한다. 그리고 일정 종류의 사회문화적 용인도 또한 필요하다. 작품이나 장르를 위한 가능한 공간이 예술의 사회문화적 영역 속에서 존재함이 틀림없다. 그러나 이론적 정당화는 이전에는 용인되지 않던 형식들을 예술이라는 명예로운 범주 속에 통합시킴으로써 그러한 공간을 창조하고 예술의 한계를 넓히는 데 일조할 수 있다. 그러한 통합을 위한 한 가지 입증된 전략은 표현적 형식이 기존의 관례로부터 명백히 벗어났음에도 불구하고 여전히 예술적 또는 미학적 정당성을 보장하는 중요한 기준을 충분히 충족시키고 있음을 보여주는 일이다. 대중예술은 그러한 기준을, 특히 복합성과 깊이, 창조성과 형식, 예술적 자긍과 자의식 등의 기준을 충족시키지 못한다고 간주되었기 때문에 예술적·미학적 정당성이 거

부되고는 하였다.

　랩은 대중예술들 중에서 가장 비난받는 것일 수도 있지만, 필자는 랩의 좋은 작품들은 위의 중심적인 예술적 기준들을 충족시킬 수 있다고 생각한다. 이를 입증할 수 있는 최상의 방식은 일반적인 논쟁이나 변호를 통해서가 아니라 이 장르의 구체적인 특정 작품에 대한 자세한 통찰을 통해서 이루어질 수 있다. 그러므로 지금부터 필자는 Stetsasonic이라는 브루클린 그룹에 의해서 1988년에 녹음된 "Talkin' All That Jazz"를 자세히 살펴보도록 하겠다. 이 노래는 필자가 좋아하는 것도 가장 예술적으로 정교하다고 생각하는 것도 아니다. 이 노래가 지닌 대중성과 대표성 때문에 그리고 랩이 제기하는 중심적인 미적 논점들 중 일부를 강조하기 때문에 선택하였다. 이 노래는 여러 랩 선집들에 수록되었다.[44]

　이 랩을 살펴보는 필자의 목적이 이 랩의 미적 풍부함을 보여주는 데 있기는 하지만, 살펴보는 방법 자체, 즉 쓰여진 텍스트로써 이 랩을 드러내고 분석하는 방법 자체는 이 랩이 지닌 가장 중요한 미적 차원들의 일부를 그리고 이 랩이 의도한 미적 감상 양태들의 일부를 간과할 수밖에 없다. 왜냐하면 필자는 소리의 중요한 차원들을 생략할 수밖에 없기 때문이다. 인쇄된 페이지는 음악도 노래의 발성이나 억양도 포착하지 못한다. 그리고 랩의 미적 차원들에 대한 완전한 감상은 랩을 듣는 일뿐만 아니라 랩에 맞추어 춤을 추는 일, 즉 랩의 리듬을 율동으로 느끼는 일도 필요로 할 것이다. 우리 문자문화의 인쇄매체는 이러한 일을 배제한다. 이러한 배제는 구두문화를 문자문화에 깊게 공고화되어 있는 학문적 수단으로 감상하고 합법화하는 일이 지닌 어려움을 암시한다.

　그럼에도 불구하고, 랩이 문자화된 시로서의 빈곤한 형식 속에서라도

---

[44] 예컨대, 이 곡은 대중적인 *Yo! MTV Raps*와 *Monster Rap Hits* 양자 앨범 모두에 수록된 유일한 곡이다.

미적 기준을 만족시킬 수 있다면, 음악으로서의 그리고 리듬감 있는 발성으로서의 풍부하고 강력한 실제 존재 속에서는 미적 기준을 한층 더 잘 충족시킬 수 있을 것이다. 이러한 점을 염두에 두고, 문자화된 텍스트 상태에서나마 랩이 미적 지위를 어떻게 주장할 수 있는가를 우리가 앞에서 언급했던 중심적 기준들에 입각하여 살펴보도록 하자.

토킹 올 댓 재즈(Talkin' All That Jazz)

자, 시작은 이러하였다.
라디오에서 네가 랩에 대해
말하는 것을 들었다.
우리가 샘플(Sample)을 취하는 방식에 대해
헛소리만을 지껄였다.
일례를 들어보자.
이 예와 함께 너를 몰아 내버릴 수 있을 것이다.
너는 우리가 음반을 만드는 방식에 대해
비판한다.
너는 예술이 아니라고 말했는데,
우리는 너의 입을 찢어 버리러 갈 것이다.
잠깐, 생각해보자.
우리의 음반은 힙합 밴드의 음악이다.
재즈, 네가 그렇게 부를 수도 있겠지만,
그러나 이 재즈는 새로운 형식을 유지하고 있다.
네가 우리를 잘못 판단하고, 사변하고, 소동을 폈을 때,
너는 정치인들이 범한 것과 같은 잘못을 범하였다.

토킹 올 댓 재즈.

(간주)

말(talk), 나는 말은 값싸다고 들었다.
아름다움과 마찬가지로, 말이란 단지 피부 두께일 뿐이다.
그리고 네가 거짓말을 하고 말을 많이 할 때,
사람들은 너에게 너무 많이 벗어났다고 말한다.
너는 오해했다.
하나의 샘플은 단지 하나의 사실일 뿐이다.
내 방법의 한 부분처럼, 하나의 도구이다.
사실상, 내가 샘플링에 최우선을 둘 때 중요할 뿐이다,
그리고 우리가 샘플링한 것이 다수파에 속한다.
그러나 너는 소수파이다, 생각으로 치자면,
힙합의 목적에 대해 편협하고 생각이 모자라다,
그리고 아무도 사용할 수 없게 나의 음악을 포옹하는
바보스런 게임을 벌인다.
네가 우리를 짓밟는다면, 우리도 너를 짓밟을 것이다.
갖고 있지 않은 케이크는 먹지도 못한다.
토킹 올 댓 재즈.

(간주)

거짓말이다.
네가 진실을 감출 때,
네가 증거보다는 재즈를 더 많이 이야기 할 때.
그리고 네가 알지 못하는 것을 거짓말하고 설명할 때.

너무 엄청난 거짓말이기 때문에 반드시 드러나게 되어 있다.
네가 나와 밴드에 대해 거짓말 할 때, 우리는 화낼 것이다.
우리는 우리의 연필을 깨물고 다시 쓰기 시작할 것이다.
우리가 쓰는 것들은 항시 올바르다,
애숭아, 지금 우리는 너에 대해 이야기하고 있으니 정신차려라.
너는 문제를 지닌 듯이 나에게 보인다,
문제들을 풀기 위해 우리가 무엇을 할 수 있는지를 우리는 알 수 있다.
랩을 일시적 유행이라고 생각한다면, 너는 미쳤음에 틀림없다,
우리는 아주 나쁘기 때문에 너는 결코 받지 못했던 존경을 우리는 받는다.
Eric과 Rak이 'I got soul'을 발표할 때까지,
진실을 말하라, James Brown은 늙었다.
랩은 옛 R & B를 복원시킨다.
만일 우리가 그러하지 않았다면,
사람들은 잊어버렸을 수도 있다.
우리는 이 점을 아주 분명히 하고 싶다:
우리는 재주 있고 강하다,
그리고 판단을 하지만 활기를 결여한 자들을
우리는 전혀 두려워하지 않는다,
토킹 올 댓 재즈.

(간주)

이제 우리는 너를 지배하려 하지 않는다.
네가 토킹 재즈를 하고 있다면

이길 수 없는 상황이라는 점을

우리는 너에게 이해시키고자 할 뿐이다.

친구여, 너는 다칠 수도 있다.

Stetsasonic, 힙합 밴드.

Sly and the Family Stone처럼

우리는 일어설 것이다

우리가 영위하고 연주하는 음악을 위해

그리고 우리가 오늘 노래하는 노래를 위해.

당분간은, 우리에게 기록을 바로 세우게 하라,

그리고 나중에는 포럼과

공식적 논쟁을 열도록 하겠다.

그렇지만 명심하라,

심은 대로 거둔다.

토킹 올 댓 재즈.

토킹 올 댓 재즈.

토킹 올 댓 재즈.

복합성(Complexity)

언뜻 보기에는, 이 노래는 너무 단순하여 미학적 고려의 대상이 되지 못하는 듯하다. 이 노래는 모더니스트 시의 특징적인 복합성을 구성하는 박식한 암시, 모호한 생략, 구문론적-의미론적 난해함 등을 결여하였다. 이 노래가 지닌 직설적 진술, 은유의 부족, 반복되는 상투적 표현 등은 이 노래가 의미의 어떠한 복합성이나 깊이도 결여하고 있음을 암시한다. 그러나 풍부한 의미론적 복합성과 다의성이 이 노래의 외견상 비예술적인 단순한 언어 속에 깊게 담겨 있다. 이 노래가 지닌 의미의 다층들은 바로 제목에서 감지되며, 그리고 핵심어라 할 수 있는 "재즈" 속에 요약되어 있다. 재즈는 이 노래의 문맥 속에서 적어도 두 가지의 아주 상이한 의미들을 지닌다. 첫 번째는 미국 흑인문화로부터 시작되어 기존의 문화에 의해 오랫동안 방해받고 무시 받았으나 오늘날은 전세계에 걸쳐 문화적으로 합법화된 음악적 예술형식으로서의 재즈이다. 두 번째는 가장 흔하게 은어적으로 사용되는 재즈의 의미로, 이는 "거짓되고 과장된 이야기; 무의미하고 바보스런 이야기"를 뜻한다.[45]

재즈라는 의미 속에 담겨 있는 이러한 모호함과 대립은 이 랩의 중심 주제로 전개되며, 랩 일반에 중심적인 듯이 보인다. "토킹 올 댓 재즈"는 이런 대립을 이용하면서 또한 의문시한다. 이 노래는 랩을 비합법적인 것을 합법화하는 힘으로 제시하며, 그러한 합법화와 연관된 사회, 문화적 요소들을 드러내며, 랩의 합법성을 부정하는 강자의 합법성에 도전한다. 이러한 논쟁점들과 마주하면서, 이 노래는 진리와 예술의 본성 그리고 이들 권위의 원천에 깊은 철학적 의문을 제기한다. 왜냐하면 예술이 오늘날은 문화적으로 신성화되지만 한 때는 위선적인 거짓말과 무의미한 바보스런 이야기로 비정당화되었기 때문이다.

이런 종류의 해석에 반대하여, "재즈"라는 용어가 제목의 문맥에 의해, 특히 전체 노래에 의해 모호성을 벗을 수 있다는 주장이 제기될 수도 있다. 왜냐하면 "토킹 올 댓 재즈"라는 구절은 우리가 관심을 가지는 것이 긍정적인 음악으로서의 재즈가 아니라 힙합에 대한 무지한 비판을 구성하는 부정

---

[45] 필자는 이 정의를 *Funk and Wagnall's Standard Desk Dictionary* (New York: Thomas Y. Crowell, 1980)에서 취하였다. *Webster's New Collegiate Dictionary* (Springfield, Mass.: Merriam, 1979)와 The Random House College Dictionary (New York: Random House, 1984)도 "공허한 이야기: 거짓말" 그리고 "거짓되고, 과장되고, 위선적인 이야기"라는 기본적으로 유사한 의미를 전한다.

적인 이야기와 거짓말로서의, 특히 위선적인 바보스런 거짓말로서의 재즈라는 점을 암시하는 듯이 보이기 때문이다. "라디오에서 네가 랩에 대해/ 말하는 것을 들었다./ …… 헛소리만을 지껄였다." 재즈를 이야기하는 것을 거짓말과 바보스런 이야기를 하는 것과 동일시하는 일은 정치인들의 이야기와 연관짓는 데에서도 확인된다("너는 정치인들이 범한 것과 같은 잘못을 범하였다./ 토킹 올 댓 재즈") 그리고 이러한 동일시는 다음과 같은 가사를 통해 최종적으로 확인되는 듯이 보인다. "거짓말이다./ 네가 진실을 감출 때,/ 네가 증거보다는 재즈를 더 많이 이야기할 때./ 그리고 네가 알지 못하는 것을 거짓말하고 설명할 때./ 너무 엄청난 거짓말이기 때문에 반드시 드러나게 되어 있다."

그러나 "토킹 재즈"는 예술로서의 랩이라는 노래의 주제에 의해 음악적 예술과 긍정적으로 동일시되기도 한다. 그런데 재즈만을 이야기하는 랩이란 도대체 무엇인가? 랩은 단지 재즈와 연관된 악기적 음악이 아니며, 재즈 리듬이나 곡조에 맞추어 불려지는 노래도 아니다. 랩음악의 가장 두드러진 특징은 노래되는 것이 아니라 도전적으로 이야기된다는 것이다. 랩이라는 단어는 이야기한다는 것과 동의어인 속어이다. 그리고 랩뮤직의 재즈와의 연관은 첫째 연에서 확인된다. "우리의 음반은 힙합 밴드의 음악이다./ 재즈, 네가 그렇게 부를 수도 있겠지만,/ 그러나 이 재즈는 새로운 형식을 유지하고 있다."

이 행들은 의미론적 복합성들을 한층 더 구현한다. 여기서 Stetsasonic 밴드는 가장 존경받는 흑인문화형식과 전통으로서의 재즈를 자신과 동일시한다. 그러나 약간의 주저가 있다. 왜냐하면, 랩은 기존 재즈의 단순한 변형으로 간주되고자 하지 않기 때문이다. 진보적 재즈로 간주되기도 원하지 않는다. 랩은 그 자신의 독창성을 주장한다. 기존의 표준적 재즈와는 달리 랩의 재즈는 "새로운 형식을 유지하고 있다." 그리고 변화하는 대중적 경험 및 지역적 표현과 밀접한 연관을 유지함으로써 새로움과 신선함을 유지한다. 힙합이 재즈의 독창적 정신에 더 충실하다는 단서가 존재한다. 그리고 재즈가 기존의 문화에 의해 이루어진 자신에 대한 대우를 통해서 그리고 그러한 대우에 대한 자신의 순응을 통해서 어느 정도 오염되었다는 단서 또한 존재한다.46) 왜냐하면 재즈를 거칠게 과장되고 바보스런 음악으로 간주하면서 기존의 문화가 재즈에 행한 애초의 거부가 재즈라는 용어에 바보스런 위선과 거짓이라는 부정적인 속어적 의미를 부여하는 데 일조했기 때문이다. 이런 부정적인 의미는 애초의 거부의 의미를 유지하면서, 음악으로서의 재즈의 표준적인 의미에도 부정적인 흔적을 도입시켜 재즈가 고전 음악과 같은 표준적인 성스러운 의미에서 진정한 음악인가 하는 의문을 끊임없이 떠올리게 하였다.

이러한 재즈의 깊은 모호함은 랩을 예술로서 옹호하는 Stetsasonic에 의해 아주 솜씨 있게 다루어진다. 위선적 거짓말이라는 재즈의 의미는 랩이라는 형태의 새로운 재즈에 대한 거부를 위선적 거짓말로 격하하는 데 사용된다. 랩가수들은 랩을 타락하고, 차용적이고, "토킹 재즈"로 거부하는 사람들의 자칭 합법적 담화를 "토킹 재즈"로 거부한다. 이 밴드는 자신들의 토킹 재즈는 참인 반면 랩과 재즈를 반대하는 비평가들의 이야기는 부정적 의미에서 "토킹 재즈"라는 점을 주장함으로써 재즈/진정한 진리의 이분법을 받아들이면서 동시에 도치시킨다. 왜냐하면 후자의 비평가들이야말로 잘못 알고 있고, "편협하고 생각이 모자라"기 때문이다. 참된 예술에 대한 이들 비평가들의 자칭 참된 이야기는 진리도 예술도 아니며, 비판적 이해와 창조적 재치를 결여한 무지한 수다이다. 고집 센 비판가들의 빈약

---

46) 랩이 재즈보다 훨씬 더 흑인의 자긍을 그리고 백인의 문화적·정치적 지배에 대한 도전을 역설한다. 이는 놀라운 일이 아니다. 왜냐하면 재즈는 노예제에 친숙한 흑인의 경험 속에서 전개되었기 때문이다.

하고 "엄청난" 거짓말과는 대조적으로, 랩의 가사들은 "항시 올바르다." 더욱이, 이 가사들은 라디오 토크의 "값싼" 경멸적 "헛소리"와 같이 부주의하게 말해지는 것이 아니라 글47)을 통해 사려 깊게 구성되며, "재주 있고 강한" 예술가들에 의해 그리고 이러한 "새로운 형식" 속의 독창적 표현에 헌신하는 예술가들에 의해 공연된다. 그러므로 랩 비판가들의 비난과는 대조적으로, 랩은 진리와 예술성을 동시에 보여주는 것으로 주장된다.

의미의 복합성과 논증의 재치 있는 구성이 이 랩에서 분명히 발견되지만, 이 복합성과 구성이 실제 랩청중들을 위해 의도되거나 존재하는지에 대해서는 부정적일 수도 있다. 어쩌면 이것들은 모호성을 발견하기 위해 텍스트를 읽는, 심지어는 왜곡하는 우리의 학문적 습관의 산물인지도 모른다. 랩을 복합적으로 읽는 일은 랩이라는 장르와 그 청중들이 지닌 자발성과 단순성에 어긋난다고 주장할 수도 있다. 더욱이, 단순한 반응들은 열등한 이해라는 점을 암시함으로써, 복합적 읽기는 랩이라는 예술을 대중적인 사용으로부터 그리고 이를 사용하는 사람으로부터 몰수하는 데 기여한다. 이러한 과정을 통해 대중예술이 엘리트 예술로 변형되고는 하는데, 이는 문화사에서 아주 일반적이다.48)

필자의 랩읽기에 대한 이러한 식의 반대는 강력하기 때문에 직접적인 대답이 필요하다. 첫째, 랩의 의미를 명백한 저자의 의도에 한정할 절대적

---

47) 단순한 이야기라기보다는 정교하게 구성된 글이라는 의미에서의 랩에 대한 강조는 기교뿐만 아니라 문학성을 요구하는 랩의 특징을 강하게 드러낸다. 그러나 노래가 거짓말로서의 이야기와 진리로서의 글이라는 이분법을 긋는 것은 아니다. 왜냐하면 적대적인 비판가들에게 진리를 보여주기 위해, 랩가수들은 쓸 뿐만 아니라 말하기도 하기 때문이다. 일반적으로 랩가수들은 자신들이 지닌 즉흥적 말의 기술을 글쓰는 자신들의 재주만큼이나 강조하려고 한다.
48) 예컨대, 셰익스피어와 오페라가 대중예술에서 엘리트 예술로 미국에서 어떻게 변형되었는가에 대해서는 Lawrence Levine, *Highbrow/ Lowbrow: The Emergence of Cultural Hierarchy in America* (Cambridge, Mass.: Harvard University Press, 1988)를 보기 바란다.

이유는 존재하지 않는다. 왜냐하면, 랩의 의미 또한 그 언어 및 독자들의 함수관계 속에서 규정되며, 저자 개인의 통제를 넘어선 사회적 산물이기 때문이다. "재즈"라는 말의 모호성 그리고 그 모호성이 구현하는 문화적 갈등과 역사는 저자가 사용하는 언어 속에 그가 의도하든 안 하든 이미 존재하고 있다. 둘째, 예술은 많은 방식으로 그리고 많은 층위에서 감상될 수 있기 때문에, 새로운 청중을 통한 감상의 새로운 양태들이 원래 청중의 감상양태들을 훼손할 수밖에 없는 것으로 불법화될 수는 없다. 이러한 훼손은 새로운 지적 형태들이 자신들의 특권적이거나 배타적인 지위를 합법적인 것으로 강요할 때만 생긴다. 랩은 단지 춤을 통해서도 적절히 감상될 수 있지만, 이 점이 랩의 전형적인 청중들이 랩을 오직 그러한 한정적이고 비(非)지적인 양식으로만 감상한다는 점을 말하는 것은 아니다. 의도적 오류와 의도된 청중의 우선성에 대한 우리의 관점이 무엇이든 간에, 모호성과 도치가 여기서 소개한 랩에서 의도되지 않았다고 보기에는 너무 두드러지게 나타난다. 그리고 주요한 랩의 청중들은 이 모호성과 도치를 이해할 만큼 잘 준비되어 있다. 왜냐하면 바로 이러한 종류의 모호성과 도치가 흑인언어 공동체의 기본이기 때문이다.

미국 흑인영어는 매우 모호하다. 예컨대, 백인영어에서 "검둥이(nigger)"는 분명 욕설이지만, 흑인언어에서는 "종종 애정, 칭찬, 승인 등의 의미로" 사용된다.[49] 이렇듯 모호성이 큰 이유는 분명하다. "검둥이 노예들은" 자신들의 바램을 적대적인 감시자들에게 들키지 않으며 표현하기 위해 "비밀스러운 방언을 만들 수밖에 없었다." 그들은 이를 위해 일상적인 영어단어에 특정한 흑인적 의미를 부여하였다.[50] 복합적 의미를 부여하는 중요한

---

[49] Holt, 'Inversion' in Black Communication," 154를 보기 바란다.
[50] Claude Brown, "The Language of Soul," in Kochman (ed.), *Rappin' and Stylin' Out*, 135.

방식 중의 하나는 의미를 도치시키는 것이다. 언어는 사회적 역학관계를 구현하고 유지시키기 때문에, 도치의 방식은 저항의 원천으로서 그리고 아주 미묘한 언어적 기술의 원천으로서 특히 중요하다. G. S. 홀트(Holt)는 이를 다음과 같이 설명한다.

> 흑인들은 다음과 같은 점을 명확히 깨달았다. 즉, 백인들의 언어를 숙달한다는 것은 의미론적/사회적 체계 속에 구축된 계층에 대한 백인들의 정의를 통해 언어에 숙달되는 것이라는 사실을 명확히 깨달았다. 그러므로 도치는 흑인들을 언어적·심리학적 덫과 싸울 수 있게 해주는 방어 장치가 된다 ……. 단어와 숙어들에 반대의 의미가 제공되고, 기능들이 변화한다. 흑인들을 통해 발달한 의미론적 이중성, 함의, 외연 등에 다가갈 수 없는 백인들은 원래의 단일한 의미로만 이것들을 해석할 수 있을 뿐이다 ……. 흑인들은 이러한 방식을 통해 보복을 당하지 않고서도 백인들을 속일 수 있게 된다. 흑인들에게 이해되고 공유되는 이러한 보호과정은 기지를 겨루는 경연이 되었다 ……. 그리고 피지배층을 보호하는, 진정한 감정을 숨기고 위장하는, 자신을 미묘하게 주장하는, 그리고 집단적 연대감을 증진시키는 언어적 게릴라전의 형식으로 되었다.[51]

물론, 이러한 과정은 모호하고 도치된 메시지들을 만들고 해독하는 데 흑인공동체가 익숙하게끔 만들기도 하였다. 그러므로 랩 애호가들은 자신들의 일상적인 언어훈련을 통해 간접적인 소통기술을 잘 숙달하여 왔다. 이러한 기술에 대한 숙달을 통해 랩 애호가들은 의미론적 복합성을 지닌 텍스트를 만일 그 텍스트가 자신들의 경험에 부합할 경우 쉽게 분석할 수

---

51) Holt, "Inversion' in Black Communication," 154.

있게 된다. 그러므로 "토킹 재즈"라는 개념에 대한 Stetsasonic의 모호하고 도치적인 사용도 랩 애호가들의 능력을 벗어난 것은 아니다. 물론, 이 도치가 이 노래에서 등장하는 가장 명확한 도치인 "나쁜"을 "좋은"의 의미로 사용하는 도치보다 덜 명확하기는 하다("랩을 일시적 유행이라고 생각한다면, 너는 미쳤음에 틀림없다./ 우리는 아주 나쁘기 때문에 너는 결코 받지 못했던 존경을 우리는 받는다").

"아무도 사용할 수 없게 나의 음악을 포옹(embrace)"한다는 구절은 한층 더 난해한 모호성을 지닌다. "포옹"이라는 용어는 받아들인다 또는 채택한다는 좋은 의미를 통상 지니지만, 여기서는 "감싸다, 두르다, 둘러막다" 등의 이차적 의미를 지녀 랩음악의 사용을 격리하고 부정하는 듯이 보인다. 그렇지만, 전자의 의미로 사용할 수도 있다. 즉, 이 구절을 랩음악을 어떤 진정한 예술적·정치적 용도도 결여한 단순한 유행적 오락으로 받아들이는 바보스런 게임에 반대하는 저항으로 읽을 수도 있는 것이다. 마지막으로, "부정한 수단을 통해 (재판관이나 배심원)에게 영향을 끼치려 한다"는 법률적인 의미를 embrace라는 단어가 지니고 있기도 하다.[52] 이러한 다소 낯선 의미가 의도되었는지의 여부를 떠나, 이 의미는 랩가수들의 저항, 즉 판정관인 일반인에게 랩 비판가들이 사용하는 부정한 허위에 대한 랩가수들의 저항과 정확히 일치한다.

랩가수들 중에서 가장 유명하면서도 가차 없는 행동가는 James Brown이다. 그는 여기서 다소 비판적으로 묘사되고 있다. "Eric과 Rak이 'I got soul'을 발표할 때까지,/ 진실을 말하라, James Brown은 늙었다./ 랩은 옛 R & B를 복원시킨다./ 만일 우리가 그러하지 않았다면,/ 사람들은 잊어버렸을 수도 있다." 이 가사는 또 다른 모호한 도치를 제공한다. 왜냐하면,

---

52) The Random House College Dictionary를 보기 바란다.

James Brown은 일반적으로는 최상의 랩장단과 펑크 미학과 흑인적 자긍 등의 원조로 칭찬받지만, 다른 한편으로 여기서는 낡고 덜 진보적인 것으로 비판받기 때문이다. 그의 감동적인 "I got soul" 열창은 이 랩의 가사가 제시하듯 Eric과 Rak(랩 듀오인 Eric B. 와 Rakim)에 의해 샘플링되었을 뿐만 아니라 새로워지고 잊혀지지 않기 위해 의당 그러했어야 한다. 옛 것은 존중되어야 한다. 그러나 새 것을 방해해서는 안 된다. 왜냐하면 살아 있는 전통에 대한 그러한 방해는 과거의 망실로 끝날 뿐이기 때문이다.

철학적 내용

이제 필자는 랩이 다의적인 복합성을 고무시키기 때문만이 아니라 그 철학적 통찰 때문에도 지적으로 음미할 만하다는 점을 주장하고자 한다. 왜냐하면 대중예술은 그것이 지닌 단순한 의미론적 구조로 인하여 필연적으로 피상적이다는 비난을 받을 뿐만 아니라 깊은 내용을 결여하고 있다는 혹평도 받기 때문이다.

대중예술의 상투적 표현사용은 대중예술이 천박하다는 주요한 근거로 자주 지적되기 때문에, "Talkin' All That Jazz"에서 등장하는 상투적 표현을 옹호하기 위해 몇 가지 점을 언급할 필요가 있다. 왜냐하면 이 노래는 가장 진부하고 상투적인 격언들로 가득 차 있기 때문이다. "말은 값싸다," "아름다움 …… 이란 단지 피부 두께일 뿐이다," "갖고 있지 않은 케이크는 먹지도 못한다," "심은 대로 거둔다." 그렇지만, 이 랩의 특정 문맥 속에서, 이들 격언들은 새로운 의미들을 획득한다. 이 새로운 의미들은 이 격언들이 표준적으로 구현하는 문화적 생각의 상투성에서 벗어나 있을 뿐만 아니라 이 상투성에 도전을 제기하기도 한다. 이 격언들은 랩은 예술이 아니라는 식의 문화적 상투성에 반대하는 논증에 사용됨으로써 진부한 상투적 특징의 일부를 상실한다. 더욱이, 이러한 사용은 이 랩의 주제인 차용적 샘플링을 뒷받침하는 언어적 대응물로서 정당화된다. 왜냐하면, 랩DJ들이 독창적 소리를 만들어 내기 위해 낯익은 악구들을 새로운 문맥 속에 떼어내 놓듯이, MC들도 옛 격언들을 차용하여 자신의 랩 속에 재문맥화함으로써 그 격언들에 새로운 의미를 부여할 수 있다.

진실과 아름다움에 관한 첫 번째 두 가지의 상투적 표현을 살펴보도록 하자. "말(talk), 나는 말은 값싸다고 들었다./ 아름다움과 마찬가지로, 말이란 단지 피부 두께일 뿐이다." 이 랩의 특정 문맥 속에서 결합될 때 이 상투적 표현들은 결코 단순하고 상투적인 의미를 지닌 것이 아니다. 이것들은 단순한 상투적 진실을 침식시키면서, 다른 한편으로는 언어, 아름다움, 미적 판단 등의 본성에 대한 철학적 주장들을 기존의 상투적인 주장들과는 극히 다른 관점에서 제시한다.

물론, "말은 값싸다"는 표현이 여기서 표준적 의미로 이해될 수도 있다. 즉, 랩을 무식하게 비난하기 위해서는 어떤 대가, 노력, 지식 또는 재능도 들지 않는다는 의미로 이해될 수도 있다. 그러한 무지한 "토킹 재즈"는 무가치하고 값싼 이야기이다. 격언의 표준적 의미는 단순한 이야기와 실제행동 양자 사이의 상투적인 대립을 암시하기도 한다. 즉, 쉽지만 어떤 영향력도 없는 단순한 이야기와, 노력이 필요할 뿐만 아니라 실제로 무엇인가를 하는 실제행동, 이 양자 사이의 상투적인 대립을 암시하기도 한다. 그리고 Stetsasonic은 "편협한" 비판가들과 랩 예술가들 양자 사이의 대비 속에서 이러한 대립을 채택한다. 여기서 편협한 비판가들은 예술을 창조하기 위한 활기는 결여한 채 단순히 예술에 대해서 이야기하고 "단정"내리는 반면, 랩 예술가들은 "재주 있고 강하며" 두려움 없이 행동하고 창조한다. 랩 예술가들은 "값싼" 이야기를 단순히 "사변"하지 않는다.

그렇지만 이러한 표준적 의미를 반대로 넘어서서, 이 랩의 문맥상의 내용은 이른바 값싼 이야기가 실제로는 전혀 값싸지 않다는, 즉 많은 대가를 지불한다는 점을 두드러지게 주장한다. 첫째, 랩에 대한 무지한 중상모략은 일반인들을 속이고, 랩 예술가들과 그 청중들을 모독하고 박해한다. 그 결과, 힙합의 본성에 대하여 혼란스런 "소동"을 만들어 낸다. 그러므로 단순한 이야기가 값비싼 대가를 치르는 행동을 구성할 수도 있다는 점을 보여줌으로써 이야기와 행동 사이의 상투적 구분이 도전받는다. 이 논증은 랩음악에 전혀 무지한 사람들이 랩에 행하는 비난과 박해를 통해 고통스럽게 확인된다. 이런 부류의 사람들은 다른 사람들의 풍문에 의존하는데, 이 다른 사람들도 랩을 그 자체로 들리는 대로 듣기를 거부하려는 사람들이다.[53] 더욱이, 이 노래에서 주장하듯, 비판가들이 벌이는 외관상의 싸구려 비난은 그들에게도 결국 끔찍한 대가를 지불케 한다. "네가 거짓말을 하고 말을 많이 할 때,/ 사람들은 너에게 너무 많이 벗어났다고 말한다." 비판가들의 "랩에 대해 말하는," "헛소리만을 지껄"이는데 상처입은 Stetsasonic은 랩의 비판가들에게 그러한 값싼 이야기가 지불할 높은 대가를 경고한다. "너는 예술이 아니라고 말했는데,/ 우리는 너의 입을 찢어 버리러 갈 것이다."

'값싼' 무지한 이야기가 강력한 영향력을 지닌다면, 담화가 지닌 힘과 권위의 근원은 무엇인가? '토킹 재즈'가 거짓된 비판 혹은 진정한 예술이 될 수 있다면, 일반적인 담화가 거짓 혹은 참으로 간주될 수 있다면, 무엇이 담화적 참과 미적 정당성을 결정하는가? 이러한 철학적 쟁점들은 말이

---

53) 예컨대 FBI 책임자는 NWA (Niggers With Attitude)의 랩에 대해 한 번도 노래를 들어보지도 않고 공식적인 경고를 내렸다. 그리고 이 그룹에 날아드는 항의 우편들을 조사한 결과 이 랩 비판가들 중 그 누구도 문제가 되는 노래를 사실상 듣지 않았거나 여타의 랩음악에 정통하지 않았다는 점이 밝혀졌다. 이러한 풍문에 근거한 적대감이 랩공연의 취소와 랩음반들에 대한 검열과 압수를 낳았다. 이러한 문제들을 더 상세히 보기 위해서는, Dave Marsh와 Phyllis Pollack의 "Wanted for Attitude," Village Voice, 10 Oct. 1989, 33-7을 참고하기 바란다.

나 담화가 아름다움과 마찬가지로 "단지 피부 두께일 뿐"인 것으로 규정되는 앞서의 상투적 표현 속에서 설명된다. 여기서 다시 한 번 우리는 랩의 특정 문맥이 오래 된 상투적 표현에 새로운 급진적 의미를 어떻게 제공하는지를 보게 된다. 랩의 뿌리인 빈민가, 랩이 행하는 미적 거부, 그리고 랩이 흑인음악으로서 당한 박해 등을 고려한다면, 아름다움이 단지 피부 두께일 뿐이라는 불평은 겉모습 위주의 피상적 아름다움에 대한 진부한 비판이 아니라 피부의 겉 색깔과 연관된 인종적 편견에 대한 강력하면서도 도전적인 비판이다. 좀더 일반적으로 말한다면, 미적 판단은 형식에 대한 순수하고, 고상하고, 무관심적인 관조가 아니라 (인종을 포함한) 사회, 정치적 선입견과 관심에 의해 깊이 조건화되고 통제된다.

그러므로 진리와 미를 권력관계로부터 독립된 것으로 간주하는 상투적 관점과는 반대로, Stetsasonic의 랩은 진리와 미적 정당성을 결정하는 여러 권력의 관계들을 강조한다. 담화적 권위의 두 가지 원천들이 존재한다. 첫 번째는 미디어와 정치적 제도들의 조정에 의해 드러나고 실행되는 사회, 정치적 권력이다. 무지하면서도 해로운 편견을 지니고 있지만, 랩에 반대하는 비판가들은 라디오라는 광범위한 합법적 매체를 통해 자신들의 판결을 전달한다. 그리하여 랩이 미적 장점을 결여하고 있으며 예술적 지위를 누릴 만한 가치가 없다는 그들의 비난은 진리로 통용될 수 있게 된다. 왜냐하면, 그 비난은 주류 매체를 통해 방송되어 전문성과 권위라는 아우라를 획득하기 때문이다. 이와는 반대로, 언더그라운드의 정치적 메시지를 지닌 랩가수들은 라디오에 출연하여 자신들의 예술을 발표하고 옹호할 수 있는 기회를 얻지 못한다. 그러므로 진리와 예술적 지위는 넓게는 사회, 정치적 통제의 결과이다.

Stetsasonic의 노래는 랩에 대한 미디어의 비난을 흑인사회를 경시하는 정치가의 오류와 연결시킴으로써 위의 메시지를 강화한다. 이 노래는 랩의 예술적 지위에 대한 정당성이 독립적으로 떨어져서 발견되는 것이 아니라 도전과 극복을 통해 만들어져야만 하는 것이라는 점을 시사한다. 이 노래는 그러한 도전을 자극하고 대변한다. 예술적 정당성을 확보하려는 투쟁에 연루되어 있는 사회정치적 힘을 인정하면서, 이 노래는 그러한 투쟁이 기본적으로 폭력적임을 깨닫는다. 비판가들에 맞서 힙합을 옹호하기 위해, 랩가수들은 폭력을 사용할 준비가 되어 있다. "너는 예술이 아니라고 말했는데,/ 우리는 너의 입을 찢어 버리러 갈 것이다." 폭력적 위협은 진지하게 의도되어 있다. 왜냐하면, 이 위협이 나중에 다시 반복되기 때문이다. 랩에 반대하여 목청을 높이는 모든 사람들에게 다음과 같은 경고를 보낸다. "너는 다칠 수도 있다."54)

　예술적 지위와 사회정치적 힘 사이의 연관을 인식함으로써, 랩가수들은 힙합에 대한 기존체제의 거부가 이 체제가 지닌 사회정치적 토대의 모순과 약점에 대한 공격을 통해 저지될 수 있음을 깨닫는다. 미국 사회가 언론의 자유와 다수결의 원칙을 지키는 자유민주주의를 공언하지만, 이러한 공언은 랩에 대한 검열과, 더 일반적으로는 진정한 예술을 고급예술에만 국한시키는 문화지도자들의 경향과 모순된다. 자신들의 음악을 옹호하면서, Stetsasonic은 엘리트 문화 권력자들이 민주적 힘의 토대를 넘어서 버렸다고 주장한다. 미를 감상하는 측면에서 보았을 때, 그 권력자들은 "소수"이다. 그리고 "생각으로 치자면," 그들은 더 민주적이고 해방적인 대중예술을 지향하는 "힙합의 목적에 대해 편협하고 생각이 모자라다."55) 이와 대조적

---

54) 이러한 투쟁적 폭력이 종종 단순한 상징적 폭력의 영역을 넘어선다. 비판과 비판에 대한 응대를 넘어서서, 기존체제는 검열과 체포라는 실제폭력을 행사하고, 랩 지지자들도 격렬한 소음을 통해 그리고 오랜 좌절과 억압이 낳은 물리적인 위협을 통해 보복적인 폭력을 행사한다. 이러한 두 가지 형태의 보복적인 폭력은 Spike Lee의 *Do the Right Thing* 속에서 강조되고 또 재간 있게 연결된다. 여기서 시끄러운 랩에 대한 폭력적 입막음은 지역의 폭동으로 이어진다.
55) 민주적 체제의 랩에 대한 검열이 지닌 모순들은 Ice-T 앨범의 주제곡인 *Freedom*

으로, 랩가수들은 자신들의 예술을 다수와 결합시킴으로써 옹호한다. "우리가 샘플링 한 것이 다수파에 속한다"는 랩가수들의 주장은 자신들이 대중적 취미와 다수의 관심을 반영한다는 점을 암시함으로써 샘플링이라는 자신들의 방식뿐만 아니라 그 결과로 생기는 음악적 창조까지도 정당화하려고 한다.

이 주장이 얼마나 타당한 것인가? 뉴욕타임스의 록 평론가인 존 파렐레스(Jon Pareles)는 랩을 "대중음악 속에서 가장 빨리 성장하고 있는 장르이자 수백만 명의 애호가들을 위해 선택된 사운드트랙"이라고 기술하였다. 더욱이, MTV에서의 일상적인 랩방송이 "가장 많은 유선방송 시청자들을 끌어 모은다"는 사실은 랩이 그 기원인 흑인도시를 훌쩍 뛰어넘었음을 시사한다.56) 흑인이 다수를 차지하는 미국의 대도시들에서 랩의 대중성은 의심할 여지가 없다. 거리에서의 랩의 지배가 도전적으로 들려오며, 공연과 음반 판매에서의 대중성은 이미 막대할 뿐만 아니라 계속해서 증가하고 있다.

"Talkin' All That Jazz"는 도시 내에서의 다수적 힘에 호소할 뿐만 아니라 논쟁을 통해 랩의 대중적 지지를 역동적으로 확산시키려 한다. 이러한 논쟁적 전략 중의 하나가 인칭대명사의 문제와 연관된다. 이 노래의 전체가 "너"와 "우리" 사이의 대립 위에서 구성되고 있다. 가장 좁고, 문자적인

---

of Speech ······ Just Watch You Say에서 예리하게 표현되며, 그리고 Public Enemy라는 그룹이름 자체 속에서도 또한 암시되고 있다. 이 그룹의 이름은 "public"이라는 단어가 지닌 모순 관계에 놓인 두 가지 상이한 의미들을 가지고 장난을 친다. 즉, 제도적인 공적인 것, 그리고 사람들이나 공동체를 진정으로 대변하는 것, 이 두 가지 의미 사이에서 말장난을 친다.

56) Jon Pareles, "How Rap Moves to Television's Beat," New York Times, Sunday, 14, Jan. 1990, sect. 2, Arts & Leisure, 1, 28을 보기 바란다. MTV는 랩을 소개하는 데 있어서 상업 라디오와 네트워크 TV보다 더 잘해 왔다. 그러나 상업적 랩에만 집중하여, 더 위협적이고 흥미로운 많은 언더그라운드 랩은 적절히 대변하지 못하고 있다. 랩과 그 대중적 호소력이 텔레비전 매체에 의해 기본적으로 형성된다고 주장함으로써, Pareles는 불행하게도 TV에 의한 랩의 검열과 TV에 대한 랩의 비판을 간과하였다.

수준에서, "우리"는 이 노래를 부르는 힙합 밴드인 Stetsasonic이다. 이는 노래를 듣는 청중이 "너"의 일부임을 암시한다고 볼 수도 있다. 그러나 이 노래는 성난 저항이기 때문에 랩의 청중을 "너"로 부르지 않고 라디오에 등장하는 랩 비판가들을 "너"라고 부르며 랩의 청중을 적대적인 "너"와 구분하고 있다. 이 노래청중의 절대다수파는 라디오에서 말하는 사람들이 아니라 단순한 청취자들이다.

이 노래의 청중은 적대적인 "너"와의 대립을 통해 스스로를 이 노래의 칭찬받는 "우리"에 동화시키도록 유도되고 있다. 여기서 적대적인 "너"는 무지하고 무능하지만 아주 공격적이고 신경질적인 소수파로 혹독히 공격 당한다. 그러므로 "우리"는 Stetsasonic을 의미할 뿐만 아니라 전체 힙합 공동체를 의미하기도 한다. 그리고 아직 힙합의 팬들은 아니지만 미디어와 정치적 권위에 반대한다는 점에서 이 팬들과 동일시 될 수 있는 사람들에게 호소함으로써 우리를 더욱 넓혀간다. 미디어 등장인물들과 정치가들의 지껄임에 분개한 모든 자들, 우리 사회의 권위적 대변인과 그들의 간악한 권력 남용에 격분한 모든 자들, 재능이나 활력을 결여한 비판가들에 의해 부정적으로 평가받는 데 분노한 모든 예술가들 (또는 운동선수들이나 노동자들), 이 모든 이들에게 이 노래는 열정적인 저항정신을 통해 호소해야 한다. 그리하여 본래의 빈민가 청중을 넘어서 랩에 대한 지지를 얻어야 한다.

지지의 사회문화적 토대를 넓힘으로써 랩에 대한 승인을 얻으려는 이러한 전략은 적어도 세 가지 다른 수사학적 장치를 통해 재치 있게 수행된다. 우선, 셋째 연을 통해, 랩은 리듬 앤 블루스("R & B")와 연관된다. 리듬 앤 블루스는 모든 록음악의 원천이며, 미국에서뿐만 아니라 전세계적으로 백인청중들 사이에서 큰 인기를 얻은 장르이다. 만일 "랩이 옛 R & B를 복원시킨다면," 랩은 가치 있음에 틀림없다는 점을 이 노래는 함축적으로 주장하고 있다. 랩의 R & B로의 재생적이고 재구성적인 복귀가 생명성이

유지되고 창조적으로 기억된다면 ("만일 우리가 그러하지 않았다면,/ 사람들은 잊어버렸을 수도 있다"), 랩의 예술적 가치는 인식되고 검열과 학대로부터 보호되어야 한다. 즉, 우리가 랩 그 자체를 좋아하지는 않는다고 할지라도, 리듬 앤 블루스, 재즈, 록 등을 생성시키는 혁신적인 흑인음악의 전통을 살아 있게 한다는 점에서 랩의 음악적 가치는 인정해야 한다. 여기서 리듬 앤 블루스, 재즈, 록 등은 일반적인 백인청중들에게도 인기를 얻는 형식들이다.

　백인들도 포함한 광범위한 청중들을 향한 이러한 함축적인 호소는 마지막 연에서의 "Sly and the Family Stone"에 대한 언급 속에서도 미묘하게 전개된다. 힙합 밴드인 Stetsasonic은 스스로를 이 그룹과 동일시한다. 샌프란시스코에서 DJ로 출발한 Sly Stone은 James Brown과 함께 힙합의 선조이자 영감을 불어넣은 자로 인정되고 있다. 그러나 그 음악과 개성이 흑인적 특성과 호소력에 집중되어 있는 James Brown과는 달리, Sly는 흑인음악에 뿌리를 두고 있고 흑인적 긍지를 가지고 있기는 하지만 백인 록 청중들을 완전히 사로잡아 그들로부터 사회문화적 인정을 받았다. 인종적·성적 장벽을 부수고 뛰어넘는 Sly의 작업은 흑인들과 백인들, 남자들과 여자들로 구성된 그의 밴드 "The Family"의 결성에서 두드러지게 드러난다. 그레일 마르쿠스(Greil Marcus)가 파악했듯이, 우드스탁에서 인종색깔의 경계를 부수고 "페스티벌 중 최대의 성공을 거둔" 사람이 Sly였다.[57] 더욱이, 문화적 자신감과 용기를 가지고 그 스스로를 "시인"이라고 기술함으로써 자기 노래의 예술적 지위를 주장한 사람도 Sly였다.[58] Sly는

---

57) Greil Marcus, Mystery Train: Images of America in Rock 'n' Roll Music (New York: Daqlton, 1982), 82. 이 책은 한 장에서 Sly Stone의 경력에 관해 뛰어나게 기술하고 있다.
58) 그의 앨범 Riot에 수록된 곡인 "Poet"를 보라. 이 곡에서 그는 "나는 노래 작곡가, 시인이다"라고 노래한다.

Stetsasonic 등의 랩가수들에게 랩이 예술과 시로 인정되어야 한다는 점을 주장하는 방식을 보여주며, 그러한 선언과 사회문화적 저항이 노래를 통해 성공적으로 이루어질 수 있음을 또한 보여준다. 그의 히트작 "Stand"는 억압받고 소외된 사람들에게 그들 자신의 믿음, 권리, 문화를 위해 투쟁할 것을 설득한다. "네가 옳다고 아는 것들을 위해 일어서라." 이 노래는 랩가수들에게 다음과 같은 예언적이 경고를 하기도 한다. 억압적인 권력들은 "네가 말하는 것이 조금이라도 유의미하다"는 점을 깨달을 때 "너를 기게 하려고 애쓸 것이다." 그러나 그럼에도 불구하고 이 노래는 계속 투쟁할 것을 고무시킨다. 왜냐하면, "의기양양하게 서 있는 난쟁이"가 "옆에서 쓰러져 가는 거인"을 넘어뜨리는 데 일조할 수 있기 때문이다. Sly의 히트곡은 Stetsasonic에 의해 인용된다. "Stetsasonic, 힙합 밴드./ Sly and the Family Stone처럼/ 우리는 일어설 것이다/ 우리가 영위하고 연주하는 음악을 위하여/ 그리고 우리가 오늘 노래하는 노래를 위해." Sly를 환기시킴으로써, 이 가사들은 흑인적 자긍과 저항의 굽힐 줄 모르는 정신과 더불어, 백인청중을 향한 개방성을 표현한다.

  Sly와 "R & B"에 대한 환기 사이에서, 우리는 랩을 일반청중에게 잘 받아들이게 만드는 제삼의 전략을 발견한다. 예술적 지위에 대한 랩의 요구가 헤게모니에 대한 요구가 아니다는 점을 확신시키는 일이 그것이다. "우리는 너를 지배하려 하지 않는다"고 약속함으로써, Stetsasonic은 자신들이 비록 랩을 검열하는 사람들을 "다치게" 할 태세가 되어 있기는 하지만 자신들의 주목적은 다른 사람들을 침묵시키는 데 있는 것이 아니라 단지 들려지는 데 있다고 말한다. (패자만이 있을 뿐인 폭력적 문화투쟁과는 반대인) 평화로운 다원적 공존의 목표를 제시함으로써, 이들은 미국 사회가 가장 넓고 깊게 간직하고 있는 기조 중의 하나인 다원적 관용의 자유에 호소한다. 우리의 이상을 부르주아 자유 이데올로기로 격하한다고 할지라도, 이 이데올로기를 공유한 자들에게는 이러한 이상이 논증으로서 유효하게 작용할 수 있다. 그리고 이러한 이상의 범주는 실제로 부르주아 자유 이데올로기를 훨씬 넘어선다. 왜냐하면 이 이상은 아도르노 같은 마르크스주의자의 유토피아적 전망 속에서도 등장하기 때문이다. 아도르노의 사회정치적, 미학적 이상은 절대적 지배 없는 상태에서의 서로 다름에 대한 인정이다. 이러한 이상에 대한 옹호는 이 노래가 지닌 풍부한 철학적 내용의 또 하나의 측면이기도 하다.

이제 이 노래가 깨닫고 있는 담화적·미학적 권위의 두 번째 원천을 살펴보도록 하자. 두 번째 원천은 예술적·수사학적 힘이 지닌 막강한 권위이다. 진리와 예술적 지위가 사회문화적 힘의 구조에 근거한다면, 이 구조는 영원히 고정되어 있는 것이 아니라 갈등을 통해 변화하는 영역이다. 그리고 다수의 믿음과 취미가 변경될 수 있는 한 가지 방식은 그들에게 보이는 담화나 예술의 표현력을 통해서이다. 그러므로 이 노래가 암시하듯, 우리 감상자들은 표현력의 차이를 감지함으로써 비판가의 "토킹 재즈"는 거짓말로 거부하면서도 랩의 "토킹 재즈"는 예술, 진리, 증거로 받아들일 수 있게 된다. 비판가의 담화는 명백히 미약하고 "활기"를 결여한 반면, 랩의 담화는 "재주 있고 튼튼한" 힘을 통해 그 진리와 예술적 지위를 입증한다.

지각적 설득(perceptual persuasion)을 통한 그러한 입증은 논증의 혼란스런 변종이 아니라 중요한 형식이다.[59] 그리고 랩 속에서의 랩 선언서인 이 노래는 자신의 예술적 힘을 통해 랩의 예술적 지위를 지각적으로 설득

---

[59] 필자는 이러한 논증의 형식을 다음 글들에서 상세히 다루었다. "The Logic of Interpretation," *Philosophical Quarterly* 28 (1978), 310-24; "Evaluative Reasoning in Criticism," *Ratio* 23 (1981), 141-57; "Wittgenstein and Critical Reasoning," *Philosophy and Phenomenological Research* 47 (1986), 91-110; 그리고 *T. S. Eliot and the Philosophy of Criticism*, 91-106.

력 있게 입증하고 있다. Stetsasonic은 과도한 연구나 확장된 "공식적 논쟁"을 제공하는 척하지 않는다. 그들은 "(자신들이) 오늘 노래하는 노래"의 설득력 있는 모범을 통해 랩과 랩의 샘플링에 대한 "기록을 바로 세우"겠다고 주장한다. 이는 랩이 예술이라는 진리에 대한 자의식적으로 자기주장화된 그리고 논증적으로 자기 정당화된 선언이다.

예술적 자의식, 창조성, 형식

예술적 지위에 대한 이러한 자의식적인 자기 확증은 보기보다 더 중요하다. 왜냐하면 예술적 자의식은 많은 미학자들에게 예술의 기본적 특징으로 여겨지기 때문이다.60) 그러므로 대중예술이 예술적 지위를 부정당해왔던 하나의 이유는 대중예술이 예술적 지위를 주장하는 데 실패했기 때문이다. 호르크하이머와 아도르노가 논증했듯이, 대중예술은 "예술인 것처럼 시늉"도 내지 않고 오히려 자신의 지위를 오락산업으로 받아들인다. 부르디외가 논증하듯, 대중예술은 자기 자신의 미적 합법성을 주장하지 않고, 오히려 자신을 기본적으로 부정하는 지배적인 고급예술의 미학을 고분고분 받아들인다.61) 예술적 지위를 주장하는 데 필요한 예술적 자의식과 자존을 결여하고 있기 때문에, 대중예술은 예술적 지위를 누리거나 획득하지 못한다. 이러한 점이 여타 대중예술에는 해당된다고 할지라도, 랩에는 들어맞지 않는다. 다른 많은 랩가수들과 마찬가지로, Stetsasonic은 "우리는 일어설 것이다/ 우리가 영위하고 연주하는 음악을 위해"라고 외치며 예술로서

---

60) 예컨대, Wollheim은 "지속적이고 뿌리 깊은 예술의 자의식"에 대해 언급한다. Richard Wollheim, *Art and its Objects* (Harmondsworth: Penguin, 1975), 16.

61) M. Horkheimer와 T. W. Adorno, *Dialectic of Enlightenment* (New York: Continuum, 1986); Bourdieu, *Distinction*, 41, 48, 395; 그리고 이들의 견해에 대한 앞장에서의 필자의 논의를 보기 바란다.

의 랩을 공격적으로 주장하고 자랑스럽게 찬양한다.

"Talkin' All That Jazz"는 예술적 지위에 대한 확고한 주장 이외에도, 자랑스런 예술적 자의식을 적어도 다섯 가지 측면에서 드러내고 있다. 첫째, 예술은 일상적 행동이나 진부한 경험과는 뛰어난 기술과 질을 통해 구분되는 무엇이기 때문에, 이 노래는 랩이 지닌 뛰어난 재능, 힘, "활기"를 일상적인 값싼 이야기와 대조하여 강조한다. 둘째, 예술작품이 된다는 것이 예술적 전통에 속한다는 것을 의미한다면, 이 노래는 랩이 그러한 전통과 연관이 있음을 강조한다. 이는 스스로를 새로운 종류의 재즈라고 묘사하는 데서 가장 첨예하게 드러난다. 이를 통해 이 노래는 합법적인 예술로 가장 널리 받아들여지고 있는 흑인 음악형식과 랩을 결부시킨다. 그리고 나아가 "old R & B," Sly Stone, James Brown, 랩밴드인 Eric B. and Rakim과도 연관시킨다. 이러한 연관은 예술적 전통 속에서 그 전통을 형성하는 위상을 랩에 부여하며, 그리고 랩이 건강하고 풍부한 전통이 의당 지녀야 하는 용인 및 경쟁과 관련 맺고 있음을 드러내준다.[62]

근래의 예술적 전통이 지닌 매우 중요한 측면은 그리고 예술의 본질로 통상 간주되는 특징은 예술이 반대자로서의 입장을 견지한다는 점이다. 많은 이론들이 예술은 용인될 수 없는 실재나 기존현상과 대립을 유지해야만 한다는 입장을 펼친다. 그러한 반대자로서의 특징이 진정 예술의 본질인가에 대한 논란을 떠나, 이러한 특징이 공공연히 그러나 종종 자의식적으로 랩 속에 나타남은 분명하다. 기성문화와 미디어, 정치가들과 경찰들, 이들이 부과하려는 표상과 실재들 등과 같은 기존현상에 반대하는 폭력적 저항이 이미 우리가 살펴본 것처럼 랩가사의 중심적인 그리고 주요한 특징이다. 그러나 "Talkin' All That Jazz"는 랩의 미적 합법성이나 예술적 지위

---

[62] 전통과 관련된 이러한 측면에 대해서는 필자의 *T. S. Eliot and the Philosophy of Criticism*, 157-64, 170-90을 참고하기 바란다.

를 부정하는 문화적 독재자들을 공격하고 격하함으로써 *예술적* 반대자로서의 랩의 자의식을 가장 분명히 예화한다.

근대적인 예술적 자의식의 두 가지 다른 특징들은 예술이라 명명되기 위해서는 본질적인 것으로 그러나 대중문화의 산물에는 부적절한 것으로 여겨졌다. 창조성에 대한 관심과 형식에 대한 주목이 그 두 가지 특징들이다.63) 이 양자 모두 "Talkin' All That Jazz"에 강하게 드러난다. 이 점에 대한 설명을 끝으로 이 랩노래 그리고 랩일반에 대한 필자의 미학적 설명을 마무리하도록 하겠다.

랩이 지닌 차용적인 샘플링이 순수한 독창성이라는 낭만적 개념에 도전을 제기하기는 하지만, 랩은 여전히 창조성을 요구한다. 더욱이, 랩은 독창성이 옛것에 대한 개정적 차용 속에서 구현될 수 있다고 주장한다. 참으로, "Talkin' All That Jazz"는 새로운 예술적 형식으로서의 자신의 새로움을 예민하게 의식하고 있다. 이는 박해를 통해 고통스럽게 예민해진 의식이다. 단출한 두 행 속에서, Stetsasonic은 재즈와의 연관을 통해 랩을 예술적 전통과 연결시키면서, 동시에 랩이라는 장르가 지닌 새로운 예술적 형식으로서의 창조적 차이와 중요성을 거듭 강조한다. "재즈, 네가 그렇게 부를 수도 있겠지만,/ 그러나 이 재즈는 새로운 형식을 유지하고 있다." 더욱이, 랩이 "새로운 형식을 *유지*하고 있다"라는 표현은, 즉 랩이 새로운 형식을 *고안*했다고 하지 않고 유지하고 있다고 말한 표현은 엘리어트가 표현하려고 애쓴 예술적 전통과 혁신의 복잡한 역설을 천재적으로 포착하고 있다. 이 역설은 예술은 전통적이 되기 위해 새로울 수 있으며 또 새로워져야만 한다는, 그리고 새롭게 되기 위해서 전통적이 될 수 있고 또 전통적이 되어

---

63) 이 두 가지 특징들 양자 모두 예술의 이른바 반대자로서의 성격과 연관된다. 왜냐하면 새로워져야 한다는 예술의 창조적 훈령은 옛것과 익숙한 것에 대한 일정한 반대를 함축하며, 그리고 내용보다 형식에 대한 집착은 우리의 평범한 인식적 · 실천적 관심들과 대립되는 듯이 보이기 때문이다.

야만 한다는 것이다. 우리는 단순히 우리의 예술적 전통에 순응하기만 해서는 그 전통에 순응할 수 없다. 왜냐하면 우리의 예술적 전통이라는 것은 순응을 벗어난 새로움과 일탈의 전통이기 때문이다.

그러므로 랩은 형식과 형식적 실험에 대한 관심이 대중예술 속에서 발견될 수 없다는 도그마를 반박한다. 더욱이, 랩은 현대 고급예술의 징표로 간주되곤 하는 예술적 매체와 방법에 주목한다. 샘플링은 랩의 가장 급진적인 형식적 혁신일 뿐만 아니라 랩의 예술적 매체와 가장 크게 관련맺고 있기도 하다. 그리고 이는 문화의 법정에서뿐만 아니라 법의 법정에서도 가장 크게 논란을 빚고 있는 부분이기도 하다. 샘플링에 대한 미적 옹호가 "Talkin' All That Jazz"의 주제 중의 하나다. 이 노래는 시작부터 랩의 미적 합법성의 논점을 샘플링방식의 논점과 연관시킨다.

자, 시작은 이러하였다.
라디오에서 네가 랩에 대해
말하는 것을 들었다.
우리가 샘플을 취하는 방식에 대해
헛소리만을 지껄였다.
일례를 들어보아라.
그 예와 함께 너를 몰아 내버릴 수 있을 것이다.
너는 우리가 음반을 만드는 방식에 대해
비판한다.
너는 예술이 아니라고 말했는데,
우리는 너의 입을 찢어 버리러 갈 것이다.

창조적 예술이라는 랩의 주장을 옹호하기 위해서는, 샘플링의 방식이 단순히 기존의 노래들에 대한 표절이나 복제라는 분명하면서도 그럴 듯한 혐의로부터 벗어나야 한다. 벗어나기 위한 옹호는 랩의 샘플링이 그 자체가 목적이 아니라 기존의 대중음반들을 재생산하고 모방하기 위한 시도라는 것이다. 샘플링은 음반산업의 기술적 매체를 혁신적으로 조작함으로써 옛 단편들을 "새로운 형식"을 지닌 새로운 노래로 변형시키는 형식적 기법이나 방식이다. 모든 예술적 방식이나 "도구"가 그렇듯이, 샘플링이 지닌 미학적 의의나 가치는 어떻게 사용되느냐에 달려 있으며 ("내가 샘플링에 최우선을 둘 때 중요할 뿐이다"), 그러므로 특정한 구체적 문맥 속에서 판단될 필요가 있다. 나아가, Stetsasonic은 샘플링이 랩이 지닌 방식의 "일부"일 뿐이며, 항시 최상의 우선권을 지니는 것은 아님을 암시한다.

랩의 혁신적인 샘플링의 기법이 덧없는 책략으로 치부될 수도 있다는 점을 의식하면서, Stetsasonic은 랩이 창조적 잠재력과 지속력을 결여한 "일시적 유행"이다라고 생각하는 "얼빠진" 비판가들에게 랩 예술가들의 "강한" 재능을 그리고 점증하는 청중들 사이에서 얻는 지속적인 "존중"을 지적함으로써 확고히 응수를 한다. 그리고 Stetsasonic은 단순히 "토킹 재즈"를 하는 것이 아니다. 왜냐하면, 대중문화 전문가들은 랩이 1979년에 첫 녹음되었을 때 한 철을 넘기지 못할 것이라고 생각했지만, 결국은 비평가들의 인정을 성취해나가고 있다. New York Times의 비평가인 존 파렐레스는 "90년대의 시작과 더불어, 랩은 대중음악 중에서 가장 독창적이고 가장 급속히 성장하는 장르이다"라고 썼다.[64]

그러나 랩이 지닌 창조적 독창성을 옹호하기는 하지만, 파렐레스는 랩이 일관된 형식을 성취하고 있다는 점에 의문을 제기한다. 샘플링과 혼합의

---

64) Pareles, "How Rap Moves," 1. 많은 랩 노래들, 특히 힙합의 역사를 추적하고 찬양하는 랩노래들은 랩이 일찍 사라지리라고 예상한 비판가들을 뛰어넘는 랩의 놀라운 성공을 공공연히 과시한다. 그리고 랩이 지닌 이러한 지속력에 근거해 랩의 가치와 풍부한 창조적 잠재력을 옹호한다. 예컨대, BDP의 "Hip Hop Rules"를 보기 바란다.

기법, 그리고 단편화된 대중매체적 성향은 정연한 형식과 논리적 구조에 대한 창조를 가로막아, "불화와 불연속"에 의해 갈라진 노래를 낳는다는 것이다. "리듬이 압도하고, 조리에 맞지 않는 연결들이 지속된다." 랩노래들은 "처음에서 끝으로 전개되지 않아," "노래가 어떤 순간에도 끊길 수도 있다는" 느낌을 준다. 이러한 지적이 몇몇 랩에는 해당됨에 틀림없다. 그러나 이는 랩장르 전체에 대한 매우 부분적이고 과장된 설명에 불과하다. 왜냐하면, 랩은 분명한 서술적 전개나 일관된 논리적 주장 위에 확고히 구축된 노래들로 가득 차 있기 때문이다. 서술적 형식은 랩가수들이 차용하는 반복적인 후렴구를 지닌 발라드를 포함하며, 마약, 성병, 범죄 등에 관한 경고적인 도덕적 이야기를 또한 포함한다. 논리적 형식은 저항을 담은, 그리고 랩의 자긍을 포함한 흑인의 긍지를 담은 많은 랩노래들에 의해 예증된다. "Talkin' All That Jazz"는 랩의 자긍을 담고 있는 범주에 해당하며, 이 노래가 지닌 형식적·논리적 일관성은 부인될 수 없다.

이 노래는 네 개의 명확히 구성된 연으로 이루어져 있고, 각 연들은 길이가 다소 틀리기는 하지만 각 연들을 구별시켜주면서 동시에 연결시켜주는 동일한 간주로 동등하게 정형화되어 있다. 그리고 각 연들은 이 노래의 제목이기도 한 동일한 한 행짜리 후렴으로 끝남으로써 형식적으로 통일된다. 마지막으로, 이 후렴이 처음 세 연의 각각에서는 한 번 나타나는 반면, 네 번째 마지막 연에서는 후렴이 세 번 나타난다. 이는 앞서 세 연과 그 연들의 논증을 상기하고, 강화하고, 요약하는 효과를 낸다.

랩을 옹호하는 이 노래의 논증 또한 일관되게 구성되어 있다. 첫 번째 연은 랩과 샘플링에 대한 비난에서 시작하여, 랩의 창조적 지위를 옹호하는 위협적이고 저항적인 반론이 뒤따른다. 두 번째 연은 샘플링의 역할에 대한 설명, 랩의 대중적 호소력에 대한 강조, 랩 비판가들이 지닌 엘리트적 편협함과 무지에 대한 지적 등을 통해 랩을 옹호해 나가면서, 보복적인 폭력을 가하겠다고 위협하기도 한다("네가 우리를 짓밟는다면, 우리도 너를 짓밟을 것이다"). 세 번째 연은 랩 비판가들의 사악한 거짓말에 대한 분노에 찬 보복이라는 주제를 계속 이어나간다. 그러면서 다른 한편으론 랩의 합법성을 랩이 보여주는 진리, 재능, 힘 등을 통하여 그리고 미국 흑인음악이 지닌 예술적 전통에 대한 혁신적 보존에 근거하여 정당화한다. 마지막 연은 이러한 전통적 연관을 재강화하고 이 노래의 저항적 기조와 폭력적 위협을 유지하면서, 동시에 아직 랩을 받아들이지 않는 청중들에게 평화스런 공존을 제의한다. "지배하려 하지 않는다"는 다원주의적 관용을 옹호하는 이러한 마무리는 비판적 성찰에 의해 랩의 취약점이 드러날지도 모른다는 두려움으로부터 비롯된 것은 아니다. 랩은 "공식적 논쟁"을 벌일 준비가 되어 있다. 그러나 이것은 스스로를 표현하는 데 적합한 "포럼"(즉, "공적 공간")이 마련될 수 있을 경우에만 해당된다. 미디어와 기존의 문화 체제는 지금까지 이러한 공간을 부인했었다.

여기서 다시 한 번 우리는 미적인 것과 정치적인 것의 통찰력 있고 정교하게 짜여진 결합을 확인한다. 미적 합법성을 위한 투쟁, 즉 더 일반적인 사회적 투쟁의 한 징후인 미적 합법성을 위한 투쟁은 청취의 자유가 보장될 때에만 형식에 관한 세련되고 사려 깊게 추론된 논증의 형태를 취할 수 있다. 랩가수들은 그 청취의 자유를 보장받기 위해 아직 투쟁하고 있는 단계이다. 그를 위해, Stetsasonic은 지금은 격식을 갖추지 않고 다소 다급하고 폭력적으로 발언한다. 랩의 목소리에 대한 비난과 억압이 부드러운 미적 추론보다는 폭력적 저항을 불러일으킨다면, 랩의 적대자들이 스스로 책임져야 할 것이다("심은 대로 거둔다").

형식을 둘러싼 논쟁에 앞서 청취의 자유를 우선에 두는, 그리고 형식의 복합성에 초점을 맞추기에 앞서 표현의 합법성을 보장받으려는 이러한 태도는 이 노래 자체의 형식적 지위에 대한 방어적인 자기해명으로 간주될 수도 있다. 그리고 이는 랩이 맞닥뜨려야 하는 중요한 형식주의적 논점을 제기한다. 왜냐하면, "Talkin' All That Jazz"가 형식적 통일성과 논리적 일관성을 성취하고 있기는 하지만, 여전히 많은 다른 랩들에 비해서는 형식적으로 더 단순하고 전통적이다. 많은 랩들은 샘플링에 대해서 덜 이야기하지만 대신에 샘플링의 방식을 더 광범위하고, 복합적이고, 강력하게 적용한다(예컨대, "The Adventures of Grandmaster Flash on the Wheels of Steel"). 그러나 이 노래들이 훨씬 더 급진적인 새로운 형식을 만들어내기는 하지만, 형식적으로 일관되지 못하다는 파렐레스의 비판에 더 많이 노출되어 있는 듯이 보인다. 이러한 점은 형식적 혁신과 예술에 요구되는 형식적 일관성 사이의 갈등을 암시하는 듯하다. 왜냐하면, 랩의 예술적 형식, 특히 샘플링의 기법은 형식의 파편화, 일탈, 파괴 등과 밀접하게 연관되기 때문이다.[65]

형식적 혁신과 형식적 일관성 사이의 긴장은 랩이 요즈음 적극적으로 개입하고 있는 형식적 논쟁을 이루어낸다. 올바른 균형을 찾기 위해 랩의 혁신적 기법의 한계를 그리고 청중들의 형식에 대한 감수성을 시험하는 일은 아직 진행 중이다. 랩은 아직 스물이 안 된 나이로, 이러한 문제에 대한 해결이나 예술적 성숙성에서 한참 멀리 있다. 랩이 기존 문화체제의 억압이나 횡포로부터 벗어나 그리고 상업적 압력의 강요로부터 벗어나,

---

[65] 물론, 랩의 혁신이 형식적 일관성과 통일성의 성취를 논리적으로 배제하는 것은 아니다. 선율적 긴장, 샘플링된 파편, 일탈된 삽입 등이 예술 속에서 전체적으로 재구성될 수 있다. 이는 엘리어트의 "황무지"와 같은 작품들에서 확인되는 점이다. 그리고 "The Adventures of Grandmaster Flash on the Wheels of Steel" 속에서도 복합적 일관성을 발견할 수 있다. 그렇지만 실제적인 측면에서의 긴장은 여전히 어느 정도 남는다. 왜냐하면, 혁신적 기법과 예술적으로 혁명적인 충동을 자유롭게 방출함으로써, 랩은 형식을 갖추지 못한 무의미한 소음을 내는 데 그칠 수도 있기 때문이다. 또 때때로 이러한 일이 벌어지기도 한다. 그러나 형식의 전통적 요구를 충족시키기 위해 그러한 혁신을 포기한다는 것은 형식에 대한 우리의 감각을 재구성하고 확장하는 랩의 잠재력을 포기한다는 것을 의미할 수 있다. 랩은 우리가 한때 형식을 갖추지 못한 것으로 간주했던 유형을 다시 보고 감상할 수 있게 가르쳐 준다.

자기 자신 및 청중의 발전을 추구하는 데 필요한 예술적 합법성을 우선적으로 확보하지 못할 경우, 랩은 문제에 대한 해결도 예술적 성숙성도 성취하지 못할 것이다. 랩의 새로운 형식을 옹호하기는 하지만 여전히 전통적 형식에 친근하게 머물고 있는 노래인 "Talkin' All That Jazz"는 그러한 합법성에 대한 호소이자, 전통적 미적 기준을 충족시키는 방식 덕분에 실제로 호소력을 지니고 있기도 하다. 그러므로 이 노래는 우리들을 랩에 대한 공식적 논쟁으로 매혹적으로 초대한다. 이 논쟁은 미래로 유예된 그리고 오직 미래만이 해결할 수 있는 논쟁이다.

제9장

포스트모던 윤리학 그리고 삶의 예술

비트겐슈타인은 Tractatus Logico-Philosophicus의 명제 6.421에서 "윤리학과 미학은 하나이다"라고 주장하였다.[1] 젊은 비트겐슈타인이 의미한 바가 무엇인지를 알기 위해서는 Tractatus의 문맥뿐만 아니라 이 주장이 간단한 설명과 함께 처음 등장한 그의 이전 Notebooks도 들여다보아야 한다.[2] 외관상, 그는 윤리학과 미학이 다음과 같은 세 가지 측면에서 근본적으로 하나라는 생각을 전달하려고 한 듯하다. 첫째, 양자 모두 사물을 영원한 상에 비추어, 즉 "바깥"에서 선험적으로 본다. 미학에서, "예술작품은 영원한 상에 비추어 본 대상이며, (윤리학에서) 좋은 삶은 영원한 상에 비추어 본 세계이다. 이것이 예술과 윤리학 사이의 연관이다"(N 83). 둘째, 윤리학과 미학은 양자 모두 "신비성"의 영역에 관심을 둔다. 이는 양자의 경험적이지도 논리적 명제이지도 않은 진술들이 말할 수 없는 것에 속할 뿐만 아니라 양자 모두 비트겐슈타인이 신비성 및 "절대적인 가치"와 연관시키는 선험적 세계관을 채택하기 때문이다.[3] 셋째, 양

---

1) Ludwig Wittgenstein, *Tractatus Logico-Philosophicus*(London: Routledge & Kegan Paul, 1963), 146, 147. 앞으로는 *T*로 약칭할 것이다.
2) Ludwig Wittgenstein, *Notebooks* 1914-1916, 2nd edn (Chicago: University of Chicago Press, 1979). 앞으로는 *N*으로 약칭할 것이다.
3) *T* 6.45와 비트겐슈타인의 "윤리학 강연 (Lecture on Ethics)"을 보기 바란다. 1929년과

자 모두 행복과 기본적으로 연관된다. "예술은 쾌활하기" 때문에 "사물을 바라보는 예술적 방식은 …… 행복한 눈으로 세계를 바라본다." 이와 마찬가지로, 윤리학은 "행복이냐 불행이냐"는 질문에 해당된다. "그것이 전부일 뿐 선과 악은 존재하지 않는다고 말할 수 있다"(N 74, 86).

그러나 이 세 가지 연관들은 우리가 이 속에서 아무리 의미와 설득력을 발견한다고 할지라도 윤리학과 미학의 완전한 통일성을 수립하기 힘들다. 더욱이, 비트겐슈타인의 이 명제가 많은 *Tractatus*의 명제들과는 달리 그의 이후 철학에서 논박되지 않기는 하지만, 그렇다고 명백히 확증되거나 발전되지도 않는다. 후기에 이루어진 언어게임에 대한 그의 탈중심적·비선험적·다원론적 철학은 윤리적인 것과 미적인 것의 그 어떠한 균질적 통일과도 대립할지 모른다. 왜냐하면, 이 영역들은 어느 정도 다른 언어게임과 연관되는 듯이 보이기 때문이다.[4] 리오타르(Lyotard)는 그의 이러한 후기 철학을 포스트모던 사유의 주요한 원천이라고 주장하기도 한다.[5] 다른 한 편으론, 윤리학과 미학의 눈에 보이지 않는 실질적인 연관이 미적 감상에 대한 후기 비트겐슈타인의 설명 속에 강하게 함축되어 있다. 왜냐하면, 미적 감상은 고립되고 공식화된 비평적 규칙에 환원될 수 있는 것이 아니라 삶의 윤리적 차원을 포함할 수밖에 없는 복합적인 문화적 배경 속에 깊이 그리고 필연적으로 놓이기 때문이다.[6] 우리가 비트겐슈타인의 최종적 입

1930년 사이에 쓰여져 사후 *Philosophical Review* 74 (1965), 3-12에 출판된 이 강연과 *N* 86에서 비트겐슈타인은 신비성을 놀라움과 경이로움이라는 개념을 통하여 언급한다.

4) 윤리학과 미학 사이의 논리적 차이에 대한 연구로는 Stuart Hampshire, "Logic and Appreciation"을 들 수 있다. 이 논문은 W. Elton 편, *Aesthetics and Language* (Oxford: Blackwell, 1954), 161-9에 재수록되었다.

5) Jean-Francois Lyotard, *The Postmodern Condition* (Minneapolis: University of Minnesota Press, 1984), 10, 40-1.

6) 비트겐슈타인의 후기 미학이론이 지닌 이러한 측면 및 여타의 측면에 대해서는 필자의 "Wittgenstein and Critical Reasoning," *Philosophy and Phenomenological Research*

장을 정리해야 할 경우, 윤리학과 미학 양자가 완전하게 통일되어 동일하다고도 혹은 완전히 다르다고도 보지 않는 것이 균형잡힌 관점일 것이다.

이제 이 문제를 떠나, 왜 윤리학과 미학이 하나라는 그의 명제가 오늘날 중요한지를 살펴보도록 하자. 이 명제는 포스트모던 시대의 윤리학이론과 미학이론양자 모두에 통찰력과 문제점을 시사해준다고 생각된다. 이 명제는 모더니스트 시에 그리고 형식주의적이고 추상적인 조형예술의 경향에 공통되게 깔려 있는 예술적 순수성이라는 모더니즘의 미학적 이데올로기를 부인한다. 이 명제는 그러한 고립적 이데올로기가 더 이상 생명력이 없음을 함축한다. 왜냐하면, 지식과 문화의 전통적인 구획화는 상호 연관된 활동의 다양한 형태들로 해체될 처지에 놓여 있기 때문이다. 이러한 여건 속에서, 도덕적·사회적·정치적인 동기를 지닌 예술을 비평할 공간과 필요성이 존재한다. 이는 그런 동기를 지닌 예술 자체가 존재할 필요가 있는 것과 마찬가지이다.

필자는 예술과 예술비평에서의 윤리적·정치적인 문제에 대해 더 이상 언급하지는 않을 것이다. 대신, 이 마지막 장에서는 그 역인 윤리적인 것에 미적인 것을 부여하는 문제, 즉 윤리적인 것에 대한 심미화의 문제를 논의해 볼 것이다. 이 논의의 초점은 미적인 성찰이 우리의 삶을 이끌고 형성하는 방식을 선택하는 데 있어 그리고 좋은 삶이 무엇인가를 평가하는 데 있어 가장 중요한 결정력을 지니며 또 지녀야만 한다는 것이다. 이는 미적인 것을 적절한 윤리적 이상으로 그리고 좋은 삶에 대한 평가의 모델과 기준으로 설정함으로써, 비트겐슈타인의 윤리적인 것과 미적인 것은 하나라는 모호한 명제에 구체성을 부여하는 일이다. 그러한 심미화는 주로 사적인 윤리 영역에, 즉 한 개인이 자아를 스스로 실현하기 위해 어떻게 자신

---

47 (1986), 91-110을 참고하기 바란다.

의 삶을 형성해야만 하는가라는 문제에 방향이 맞추어져 있다.[7] 그러나 공적인 영역에도, 즉 좋은 사회는 어떠해야 하는지에 대한 문제에도 자연스럽게 연장될 수 있다. 최소한, 좋은 사회는 그 개개 구성원에게 삶을 미적으로 만족시켜 줄 가능성을 보장해 주어야 한다. 더욱이, 좋은 사회를 미적 기준에 의해, 즉 다양성 속에서 통일성을 가장 최적으로 조화시킨 유기적 통일로 상정함으로써 미적 기준에 의해 특징지으려는 시도는 상당히 일반적이었고 여전히 매력적이다.

윤리적인 것의 심미화가 포스트모던 시대의 지배적인 흐름이라면,[8] 이는 학문적 철학에서보다는 우리의 일상적인 삶과 우리 문화의 대중적 상상력에서 더 두드러질 것이다. 이는 풍만함과 만족에 대한, 개인적 외모와

---

7) "사적 윤리"와 "공적 윤리" 사이의 이러한 구분은 상당히 일반적인 것이며, 최근에는 Rorty가 자기 자신의 심미화된 윤리학을 옹호하기 위해 채택하였다. 이 구분이 유용하기는 하지만, 사적 윤리학을 입안하는 일이 공적 윤리학을 입안하는 일과 로티가 생각하듯 명확히 구분되는지에 대해서는 의심이 든다. 로티는 다음의 글에서 공적/사적 윤리의 구분을 도입하였다. Richard Rorty, "Freud and Moral Reflection," in J. H. Smith and W. Kerrigan (eds.), *Pragmatism's Freud: The Moral Disposition of Psychoanalysis* (Baltimore: Johns Hopkins University Press, 1986), 1-27. 앞으로는 *R*로 약칭할 것이다. 이 구분은 그의 *Contingency, Irony, and Solidarity* (Cambridge: Cambridge University Press, 1989)에서 중심 주제가 되기도 하였다. 앞으로는 *CIS*로 약칭할 것이다.

8) 이러한 흐름이 유래가 없는 것은 아니다. 플라톤 및 일반적인 그리스인들에게, 선과 미에 대한 관념은 명확히 구분된 것이 아니었다. 선과 미는 합성어인 *kalon-kai-agathon*("미와 선")으로 집합적으로 흔히 지칭되었고, 미를 지칭하는 *kalos*는 도덕적 선을 지칭하는 데도 *agathos*만큼이나 많이 사용되었다. eudaemonia라는 목표에 의해 지배되던 그리스의 윤리적 세계가 신성한 계율과 의무에 의해 지배되는 윤리적 세계에 양도되자, 윤리적인 것을 미적인 것으로부터 분리하는 일이, 심지어는 양자를 모순되는 원리들로 간주하는 일이 훨씬 쉬워졌다. 미학과 윤리학 사이에 이루어진 고전주의 시대 이후의 연관은 이러한 분리에 대한 각성을 표현한 것이다. 칸트는 미를 도덕성의 상징으로 보았다. 쉴러는 미적 교육을 도덕성을 함양하는 수단으로 보았다. 키에르케고르는 삶에 대한 미적 태도를 윤리적 삶에 대한 차선책으로 보았다. 취미에 대한 포스트모더니즘의 윤리학은 철학적 분화의 오래 된 전통을 비판적으로 의식하고 두 영역을 진정으로 통합하려고 시도한다는 점에서 그 고유함이 있을 것이다. 여기서 미학은 윤리학의 상징이나 수단이나 대행자가 아니라, 동일한 하나를 이루는 구성적 실체이다.

부에 대한 우리 문화의 집착에서 입증된다. 우리 시대의 유명인사들은 용맹한 남자나 정숙한 여인이 아니라 "아름다운 사람들"이라고 불리는 자들이다. 우리는 그리스도를 모방하려 하기보다는 마돈나의 화장술과 의상을 모방하려고 한다. 오늘날 그 누구도 교육과 모범을 위해 성자의 삶을 읽지 않는다. 그렇지만 영화 스타나 기업체 백만장자의 성공담은 장기 베스트셀러이다.

그러나 취미에 대한 포스트모던 윤리학이 철학적 옹호가들 없이 존재하는 것은 아니다. "존재의 미학"을 이상으로 삼는 푸코(Foucault)에게서 그리고 니체적 전통을 계승하고 있는 여타 유럽 대륙의 사상가에게서 분명한 지지를 발견할 수 있다. 그렇지만 필자는 근래의 영미철학에서 이루어진 옹호에 집중하도록 하겠다. 필자의 초점은 리처드 로티(Richard Rorty)이다. 그는 미국의 대중적 상상력에 대한 가장 솔직하고 강력한 설명가이며, "미적 삶"을 좋은 삶으로 적극적으로 옹호하는 사상가이다. 로티에게서, "미적 삶"은 "개인완성" 및 "자아창조" 중의 하나이다. 미적 삶은 "스스로를 넓히려는 욕망", "더욱 많은 가능성들을 품으려는" 그리고 스스로에 대한 "선천적 규정"의 제한은 회피하려는 욕망이 동기가 되어 이루어지는 삶이다. 이 욕망은 "새로운 경험과 새로운 언어에 대한 미적 모색" 속에서 표현된다(R 11, 12, 15: CIS xiv, 29). 즉, 미적 만족, 자아계발, 자아창조 등은 삶 속에서의 실제 실험을 통해서뿐만 아니라 "도덕적 반성의 새로운 어휘들"들을 채택하는 한결 내성적인 선택을 통해서도 모색된다. 이러한 선택은 우리의 행동과 자기 이미지를 한결 새로운 호소력과 풍성함을 지니게끔 만들어준다(R 11).

개인완성에 대한 로티의 심미화된 윤리학은 자유주의를, 즉 개성을 용인하고 잔인함을 혐오하고 "인간평등을 위한" 절차상의 정의를 강조하는 자유주의를 공적 도덕과 사회적 연대의 최상형태로 긍정하는 것과 짝을 이룬다(*CIS* 88). 그러나 그는 이러한 사적·공적 이상들이 한 가지 이론이나 탐구 속에서 융합될 수 있다고 생각하지 않는다. 그리고 삶에 실제적 내용을 부여하게 특권화되어 있는 것은 심미화된 사적인 윤리인 반면, 자유주의는 평화를 추구하는 데 그리고 우리의 개인적인 미적 목표들을 고무시키는 데 필요한 안정된 사회적 조직의 틀을 우리에게 제공할 뿐이다. 로티는 정당하고 자유로운 사회의 기본가치와 목표를 "그 사회의 시민들이 자신들의 시간을 이용하여 하는 한, 남을 해치지 않고 덜 혜택을 받은 사람들에게 필요한 자원들을 사용하지 않는 한, 그들이 원하는 만큼 사적 자유를 존중해주고 비합리주의적이고 심미적이게 내버려두는 것으로" 보았다(*CIS* xiv). 윤리적인 것에 대한 로티의 심미화는 몇 가지 중요한 점에서 비판되고 변형될 필요가 있기는 하지만 전도가 유망한 방향이라고 필자는 믿는다. 어떠한 경우든, 그의 주장에 대한 평가는 미적 삶에 대한 다른 논증들 및 전망들의 문맥 속에서 검토될 필요가 있다.

왜 포스트모던 철학은 윤리적인 것을 심미화해야 하는가? 취미의 윤리학이 대두하는 현상은 넓게는 윤리적인 것에 대한 전통적 모델들이 쇠퇴한 결과로 설명될 수 있다. 우리는 일단 탄생하게 되면 일정 형태로 우리의 삶을 영위해야만 하듯이, 삶의 방식에 대해 윤리적으로 일단 반성하기 시작하게 되면 우리는 일정 형태로 반성해야만 한다. 전통적인 윤리이론들에 대한 신념의 쇠퇴는 윤리적인 공황을 초래하였고, 자연히 취미에 대한 윤리학은 이를 메우려고 달려들었다. 로티의 다음과 같은 주장은 그가 이러한 점을 말하려고 했음을 보여준다. 갈릴레오, 다윈 그리고 프로이트 이후에는, "종교적 도덕성도, 세속적 도덕성도, 자유주의적 도덕성도 가능하지 않는 듯이 보인다. 그 어떤 제 삼의 대안도 등장하지 못했다."[9] 그가 옹호해 나가려고 하는 미적인 도덕성만이 예외인 듯이 보인다. 현대 철학자들에게 전통적 윤리학을 거부하게 만드는 가장 강력한 근거는 두 가지 일반적인 철학적 태도에서 기인하는 듯하다. 첫째가 인간 본성에 대한 역사주의적이고 다원주의적인 반본질론이라면, 둘째는 완벽히 만족스러운 윤리학을 부적절하게 만드는 도덕성의 엄정한 한계에 대한

---

[9] Richard Rorty, "Freud, Morality, and Hermeneutics," *New Literary History* 12 (1980), 180.

자각이다. 이들 각각의 태도는 주목을 요하는 여러 가지 측면들이나 단계들과 연관된다.

(1) 전통적으로, 윤리학의 이론들은 스스로의 이론들뿐만 아니라 버나드 윌리암스(Bernard Williams)가 명명한 아르키메데스적 관점에서의 전체적인 윤리적 기획까지도 정당화하려고 했었다. 즉, "비도덕주의자나 회의주의자들조차도 받아들이는 그러나 우리에게 그들이 비합리주의적·비이성적 또는 여하튼 오류적이라는 것을 보여주는 그 무엇인 전체적인 윤리적 기획까지도 정당화하려고 했었다."[10] 대체로, 이러한 토대론적 이론들은 인류에게 기본적인 것 또는 인류 속에 기본적인 것으로부터 어떤 삶이 기본적으로 인간에게 좋은 것인가를 이끌어 내려고 노력함으로써 그리고 어떠한 윤리적 "해야만 한다(ought)"도 일정한 비윤리적 "할 수 있다"에 의존한다는 점을 인정함으로써, 인간본성에 관한 일반적 이론들에 근거한다. 기쁨이나 행복에 대한 바람은 그리고 합리적인 사유와 행동에 대한 능력과 실행은 그러한 기본적 특징들을 위한 가장 친숙하면서도 강력한 후보들이었다. 이 양자를 종합함으로써, 그리고 인간을 위한 좋은 삶을 구성하는 것이 무엇인지를 한결 구체적이고 실질적으로 그려냄으로써, 아리스토텔레스의 윤리학 이론은 칸트의 윤리학이론보다 우위를 누린다. 왜냐하면, 칸트의 인식론은 인간의 감각적인 본성과 합리적인 본성 양자 모두를 충분히 깨달은 반면, 그의 윤리학은 합리적 행위자로서의 인간이라는 매우 순수화되고 알맹이가 빠진 추상적 개념에 의존한다. 그러한 행위자는 자신의 합리적 본질을 깨닫고 행위에서의 선택의 일정한 자유를 요구한다. 그리고 그는 신중한 방편이나 감정에 대한 부수적인 고려 없이 합리적이고 보편적인 원리에

---

10) Bernard Williams, *Ethics and the Limits of Philosophy* (London: Fontana, 1985), 29. 앞으로는 *ELP*로 약칭할 것임.

근거하여 선택함으로써 그런 자유를 윤리적으로 적절히 행사한다.

아리스토텔레스와 칸트의 기획이 지닌 특수한 문제들이 여기서의 우리의 관심은 아니다. 윤리학을 인간의 본성을 통해 설명하려는 이들 및 이들과 유사한 시도들이 지닌 더 근본적인 문제는 본성과 같은 그러한 것이 실제로 존재하느냐는 우리의 강한 포스트모더니스트적 의심 속에서 드러난다. 인류 속에 보편적으로 발견되고 존재론적으로 고정되어 있는, 그렇지만 윤리적 이론을 논리적 추론만으로 만들어 내거나 정당화하기에 충분할 만큼 결정적이고 실질적인 비역사적 본질이 있는가에 대해서는 더욱 강한 의심이 든다. 우리는 본질적 지위를 위한 가장 최상의 후보조차도, 예컨대 합리성이나 행복조차도 실제로 이러한 것들을 구성하는 것이 무엇인지에 대한 문화적이고 역사적인 다양한 설명들을 우리가 깊이 천착하지 않는 한에서만 전도가 유망한 듯함을 보았었다.

비역사적이고 존재론적으로 주어진 인간의 본질이 존재하지 않는다고 해서 인간의 본성으로부터 윤리적 이론을 추론할 모든 가능성이 닫히는 것은 아니다. 왜냐하면 어떤 비존재론적인 그러나 여전히 초역사적이고 여러 문화에 두루 걸친 인간의 본질을 통해, 인간 삶에 현존하면서도 필요한 언어적·문화적·생물학적 보편자들의 일정한 종류의 결합을 통해, 그리고 좋은 삶을 구성하는 것에 대한 명확하고도 일관된 그림을 투사해주는 것을 통해, 그러한 윤리적 이론이 마련될 수도 있기 때문이다. 그러나 명백한 역사적·문화적 차이에 직면하게 되면 여기서도 여전히 회의주의가 힘을 발휘한다. 동일한 문화적 전통이라고 생각되는 곳에서조차도, 무엇이 인간 삶에 기본적이고 바람직한 것인지에 대해 매우 다른 답변들이 나올 수 있다.

그러나 우리가 어떤 보편적 윤리학의 토대로서의 비역사적·초역사적 인간 본질을 거부할 수는 있지만, 우리의 고유한 특정한 시대와 문화를 위한 기본적인 윤리이론을 만들어 낼 수 있는 온건한 가능성은 여전히 남는다. 이러한 제한된 목적은 분명 우리가 가장 원하는 것이다. 왜냐하면, 우리가 알고자 하는 것은 우리의 선조나 후손의 삶이 아닌 우리 자신의 삶을 어떻게 사느냐는 것이기 때문이다. 그러나 초점을 현대 미국 사회에 국한한다고 할지라도, 너무나 많은 다양함이 존재하기 때문에 좋은 삶을 추구하기 위해서 추구해야 할 것이 무엇인지를 알려줄 수 있는 어떤 형식적 본질도 자신 있게 말할 수 없다. 우리는 자유 및 행복추구의 기회를 지지하는 데는 일치하는지도 모른다. 그러나 이 개념들도 자유주의에 대한 비판가들이 불평하듯이 매우 모호하고 추상적이다. 그리고 이 개념들이 외관상 제공하는 통일성도 자유, 행복, 기회 등의 진정한 의미에 대한 상이한 견해들로 인해 해체된다.

 이러한 국지화된 인간본질조차도 왜 찾을 수 없는지를 설명해 주는 적어도 두 가지 이유가 존재한다. 첫째, 미국뿐만 아니라 모든 선진화된 문명에서는 고도의 노동분화, 직업의 분화가 존재한다. 아리스토텔레스와 여타의 윤리이론들이 상정한 개념인 인간의 일반적인 기능적 본질은 남자와 여자가 조화하기 힘든 수많은 다양한 기능적 직업을 가진 지금의 상황에서는 더 이상 생명력이 없다. 농부와 증권중개인, 예술가와 공장노동자, 성직자와 미용사, 과학자와 카지노직원 등의 기능적 본질을 어떻게 조화시키는가? 더욱 혼란스러운 점은 우리가 상이한 기능적 본질의 모순을 집단적으로 경험할 뿐만 아니라 그것을 우리의 개인적 자아 내부에서 강력하게 느낀다는 사실이다. 한 여자의 직장인으로서의 기능적 본질과 어머니로서의 기능적 본질 사이의 모순은 현대에 들어와서 이루어진 이러한 정체성의 문제들 중 가장 잘 알려지고 중요한 문제일 것이다. 그러나 우리의 직업적 역할이나 자아규정이 친구, 가족, 정치적 행동가로서의 우리의 자아 규정과 모순되는 경우는 무수히 많다. 이 경우, 자신이 지닌 사회적 역할의 어떤 일관된 혼합체 속에서 개인을 위한 기능적 본질을 발견하는 것은 불가능한 듯이 보인다.

통합될 수 없는 역할들의 다원성 속에 집합적으로 그리고 개인적으로 살기 때문에 포스트모던인은 자신의 특정한 기능적 역할로부터 일반적인 윤리는 물론이거니와 개인적 윤리조차 만들어 낼 수 없다고 말하는 것은 비트겐슈타인과 리오타르를 빌자면 우리가 너무나 다양하게 혼합된 언어게임 속에 사는 탓에 그리고 너무나 많은 형태들의 대화에 의해 형성된 탓에 더 이상 우리가 누구인지를 명확하게 말할 수 없게 되었다고 말하는 것이다. 우리는 우리에게 좋은 삶이 무엇인지를 말할 수 없다. 왜냐하면, 우리의 본성은 우리의 변화하는 역할과 자기재현에 따라 의문시될 수 있고 불안정하기 때문이다. 로티가 주장했듯이, 우리의 본성은 명확하게 존재하여 발견되는 것이 아니라 만들어지고 형성되는 것이기 때문에 의문시될 수 있으며, 그러므로 미적으로 형성되어야만 한다.

더욱이, 로티에 따르면, 존재하지 않는 공통된 인간의 본질을 발견하기 위해 우리의 사회적 역할을 꿰뚫어 보는 일은 무의미할 뿐만 아니라, 특정한 개인의 일관된 내재적 본질이 존재한다는 생각 또한 프로이트가 효과적으로 깨뜨렸던 신화에 불과하다. 우리의 고유한 자아나 개성은 역사적 조건을 통해 형성되는 그리고 "믿음과 바람의 상충적인 체계"를 통해 구성되는 다수의 모순되는 (의식적·무의식적) "의사 개인들(quasi persons)"의 불편한 결합으로 밝혀진다. 이는 개인의 "진정한 자아"라는 개념 전반을 불신하는 관점이다(R 5, 9, 19). 자아는 자율적이고 안정적이고 합리적인 핵심으로부터 출현하는 통일되고 일관된 것이라기보다는 "중심이 없으며," "의사 자아들"의 집합이며, "조건적이고 특수한 필요의 자의적인 결합"이 산출해내는 것이다. 그리고 이는 왜곡된 기억과 다의적 단어들을 통해 변형이 이루어진 "특유하고 우연적인 삽화들"에 의해 형성되고 변경된다(R

4, 12, 14). "말소리로부터 잎새의 색깔을 거쳐 피부의 느낌에 이르기까지 모든 것은 프로이트가 보여주었듯이 자기정체성에 대한 인간 존재의 감각을 극화하고 구체화한다 …… 그러한 대상들의 자의적으로 보이는 모든 배열들이 삶의 색조를 정할 수 있다"(CIS 37). 로티에게서, 자아에 대한 이러한 프로이트적 탈중심화, 다층화, 자의화는 윤리적인 것으로서의 "미적 삶을 위한 새로운 가능성을 열었다." 왜냐하면, 발견할 수 있는 적합한 진정한 자아가 존재하지 않는다면, "도덕적 반성과 정교화"의 가장 유망한 모델들은 "자기인식"과 "순수화"라기보다는 "자기창조"와 "자기확장"이기 때문이다(R 11-12).

그러므로 인간본성에 관한 반본질론은 취미의 윤리학에 이른다. 그렇지만, 이를 논리적 귀결로 보는 것은 잘못일 것이다. 인간이 본래적으로 본질을 결여하고 있다는 점이 확정된 윤리를 함축하지 않는다는 점을 의미한다면, 미적인 윤리 또한 함축할 수 없게 되는 것이다. 그러나 취미의 윤리에는 여전히 이를 수 있다. 왜냐하면, 윤리적인 것을 정당화시켜 줄 수 있는 어떤 본질적 토대의 부재 속에서도, 우리에게 가장 호소력이 있는 것을 선택하도록 합리적으로 장려될 수는 있기 때문이다. 그리고 그러한 호소력이라고 하는 것이 궁극적으로 미적인 문제, 즉 우리에게 가장 매력적이거나 가장 완벽하게 다가오는 것이 무엇인가라는 문제일 가능성이 높다.

(2) 전통적 윤리이론들을 비판하면서 취미의 심미화된 윤리학을 발달시키는 역할을 하는 두 번째 일반적 태도에 이제 관심을 돌려보자. 이 태도는 "도덕성에 의한 윤리학의 미결정성"이라고 명명될 수 있으며, 두 가지 측면을 지닌다. 첫 번째 측면은 전통적으로 상정된 도덕성이 윤리적 관심의 전영역을 포괄하지는 못한다는 현대철학의 점증하는 깨달음에서 드러난다. 윤리적인 것은 우리가 어떻게 살아야 하는가와 관련된 가치와 선을

광범위하게 고려해야 한다. 이러한 고려의 대부분은 자기 자신의 이익이나 자기가족의 이익에 대한 특별한 관심의 경우에서처럼 분명 개인적이고 자기중심적이며, 그렇지 않더라도 최소한 보편적이지는 못하다. 그리고 상당수가 후한 인심 및 조건 없는 친절과 용기에서처럼 비의무적이다. 그러나 도덕성에 대한 전통적 기획들은 윌리암스와 볼하임이 주장하듯이 윤리적인 것보다 훨씬 더 좁은 특수한 "하위체계"를, 즉 의무와 보편성에 의해 지배되는 하위체계를 구성한다. "좁은 의미에서의 도덕성을 …… 의무를 그 핵심으로 지니는 것으로" 규정하면서, 볼하임은 이 도덕성을 가치 및 선의 영역과 날카롭게 대비시킨다. "전자인 도덕성은 (위협적 형상의) 투입으로부터 비롯되고, 후자인 가치는 ('고풍스런 행복의, 만족스런 사랑의') 투사로부터 비롯된다. 전자는 그 기원상 대체로 방어적이고 강제적이며, 후자는 그렇지 않다. 전자는 공포로부터 보호하려 하며, 후자는 사랑을 지속하려 한다."[11] 그리고 도덕성에 대한 볼하임의 설명이 도덕성이 지닌 위협적 징후와 위해한 측면을 강조한다면, 윌리암스는 "도덕성이 없다면 한결 더 잘 살게 될 것이다"라고 주장한다는 점에서 입장이 더욱 분명하고 강경하다(*ELP* 174).

"독특한 제도"나 "특별한 체계"인 도덕성에 대한 윌리암스의 비판은 도덕성이 지닌 곤란한 심리적 근원과 결과에 집중하기보다는 우리의 윤리적

---

11) Richard Wollheim, The Thread of Life (Cambridge, Mass: Harvard University Press, 1984), 215-16. 앞으로는 *TL*로 약칭할 것이다. Wollheim이 여기서 "윤리학"이란 말을 실제로 사용하는 것은 아니다. 그러나 그는 비의무적 가치를 포함하는 "넓게 상정된 도덕성"을 의무에 의해 지배되고 투입 위에 기반하는 "좁게 상정된 도덕성"과 대비시킴으로써 Williams와 기본적으로 동일한 구분을 한다(e.g. *TL* 221). Wollheim과 Williams가 의무에 의해 지배되는 도덕성의 근대적 윤리학에 도전을 제기하기는 하지만, 그들 어느 누구도 포스트모던 철학자는 아니다. 그들의 비판이 포스트모던 경험을 반영하고 있는 것은 틀림없지만, 철학적 스타일이나 객관주의자로서의 면모는 근대적 형태로 남아 있다. 이와 대조적으로, 로티는 포스트모던 철학자로 간주될 수 있다. 이 점에 대해서는 "Postmodernism and the Aesthetic Turn," *Poetics Today* 10 (1989), 604-22를 참고하기 바란다.

사유를 설명하는 데서의 도덕성이 지닌 논리적 독특성과 불충분함에 집중한다(*ELP* 174). 이러한 불충분함을 더욱 훼손시키는 것은 도덕성이 윤리학은 충분히 결정짓지 못하면서, 스스로에 대해서는 전면적인 충분한 결정성을 지닌 체계로 스스로를 구성하고 간주하는 데 있다. 도덕성은 스스로를 의무의 일관된 체계로, 즉 우리가 해야만 하는 것을 어떤 경우이든 말해 줄 수 있는 의무의 일관된 체계로 제시한다. 우리가 무엇인가를 해야만 한다는 점은 우리가 할 수 있다는 점을 함축하며, 그러므로 이 의무들은 자신들의 모순을 방지할 수 있게 계층적으로 정열된다. 왜냐하면, 실행될 수 없는 모순적 행동들을 하게 의무들이 허락될 수는 없기 때문이다. "도덕적 의무는 회피할 수 없다." 그리고 여러분이 그 체계를 지지하고자 하든 안하든, 그 체계는 자신의 절대적인 보편적 논리 속에 여러분을 포괄할 것이다. 의무의 포괄적 체계에 따라 행동하지 않을 경우, 도덕적 비난을 여러분에게 가할 것이다(*ELP* 177-8).

윌리암스는 도덕성의 절대적인 전제들, 즉 적용을 철저히 확장하라는 도덕성의 요구와 적용되는 모든 곳에서의 압도적이고 절대적인 도덕성의 힘이라는 전제들에 도전을 제기하는 데 주로 열중한다. 그는 어떻게 도덕성이 친절과 관용이라는 명백한 사례들에 반하는 첫 번째 요구를 옹호할 수 없는 가라는 점을 보여준다. 친절과 관용은 비의무적이며, 나아가 몇 가지 중요한 명백한 의무와 확연히 모순된다. 그리고 몇몇 철학적 노력들이 (특수의무, 일반의무, 부정적 의무, 외관상의 의무, 자신에 대한 의무, 타인에 대한 의무 등) 상이하게 정열된 의무들의 정교한 가설적 체계를 설득력 없이 설정함을 통해 이 요구를 구하려다 실패했다는 점을 폭로한다.

도덕성이 모든 윤리적 행동과 선택을 남김없이 규명할 수 있다는 도덕성의 전제, 모든 가치 있는 행동은 어떤 의무를 통해서만 궁극적으로 정당화될 수 있다는 도덕성의 전제는 모든 윤리적 질문 속에서 도덕적 성찰이 그 어떤 여타의 것보다도 항시 우선되어야만 하고, 또한 우리가 어떻게 행동하거나 살아야 하는지를 항시 결정해야만 한다는 전제이다. 그러므로 친절이라는 고상한 비의무적 행동의 수행이 저녁식사 약속시간을 지켜야 한다는 사소한 의무를 지키는 일을 막는다면, 친절과 연관된 모호한 일반적 의무가 내 행동의 명백한 가치를 정당화하기 위해 설정되어야만 한다. 몇몇 특정한 것들은 의무와 상관없이 선할 수 있다는, 그리고 윤리적인 면에서 의무를 능가할 수조차 있다는 생각은 도덕성의 체계에는 극히 낯설고 맞지 않다. 윌리암스는 "의무만이 의무를 이길 수 있다"(*ELP* 187)는 이러한 도덕성의 격률을 환기시킨다. 그리고 이것이 지닌 거짓에 대한 깨달음이 도덕성에 의한 윤리학의 미결정성이라는 포스트모던적 주장의 두 번째 부분을 구성한다. 도덕성과 구분되는 윤리학은 의무의 완수보다 삶에 더 좋은 것이 존재한다는 점을 깨달으며, 나아가 "자기 자신과는 다른 것들도 자신 자신의 삶을 가치롭게 만드는 것의 일부로써 (삶에) 중요하다는 점을 파악할 수 있다"(*ELP* 184). 이점이 윤리학은 도덕적 고려를 전적으로 거부해야 할 필요가 있다는 점을 의미하는 것은 아니다. 전면적인 힘을 내세우는 도덕성의 주장을 거부해야만 한다는 점을 의미할 뿐이다. 볼하임의 말을 빌자면, "도덕성은 절대적이거나 지배적이다는 관점"이 거부되는 것이다(*TL* 225).

도덕적 의무를 어떻게 좋은 삶을 사는가에 대한 윤리적 성찰의 한 가지 중요한 요소로 떨어뜨리는 일은 윤리적 성찰을 삼단논법이나 법률적 대화보다는 미적 판단과 정당화에 훨씬 더 가깝게 만든다. 무엇이 올바른 것인가를 발견하는 일은 가장 적합하고 호소력 있는 형태를 발견하는 일이다. 즉, 주어진 상황이나 삶 속에서 다양한 그리고 다양하게 저울질된 특징들의 가장 매력적이고 조화로운 배열을 지각하는 일이다. 이 일은 한 의무를 다른 한층 일반적인 의무나 의무들의 집합으로부터 연역하는 일이 아니다.

또한 이 일은 의무들의 명확한 위계질서에 근거한 논리적 계산의 결과물이 아니다. 마찬가지로, 윤리적 정당화는 삼단논법이나 연산법이 아닌 지각적으로 설득력 있는 논증에 호소한다는 점에서 미적 설명을 닮게 된다. 윤리적 정당화는 적정한 행동의 범위에 대한 일정한 기본적 합의에 근거하며, 그리고 이러한 합의를 유지하고 확장하는 일을 목표로 한다. 그렇지만 윤리적 정당화는 이러한 (개정 가능한) 범위 내에서의 지각이나 취미의 차이를 깨닫고 그에 대한 관용을 증진시키는 일에 기여하기도 한다. 미학적 해석이나 평가의 경우에서와 마찬가지로, 우리는 우리의 친구들과 동료들이 우리의 윤리적 관점과 선택을 이해하고 이를 합리적인 것으로 보아주기를 바란다. 그러나 그들이 우리의 윤리적 관점과 선택을 보편적으로 올바르고 모든 사람에게 타당한 것으로 받아들이는지가 더 이상 중요치 않다. 미적 판단과 마찬가지로 윤리적 판단도 예외 없는 원리들을 통해 절대적으로 참이 되는 것으로 입증될 수는 없다. 왜냐하면 미적 결정들과 마찬가지로 윤리적 결정들도 규칙을 엄격히 적용해서 나타난 결과물이 아니라 창조적·비판적 상상력의 산물이기 때문이다. 윤리학과 미학은 이러한 의미에서 하나이다. 그리고 윤리적 삶의 투영은 미학적 삶을 실행하는 일이 된다. 아마도 이 점이 볼하임이 윤리학이 "예술처럼" 여겨진다고 짤막하게 암시했을 때 염두에 둔 바일 것이다(*TZ* 198).[12]

---

12) 윤리학을 창조적 예술로 간주하는 일은 윤리적 행위자도 예술가가 예술 속에서 가지는 자유 및 힘과 똑같은 종류의 것을 삶 속에서 가진다는 점을 암시한다. 그러나 이 점이 사회의 모든 성원들에게 해당되는 것은 아니라는 반론이 제기될 수도 있다. 그러므로 예술처럼 살아 있는 삶이라는 윤리적 이상을 더욱 접근가능하게 공유되는 선택으로 만들기 위해서는 미학적 개혁뿐만 아니라 사회적 개혁이 필요하다.

윤리적인 것의 이러한 심미화가 올바른 방향으로의 굳건한 내딛음으로 보이기는 하지만, 미적 삶에 대한 로티의 확고한 옹호는 더욱 급진적이고 구체적이다. 우리가 어떤 공통적 본질을 지니고 있는 것이 아니라 자의적이고 개성적인 우연함의 산물이라는 점에 근거하여, 로티는 전통적 도덕 이론을 거부한다. 우리는 우리 스스로를 창조해야 하며 그리고 자아를 풍부하게 하는 미적 재규정을 통해 그렇게 해야만 한다고 로티는 결론 내린다. 자아는 도덕성 중에서도 가장 전통적이고 금욕적인 도덕성을 선택함으로써 창조될 수 있었으므로 자아창조의 필요성이 분별적인 미적 삶의 추구를 수반하거나 규정하는 것은 아니라는 반론이 제기될 수도 있다. 그러나 앞으로 우리가 보게 되듯이, 로티는 자아창조의 삶을 미적 삶과 동일시할 것을 주장한다. 그렇지만 그가 주장하는 특정한 삶이 수세기 또는 금세기 동안 철학자들이 옹호해온 미적 삶의 다양성과 일치하는 것은 아니다.

그렇다면 미적 삶에 대한 로티의 관점은 무엇인가? 이 관점이 다른 관점과 어떻게 다른가? 로티의 관점은 안정된 자기인식(self-knowledge)에 근거한 "순수성에 대한 탐구" 및 집중된 단순성을 거부하고, 그 대신에 "자아

확장(self-enlargement)" "자아함양(self-enrichment)" 그리고 "자아창조(self-creation)"를 긍정한다(R 11, 15; CIS 41). "스스로를 확장하려는 바람은 더 더욱 많은 가능성을 품으려는, 부단히 배우려는, 스스로를 호기심에 완전히 내맡기려는, 과거와 미래의 모든 가능성들을 그려볼 때까지 계속하려는 욕망이다"라고 로티는 말한다(R 11). 자아함양과 자아창조에 대한 탐구는 "새로운 경험과 새로운 언어에 대한" 이중적인 "미학적 추구"와 연관된다. 즉 그러한 경험과 경험자를 재규정하며 그리고 그를 통해 경험과 경험자를 풍부하게 함양하려는 이중적인 미학적 추구와 연관된다(R 15). 마찬가지로, "우리의 바람과 희망을 공식화하는 더욱 풍부하고 완전한 방식의 발달은 그러한 바람과 희망 자체를 그리고 그를 통해 스스로를 더욱 풍부하고 완전하게" 만든다(R 11). 미적 목표는 "더 이상 대상들을 정적으로 보거나 대상들 전부를 보거나" 하는 것이 아니라, 대상들을 그리고 우리 스스로를 "변화를 위한 도구로 고안된" 언제나 새로운 "대안적 서술들과 대안적 어휘들"을 통해 본다(R 9). 지속적으로 변하는 경향이 있는 이 다층적 어휘들을 생산하고 존재하게 하는 숨 가쁜 속도와 혼돈을 따라잡을 수 있는 "예외적 개인들"이 "자신들의 삶을 예술작품"으로 만들 수 있게 될 것이다. 이 때 자기창조의 그러한 작품들은 아주 독창적임에 틀림없다. "이미 존재하는 것에 대한 복사나 모방"도, 이전에 창조된 것들에 대한 "우아한 변용"도 아님에 틀림없다(R 11; CIS 28).

로티는 미적 삶의 이러한 명인들을 호기심 많은 지적인 "냉소가(ironist)"(아마도 회의적인 폭넓은 문학 비평가가 가장 잘 이에 해당될 것이다)와 "강한 시인"이라는 외관상 상이한 인물들 속에서 찾았다. 그렇지만 그는 그들이 윤리적-미적 탐구를 한다는 점에서 기본적으로 동일하다고 보고 양자를 통합하고자 한다. 양자 모두 자아를 재규정하는 새로운 언어의 사용을 통해 자아함양과 자아창조를 목표로 한다. 그러나 자아창조의 목표와 무한히 호기심 많은 자기 재규정을 통한 자아함양의 목표는 동일한 것이 전혀 아니다. 우리는 둘 중 하나가 없어도 다른 하나를 성취할 수 있을 뿐만 아니라, 두 목표들은 깊은 긴장 속에 놓일 수 있다. 변화에 대한 끝없는 탐구는 스스로를 강하고 만족스러운 방식으로 창조하는 데 필요한 집중을 위협할 수 있다. 호기심 많은 냉소가와 자기창조적인 강한 시인은 미적 삶의 두 가지 아주 다른 형태들을 사실상 대변할 수 있다. 로티는 불행히도 이 두 가지를 혼합하여 자신이 옹호하는 미적 삶으로 간주한다. 혼동의 문제 이외에도, 각 장르는 로티의 서술 속에서 난점을 노출시킨다.

"호기심 많은 지식인" 또는 "냉소가"의 미적 삶은 "끝없는 호기심의 삶, 그 중심을 찾기보다는 그 자신의 경계를 확장하려는 삶"이다. 자기를 재기술하는 더 더욱 다양한 어휘들을 포용함으로써 "더 더욱 많은 가능성들을 포용하려는" 이러한 자들의 바람에는 우리가 우리의 자기규정과 윤리적 정체성을 결정하는 것으로 현재 선택하거나 중시하는 모든 어휘들에 대해 "점점 더 냉소적·유희적·자유적·창조적"일 것을 요구하는 명령이 동반된다(R 11, 12). 로티는 이러한 결정력을 지닌 어휘를 우리의 "최종어휘"라고 부른다. 그리고 냉소가를 "자신이 현재 사용하는 최종어휘를 급진적이고 지속적으로 의심하는" 사람으로 그리하여 광범위한 독서를 통해 새롭고 더 나은 어휘를 끊임없이 추구하고 있는 사람으로 정의한다. "냉소가들은 자신들을 배양시킨 어휘 속에" 또는 어떤 단일한 어휘 속에 "갇히게 될 것을 염려한다." 어떤 본질적 자아, 최종적 어휘, 이것들이 수렴되는 거대한 서술 등에 대한 생각을 포기함으로써, 그들은 자기규정을 "다양화하고 새롭게" 하려고 한다. 그리고 "자신들의 고유한 최종적 어휘를 개정함을 통해 자신들의 고유한 도덕적 정체성"을 지속적으로 확장해 나간다. 언제나 호기심 많고, 자아 함양적인 냉소가는 자신이 배울 수 있는 많은 새로운 언어 게임들 속의 대부분의 기교들을 쉼없이 취하려고 노력함으로써 "스스로에게 스스로의 뿌리 없음을 일깨운다"(CIS 73, 75, 77, 80).

이와 대조적으로, 강한 시인은 스스로를 명확한 개체로 창조하기 위해 한계를 깨달아야만 하고 또 존중해야만 한다. 그녀는 "과거의 그리고 미래의 모든 가능성들을" 이상적으로 실험하기 위하여 그리하여 가능한 한 많은 서술들과 어휘들을 포용하기 위하여 스스로를 "호기심에 전적으로" 내맡기는, 그러한 일을 하지는 못한다. 왜냐하면, 그렇게 할 경우, 그녀는 특별하고 명확한 것의 의미를 자신의 삶과 언어에 고정시키는 데 그리고 확고히 각인하는 데 필요한 초점을 잃을 위험이 있기 때문이다. 그리고 이것이 자기창조라는 로티의 시적 삶의 핵심이다. 강한 시인은 그녀의 말들이 살아남을지라도 "그 말들 속에서 그 누구도 고유한 어떤 것을 발견하지 못하게 되지" 않을까 두려워한다. "우리는 언어에 우리의 징표를 각인하려고 하는 것이 아니라, 이미 주조된 편린들에 우리의 삶을 끼워 넣으려고 한다. 그 결과, 우리는 하나의 나를 전혀 가지지 못하게 될 것이다"(CIS 24). 그렇지만, 이 두려움은 냉소가가 지향하는 자기함양이라는 미적 삶에 대한 강력한 비판을 함축한다.

냉소가의 삶은 장르로 치면 기본적으로 낭만적 도적 이야기이며, 호기심과 새로움을 통해 흥을 고취시키려는 피곤과 만족을 모르는 파우스트적 추구이다. 즉, 중심의 부재를 통해 구조가 해체됨으로써 이루어지는 광범위한 추구이다. 그러나 구조적 중심의 부재는 바람과는 달리 그러한 추구가 교양소설의 한 종류가 되는 것을 막는다. 왜냐하면 자아의 대안적이고 종종 모순되는 어휘들과 서술들을 극대화시키는 일은 모든 안정된 자아를 변화하고 점증하는 다층적 자아로 또는 자아규정으로 해체시키는 일을 목표로 삼음으로써, 통일적으로 유지되는 자아가 가능하리라는 희망을 아주 공허하고 의심스럽게 만들기 때문이다. 그러나 변화 또는 변화하는 자아규정을 거치면서도 정체성을 유지할 수 있는 그러한 자아가 없다면, 자기

함양이나 개발을 할 수 있는 자아는 존재할 수 없을 것이다. 그리고 이는 자기함양을 무의미하게 만듦으로써, 자기함양이라는 로티식의 미적 삶을 무화시켜 버린다. 마찬가지로, 새로운 어휘들을 통해 무한히 재기술되면서 지속적으로 대체되는 자아로서가 아니라 확고하게 구분되는 자아로서의 고유한 자아라는 개념을 포기하는 일은 고유한 자기창조에 대한 희망을 적어도 의문시 만든다. 모든 가능성들을 탐구하는 것과는 반대되는 자기 중심적, 자기 구분적 한계를 설정할 필요성이 로티가 자기창조의 미학적 이상을 소개하는 데서 표현된다.

자기한계를 설정하는 자기규정은 그 논증을 위해 우리 모두의 토대적 핵심에 존재하는 본질적 자아에 호소하기보다는 통일성과 일관성에 호소한다. 왜냐하면, 본질주의를 올바로 포기했다면, 로티가 주장하듯 우리는 자아를 그 자아에 대한 서술을 통해서 구성할 수밖에 없기 때문이다. 따라서, 이로부터 자아의 통일성과 일관성은 자아에 대한 서술의 통일성과 일관성에 의존하게 된다는 점이 도출된다. 그러므로 로티가 아리스토텔레스적 서술에 대한 매킨타이어(MacIntyre)의 동경을 거부하기는 하지만, "서술의 통일성 속에 그 통일성이 존재하는 자아의 개념"을 주장하는 매킨타이어와 논쟁을 벌일 수는 없다.[13] 왜냐하면, 서술의 통일성과 일관성이 없이는, 미적 냉소가 함양하거나, 확장하거나 완성할 어떤 지적인 자아도 존재하지 않기 때문이다. 비일관된 "의사(quasi) 자아"를, 즉 대안적이며, 부단히 변화하며, 때론 전혀 공통점이 없는 서술들과 어휘들로 이루어지는 비일관된 "의사 자아"를 주장하는 로티의 목소리에 화답하기 위해 통일되고 일관된 자아서술의 목적을 포기한다면, 자아함양의 계획은 신화적이 되며 그리고 많은 것들을 함께 모으는 통일된 자아라는 신화와 비일

---

13) Alisdair MacIntyre, *After Virtue* (London: Duckworth, 1982), 191.

관성에 일관적이지 못하게 된다.

자아함양이나 완성을 의미 있게 말하기 위해 필요한 자아의 통일성은 토대적으로 주어지기보다는 실용적으로 그리고 때론 힘들게 주조되거나 구축된다. 자아의 통일성이 발전적 변화나 다원성과 연관됨은 틀림없다. 이는 모든 서술적 통일성이 자신의 통일성 속에서 모순을 드러내어야만 하고 또 드러낼 수 있는 것과 마찬가지이다. 통일된 자아는 불변의 똑같은 자아가 아니다. 그러나 통일된 자아가 동일한 형태의 기계에 존재하는 상충하는 "의사 자아"의 무질서한 집합이 될 수도 없다.

로티는 자신이 다음과 같은 주장을 펼쳤을 때 자아의 통일성에 대한 필요성을 깨달은 듯 싶다. 그는 인간의 존엄성에 대한 후기 프로이트적 관점만이 "일관된 자아상"이라고 주장하였으며, "통합성이나 항구성"의 통일된 선(善)이라는 매킨타이어의 개념을 "완성을 추구"하는 미적 삶의 일부로 채택하였다(R 17, 19). 그러나 그는 "믿음과 욕망의 상충되는 체계들에 의해 (구성되는) …… 인간들의 다원성"으로 이루어지는 자아를 옹호함으로써 일관성을 함축적으로 부정한다(R 19). 그리고 그가 냉소적 심미가에게 실제로 처방하는 항구성은 변화의 항구성, 새로운 대안적 자기규정과 서술의 항구성, 자아의 일관성을 기본적으로 무화시키는 비일관성의 항구성이다.

프로이트로부터 아주 많은 것을 배우면서, 로티는 왜 프로이트가 통일된 통합적 자아를 불필요하게 만드는 데 그리 열중하지 않은 듯한 지를 탐구했을 수도 있다. 예컨대, 왜 프로이트는 동일한 신체 속에 존재하는 다수의 무의식이나 인성보다는 지배적 무의식을 상정하려고 하였는가? 왜 프로이트는 우리의 심리학적 구성요소들을 로티의 방식으로 묘사하지 않았는가? 즉, 억압이나 검열 없이 자유로운 대화에 참가하는 "합리적"인 유사 개인들처럼 이상적으로 "평등한" 것으로 묘사하지 않았는가(R 7-9)? 다음과 같은 프로이트의 깨달음이 한 가지 이유가 될 수 있을지도 모른다. 그는 자아의 통일성이라는 것이 매우 중요하지만 달성하기에는 매우 어렵다는 점을, 통일된 자아나 자아서술이 구축하기에 매우 어렵고 힘들다는 점을, 그러나 인간사회 속에서 좋은 또는 만족스러운 삶의 그럴 듯한 형태를 영위하기 위해서는 자아의 통일성이 매우 필요하다는 점을 깨달았다. 다수의 자아들에 대한 로티의 포스트모던 이론이 자아의 통일성을 얼마나 부정하는지의 여부를 떠나, 자아의 통일성은 냉소가의 미적 삶이라는 로티의 이상 속에 분명히 전제되어 있다. 사실상, 이러한 삶에 대한 그의 묘사가 일관되고 매력적으로 보이는 이유는 이것이 일종의 자아어휘와 서술을 중심으로, 일종의 호기심 많은 지식인과 지식인의 탐구를 중심으로 이루어지기 때문이다.

  로티가 주장하는 미적 삶의 또 다른 가닥, 즉 강한 시인으로 의인화된 자기창조의 삶은 자기 일관성에 대한 이론상으로 자해적인 부정으로부터 자유롭다. 우리는 이러한 삶이 한계에 대한 주목을 어떻게 요구하는지를 이미 보았다. 이 삶은 또한 일정한 종류의 중심적 서술 또는 통일된 유형을 함축한다. 이러한 서술이나 유형은 경험의 광적인 더미들을 "한 전체로서의 …… 개인적인 인간 삶의 드라마" 속으로 조직한다(CIS 29). 그 결과, 이러한 서술이나 유형은 공통점이 없는 어휘들로 이루어지는 상충되는 서술들의 끊임없는 확장이 되지 않는다. 로티는 자기창조를 이러한 유형의 행복한 조립이라고, 즉 우리의 삶과 자아를 한층 만족스럽게 만들어 줄 서술의 예술적 구축이라고 적절히 주장한다.

  그러나 미적으로 만족스러운 삶과 자기창조를 구성하는 것에 대한 로티의 그림은 너무 폭이 좁다. 왜냐하면, 무한히 변신하는 냉소가의 이상이 확고하고 분명한 독창적 정체성을 창조하는 강한 시인의 이상에 의해 보충되는 경우에서조차도, 미적 삶의 가능성은 너무 제한되어 있기 때문이다. 이러한 제한에 대한 비판은 미적 삶의 두 가지 다른 형태에 주목함으로써 촉진될 것이다.

이 중 가장 친숙한 형태의 것은 아름다움을 즐기는 삶일 것이다. 이러한 미적 삶은 금세기의 초반에 그 당시 상류사회의 블룸스베리(Bloomsbury) 동인들을 통해 매우 영향력을 발휘하였다. 이 동인들은 인간 삶의 이상에 관한 G. E. 무어의 설명으로부터 동화를 받았다고 고백하였다. 로티와 마찬가지로, 본질적인 "진정한 자아"라는 생각에 근거한 종류의 윤리학을 거부하는 무어의 경우에 인간 삶의 이상은 "인간교제의 기쁨과 미적 대상의 즐거움으로 묘사될 수 있는 의식의 특정한 상태"로 이루어진다. 왜냐하면 "인간적 애정과 미적 즐거움은 우리가 상상할 수 있는 *모든* 최상의 그리고 *지금까지의* 최상의 선들을 포함하기" 때문이다.[14] 미적 삶의 이러한 구성요소들은 산술적 규칙으로 환원될 수 없는 매우 복합적이고 보람 있는 유기적 통일성들로 구성된다. 그렇지만 무어는 인간적 애정의 최상의 기쁨은 "그 대상이 진정으로 아름다워야 할 뿐만 아니라 진정으로 선해야 한다는 점"을 필요로 한다고 주장한다. 또한 그는 인간 아름다움에 대한 적절한 감상은 그 "순수히 물질적" 형태에 대한 그리고 그 정신적 성질의 "구체적 표현"에 대한 감상을 포함해야만 한다고 주장

---

14) G. E. Moore, *Principia Ethica* (Cambridge: Cambridge University Press, repr. 1959), 188-9, 이하 *PE*로 약칭.

한다(*PE* 203-4).

이러한 미적 삶이 아름다운 사물들과 아름다운 사람들에 대한 우리의 쾌락적 선호와 관련을 맺음으로써 우리에게 현대적으로 보이기는 하지만, 이 삶은 로티가 주장하는 냉소가의 탐구가 그러하듯 낯익은 낭만적 장르를, 특히 심미주의라는 후기 낭만적인 이상을 대변한다. 기계화된 세계관의 보편적 지배를 받아들이는 것이 못마땅하기 때문에, 영혼성에 대한 전통적인 종교적·도덕적 주장을 받아들일 수 없기 때문에, 속물적 정치에 의해 그리고 사회적 개혁의 구접스러운 노고에 의해 훼손될 각오가 되어 있지 않기 때문에, 심미가들은 신이나 국가를 통해서가 아니라 예술과 감성의 보석 같은 섬광을 통해 개인적 구원을 추구한다. 미적 삶에 대한 그들의 이상은 지적인 호기심의 부단한 추구에 그리고 독창적 자기창조의 격렬한 고투에 덜 집착한다는 점에서뿐만 아니라 미, 기쁨을 주는 감성, 만족의 여유로운 호사에 더 기운다는 점에서 로티의 이상과는 다르다. 이는 기본적으로 페이터(Pater)와 와일드(Wilde)의 윤리이며, 심미적 데카당스의 섬세한 꽃이다. 이는 여전히 달콤하게 남아 있으며, 사회적 희망의 우리 포스트모던적 황무지에서 여전히 자랄 수 있는 유일한 꽃일지도 모른다.

그렇지만 "삶 자체가 예술이다"라는 와일드의 니체적 경구에서 우리는 대조적이게도 고전적이라고 부를 수 있는 미적 삶의 다른 형태를 발견한다.[15] 여기서 드러나는 생각은 미적 소비의 삶이 아니라, 그 구조와 디자

---

15) O. Wilde, *The Works of Oscar Wilde* (New York: Dutton, 1954), 934. 미적 삶에 대한 Wilde의 옹호는 필자가 구분한 바 있는 세 가지 장르의 측면들 모두를 결합한 듯이 보인다. 그는 (1) 미적 소비의 즐거운 삶; (2) 미적으로 즐거운 전체를 형성하는 삶에 대한 욕구; (3) Rorty가 통일성은 부단한 변화 속에서 발견된다고 권유했을 때의 로티적-파우스트적 미적 삶과 유사한 무엇을 다양하게 주장한다. Wilde는 1890년대에 Rorty가 주장하는 포스트모던적 냉소가의 모델을 언급한 바 있다. 그는 이상적인 심미가는 "많은 형태들 속에서, 수천 가지 다양한 방식으로 스스로를 구현할 것이며, 그리고 새로운 감성과 신선한 관점에 계속 호기심을 가질 것이다. 부단한 변화를 통해, 그리고 부단한 변화만을 통해, 자신의 진정한 통일성을 발견할 것이다"(987).

인 면에서 유기적 통일성을 갖춤으로써 미적으로 감상할 만한 산물 그 자체인 삶이다. 많은 옛 생각들이 그러하듯, 이러한 생각 또한 포스트모던적 사유 속에서 다시 주장되고 재생된다. 예컨대 푸코는 고대 그리스 문화에 대한 분석을 통해 이러한 생각으로 되돌아온다. 그리스의 "윤리학은 ······ 존재의 미학이었다." 즉, "아름다운 삶을 살려는, 아름다운 존재의 기억들을 다른 사람들에게도 남겨주려는 의지"의 표현이다.16)

윌리엄스와 볼하임 양자 모두가 윤리적 반성을 논의하면서 언급하였듯이 그리스인들은 좋은 삶을 통일된 전체로 생각하는 경향을 강하게 지녔었다. 개인의 삶이 (집합적이 아닌) 유기적 통일성으로 간주되고, 조직되고, 평가되어야 할 필요가 있다는 생각은 "어떤 사람도 죽기 전까지는 행복하다고 부르지 말라"라는 솔론(Solon)의 유명한 말에 특별한 힘을 부여하였다. 왜냐하면, 재앙적인 마지막이 이제껏 만족스러웠던 삶의 통일성을 회복할 수 없을 정도로 왜곡시킬 수 있기 때문이다. 그리스 윤리학의 기본적인 기획 중의 하나는 비통일적인 불행의 위협으로부터 최대한 자유로운 삶을 발견하려는 것이다. 그러한 통일성을 성취하는 한 가지 일반적인 전략은 아치형의 목적이나 상호 연관된 목적들을 통해, 삶을 위한 중심과 윤곽을 수립하는 일이다. 그리고 좁은 범위의 선(善)에 초점을 제한함으로써, 자연적으로 불행에 덜 노출되게 한다.

Pater 또한 Rorty의 파우스트적 미적 삶을 예고하고 있다. 그는 "활기 있고, 다양한 의식"을, 새로움의 흥분에 대한 갈망을, 그리고 지식에 대한 프라그마틱한 경험적 관점을 옹호한다. 지식이란 어떤 영원한 진리를 제공하는 것이 아니라 우리의 경험을 풍부하게 하는 그리고 경험에 대한 식별을 활기 있게 하는 "아이디어", "관점" 또는 "비평의 도구"(Rorty식으로 말하면 "어휘")를 제공한다(Walter Pater, *The Renaissance* (London: Macmillan, 1917), vii-xv, 233-9를 참고하기 바란다).

16) Michel Foucault, "On the Genealogy of Ethics: An Overview of Work in Progress," in Paul Rainbow (ed.), *The Foucault Reader* (New York: Pantheon, 1984), 341, 343. 이러한 생각을 상세히 알기 위해서는, Foucault, *The History of Sexuality* (New York: Random House, 1985, 1986), vols 2 and 3을 보기 바란다.

이러한 종류의 경량화되고, 중앙화되고, 제한된 통일성의 삶에 로티는 "금욕적 삶"(R 11)이라는 명칭을 붙이며, 자신이 옹호하는 "미적 삶"과 대비시킨다. 그러나 그러한 명칭은 잘못되고 불공정한 것이다. 강한 통일성을 강조하는, 그리하여 그에 걸맞은 한계를 설정하는 삶이 미적 삶이 될 수 없다고, 즉 미적으로 만족스러운 것으로 즐겨지고 권장될 수 없다고 가정하는 것은 잘못된 일이다. 우리는 분주하고 이혼한 학자의 삶보다 땅에 뿌리를 두고 가족 연대적인 농부의 삶을 질서, 일관성, 조화를 미적으로 즐긴다는 측면에서 선택할 수 있다. 그리스 윤리학에 대한 연구를 통해 푸코가 깨달은 것처럼, 우리는 명확히 통일된 집중을 통해 스스로를 비범한 개인으로 양식화하기 위해서 한층 더 단순하고 순수한 삶을 추구할 수도 있다. 진정한 금욕주의도 미적으로 유효한 것으로 권장될 수 있다. 이는 덜함이 더함이 된다는 미니멀리스트적 구분 때문만이 아니라 스스로 제한한 자기 연마가 주는 긍정적 기쁨 때문이기도 하다.[17]

미적 삶에 대한 고전적 관점이 금욕주의를 수용할 수 있기는 하지만, 금욕적 편협함에 갇히지는 않는다. 이 관점은 미를 다양성 속의 통일성으로 규정하는 고전적 정의를 구현하며, 그러므로 풍부함이나 다양성과 결코 대립되지 않는다. 이 관점이 주장하는 바는 다양성이 어떤 만족스러운 통일성 속에 일관되게 결속될 수 있는 한도를 넘어서까지 극대화되어서는 안 된다는 것이다. 금욕주의자들은 변화하는 삶의 피할 수 없는 다양함 속에서도 매우 좁은 범위의 통일성에 초점을 맞추고자 한다. 그러나 미적 삶에 대한 고전적 이상은 만일 우리의 미적 취미, 심리적 욕구, 그리고 물질적, 사회적 조건들이 더욱 복합적이고 이완된 통일성들을 허용한다면 경험의 풍부한 다양성을 지지할 수 있다. 그러한 통일성은 토대적으로 주어지지도 정적이

---

17) Foucault, *Care of the Self* (*History of Sexuality*, vol. 3), 40, 65-6.

지도 않을 것이다. 그러한 통일성은 다양한 서술들의 자아를 이러한 서술들이 더 고도의 통일성으로 결속될 수 있는 한 수용할 수도 있을 것이다.

미적 삶을 살기 위해 우리가 뿌리 없는 냉소가가 될 필요가 없듯이, 스스로를 미적으로 창조하기 위해 강한 시인의 길을 밟을 필요도 없다. 여기서도 로티는 그가 예술적 창조를 고유한 독창성 및 자율성과 혼동하듯이 미적인 것을 극단적으로 새로운 것과 혼동한다. 로티식의 강한 시인에게서, 미적 자기창조는 확연히 새롭고 독특해야 한다. 강한 시인의 목표는 자신의 개성을 강조함으로써 그리고 스스로를 "새로운 언어로," "이전에는 결코 사용하지 않았던 말로" 기술함으로써, "이전에는 결코 꿈꾸지 못했던 것을 만드는 것"이다. 만일 우리의 창조와 자아가 "익숙한 유형의 그만그만한 사례들에," "이전에 쓰여진 시의 우아한 변종"에 불과하다면, 위와 같은 미적 탐구는 실패하고 말 것이다(CIS 13, 24, 28-9). 그러나 서술적 자기창조의 윤리적 목표가 미적 예술작품의 창조를 모델로 한다고 할지라도, 그러한 창조가 극단적으로 새롭고 아주 고유해야만 한다는 점이 뒤따르는 것은 여전히 아니다. 왜냐하면 고전예술과 중세예술에서 가장 분명히 볼 수 있듯이, 예술작품들은 미적으로 만족스러운 것이 되려고 극단적이고 개성적인 독창성을 요구하지는 않기 때문이다. 참된 예술적 창조가 관례화된 유형이나 그에 대한 변종을 배제한다고 생각하는 것은 예술을 낭만적 개인주의의 예술적 이데올로기 및 모더니스트 아방가르드와 혼동하는 것이다. 로티는 이러한 혼동의 희생자이다. 우리는 낯익은 역할들과 생활스타일들을 채택하여 개작함으로써, 이러한 일반적 형태들을 우리의 개별적인 우연적 환경에 적응시킴으로써, 우리 자신을 미적으로 유형화 할 수 있으며, 우리의 삶을 예술작품으로 창조할 수 있다.

푸코가 깨달았듯이, 이는 삶에 대한 그리스 식의 미적 구성이었다. 이러한 구성은 윤리적 주제를 사회적으로 이미 타당하다고 받아들여진 일반적인 형태나 이상에 근거한 삶의 예술이라는 의미를 통해 구성하였다. 절대화된 도덕적 규정을 통해 구성한 것이 아니었다. 전적으로 새로운 형태를 만들 필요가 없었다. 낯익은 것을 우아하게 변형시킬 때 비예술적인 것은 없었다. 물론, 오늘날은 추천되는 삶의 유형들이 훨씬 더 광범위하며, 가장 타당한 것에 대한 합의도 훨씬 덜 이루어진다. 그러나 이는 예술적 자기형성을 위한 재료들과 모델들을 우리에게 더 많이 제공하기도 한다. 그리고 예술을 혁신적 독창성과 개성적 고유함으로 너무 좁게 규정하는 근대적 습성에 우리가 여전히 시달리고 있기는 하지만, 포스트모더니즘은 이러한 미학을 점점 더 의문시 만들고 있다.

강한 시인이라는 로티의 개념이 예술적 창조와 혁신적 고유함을 혼동할 뿐만 아니라 자율성과 독창적 자아 규정, 자유와 고유함도 혼동한다. 로티에 따르면 우리가 스스로를 자유로운 개인으로 규정할 수 있는 유일한 방식은 자아를 "과거에는 결코 몰랐던" 새로운 방식과 새로운 언어로 재기술하고 재구성함으로써 전래된 자아기술(self-description)로부터 도망치는 일이다. 그러나 왜 우리의 자율성이 우리 스스로를 기존의 생활양식이나 언어를 통해 정의하는 자유 속에서는 표현될 수 없는가? 자율성과 극단적 개인주의를 혼동하지 않는 이상, 자기 자신이 되려는 자유가 왜 다른 사람들처럼 되는 것과 부합할 수 없는 지에 대한 이유가 존재하지 않는다. 새로운 형태로 자기 자신을 창조하려는 로티적 강박관념 그 자체가 새롭고 개인적인 것에 속박된 비자율성의 한 형태로 간주될 수 있다. 복사판이 되는 것에 대한 두려움은 매우 빈약한 의미의 자아를 암시한다. 이러한 자아는 고유한 개성과 개별적 구분에 의해 스스로를 표현할 필사적인 필요가 있다. 사회적 연대의 감추어진 층을 통해 표현되고 함양되는 것으로서가 아니라 사적인 차원에서 "돌출된" 것으로서의 자아와 자아완성이라는 생각은 자아에 대한 매우 일면적이고 남성중심적 개념이다.[18]

더욱이, 이는 편협한 엘리트에게 한정된 자율성과 미적 삶의 형식이다. "이는 어떤 특별한 인간들이 자아창조를 통해 성취하고자 하는 그리고 소수가 실제로 하는 무엇이다"(CIS 65). 그러므로 아주 혁신적인 자아를 창조하려는 기획은 미적 삶의 일반적 모델로, 모든 사람이 개인적 완성과 행복을 추구하기 위해 취해야만 하는 방향으로 추천하기가 힘들다. 그러나 다양한 형식의 미적 삶을 인정하는 전도유망한 다원주의적 선택을 하는 대신에,[19] 로티는 모든 사람을 그들의 무의식 속에서 혁신적이고 개인주의적인 강한 시인으로 만듦으로써 강한 시인의 추구를 보편화하고 일반화하려고 한다. 프로이트에 근거하여, 로티는 가장 단조로운 산문적 사람들도 표현하고픈 상상적인 환상스런 삶을 지니고 있기 때문에 우리는 강한 시인의 의식적 욕구를, 즉 "자신이 모든 사람이 지닌 무의식적 욕구의 한 특수한 형태에 불과한 복사판이 아니라는 점을 보여주려는 강한 시인의 의식적 욕구를 보아"야만 한다(CIS 35-6, 43). 그러나 모든 사람의 고유한 무의식이 표현을 추구한다는 사실이 그러한 무의식이 추구하는 것이 자신의 고유성을 표현하는 것이라는 점을 의미하지 않는다. 즉, 확연히 독창적이고 혁신적인 무엇으로써 스스로를 표현하는 것이라는 점을 의미하지 않는다.

---

[18] 시각상 돌출된 것에 대한 우리 문화의 집착은 자아를 남근상과 동일시하는 남성중심주의의 결과이다. 남근의 돌출적 시각성과 통일성을 결여하고 있기는 하지만 중첩적이고 다원적인 층으로 구성되어 있는 여성적 성은 자아와 사회의 또 다른 모델을 제시할 수 있다. Luce Iriguray, *This Sex Which Is Not One* (Ithaca: Cornell University Press, 1985), 23-33을 참고하기 바란다.

[19] 이러한 다원주의는 "다원성과 더불어 살려고 하는 점증하는 의지"에 대한 그리고 "개인적 목적의 극단적인 다양성이 지닌 점증하는 중요성"에 대한 로티의 옹호와 사실상 조화된다. 그러나 로티는 이 다양성을 강한 시인과 냉소가의 야심찬 독창적인 자기창조, "개인적 삶의 극히 시적인 특성"과 너무 좁게 동일시한다(CIS 67). 이보다 더 일관된 프래그머티즘적 다원론은 사적인 목적들의 다원성 속에서 단체의 일원으로 받아들여지고픈 욕망, 극단적 구분과 개인적 독창성으로부터 벗어나 동류의식과 소속감을 지니고픈 욕망을 또한 인정한다.

개인적 구분에 대한 로티의 강조는 미적 삶을 사적 윤리로, 즉 사회적 삶의 공적 윤리로부터 기본적으로 독립된 사적 윤리로 바라보는 그의 관점을 반영한다. 그리고 실제로 그는 어떤 철학이나 이론도 자아창조라는 "사적" 목표를 사회적 연대의 공적 목표와 종합시킬 수 없다고 주장한다(*CIS* xiii-xiv). 이 주장은 깊게 공고화된 자유주의적 이데올로기의 그리고 낭만적 미학의 잘못된 산물이라고 반박될 수 있었다. 자유주의적 이데올로기가 자아를 사적인 것으로 규정할 때, 낭만적 미학이 미적 창조를 극히 개인적인 것으로 간주할 때, 자아와 사회가 부조화스럽게 보인다. 우리는 기존의 사회문화적 구획구조를 본질적인 철학적 구분으로 해석하지 않도록 주의해야 한다. 그러나 우리 사회가 이러한 자유주의적, 낭만적 기조를 공유한다면, 만족스러운 종합이 불가능하다는 로티의 주장이 맞을지도 모른다. 사적 세계와 공적 세계를 통일하는 미적 삶을 건설하는 일은 우리의 윤리학과 정치학뿐만 아니라 예술적 창조의 본성과 혁신적 독창성을 다시 생각할 것을 요구한다. 그러한 종합의 모습을 지금 그려내기는 어렵다. 그러나 예술에 대한 우리의 개념을 아방가르드적 개인주의로부터 해방시키는 일은 적절한 준비과정일 것이다.

여하튼, 자아완성과 사회적 연대라는 목표가 우리 자유사회에서는 단일한 윤리관 속에 적절히 융합될 수 없다는 점을 인정한다고 할지라도, 미적 삶에 대한 로티의 관점이 지나치게 사적이라는 비판은 여전히 유효하다. 그의 관점은 "사적인 것과 공적인 것 사이의 확고한 구분에" 근거하고 있다(CIS 83). 이 구분은 전자에 대한 후자의 형성적 영향력을 가로막는다. 왜냐하면, 자아와 타자 간의 낯익은 변증법을 받아들일 경우, 로티가 창조하고 완성하고자 하는 사적인 자아는 넓게는 언제나 공적 영역의 산물이기 때문이다. 즉, 사적인 자아는 항시 이미 사회적이며, 그리고 사적인 사유를 위한 언어를 가지는 즉시 사회적일 수밖에 없다. 로티의 특정한 사적인 도덕뿐만 아니라 도덕에 대한 그의 사유화도 그의 사유를 형성한 공적이고 광범위한 특정 사회를, 후기 자본주의 자유사회의 지적 영역과 소비세계를 반영하고 있다.

강한 시인의 사적인 추구가 지닌 기본적인 공적 차원을 우선 살펴보자. 첫째, 로티가 인정하듯, 그녀의 새로운 언어는 새로움을 발전시키고 강조하기 위해서 과거의 공용어로부터 차용되어야 한다. 이는 그녀의 언어가 지속적으로 이해되려면 미래의 공용어에 의존해야 하는 것과 마찬가지이다. 더욱이, 그녀의 사적인 추구의 성공은 공적인 깨달음에 기본적으로 의존한다. 왜냐하면, 로티가 언급했듯이, 이러한 공적인 깨달음이 독창적 "천재"와 단순한 일탈적 "기괴함"을 구분시켜주기 때문이다(CIS, 29, 37). 그리고 가장 중요한 점은 사적인 자기창조라는 그녀의 이상 자체가, 즉 개인적 구분과 독창성에 대한 그녀의 욕망 자체가 기존 공적 영역이 부과한 압력의 산물이라는 사실이다. 이 영역은 예술적·지적 경쟁의 영역이다. 피에르 부르디외(Pierre Bourdieu)는 합법성, 구획성, 시장성을 보존하려는 개체화의 사회적 논리를 상세히 분석하였다.[20] 자기 자신 고유의 사상이나 예술을 생산하지 못하는 사람은 진정한 사상가나 예술가가 아니다.

그러므로 개인 자신의 차이를 나타내고 긍정하고 강조함으로써 자신의 위치를 두드러지게 하려는 압력이 존재한다.

냉소적 심미가의 사적 추구는 공적인 압력과 분위기에 의해 채워진다. 새로운 것에 대한 심미가의 찬양과 추구 속에서, "새로운 경험과 새로운 언어에 대한 심미가의 미적 추구" 속에서, 우리는 후기 자본주의 사회에서 이루어지는 상품소비의 빠르고도 냉혹한 속도를 불 지피는 새로운 것에 대한 오래 된 숭배를 쉽게 발견할 수 있다. 상품미학에 대한 비판가들이 보여주었듯이, 지속적인 미적 혁신에 대한 요구는 사용가치를 위장하거나 왜곡시킴으로써, 즉 이미 구입해서 여전히 사용할 수 있는 물건을 구식으로 보이게 하여 새로운 구매를 자극함으로써 교환가치를 증진시키려는 교묘한 체계이다.[21] 이러한 이윤추구적 혁신은 우리의 전체 소비자사회를 그리고 이 사회의 윤리적 생각을 설득한다. 한층 더 새로운 어휘들을 획득하려는 냉소가의 추구는 소비를 극대화시키려는 소비자의 추구에 대한 철학적 짝이다. 양자 모두 거대한 판매와 거대한 이윤을 꿈꾸는 자본의 지배자들이 흘려 놓은 행복을 몽상하는 듯이 보인다.

더욱이, 도덕을 단순한 개인적 함양의 문제로 사유화하는 것 자체가 공적 도덕을 반영하고 있는 것이다. 자율적인 사적 개인을 우대하는 공적 도덕은 자본주의와 자유주의의 집단적 성장에 중심이 되었다. 그렇지만 모순이든 또는 자체의 내재적 비판이든, 자아의 이러한 자율성은 후기 자본주의의 파편화 된 사회에 의해 위축되고 침해당하였다. 경쟁적 개인주의

---

[20] Pierre Bourdieu, "The Market of Symbolic Goods," *Poetics* 14 (1985), 13-44, 그리고 "The Production of Belief" in R. Collins 등, *Media, Culture, and Society: A Critical Reader* (London: Sage, 1986), 131-63.

[21] W. F. Haug, *Critique of Commodity Aesthetics: Appearance, Sexuality, and Advertising in Capitalist Society* (Minneapolis: University of Minnesota Press, 1986)를 보기 바란다.

와 이에 수반되는 사회적 왜곡은 자아에 통합적이고 견고한 구조를 제공했던 안정되고 연관된 사회적 역할을 해체해버렸다. 이러한 사회 윤리적 공백 속에서, 그리고 어떻게 최상의 미적 삶을 구축할 것인가라는 점에 대한 진지한 사유의 부재 속에서, 자아의 형성과 성공은 단순히 시장의 변덕에 맡겨진다. 자기완성과 만족에 대한 잘 광고된 이윤 추구적 개념의 변동에 우리는 내맡겨져 있다. 완성할 어떤 안정된 의미의 자아도 결여하고 있다. 모든 사람이 삶의 유형을 자유롭게 선택하여 스스로를 고유한 개인으로 채색해야 한다는 광고화된 생각은 다음과 같은 사실을 숨길 수 없다. 즉, 가능한 삶의 유형에 대한 선택범위뿐만 아니라 개인의 의식과 선택 자체도 개인의 저항이나 통제를 훨씬 벗어난 사회적 힘에 의해 심각하게 제한 받고 냉혹하게 입안된다는 사실을 숨길 수 없다.

자아완성에 대한 사유화된 탐구가 자아의 진정한 자율성과 통합성을 상실하는 결과를 낳는 이러한 후기 자본주의적 역설은 냉소가의 자아함양을 권장하면서 결과적으로는 그녀에게서 함양될 자아의 존재를 부인하는 로티의 깊은 모순 속에 철저하게 반영되어 있다. 다양하게 변화하는 어휘들을 구사하기에 여념이 없는 모순된 "의사 자아들"로 이루어진 로티의 비(非)자아는 소비사회를 지배하는 권력들에게는 더할 나위 없는 이상적 자아일 것이다. 즉, 그러한 자아는 가능한 한 새로운 많은 상품들을 획득하는 데 굶주린 파편화되고 혼란된 자아이다. 이 자아는 자신의 소비습관에 또는 그 습관들을 조정하여 그로부터 이윤을 얻으려는 체제에 도전할 만한 자제된 통합성을 결여하고 있다.

도덕을 극단적으로 사유화시킨다는 점에서, 사회의 기풍이 사적 완성에 대한 우리의 다양한 추구라는 개념 자체를 얼마나 깊이 그리고 불가피하게 구조화하는지를 깨닫지 못한다는 점에서, 미적 삶에 대한 로티의 관점은 사회적인 것을 더 많이 포용하기 위해 확장될 필요가 있다. 그리고 더 광범위한 장르의 미적 삶과 자기창조를 포용하기 위해 확장될 필요가 있다. 필자는 인간본성과 자아 완성에 대한 로티의 관점이 너무 협소해 보이는 또 다른 차원, 즉 그의 환원적인 언어적 본질론을 지적함으로써 비판을 마무리하려 한다.

로티는 본질론을 반박하는 데는 아주 거리낌이 없다. 그리고 그는 언어라고 불리는 공통된 것을 공유함으로써 우리가 인간의 본질을 공유한다는 관점을 특히 부인한다. 그러나 자아를 어휘와 서술의 복합적 그물망으로 보는 그의 관점은 인간의 본성을 전적으로 언어적으로 보는 본질주의의 관점과 가깝다. 자아와 인간존재에 중요한 것 일체가 언어이다: "인간존재들은 언어의 구현체이다"; "우리를 우리이게 만드는 …… 것은 언어들"이다 (*CIS* 88, 117). 그러므로 니체는 "스스로를 스스로의 용어로 기술함으로써 …… 스스로를 창조한" 사람으로 칭송받는다. 왜냐하면, "그는 …… 그 자신의 마음을 구성함으로써 중요한 자신의 부분만을 창조하기" 때문이다. "스스로의 마음을 창조하는 일은 스스로의 언어를 창조하는 일이다"(*CIS* 27). 왜냐하면, 인간들은 "문장적 태도(sentential attitudes)에 다름"이 아니다. 즉, "역사적으로 조건화된 어휘로 표현되는 문장들을 사용하려는 경향의 존재나 부재에 다름이 아니다"(*CIS* 88).

이러한 언급들은 인간은 본질적으로 마음이며, 마음은 본질적으로 언어적이다라는 점을 분명히 제시한다. 그러나 이 언급들이 지닌 명백한 본질주의보다 더 곤혹스러운 점은 이들이 육체의 역할과 가치를 강조하는 니체와는 반대로 인간본성에 대해 근본적으로 심리주의적 관점을 지지한다는 사실이다. 이러한 언어적 심리주의와 육체에 대한 경시는 미적 삶을 증진시키려는 철학자에게는 아주 비생산적이다. 왜냐하면, 미적인 것이 육체적 감각 및 즐거움과 맺는 그리고 비언어적 지각과 맺는 연관은 전통적 미학이론을 홀리게 만드는 그리고 로티의 미학이론을 유혹하여 덫에 빠지게 만드는 이성적 편견을 제거할 경우 명백해지기 때문이다.

로티가 인간적이고 미적인 것으로부터 문장적인 것을 배제하려고는 하지만, 그가 자유주의라는 자신의 개념을 "잔혹과 고통을 피하려는 바람"으로 설명하기 시작할 때, 비담화적인 것은 고통의 형식이 되어버린다. 즉, 가장 공통적인 인간의 요소인 언어를 내몰려고 하는 "비언어적인" 고통의 형식이 되어버린다. "(한 개인을) 다른 사람들과 묶는 것은 …… 공통적 언어가 아니라 고통에 대한 민감함이다. 특히, 짐승들이 인간과 공유하지 못하는 특정의 고통, 즉 굴욕감에 대한 민감함이다"(CIS 65, 92, 94, 177-8). 그런데 로티는 이 고통을 언어의 상실과 동일시하였다. 실로, 로티에게서 고통은 폭력과 더불어 우리의 변형적 서술을 통해서는 물리칠 수 없는 근본적인 세상의 실재이다.

> 왜냐하면, 세상에 대한, 폭력과 고통에 대한 우리의 관계는 우리가 사람에 대해 갖는 관계의 일종이 아니다. 비인간적·비언어적인 것과 마주 대했을 때, 우리는 (언어에 대한) 차용과 변형을 통해 우연과 고통을 극복할 수 있는 능력을 더 이상 지니지 못한다. 단지, 우연과 고통을 *깨달을 수 있는* 능력을 지닐 뿐이다. 고대에 철학과 벌인 논쟁에서의 시의 최종적 승리— 발견의 은유에 대해 자기창조의 은유가 거둔 최종적 승리—는 전자가 우리가 지니고자 희망할 수 있는 세계를 관할하는 유일한 종류의 힘이라는 생각에 대한 점진적인 묵인이다. 왜냐하면, 후자는 힘과 고통뿐만 아니라 진리도 "거기에서" 발견될 것이라는 생각에 대한 최종적인 포기선언이기 때문이다(CIS 40).

기본이 되는 변형 불가능한 실재가 "오직 힘과 고통"이라는 주장은 형이상학에 대한 로티의 반박이 지닌 특성으로부터 나온 철저한 형이상학적 주장인 듯이 보인다. 그러나 우리가 어떻게 해석하든지 간에, 이것은 미적 삶에 대한 로티의 관점 속에 존재하는 깊고 곤혹스런 결점을 드러낸다. 왜냐하면, 비언어적 고통의 존재는 인정하면서 감각적인 육체적 즐거움을 무시하는 것은 매우 슬프고 불만족스러운 심미주의이기 때문이다. 감각적인 육체적 즐거움도 "거기에서" 존재한다. 그리고 이 즐거움은 삶을 살만한 가치가 있게 만드는 것의 거대한 부분을 형성할 뿐만 아니라, 삶을 더욱 미적으로 풍부하고 보람 있게 만들기 위해 함양될 수도 있다. 그러한 즐거움에 대한 로티의 경시는 그의 심미주의를 알맹이와 생기가 없는 것으로 만든다. 그의 심미주의는 청교도적 · 자본주의적 미국의 산물에 머무른다. 왜냐하면, 그의 심미주의는 풍부한 감각적 만족이나 즐거움을 목적으로 하는 것이 아니라 새로운 어휘와 새로운 서술의 숨가쁜 생산과 축적을 목적으로 하기 때문이다. 그의 심미주의는 완전히 구체화된 즐거움의 미학이 아니라 산업적 제작의 시학이자 이론이다.

미적 삶은 육체의 즐거움과 절제를 함양시켜야만 한다. 그러한 육체적 경험이 언어적 형식으로 환원될 수는 없을지라도, 마음과 자아의 형성에 기여함은 부인될 수 없다. 이 점은 마음과 육체를 독립된 실체로 간주하는 것이, 그리고 자아를 마음과 편협하게 동일시하는 것이 근본적으로 잘못되었음을 보여준다. 자아가 어휘에 의해 구성된다는 로티의 말도 옳지만, 자아가 육체에 각인되는 활동들의 산물이기도 하다고 강조하는 푸코의 말 또한 옳다. 그리고 우리가 자아를 새로운 언어를 통해 해방시키고 변형시킬 수 있다면, 새로운 육체적 활동을 통해서도 그러할 수 있을 것이다.

필자는 육체를 통한 활동이 사적인 완성과 자기창조로 나아가는 자동적인 길을 제공할 수 있다고 주장하고 싶지 않다. 강한 시인의 언어와 마찬가지로, 육체는 완전히 사적인 일이 아니다. 육체는 역사의 지배적인 사회적 활동들과 이데올로기들에 의해 의미 있게 형성되고 억압적으로 상처받아

왔다. 이는 언어적 표식으로부터 자유롭지 않다는 점을 또한 뜻한다. 그러나, 육체적인 것이 육체를 꾸짖는 이데올로기와 담화에 의해 구조화된다는 사실이 이 육체적인 것이 다른 육체적 활동과 확장된 육체적 각성을 통해 그러한 이데올로기와 담화에 대한 도전으로 기능할 수 없다는 점을 의미하지는 않는다. 우리는 육체를 더욱 주의 깊게 읽고 들어야만 할지도 모른다. 우리는 읽기와 듣기의 언어적 은유를 극복하고, 육체를 느끼는 법을 더 잘 배워야만 할지도 모른다. 물론, 우리의 육체를 통해 우리의 자아를 활동시키는 일이 그 자체로는 자아 및 자아를 기술하는 언어를 형성하는 사회, 정치적 구조에 대한 매우 심각한 도전은 아니다. 그러나 이 일이 사회적 변화를 옹호하고 지지하는 태도들과 행동유형들을 점진적으로 확산시킬 수는 있다.

이상적으로는, 미적 삶에 대한 추구가 육체적 · 언어적 · 인식적 · 사회적 변화를 통해 자아와 사회를 함양시키는 데 관여할 것이다. 그렇지만 육체에 초점을 맞추는 일이 개인적일 수밖에 없기 때문에, 사회적 개혁은 육체에 대한 주목을 통해 방해받을 수 있을 뿐이라고 염려하는 사람들이 있다. 프레드릭 제임슨이 주장하였듯이, 육체에 대한 주목은 "내 자신 육체와의 내 개인적 관계"에만 관심을 갖지 "내 자신이나 내 육체와 다른 사람들 사이의 매우 상이한 관계에" 관심을 갖지 않는다. 그러므로 육체에 대한 주목은 불행한 부르주아 사회가 놓여 있는 위험한 사적 개인주의를 증진시킬 수 있을 뿐이다.[22] 그러나 육체적인 것을 기본적으로 사적인 것으로 바라보는 것 자체가 부르주아 이데올로기의 단편이다. 육체는 사회적인 것에 의해 형성될 뿐만 아니라 사회적인 것에 기여하기도 한다. 우리는 우리의 육체와 육체적 즐거움을 우리의 마음에 대해 그러한 만큼 공유할

---

22) Fredric Jameson, *The Ideologies of Theory* (Minneapolis: University of Minnesota Press, 1988), vol. 2, 70.

수 있으며, 우리의 사유만큼이나 공적일 수 있다.

  육체활동을 통한 자아 변형에 대하여 이야기하는 것이 위험하게 단순화되고 표준화된 이미지들을 불러일으킬 가능성이 있다. 예컨대, 약한 사람이 보디빌딩에 의해 발달된 근육을 통해 성취한 설익은 자신감이나 에어로빅을 통해 얻은 섣부른 자만감 등을 들 수 있다. 육체적 자아변형이 아놀드 슈워츠네거(Arnold Schwartzenegger)와 제인 폰다(Jane Fonda)의 상에 부합해야만 한다는 생각은 육체의 미학에 대한 사유의 빈곤을 반영하는 유해한 전제이다.23) 왜냐하면, 육체가 비판적이고 상상적인 미적 사유를 위한 적절한 영역이 아니라고 전제될 때, 육체적 행복은 육체의 표피적 외형에 대한 규격화된 이상을 강권하는 시장의 지배에 맡겨지기 때문이다.

  좀더 구체화된 프라그마티스트 미학을 옹호하는 일은 미적 수행을 야위고, 햇볕에 태우고, 운동으로 단련한 젊은이에 한정한다는 것을 의미하지 않는다. 이는 이러한 프라그마티스트 미학이 미적 성취의 다른 차원들을 인정하기 때문만이 아니라 육체의 미학이 표면적 형식과 장식적 화장에 국한되지 않기 때문이기도 하다. 육체의 미학은 육체가 움직이는 그리고 육체가 스스로를 경험하는 방식에도 관심을 가진다. 우리의 합리주의적 미적 전통이 확고한 외적 형식과 무관심적 감상을 중시한다면, 듀이적 접근은 육체적 미학 속에서 역동적이고 경험적인 것을 인정하고 고취시킬 필요가 있다. 이러한 접근은 균형화된 호흡과 자세, 역동적 조화, 육체적 의식 등과 같은 요소들이 어떻게 우리의 삶을 미적으로 함양시킬 수 있는

---

23) Fonda의 에어로빅 비디오가 육체와 자아에 미치는 결함과 위험을 비판하는 좋은 논문으로는 Elizabeth Kagan and Margaret Morse, "The Body Electronic, Aerobic Exercise on Video: Women's Search for Empowerment and Self-Transformation," *The Drama Review* 32 (1988), 164-80. 신체의 외형을 사회적으로 특권화된 모델들에 맞추려는 우리 문화의 집착에 대한 좀더 광범위한 페미니스트 비평에 대해서는, Susan Bordo, " 'Material Girl': The Effacements of Postmodern Culture," *Michigan Quarterly Review*, 1990, 653-77를 참조하기 바란다.

지를 고려할 것이다. 이 접근은 또한 이들 영향들을 성취하는 육체적 활동들이 심리적 균형, 지각적 감수성, 열린 관용 등을 확산시킴으로써 정서적·인식적·윤리적으로 자아를 어떻게 변형시키는가를 탐구할 것이다.

이러한 언급들이 지나치게 새롭게 들릴지도 모르지만, 많은 부분들이 요가와 태극권 같은 고대동양의 전통에까지 거슬러 올라갈 수 있다. 그리고 이 언급들이 탐구할 만한 가치를 지닌 것으로 들린다면, 또 다른 책을 기다려야만 할 것이다. 살아 있는 아름다움을 추구하는 한층 구체적인 미학에 대한 우리의 생각은 제임스가 옹호한 프라그마티스트 이론의 기능을 받아들인다: 이론은 최종적인 해결을 제공하기보다는 "진전된 연구를 위한 계획"을 제공한다.[24]

---

24) William James, *Pragmatism and Other Essays* (New York: Simon and Schuster, 1963), 26.

제 10 장

몸의 미학 :
하나의 교과적 제안

아름다움이란 커다란 칭찬이다. 어느 누구도 그 매력에 감흥 받지 않을 정도로 야만적이거나 완고하지는 않다고 몽테뉴는 얘기했다. 이어서 그는 육체란 우리 존재의 큰 부분이고, 그것은 그 안에 높은 지위를 지니고 있으며, 그것을 이루는 구조와 조직은 고려할 만한 가치가 있다1)고 말한다. 여기서 몽테뉴의 몸에 대한 관심은 육체의 신체적 구성요소에 있는 것이 아니라, 미적 기능에 있다고 하겠다. 말하자면, 아름다움을 이룰 수 있는 잠재성 때문이다.

이미 여러 곳에서 언급한 것처럼 이러한 미적인 잠재성은 적어도 두 가지 이상의 범주를 지니고 있다. 대상이 외부의 감각에 의해서 감지될 때, (다른 사람의 혹은 자기 자신의) 육체는 아름다운 감각적 지각이나 또는 (칸트의 유명한 용어인) 재현을 제공한다. 그러나 또한 내부에서부터 오는, 자기 자신이 지닌 육체의 아름다운 경험이 있다. 이를테면 엔도르핀이 촉진되어 느껴지는 심장박동이나, 깊은 숨을 쉴 때의 느낌, 척추의 새로운 부분에 느껴지는 날카로움 등을 생각해보라.2) 만일 이러한 개인적이고

---

1) Michel de Montaigne, "Of Presumption," in *The Complete Essays of Montaigne* (Stanford: Stanford University Press, 1965), 484쪽.

2) Richard Shusterman, "Die Sorge um den Koerper in der heutigen Kultur," in

육체적인 경험을 고유하게 수용하는 아름다움에 대한 호소가 이상하게도 새로운 시대에는 낯설게 보인다면, 다음을 고려할 필요가 있다. 즉, 1884년에 『당대 미학의 제문제(Les problemes de lesthetique contemporaine)』의 저술로 유명한 장 마리 기유(Jean-Marie Guyau)가 이렇게 말한 적이 있다는 것이다. 깊게 숨을 쉬고 몸의 피가 정화되는 것을 느껴라. 공기와의 접촉 속에서 그리고 몸의 순환계가 새로운 활동과 힘으로 새로이 되는 것을 느껴라. 이것은 충분하고 가장 거부할 수 없는 기쁨일 것이다.3)

이러한 것을 거부하는 것보다는 오히려 이 논문에서 나의 목적은 몽테뉴와 기유의 몸에 대한 미적 관심을 확고히 하는 동시에 그것을 좀더 체계적으로 만드는 일이다. 미적 경험에 있어서 몸의 중요하고 복잡한 역할을 탐구하는데 있어서 나는 이미 몸에 중심을 둔 교육 혹은 교과(dicipline)에 대한 생각을 제안했다. 나는 이것을 몸의 미학(somesthetics)4)이라고 부른다. 순간적으로는 나의 제안은 매우 모호하게 남아 있을는지 모른다. 몸의 미학을 제안하는 일은 탐구해볼 만한 가능성이 있다. 나는 또 다른 주제나 개념이나 실행, 이것들이 구성하는 종합적인 설명을 제안함으로써 그것을 정의하려고 하지는 않겠다. 거의 3000년 동안에 걸친 철학의 역사에 있어

Andreas Kuhlmann(ed.), *Philosophische Ansichte der Kultur der Moderne* (Frankfurt: Fischer, 1994), 241-77쪽을 보기 바람.

3) J. M. Guyau, *Les problemes de l'esthetique contemporaine* (1884), 11판 (Paris: Alcan, 1925), 20-1쪽; 영역본 *Problems of Contemporary Aesthetics* (Los Angeles: DeVorss, 1947), 23쪽 참고.

4) Richard Shusterman, *Practicing Philosophy: Pragmatism and the Philosophical Life* (New York: Routledge, 1997), 127-9, 166-77쪽. 내가 처음으로 "몸의 미학"이라는 용어를 사용한 영문 텍스트이다. 이 용어를 *Vor der Interpretation* (Vienna: Passagen, 1996), 132쪽에서 소개하고 있다. 이는 나의 *Sous l'interpretation* (Paris: L'eclat, 1994)에 대한 독일어 개정판이다. 또한 나의 글 "Somaesthetics and the Body/Media issue," *Body and Society* 3(1997), 33-49쪽을 참고 하기 바람. 신체적인 것은 내가 일찍이 *Pragmatist Aesthetics: Living Beauty, Rethinking Art* (Oxford: Blackwell, 1992), 6-7, 52-3, 258-61쪽에서 전개했던 미학의 중심된 내용이다.

서 새로운 철학적인 교과를 제시하는 것은 오만에서 나온 무모한 행동일 수 있다. 몸에 대한 중심을 제안하는 것은 오만에 단지 무모함만을 더하는 일인지도 모르겠다. 추후에 일어날지도 모를 조소를 무릅쓰고 나는 몸의 철학에 기본적인 목적과 요소를 개괄적으로 설명하려고 한다. 그리고 철학의 가장 중요한 문제점들을 어떻게 일으키는지도 아울러 보려고 한다. 이러한 목적은 그것의 잠재적인 실용성을 보이는 데 있다. 단지 근본적인 신기함이 아니라 만일 몸의 철학이 근본적이라면 그것은 아마도 미학과 철학의 가장 오래 된 근원으로 돌아가는 것이기 때문에 그럴 것이다. 아직 몸의 미학과 같은 새로운 이름은 이전의 안목과 식견을 재조직하고 다시 활기 있게 할 수 있는 특별한 효험을 지닐 수 있어야 한다. 윌리엄 제임스가 프라그마티즘에 대해 정의하면서 사유의 옛날 방식에 대한 새로운 이름이라고 통찰력 있게 인정한 바와 같이, 내가 몸의 미학에 대해 부여하는 의미가 적절하게 어울리는 정의이어야 한다.[5)]

얼마만큼이나 몸의 미학이 굳건하게 미학적 전통에 근거하고 있는가를 보이기 위해 나는 알렉산더 바움가르텐의 에스테티카(Aesthetica, 1750/1758: 근대미학을 형성한 철학적 논문)를 검토함으로써 시작하겠다. 바움가르텐의 최초의 미학적 프로젝트는 우리가 오늘날 인식하는 것보다 더 큰 시야와 실천적 혹은 실제적 의미를 지니고 있다. 그것은 삶에 있어서 철학적인 자기 완성에 대한 총체적인 프로그램을 내포한다. 나는 바움가르텐이 주장했던 실천적인 요소와 같이 확장된 시야를 공유하는 것을 보여주고 몸의 미학에 관한 교과를 개관하겠다. 또한 철학이 전통적으로 그것의 대상의 중심에 놓았던 이를테면 지식이나 덕이나 행복한 삶이라든가 하는

---

5) 정의는 제임스의 책, *Pragmatism: A New Name for Some Old Ways of Thinking* (New York: Longman, 1907), repr. in William James, *Pragmatism and Other Essays* (New York: Simon and Schuster, 1963)의 부제를 이룬다.

것을 촉진시키는 것과 마찬가지로 몸의 미학은, 바움가르텐의 미학에 대한 넓은 시야를 추구하고 실천적이며 완벽한 이상에 대해서 조금 더 나아간다. 중요한 요소인데도, 바움가르텐이 불행하게도 그의 미학적 프로그램에서 생략했던-그것은 근대의 철학이 종종 몸에 대한 경시를 드러낸-바로 신체의 훈련을 함께 가지고 감으로써 말이다. 나는 두 명의 동시대의 철학자들을 고려하면서 결론을 내리고자 한다. 존 듀이와 미셸 푸코는 몸의 미학에 대하여 각기 다른 방향으로 예증했다. 비록 이런 영역에 대해서 깊은 천착은 없었지만 이 장에서 필자는 몸의 미학이 반드시 마주쳐야 하는 중요한 이론적인 문제들, 즉 개인적인 몸의 취향을 평가하는 가능성과 더욱 더 일반적인 몸의 가치나 규준에 의한 실천 혹은 실제를 제기함으로써 마무리하고자 한다.

알렉산더 바움가르텐은 형식적인 철학교과에다 미학이라는 용어를 주조했다. 교과에 대한 그의 목적은 현재의 철학적 미학: 순수예술 및 자연의 아름다움에 대한 이론이 정의하는 범위보다 더 멀리 나아간다.6) 바움가르텐은 미학이란 이름을 그리스어의 감각적인 지각에서 가지고 왔다. 그는 새로운 철학적 학문이 감각적인 지식에 대한 일반적인 이론을 구성할 것을 의도했다. 그러한 미적인 것은 논리적인 것을 보충하는 것을 뜻했다. 이 두 가지가 합쳐져 총체적인 지식의 이론, 영적 인식(Gnoseology)을 기획하게 된다.

라이프니츠의 스승인 크리스티안 볼프가 이러한 감각적인 지각을 저급한 능력이라고 한 바를 따름에도 불구하고 바움가르텐의 목적은 그것의 저급함을 나타내려고 한 것이 아니다. 감각적인 인식에 대비하여 인지적인

---

6) 바움가르텐이 1735년 그의 박사학위 논문인 Meditationes philosophicae de nonnullis ad poema pertinentibus의 116절에서 이 용어를 처음 사용했다. Frankfurt/Oder 대학에서 행한 1742년 및 1749년의 미학강의를 마친 후 라틴어로 된 긴 글, 『*Aesthetica*』(1750)를 간행했다. 1758년에 좀더 짧은 두 번째 부분이 보완되었다. 바움가르텐 글의 인용은 라틴어와 독일어로 축약된 다음 저술에서 온 것이다. 즉, Alexander Baumgarten, *Theoretische Aesthetik: Die Grundlagen Abschnitte aus der "Aesthetica"*(1750/58), H. R. Schweizer 역 (Hamburg: Felix Meiner, 1988). 영어로 옮긴 부분은 내가 한 것이다. 이 저술에 대한 뒤이은 언급은 내 텍스트에서는 괄호 속에 묶어 넣는다.

가치에 대해 논의하는 것 대신에, 즉 그것의 잠재성을 기리는 것이다. 보다 나은 생각이 아니라 보다 나은 삶을 위해서, 바움가르텐은 미학의 연구가 다음과 같은 여러 가지의 방법으로 더 큰 지식을 증진시킨다고 단언했다. 우선 미학은 더 나은 감각적인 인지를 제공한다. 과학에 적합한 감각적인 인지를 제공한다. 그러므로 단순하게 명쾌한 인지를 다루는 것 이상의 것을 연구할 수 있다. 이는 명상적인 활동과 인문학의 좋은 기초가 된다. 마지막으로 미학적 연구를 통한 감각적 인지의 증진은 개인에게 다른 사람을 앞서는 우월성을 가져다준다. 단순히 사유에서뿐만 아니라 일상적인 생활의 실제적 행동에 있어서 그러하다(A 3절).

바움가르텐이 미학에 대해 요구했던 아주 넓은 범위에 걸친 효용성은 이 교과에 대한 그의 주된 정의에서 암시적이다. 미학(자유로운 예술의 이론이자, 저급한 인식의 학이며 미적 사유의 기술이고 유추적 사유의 기술인)은 감각적인 인식의 학이다(A 1절). 이러한 모든 감각적인 인식의 넓은 시야는 바움가르텐으로 하여금 미학을 이미 학적으로 정립된 시학이나 수사학의 교과와 구별 짓게 한다. 이러한 교과들(그것의 엄격한 자매라 할 논리학)과 마찬가지로, 미학은 단순히 이론적인 기획이 아니라 규범적인 실천이며, 실천적인 또는 실제적인 연습이나 훈련을 암시하는 교과인데, 이는 유용한 목적을 달성하는 것을 목표로 삼고 있다. 미학의 목적은 감각적인 인식 그 자체의 완성이며, 이는 아름다움을 함축하며, 반면에 대조를 이루는 불완전 혹은 결함(畸形과 동일시되는)은 회피되어야 한다고 바움가르텐은 적고 있다(A 14절).

감각적인 인식을 완벽하게 하는 체계적인 교과(*artificialis aesthetices*)로서의 미학은 바움가르텐이 자연적 미학(*aesthetica naturalis*)으로 불렀던 바와는 차별화되지만 그것에 기반하고 있다. 그는 자연적 미학을 우리의 감각적인 인식능력이 본래적으로 작동하는 것으로 생각했다. 그리고 그것들의 자연적인 발달은 체계적이지 않은 학습과 연습에 의해서 일어난다고 보았다. 감각적 인식을 체계적으로 완성하려는 미학적 목표는 우리의 감각과 연관된 인식능력의 자연적으로 타고난 능력과 연결된다. 바움가르텐은 특별히 감각의 날카로움, 상상적인 역량, 꿰뚫는 통찰력, 좋은 기억력, 좋은 취향, 예감, 표현력 등을 특히 주장했다. 그러나 이것들 모두는 높은 차원의 이성과 오성에 의해서 다스려진다(A 30-8절).

어떻든 미학을 완벽하게 하려는 프로젝트는 이성과 감성의 차원을 넘어선다. 그것은 다음 두 가지를 포함하는 체계적인 교육 프로그램을 요구한다. 첫 번째는 실제적인 운동과 실용적인 훈련 프로그램이다. 여기에서 어떠한 종류의 행동에 대한 반복적인 훈련을 통하여 사람은 주어진 주제 또는 사고에 대해서 마음의 조화를 스며들게 하는 것을 배우게 된다(A 47절). 이러한 미학적 훈련을 군인의 기계적인 훈련과 비교하면서, 바움가르텐은 보다 더 학식의 깊이가 있는 예술에서와 같이 미학적인 훈련을 즉흥연주의 체계적인 실행이나 게임놀이를 또한 모두 포함한다고 말했다(A 52, 55, 58절).

미학적 교육의 두 번째 부분은 두드러지게 이론적인 것이다. 이러한 이론적인 연구(이를 바움가르텐은 *mathesis* 및 *disciplina aesthtica*로 특징짓는다)에는 모든 종류의 지식이 속한다. 가장 중요한 부분은 신, 우주, 인간을 다루는 학문이다. 특별히 사람이 이러한 학문을 하는 데 있어서 도덕적인 상태와 역사와 신화를 제외한 고대의 문화와 위대한 천재들의 역작을 다루는 것이 중요하다(A 62-4절). 그러나 미학의 개념적인 교육은 웅변이나 시 및 음악 등의 특별한 미적 교과들에서 이미 정립된 규칙과 이론을 보충하기 위해서 미적 인식의 형식에 관한 이론(*theoria de forma pulchrae cognitionis*)을 반드시 포함하는 데에 있다(A 68, 69절).

바움가르텐이 정초한 미학에 대한 연구의 주된 목적 및 개념과 구조적 요소는 간단한 설명이 제공하는 것보다 더 자세한 주의를 기울일 만하다. (오늘날의 미학자들이 바움가르텐의 저술에 대해 얼마나 조금 알고 있는가가 충격적인 일이라면, 그의 *Aesthetica*가 아직 영어로 옮겨 있지 않다는 사실은 훨씬 더 수치스러운 일이다.)[7] 바움가르텐의 미학에 대한 나의 간단한 소개는 그럼에도 불구하고 실용적인 잠재력을 제공하는 데에 있어 충분하며, 아울러 아직 논리적으로 요구되고는 있으나 그의 기획인 몸의 수련 혹은 육성(cultivation of the body)으로부터 놀랍게도 비어 있는 주제를 돋보이게 하는 데에도 충분하다.

바움가르텐은 미학을 감각적 인식의 학문으로 정의하고 그것의 완성을 목표로 한다. 하지만 감각은 육체에 속한 것이고 그것의 상태에 의해 깊게 영향을 받는다. 우리의 감각적인 인식은 몸이 어떻게 느끼고 작용하는가에 따라 달려 있다. 그러나 바움가르텐은 그의 미학적인 프로그램에서 육체를 연구하고 완벽하게 포함하는 것을 거부한다. 신학에서부터 고대의 신화에 이르기까지 그가 포함한 많은 분야의 지식에 있어서 생리학이나 관상학에 대한 언급은 없다. 바움가르텐이 관찰하고 있는 미적 연습의 많은 부분에서 특별하게 육체의 훈련이 권장되고 있지는 않다. 이와는 상반되게 그는 격렬한 육체적인 활동(*ferociae athleticae*)을 분명히 비난하면서, 왕성한 육체의 훈련을 못하게 하는 듯이 보인다. 바움가르텐은 쾌락과 같은 육체의 사악함을 방종 및 흥청거림 등과 동일시했다(A 50절).

신체적 훈련이나 미학에 대한 이론을 이렇듯 무시하는 것은 우리가 다음을 인식할 때 훨씬 더 충격적인 것으로 나타난다. 즉, 바움가르텐이 본질상 몸을 감각의 낮은 인식능력과 동일시하고, 정확하게 그러한 능력들의 인식

---

[7] 어떻든 바움가르텐의 학위논문과 위에 인용한 처음 저술의 영역본은 있다. Karl Aschenbrenner 와 W. B. Hoelther가 옮기고 편집한 것은 영문제목이 *Reflections on Poetry* (Berkeley: University of California Press, 1954)이다.

형태가 바로 미학의 대상이라는 데에서 그러하다. 육체라는 낮은 인식능력(*facultates inferiores, caro*)은 그것의 타락한 상태에서 뒤흔들려서는 안 되고, 제어되고 개선되어 미학적인 훈련을 통해서 적절히 인도되어야 한다고 바움가르텐은 말하고 있다(A 12절). 육체에 대한 바움가르텐의 신학적인 거부는 그가 육체를 살덩이라고 부정적으로 설명한 데에서 나타난다.8)

이러한 실마리는 바움가르텐이 감각적인 학문이라는 그의 미학적 기획을 다루는 데에 있어서 육체를 배제한 것에 대한 종교적인 동기를 암시한다.9) 보다 자세한 철학적인 추론을 또한 짐작할 수 있다. 바움가르텐이 데카르트에서부터 시작해서 라이프니츠와 볼프로부터 물려받은 이성주의자의 전통 아래에서 육체는 단지 기계로만 여겨진다. 그래서 육체는 감각적인 인지 혹은 인식의 대상이었던 적이 없었다. 다른 한편으로 이러한 철학은 엄격하게 정신과 육체를 나눈다. 이러한 것은 대개 정신을 중요시 여기고 육체를 경시했던 신학적인 것에 요인이 있다고 하겠다.

바움가르텐이 미학에 있어서 육체를 경시했던 이유가 무엇이었든 간에 이것은 그러한 경시를 정당화 해주지는 않는다. 매우 흥미로운 계보학적

---

8) "caro"는 영혼에 대비하여 종종 부정적으로 쓰이는 말이다. 세네카의 다음과 같은 유명한 언급에서 그러하듯이 말이다. "해로운 거처에서도 영혼은 자유로이 산다. 나의 육신은 나로 하여금 결코 두려움을 느끼지 않도록 할 것이며, 좋은 사람의 가치가 없는 어떠한 핑계도 대지 않을 것이다"(Seneca's *Epistles*, 65: 22). "caro"는 관용적인 라틴구절에서 어떤 사람을 경멸하여 부를 때에 "부패한 육신"(caro putida)이란 말로 사용된다. *Harper's Latin Dictionary* (New York: Harper, 1970), 294쪽 참고.

9) 바움가르텐은 원래 경건주의의 배경에서 자랐다. 물론, 만약 그들이 교회의 교리와 갈등을 일으켰던 방식으로 이론화했다면, 초기 계몽주의 철학이 여전히 직면했던 위험을 알고 있었을 것이다. 그의 철학적인 영웅이었던 크리스티안 볼프는 Halle(바움가르텐이 공부했으며, 후에 가르치기도 했던)로부터 추방되었다. 왜냐하면 그가 고수하는 원칙이 그 곳의 종교지도자들을 몹시 화나게 했기 때문이었다. 스피노자의 텍스트와 그의 추종자들이 신에 대한 이단적 견해와 심신통일성으로 인해 또한 빈번하게 그 무렵에 화형에 처해졌다. 간략히 말해, 바움가르텐이 미학에 도입하고자 했던 지배적인 종교적 이념적 맥락은 몸을 강조했던 철학에 대해 매우 편협했으며 관용하지 않았다.

탐구는 이러한 지속되는 몸의 미학의 전통을 추적할 것을 요구받는다. 그리고 왜 바움가르텐 이후의 철학자들도 감각적인 인식에서부터 아름다움과 예술로만 범위를 한정했는가를 설명한다. 우리는 더 나아가 왜 미학의 실용적이고 개량적인 측면(이를 테면, 완전한 지각과 행동을 위한 교과로서의 바움가르텐이 내린 정의)이 사라졌는가 하는 이유를 탐구해야 한다. 다른 말로 하자면, 철학 그 자체와 마찬가지로 어떻게 미학이 고상한 삶의 기술에서 소수의 특수화된 대학의 교과로 움츠러들게 되었는가?[10]

여기서의 나의 주된 목표들은 역사적이라기보다는 오히려 재구성적인 것으로서, 이 탐구들을 다음과 같이 몇 가지로 꾸며 보는 일이다. 즉, (1) 삶을 증진시키는 인지적인 교육으로서 바움가르텐의 미학에 대한 생각을 되살리는 것인데, 이 교육은 아름다움과 예술에 대한 질문을 넘어서 이론적이고 실제적인 교육을 포함한다. (2) 바움가르텐이 미학에 도입한 바 있는, 육체에 대한 경시를 종결시킨다(이러한 무시는 19세기 미학에서 위대한 이상주의적 혹은 관념론적 전통에 의해 강화되었던 것이다). (3) 확장된, 육체적으로 중심을 둔 장으로서의 몸의 미학을 제안한바, 이는 중요한 철학적인 관심과 연관이 있다. 그리하여 철학을 더욱더 성공적으로 삶의 기술로서의 원래적 역할을 회복하는 것이다.

---

[10] *Practicing Philosophy*의 "서문"에서 나는 온전히 몸에 관한 삶의 예술로부터 단순한 학문적 이론교과로 철학이 후퇴한 것에 대한 역사적 이유들에 관한 약간의 임시적인 가설을 제공한다. 내가 제공한 설명은 대체로 Pierre Hadot와 Michel Foucault의 저술을 근거로 하고 있다. 내 자신이 기울인 노력의 대부분은 삶의 구체화된 예술로서 실천철학을 위한 현재의 가능성과 모델을 탐색하는 데에 있다고 하겠다.

몸의 미학은 경험에 대한 비판적이고 개량적인 연구로서 그리고 감관적이고 미적인 평가나 감상(*aisthetisis*) 및 창조적인 자기모양을 만드는 것으로 임시로 정의를 내릴 수 있겠다. 그러므로 그것은 또한 지식과 담론 및 실제 그리고 몸에 대한 관심과 그것을 증진시킬 구조의 신체적 교육에 의해 바쳐진다. 만일 우리가 몸에 대한 전통적인 철학적 편견을 제쳐두고 지식이나 자기인식, 바른 행동이나 행복한 삶에 대한 추구 같은 철학의 중심적인 목적을 단순히 회상하는 대신에 몸의 미학의 철학적인 가치가 다음과 같은 몇몇 방식으로 명확해질 수 있을 것이다.

(1) 지식은 대개 신뢰성이 종종 의심받는 감각적 지각에 근거한 이래로, 철학은 항상 감각의 기준을 문제 삼아 왔다. 그것의 한계를 드러내고 그것의 잘못 이끌어짐을 회피하기 위해서 추론적인 이성으로 그것을 제어한다. 적어도 서구적 근대성에 있어서 철학의 작업은 전통적 인식론을 구성하는 감관적 전제의 제이차적인 비판적 분석으로 제한된다. 몸의 미학이 제안하는 대체적인 방법은 그 대신에 실질적인 우리의 감각의 기능적인 수행을 바로 세운다. 왜냐하면 감각은 몸에 속하고 몸에 의해 조건매김이 되기

때문이다.

이러한 몸의 미학의 전략은 고대철학에 그 뿌리를 두고 있다. 소크라테스 그 자신은 몸에 대해서 중요한 역할을 확신했으며, 육체를 단련하고 좋은 상태로 유지시키고자 했다. 그는 다음과 같이 주장했다. 몸이라는 것은 모든 사람의 활동에 있어서 소중하고 그 모든 쓰임새에 있어서 매우 중요하고 가능한 한 적합해야 한다. 심지어 생각하는 활동에 있어서도 몸으로부터 적어도 도움을 받을 것을 제안한다. 모든 사람은 알고 있다. 심각한 실수는 종종 육체적으로 불안한 상태에서 일어난다[11)는 것이다.

여기서 소크라테스는 이단과는 거리가 멀다. 많은 고대 그리스의 철학자들은 지혜에 대한 추구와 덕에 대한 추구로써 육체적인 훈련을 옹호한 바 있다. 키레네 학파를 창립한 아리스티푸스는 육체의 훈련이란 덕을 획득하는 데 기여한다고 주장했다. 왜냐하면 적합한 육체는 뛰어난 감각을 제공하고 많은 훈련과 용도를 제공하기 때문이었다. 개인이 생각과 태도와 행동을 하는 데 있어서 스토아 학파의 창립자인 제노는 규칙적인 신체의 단련을 주장했으며, 건강과 감각기관에 대한 적절한 관심은 의무라고 여겼다. 시니시즘의 창립자는 육체의 훈련을 감각적 지식 및 지혜와 행복한 삶이 요구하는 교육을 하는 데 가장 중요한 것이라는 점을 옹호했다. 그가 설교한 육체적인 훈련을 시행하면서 디오게네스는 다양한 몸의 훈련을 테스트했고, 날 것을 먹는 데에서부터 맨발로 눈 위를 걷는 데까지 그 자신을 단련시켰다.[12)

---

11) Diogenes Laertius, *Lives of Eminent Philosophers* (Cambridge: Harvard University Press, 1991), vol. 1, 153, 163쪽; Xenophon, Conversations of Socrates (London: Penguin, 1990), 172쪽 참고.

12) 견유학파인 디오게네스는 이런 말을 한다. 즉, "우리가 신체훈련으로부터 얼마나 용이하게 미덕에 도달하는가를 보여 주기 위해 그는 논쟁의 여지가 없는 증거를 대곤 한다." 심지어는 "강건함과 아름다움에 대해 뛰어난 철인"이자 이집트 철학에서 시작한 전 소크라테스 학파인 클레오불루스(Cleobulus)는 지혜를 추구하기 위해 "사람들

철학적 계몽을 향한 본질적인 수단으로서 몸에 대한 훈련의 인식은 하사 요가(Hatha yoga), 선(Zen)명상, 태극권(Tai chi chuan) 같은 아시아적인 실행들의 중심에 놓여 있다. 일본 철학자인 유사 유슈오(Yuasa Yusuo)는 마음의 수양에 대한 착상이란 동양적 사고에서 육체적인 것에 근본을 두고 있다고 주장한다. 이러한 슈교(shugyo, 修敎)훈련은 본질적인 신체적 구성 요소다. 진정한 지식은 단순히 개념적인 사고에 의해서 얻어지는 것이 아니라 몸의 인지와 깨달음(tainin 또는 taitoku)에 의해서 얻어진다.[13] 이러한 고대 아시아에서 보이는 실제들처럼 현대 서구의 몸에 대한 훈련은 이를 테면 알렉산더 기술이나 펠덴크라이스(Feldenkrais) 방법, 생물에너지(Bioenergetics)는 건강과 우리의 감각에 대한 제어를 증진시킨다. 보다 고양된 주의를 기울이게 하고 몸의 기능을 완벽하게 함으로써 그렇게 추구한다. 다른 한편 또한 우리를 몸의 습관으로부터 자유롭게 하고 불안전한 감각적인 수행으로부터 해방시켜 준다.[14] 이러한 몸의 미학적인 관점에서 세계에 대한 지식은 우리의 육체감각을 거부하는 데서부터가 아니라 그것을 완벽하게 하는 데에서 개선된다.

에게 신체운동을 하도록 조언"했다. 이 절에서의 인용은 Diogenes Laertius, *Lives of Eminent Philosophers* (Cambridge: Harvard University Press, 1991), vol. 1, 91, 95, 153, 221; vol. 2, 71, 215쪽에서 온 것이다.

13) Yasuo Yuasa, *The Body: Toward an Eastern Mind-Body Theory* (Albany: SUNY Press, 1987), 25쪽. Yuasa의 후기저술, *The Body, Self-Cultivation, and Ki-Energy* (Albany: SUNY Press, 1993)에서 *shugyo*는 "self-cultivation"을 옮긴 말이다. 각각 "숙련"과 "실천"을 뜻하는 두 한자어를 결합한 것으로부터 온 말인 *shugyo*는 자기수양과 자기제어를 요구하는바, 이는 암시적이며 본질적이다.

14) "Die Sorge um den Koerper in der heutigen Kultur"에서 이 실제들을 분석하면서 나는 중요한 기본자료들의 조그마한 견본에 주목한다. 즉, F. M. Alexander, *Constructive Conscious Control of the Individual* (New York: Dutton, 1924) 과 *The Use of the Self*(New York: Dutton, 1932); Mosche Feldenkrais, *Awareness Through Movement* (New York: Harper Collins, 1977), *The Potent Self* (New York: Harper Collins, 1992); Aelxander Lowen, *Bioenergetics* (New York: Penguin, 1975).

(2) 만일 (세상사에 대한 단순한 지식보다는 오히려) 자기자신에 대한 앎이 철학의 주된 인식적인 목적이라면, 우리 몸의 다양한 측면에 대한 인식은 반드시 무시되어서는 안 된다. 몸의 외부적인 형태와 재현에 대해서 관심을 두는 것뿐만 아니라 살아 본 경험에 대해서도 관심을 두어야 한다. 몸의 미학은 몸의 상태와 느낌에 대해서 개선된 감지를 하며 활동한다. 그래서 우리의 스쳐 지나가는 정조와 지속되는 태도에 더 큰 통찰력을 제공한다. 그러므로 그것은 우리의 안녕과 수행을 불안전하게 하는 데도 불구하고 탐지되지 않은 채로 정상적으로 흘러갈 육체적인 잘못된 행동들을 밝혀내고 향상시킬 수 있다.

두 가지 예를 고려해 보자. 우리는 거의 숨쉬는 것을 주의해서 관찰하지는 않는다. 그러나 리듬과 깊이는 우리의 정서상태에 대해서 빠르고 믿을 만한 증거를 제공한다. 따라서 숨쉬는 것에 대한 의식은 우리가 화가 나고 격렬하고 긴장된 것 같은 감정을 알게 한다. 그렇지 않으면 이러한 감정들은 모른 채로 넘어가거나 다른 방향으로 잘못 이끌어질 것이다. 또한 규칙적인 근육의 수축은 제한적인 활동일 뿐만 아니라 긴장과 고통의 결과이다. 비슷하게, 움직임을 제한할 뿐 아니라 긴장으로 비롯되는 만성적인 근육의 수축과 고통은 그럼에도 불구하고 주목받지 못할는지 모른다. 왜냐하면 그것은 습관적이기 때문이다. 주목받지 못한 까닭에, 이런 만성적인 수축은 완화되지 못하고 거기서 비롯되어 고쳐질 수가 없고 불편함은 해소될 수 없다. 이러한 육체의 기능이 명확하게 인식이 되면, 그것을 안정화시키고 건강하지 못한 행동들을 피할 수 있게 한다. 이는 고통을 포함할 뿐만 아니라 감각을 완화시킨다. 즉, 미적 감성과 쾌를 줄인다.

(3) 철학의 세 번째 주된 목적은 덕과 올바른 행동에 있다. 그것에 대해 우리는 지식 및 자기를 아는 것과 또한 효율적인 의지가 필요하다. 행동이

라는 것은 반드시 몸에 의해서 실행되어야 하고 우리가 마음먹은 대로 행동할 수 있는 것은 육체의 효율성에 따른다. 몸의 미학의 추구와 우리의 신체 경험의 훈련을 통해 우리는 실용적이고 한 손에 잡히는 효율적인 의지작용을 획득할 수 있다. 말하자면 의지를 행동에 구체적으로 적용하는 데에 있어 더 잘 제어할 수 있다. 올바른 행동을 인식하고 소망하는 일은 만약 우리가 우리의 육체로 하여금 그것을 수행할 수 없게 된다면 유용하지 않을 것이다. 가장 간단한 육체적인 일조차도 행할 수 없는 우리의 놀랄 만한 무능은 이런 무능에 대한 우리의 몹시 놀라운 맹목과 어울리게 된다. 이런 실패는 부적절한 몸의 미학적 감지로부터 비롯된다고 하겠다.

  머리를 낮추고 눈은 공을 향하고서 그 자신이 잘 해낼 것으로 믿고 있는 골프선수를 생각해보자. 비록 실제에 있어서는 초라하게 실패한다고 하더라도 말이다. 그의 깊이 배어든 육체적인 습관이 공을 잘 치고자 하는 그의 의지보다 위에 있기 때문에 그의 의식적인 의지는 성공하지 못할 것이다. 심지어 이러한 실패를 깨닫지 못한다. 왜냐하면 습관적인 감관적 지각이 아주 부적절하고 왜곡되어서 마치 의도된 행동이 의도된 대로 잘 수행되는 것으로 느낄 것이다. 수많은 우리의 행동에서, 머리를 드는 골퍼처럼 그의 의지가 아무리 강하다 하더라도 여전히 무능한 채로 있다. 그것을 효과적으로 해내는 육체적인 감성, 즉 신체적인 감성이 없어서이다. 이처럼 육체적인 것을 인식하지 못하는 일과 의지를 약하게 하는 일은 미덕에 다다르고자 하는 우리의 의지를 방해한다. 미덕 자체는 육체의 자기완성을 요구한다. 이러한 추론을 오늘날 제안하는 사람들은 제도권 철학의 밖에 있는 사람들이다. 하지만 그들의 주장은 고대의 철학적인 자격증이다. 견유론자인 디오게네스 만이 홀로 엄격한 신체훈련을 옹호하기 위해 그 점을 끌어들인 것은 아니다. 거기에서 신체훈련이란 끊임없는 운동으로서 지각은 고결한 행위를 위한 운동의 안전한 자유로서 이루어지게 된다.[15]

(4) 미덕과 자아완성의 추구는 전통적으로 더 나은 삶을 살기 위한 윤리학적인 추구로 통합된다. 만일 철학이 행복의 추구와 연관이 있다면, 몸의 미학의 관심사도 육체에 있어서 우리의 쾌락을 중계하는 명백하게 철학적인 주목을 받을 만하다고 하겠다. 심지어 이른바 순결한 사상의 기쁨과 자극도 육체적 상황에 영향을 받고 근육의 이완을 필요로 한다. 그러므로 그들은 개선된 육체적 감지와 훈련을 통해 강화되고 더 나은 풍미가 있다. 요즈음 철학의 슬픈 호기심은 너무나 많은 관심들이 고통의 존재론과 인식론에 향해 있다는 점이다. 심리 신체적인 운영에 대해서는 거의 관심이 없으며, 그것을 제어하고 평정과 즐거움에로의 변형에도 거의 관심이 없다.16)

(5) 이상의 네 가지의 경시되었던 점들은 몸에 대한 학문이 철학의 중심에 와야 되는 이유를 모두 다 설명할 수는 없다. 몸을 사회적인 힘 혹은 권력을 헌정하는 데에 있어 다루기 쉬우며 단련할 수 있는 장소로 보는 미셸 푸코의 몸에 대한 근본적인 생각은 몸이 정치철학을 위해 할 수 있는 중요한 역할을 드러낸다. 그것은 권력의 복합적인 위계질서가 얼마나 널리 행사되며, 어떤 필요도 없이 법에서 그것을 명백하게 하기 위해 또는 공적으로 그것을 집행하기 위해 재생산되는가 하는 이해방식을 제공해준다. 지배

---

15) Diogenes Laertius, *Lives of Eminent Philosophers* (Cambridge: Harvard University Press, 1991), vol. 1, 71; vol.1, 221; vol. 2, 119쪽.

16) 물론 쾌가 미학과 마찬가지로 몸의 미학이 검토하고 성취해야만 하는 가치있는 감정을 다 비우지는 못한다. 모든 가치에 대한 쾌의 독점에 도전하면서, 우리는 쾌의 가치를 하찮은 것으로 해서는 안 되며, 그 깊이와 다양성의 범위를 최소화해서도 안 된다. 이 문제에 대한 논의를 위해서는 Alexander Nehamas, "Richard Shusterman on Pleasure and Aesthetic Experience," in *Journal of Aesthetics and Art Criticism* 56 (1998), 49-53쪽(그리고 여기에 대한 나의 답변)을 보기 바라며, 또한 비슷한 의견교환으로 Wolfgang Welsch, "Rettung durch Halbierung? Zu Richard Shustermans Rehabilitierung aesthetischer Erfahrung," 47(1999), 111-26쪽 및 나의 답변, "Provokation und Erinnerung: Zu Freude, Sinn, und Wert in aesthetischer Erfahrung," 같은 책, 127-37쪽도 참고하기 바란다.

에 대한 전적인 이데올로기는 그것들을 몸의 규범 속에 부호화하여 물질화 되고 보존된다. 이 몸의 규범들은 신체적인 습관으로서 전형적으로 인정되며, 그런 까닭에 비판적 의식을 피하게 된다. 예를 들자면 예의 바른 또는 단정한 여성이란 부드럽게 얘기하고 우아한 음식을 먹으며, 다리를 붙인 채 얌전히 앉아 있고, (이성적 사랑의) 연계에 있어서 소극적인 역할을 하며 낮은 자세를 취하는 것으로 가정된다. 이는 여성에게 사회적 권능을 부여하지 않는, 구체화된 규범으로서의 모든 기능이다. 반면에 여성에게 온전한 공적인 자유를 인정하면서도 그렇다. 아무튼 만일 억압적인 권력관계가 우리의 몸 안에 부호화되어 유지되는 귀찮은 정체감에 부과된다면, 이러한 관계는 그들 스스로 대체적인 혹은 대안적인 육체의 실행에 의해서 도전을 받는다. 최근에 페미니스트들과 동성애자들 사이에서 유용하게 포용되고 있어서, 이러한 푸코적인 메시지들은 오랫동안 빌헬름 라이히 (Wilhelm Reich)나 모셰 펠덴크라이스(Moshe Feldenkrais)와 같은 육체 치료가들의 프로그램 중 일부였다.

(6) 본질적인 인식론적 · 윤리적 및 사회철학적인 문제점들을 넘어서 이미 언급한 바와 같이, 몸은 존재론에 있어서 중요한 역할을 수행한다. 니체와 메를로 퐁티가 몸의 존재론적인 중심을 우리의 세계 및 상호적으로 우리 자신이 구조적으로 투여하는 것에 초점을 맞추었다. 반면에 분석철학은 몸을 개인의 정체성을 위한 기준으로서 그리고 존재론적인 근거로서(그 중심된 신경계를 통해) 정신상태를 설명하는 것으로 본다.[17)]

(7) 마지막으로 인습적이고 진부한 철학의 합법화된 영역 밖에서 라이히나

---

17) 예를들면, Friedrich Nietzsche, *The Will to Power* (New York: Vintage, 1968); Maurice Merleau-Ponty, *The Phenomenology of Perception* (London: Routledge, 1962) 및 Owen Flanagan, *The Science of the Mind,* 제 2 판(Cambridge, Mass.: MIT Press, 1991).

알렉산더(F. M. Alexander), 펠덴크라이스 같은 사람은 몸과 몸의 심리적 발달과 상호영향을 깊이 확신하고 있다. 몸의 역기능은 어떤 산물과 개인적인 문제를 강화하는 요인으로 설명된다. 이들 자체는 적절한 치료를 위한 신체작업을 요구하는지 모른다. 똑같은 주장들이 요가나 선 수행자들 및 신체단련자들, 무술이나 격투기에 종사하는 자들에 의해서 행해진다. 이러한 다양한 훈련들 안에서 육체의 단련은 자신에 대한 윤리적 배려의 중앙에 위치하게 된다. 이것은 정신적 안정과 심리적 극기나 자제에 선행되는 것이다.

이러한 일곱 가지 점들은 우리에게 이미 당대의 이론에 있어서 몸에 대해 풍부한 담론이 있음을 보여준다. 그러나 기존의 몸에 대한 담론은 두 가지 중요한 특징을 빠뜨리고 있다. 첫째로 그것은 구조적인 개관이나 또는 매우 다르고 외관상 같은 표준으로 잴 수 없는 것을 더욱더 생산적이고 체계적인 영역으로 만드는 건축술적인 것을 필요로 한다. 삶의 정치학 혹은 몸의 정치학(biopolitics)적인 담론을 바이오에네제틱스의 치료법과 연결시키고, 나아가 분석철학의 심신수반의 존재론적인 원리를 초집합의 신체단련의 원리를 연결하는 포괄적인 개관을 하는 것이 유용할 것이다.[18] 몸에 관한 현대의 철학적인 담론에서 두 번째로 부족한 점은 분명한 프라그마티즘적인 정향이라 하겠다. 프라그마티즘적 정향이란 개인적인 것이 좀 더 개선된 육체적인 실행의 교과로 변환되어야 한다는 점을 두고 하는 말이다. 이러한 두 가지의 결여가 몸의 미학이 제안한 이론과 실천의 교과에 의해서 고쳐질 수 있다고 생각된다.

---

[18] 수반(supervenience)이 철학도들에게 잘 알려진 개념인 반면에, supersets란 개념을 설명을 요한다. "supersets란 중단없이 연속적으로 수행되는 두 가지(또는 그 이상의 보디빌딩)운동이다." 더 상세한 것은 Arnold Schwarzeneger, *Encyclopedia of Modern Bodybuilding* (New York: Simon and Schuster, 1985), 161쪽.

몸의 미학에는 세 가지 기본적인 차원이 있다.

(1) 분석적인 몸의 미학은 기본적인 신체적 지각과 실제의 본성을 기술하고, 현실에 대한 우리의 지식과 구성 안에서 그들의 기능을 기술한다. 이러한 이론적인 차원은 전통적으로 몸에 대한 존재론적이고 인식론적인 문제점을 포함할 뿐만 아니라, 또한 푸코와 피에르 부르디외가 중심에 두었던 탐구들을 포함한다. 그들의 탐구들이란 어떻게 몸이 힘에 의해서 만들어지고 그것을 유지하기 위한 도구로 사용되는지, 그리고 어떻게 건강과 기술과 아름다움 같은 신체적인 규범이 그리고 나아가 사회적인 성(性) 및 생물학적인 성(性)과 같은 가장 기본적인 범주에까지도 사회적인 강제력을 반영하고 유지하는 데에 구성되는가이다.[19]

이러한 육체적인 문제에 대한 푸코의 접근방법은 근본적으로 계보학적이다. 즉, 다양한 몸에 대한 원리, 규범 및 실제의 역사적인 출현을 그리고

---

19) 예를 들면, Michel Foucault, *Discipline and Punish* (New York: Vintage, 1979); *The History of Sexuality*, vol. 1, *An Introduction* (New York: Vintage, 1986); 그리고 vol. 3, *The Care of the Self* (New York: Vintage, 1988); 그리고 Pierre Bourdieu, *The Logic of Practice* (Stanford: Stanford University Press, 1990) 및 "La Connaissance par Corps," in *Meditations Pascaliennes* (Paris: Seuil, 1997).

있는 것이다. 부르디외의 작업은 이러한 기술적인 접근을 몸의 규범에 대한 사회적 제도나 전개를 사회학적으로 세분화된 공시적인 분석으로 확장하고 있다. 이는 나아가 두 가지 이상의 공시적 문화의 몸에 관한 관점과 실제를 대비하는 비교분석에 의해 보완될 수 있다. 이러한 역사적이고 사회적인 분석의 가치는 보다 더 보편주의적인 경향을 지닌 몸의 미학적인 분석을 위한 장소를 배제하지 않는다. 마치 메를로 퐁티에게서 찾아볼 수 있는 것과 같이 그러하며, 몸과 마음의 관계에 관해 더욱 전통적이고 존재론적인 이론화작업에서 그러하다. 그러한 원리들은 이원론, 부수현상설(역주: 의식은 뇌의 생리적인 현상에 단순히 부수된 것이라는 설), 배출적 유물론, 기능주의, 출현론 및 그들 각각의 다양한 부수적인 논의들에서 문제시된 것이다.

(2) 그 논리가 기술적인(계보학적인 또는 존재론적인), 분석적인 몸의 미학과 대비하여 볼 때, 프라그마티즘적인 몸의 미학은 특히 규범적이고 지시적인 혹은 규정적인 특성을 지니고 있다. 몸의 개선을 위한 특별한 방법을 제안하고 그것들을 비교하며 비판한다. 제안된 방법의 생존능력은 몸(그것이 존재론적이든, 생리적이든 또는 사회적이든)에 대한 몇 가지 사실에 의존한 이래로, 이러한 프라그마티즘적인 차원은 언제나 분석적인 차원을 미리 전제로 삼는다. 하지만 그것은 단지 분석이 기술하고 있는 사실만을 평가하는 것이 아니고 몸과 사회를 다시 만듦으로써 몇 가지 사실을 개선하기 위한 다양한 방법을 제안함으로써 단순한 분석을 넘어선다.

인류역사의 오랜 과정에 걸쳐서 프라그마티즘적인 교과의 거대한 다양성이 우리의 경험을 개선하고 몸의 사용을 위해서 권장되고 있다. 이를테면 다양한 다이어트 방법, 몸을 통한 날카로움 및 방혈(放血), 춤의 여러 형태와 무예, 요가, 마사지, 에어로빅, 보디빌딩 그리고 다양한 에로예술

(합의된 새도메조히즘, 즉 가학적 피학적 변태성욕을 포함하여), 알렉산더 기술이나 펠덴크라이스 방법, 생물에너지, 롤프식 마사지(역주: 근육을 깊숙히 마사지하는 물리요법) 같은 심신치료법 들이다. 실제 혹은 실행의 이러한 다양한 방법론들은 대략 재현적인 형태와 실험적인 형태로 나눌 수 있다. 재현적인 몸의 미학은 육체의 외적인 모양이나 현상을 강조한다. 반면에 실험적 훈련은 내적 경험에 대한 미적인 성질에 초점을 더 두고 있다. 그러한 실험적 방법의 목적은 이러한 애매한 구절(미학이란 바로 그 개념의 애매성을 반영하는)의 두 의미에서 우리로 하여금 더 잘 느끼도록 하는 것이다. 그리고 우리의 경험의 질을 보다 만족스러울 정도로 풍부한 질로 만들 뿐만 아니라 몸의 경험에 대한 우리의 감지를 더욱 예리하고 지각적인 것으로 만든다. 화장술의 실제들(메이크업에서 헤어스타일, 성형수술까지)은 재현적인 면에서 몸의 미학의 한 부분이다. 반면에, 요가나 차젠명상, 펠덴크라이스 방법의 운동을 통한 감지는 질을 높이고 지각적인 날카로움을 준다는 의미에서 경험적 양태의 패러다임이 된다.[20]

몇몇 통속적인 또는 대중적인 신체적 운동(에어로빅과 같은)은 전적으로 범주에 들지 못한다. 하지만 재현적 혹은 경험적인 것의 구별은 여전히 유용한 것으로 남아 있다. 특히 몸의 미학이 본질상 피상적이고 정신적인 면이 부족하다고 비난하는 논변에 논박하는 데에 있어서, 몸의 학문에 관

---

[20] 나는 물론 요가나 차젠(또는 Feldenkrais나 Alexander의 훈련 등)과 같은 훈련이 그들의 미적 경험을 위해서만 전적으로 또는 주로 추구된다고는 주장하지 않는다. 하지만 그들은 사실상 그들의미적 차원과 유익함을 강조한다. 예를 들면, Svatmarama Swami의 고대 *Hatha Yoga Pradipika* (Pancham Sinh 역(Allabad, India: Lalit Mohan Basu, 1915)는 어떻게 "요가 수도자의 몸이 신성하게 되고, 열정적이며 건강한가 그리고 신성한 냄새를 발하는가"를 말해주고 있다. 그리하여 수도자가 "아름다움에 있어 사랑의 신 곁에 있게 된다"(23, 57). 또한 Dogan, "Principles of Seated Meditation," in Carl Bielefeldt, *Dogen's Manuals of Zen Meditation* (Berkeley: University of California Press, 1988). Feldenkrais 와Alexander에 대해서는 주 14)의 참고문헌을 볼 것.

한 호르크하이머와 아도르노의 유명한 비판은 이러한 논지에 대한 좋은 예라 하겠다.

육체의 르네상스를 가지고 오려는 어떤 시도도 반드시 실패할 것이라고 그들은 주장한다. 왜냐하면 육체와 정신 사이를 구분하는 우리 문화를 은연중에 강화하는 것이기 때문에 그러하다고 하겠다. 배려의 대상으로서의 몸은 내적으로 살아 있는 정신에 대조하여 볼 때 단지 물리적인 사물(죽어 있는 사물, 시체)을 재현적으로 표면화한 것에 불과하다.[21] 그래서 몸에 대해 주의를 기울이는 일은 늘 사람의 정신적인 자아 밖의 외적 재현과는 거리를 둔 주목인 것이다. 게다가 외적인 재현은 광고나 선전 같은 사회적으로 이미지를 부정하게 다스리는 이들에 의해 지배되고 전개된다.

> 생생한 현상을 우상화하는 일은 불가피하게 금발의 야수로부터 남쪽 바다의 섬사람들까지 살롱 영화(역주:살롱이란 말레이 반도 사람들이 허리에 감는 천을 말함)로 이끌게 되며, 단지 널리 알리는 것을 내부적 목표로 삼고 있는 비타민 알갱이나 피부 크림을 광고하는 포스터가 된다. 새롭고 거창하며 아름답고 고상한 유형의 인물은 지도자이며 그의 돌격대원들이다.[22]

육체적인 아름다움과 몸의 훈련에 대해 열렬히 애호하는 이들은 단지 피상적인 것만은 아니다. 그들은 몸을 단지 물리적인 실체[23]로 다루는 파쇼 근절자들과 더 음흉하게 연결되어 있다. 이 물리적 실체란 힘이 그것을

---

21) Max Horkheimer와 Theodor Adorno, *Dialectic of Enlightenment* (New York: Continuum, 1986), 232, 233쪽.
22) Max Horkheimer와 Theodor Adorno, *Dialectic of Enlightenment*, 233-4쪽.
23) 앞의 책, 234쪽.

아무리 제어한다 하더라도 그 부분들이 더욱 효율적으로 기여하도록 형성되고 예리하게 단련된 기계도구인 것이다. 그러한 나치의 논리대로, 만일 육체가 더 이상 좋은 수리상태에 있지 않다면, 그것들은 비누로 녹아지거나 램프등 같은 용도로 바꿔질 것이다.

> 무엇보다도 몸을 격찬하는 이들, 곧 체육가들과 정찰병들은 죽이거나 황홀케 하는 일과 밀접한 친화관계를 지니고 있다. 그들은 몸을 움직이는 메커니즘(機制)으로 보며, 그 구성요소들과의 접합으로서 그리고 뼈대를 완화하는 살로 본다. 그들은 몸과 그 부분들을 사용한다. 비록 부분들이 몸으로부터 이미 분리되어 있다 하더라도 그러하다. 그들은 관(棺)을 제작하는 자의 응시와 더불어 그것을 실현하지 않고서도 크다거나 작다거나, 뚱뚱하다거나 무겁다거나 다른 것들을 측정한다. 언어는 그것들과 보조를 맞춘다. 한 걸음의 움직임으로, 한 번의 식사가 칼로리로 변형된다.[24]

50년 전보다 더 오래 전에 이루어진 호르크하이머와 아도르노의 비판은 오늘날 몸에 대한 미학을 반대하는 주된 고발에 여전히 훌륭한 요약자료로 쓰이고 있다. 몸의 아름다움과 탁월함이 지닌 매력적인 이미지를 증진시킴으로써, 몸의 미학은 자본주의적인 광고와 정치적인 억압의 도구일 뿐이라고 비난받는다. 그것은 소외시키고 물화시키며 몸을 파편화시킨다. 그것은 몸을 외적인 수단으로 다루며, 겉치레적이며 측정할 수 있는 결과를 위한 집약적 노동의 분리된 영역들로 분해된 기제로 다룬다. 그리고 무수히 많은 상품들의 판매가 물화되고 파편화된 몸의 목적을 이루기 위해 거래된다. 여기서 몸의 측정에 대한 우리의 몰입과 강건신체주의(abs), 허벅

---

24) 앞의 책, 235쪽.

다리, 엉덩이 등에 바쳐진 전문화된 휘트니스(양호한 건강상태 유지운동) 수업에의 몰두를 우리는 발견하게 된다. 10억 달러가 넘는 화장품 산업이 제각기 다른 몸의 부위들에 따른 상품으로 연결되는 것을 알 수 있다. 그러므로 몸의 미학은 적절하게 도구화되고 매력적인, 표준화된 몸의 치수와 모델에 순응하도록 강제함으로써 개성과 자유를 훼손하게 된다고 논변은 계속한다. 화장품 광고의 모델들은 더욱이 억압받는 사회적인 위계질서를 반영하고 강화한다. 예를 들면 북 아메리카에서의 신체적 이상형(理想型)은 크고 날씬하며 금발이고 푸른 눈을 지녀야 하는데, 이는 분명 지배적인 인종집단의 우위에 기여한다고 하겠다.

그러한 고발들이 잠재적인 것이라 하더라도, 그것들은 몸을 외적인 대상으로 환원시키고 있는 이론으로서 몸의 미학을 해석하는 데에 의존한다. 외적인 대상으로의 환원이란 원자화된 여러 부분들, 측정 가능한 외모들, 아름다움에 대한 표준화된 규범들이다. 그것들은 아름답고 개인적인 경험의 살아 있는 장소로서의 몸의 주체적인 역할을 무시한다. 그렇지만 그것의 경험적 차원에 있어서 몸의 미학은 명확히 육체를 인간정신의 경험과 구분되는 소외된 것으로 외면화시키는 것을 거부한다. 뿐만 아니라 반드시 외형적 평가(예를 들면 적정 맥박 등)라는 일련의 표준화된 규범들의 고정된 집합을 양호한 몸의 미학적 경험이라고 평가하는 것도 아니다.[25]

경험을 다루는 몸의 학문에 가하는 문화비평의 맹목성은 이해가능하며 아직도 널리 퍼져 있다. 재현을 다루는 몸의 학문은 우리의 문화에서 훨씬 더 지배적인 것으로 남아 있다. 이 문화는 대체로 몸을 정신과 나누는 데 기초를 두고 있으며, 신체 이미지의 시장성에 의해 연료를 공급하는 두드

---

[25] 이것은 경험적 몸의 미학이 어떤 규범이나 이상을 제시할 수 없다는 것을 말하는 것이 아니다. 이름난 경주자의 높이, 보디빌더의 펌프, 연인의 오르가즘은 때때로 억압적인 힘을 발휘할 수 있는 경험적 성공의 단일한 표준을 정립한 것으로 보일 수 있다.

러진 소비지향적 자본주의에 의해 경제적으로 조종된다. 하지만 정확히 이러한 이유로 몸의 미학의 영역은 그것의 본질적인 경험적 차원과 더불어 철학자들로부터 보다 더 주의 깊고 재구성적인 관심을 필요로 한다.

그리하여 재현적인 것과 경험적인 것을 구분하는 일은 몸의 미학을 그것의 내적이고 경험적인 깊이를 무시하는 도전으로부터 옹호하는 데 유용하다. 그러나 이 구분이 단호하게 배타적인 것으로 받아들여져서는 안 된다. 왜냐하면 재현과 경험, 밖과 안의 불가피한 보완성이 있기 때문이다. 상업 광고가 곧장 우리에게 일깨워주듯이, 어떻게 우리가 보느냐가 어떻게 우리가 느끼느냐에 영향을 미친다. 뿐만 아니라 그 반대도 그러하다. 처음에 매력적인 재현의 목적을 위해 추구되었던 다이어트 요법이나 보디빌딩 같은 실제들은 종종 그 자신의 목적을 위해 추구된 특별한 감정을 자아내면서 끝나게 된다. 다이어트를 하는 이는 내적 공복감을 갈망하는 신경성 무식욕증환자가 된다. 보디빌더들도 펌프주입처럼 단지 근육을 키우는 데에만 중독이 된다.

이와는 다르게, 내적인 경험에 목표를 둔 몸에 대한 방법은 소망스런 경험을 야기하는 데 필요한 몸의 자세에 영향을 미치는 단서로서 재현적인 수단을 사용한다. 말하자면, 거울을 통해서 자신의 이미지를 바라보든지, 코끝이나 배꼽과 같은 몸의 부분을 응시한다든지, 또는 단순히 몸의 형태를 상상 속에 시각화하는 일 등이다. 하지만 똑같은 증거로, 보디빌딩과 같은 재현적인 실행은 또한 경험적인 실마리(예를들면, 눈의 피로, 몸의 조정, 근육확장 등)의 예리한 감지를 외형적 형태의 조각적인 목적에 기여하도록 이용한다.

만일 재현적인 것과 경험적인 것의 구별이 논리적으로 배타적이지 않다면, 그것은 전적으로 철저하지도 않다. 수행적인 몸의 미학의 제3의 범주는 몸의 강건함이나 건강에 주로 헌신하는 훈련을 위해 도입될지도 모른다. 아마도 격투기나 무술, 육상경기, 체조, 역도(보디빌딩과는 구분되는 것으로 보이는)와 같은 것이 그 예들이라 하겠다. 그렇지만 어느 정도까지 이러한 수행에 정향된 운동들은 몸의 강건함과 건강의 외적인 면을 보이거나, 대안적으로 이러한 힘의 내적인 느낌에서 우리는 이런 것들을 주로 재현적이라거나 경험적인 양태로 동화할 수 있을 것이다.

몸의 미학의 실제나 실행을 분류하는 또 다른 유용한 방법은 그것들이 주로 개인을 위한 것인가 또는 그 대신에 다른 이들을 위한 것인가 하는 것이다. 이를테면 마사지나 외과 수술은 전형적으로 다른 이의 신체에 가해지는 활동이며, 태극권이나 크로스 컨트리 훈련을 하는 것은 더욱 그 자신의 몸을 위한 일이다.

그러나 많은 실제들이 두 가지 모두에 속하기 때문에, 자기를 향한 몸의 미학과 다른 이를 향한 몸의 미학을 구분하는 것은 엄격하지 않다. 메이크업의 화장술이 자기 자신에게나 다른 이에게 수행되는 것처럼, 마찬가지로 성적인 실행들에 있어서 우리는 자신의 몸과 다른 이의 몸을 움직이면서 우리 자신의 경험적인 즐거움과 파트너의 즐거움을 모두 추구한다. 게다가 자기를 향한 몸의 미학적인 행동도 종종 다른 사람들을 기쁘게 하려는 데에서 동기를 부여받은 것으로 보인다. 반면에 다른 이에 정향된 실행들(마사지와 같이)은 그 자신을 향한 즐거움을 지닐 수 있다.

하지만 이런 모호함에도 불구하고(부분적으로는 자아와 타자라는 바로 그 개념의 상호의존성에 기인하는), 자아에 방향을 둔 몸의 미학과 타자에 방향을 둔 몸의 미학의 이러한 구분은 적어도 몸이 사회로부터 이기적으로 물러나 있다는 공통의 편견과 싸울 수 있는 데에는 유용하다고 하겠다.

(3) 어떻든 우리가 프라그마티즘적 몸의 미학과는 다른 방법론을 분류한다 하더라도, 그것들은 실질적인 실행과 구분될 필요가 있다. 나는 이런

세 번째 차원을 *실천적인 몸의 미학*이라고 부를 것이다. 그것은 이론이나 텍스트를 산출해내는 문제가 아니다. 더구나 몸을 배려하는 프라그마티즘적 방법을 제공하는 텍스트를 생산해내는 문제는 아니다. 그 대신에 사실은 그러한 배려를 실행하는 것에 관한 모든 것이다. 이는 몸으로 하는 자아개선(재현적인 모양이든, 경험적 혹은 수행적 모양이든 간에)을 겨냥한 지적으로 훈련된 몸의 작업을 통해 그렇다. 말이 아니라 행동에 관련되어 있으므로, 이러한 실천적 차원을 아카데믹한 몸의 철학자들은 아주 무시해버렸다. 추론적인 로고스에 대한 그들의 공약은 전형적으로 몸을 텍스화하는 데에서 끝난다. 실천적인 몸의 미학에 있어서 적게 말할수록 좋은 것이다. 이는 더 많은 일이 실제로 행해졌음을 뜻한다. 그렇지만 불행하게도 이는 대개 실질적인 몸이 하는 일이란 철학적인 실천으로부터 함께 남겨지는 것을 뜻한다. 불행하게도 철학에서는 말함이 없이 되어가는 것은 전형적으로 행함이 없이 되어가는 것이다. 그래서 몸이 하는 작업의 구체적인 활동은 몸의 미학의 중심된 실천적인 차원으로 반드시 명명되어야 하며, 자기인식 및 자기배려와 연관된 포괄적인 철학의 교과로 생각되어야 한다.

5

이 그것의 세 가지 주요한 차원 및 그것의 재현적이고 경험적인 양태의 윤곽을 드러내면서 무엇을 의미하는가를 설명하였으므로, 나는 이 장의 타이틀의 나머지에서 제기된 문제로 넘어가려고 한다. 만일 몸의 미학이 하나의 교과적인 제안으로 소개되었다면, 이는 어떤 종류의 교과일 수 있을까? 그리고 이것이 미학이나 철학의 전통적인 교과와 어떤 관계에 있을 것이며, 또는 있어야 할 것인가?

첫 번째 질문은 더 쉽게 답할 수 있다. 몸의 미학을 하나의 교과로 제안하면서, 나는 신중하게 교과의 이중적 의미, 즉 학습 또는 교육의 분야로서 그리고 훈련 또는 연습의 구체적 형태로 이용하려 한다. 명확하게 몸의 미학의 분석적인 차원은 지식의 체계적인 구조를 포함한다. 이를테면 몸의 규범, 이상 및 실행 또는 심신관계에 대한 심리학적이고 존재론적인 이론들에 대한 역사적이고 인류학적인 연구 등을 포함한다는 말이다. 지식의 이러한 다양한 형태들은 미의 현장으로 몸을 사용하도록 명백히 하며, 전형적으로 매우 다르고 그리 흥미 있지 않은 교과의 분야로 나뉜다. 하나의 교과로서 제안된 요지의 일부는 다음과 같은 교과적인 틀을 구성하는 것이다. 즉, 구조적으로 연결되어 있으며 몸과 관련된 많은 연구들과 유익하게

통합될 수 있다. 몸과 관련된 연구들이란 현재 연결되지 않은 탐구들 속에서 그리고 외관상 비교할 수 없는 교과적 형태들로 추구되고 있는 것이다.

내가 프라그마티즘적인 몸의 미학이라고 부르는 것에 관해서도 똑같은 논쟁이 가해질 수 있다. 다이어트 책자에서부터 요가 지침서에 이르기까지, 그리고 고쳐 만듦이나 운동비디오에서 보디빌딩의 안내서 및 심신요법의 안내서까지, 우리는 혼란스럽게도 다양한 종류의 몸의 용도와 건강 및 경험을 증진시키는 이론과 만나게 된다. 몸의 미학이라는 교과적인 분야 아래에다 그것들을 함께 묶는 일은 우리로 하여금 혼란스러운 것들에 보다 생산적인 질서를 부여하도록 도와주는 셈이다. 특히 기초적인 공통의 원리를 찾도록 용기를 북돋아 주고, 이들 다양한 실제들이 분류되고 관련될 수 있도록 기준들을 차별화시킴으로써 그러하다. 이와는 상반되게 내가 *실천적인 몸의 미학*이라고 나눈 활동들은 교과의 두 번째 의미와 연관이 있다. 그것이 추구하는 바는 단지 이론뿐만 아니라 실질적이고 구체적인 훈련 또는 실천인 것이다.

그렇다면 이러한 세 가지의 이중으로 연결된 몸의 미학의 교과는 더 넓은 지식의 교과적 모체에서 하나의 위치를 어디에서 찾을 수 있을 것인가? 이미 정립된 학습의 분야에서 이것의 안식처를 찾을 수 있을까? 아니면, 그 자신의 특별한 사지(四肢)를 형성하기 위해 투쟁해야 하는가? 이 이름은 몸의 미학이 이미 잘 정립된 미학의 교과안에서의 하부교과로서 가장 잘 둥지를 틀 수 있다는 점을 암시한다. 차례로 확장되고 몸의 미학에 포함되어 변형될 것이다.

이러한 선택을 더욱 확실히 하기 위해, 나는 어떻게 몸의 미학이 비록 근대미학에 대한 바움가르텐의 기초적 프로그램으로부터 빠뜨려졌다 하더라도, 그것의 온전한 성공을 위해서 필연적인 것으로 보이는가를 제시함으로써 시작하였다. 어떤 경우에도 바움가르텐의 미학 훨씬 이전에 신체적 아름다움에 대한 찬미와 감각의 예민함에 대한 평가는 우리가 지금 미적이라고 부르는 것과 연관되어 있고 그리스와 로마 철학자뿐만 아니라 아시아의 철학적 전통과도 연관되어 있다.26) 이러한 태도는 비록 우리의 지배적인 이상주의적 혹은 관념론적 미학전통에 의해 대체로 사라졌다 해도, 여전히 서구의 근대성 속에 남아 있다. 데이빗 흄(바움가르텐과 동시대의)과 프리드리히 니체를 고려해보자. 모든 감각의 완성이라는 그의 규범적 개념과 더불어, 좋은 비평에 의해 요구된 감각적 평가를 예민하게 하는 방법으로서의 실천에 대한 흄의 강조는 확실히 몸의 미학의 방향을 가리키고 있다고 하겠다. 몸에 대한 니체의 찬양은 훨씬 더 위대한 감각의 정신화와 증식에 대한 그의 옹호와 더불어 삶을 고양시키는 가치를 위해 잠재적인 몸의 미학을 인식하는 것이다.27) 그러한 예들은 또한 다음의 사실을 보여준다. 즉, 몸의 미적인 사용과 즐거움의 증식이 주어져 있다면, 몸의 미학적 운동의 영역으로부터 우리의 조그만 눈의 근육이나 눈에 보이지 않는 맛의 싹을 배제할 하등의 이유가 없다. 이 운동영역은 부풀려진 근력을 위한 빌딩 크기의 무감각한 이미지로 제한되어서는 안 된다.

몸의 미학은 기존하는 미학의 하부교과 항목이 되는 것이 아주 쉬워 보인다. 이를테면 비록 몸에 대해 보다 더 많은 중심을 두고 있다고 하더라

---

26) 고전적인 인도 미학이 몸과 몸의 관능적 쾌락을 얼마나 강조하는가에 대해 도움이 될 만한 설명은 다음을 참고 바람. Rekha Jhanji, *The Sensuous in Art: Reflections on Indian Aesthetics* (Delhi: Motilal Banarsidass, 1989). 이 책은 Ananda Coomaraswamy의 저술을 통해 아주 영향력 있게 된 인도미학의 초월적이고 종교적인 이미지에 대해 논박한다.

27) David Hume, "Of the Standard of Taste," in E. F. Miller(ed.), *Essays Moral Political, and Literary* (Indianapolis: Liberty Classics, 1985), 236쪽. 니체 인용은 *The Will to Power* (New York: Vintage, 1968), 820 절이다. 메를로-퐁티는 또 다른 중요한 철학자이다. 그는 미적 지각과 예술창조에 있어서 몸의 역할을 강조한다. "Eye and Mind"에서의 회화에 관한 설명은 그의 *"The Primacy of Perception,"*(Evanston: Northwestern University Press, 1964), 159-90쪽을 보기 바람.

도 음악미학 이나 시각미학 또는 환경미학이나 하는 것처럼 말이다. 하지만 이러한 생각은 두 가지 이의를 제기하고 있다. 첫 번째로는 다른 하부 교과들이 특별한 예술장르나 미적 대상의 특별한 범주(예를 들면, 자연환경과 구성된 환경)를 나타내는 반면에, 몸의 미학은 미적 장르의 모든 범위를 넘어서는 것으로 보인다. 그 까닭은 몸을 미적 가치와 창조의 대상으로 다룰 뿐만 아니라 다른 미적인 대상을 그리고 표준적이지 않은 미적인 문제를 다룸에 있어 그것을 고양시키는 중요한 감각적인 매개로서 다루기 때문이다. 예를 들면 우리는 몸의 미학이 감각적인 예민함, 근육의 운동과 경험적인 감지를 어느 정도로 개선하여 유익하게 음악, 회화 및 무용(탁월한 몸의 미학의 예술인)의 이해에 기여할 수 있는가를 쉽게 알 수 있다. 또한 몸의 미학은 우리가 그 안에서 나다니며 거주하고 있는 자연적이고 인공적인 환경에 대한 우리의 평가를 끌어올릴 수 있다는 점을 쉽게 알 수 있다. 전형적으로 미적인 것으로 받아들이지 않는 기획들을 언급함으로써, 즉 무예나 스포츠, 명상적인 수행들, 심신요법뿐만 아니라 자기인식과 자기지배의 핵심적인 철학작업 등을 언급함으로써 몸의 미학은 협소한 미적 교과의 한계를 깨뜨리고자 위협한다.

  첫 번째 이의제기에 대해 다음과 같은 솔직한 답이 있다. 미학의 협소한 정의에 대해 더 나쁜 점이 그렇게 많다니! 열려 있으며 본질적으로 논쟁적인 개념으로서의 미학은 새로운 주제와 실제들을 흡수해야 한다. 게다가 이들 외부로부터 수입된 주제들 가운데 몇몇은 실로 미학의 분야에 있어서 새로운 것은 아니다. 스포츠 미학에 대한 요즈음의 관심보다 더 오래 되고 더 커다란 관심이 윤리학이나 삶의 예술에 대한 열쇠로서 미학을 탐구한 빛나는 전통을 어렴풋이 보이고 있다. 또한 쉴러의 *인간의 미적 교육에 관한 서한*이나 키에르케고르, 니체, 후기 푸코의 저술에서 강하게 예시된 전통을 보여주고 있다.[28)]

몸의 미학을 미학의 일부로 받아들이는 것에 대한 두 번째 반대는 이렇다. 만일 미학이 철학의 하부교과이고 몸의 미학이 미학의 한 부분이라면, 몸의 미학은 또한 철학의 한 부분이 된다. 그러나 그것은 분명히 철학을 포함하고 있기 때문에, 몸의 미학은 철학의 한 분야가 되기에는 너무 많은 것을 포함하고 있는 듯이 보인다. 그것은 몸에 관한 인류학적이고 사회학적이며 역사적인 탐구일 뿐 아니라 생리학적이고 심리학적인 탐구에 대한 언급도 요청한다. 게다가 그것의 실천적인 차원에서 몸의 미학은 해롭지는 않더라도 전통적인 철학에 낯설게 보이는, 몸이 행하는 여러 실제들, 즉 무예, 패션, 화장술, 보디빌딩 및 다이어트 요법 등에도 관여한다. 만일 철학이 이론으로만 정의된다면 몸의 미학의 중요한 실천적인 면이 철학적 하부교과로서의 입장을 방해하지 않는가?

이러한 이의제기에 대해서 나는 두 가지 가능한 대답을 하려고 한다. 하나는 더 넓은 철학의 개념에 대해서이다. 이러한 개념은 철학적 탐구를 위한 역사적이고 인류학적이며 사회적학인, 그리고 다른 경험과학의 가치 있는 역할을 허용할 뿐만 아니라 나아가 단지 이론뿐만 아니라 구체화된 실천, 삶의 방식으로 철학을 보는 고대의 생각을 다시 회상하는 것을 뜻한다. 모든 연관된 학문에 의해 알려지고 삶의 개선된 행위를 향한 철학의 이상은 우리의 학문적인 훈련과 전문가적인 개념의 분석가로서의 모습과는 동떨어진 것처럼 보인다. 이것의 모든 성취는 우리가 지닌 능력을 넘어선 것처럼 보이며, 일상적인 교실의 가르침을 통해 이런 것을 깨닫는 것은 불가능해 보인다. 자신의 철학 세미나에서 수업을 게을리 하고 라이히 식

---

28) Alexander Nehamas는 그의 *The Art of Living*(Berkeley: University of California Press, 1998)에서 소크라테스, 플라톤, 몽테뉴, 니체 및 푸코의 삶의 예술에 관한 흥미 있는 철학적 연구를 제시하고 있다. 또한 Wolfgang Welsch, *Undoing Aesthetics* (London: Sage, 1997)를 보라. 벨슈는 아이스테시스(aisthesis)개념을 통해 꼭 예술에만 집중되지 않는, 미학에 관한 매우 넓은 철학적 개념을 옹호하고 있다.

의 유기체 반사를 실행함으로써 빌헬름 라이히의 몸의 요법을 연구하도록 요청한 철학교수에게 일어날 일을 한 번 상상해보라. 학생들에게 역도를 하게 하거나 요가 자세를 취하게 하고 호흡연습을 하도록 요청하는 것이 훨씬 수월한가? 심지어는 그들에게 춤을 추게 하고 노래 부르게 하며 특별한 다이어트를 하게 하는 일은 오늘날 순수한 철학이론에서 보면 충격으로 다가 올 것이다. 그러나 나중에 종교적 의식(그리고 군사학교)과 같은 고대의 철학 학파는 종종, 훨씬 더 많은 전체론적 의미로 교육적 교과의 제도적 훈련에 적용한다는 점에서 매우 다르다고 하겠다. 모든 어려움에도 불구하고 그것은 관행적인 아카데미아를 제시하고 있으며, 이런 이상은 철학의 존경할 만하고 호소력 있는 모델, 즉 몸의 미학이 아주 적절하게 하부교과로서 어울리게 남아 있는 것이다.[29]

물론 매우 넓은 범위에서 몸의 미학적 탐구를 받아들이고 몸이 수행하는 구체적인 실제를 포용하는 다른 방법이 있다. 반면에 꾸준하게 이 교과를 미학의 하부항목으로 유지하면서 말이다. 우리는 단지 미학을 철학의 하부교과목 이상으로 간주한다. 인문과학과 자연과학 사이를 밀접하게 연결함으로써 표준적인 철학을 뛰어넘는 미학의 이런 넓은 개념은 사실상 막스 드수아르 및 토마스 먼로와 같은 몇몇 영향력 있는 20세기의 이론가들에 의해 옹호되고 있다. 예술과 미에 관한 전통적인 철학의 한계에 대해 논쟁하면서, 그들은 지식의 학제 간 분야로서의 구체적인 미학을 추구했다. 이 분야는 철학으로부터 독립해 있으며, 그 자신의 특수한 학회지를 지니고 별개의 독특한 학과[30]를 운영하고 있는 교과로서 그렇다. 이 생각을

---

[29] 몸이 경험하는 바를 그것의 교과적 정의에 의해 언어적 영역으로 갇혀 있는 까닭에 철학이 유용하게 다룰 수 없다는 논변에 대한 비판은 *Practicing Philosophy*, 제6장을 참고하기 바람.

[30] 독일 미학회 및 *Zeitschrift fuer Aesthetik und allgemeine Kunstwissenschaft*를 창립했으며, 그의 주저가 *Aesthetics and Theory of Art* (Detroit: Wayne State University

한층 더 넓혀 가면서, 우리는 미학을, 그 이론적 추구 이외에도 예술작품 산출, 연행, 비평 및 그 밖의 미학적 실제들을 교육하는 하나의 교과로서 추정할 수 있다. 비록 대부분의 철학교과에는 낯설지만, 미학교과의 이렇듯 넓은 개념은 음악, 미술, 춤 및 요리와 같은 다른 학원에서 널리 활용되고 있다.

몸의 미학이라는 교과의 둥지를 트는 데에 있어 이들 두 가지 선택 가운데 어느 것이 더 호의적인가? 교과의 더 넓고, 보다 더 실천적인 개념에 열중하는 철학자로서, 나는 철학집단 안에서 몸의 미학을 고조시키는 데 몰두하고 싶다. 그리하여 철학의 교과를 강화하고 싶다. 또한 나는 철학으로부터는 독립된 자율적인 교과로서 미학이 제도적으로 몸의 미학을 양육하는 데에서 받는 도전을 참아내기에는 충분히 단호하다고 생각한다. 하지만 나는 이러한 협력관계에 관한 정확한 문제를 다음의 세 가지 이유로 인해 임시로 열어놓아서 다행이라고 생각한다. 새로우면서도 여전히 도식적인 제안으로서 몸의 미학은 아직 학제 간 유대를 팽팽하게 묶어 놓아서는 안 된다. 그 진행을 위해 아주 유익한 방향(보다 커다란 교과 아래에서)으로 충분히 자유롭게 나아가도록 허용해야 한다. 둘째로 몸의 미학을 전개시키기 위해서는 사상가들과 치료사들의 공동체의 공동작업이어야 하며

Press, 1970)인 Max Dessoir를 보라. 미국 미학회 및 그 공시적인 학회지인 *The Journal of Aesthetics and Art Criticism*의 창립에 도움을 준 Thomas Munro를 또한 보라. 미학의 독립을 옹호한 먼로의 글, "Aesthetics and Philosophy in American Colleges," *The Journal of Aesthetics and Art Criticism* 4(1946), 185-7쪽; "Society and Solitude in Aesthetics," *The Journal of Aesthetics and Art Criticism* 3(1945), 33-42쪽; 그리고 "Aesthetics as Science: Its Development in America," *The Journal of Aesthetics and Art Criticism* 9(1951), 161-207쪽. 미학을 독립된 분야로 정립하기 위해서 그리고 미국을 그 주된 장소로 잡기 위해서 드수아르(및 다른 이들)로부터 빌려 온 먼로의 전략에 대한 설명은 Richard Shusterman, "Aesthetics Between Nationalism and Internationalism," *The Journal of Aesthetics and Art Criticism* 51(1993), 157-67쪽을 보기 바람.

개인적인 목소리를 내서는 안 된다. 개인이 아닌 공동체는 정확한 교과적인 바탕과 한계를 잘 정의해야 한다. 내가 기꺼이 이러한 세부적인 연합의 문제와 경계를 열어두는 세 번째 이유는 다음과 같다. 즉, 정밀하게 그 한계를 긋기보다는 몸의 미학의 분야에서 추구해야 할, 훨씬 더 간절하면서도 흥미 있는 문제들이 있다는 점이다.

이들 중 중요한 몇 가지 문제점은 20세기 철학자인 존 듀이와 미셸 푸코를 서로 대비하여 소개될 수 있을 것이다. 그들은 위의 세 가지 몸의 미학의 차원 모두에서 모범이 될 만하다고 하겠다. 다윈과 제임스에 의해 자극을 받아서, 듀이는 몸과 마음 이라고 부르는 바에 대해 자연주의적으로 등장하는 설명을 전개시켰다. 그러나 이러한 존재론적인 이론은 알렉산더의 프라그마티즘적인 몸과 마음 의 방법론에 관한 그의 연구에 의해서 이루어졌다. 듀이는 이를 위해 몇 개의 논문을 썼다. 그리고 몸과 마음의 통일성에 대한 듀이의 공헌은 아마도 그가 알렉산더 테크닉을 구체적으로 행함에 있어서 영향을 받았을 것이다. 그는 20년 이상 그 스스로 훈련을 해왔다. 거의 90세라는 그의 좋은 건강과 장수를 거기에 돌렸다.[31]

그 세 가지의 주된 분야에 있어서 몸의 미학에 대한 푸코의 열성적인 탐구는, 비록 근본적으로 다르기는 하지만, 듀이의 탐구에 못지않게 주목할 만하다. 분석적인 계보학자는 어떻게 온순한 몸 이 외관상 순진한 몸의 훈련에 의해 어떤 사회·정치적 협의사항을 진전시키기 위해 체계적으로

---

[31] 듀이의 몸에 관한 이론 및 실제 그리고 Alexander와의 관계의 보다 자세한 내용은 필자의 Practicing Philosophy, 제1장, 제6장을 참고하기 바란다.

형성되는가를 보여주었다. 그리고 분석적인 계보학자는 대안적인 몸의 실행을 우리의 온순한 몸에 뿌리내린 억압적인 이데올로기를 극복하기 위해 제안하는 실용적인 방법론자로서 나타났다. 게다가 이러한 대안들 가운데는 공감적인 동성애의 새도마조히즘이 있으며, 이들의 경험은 머리의 위계 질서에 도전할 뿐 아니라 특권을 갖는 이성애적 성의 우위에 도전한다고 그는 주장했다. 푸코는 또한 반복적으로 마약이 매우 강렬한 즐거움을 주며, 그것은 우리의 문화의 일부가 되어야 한다32)고 옹호했다. 몸의 미학을 용감히 실천함으로써 설파했으며, 푸코는 그 자신의 살덩어리와 다른 살아 있는 몸들을 실험함으로써 호감을 갖고 있는 방법론을 시행했다.

*실천 또는 실행하는 철학*에서 나는 푸코가 선택한 것에 대한 한계를 면밀하게 조사한다. 반면에 그가 무시했던 몸의 미학의 대안들을 확인하면서 나는 실천을 택한다.33) 하지만 우리는 몸의 미학의 정밀한 기획을 위해 마약의 가치와 공감적인 새도마조히즘의 가치를 거의 부인할 수 없다. 새도마조히즘은 푸코가 급진적인 혁신과 게이해방, 쾌락에 대한 그 자신의 문제가 될 만한 탐구와 더불어 몸소 관심을 갖고 있었던 것이다. 사실상 유유상종이란 새도마조히즘을 추종하는 자들보다 더 많은 이를 위해 고유한 지혜를 주었다. 어느 정도까지 이러한 다원주의가 몸의 미학뿐만 아니라 삶의 방법이자 그것의 위대한 예술작품이 우리의 재구성된 자아인, 훈련된 창조적 실천으로서의 철학의 전체 이념 모두에 있어서 격언이 되어서는 안 되는가? 만일 에머슨과 니체, 각각의 자아가 본질적으로 독특하다(무수히 많은 우연성들의 되풀이할 수 없는 산물로서)는 점이 옳다면, 각각의 자아는 그 자신의 특별한 철학과 몸의 실천을 요구하지 않을까?34) 모든

---

32) Michel Foucault, *Foucault Live*(New York: Semiotext[e], 1996), 384; cf. 378
33) *Practicing Philosophy*, 1장 참고. 그리고, Richard Shusterman, "The Selfas a hork of Art", *The Nation*, 30 June 1997, 25-28쪽

사람은 그 자신의 몸이라고 불리는 사원을 짓는 자이다. 이는 순전히 그 자신의 양식에 따라 예배드리는 신의 사원이다. 우리는 대신 대리석을 깨는 것으로 시작할 수는 없다. 우리는 모두가 조각가이고 화가이다. 우리의 소재는 우리의 살과 피와 뼈다. 모든 고귀함은 사람의 모습을 세련되게 다듬는 데서 시작되고 모든 천박함과 육체적 쾌락의 애호는 그것들을 더럽히는 것[35] 이라고 헨리 데이빗 서로는 말한다. 하지만 다른 한편, 우리의 체현된 자신은 서로 다른 몸의 방법의 가치와 위험들에 관한 몇몇 관심 있는 일반화를 우리에게 허용하는 중요한 생물학적인 구성과 사회적인 조건의 의미 있는 공통성을 공유하지 않는가? 어떻게 철학이나 과학(심지어는 실천적인 삶)이 이런 일반화 없이 가능할 수 있었겠는가?

몸의 미학은 반드시 몸의 차이와 취미의 자유가 요청하는 것과 객관적인 몸의 규범과 몸의 필요성에 대비하여 요청하는 바를 화해시켜야만 한다. 이 요청 들은 많은 논란을 불러일으키고 있는 자연과 문화의 구분에 양다리를 걸치고 있다. 만일 몸의 아름다움과 쾌락에 대한 고정된 정의가 없다면, 몸의 미학자들은 그럼에도 불구하고 몇 가지 몸의 형태와 기능 및 경험이 다른 것들보다 더 낫다거나 더 못하거나에 대해 이를 정당화하는 판단을 내려야만 한다. 이것들은 까다로운 문제이기는 하지만, 우리 미학자들에게 매우 특유하게 타격을 가하는 것은 아니다. 왜냐하면 그들은 본질적으로, 흄과 칸트 이래의 근대미학의 핵심을 이루는, 친숙한 미적 주체성과 규범적 표준 사이에, 그리고 개인적 취미와 공통감 사이에 개념적인 긴장을 형상화하기 때문이다. 여기에 다시 몸의 미학이 전통적인 미학이론의

---

34) 에머슨과 내체에서의 이 주제에 관한 더 자세한 논의는 Pichard Shusterman, "Styles et Styles de Vie: originatité, authen ticité, et dé doublement du moi", *Littérature* 1-05(1997), 102-109쪽.

35) Henty David Thoreau, *Walden*, in *The portable thoreau*(New York: viking, 1969), 468쪽.

문제성에 확고하게 뿌리내리고 있다.

그러나 또한 더 큰 주목을 받을 만한, 더욱 실천적인(그리고 더 실존적으로 억누르는) 몸의 미학의 문제들이 있다. 우리 문화의 포스트모던한 다원주의적 혼돈에서, 우리는 삶의 양식의 이데올로기에 몰입하고 있으며, 무엇을 선택할 것인가의 어리둥절한 다양성에 배어들어 있다. 그 때 우리는 우리의 체현된 자신들을 형성하고 돌볼 수 있겠는가? 환각제와 채식주의 다이어트, 스킨헤드, 가는 밧줄 모양으로 길게 따서 곱슬거리게 하는 머리털, 찔린 구멍의 반지, 가죽 마스크, 스테로이드나 실리콘 주입, 구멍 뚫음이나 요가운동 또는 프라나야마(*pranayama*)를 통해서 어떻게 할 것인가? 매우 다른 몸의 미학적인 프로그램들을 선택하는 데에 유용한 기준들을 제안하는가? 그것들을 묶을 수 있는 어떤 좋은 방법이 있는가? 왜 그러한 철학적인 풍부함과 비판적이고 반성적인 몸의 미학의 교과가 아시아 철학에 여전히 중심에 놓여 있으나 우리 서구 철학적 작업에는 낯설게 남아 있을까?

이러한 문제들은 교과적인 제안으로서의 몸의 미학에 의해 분명하게 수집되고 설정된 논점들의 단지 미세한 조각에 불과하다. 만일 그러한 논점들이 여전히 체계적으로 다루어지고 있지는 못하지만, 바움가르텐 미학의 원래 사명의 진술로 암시되고 있다고 하겠다. 만일 그러한 논점들이 마찬가지로 삶의 체현된 한 방식으로서의 철학의 고전적인 이념에 의해 시사되고 있다면, 몸의 미학은 철학적인 탐구의 한 분야로 이름 붙여지고 추구될 만한 가치가 있다. 결국에는 더 넓은 철학분야에서 찾게 될 명확한 위치는 그것의 처음 제안에서 우리가 보증할 수 있는 어떤 것이 아니다. 왜냐하면, 그러한 논점들은 미래의 몸의 미학에 관한 연구가 취할 지배적인 방향일 뿐 아니라, 변화하면서도 본질적으로 철학 자체의 경합의 장이다. 똑같이 변화하면서 논쟁적인 하부교과들과 더불어 그러하다.

어쨌든 처음으로 몸의 미학은 미학의 확장된 교과안에 자리를 아주 잘 잡은 것으로 보인다. 그처럼 확장된 미학은 미적 지각과 경험에 있어서 몸의 중요한 역할에 더욱더 체계적인 주의를 기울일 것이다. 말하자면 몸의 치료나 스포츠, 무술이나 격투기, 화장술 등을 포함하여 여전히 제도권 미학에 남아 있는 영역이다. 그러나 몸의 미학에 실천적인 차원을 합병하기 위해서는 미학적 영역은 또한 확장되어야 한다. 몸의 미학의 개선을 목표로 하는 특수한 몸의 실행들의 실질적이고, 전수하는 훈련에까지 확장되어야 한다. 그러한 몸의 작업을 포함하는 일은 미학을 표준적인 대학교실에서 가르치거나 실천하기를 더욱 어렵게 만든다. 그러나 그것은 우리의 체현된 자신들의 더 많은 부분들에 종사하게 됨에 따라 그 분야를 더욱 흥미진진하고 몰입하게 만들 수 있을 것이다.

역자 후기

    미국뿐만 아니라 프랑스, 독일, 핀란드, 폴란드, 브라질, 일본 등 8개 국어로 출간된 리처드 슈스터만(Richard Shusterman)의 『프라그마티즘 미학 : 살아 있는 아름다움, 다시 생각해 보는 예술』은 모더니즘 미학에 대한 반성을 통해 포스트모더니즘 미학으로 나아간 통로를 프라그마티스트의 입장에서 밝힌 책이다. 책의 전반부는 모더니즘 미학에 대한 반성이고, 후반부는 포스트모더니즘 미학의 통로에 대한 모색이다.

    모더니즘 미학에 대한 첫 번째 반성은 미를 무관심성과 연관시키는 근대적 전통에 향해진다. 무관심성이라는 개념은 미가 현실의 소용돌이에 몸담는 것을 거부한다. 베르사유 궁전을 보며 그 속에서 궁전을 건설한 백성들의 땀과 고통을 읽는 순간, 미는 사라져 버린다. 미는 그 땀과 고통으로부터 벗어난 무관심한 마음의 산물인 것이다. 슈스터만은 이러한 무관심적 미의 개념이 수많은 관심들과 가치들의 충돌 장소인 일상의 삶으로부터 미를 격리시켰다고 주장한다. 프라그마티즘의 선봉자인 존 듀이의 입을 빌려, 슈스터만은 충돌과 모순이 없는 무관심적 평정이란 곧 죽음을 의미한다고 본다. 살아 있음이란 이 세상의 충돌 및 모순과 부딪혀 그것을 해결해나가는 과정이며, 그 과정을 통해 해결이 절정에 이르렀을 때 우리의 미적 경험은 정점에 달한다는 것이다. 말하자면, "박제화 된" 아름다움이 아니라 "살아 있는" 아름다움의 부활이 이 책의 목표라 하겠다.

    모더니즘 미학에 대한 두 번째 반성은 예술을 그 밖의 다른 활동과 구분하여 정의하려는 시도에 향해진다. 근대란 각자의 영역이 자신의 순수한 정체를 탐구해 나간 시대이다. 그 탐구의 결과물이 미술에서는 평면성이고, 미학에서는 예술의 정체를 개념적으로 정의해나간 논리적 분석이다. 이러한 모더니즘적 탐구는 각자 부분의 영역이 남의 영역을 침범하지 않고 자신의 역할을 충실히 하는 세상을 꿈꾸었지만, 그러나 모더니즘의 꿈은 결국 유토피아였다. 아무리 완전한 부분일지라도 불완전한 전체의 역학 속에서는 망가질 수도 있는 것이다. 망가짐이 두려워 모더니즘은 더욱더 전체에 대해 소홀해졌으며, 고립화의 길을 택하였다. 슈스터만은 이러한 시각에서, 예술에 대한 정의가 더 이상 예술이라는 한 부분에 초점을 맞추어서는 안 되며, 예술이 몸담고 있는 사회 전체와의 연관 속에서 이루어져야 한다고 주장한다. 전체 속에서 예술이 담당할 수 있는 가장 가치로운 부분을 제시해주는 방향으로 예술에 대한 정의는 이루어져야 한다는 것이다.

모더니즘 미학에 대한 세 번째 반성은 예술작품의 해석에 대한 문제와 연관된다. 모더니즘 해석방법의 대표는 이른바 의도주의와 형식주의이다. 이 이론들은 시기적으로 모던, 즉 근대의 산물이다. 의도주의에서 중시되는 저자라는 개념은 작품의미를 결정하는 권한을 지닌 자라는 의미를 띠는데, 이는 근대의 자본주의와 함께 소유권과 개인주의가 싹틈으로써 가능하였다. 형식주의 또한 근대 과학이 이룬 방법적 성과를 예술에 적용하려는 노력의 일환으로 등장한 것으로, 미술의 경우에는 모더니즘 미술의 정점이었던 추상 미술에 대한 해석 방안을 제시하는 데 큰 역할을 한다. 그런데 의도주의는 바르트의 "저자의 죽음"이란 개념에 의해, 형식주의는 데리다의 "차연"이란 개념에 의해 흔들리게 되면서, 해석자의 무한히 자유로운 해석의 유희를 옹호하는 후기 구조주의가 반대급부로 탄생하게 된다. 슈스터만은 모더니즘적 방법이나, 이에 반대하는 후기 구조주의 방법 모두에 비판을 가한다. 전자는 작품해석의 다양성을 훼손시키는 우를 범했으며, 후자는 작품해석의 다양성을 인정하지만 그 도가 지나쳐 모든 해석을 용인해버리는 혼란을 초래했다는 것이다. 슈스터만은 해석의 다양성을 인정하면서도 그 다양성을 해석의 전통과 문맥 속에서 제어하는 역사적 다원주의의 입장을 옹호한다.

책의 전반부를 통해 모더니즘 미학에 대한 반성을 시도한 후, 책의 후반부에서 슈스터만은 포스트모더니즘 미학의 통로를 모색해 나간다. 그 모색의 중심은 대중예술인 랩(rap)음악에 대한 검토이다. 랩은 포스트모더니즘 시대의 예술인만큼, 포스트모더니즘 미학은 이 랩을 하나의 검토대상으로 삼을 수 있을 것이다. 그러나 검토가 곧바로 옹호로 이어지는 것은 아니다. 반성 없는 옹호는 미학이 될 수 없다. 포스트모더니즘 미학은 포스트모더니즘 예술을 비판적으로 성찰하는 반성을 먼저 해야 한다. 이런 맥락에서, 슈스터만은 랩의 상위범주인 대중예술이 직면할 수 있는 미학적 비판들을 열거하고 그에 대한 응답을 시도한다. 그런 연후, 랩음악 중 한 곡을 선정해서 구체적인 해석을 해나간다. 그리고 그 결과, 랩음악이 재생적 차용, 양식의 절충적 혼합, 새로운 테크놀로지에 대한 포용, 지역적이고 일시적인 것에 대한 강조 등이라는 포스트모더니즘적 징후를 지녔음이 드러난다. 아울러, 고전적 예술만큼이나 랩 또한 형식적 복합성과 내용적 비판성을 품었음을 밝힌다.

이 책의 원제는 "Pragmatist Aesthetics: Living Beauty, Rethinking Art"이다. 초판이 Blackwell 출판사에서 1992년 출간되었고, 개정판이 Rowman & Littlefield 출판사에서 2000년 출간되었다. 개정판은 초판에 "몸의 미학: 하나의 교과적 제안"이라는 논문을 덧붙여 출간되었다. 이 번역본은 개정판에 근거하여 이루어졌으나, 개정판과 초판의 서문을 저자의 한글판 서문으로 대체하였다. 2, 3, 4, 5, 10장은 김광명, 1, 6, 7, 8, 9 장은 김진엽이 맡았다. 원문에 대한 전역을 원칙으로 하였으나, 8, 9장의 경우에는 번역문의 흐름을 매끄럽게 하기 위해 몇몇 주석과 문장을 생략하였다. 미학 관련 서적 출판에 정성을 기울이는 북코리아에 깊은 감사를 드린다.

역자 김광명 · 김진엽

찾아보기

가다머(Hans-Georg Gadamer) • 153, 216, 226, 237, 240, 245, 249
가족유사성 • 76, 78
가치 • 79, 92, 131, 134
가치판단 • 111
간스(Herbert J. Gans) • 324
감각 • 94, 132
감각적 인식 • 476, 477, 478
감관적 지각 • 486
감상 • 96
강한 오독자 • 204
개별자 • 74, 139
개별화 • 187
개선론 • 328
객관적 진리 • 63
검열 • 74
경험 • 71, 90, 92, 93, 94, 95, 96, 104, 109, 112, 113, 114
경험으로서의 예술 • 22
경험주의 • 32, 197
계보학 • 50
고급예술 • 35
공간예술 • 35
공공성(commonality) • 76
공동체주의 • 213
공예 • 99
공적 윤리 • 460
공중의 적(Public Enemy) • 354
공통감 • 509
공화국(Politeia) • 74

관념론 • 131, 132
관념론의 반박 • 135
관조 • 72, 73, 74
관조적인 태도 • 341
구조 • 177
구조주의 • 141, 177, 247
군중문화 • 314
군집적인 청중 • 353
굿맨(Nelson Goodman) • 17, 147, 198
균질적인 군중 • 348
그것 • 88, 89
그라이스(Paul Grice) • 190
근대성 • 96, 98
금욕주의 • 456
기괴함 • 461
기술 • 98
기술(techne) • 97
기호학 • 247
길버트 라일(Gilbert Ryle) • 182

난해성 • 346
낭만적 신화 • 350
낭만주의 • 139
낮은 인식능력(facultates inferiores, caro) • 480
냉소가(ironist) • 447
네하마스(Alexander Nehamas) • 225, 235
논리원자론 • 20, 180
논리학 • 154

놀이 충동 • 289
농담 나누기 • 375
뉴크리티시즘(New Criticism) • 66
니코마코스 윤리학 • 106

다 • 272
다양성 속의 통일성 • 456
다원적 • 268
다원적인 청중 • 353
다원주의 • 508, 510
다원주의적 • 436
다원 • 507
다이내스티(Dynasty) • 353
단토(Arthur Danto) • 82, 83, 84, 85
당대 미학의 제문제(Les problemes de lesthetique contemporaine) • 473
대륙미학 • 18
대상 • 80
대응론 • 182
대중문화 • 115
대중예술 • 35
대중적 심미성 • 357
댈러스(Dallas) • 353
데리다(Jacques Derrida) • 127, 141, 147, 149, 152, 154, 157, 158, 162, 176, 245
데이빗 흄(David Hume) • 501, 509
데이빗슨(Donald Davidson) • 17, 202, 242
데카당스 • 454
데카르트 • 480
도구주의 • 93
독창성 • 346
동일성 • 136, 137, 139, 143, 149, 154, 156, 164, 185, 186, 187, 189, 194, 198, 200, 203, 209, 214, 218
뒤샹(Marcel Duchamp) • 49, 272, 379
드 쿠닝(De Kooning) • 379
드와이트 맥도널드(Dwight Macdonald) • 323

디오게네스 • 483, 486
디키(George Dickie) • 49, 78, 79, 80, 81, 82, 84

라우셴버그(Robert Rauschenberg) • 379
라이프니츠 • 476, 480
랩 • 320, 372
러셀(Bertrand Russell) • 16, 130, 162
레오 로벤탈(Leo Lowenthal) • 330
록 • 342
리듬 앤 블루스("R & B") • 416
리오타르(Jean-Françcois Lyotard) • 431
리처드 로티(Richard Rorty) • 20, 164, 168, 181, 198, 199, 200, 201, 202, 203, 204, 205, 207, 208, 209, 210, 211, 220, 245, 434

마돈나 • 434
마르쿠제(Herbert Marcuse) • 275
마르크스주의 • 85
마이클즈(W. B. Michaels) • 168, 189, 190, 191, 192, 193, 194, 195, 196, 197, 198
마틴 루서 킹(Martin Luther King) • 379
막스 드수아르(Max Dessoir) • 504
매스미디어 • 115, 336
매킨타이어(Alisdair MacIntyre) • 450
맥태가트(J. McTaggart) • 19
맬컴 엑스(Malcolm X) • 379
메를로 퐁티(Maurice Merleau-Ponty) • 488
메를로 퐁티(Merleau-Ponty) • 30, 491
메시지 랩 • 391
메타언어 • 147
모더니스트 미학 • 346
모리스 웨이츠(Morris Weitz) • 75, 76, 77
모방이론 • 103
모상(simulacra) • 380

모셰 펠덴크라이스(Moshe Feldenkrais) • 488
몸 • 472, 473, 479, 482, 483, 485, 486, 487, 488, 489, 490, 491, 492, 493, 494, 495, 496, 497, 498, 499, 500, 501, 503, 504, 507, 508, 509
몸의 미학 • 474, 482, 483, 485, 486, 487, 489, 491, 492, 495, 497, 498, 499, 500, 501, 502, 503, 504, 505, 507, 508, 509, 510
몸의 미학(somesthetics) • 473
몸의 정치학(biopolitics) • 489
몸의 철학 • 474
몽테뉴(Michel de Montaigne) • 472, 473
무관심 • 90, 91
무관심성 • 26
무어(G. E. Moore) • 16, 130, 131, 132, 134, 135, 136, 137, 138, 139, 140, 143, 155, 156
문명의 미용원 • 46
문예비평 • 197, 206, 209, 214, 216, 217, 218
문예작품 • 198
문화적 속물 • 344
문화적 실천 • 79, 84, 85
문화적 전통 • 85
물질충동(Stofftrieb) • 288
뮤즈(Muse) • 105
미 • 73, 97, 99, 100
미감적 예술(fine art) • 34
미니멀리스트 • 456
미덕 • 486, 487
미메시스(mimesis) • 73, 125
미셸 푸코(Michel Foucault) • 29, 30, 126, 475, 487, 488, 490, 502, 507
미적 • 110
미적 가치 • 114
미적 감성 • 485
미적 개념 • 124, 145
미적 경험 • 22, 70, 93, 94, 95, 96, 97, 98, 99, 100, 102, 104, 105, 109, 110, 111, 112, 113, 114, 125, 152, 221, 229, 473, 511

미적 교육 • 106
미적 기능 • 472
미적 노력 • 339
미적 대상 • 146, 151, 231, 502
미적 만족 • 316
미적 원리 • 129
미적 이론 • 100
미적 인식 • 478
미적 자율성 • 356, 390
미적 주체성 • 509
미적 지각 • 511
미적 쾌 • 104
미적 통일성 • 130, 140, 145
미적 표백 • 328
미적 필연성 • 110
미적 해석 • 195
미적인 것 • 97
미적인 도덕성 • 436
미학 • 78, 79, 124, 125, 127, 129, 134, 136, 139, 140, 164, 208, 474, 476, 477, 478, 479, 480, 481, 500, 504, 509, 510, 511
미학이론 • 70
미학적 정당성 • 351

바르트(Roland Barthes) • 151, 169
바타이유(Georges Bataille) • 30
박물관 • 51
반성적 • 89
반토대론 • 19
밥 딜런(Bob Dylan) • 348
버나드 로젠버그(Bernard Rosenberg) • 331
버나드 윌리암스(Bernard Williams) • 437
범주화 • 75
베르그송(Heuri Bergson) • 154
베버(Max Weber) • 21, 390
벤야민(Walter Benjamin) • 46
벨(Clive Bell) • 75, 231

보장케(Bernard Bosanquet) • 19
보편성 • 383
보편자 • 74
보편주의 • 237, 238, 249
복제 • 177, 201
복합성 • 402
본질 • 78
본질주의자(essentialist) • 75, 80
볼하임(Richard Wollheim) • 49, 85, 96, 442, 445, 455
뵐플린(Heinrich Wölfflin) • 82
부르주아 예술 • 46
부수현상설 • 491
분류적 구획 • 40
분석미학 • 78
분석적 오류 • 38
분석철학 • 16, 129, 130, 154, 162, 488
분열적 단편화 • 381
브래들리(F. H. Bradley) • 19
브레히트(Brecht) • 267
브릴로 박스 • 82, 83, 84
블룸스베리(Bloomsbury) • 453
비어즐리(Monroe Beardsley) • 49, 111, 169, 170, 171, 172, 173, 185, 198
비트겐슈타인(Ludwig Wittgenstein) • 16, 76, 85, 162, 177, 178, 179, 180, 182, 202, 240, 243, 248, 250, 252, 258, 430, 431, 432, 440
비판적 거리 • 393
비평 • 79, 125
빌헬름 라이히(Wilhelm Reich) • 488, 504

사이비 문제 • 343
사적 윤리 • 460
사적인 독서 • 205
사회적 실천 • 85
사회적 연대 • 460

산업예술 • 100
상사성 • 76
상상력 • 90, 94
상업예술 • 100
상징 • 75
상징이론 • 75
상호작용 • 65
새도마조히즘 • 508
설(Searle) • 190
세속적 도덕성 • 436
소네트 • 350
소쉬르(Ferdinand de Saussure) • 141, 176
소크라테스(Socrates) • 72, 483
소피스트 • 72
수사학 • 73, 477
수잔 손탁(Susan Sontag) • 228, 229, 230, 231, 232
순수예술 • 98, 99, 100, 476
순수예술(fine arts) • 96
숭고 • 97
쉴러(Friedrich Schiller) • 287, 502
스크래치 믹싱(scratch mixing) • 378
스탠리 피시(Stanley Fish) • 116, 118, 120, 168, 198, 209, 210, 211, 212, 213, 214, 215, 216, 217, 218, 219, 220, 226, 253
스토아 학파 • 483
스트로슨(Peter Strawson) • 26
시블리(Frank Sibley) • 24
시트콤 • 350
시학 • 90, 477
신비평 • 127, 150
실용적 • 117
실재론 • 132
실재성 • 103
실증주의 • 79
실질적 동일성 • 186
실천 • 85, 86, 87, 102, 103, 117, 118, 119, 120, 121

실천적인 몸의 미학 • 498, 500
심신수반 • 489
심플 스크래칭(simple scratching) • 378

아도르노(T. W. Adorno) • 46, 101, 230, 493, 494
아도르노(T. W. adorno) • 85
아름다움 • 472, 481, 495, 501, 509
아리스토텔레스 윤리학 • 437
아리스토텔레스(Aristotle) • 74, 90, 103, 105, 127, 145, 154, 231
아리스티푸스 • 483
아방가르드 • 100, 102, 272
아서 단토(Arthur Danto) • 49, 100, 102, 228, 229
아카데미즘 • 351
알렉산더 바움가르텐(Alexander Baumgarten) • 474, 476, 477, 478, 479, 480, 500, 510
알렉산더(F. M. Alexander) • 489, 507
앤디 워홀(Andy Warhol) • 49, 82, 379
앨런 블룸(Allan Bloom) • 332
언어 경연 • 375
언어공동체 • 203
언어놀이 • 140
언어적 공식 • 80
언어철학 • 154
에로스 • 74
에른스트 반 덴 하그(Ernest van den Haag) • 331
에머슨 • 508
에스테티카(Aesthetica) • 474
에이브러햄 캐플런(Abraham Kaplan) • 365
엘리어트(T. S. Eliot) • 232, 264
여인의 초상 • 279
역사적 경험주의 • 196
역사적 저자 • 191, 192, 194
역사주의 • 20, 85, 436

연극 • 73
연속성 • 33
열린 작품(open work) • 376
예술 • 70, 71, 72, 73, 74, 75, 76, 77, 78, 79, 81, 82, 83, 84, 85, 86, 87, 88, 89, 90, 91, 92, 93, 94, 95, 96, 98, 100, 101, 102, 103, 104, 105, 106, 108, 109, 110, 111, 112, 113, 114, 115, 124, 125, 151, 173, 174, 195, 206, 207, 221, 228, 229, 230, 231, 481
예술 비평 • 125
예술가 • 90
예술가치 • 111
예술감상 • 278
예술개념 • 77, 88, 96, 97, 124, 263
예술경험 • 101, 105, 232
예술계 • 49, 79, 81, 82, 83, 93
예술대상 • 88
예술론 • 83, 84
예술미 • 98
예술비평 • 87, 230
예술사 • 83, 85, 87, 88, 89, 91, 92, 100, 102
예술실천 • 96, 117
예술을 위한 예술 • 27
예술의 자율성 • 93
예술이론 • 89, 117, 119
예술작품 • 75, 76, 77, 78, 79, 80, 83, 85, 86, 87, 88, 94, 106, 111, 113, 135, 145, 147, 160, 161, 172, 187, 228, 229, 230, 232
예술적 가치 • 94
예술적 경험 • 105
예술제도 • 78
예술철학 • 74, 88
예술품 • 94, 106
예술활동 • 88
오르테가 이 가세트(Ortega y Gasset) • 101
오성 • 139
오스카 와일드(Oscar Wilde) • 19
오스틴(Austin) • 191

완성의 선개념 • 153
요가 • 469
욕구 • 73
우드스탁(Woodstock) • 344
우연성 • 89
원자론적 형이상학 • 163
월터스토프(Nicholas Wolterstorff) • 87
윌리엄 제임스(William James) • 19, 156, 163, 196, 474, 507
윔샷(William W. Wimsatt) • 169
유기론(organicism) • 20
유기적 관계 • 135
유기적 원리 • 137
유기적 전체 • 132, 133
유기적 통일성 • 39, 124, 125, 126, 127, 128, 129, 130, 131, 132, 133, 134, 135, 136, 139, 140, 141, 143, 145, 146, 147, 150, 153, 154, 155, 158, 159, 160, 161, 162, 163, 381, 453, 455
유기체론 • 148
유기체설 • 159
유미주의자 • 44
유사 유슈오(Yuasa Yusuo) • 484
유사성 • 78
유희 • 75
유희이론 • 75
육체 • 30, 472
육체적 자연주의 • 22
윤리적인 예술 • 115
윤리학 • 131, 134, 164, 430
윤리학의 원리(Principia Ethica) • 131, 133
의도주의 • 190, 220
의도주의의 오류 • 169
의미지시체 • 154
의사 자아 • 440
이념 • 132
이데올로기 비평 • 278
이론 • 116, 117

이분법 • 35
인간의 미적 교육에 관한 서한 • 502
인식 • 125
인식론 • 73, 89, 111, 112, 117, 125
인식적 일원론 • 171
일상적인 삶 • 51
일시적 • 374

자기창조 • 441
자기확장 • 441
자아창조(self-creation) • 447
자아함양(self-enrichment) • 447
자아확장(self-enlargement) • 446
자연 • 95
자연계 • 127
자연미 • 98
자연적 미학(aesthetica naturalis) • 477
자연주의의 오류(the naturalistic fallacy) • 24
자유로운 놀이 • 127
자유주의 • 434
자유주의적 도덕성 • 436
장 마리 기유(Jean-Marie Guyau) • 473
재생적 차용(recycling appropriation) • 374
재현 • 103
저자의 의도 • 210
저자의 죽음 • 169
전체론 • 19
절취(cutting) • 377
정의(定義) • 262
제노 • 483
제도 • 81
제도론 • 82
제작(poiesis) • 97
제작술(poiesis) • 103
조셉 마골리즈(Joseph Margolis) • 171, 173
조형예술 • 72

존 듀이(John Dewey) · 16, 70, 71, 90, 92, 95, 98, 105, 107, 109, 110, 111, 112, 113, 114, 115, 124, 139, 153, 182, 187, 196, 198, 220, 221, 238, 245, 475, 507
존 레넌(John Lennon) · 342
존 파렐레스(Jon Pareles) · 415
존 피스케(John Fiske) · 348
존재론 · 164
종교적 도덕성 · 436
주관성 · 109
지시적 동일성 · 186
지식 대응론 · 180
지역적 · 374
지적 랩(knowledge rap) · 391
지평 · 236
지향성 · 236
진리 · 125
진리 대응론 · 180
진정한 자아 · 440

차연(差延) · 141, 142, 143, 145, 162
차용 · 324
차이 · 177
창조성 · 76, 126
천재 · 101, 461, 478
철학 · 73
철학적 미학 · 476
철학적 예술 · 115
철학적 편견 · 343
취미 · 509

카타르시스 · 74
칸트(Immanuel Kant) · 20, 90, 104, 231, 472, 509
칸트의 윤리학 · 437
캐롤(Noël Carroll) · 87, 88

컬러(Jonathan Culler) · 146, 149, 150, 151, 152, 177
코헬렛(Kohelet) · 224
콜라주 효과 · 381
콜링우드(R. G. Collingwood) · 97
콰인(W. V. Quine) · 17, 160, 197, 242
쾌 · 485
쾌락 · 487, 509
크납(Stephen Knapp) · 168, 189, 190, 191, 192, 193, 194, 195, 196, 197, 198, 199, 209, 210, 220
크로체(Benedetto Croce) · 20
크리스토퍼 노리스(Christopher Norris) · 151
크리스티안 볼프 · 476, 480
클라이브 벨(Clive Bell) · 48
클리먼트 그린버그(Clement Greenberg) · 330, 351
키레네 학파 · 483
키에르케고르 · 502
키치 · 101, 330

태극권 · 469
테오리아(theoria) · 73
토대주의 · 121, 164, 225, 233, 249, 255
토마스 먼로 · 504
토킹 올 댓 재즈(Talkin' All That Jazz) · 398
통일성 · 124, 128, 129, 135, 145, 146, 150, 151, 152, 153, 154, 160, 164

파레르곤(parergon) · 147
파르메니데스(Parmenides) · 333
판단 · 90
퍼스(C. S. Peirce) · 19
펀치 프레이징(punch phrasing) · 378
펑크 미학 · 410
펑키(funky) · 341

찾아보기 | 523

페미니스트 비평 • 270
평가 • 79
포스트모더니즘 • 84, 374
포스트모던 • 90, 160, 224, 225, 510
포스트모던 예술 • 126
포스트모던 철학 • 436
포스트모던적 삶 • 356
포스트히스토리 • 84
포장지 모형 • 84, 92
포장지 이론 • 81, 113
폴 드 망(Paul de Man) • 127, 128, 149, 150
표현 • 75
표현이론 • 75
프라그마티스트 • 70, 71, 112, 115, 121, 156, 161, 163, 165, 168, 185, 189, 193, 221, 226, 234, 237, 241
프라그마티스트 미학 • 18, 124
프라그마티즘 • 16, 70, 115, 116, 117, 118, 120, 124, 130, 140, 150, 152, 153, 158, 160, 161, 162, 163, 164, 165, 168, 182, 187, 188, 195, 196, 197, 198, 201, 207, 210, 220, 226, 252, 474, 489, 491, 497, 498, 507
프라그마티즘 미학 • 90
프라이(Roger Fry) • 75
프랑크푸르트 학파 • 46
프로이트(Freud) • 174, 440
프롤레쿨트(Proletkult) • 267
프리드리히 니체(Friedrich Nietzshe) • 30, 143, 155, 156, 158, 159, 163, 225, 226, 228, 229, 230, 232, 237, 488, 501, 502
플라톤(Plato) • 73, 74, 90, 91, 103, 105, 107
피에르 마슈레이(Pierre Macherey) • 126
피에르 부르디외(Pierre Bourdieu) • 53, 319, 461, 490, 491

하나의 경험 • 59
하르트만(Geoffrey Hartman) • 151

하버마스(Jurgen Habermas) • 201
하위공동체들 • 216
할리우드 • 351
합리성 • 90
합의 • 268
해럴드 블룸(Harold Bloom) • 175, 176, 178, 201
해석 • 164, 169, 170, 171, 172, 173, 174, 175, 183, 187, 189, 193, 194, 195, 197, 198, 199, 200, 201, 204, 205, 206, 207, 208, 209, 210, 211, 212, 214, 215, 220, 221, 224, 225, 226, 227, 228, 229, 230, 231, 232, 233, 234, 235, 236, 238, 239, 240, 241, 242, 243, 244, 246, 247, 248, 249, 250, 251, 252, 253, 254, 255, 256, 257, 258
해석 이론 • 195
해석공동체 • 168, 209, 212, 213, 214, 215, 216, 217
해석의 인식적 개념 • 172
해석적 지식 • 180, 181
해석학 • 17, 150, 153, 157, 161, 184, 207, 224, 233, 241
해석학적 보편주의 • 224, 225, 226, 227, 228, 232, 233, 234, 235, 236, 240, 241, 245, 246
해석학적 순환 • 248, 249
해체 • 145, 158, 162, 163
해체론 • 129, 140, 143, 148, 156, 160, 161, 164
해체주의 • 127, 272
햄프셔(Stuart Hampshire) • 26
행위 • 81, 106
향연(Symposion) • 74
허시 • 185, 190
허시(E. D. Hirsch) • 171, 172, 173, 180
험담 벌이기 • 375
헤겔(G. W. F. Hegel) • 19, 54, 98, 129, 130, 133, 135, 140, 143, 155, 158
헤라클레이토스(Heraclitus) • 128

헨리 데이빗 서로(Henty David Thoreau) • 509
현대성 • 100
현대예술 • 101
현상 • 89
형상 • 73, 74
형식 • 75, 78, 231
형식이론 • 75
형식적 복합성 • 366
형식주의 • 90
형식주의자 • 79, 232
형식충동 • 288
형이상학 • 73, 89, 150, 154, 157, 158, 159, 160, 165
호르크하이머(Max Horkheimer) • 493, 494

호머(Homer) • 335
혼합(blending) • 377
회화 • 99
후기 구조주의 • 17, 64, 184
힙합(hip hop) • 373

G. S. 홀트(Holt) • 408, 418
Ice-T • 388
James Brown • 409
Sly Stone • 417
Stetsasonic • 417
Tractatus • 430